原著
第9版

FUNDAMENTAL STATISTICS FOR THE BEHAVIORAL SCIENCES
(NINTH EDITION)

行为科学统计

——从研究实践到思维培养

〔美〕David C. Howell 著

邵志芳 译

中国轻工业出版社

图书在版编目（CIP）数据

行为科学统计：从研究实践到思维培养／（美）戴维·C.豪厄尔（David C. Howell）著；邵志芳译. —北京：中国轻工业出版社，2021.4

ISBN 978-7-5184-3110-6

Ⅰ.①行⋯ Ⅱ.①戴⋯ ②邵⋯ Ⅲ.①行为科学－心理统计－高等学校－教材 Ⅳ.①B841.2

中国版本图书馆CIP数据核字（2020）第145587号

版权声明

Fundamental Statistics for the Behavioral Sciences, Ninth Edition
David C. Howell
邵志芳 译
Copyright © 2017, 2014 Cengage Learning.
Original edition published by Cengage Learning. All Rights reserved. 本书原版由圣智学习出版公司出版。版权所有，盗印必究。
China Light Industry Press is authorized by Cengage Learning to publish and distribute exclusively this simplified Chinese edition. This edition is authorized for sale in the People's Republic of China only (excluding Hong Kong, Macao SAR and Taiwan). Unauthorized export of this edition is a violation of the Copyright Act. No part of this publication may be reproduced or distributed by any means, or stored in a database or retrieval system, without the prior written permission of the publisher.
本书中文简体字翻译版由圣智学习出版公司授权中国轻工业出版社独家出版发行。此版本仅限在中华人民共和国境内（不包括中国香港、澳门特别行政区及中国台湾）销售。未经授权的本书出口将被视为违反版权法的行为。未经出版者预先书面许可，不得以任何方式复制或发行本书的任何部分。
ISBN: 978-7-5184-3110-6
Cengage Learning Asia Pte. Ltd.
151 Lorong Chuan, #02-08 New Tech Park, Singapore 556741

本书封面贴有Cengage Learning防伪标签，无标签者不得销售。

保留所有权利。非经中国轻工业出版社"万千心理"书面授权，任何人不得以任何方式（包括但不限于电子、机械、手工或其他尚未被发明或应用的技术手段）复印、拍照、扫描、录音、朗读、存储、发表本书中任何部分或本书全部内容。中国轻工业出版社"万千心理"未授权任何机构提供源自本书内容的电子文件阅览、收听或下载服务。如有此类非法行为，查实必究。

总　策　划：石　铁
策划编辑：孙蔚雯　　　　责任终审：滕炎福
责任编辑：孙蔚雯　　　　责任监印：刘志颖

出版发行：中国轻工业出版社（北京东长安街6号，邮编：100740）
印　　刷：三河市鑫金马印装有限公司
经　　销：各地新华书店
版　　次：2021年4月第1版第1次印刷
开　　本：889×1194　1/16　印张：36.25
字　　数：520千字
书　　号：ISBN 978-7-5184-3110-6　定价：128.00元
读者热线：010-65181109，65262933
发行电话：010-85119832　传真：010-85113293
网　　址：http://www.chlip.com.cn　http://www.wqedu.com
电子信箱：1012305542@qq.com
如发现图书残缺请与我社联系调换
180596Y2X101ZYW

译者序

本书作者 David C. Howell 是美国佛蒙特大学的名誉教授，其主要研究领域是统计学和实验方法。他的这本《行为科学统计》(Fundamental Statistics for the Behavioral Sciences)已经是第九版，可见其受欢迎程度，也体现了作者不断更新内容的长期艰巨的努力。

经"万千心理"编辑的大力推荐，我读了本书原著部分章节后，决定承接本书的翻译工作。我愿意翻译这本书，主要基于以下理由：

第一，本书重视统计学基本思想和逻辑的传授，而不是公式推导。这与我讲授心理统计学的经验十分吻合。我一向鼓励学生，只要有高中数学程度，就应当有信心学好心理统计学。不与公式缠斗，可以大大减轻初学者对统计学的畏难情绪，事实上也不影响学习效果。

第二，本书虽然努力减轻学习者的畏难情绪，但是并不能单纯降低难度。相反，本书讨论了许多其他统计学入门教材很少提及的问题，还介绍了近年来使用得越来越广泛的新方法，包括单尾检验问题（第8章）、统计功效（第15章）、随机化检验与自助抽样方法（第20章部分）、元分析（第21章），等等。这样做显然将大大拓宽读者的眼界。

需要说明的是，这里说的新方法，有的其实很早就提出来了。例如随机化检验，本书作者认为其很可能成为未来假设检验的主要方式。因为计算量巨大，过去难得一用；当今高速运算的计算机比比皆是，随机化检验也就用得越来越多了。

第三，本书所举例子和习题很多来自真实的研究文献。学生阅读这些内容、完成这些习题，不仅可以加深理解、巩固技能，同时还可以见识心理学家是怎样将统计学运用于实际工作的。

第四，本书结合 SPSS 和 R 介绍统计学方法，可为学生完成习题免去大量手工计算；作者还介绍了大量互联网资源，可让学生直观地理解统计学原理，方便地计算各种统计量。这使本书成为一本无愧于信息时代的应用统计学教材。

本书写作风格轻松自然，少数用语也就稍显随意。例如对数据的说法，有时说"数据"，有时说"观察值"，有时说"分数"。翻译时视中文习惯，与原文未必一一对应。

原文中有很多脚注，为阅读和排版方便，全部移至页边空白处，并注明"注释"。原文中尚有极少数内容，我感觉语焉不详或有错误，就仿照作者注释，添加了"译者注"的脚注，以及一个"译者有话说"专栏。

正文中经常介绍 R 代码和 SPSS 的操作。R 代码本身不可翻译，故完全维持原样。至于 SPSS，对原文中介绍的菜单和输出结果等内容，仍保留其英文，例如"Graphs/LegacyDialogs/Line"，表示依次点击 Graphs、Legacy Dialogs、Line，进入绘制折线图界面。如果有特殊需要，将语言设置为中文，就可以看到中文菜单和输出结果，但请注意其译法与传统译法时有不一致之处。

正文中"直观的统计学"部分介绍了各种形象化地展示统计学内容的程序。这些程序的界面都是英文的，若将其翻译成中文，对读者运行程序毫无帮助，故不做翻译。但是根据上下文的描述，读者应该很容易掌握运用程序的方法。

本书从 2018 年 6 月开始翻译，用时一年半。遇到不明白之处，曾多次请教文剑冰、郭家俊、林立甲和王青等同事。华东师范大学和复旦大学的部分研究生和本科生也对译稿提出了许多很好的建议，他们是：任晓莹、赵帅、黄艺、邵意如、胡丁鼎、许多。在此，向所有在本书中文版的出版中给予帮助的人表示感谢！

邵志芳

于华东师范大学

前 言

为什么要学统计学?

在校园里,统计学课程确实不那么受欢迎,尽管教这门课的人(就是我们啦)不愿意承认。很大一部分学生选统计学课程,其实是因为他们的院系将其定为必修课。在这种情况下,学生有权问"为什么要学统计学?"在这里,我至少可以给出两个很好的答案。传统的答案是,我们希望学生学会一套特定的分析数据的技能(包括公式和程序),这样他们就能够读懂实验文献,并能够分析自己的数据。还有一个更加宽泛的、适用于更多学生的答案,那就是善于与数字和数据打交道,对于学生的终身职业发展非常重要。我们中的大多数人(不仅是那些从事实验工作的人)在工作中经常遇到数据,所以,对于数据处理方法的广博理解就成为一项重要的、可以待价而沽的技能。根据我的经验,那些修过统计学课程的学生即使觉得自己已经把学过的技能忘得一干二净,还是比他们的同事更善于解读数据。现在的世界越来越受定量数据的支配,也越来越强烈地需要统计学技术。统计学并不完全是关于数字的学问,它关系到我们如何理解世界。当然,对于统计学家来说,其重要工作之一就是回答诸如"在新环境中摄取的可卡因是否比在熟悉的环境中摄取的具有更强效力"这类问题。但是,我们不要忘记,这里谈论的话题是"药物成瘾"或"环境对学习和记忆的影响"。我们的实验结果已经超出了认知或行为科学家的有限视野。还要记住,大多数人看到的数字与严格控制的实验无关,而与以下研究有关:为了购物中心建设而开展的交通问题研究,住宅密度对当地学校预算的影响研究,以及针对新产品的营销研究。所有这些例子都要用到本书阐述的许多统计学的基本概念。

为什么需要本教材?

为了充分体现统计学课程的价值。教师看到本书之前想必就已经深信统计学的价值了,而我希望的是,学生们至少可以拓宽他们的思路。但是上面这个问题并没有得到回答——还有其他许多教材,为什么要用这一本?部分答案可以归结为写作风格:我特意将其设定为对学生和教师而言都既有趣又有用的一本书。它采用了一种比较轻松的文体,每个例子都以一个合理的研究作为背景,而且几乎所有的例子都源于已经发表的文献。如果要求人们学习一系列统计学技术,却不提供实际运用这些技术的情境作为例子,那这门课就没有多大意义了。

我为本书设计的目标是向心理学、教育学以及其他行为科学提供一本入门级统计学教材。本书对读者的数学背景要求不高,学过高中代数即可;这里强调的是统计程序的逻辑,而不是统计学公式的推导。

在过去的25年中,数据分析领域发生了天翻地覆的变化。过去,我们用计算器,坐在那里手动输入数据解方程,现在多半是在计算机上运行统计软件。事实上,为了某些目的,我们还可能运行一些从互联网上免费下载的用Java等语言编写的在线程序(我有时还会使用下载到智能手机里的应用程序)。随着统计方法的进步,相应的教学方法也必须改变。虽然我们现在不能也不应该完全摒弃对于公式和计算的重视,但确实是时候多考虑点别的方面了。我们可以将计算上省下来的时间用于更好地解读统计结果。这正是本书努力要做的事情。过去，我们只是简单地宣布样本间的差异是显著还是不显著，以后要过渡到能解释这些差异对于实验背后的目的意味着什么。在我看来，这是一个从分析数字到分析数据的转变。这意味着，两组之间是否存在差异已经不再那么重要，更重要的是理解这种差异的含义。

在从使用计算器转向使用计算机的过程中，我改变了对公式的看法。过去，我经常给出一个定义公式，接着立即跳到计算公式。但是，如果不用那么担心计算而应更多地关心理解，我就可以回过头去运用定义公式。我希望这也会让学生轻松一点。除此之外，在这个版本中，我还在计算机解决方案上额外花了相当多的时间，部分原因是，观察计算机解决问题的方式有助于理解统计学方法。尽管这种方式未必总是有效，但它已经足以让我强调，能够用计算机程序来求解是非常重要的。（求出解后还可以稍做改变，重新运行程序，看看会发生什么。）

独一无二的特色

本书有多项特色，使其有别于为同一读者群编写的其他书籍。特色之一就是刚刚提到的一个做法——从研究文献中寻找例子。我试图做到，让选来做例子的研究回答的是学生感兴趣的问题。在这些例子当中，有情境对过量吸食海洛因的影响，有日常压力与心理症状之间的关系，有影响课程评价的变量，有父母早逝对儿童敏感性的影响，还有影响记忆随年龄变化关系的变量。我想让学生对提出的问题产生一定的投入感，并且希望说明，统计分析并非仅仅是运用几个方程式那么简单。

在本书大多数章中都专门设置了一节内容用例子来讨论如何运用 SPSS 和 R 软件。读者建议我多关注 R 而不是 SPSS。R 正在成为计算的标准，并且它还是一个不断开发中的、免费的软件包。SPSS 是一个商业软件包，许多学院和大学都购买了许可证。R 稍微有点难学，但它确实正在成为未来的统计软件。至于免费软件，这绝非嘲笑 R 的理由。我的目的是让学生熟悉计算机输出的形式，以及其中包含的各种信息。我不是想让学生成为统计软件的专家，但我致力于向他们提供修改代码并完成自己的任务所需要的知识。此外，我特别需要用 R 来直观地阐明统计学中的概念。

但是，如果学生打算用这些计算机软件，我不会让他们仅仅为了作业而购买 SPSS 手册或 R 教材。我在网上放了两本 SPSS 手册，鼓励学生阅读。它们不像印刷品那么完整，但足以教会学生使用 SPSS。我建议使用那个简明手册，而详细手册可以用于查阅其他的信息。我在每一章也都介绍了关于 R 用法的网络文档，学生应该能够照此进行统计分析；而要做自己的分析时，可以对代码进行相应的修改。

本教材所有例题和习题所用的数据文件都可以在我为本书维护的网站*上找到。通过网站中的链接，可以获得所有数据。这些数据文件都采用美国信息交换标准代码（American Standard Code for Information Interchange，ASCII）格式，因此几乎任何统计软件都可以读取。（我还提供了 SPSS 格式的数据文件副本。）文件的第一行都是变量名，可以直接导入软件。只需点击数据浏览器的"保存"选项，就可以将数据保存到你的计算机中。有了这些文件，师生就可以轻松地结合教材使用任何统计软件。

在前面提到的网站上还能找到一份学生手册。它给出了半数练习题的完整答案，本书最后对这些问题只做了简短解答，这份手册可以作为一个补充。但是，我只给出了奇数题的答案，因为许多教师更喜欢布置教材和学生答题手册上没有给出答案的习题（或考试题）。（我非常清楚这会得罪学生，有时还会收到他们表示不悦的邮件，但我还是要平衡一下学生的要求与教师的愿望。）我向教师提供所有习题的答案。这些答案还经常带有评语，例如，"在课堂上你可以指出……"或"我提出这个问题是为了……"我在编写这个新版本时也通读了这些评语，我觉得这些评论中

---

* 本书配套提供的网络补充材料的网址可联系电子邮箱 1012305542@qq.com 获取，或者登录 www.wqedu.com 下载。您在下载中遇到问题，可拨打 010-65181109 咨询。——中文版出版者注

有很多（尽管不是全部）对学生也相当有用，所以在学生手册中也加入了不少这样的内容。有的评语可能看上去没有帮助或不符合上下文，但是我认为大部分都值得一读。我的网页还包含了许多转向其他网站的链接，通过它们，你可以找到很好的例题、用于演示统计方法的程序、更详细的术语表等。既然人们花费了大量时间通过互联网提供可用的材料，就应该好好利用这些材料。

为什么需要这个新版本？

每当作者推出一个新版本时，我们自然会问：在二手图书市场广泛流通的旧版本是不是出了什么问题？通常来说，编写一个新版本是为了吸收本领域的新内容，并剔除不再需要的内容。而且，除了许多人都能想到的研究，还有许多新的研究工作尚在进行之中。但是，这个版本采用了与前一个版本不同的做法。在介绍新内容的时候，我把自己当成初学者去阅读，并花大力气找到阐述和复习概念的方法。例如，我知道 Y 轴是垂直轴，但大多数人不知道，那么只讲一次是不够的。所以，我经常这样写："在 Y（垂直）轴上……"如果你开始以这种方式看待本书，你会发现许多地方需要说明——特别是因为我有一位长期从事中学教育的妻子，她比我更了解教育学。（其实，她读了本书每一章内容，并提出了许多富有成效的建议。）在每一章的开头，我还列出了阅读本章所需的重要概念。我的希望是，如果你不清楚这些概念，就请复习一下。

在必要的地方，我利用专栏插入了一些重要的解释，这种专栏可以将多个要点综合在一起，以突出显示你真正需要理解的材料，或阐明难以理解的概念。书中还穿插了著名统计学家的小传。尤其是在 20 世纪上半叶，这个领域有许多有趣（而且脾气暴躁）的人，很值得了解一二。我还删除了原先每一章中非常简短且用处不大的总结，代之以更完整的各章总结。我的目标是将全章内容浓缩成几段，让你在其上花的时间更值得。前段时间，我在阅读关于 Java 的编程文本，发现有位作者在每一章的末尾都插入了一些简单的问题和答案。我发现，从这些简单的问题中可以学到很多东西，所以在这一版中，我将仿照他的做法。希望这些问题真的能够有效地将你的注意力集中到各章的诸多重点之上。

本书的一个重要特征就是更加重视效应量的计算。行为科学统计正在迅速摆脱只报告统计学上是否具有显著意义的局面，转而报告更能说明研究结果的效应程度和重要程度的数据指标。这方面的内容加入得比较晚，但是它们将体现在我对教材文本所做的持续改变中。这样做不仅符合这个领域的趋势，而且其重要性在于，这可以使学生和研究人员仔细思考研究结果的真正含义。在介绍效应量时，我试图传达这样一种观念：作者试图向读者说明研究发现了什么，而且有多种不同的方法可以实现这一目标。在某些情况下，只要考察平均数之差或比例之差就足够了。而在另一些情况下，标准化的数量指标，例如科恩氏 d（Cohen's d），还是有帮助的。我还将尽可能避开基于相关的数量指标，因为我觉得它们提供的信息远远达不到读者的要求。

统计学领域发生的一个重要变化就是向所谓的"重抽样统计学"的转变。由于现在的计算机（即使是简单的台式机）能以极高的速度进行运算，我们已经有可能采用以前想过但从未用过的方式来审视统计结果。这些程序的优点之一，就是它们不再要求数据符合那么多假设。从某些方面看，它们就像我们多年来一直使用的比较传统的非参数统计学，而且它们更强大。我修改了传统的非参数统计的那一章，使其几乎完全避开手工计算，并用节省出来篇幅介绍重抽样方面的内容。这样做有一个好处，一旦我说明了某一种分析的重抽样技术，学生就很容易明白对其做出怎样的修改能适用于其他实验设计。

我还保留了早期版本中一部分叫作"直观的统计学"的内容。这些内容都是围绕着由科罗拉多大学的 Gary McClelland 编写的一组 Java 程序写成的。这些程序能让学生自己直观地看明白书中讨论的许多概念。学生可以打开这些程序，改变其中的参数，查看会产生什么结果。有一个很好的例子，是用一个程序说明异质子样本在相关分析中的影响，请参见第 9 章第 9.16

节。这些程序可以直接在我先前提到的网站上找到。

这一版有一个重要补充，就是增加了关于元分析的章节。元分析是同时对众多研究进行分析。例如，关于抑郁症治疗已经有了许多研究。对抑郁症的元分析就是将所有这些研究结合起来，并试图根据这些或相似、或不同的发现得出新的结论。目前对循证医学的重视就是一个很好的例子。例如，如果我要接受癌症治疗，我希望这种治疗依据的不仅仅是上周发表的最新研究，也不仅仅是我的肿瘤科医生最喜欢的研究。在这种情况下，我们真正需要的是，行为科学不仅限于判断统计学意义是否显著，更要重视效应量的大小。20 年前的统计学导论教材是不会介绍对于众多研究的元分析方法的。

除了上面提到的特色，通过出版社网站（我的网站上有一个链接），你还可以找到本书的配套网址，其中包含了许多对学生有用的内容。其中包括一本统计学辅导书，这是一套多项选择题，内容涵盖各章的主要问题。每当学生做出错误选择时，就会出现一个解释问题材料、帮助学生了解正确答案的方框。这些测试题不是我编写的，但是我觉得这些题目已经足够好。网站上还有链接指向其他资源，包括对基础算术的复习，以及其他例子和补充材料。

内容的组织和覆盖范围

本节主要是给教师看的，因为这里提到的内容，学生应该还不很了解。如果你是学生，可以跳过这一节。

- 本书的前七章专门讲解标准的描述统计学，包括数据的呈现方式、集中量和差异量的计量、正态分布以及直接应用于后续内容的概率论。
- 第 8 章阐述假设检验和抽样分布，这是对推断统计学的通俗介绍。这一章经过专门设计，为了让学生绕过一大堆公式和纷繁复杂的统计检验方法，直接学习假设检验的基本逻辑。
- 第 9 章、第 10 章和第 11 章涉及相关和回归，包括多元回归。
- 第 12—14 章专门讲授了关于平均数的检验，主要是 t 检验。
- 第 15 章涉及统计功效及其计算方法，这是一种易于理解和应用的方法。
- 第 16—18 章讲方差分析。其中包括简单的重复测量设计，但没有涉及混合设计。这三章内容包括运用费舍保护性 t 检验进行基本多重比较，这个 t 不仅是一个易于理解的统计量，在某些限定条件下，其在统计功效和错误率方面也有很好的表现。应早期版本的部分读者的要求，新版本中加入了 Bonferroni 检验，它在控制错误率方面表现出色，而且只要使用得当，其功效也不会大幅下降。新版本还介绍了效应度和效应量，大大扩充了交互作用和简单效应检验的内容。特别是效应量方面的内容，远比早期版本丰富。
- 第 19 章介绍 χ^2 检验。不过，如果需要提前了解这部分内容，其阅读难度也不大。
- 第 20 章介绍了最重要的自由分布检验，包括重抽样统计学。
- 在上一版中，第 21 章是全新的内容，介绍的是元分析技术。随着人们日益重视单个研究的效应量，元分析让人们得以运用效应量指标来综合许多相似的研究。该领域现在变得特别重要，正沿着所谓"循证医学"研究者开辟的道路前进。假定你需要接受癌症治疗，你一定希望医生的治疗基于对你所患癌症的所有文献的坚实可靠的分析。我们研究行为科学时，也有同样的希望。

并非每一门课程都要讲完所有这些章节，有些内容（最明显的是多元回归、统计功效和自由分布统计方法）即使略去或调整顺序，也不会破坏材料的流畅性。（我在自己的课程中很早就会讲到 χ^2 检验，但是考虑到评论者的建议，本书将其挪到很后面的位置。）

对应本书的数字教育平台——MindTap

MindTap 是一种个性化的教学体验，其中有可以引导学生进行分析、应用和改进思维的相关作业，可以便捷地衡量学生的技能和学习成果。

- **个性化教学**：基于学习目标建立学习路径成为了教师的个性化教学方式。教师可以控制学生学习的内容和进度，可以直接使用原有内容，也可以将其与教学大纲精准匹配——你可以省略和重新排列原有内容，还可以添加和创建自己的内容。
- **学习指导**：提供独一无二的学习路径，将重要的阅读内容、多媒体内容和活动组织起来，促使学生从初级学习（对基础知识的记忆和理解）上升到高级学习（分析和应用）。
- **促成更好的结果**：作为对师生的激励，平台的分析和报表功能可以向师生提供课程进度、课程用时、参与率和完成率的快照记录。

补充材料

附有题库和电子讲义的在线教师手册包括练习的完整答案，还介绍了呈现材料和吸引学生注意的多种方法；其中可以找到适合各种教学目标的额外例子作为教材的补充，可以通过链接访问互联网上的其他资源，还可以看到本书作者选用的补充材料。补充材料中还包括可用作讲义或工作表的电子文件。

致谢

在本书的编写过程中，许多人发挥了重要作用。我的产品团队支持此次修订，团队中有产品经理 Tim Matray、产品助理 Adrienne McCrory、内容开发人员 Tangelique Williams-Grayer 和 Lumina 项目集经理 Kailash Rawat。Diane Giombetti Clue 是一位非常出色的编辑——当我偶尔不顾样式手册的要求，坚持古怪的拼写或将介词放在自认为更合适的位置时，她总是给予支持。我的女儿 Lynda 也做了大量工作，调整教师和学生手册的格式，以及检查偶然错误。

许多评论者对本书的早期版本提出了有益的建议，特别是 Kevin J. Apple 博士（俄亥俄大学）、Eryl Bassett（坎特伯雷肯特大学）、Drake Bradley（贝茨学院）、Deborah M. Clauson（美国天主教大学）、Jose M. Cortina（密歇根州立大学）、Gary B. Forbach（沃什伯恩大学）、Edward Johnson（北卡罗来纳大学）、Dennis Jowaisas（俄克拉何马城市大学）、David J. Mostofsky（波士顿大学）、Maureen Powers（范德比尔特大学）、David R. Owen（纽约城市大学布鲁克林学院）、Dennis Roberts（宾夕法尼亚州立大学）、Steven Rogelberg（鲍灵格林州立大学）、Deborah J. Runsey（堪萨斯州立大学）、Robert Schutz（不列颠哥伦比亚大学）、N. Clayton Silver（内华达大学）、Patrick A. Vitale（南达科他大学）、Bruce H. Wade（斯佩尔曼学院）、Robert Williams（加劳德特大学）、Eleanor Willemsen（圣克拉拉大学）、Pamela Zappardino（罗得岛大学）、Dominic Zerbolio（密苏里大学圣路易斯分校）。多年来，Karl Wuensch 博士（东卡罗来纳大学）提出了许多建议、商榷意见和宝贵的忠告，他更应得到特别的感谢，Kathleen Bloom 博士（滑铁卢大学）和 Joan Foster（西蒙弗雷泽大学）也是如此。科罗拉多大学的 Gary McClelland 慷慨地准许我使用他的一些 Java 程序，并且愿意在必要时按照我的需求加以修改。

我要感谢所有提出建议或指出错误的读者（教师和学生）。我没有足够的篇幅来一一感谢他们，但是在标有"勘误表"的网页上，许多人的名字被列在了他们发现的错误的旁边。

我要感谢佛蒙特大学的老同事。我虽然于 2002 年 5 月退休，但是仍然认为佛蒙特大学是我的智力故乡。我更要感谢英国布里斯托尔大学的同事们，他们将学术假期的一部分用于完成本书的第一版。然而，最重要的是，我还要感谢所有学生——他们多年来帮助我了解问题所在，以及如何更好地接近他们。他们的鼓励更是无比珍贵。这其中包括从未谋面但通过互联网提出问题或评论的学生。（是的，我真的阅读了所有这些信息，希望能回应所有这些信息。）

David C. Howell
于美国犹他州圣乔治市
2015 年 12 月
邮箱：david.howell@uvm.edu

目　录

第 1 章　导言 / 001
- 1.1　一个发展中的领域 …………… 003
- 1.2　环境的重要性 ………………… 004
- 1.3　基本术语 ……………………… 005
- 1.4　统计程序的选择 ……………… 009
- 1.5　使用计算机 …………………… 010
- 1.6　总结 …………………………… 012
- 1.7　快速复习 ……………………… 013
- 1.8　习题 …………………………… 014

第 2 章　基本概念 / 017
- 2.1　测量量表 ……………………… 018
- 2.2　变量 …………………………… 023
- 2.3　随机抽样 ……………………… 024
- 2.4　符号 …………………………… 025
- 2.5　总结 …………………………… 027
- 2.6　快速复习 ……………………… 028
- 2.7　习题 …………………………… 029

第 3 章　数据展现 / 033
- 3.1　绘制数据 ……………………… 035
- 3.2　茎叶图 ………………………… 039
- 3.3　读图 …………………………… 043
- 3.4　绘制数据的其他方法 ………… 044
- 3.5　描述分布 ……………………… 047
- 3.6　用 SPSS 展现数据 …………… 048
- 3.7　总结 …………………………… 049
- 3.8　快速复习 ……………………… 050
- 3.9　习题 …………………………… 051

第 4 章　集中量 / 057
- 4.1　众数 …………………………… 058
- 4.2　中位数 ………………………… 058
- 4.3　平均数 ………………………… 059
- 4.4　众数、中位数和平均数的相对优劣 …… 060
- 4.5　用 SPSS 和 R 计算集中量 …… 062
- 4.6　一个简单的演示——直观的统计学 …… 064
- 4.7　总结 …………………………… 067
- 4.8　快速复习 ……………………… 068
- 4.9　习题 …………………………… 068

第 5 章　差异量 / 073
- 5.1　全距 …………………………… 075
- 5.2　四分位距 ……………………… 076
- 5.3　平均差 ………………………… 077
- 5.4　方差 …………………………… 077
- 5.5　标准差 ………………………… 079
- 5.6　方差和标准差的计算公式 …… 080
- 5.7　作为估计量的平均数和方差 … 081
- 5.8　箱须图：差异量和极端数值的图形表示 … 083
- 5.9　对于切尾样本的回顾 ………… 086
- 5.10　用 SPSS 和 R 计算差异量 …… 087
- 5.11　月亮错觉 ……………………… 089
- 5.12　直观的统计学 ………………… 091
- 5.13　总结 …………………………… 092
- 5.14　快速复习 ……………………… 093
- 5.15　习题 …………………………… 093

第 6 章　正态分布 / 097
- 6.1　正态分布 ……………………… 099
- 6.2　标准正态分布 ………………… 102

- 6.3 根据概率为观察值设定上下限 ········ 108
- 6.4 与 z 相关的量 ················· 109
- 6.5 直观的统计学 ················· 110
- 6.6 总结 ······················ 111
- 6.7 快速复习 ···················· 111
- 6.8 习题 ······················ 112

第 7 章 概率的基本概念 / 117
- 7.1 概率 ······················ 118
- 7.2 基本术语和规则 ················ 120
- 7.3 概率在有争议问题上的应用 ·········· 124
- 7.4 结果报告 ···················· 126
- 7.5 间断变量与连续变量 ············· 127
- 7.6 间断变量的概率分布 ············· 128
- 7.7 连续变量的概率分布 ············· 129
- 7.8 总结 ······················ 130
- 7.9 快速复习 ···················· 131
- 7.10 习题 ······················ 132

第 8 章 抽样分布与假设检验 / 135
- 8.1 抽样分布和标准误 ··············· 136
- 8.2 另外两个例子——课程评价和人类决策 ··· 138
- 8.3 假设检验 ···················· 140
- 8.4 零假设 ····················· 143
- 8.5 检验统计量及其抽样分布 ·········· 144
- 8.6 运用正态分布进行假设检验 ········· 145
- 8.7 I 类错误与 II 类错误 ············ 149
- 8.8 单尾检验和双尾检验 ············· 152
- 8.9 直观的统计学 ················· 156
- 8.10 综合举例 ···················· 156
- 8.11 回顾课程评价和沉没成本的例子 ····· 158
- 8.12 总结 ······················ 158
- 8.13 快速复习 ···················· 159
- 8.14 习题 ······················ 160

第 9 章 相关 / 163
- 9.1 散点图 ····················· 164
- 9.2 一个例子：生活节奏与心脏病之间的关系 · 169
- 9.3 协方差 ····················· 170
- 9.4 皮尔逊积差相关系数（r）········· 170
- 9.5 秩次数据之间的相关系数 ·········· 172
- 9.6 影响相关的因素 ················ 174
- 9.7 警惕极端观察值 ················ 177
- 9.8 相关关系与因果关系 ············· 178
- 9.9 一件事情如果看起来好得出奇，也许真该怀疑 ························· 180
- 9.10 相关系数的显著性检验 ··········· 181
- 9.11 相关系数的置信区间 ············ 184
- 9.12 相关系数矩阵 ················ 185
- 9.13 其他相关系数 ················ 186
- 9.14 用 SPSS 计算相关系数 ·········· 188
- 9.15 r^2 和效应量 ················ 189
- 9.16 直观的统计学 ················ 189
- 9.17 回顾：课程质量评价与预期成绩有相关吗？······················· 192
- 9.18 总结 ······················ 194
- 9.19 快速复习 ··················· 195
- 9.20 习题 ······················ 195

第 10 章 回归 / 199
- 10.1 应激水平与心理健康的关系 ········ 200
- 10.2 基本数据 ··················· 202
- 10.3 回归线 ····················· 204
- 10.4 预测的准确性 ················ 210
- 10.5 极端数值的影响 ··············· 215
- 10.6 回归分析中的假设检验 ··········· 216
- 10.7 用 SPSS 进行回归分析 ·········· 217
- 10.8 直观的统计学 ················ 219
- 10.9 综合举例（用于复习）··········· 222
- 10.10 回归与相关 ················· 225
- 10.11 总结 ····················· 226
- 10.12 快速复习 ··················· 227
- 10.13 习题 ····················· 227

第 11 章 多元回归 / 233
- 11.1 概述 ······················ 234
- 11.2 第一个例子：资助我们的学校 ······ 236
- 11.3 多元回归方程 ················ 242

11.4	残差	248
11.5	假设检验	248
11.6	完善回归方程	250
11.7	专栏：用 R 解决多元回归问题	251
11.8	第二个例子：怎样才能成为一个自信的母亲？	253
11.9	第三个例子：癌症病人的心理症状	255
11.10	总结	258
11.11	快速复习	259
11.12	习题	260

第 12 章　单样本平均数的假设检验 / 265

12.1	平均数的抽样分布	266
12.2	σ 已知时平均数的假设检验	268
12.3	σ 未知时平均数的假设检验（单样本 t 检验）	272
12.4	影响 t 值的因素与关于 H_0 的决策	277
12.5	第二个例子：月亮错觉	278
12.6	效应到底有多强？	278
12.7	平均数的置信限	279
12.8	用 SPSS 和 R 进行单样本 t 检验	282
12.9	良好猜测好于空着不答	283
12.10	直观的统计学	285
12.11	置信区间可能比零假设检验重要得多	288
12.12	总结	289
12.13	快速复习	290
12.14	习题	291

第 13 章　双相关样本平均数的假设检验 / 295

13.1	相关样本	296
13.2	将学生氏 t 用于差异分数	296
13.3	一人之群与多人之群	300
13.4	相关样本的优缺点	301
13.5	我们发现的效应有多强？——效应量	302
13.6	差异分数的置信限	304
13.7	用 SPSS 和 R 进行相关样本 t 检验	304
13.8	结果报告	305
13.9	总结	305
13.10	快速复习	306
13.11	习题	307

第 14 章　双独立样本平均数的假设检验 / 311

14.1	平均数之差的分布	312
14.2	方差不齐性	318
14.3	分布的非正态性	320
14.4	双独立样本 t 检验的第二个例子	320
14.5	再谈效应量	322
14.6	$\mu_1 - \mu_2$ 的置信限	323
14.7	效应量的置信限	324
14.8	检验结果可视化	324
14.9	结果报告	325
14.10	幸运符有用吗？	326
14.11	直观的统计学	328
14.12	总结	329
14.13	快速复习	330
14.14	习题	331

第 15 章　统计功效 / 333

15.1	统计功效的基本概念	335
15.2	影响检验的功效的因素	337
15.3	用传统方式计算的功效	339
15.4	单样本 t 检验计算功效	341
15.5	计算两个独立样本平均数之差检验的功效	343
15.6	计算相关样本 t 检验的功效	346
15.7	以样本容量考虑功效	347
15.8	你不必手工完成	347
15.9	事后（回溯）功效	349
15.10	总结	350
15.11	快速复习	351
15.12	习题	351

第 16 章　单因素方差分析 / 355

16.1	基本思路	356
16.2	方差分析的逻辑	358
16.3	方差分析的计算方法	365
16.4	样本容量不等的方差分析	373
16.5	多重比较法	375
16.6	违反假定的情况	382

第 17 章 析因方差分析 / 397

- 17.1 析因设计 ················· 398
- 17.2 Eysenck 的研究 ··········· 400
- 17.3 交互作用 ················· 404
- 17.4 简单效应 ················· 405
- 17.5 相关量和效应量 ··········· 408
- 17.6 结果报告 ················· 411
- 17.7 样本容量不等的情况 ······· 412
- 17.8 男性过度补偿论：专属男性的现象 ··· 412
- 17.9 用 SPSS 做析因方差分析 ····· 415
- 17.10 直观的统计学 ············ 415
- 17.11 总结 ···················· 417
- 17.12 快速复习 ················ 418
- 17.13 习题 ···················· 419

第 18 章 重复测量的方差分析 / 423

- 18.1 一个例子：对地震的反应——抑郁 ··· 424
- 18.2 多重比较 ················· 428
- 18.3 效应量 ··················· 429
- 18.4 重复测量设计涉及的假定 ··· 430
- 18.5 重复测量设计的优缺点 ····· 432
- 18.6 结果报告 ················· 432
- 18.7 综合举例 ················· 433
- 18.8 总结 ···················· 434
- 18.9 快速复习 ················· 435
- 18.10 习题 ···················· 436

第 19 章 χ^2 检验 / 439

- 19.1 单向分类变量：χ^2 拟合优度检验 ··· 440
- 19.2 双向分类变量：列联表分析 ··· 445
- 19.3 标准 χ^2 检验可能的改进形式 ··· 448
- 19.4 较大列联表的 χ^2 检验 ······· 449
- 19.5 期望次数太小的问题 ······· 451
- 19.6 对比例进行 χ^2 检验 ········ 451
- 19.7 效应量的计量 ············· 453
- 19.8 综合举例 ················· 456
- 19.9 结果报告——第二个例子 ··· 457
- 19.10 直观的统计学 ············ 458
- 19.11 总结 ···················· 458
- 19.12 快速复习 ················ 459
- 19.13 习题 ···················· 460

第 20 章 非参数检验与自由分布检验 / 465

- 20.1 传统的非参数检验 ········· 466
- 20.2 随机化检验 ··············· 474
- 20.3 效应量指标 ··············· 476
- 20.4 自助抽样 ················· 476
- 20.5 母性适应研究的结果报告 ··· 477
- 20.6 总结 ···················· 477
- 20.7 快速复习 ················· 478
- 20.8 习题 ···················· 478

第 21 章 元分析 / 485

- 21.1 元分析 ··················· 486
- 21.2 简要回顾效应量指标 ······· 487
- 21.3 第一个例子——儿童和青少年抑郁症 ··· 491
- 21.4 第二个例子——尼古丁口香糖和戒烟 ··· 496
- 21.5 总结 ···················· 498
- 21.6 快速复习 ················· 499
- 21.7 习题 ···················· 499

附录 A 符号 / 503

附录 B 统计学基本公式 / 505

附录 C 数据集 / 509

附录 D 统计用表 / 513

术语表 / 531

参考文献 / 537

习题答案 / 543

页首内容：
- 16.7 效应量 ··················· 382
- 16.8 结果报告 ················· 384
- 16.9 综合举例 ················· 385
- 16.10 直观的统计学 ············ 388
- 16.11 总结 ···················· 388
- 16.12 快速复习 ················ 389
- 16.13 习题 ···················· 390

第1章

导　言

学生前来修读课程的时候，通常都想知道课程涉及哪些内容，以及自己将会取得怎样的成绩。本章首先介绍全书涵盖的所有内容和那些不会涉及的内容；接着将介绍统计学与数学之间的区别——两者在很大程度上根本不是一回事。正如我要指出的那样，本课程所需的所有数学知识，你都在高中时就学过——尽管你可能已经忘记了一些。然后将阐述我们为什么需要统计方法，这些方法的目的是什么，并说明将要学习的所有方法的结构。最后，本章将简要介绍数据的计算机分析。

多年来，在聚会等社交场合，如果有人问及我的职业，我总会回答说自己是一名心理学家（现已退休）。尽管我会立即补充说自己是一名实验心理学家，人们还是会评论说，在你面前说话做事都要小心了，好像我神通广大什么都知道似的。所以我后来改变了策略，回答说我教的是统计学——这个答案也完全没毛病。这个答案还解决了一个问题——大家不再直白地对我表示疑虑了；不过，它带来了另一个问题——现在大家都会说他们的数学是何等的差，以及多么成功地避开了统计学课程——对于将职业生涯投身于统计学教学的人来说，这些话听起来似乎还是不那么舒服。现在，我就只说自己讲授心理学研究方法达35年之久，大家听了似乎还挺满意。也许他们不知道研究方法涉及统计学。我还就不告诉他们。

让我们先来看第一个问题：统计学属于哪个领域？毕竟，你要投入一个学期的精力来学习各种统计学方法，现在首先应该了解一下将要学习的内容。"统计"这个术语至少有三种用法[*]。作为本书的标题，"统计学"指的是一整套程序和规则（不限于计算或数

---

[*] 在英语中，statistics 有三种含义：统计学、统计数据和统计量。——译者注

学），它们可以帮助我们将大量数据简化到可以把握的程度，并根据这些数据得出结论。本书介绍的基本上就是这些内容。

该术语的第二个用法（也是极为常见的义项）就是像这句话里面的意思——"统计表明，申请失业救济的人数连续第3个月下降"。这里的"统计"可以用来代替"统计数据"，但是后一种说法其实更好。根据我们这本书的目的，这个义项永远用不上。

该术语的第三个用法是指代数据经过某种算术或代数运算所得到的结果。因此，一组数字的均值（平均数）就是一种统计量。这一完全合理的用法将贯串本书。

这样一来，我们对这个术语有两个正确的用法：（1）一套程序和规则；（2）样本数据经这些规则和程序处理后得到的结果。根据上下文，你总能判断书上说的是哪一个含义。

对许多学生而言，"统计学"这个术语通常会引起一定程度的数学恐惧，好在数学和数学推导在统计工作者的生活中并不需要（通常也不会）居于主导地位。[其实，像科恩（Jacob Cohen）这样一位能最清楚、最有说服力地阐述行为科学统计学问题的作者也说，自己就是因为数理统计学知识贫乏，才能如此成功地向别人解释统计学概念的。你别说，读者还真能理解他说的话。] 当然，如果不学习一些公式、不做深入理解，你也看不懂任何统计学文章。好在这不需要很高的数学水平，你在高中学的数学已经绰绰有余了。

比起担心代数和学习应用方程，用统计方法和程序将一个实验的结果与指引该实验的假设联系起来，才是更要紧的。从本书最早的几个版本开始，我就花大力气将那些对理解数据分析没有多大帮助的数学材料尽数删去。对于统计学公式，我不再呈现那些专门为了使用计算器而设计的公式，而是将其简化为定义公式。不过，这意味着你要稍微多思考一下做统计分析的逻辑了。这里说的逻辑并不限于假设检验的逻辑。我的意思是，你要明白解题方法背后的逻辑。如果两个群体的平均数之差与你要问的实际问题没有任何关系，就不用考察两个群体的平均数有没有差异。如果不知道差异有多大以及差异是否重要，那么谈该差异是不是随机产生的就没有意义。如果我们过分强调公式，就很可能陷入其中，只知道用这些公式对数据进行计算，却忘记了原本究竟要回答什么问题。

某些学生还有另一个想法（我的前一段话可能也多少促成了这种想法）：修读统计学课程的唯一理由就是为了分析实验研究的结果。当然，老师们希望你们能够为了达到这个目标而使用统计程序，但是那些程序（更重要的是与之相应的思想方法）不只被用于标准的实验研究。我希望像我这样的博雅教育信徒能注意到，统计学也是博雅教育的内容。这里介绍的大部分内容在你们大学毕业后的工作中还能用上。不管你们是在大公司还是小型家族企业工作，都必须处理数据；你们甚至还需用计算机来解决问题。如果你在城市规划委员会任职，就要知道规划中的各种变化会对房地产和商业发展产生什么影响，还须了解这些影响反过来又能造成就学人口的变化和由此产生的学校预算变化，以及诸如此类的事项。你们可能不需要为这些城市规划问题做方差分析（见本书第16—18章，不过稍微懂点第9—11章的回归模型可能会有些帮助），但是方差分析处理数据用的逻辑方法在这些问题上是同样需要的。（如果你把城市规划弄得一团糟，全城百姓都会埋怨你。）

统计学这门课不是因为必修才学，而等学期结束就能抛到脑后的。（可能很多人都有这个打算，但我更希望你们带走的不只是成绩单上那3个学分。）如果教学得当，统计学知识就能成为可供运用（和交易）的工作技能。这是我努力淡化该领域的数学基础的一个重要原因。那些数学基础现在很重要，但以后就不起作用了。能够想通一个实验或一组数据的逻辑和理论，才是一项可以一直跟着你的重要能力，而能够求出回归方程的解却不是这样的能力。这就是为什么本书的大多数例子都与人们的实际工作有关。这种类型的工作需要的是思考。如果举例时用"假设我们有 3 个组，分别标记为 A、B、C"开头，理解起来比较容易；而一个真实存在的实验，理解起来就很难。但是前者很无聊，对你们教益不大。而一个真实的例子会更有趣，还能教你们更多东西。

1.1 一个发展中的领域

人们听我说起修改教材时，常常觉得很奇怪。他们以为，统计程序是永恒不变的。幸运的是，情况并非如此——随着时间的推移，我们确实获得了更多知识。这里面不仅包括新发展出来的更为复杂而有趣的分析方法，而且包括多年来我们对实验研究结果形成的新看法。在我读研究生以及之后的若干年里，行为科学研究者主要关心的是他们发现的各个实验组之间的差异（或者他们发现的两个或多个变量之间关系）是否可靠。如果他们重做一遍这个研究，是否仍能发现实验组的表现优于对照组？后来，这个领域慢慢有所改变，研究者会进一步询问得到的差异是否有意义。也许这些群组之间确实存在差异，但差异太小，以至不产生任何影响。这就引来了许多重要性指数（即效应量）的发展。与效应量搭档的，就是置信限，即置信区间，提示研究者整个观察总体的某个可能的测量值在多大程度上是可信的。这是该领域的一个非常重要的进步。许多人现在已经开始提到"新统计学"，强调超越简单统计检验的重要性。在这场转变中，有些学科已经领先于我们，也有一些领域反应比较迟缓，还没有开始问差异有没有意义这样的问题。①

在 20 世纪 80 年代后期，这个时期其实没有大家想象得那么遥远；从那时起，一些心理学者提出了一个与前人略有不同的问题。如果我们发现的结果既可靠又有意义，那么其他人会发现什么？关于某个特定的理论问题或许已经有了 20 个研究，但是发现的结果可能各不相同。或许，大多数研究取得了一致的结果（至少就一般意义而言）。考察关于某个主题的多项研究，这在医学中是一个非常重要的想法，现在被我们称为"循证医学"。为了治疗某个特定类型的癌症，我们要综合所有针对它的研究，看看有没有被一致认为最佳的治疗方法。这种方法被称为"元分析"，我在本书最后加了一章，对其进行了非技术性的讨论。现在我们不能再像以前那样思考问题了——好像只有我们在进行相关研究。正像你所看到的，这个领域回答的问题已经从"这个差异可靠吗？"变为"这个差异有意义吗？"，再到"其他人发现的也是这个结果吗？"。

本书第九版与之前的版本有很大差别。刚才说过，我在效应量和置信区间上比过去花了更多功夫。而且，正如前文所述，我在过去的几年里大大减少了统计学公式的比重，并且采用了新的形式呈现这些公式；虽然这些公式很难用在袖珍计算器上，但它们更符合你

注释①
纽约州立大学西奥分校的一位名叫 Staci Weiss（2014）的本科生对新统计学和 R 软件的作用以及她如何掌握两者进行了精彩的讨论。这是一篇透彻地分析统计学新发展的优秀文章，发表在 2014 年 12 月出版的美国心理科学协会刊物《观察者》（*Observer*）上。

所做统计工作的逻辑。在这个版本中，我将进一步加入更多的关于如何使用计算机软件来得出结论的材料。在我写的另一本书中，这种做法已经延续多年，本书的最新版本也很有必要朝着这个方向前进。我尽量让这些内容的呈现不影响原本的论述，这些材料也可以略过不学，只要教师觉得合适就行。我当然不希望读者因为害怕用到计算机编程语言而不再用本书。计算机无处不在，几乎每个人都有一台计算机，或者随时可以用到计算机。大多数人都知道怎么下载软件、音乐和视频，等等，因此下载统计软件不应该算什么难事。我们将要运用的软件是免费的，这是一个很大的优点。而且，我们需要的某些计算机功能甚至可以免费或以低价直接下载到手机上。看到计算机屏幕上出现了答案，尤其还是正确答案，我们学习的基本内容就更有意义了。

1.2 环境的重要性

让我们以当今世界的一个重要话题作为例子开始说起。这项研究可以说已经很古老了，但它绝对是一个重要的研究，而且现在仍被关于药物使用的文献引用着。吸毒和药物滥用是一个严重的社会问题。每天都有海洛因成瘾者死于过量吸食。心理学家应该为理解药物过量问题做些事情，而事实上我们也在这样做。接下来，我会着力描述该领域中一个重要的研究系列，因为从这些研究中选出的一项研究可以说明本章和下一章的一些重要概念。

这个例子很像 1975 年 Shepard Siegel 针对吗啡耐受性进行的重要实验。吗啡这种药物经常用于缓解疼痛。然而，经常服用吗啡会产生耐受性；结果，随着时间的推移，吗啡的镇痛效果越来越弱。（经常吃辛辣的食物也会产生同样的结果。你会发现，辣吃得越多，就要吃得越辣，否则达不到第一次吃辣时的味道。）检验吗啡耐受性的一项常见实验任务就是将大鼠放在不舒服的热板上。当板子的温度达到很不舒服的程度时，大鼠就会舔它的爪子。"舔爪潜伏期"成了测量大鼠对疼痛的敏感性的指标。只接受过一次吗啡注射的大鼠通常表现出较长的"舔爪潜伏期"，这说明吗啡降低了其对疼痛的敏感性。重复多次注射吗啡，就可以看到吗啡耐受性的变化——"舔爪潜伏期"逐渐缩短（表明对疼痛的敏感性升高）。

Siegel 指出，在许多吗啡以外的用药情境中，条件性（习得的）药物反应与药物的无条件（自然）效果的方向正好相反。例如，注射阿托品后，动物流口水的现象通常会明显减少。但是，如果在反复注射阿托品后，在相同的物理环境中突然注射生理盐水（一种本来应该没有任何作用的物质），动物流口水的现象反而增加了。就好像那些动物正在补偿阿托品的预期效果似的。在这类研究中，一种习得的补偿机制在多次试验（注射）后发展起来，抵消了药物的作用。（如果你突然不往食物中加某种平常添加的调料，你也会产生相同的感受。尽管早餐的提子脆多谷物麦片不那么平淡，但是如果突然不加调料，你仍会觉得它异常寡淡无味——你还是不要往提子脆多谷物麦片里加调料了。）

Siegel 认为，上述过程可能有助于解释吗啡的耐受性。他推断，如果在预试验中对动物反复多次注射吗啡，然后将其放在热板上，那么随着药物的作用越来越弱，吗啡耐受性就会显现。因此，如果你在之后的试验中再次给动物被试注射吗啡，那么该动物对疼痛的敏感性就和一只从未服用过吗啡的幼崽一模一样了，因为它对药物的耐受性已经得到了充分发展。Siegel 进一步推断，如果你在后面的试验中给动物注射本无药效的生理盐水，只要是在与正常注射吗啡相同的测试环境中，之前重复给予吗啡引起的条件性（习得的）超敏性将难以抵消原先吗啡的作用，动物会表现出很短的"舔爪潜伏期"——对疼痛的高度敏感。

也许你会认为这样一个 40 多年前（"岁数"比大多数读者都大）进行的实验太古老了，无法引起兴趣。但是，只要简单地上网搜索一下，就能找到许多新近的研究，它们都是直接从 Siegel 的早期研究派生出来的。其中有一项由 Mann-Jones 等人（Mann-Jones，Ettinger，Baisden，& Baisden，2003）做的研究特别令人感兴趣，该研究发现，一种名为右美沙芬（dextromethorphan）的药物可以抵消吗啡耐受性。如果你得知右美沙芬是止咳糖浆中的重要成分，这件事情就变得非常有趣了。这表明海洛因成瘾者在进入新环境时不想服用止咳糖浆，正如他们也不想服用海洛因。

但是热板上的小鼠与药物过量有什么关系？第一，海洛因是吗啡的衍生物。第二，海洛因成瘾者在反复服用后显示出明显的耐受效应，其结果是，他们常常要将每次注射的剂量增加到之前可以致命的水平。根据 Siegel 的理论，由于那个习得的与服用海洛因的环境相联系的补偿机制，对你我来说致命的海洛因剂量，对海洛因成瘾者不会构成危险。

但是，如果这些海洛因成瘾者在一个全新的环境中服用标准（对他们而言）剂量的海洛因，这种补偿机制就保护不了他们了——以前对他们来说安全的剂量现在可能就是致命的。事实上，Siegel 指出，许多药物过量的病例就发生在换了新环境后注射海洛因的情况下。我们在这里谈论的可是一个严重的问题——药物过量通常发生在新的环境中。

如果 Siegel 是对的，那么他的理论对药物过量导致的问题就具有重要意义。对 Siegel 理论的一项检验研究简化了原先的研究方案，以两组对吗啡具有耐受性且其标准剂量已经超过正常水平的小鼠为被试。第一组小鼠在与先前服用药物时相同的环境中进行测试。第二组小鼠得到的处理与第一组完全相同，唯一的差别是，它们在一个全新的环境中进行测试。如果 Siegel 是正确的，在新环境中接受测试的动物的疼痛阈值比在往常环境中注射药物的动物高得多，即新环境中吗啡产生的镇痛效果更好。我们要做的事情就建立在这个基础性的研究之上。

上述耐药性研究的例子说明了许多重要的统计学概念，在本书后面的章节中，这个例子还要派上很大用场。请确保你理解了实验论证的内容。如果你能想一想自己的生活或周围人的生活中类似的耐受性现象，对你会有很大帮助。如果你（或者他们）产生了耐受性，你的行为会受到什么影响？与父母相比，为什么你对与性行为相关的评论感到更自然？如果听到毕业演讲中出现了你未曾注意过的语言，它是否有类似的效果？

1.3 基本术语

统计学程序大致可以分为两个互有重叠的区域：描述统计学和推断统计学。本书的前几章将介绍描述统计学，其余章节将阐述推断统计学。我们将用经我简化的 Siegel 吗啡研究来说明这两个术语之间的差别。

描述统计学

如果你的目的仅仅是对一组数据做出描述,你就会用到描述统计学。正常的小鼠从被放置在热板上开始到它舔爪子为止经过的平均时间长度——"舔爪潜伏期"——就是一个描述性统计量;同样的,对注射了吗啡的小鼠求得的"舔爪潜伏期"也是描述统计量。类似地,一旦注射了吗啡,小鼠"舔爪潜伏期"的变化量以及不同小鼠的变化量的差异程度也是描述统计量。在这里,我们只报告了能描述平均潜伏期或差异程度的数量指标。在其他情境中可能还有别的例子,例如完成节制饮食量表(Eating Restraint Scale)后得到的节食分数、司法部公布的犯罪率、某门特定课程考试分数的总结信息,等等。请注意,在每个例子中,我们都只是描述数据是如何反映某种现象的。

推断统计学

我们每一个人都曾在某个时间错误地根据有限的数据归纳不合理的结果。例如,看到一只小鼠第二次接受注射吗啡后的舔爪潜伏期比第一次短,我们可能会认为这是吗啡耐受性变化的明确证据。但是,就算没有产生吗啡耐受性,或者环境线索对调节行为没有产生任何影响,忽略潜伏期相等的情形后,第二次试验的潜伏期比第一次试验短的概率也达到50%。还有,你可能听人说过或自己读到过"高个子人比矮个子人更优雅"这样的说法,而且仅仅因为你曾经有一个非常高大而优雅的室友就认定这种说法是真的。你很容易就忘记了同住的还有个身高1.95米的室友,他笨手笨脚,每回站着穿裤子都会被绊住。同样,有个男人说女孩的动作技能发展得比男孩早,仅仅是因为他的女儿在10个月大时就开始走路,而他的儿子直到14个月大才走路——上述推断犯了同样的错误:根据单次(或过于有限的次数)的观察结果做出概括。

如果我们想要研究的对象几乎没有差别,用小样本或单次观察的数据可能就足够了。如果我们想知道一头奶牛有几条腿,只需要找一头奶牛数一数就行。用不着找一大群牛——一头牛就够了,除非它是一头非常奇异的牛。然而,如果我们要测量的对象存在很大的个体差异,例如奶牛的产奶量,或者在不同环境中注射吗啡引起的反应潜伏期的差异,单单一头牛是不够的,单单一只小鼠也是不够的。我们需要一大群牛或者一大群小鼠。与之相关联的是统计学中的一个重要原理——差异性。确定奶牛有几条腿之所以不同于确定奶牛产奶量,关键取决于测量对象的差异程度。在整个课程中,差异性将如影随形地跟着你。

如果要考察的对象因人(或动物)而异,或因试验而异,我们就要进行多次测量。但是,我们也无法完成无限次的观察。如果想知道在新环境中注射吗啡能否产生更大影响,奶牛通常会产多少奶,或者女孩通常在几个月大时开始行走,我们就必须观察1只以上的小鼠、1头以上的奶牛,或者不止1个女孩。但是,我们又不可能看到所有的小鼠、奶牛或女孩。我们必须做一些介于两者之间的事情——必须从总体中抽取样本。

总体、样本、参数和统计量

总体可以被定义为你感兴趣的事件的整个集合（例如，所有注射吗啡的小鼠的观察值，某国所有奶牛的产奶量，每个女孩首次开始行走时的年龄等）。因此，如果我们对美国所有青少年的应激水平感兴趣，就要收集美国所有青少年的应激得分——这就构成了一个总体，如果真这样干了，你将得到了一个超过 5000 万人的总体。另一方面，如果我们只对来自佛蒙特州费尔法克斯镇（约有 2300 名居民）的大学二年级学生的应激分数感兴趣，那么这个总体大约包括 60 人，并且很容易获得完整数据。如果对小鼠的舔爪潜伏期感兴趣，我们可以一只接一只地观察小鼠。从这个意义上说，所有观察值*在理论上构成了一个无限总体。

这说明，总体可以很小（相对较小的数据集合，比较容易收集到），也可以很大（数据集合甚至可以达到无穷，因而永远无法尽数收集）。我们感兴趣的总体通常都是很大的。在研究实践中，这往往导致我们很少能够收集到整个总体的数据。于是，我们只好换一种办法，从总体中抽取**样本**，并用该样本来推断总体的某些特征。

当我们抽取观察样本时，通常要计算一些能概括该样本数据的数值（例如平均数）。如果这些数值来自样本，它们就叫**统计量**。相应的，如果这些数值来自总体（例如总体平均数），它们就被称为**参数**。推断统计学的主要目的就是根据统计量（样本的特征）对参数（总体的特征）做出推断[2]。

- 描述统计学：简单描述手头的数据。
- 推断统计学：运用统计量（样本上的指标）来推断参数的值（总体上的指标）。

我们通常将样本视为真正的**随机样本**——总体中的每个个体进入样本的概率是相等的。如果样本真是随机的，我们不仅可以据此估计总体参数，而且可以很好地把握估计量的精确度。如果不是随机样本，我们的估计就可能毫无意义，因为样本可能没有准确反映整个总体。事实上，我们很少能够取得真正的随机样本，因为这在大多数情况下都是做不到的。我们通常选用便于获取的样本（例如，来自心理学导论课的志愿者），并且希望从这种样本中取得与完全随机的样本同样的结果。

这里会出现一个问题，某人用的样本，对另一个人来说可能是总体。例如，如果要研究本书的教学效果，我可能将一个教学班的考试分数看作一个样本（尽管这个样本并非随机的），其总体是所有正在或可能正在使用本书的学生的考试分数。另一方面，这个教学班的教师只关心自己的学生，在她眼里，该班的分数就是总体。反过来，对统计学教学感兴趣的人可能会将我认为的总体（本书所有使用者的考试分数）视为来自更大总体的一个非随机样本（所有使用了任意统计学教材的学生的考试分数）。因此，总体的定义取决于你有兴趣研究的对象。还要注意，当我们谈论总体时，说的是分数的总体，而不是人或事物的总体。

注释②
统计学家所用的"推断"一词与其正常的英语用法几乎完全相同，即"通过逻辑推理得出结论"。如果参加野餐的人有 3/4 突然生病，我可能会得出（可能不正确的）结论：食物出了问题。同样，如果随机抽样得到的五年级儿童样本的平均社会敏感度得分非常低，我可能会得出这样的结论：五年级学生在社会敏感性方面还有很多东西要学。统计推断通常比日常推断更精确，但两者的基本理念是相同的。

---

*本书提到观察值时，经常代之以"score"，故后文"观察值""分数"和"得分"等说法含义相同。——译者注

请各位读者切记，不要看到这里用非随机样本来研究问题，就认为随机性不重要。相反，随机性是许多统计推断的基石。事实上，人们可以将相应的总体定义为可供随机抽取样本的数字集合。

推断

我们之前将推断统计学定义为统计学的一个分支，研究的是从样本特征推断总体特征。这种说法本身还不够完整，因为它给读者留下的印象是，我们所关心的一切仅仅是确定总体参数，例如吗啡影响下小鼠的平均舔爪潜伏期。当然，我们有时候确实关心总体参数的确切数值。例如，我们经常看到材料说普通高中生每天花费大量时间发短信，这个时间数据本身就很有意义。但如果这就是推断统计学的全部，就太沉闷了，而我在聚会中承认自己教统计学时看到旁人的奇怪眼神也就不足为怪了。

在小鼠吗啡耐受性的例子中，我们其实并不关心小鼠舔爪潜伏期的平均数。这个数字本身是一条几乎没有任何用处的信息。我们真正关心的是，在新环境中注射吗啡的小鼠的平均舔爪潜伏期是大于还是小于在熟悉环境（与先前注射吗啡时相同的环境）中注射吗啡的小鼠的平均舔爪潜伏期？为此，我们需要估计相应的总体平均数。在许多情况下，推断统计学是估计两个或更多总体参数的工具，但它更多的是为了发现那些参数是否不同，而不是确定参数的实际数值。

请注意，在上一段中，我关心的是总体参数，而不是样本统计量。我相当有把握地打个赌：如果我用两个不同的小鼠样本进行测试，其中一个样本的均值（平均数）将大于另一个样本的均值。（很难相信两个样本均值完全相同。）但真正的问题是，在新环境中测试的小鼠的样本平均数是否足够大于在熟悉的环境中测试的小鼠的样本平均数，从而让我得出结论——两个样本对应的两个总体的平均数也有差异。

而且不要忘了，我们真正关心的不是小鼠吸毒成瘾。我们关心的是海洛因成瘾。只是，我们很难做到在新环境中对海洛因成瘾者过量注射，然后观察会出现什么结果。对我们来说，这种做法是不符合道德的行为。所以，我们不得不进行二次推论。我们先是必须根据小鼠样本得出对小鼠总体的统计推论，然后必须根据小鼠的结论得出对人类海洛因成瘾者的逻辑推论。如果我们想了解任何有助于降低海洛因过量服用发生率的信息，这两种推论都是至关重要的。

在这个版本中，我要更着重地强调这样一个事实：我们不仅想知道所发现的差异出自偶然的可能有多大，而且想知道这些差异的意义有多大。两个总体的平均数之间可能有差异，但这个差异可能很小，小到无足轻重。以前的行为科学主要关注差异是否出自偶然；但近年来，我们已经开始强调效应量大小的重要性——两个相差不大的总体平均数真的很重要吗？你可以注意到，本书后半部分对所谓的"效应量"尤为重视，尽管说服我们确信自己看到的差异不出自偶然仍是一个重要的前提。

我认为，这一新重点赋予了统计学更大的意义。在某些情况下，我们可以仅用一两句话来说明"意义"。而在其他情况下，要做的工作和讨论将更多。更进一步，到了本书最后一章，我将讨论元分析——根据对于特定现象的所有的相近实验研究得出结论。我们不仅想知道效应是否可靠而重要，而且想知道对同一现象的若干不同研究是否发现了一致的效应。这种元分析比单项特定研究发现的结果更能说明某些现象。

1.4 统计程序的选择

正如我们刚才所看到的，描述统计学和推断统计学之间存在重要区别。本书先介绍描述统计学，这是因为我们必须先对一组数据做出描述，才能用它来做出推论。而在进行统计推断之前，我们还需要额外做一些事情——区分各种统计程序，以便从中选出适当的统计程序。本书的封三有一个**决策树**，要在本书提供的各种可用的统计程序中进行选择，这是一个可用的图式。这个决策树不仅代表了本书后半部分内容组织的大致轮廓，还指出了从研究伊始就应该回答的一些基本问题。考虑这些问题时请记住，我们目前不关心哪个统计检验用于哪个目的。这件事晚点再说。相反，当我们尝试用统计学来处理数据时，不管说的是描述性的统计程序还是推断性的统计程序，首先都应当关心自己将要研究的是哪一类问题。这些问题被列在决策树的各个分支点上。我在这里将简要地讨论前三个问题，其余的留到以后更合适的时机再继续。

数据的类型

数值型数据一般有两种——测量数据和分类数据。**测量数据**（有时称为**定量数据**）指的是各种类型的测量所得到的结果，例如一个人接受应激水平测量所得的分数，例如，一个人的体重、一个人阅读本页内容的速度或一个人在权威主义量表上的得分。在上述每一种情况下，都要用某种最广义的仪器来测量某些东西。

分类数据（也称为**频次数据**或**点计数据**）见于诸如下面这样的陈述："78 名学生报告自己来自单亲家庭，112 名学生报告自己来自双亲家庭""对于新课程的投票，238 人赞成，118 人反对"。在这里，我们在为事物计数，得到的数据包括每个类别的总数或频次（因此称其为分类数据）。假定有数百名教职员工对提议的课程进行投票，但是结果（数据）只有 2 个数字——赞成票数和反对票数。另一方面，测量数据可能记录了数十只小鼠的舔爪潜伏期，每只小鼠各有一个具体的潜伏期数字。

我们测量同一个一般性变量时，有时会得到测量数据，有时会得到分类数据。因此，在我们的实验中，可以获得每只小鼠的潜伏期分数（测量数据），也可以将小鼠的潜伏期分为长、中、短三个类别，然后对每个类别进行计数（分类数据）。

对于上述两种数据的处理方式是截然不同的。在第 19 章中，我们将研究分类数据的处理方法。例如，我们可能想确定生活在三种不同应激水平下的大鼠成功排异的肿瘤数量[*]是否存在可靠的差异。在第 9—14 章、第 16—18 章和第 20 章中，我们关注的主要是测量数据。但是在采用测量数据时，我们还须做进一步区分，这次不是区分数据类型，而是确定我们关注的是被试组之间的差异还是变量之间的关联。

---

[*] 准确地说，是对植入肿瘤产生排异反应的大鼠个数。——译者注

差异还是关联

大多数统计问题可以归入两个相互重叠的类型：差异性问题和关联性问题。例如，第一个实验者可能主要关注吸烟者和不吸烟者在某个给定任务上的成绩是否存在差异。第二个实验者感兴趣的可能是日吸烟量与该任务的成绩之间是否存在关联。又或者，我们感兴趣的可能是疼痛敏感性会不会随着先前注射吗啡的次数的增加而降低（一种关联），也可能是之前注射过吗啡与未注射吗啡的人的平均疼痛敏感性是否存在差异。虽然差异问题和关联问题显然有交集，但是它们从表面上看是用完全不同的方法解决的。第12—14章和第16—18章主要关注的是如何回答两个或更多个总体之间是否存在差异的问题；而在第9—11章讨论的问题中，我们的兴趣在于考察两个或更多变量之间的关联。归根结底，这些看似不同的统计学方法运用的是相同的基本原理，尽管它们提出的问题有点不一样，给出答案的方式也截然不同。

组数或变量数

正如你将在以后的章节中看到的，问题涉及的分组（即样本）个数或变量个数不同，其适用的统计学技术也有明显区别。例如，你将看到，通常被称为独立样本 t 检验的统计方法仅适用于不超过两组被试数据的情况。而方差分析则适用于任意多个组，而不是仅仅适用于两个组。于是，决策树中涉及的第三个决策问题是：组数或变量数。

我们刚刚讨论过的三个决策（何种数据类型、差异还是关联、组数或变量数）是决定我们如何看待数据的基础，也是决定我们采用何种统计程序以帮助我们解读这些数据的基础。一些教科书在确定检验类别以及描述和操纵数据的方式时还会遵循另一个标准，即数据的量表水平。我们将在下一章进一步讨论这个问题，因为这是每一个学生都应该熟悉的重要概念，尽管它不再被认为是决定我们可能进行何种检验的关键因素。

1.5 使用计算机

在不太久远的过去，大多数统计分析都是用计算器完成的，教材的写法也与之相配合。现在，方法已经改变了，统计计算几乎都是由计算机完成的。除了进行统计分析，如今的计算机还可以通过互联网获取海量信息。本书将运用其中一部分信息。

我之前说过，本书的每一章都将收入计算机方面的内容，以及主要的计算软件的输出结果。在大多数情况下，我将采用一个名为 R 的免费软件系统和著名的 SPSS 商业软件包。在过去的十来年中，R 软件已经变得越来越普及，已经将人们的一部分注意力从 SPSS 和 SAS/STAT® 等老式软件那里吸引了过来。"老式"软件不是一个贬义的标签。这两个软件非常出色，广受欢迎，只是价格太昂贵了，一般而言，你要寄希望于你的学校拥有一个软件许可证，并且在相宜的环境中才能方便地使用该许可证。我确实展示了一部分 SPSS 的材料，但是我对可以免费下载到几乎任何一台计算机上的 R 更加重视。Chernick 和 LaBudde

（2011）曾表示："在过去10年中，R已经成为学者首选的统计环境，现在可能是世界上同类软件系统中被用得最多的。"这话可能有点夸张，但即使你不想成为R的专家，你也可以重现我给出的结果，再看看稍微改变一下指令会发生什么，从而得到很多益处。我已经编写了很多关于如何运用R软件的网页。本书的网站还提供了更多关于SPSS的内容，所以我认为你在运用这两个软件时不会遇到很多麻烦。不过，第一天可能会遇到些挫折，但随着你继续前行，这些挫折很快就会烟消云散。

需要说明的是，我们可以用很多不同的方式来学习R。为了解释这一点，让我先从SPSS说起。SPSS拥有极佳的图形用户界面。在这样一个界面上，你可以通过一系列下拉式菜单和选项卡进行操作。只需点击各种按钮和变量名，就可以指定要载入的文件以及要运行的程序。R也有一个图形用户界面（由John Fox在麦克马斯特大学编制），但我不打算将其用于本书。图形用户界面确实很好，但我希望你能看看基础代码，这样你才能了解统计分析是一个怎样的过程。我也不期待你把R语言学得很溜（这是一本讲统计学的书，不是为R语言写的书），但我会给你足够的代码，你可以将它们粘贴到R中，看看会产生什么结果。R有很多函数，它们可以为你工作。例如，只要执行一行简单的指令——读取数据，并将一些变量名输入"lm()"函数中——你就可以进行多元回归分析了。你确实可以通过这种方式学到很多东西，所以我认为这样可以使本书的内容学起来更容易。我当然也希望你学习更多关于R的知识，但是即便只是剪切和粘贴我给你的代码，或者对变量名进行适当的更改，你也能学到很多。如果能将代码略加以改变并重新运行分析程序，你能学到的就更多了。这并不意味着我一点也不用讲关于R的知识，就能让你明白它在做什么，只不过我要尽量通过比较欢快的方式来教，免得读者被那些学习材料吓住。

除了在本书中介绍的内容，我还提供了介绍R的网页，以便你了解其作用和形式。我还为每一章提供了包含R代码和其他材料的网页。访问本书网站，你就能找到这些内容。我提供的这些网页，可以帮助你跳转到相应的页面，复制R代码，然后将其粘贴到程序中。如果你愿意，还可以对其进行修改，然后观察会发生什么变化。该网页不仅指向本书所有数据文件的副本，还会引导你阅读其他有助于你今后学习的资料。

对于那些不想用计算机分析数据的读者，我想说的是：我尽量将这本书写得不需要读者读任何关于R语言或SPSS的材料仍能受益匪浅。虽然我希望你能利用这些代码，但是就算你不这样做，天也塌不下来。

在运用统计学的大部分时代里，人们必须用统计表将计算结果转换为概率值。幸运的是，我们不必继续依赖这些统计表了。我还会将它们放在附录中，但是你可以非常轻松地下载软件，让它们随时帮你完成这些计算。事实上，其中一些程序还可以加载到手机上。没有比这更容易的了。

现在，我们暂时放一放统计软件。过去几十年的巨大进步之一就是互联网的普及，这意味着我们有了许多可用的新资源，它们可以用于拓展教材内容。我将经常在全书中提到有用的网站，希望你查看这些网站以了解它们的内容。希望你能利用它。本书的配套网站中包含了本书所用的全部数据，还给出了奇数号习题的完整答案（教师通常希望有些题目不要给出答案）、关于SPSS应用的两段引子、运用上述在线软件的信息、开始接触R时需要的材料、R的所有示例的计算机代码、阐明重要概念的计算机程序，以及许多诸如此类的材料。这些网页甚至还包含本书的勘误表。(没错,我确信会有一些错误,随着我或者其他人发现新错误,这个勘误表还会扩展。)而且,网络可以提供的内容远不止这些。

不久前,很少有学生知道如何访问互联网;事实上,大多数人甚至都没听说过互联网。今天,大多数人都有相当丰富的互联网使用经验,并且定期甚至每天都要光顾某些网页。近年来,互联网变得越来越重要,因为其蕴含的信息量浩瀚无比。如果你不理解本书中的某个内容,请记住你有个朋友,名叫"搜索引擎"。只需输入你的问题,必定能得到答案。例如,"什么是标准差?"或"参数和统计量有什么区别?"我会努力将内容尽可能地解释清楚,但是对我来说清楚的内容,对你就未必总是很清楚了。如果你想要更好的解释,建议你求助于自己喜欢的搜索引擎。诸如"为什么计算标准差时,我们用的是 $n-1$ 而不是 n?"这样的问题能搜出一大堆好答案,并且我相信其中有些答案比我给的更让你印象深刻。(在 0.73 秒内,谷歌可以搜出 12 400 个结果,其中的第一批结果质量真的很不错。)如果你想用 R 做一些新的事情,也不要忘记搜索引擎。例如,"如何用 R 计算两个变量的相关? r-project。"(我在问题之后加上"r-project",完全是为了使搜索重点放在与 R 语言相关的网站上,而不是列出所有带"R"的单词。以后当你在搜索中再包含"R"时,计算机和搜索引擎都会明白你的意思,你就不用输入"r-project"了。)

除了我亲自维护的网页,出版商还有可供你使用的辅助材料。那个网址太复杂了,不过你只要在网上搜索"Cengage Howell Fundamental",就能找到本书的页面,再点击"学生指南网站",就可以找到助学资料。

1.6 总结

在本章中,我们看到了描述统计学和推断统计学之间的区别。描述统计学关心的是怎样描述一组数据,办法就是计算一些数量指标,例如样本的平均分,或个体得分在该平均分附近的分布情况。而推断统计学关心的是怎样根据手头的数据(样本)对样本来自的对象总体做出推论。因此,我们可以用 50 名学生组成的样本来估计(推断)该样本来自的大学中全体学生的特征,甚至估计或推断所有大学生乃至所有 18—22 岁的人的特征。如果我们根据样本算出一个数量指标,这个指标就称为统计量。整个总体与之对应的数量指标就称为参数。

我们还看到了另外两个重要的概念。第一个重要概念是随机抽样,即从总体中(至少在理论上)随机地抽取样本——总体的每个个体都将有平等的机会进入样本。下一章将再次讨论这个问题。第二个重要概念是测量数据与分类数据之间的区别,即我们实际上是对某个对象进行了测量(例如用应激调查问卷测定一个人的应激水平),还是仅仅对观察结果进行了分类计数。在后续章节中,我们还将回过头来考察这些概念。担心自己选了一门数学课程的同学们,关键要记住,统计学和数学之间存在着巨大差异。两者都用到数字和公式,但是我们不需要将统计学看成一门数学科学,统计学中许多最重要的问题也跟数学没多大关系。

重要术语

总体（population，p.007）
样本（sample，p.007）
统计量（statistics，p.007）
参数（parameters，p.007）
随机样本（random sample，p.007）
决策树（decision tree，p.009）

测量数据（measurement data，p.009）
定量数据（quantitative data，p.009）
分类数据（categorical data，p.009）
频次数据（frequency data，p.009）
点计数据（count data，p.009）

1.7 快速复习

我最近正在攻读一本关于计算机编程的教材。我注意到作者在各章末尾加上了一组关于教材内容的非常基本的问题（并附有答案）。我觉得这是帮助学生学习的好方法，于是就将此法搬到了本书中。在每一章的末尾，你将看到大约 10 个用于复习的问题。这些问题都不难，但是强调了该章的重点。我希望你能正确回答所有这些问题；如果没能正确回答，答案也已经摆在那里了。我打算通过这些问题，将基本内容拢在一起。

A. 统计学随着时间的推移发生了哪些重要变化？

答：更重视结果的意义；更重视将多项研究的结果综合起来；不再重视手工计算。

B. 统计量和参数之间有什么区别？

答：统计量是根据数据样本计算出的数量指标（例如平均数），参数是整个对象总体上的数量指标。

C. 推断统计学用于得出关于整个总体的结论。（对／错）

答：对。

D. 我们根据样本统计量得出有意义结论的能力在一定程度上取决于样本的____。

答：差异性

E. 在理想情况下，我们的样本应该来自某个总体的____样本。

答：随机

F. 随机样本的特征是____。

答：总体的每个成员都有相等的概率进入样本

G. 当我们推知关于某个总体的结论时，运用的是推断统计学。（对／错）

答：对。

H. 能够在一定程度上决定对数据采用何种具体分析方法的三项内容是什么？

答：数据的类型、组数或变量数、差异还是关联。

I. 区分和选择统计程序的图式称为____。

答：决策树

1.8 习题

1.1 为了更好地理解本章提到的关于吗啡研究的例子，请想想你自己的生活，从中找一个例子来说明耐受性与环境的作用。你打算怎样检验环境的作用？

1.2 在检验习题 1.1 中提到的环境的作用时，"总体"和"样本"分别指的是什么？

1.3 举一个日常生活中的例子，要求体现环境对行为的影响。

习题 1.4—1.6 假定我们设计了一项研究，其内容是跟踪海洛因成瘾者，记录他们自我注射海洛因时的环境，以及由此产生了何种反应。

1.4 在这个假定的研究中，被关注的总体应该是什么？

1.5 在这项研究中，我们如何确定样本？

1.6 对于海洛因的研究，指出我们可能感兴趣的一个参数和一个统计量。

1.7 根据电话号码簿来抽取样本一直被当作一个没有做到随机抽样的例子。在互联网快速普及的情况下，为什么用标准电话簿的效果会比以前差？

1.8 我们要从一个小城市的全部人口中抽取一个近乎随机的样本，说说有哪些办法。（这是人口普查部门的经常性工作。）

1.9 举一个研究的例子，其要求是，该研究关心的不是总体平均数的具体数值，而是一个总体的平均数是否大于另一个总体的平均数。

1.10 前文提到，差异性是贯串本书的一个概念。我说过，你只需观察一头奶牛就能知道奶牛有几条腿，但是你需要更多奶牛才能估计它们的平均产奶量。你怎么看待差异性对所需样本容量的影响？如果你怀疑某些品种的奶牛的产奶量相对少于其他品种，你会怎么做？

1.11 为了更好地理解"环境"在吗啡研究中的作用，如果你把不含咖啡因的饮料放在你母亲早晨喝的咖啡杯中，你觉得会发生什么？

1.12 举出三个分类数据的例子。

1.13 举出三个测量数据的例子。

1.14 玛氏糖果公司一直在记录每一批次产品中各有多少红、蓝、黄等不同颜色的 M&Ms™ 巧克力豆。（这些为讨论抽样问题提供了很好的例子。）

（a）这是____数据的一个例子。该公司以前总会公布每包糖果中各种颜色巧克力豆的比例，但是现在不公布了——要么就是我没找到公布的地方。那个有趣的 M&M 网站一直在迁移，你要好好搜索一番才能找到它。

（b）在此网站的例子中，哪些内容可以用到"总体""样本""参数"和"统计量"等术语？

1.15 举出两个主要兴趣在于变量间关系的研究例子。

1.16 举两个主要兴趣在于总体间差异的研究例子。

1.17 如果要为吗啡耐受性研究搜集更多信息而用三组小鼠，你将如何重新设计该研究？

1.18 登录本书网站，那里有哪些材料会让你在以后学习本书时想起来？

1.19 在任何搜索引擎上搜索"统计学（statistics）"一词。

（a）如何描述搜索到的不同类型网站的特征？

（b）许多统计部门都有链接指向与统计相关的网页。你在那些页面上能找到什么内容？

第 2 章

基本概念

需要回忆的概念

总体： 你所感兴趣的所有事件的集合
样本： 一组观察值或被测量的一组个体
参数： 基于总体的计量
统计量： 基于样本的计量

从本章开始，本书每一章的开头都有一个以"需要回忆的概念"为标题的术语列表。这个列表里面的概念都是本章将要用到的重要概念。其中有些概念是前一章介绍的，有些概念则来自更前面的章节。还有些概念会反复多次出现在某几章的开头。我试图找出那些让学生备感困惑的概念（"图上的 *X* 轴是水平的还是垂直的？"），有时还需要反复提及这些概念。事实上，一些最简单的概念，例如"哪个是 *X* 轴？"，却是最难搞清楚的。

本章首先探讨不同的测量量表。有些测量提供的意义比其他测量提供的更丰富（例如，用尺测量人的身高，这样提供的信息就比仅仅将人分成高矮两类更丰富），所以理解我们谈论测量的方式是很重要的。我们测量的对象称为"变量"（例如舔爪潜伏期），因此知道变量是什么也很重要。随后，我们将提出因变量（我们获得的分数或结果）与自变量（我们操纵的事物）之间的区别。例如，我们可以根据年龄（自变量）对人进行分类，然后测量他们发短信的频率（因变量）。接下来，我们要考虑样本的来源。我们是从大型总体中随机抽样，还是抽取一个选定的样本？我们是将参试者随机分配到各组当中，还是能得到什么样的个体就接受什么样的个体？最后，我将列出一些关于如何以符号（例如下标符号）表示变量的基本知识，并介绍一些关于求和符号的简单规则。这些内容都不算难。

通常，我们将**测量**（或**计量**）定义为将数字赋予对象，而对"数字"和"对象"两个词的解释比较模糊。这个定义看上去好像只有理论家才会喜欢，但是它实际上非常准确地表达了我们的意思。例如，当我们用舔爪潜伏期作为疼痛敏感性的指标时，我们通过为对象（小鼠）指定一个数字（时长）的方式来评估小鼠的感受性。同样地，如果我们用权威主义测验

[例如阿多诺权威主义量表（Adorno Authoritarianism Scale）]来获得一个人的权威主义分数，就是通过为一个对象（这里是一个人）赋予一个数字（得分）来计量这一特征。根据我们的测量内容以及测量方式，获得的数字可能具有不同的属性，并且我们通常在"测量量表"这一特定主题下讨论这些不同属性。

2.1 测量量表

Spatz（1997）开始他对这个主题的讨论时用了一个很好的例子，我略作修改，也用它来开个头。思考下列三个问题及其答案：

1. 在游泳比赛中，你泳衣上的号码是多少？（答：18）
2. 你获得了第几名？（答：18）
3. 你需要几秒才能游一个来回？（答案：18）

每个问题的答案都是18，但这些数字的意义完全不同，因而是完全不同类型的数字。第一个数字只是分配给你的一个标签，第二个数字是你在参赛者中的名次，最后一个数字则是一个连续性的衡量时间长短的量。我们将在本节详细说明上述每一种类型的数字。

在一些作者看来，**测量量表**是一个至关重要的主题，但另一些人认为它无关紧要。尽管本书倾向于支持后一类人，但是让你大致了解一下这个问题还是很重要的。（同意某些事与认为它们值得研究是两回事。就像福音传道者声称自己很了解罪恶，但他们肯定不认可罪恶。）这个讨论的另一个好处是，你将开始意识到，作为一门课程的统计学不仅仅是一堆孤立的事实，而是与各种理论和观点相结合的一系列事实。

注释①

SPSS和许多其他软件仅使用三种类型的量表——"称名（nominal）""顺序（ordinal）""尺度（scale）"。最后一个"尺度"将等距量表和比率量表合在一起。R则将称名量表，有时还有顺序变量，称为"因子（factors）"。

在认为测量量表对于选择统计程序至关重要的人当中，最重要的引领者可能是史蒂文斯（S. S. Stevens）。总的来说，史蒂文斯定义了四种类型的量表：称名量表、顺序量表、等距量表和比率量表。①对这些量表的区分基于"不同对象具有不同的量表值"这一假设。在这个系列中，后面的量表不仅具备前面量表的所有属性，而且具备新的属性。

Zumbo和Zimmerman（2000）详细讨论了测量量表问题，并提醒我们用历史的视角看待史蒂文斯的体系。在20世纪四五十年代，史蒂文斯试图为心理学研究做辩护，回击那些片面理解科学测量的"硬科学"。他想让心理学"受人尊敬"。在他非常杰出的职业生涯中，史蒂文斯花费了很多心血开发心理物理学领域的测量量表。然而，该领域之外的各个心理学分支几乎没有努力开发史蒂文斯追求的各种量表，也没人有太多真正的兴趣。尽管我们的数据依然比物理科学中的数据变化莫测，而且人们基本上相信不同的测量量表应严格对应其适用的统计程序，但是当年曾如此威胁史蒂文斯的批评已基本消失。不过，关于测量的争论肯定没有消失，这就是为什么对你们来说了解测量量表是很重要的。

谁是史蒂文斯？

斯坦利·史密斯·史蒂文斯（Stanley Smith Stevens，1906—1973）是一位极具影响力的心理学家。他出生于美国犹他州一个一夫多妻的家庭，由他的祖父抚养长大。他在欧洲当了3年传教士（甚至没有学过当地语言）。在犹他大学读书时成绩很差，没有通过代数课程；最后毕业于斯坦福大学。他原本可以去哈佛大学的医学院就读，但是医学院要求学习有机化学，而他不愿学这门课。于是，他跑去哈佛大学读教育学院，这个专业他也没多喜欢。（你可以看到，他的人生并没有一个充满希望的开端。）幸运的是，他终于与哈佛大学唯一的心理学教授 E. G. Boring 建立了学术联系，这位教授可是该领域非常重要的先驱。他开始与 Boring 一起开展知觉研究，用2年时间完成了关于听觉的学位论文，之后又继续做了更多关于听觉的研究，并且发表了心理声学方面影响深远的重要著作。在 20 世纪 50 年代，史蒂文斯转而研究心理物理学，并提出了前文提到的四种量表的想法。他从未离开过哈佛大学，并在那里获得了心理物理学教授的称号。他一如既往地努力，出版了《实验心理学手册》（*The Handbook of Experimental Psychology*；Stevens，1951），直到进入 20 世纪 70 年代，这本书仍然是几乎每一位实验心理学家的藏书。（我这儿还有一本。）在那个时代，他是美国最有影响力的心理学家之一。

称名量表

从某种意义上说，**称名量表**算不上一个量表，因为它不能在任何维度上计量事物；它的功能只是对事物做标记。一个例子就是你在比赛期间所穿泳衣的号码，另一个经典例子是分配给足球运动员的那一组数字。除了作为标签便于区分运动员或他们的位置外，这些数字通常没有任何意义。我们同样可以用字母或动物图片来实现同样的功能。事实上，性别就是一种称名量表，只是用"男"和"女"代替了数字；而当我们对数据中的性别进行编码时，经常用 1 = 男性和 2 = 女性的方式，将性别转换成数字。称名量表一般用于分类。我们在第 1 章里简单讨论过的分类数据通常属于称名量表，因为我们只是向不同类别（例如，男性或女性，相同环境组或不同环境组，等等）的观察结果分配了不同的标签。定量（测量）数据则分属其他三种类型的量表。

顺序量表

最简单而又货真价实的量表就是**顺序量表**——沿着某个连续体对人、物体或事件进行排序。一个例子是，你在游泳比赛中被赋予的最终位置（名次）。这个量表告诉我们，在比赛中谁游得最快，谁其次，等等。另一个例子是生活应激量表。用这个量表时，只需数数一个人在过去 6 个月内经历变故（例如，结婚、搬家、找到新工作等）的次数（有时还要赋予不同的权重）。一个得了 20 分的人将被认为比得了 15 分的人经受了更多的应激，而得

15 分的人将被认为比得 10 分的人经受了更多的应激。这样，我们就利用生活变故次数对人的应激水平排了序。

请注意，这两个例子中的顺序量表分配的数字有所不同。在第一个例子中，我们分配的数字表示排名为 1、2、3……而在第二个例子中，得分表示的是生活变故次数，不是排名。然而，两者都是顺序量表，因为它们没有给出对量表上各个分数之间差异的解释。这是顺序量表的重要特征。在马拉松比赛中，排名为 1 和 2 的运动员到达终点的时间可能相差多达 1 分钟。排名为 256 和 257 的运动员之间可能只相差 0.1 秒。

等距量表

等距量表是可以说明量表各点之间差异的意义的测量量表。一个常见的例子是华氏温度，在这个量表上，无论从何处截取 10 ℉ 的温差都有相同的含义。因此，10 ℉ 和 20 ℉ 之间的温差与 80 ℉ 和 90 ℉ 之间的温差相同。请注意，等距量表也具备前两个量表（称名量表和顺序量表）的属性。然而，我们对等距量表不能提关于比率的问题，那是没有意义的。因此，我们不能说，40 ℉ 的温度是 80 ℉ 的一半，也不能说 40 ℉ 是 20 ℉ 的 2 倍，这是因为等距量表上的零点是人为规定的。例如，20 ℉ 和 40 ℉ 分别约对应摄氏温度的 -7℃ 和 4℃，而这两组温度的比率显然是完全不同且人为任意规定的。热力学温度[*]才是一个比率量表，但是很少有人会想到用它来描述天气。

对疼痛敏感性的测量（舔爪潜伏期）可能是等距量表的一个好例子。我们似乎可以合理地假设，在量表上的大部分（不是全部）地方切出多个相等的 10 秒之差值，它们代表的意义是一样的——意味着你切出了多个相等的敏感性之差。我之所以说"不是全部"，是因为在这个例子中，太漫长的潜伏期可能是因为动物没有注意到疼痛，因而其爪子搁在那个热板上的时间也是任意的。我不相信延迟 1 秒与延迟 11 秒之间的差异等于延迟 230 秒和延迟 240 秒之间的差异。

请注意，我说的是，对疼痛敏感性的大部分测量值可能被看作等距测量。这可以算"任何特定量表其实都难以找到完全正确又十分明确的例子"的另一种说法。我可以想到不少理由来说明为什么我可能认为舔爪潜伏期不是绝对的等距量表，但我为了让讨论继续下去，我愿意把它当作等距的。（我可能会不太愿意说，这个量表的两端还是等距的，但是我们的实验者其实不会将那个板子加热到发烫，也不会让它的温度和室温一致。）

然而，如果让我说，一只舔爪潜伏期为 25 秒的动物的疼痛敏感性是舔爪潜伏期为 50 秒的动物的 2 倍，我是极不愿意的。要做出这种关于比率的陈述，我们还需超越等距量表，研究比率量表。

---

[*] 热力学温度是国际单位制中的基本物理量之一，单位为开尔文，描述了客观世界的真实温度，也是国际协议温标的基础。——译者注

比率量表

比率量表是具有真正零点的量表。请注意，这里说的零点必须是真正的零点，而不是人为指定的零点（例如 0°F 或 0°C）。真正的零点意味着根本没有被测量的事物。（因为 0°F 和 0°C 并不表示没有电子运动，所以这两个零都不是真正的零点。）前文提到，完成比赛的时间是 18 秒，这倒是比率量表的例子。因为 0 秒确实是一个真正的零点。比率量表的例子还有长度、体积、质量等常见的物理量。对于这些量表，我们不仅可以用到前面几种量表的属性，而且可以计算比率。我们可以说，就物理学而言，10 秒是 5 秒的 2 倍，100 千克是 300 千克的 1/3，等等。

但是，事情到这里变得不那么简单了。有人可能会觉得，我们所用的量表属于哪一种类型对于每个想到用它的人来说是显而易见的。很不幸，这么简单的情况很罕见，尤其是对于行为科学领域的各种数量指标而言。就从你的游泳比赛成绩（18 秒）说起吧。确实，如果你的队友用了 22 秒，这个用时是你的用时的 1.222 倍，但这就真的说明你的游泳能力是她的 1.22 倍吗？在这里，用时是一个衡量事情需要多长时间的比率量表，但我非常怀疑它是不是一个能够衡量能力的比率量表。再举一例，想一想你现在所处房间的温度。我刚刚说过，以摄氏度或华氏度表示的温度很显然是等距量表的例子。事实上，它是经典的例子之一。但它又是、又不是等距量表。毫无疑问，对于物理学家来说，17°C 和 18°C 之差与 22°C 和 23°C 之差完全相同。但是，如果我们将测得的温度作为舒适度的指标而非分子运动的指标，则相同的数字就不再形成等距量表了。对于坐在 17°C 的房间里的人来说，温度升到 18°C 会产生非常明显的感受，并且可能会受到欢迎。而对于 28°C 的房间与 29°C 的房间之间的差异，就不能这么说了。这就指出了一个重要的事实：量表的种类取决于被测量的内在变量（例如，舒适度），而非取决于数字本身。

由于对测量量表通常没有一致的判断标准，因此要靠你——统计程序的用户——来对数据的性质做出最佳决策。这对你的要求无非是在做出决定前仔细思考问题，不要简单地以为标准答案必定是最佳答案。把这个问题推在你身上似乎有点不公平，但实际上已经是别无选择了。

复习

- 称名量表：对事物进行命名。
- 顺序量表：对事物进行排序或定级。
- 等距量表：相等间隔表示相等差异。
- 比率量表：让我们能够用诸如"减半"之类的表述。

测量量表的作用

前面说过，人们对于测量量表重要性的看法是存在分歧的。有的编者完全不在乎这个问题，但是其他人则围绕着不同的量表组织整本教科书的内容。在我看来，问题的核心是必须在脑海中将搜集到的数字与这些数字所指的对象或事件区分开来。如果在记忆研究中，一个学生回忆出 20 个项目，而另一个回忆出 10 个项目，则第一个学生回忆的单词数量是第二个学生的 2 倍。然而，我们可能不会说第一个学生记得 2 倍的学习材料。当然，如果你考试得了 100 分，而我只得了 50 分，也很少有人会说你懂得的 2 倍于我。

关于室温的例子也有类似的讨论。在这个例子中，温度是等距量表还是顺序量表，取决于我们的兴趣是在测量温度这种物理属性上还是在测量温度对人的影响程度上。事实上，事情甚至可以很复杂，因为随着温度的升高，分子活动会持续加剧，但是舒适度首先随之上升，接着有一段时间不再上升，然后开始下降。换句话说，舒适度与时间的函数关系像一个倒 U 形曲线。

因为统计检验使用数字时不考虑这些数字所指的对象或事件，所以我们可以进行标准的数学运算（例如加法、乘法等），而不用顾及量表的性质。关于这一点，我强烈推荐一份极好的参考文献——很久以前 Lord（1953）写的一篇有趣的论文，题为"关于足球数字的统计处理（On the Statistical Treatment of Football Numbers）"。Lord 认为，你可以用你喜欢的任何方式处理这些数字。他经常被引用的名言是"数字不记得它们的来历。"你不需要学习统计学就知道 8 和 15 的平均值是 11.5，无论这个平均数对测量对象而言是否合理。

当我们需要解释某种统计分析产生的结果时，问题就来了。这时，我们必须思考统计结果对所讨论的对象或事件有没有意义。在这里，我们面对的不再是统计学问题，而是方法论问题。没有哪一种统计程序可以告诉我们，一组人获得的历史成绩高于另一组人是否揭示了历史知识的群体差异。（也许他们接受了关于如何应付多项选择题考试的具体指导，也许他们作弊了。）此外，如果仅仅满足于考试给出的分数（答对题数）是一个比率量表（答对 50 个题是答对 25 题的 2 倍），就忘记了我们用分数来衡量历史知识丰富程度的初衷，而知识量也未必随着分数的增加而按比例增加。统计检验只能用来处理我们获得的数字，而我们关于测量对象或事件的判断的有效性主要取决于我们对这些对象或事件的了解，不取决于何种测量量表。我们尽最大努力确保我们的测量指标与我们想要测量的对象密切关联，但我们的结果最终仅仅是我们获得的数字，以及我们对这些数字与相应对象或事件之间的关系的信心。

回到那个关于过量服用海洛因的问题上。请注意，在讨论这个问题时，我们不得不先撇开那些在桥洞底下对着自己手臂注射海洛因的瘾君子。因为我们不能真的拿他们做研究，所以我们用的是小鼠。我们假定，注射了吗啡的小鼠的疼痛耐受性与我们在人类海洛因成瘾者身上看到的耐受性类似，这是很有可能的。接着，为了测量疼痛耐受性，我们要测量疼痛敏感性的变化量；而为了测量疼痛敏感性，我们要测量舔爪潜伏期。最后，为了测量敏感性的变化量，我们要测量舔爪潜伏期的变化量。所有这些假设似乎都很合理，但就算再合理，它们也仍然是假设。当我们考虑测量量表时，需要考察这些环节之间的联系。这并不意味着舔爪潜伏期需要成为测量人类成瘾者的海洛因耐受性的一个等距量表——这没有任何意义。但是，这确实要求我们考虑整个体系，而不仅仅是其中的一部分。

2.2 变量

变量指的是对象或事件可以取不同值的属性。例如，头发颜色就是一个变量，因为它是一种对象（头发）具有的一个属性，这个属性可以取不同的值（例如棕色、黄色、红色，如今还能见到蓝色、绿色和紫色）。出于同样的原因，高度、长度和速度之类的属性也是变量。泳衣上的数字号码、比赛所得的名次以及游完全程所需的时间，也都是变量，而且在我们前面举的例子中，它们还刚好是相同的数字。我们可以进一步将变量分为**间断变量**（例如性别、婚姻状况和私家电视机数量等，这种变量可能取的值相对较少）和**连续变量**（例如速度、舔爪潜伏期和奶牛的产奶量等，这种变量至少在理论上可以取量表最低点和最高点之间的任意值）。（请注意，称名变量是永远不会连续的，因为它们不是沿着连续体排序的。）

正像你将在本书后文中读到的那样，间断变量和连续变量的区别将影响一些统计程序的使用，但是这种影响一般发生在间断性达到极端程度之时。真正的间断变量（例如在考试中答对的题目数）通常会被当作连续变量，因为它可以有很多不同的可能取值，以至间断性变得无关紧要。例如，我们可能会根据学生的在学年数给学生赋分，即 1、2、3、4 分。这是一个间断变量，我们通常不会计算它的平均数，而是会关注每年有多少人辍学。但是另一方面，我们可以根据每门课程的学生注册数来为课程打分；计算教学班的平均人数似乎也是很合理的事情，即便人数本身是间断的，因为一个班级不可能有 23.6 名学生。

在统计学中，我们还以另一种方式区分不同类型的变量。我们会谈到**自变量**（由实验者操纵的变量）和**因变量**（那些不受实验者控制的变量——数据）。在心理学研究中，实验者的兴趣在于测量自变量对因变量的影响。心理学中常见的自变量有强化时程表、治疗方式、刺激电极的放置、处理方式、刺激与观察者的距离，等等。常见的因变量包括跑步速度、抑郁得分、被试的行为反应、攻击行为的数量、主观报告的尺寸等。

总的来说，研究者关注的内容无非是自变量，而研究产生的结果（数据）就是因变量的测量值。例如，心理学家测量了抑郁和非抑郁青少年的攻击行为数量。在这里，自变量就是抑郁与否，因变量就是攻击行为的数量。自变量可以是品质型的（例如，3 种不同形式的心理疗法），也可以是数量型的（例如，1、3 或 5 个单位的咖啡因），而因变量通常（当然并非一直）是数量型的。现在我问你，小鼠吗啡耐受性研究的自变量和因变量分别是什么？

说实话，我们在一般情况下很清楚哪个是因变量（就是我们记录数据时记下的数字，即观察结果），但是要确定自变量比较难。如果我们将参试者分配到 3 个组中，并以不同的方式进行处理，那么这些组显然就是自变量。然而，如果我招来男性和女性参试者，然后对他们加以测量，我就不能说自己实际操纵了参试者的性别（只能说看到哪个性别就是哪个性别）；但是，性别正是我要研究的对象，因而也被称为自变量。如果我问人们花多少时间发短信，他们的平均绩点（grade-point average, GPA）是

多少，这两者在某种程度上都可以说是因变量；而我最感兴趣的是 GPA 受发短信时间的影响，这时后者就成了自变量。正如我所说，自变量和因变量之间的区别不是绝对的。

2.3 随机抽样

我在第 1 章中曾说，如果总体中的每个元素都有相同的概率被抽取到一个样本中，那么这个样本就是随机样本。我还进一步指出，样本的随机性是利用样本数据算出的统计量值来推断总体参数值的前提。显而易见，只有蠢人才会根据一组刚好正在上自修课的九年级学生的数据来估计全体高中生性活动的平均水平。（我希望）我们都同意，根据这些数据估计的平均数将低于从整个高中生总体抽出的真正的随机样本的平均数。

如果总体相对较小，那么有许多方法可以从中获取随机样本。我们可以为每个人分配一个数字作为号码，然后用随机数字表选出包含在样本中的人的号码。或者，如果我们满足于近乎随机的样本，不妨将人们的名字放入帽子，然后闭着眼抽取样本。关键在于，总体中的每个得分被抽取进入样本的概率应该大致相等。

准备一个随机数字表是很有用的，它可以帮你抽取样本、将被试分组，等等。本书附录 D 中就有这样一个表（表 D.9）。这是一个均匀分布的随机数字表。"均匀"这一形容词表示每个随机数字出现的概率是相等（即均匀）的。例如，如果你数一数表中 1、5 和 8 的出现次数，就会发现这些数字出现的概率非常接近。

表 D.9 非常容易使用。如果你想在 0 到 9 之间抽取随机数，只需闭着双眼将手指放在表上，然后睁开眼睛，记录手指指向的那列数字。如果整列数字都不够用，还可以继续记录后一列数字，直到找全所需的数字。如果你想在 0 到 99 之间抽取数字，做法是一样的，无非是每次记录一对数字而已。如果你想在 1 到 65 之间抽取随机数，就像在 0 到 99 抽取那样读取一对数字，并忽略 00 和任何大于 65 的数字就行了。

如果不是想取得一组随机数据，而是想用随机数字表将被试分配给两个处理组，你可以从表中任何一个位置开始读取随机数字，读到一个奇数，就将参试者分配给第一组；读到一个偶数，就将其分配给第二组。简单类推这一方法，你就可以将参试者随机分配给任意数目的组。

对于人口众多的总体，大多数确保随机性的标准技术不再适用。我们不可能把所有 21—30 岁的美国女性的名字都写成字条放进帽子。（那得是多大的一顶帽子！）我们也不能为每位美国女性分配一个数字作为号码，然后按照随机数字表叫号抽取女性被试。这样的做法是完全不切实际的。除非我们拥有充足的资源，否则，最好的办法就是尽可能消除可能的偏差来源（例如，不要仅仅根据访问计划生育组织网站的人的样本，来估计性行为的水平）；对于那些无法控制的偏差来源，下结论时要有所限制（例如，告知数据仅来自愿意填写调查问卷的人），然后提出展望。任何残留的偏差都会限制结果的可推广性。大量文献提到了为确保样本代表性而设计的各种抽样方法，例如用于 10 年一次的人口普查的抽样技术，但这些方法超出了本书的范围。

随机数并不总是像你我期待的那样随机。假定抛 5 次硬币，试着写下你认为可能合理的结果，例如：H（正面）T（反面）HHH。然后查阅 Falk 和 Konold（1997）关于随机性的讨论*。可以据此展开有趣的课堂讨论。

回到两段之前的内容，我们谈到用随机数将被试分配到各个组。这种分配叫作**随机分配**，我认为它比随机抽样更重要。我们喜欢随机样本，因为它让我们相信研究结果适用于更大的总体。你做不到从全体美国大学二年级学生中抽取一个真正的随机样本，没有人会因此挑你的毛病。但是你肯定不愿意在比较两种讲解一般生存技能的教学方法时，让一所大型城市学校用一种方法，让一所小型农村学校用另一种方法。不管教学方法本身是否有效，两个样本之间早已存在的差异将极大地影响结果，而这些差异本不是我们想要研究的内容。

将样本结果推广到总体时，最需要考虑的因素就是抽样的随机性。除此之外，要确保组与组之间的差异除了反映实验处理之间的差异之外，没有掺入别的影响因素，随机分配就是必需的。只要可能，你就应该始终尽量做到随机分配。

2.4 符号

讨论任何统计技术都离不开表示数学运算的符号系统。因此，如果我说现在还没有一个标准的符号系统，你可能会觉得很惊讶。尽管人们多次尝试制定通用规范，但实际情况仍然是，各种教科书所用的符号并不完全相同。

现有的符号系统差异极大，从非常复杂到非常简单都有。复杂的系统表示得比较精确，但不太容易看明白；简单的系统明白易懂，但不够精确。与精确性相比，明白易懂更重要，所以本书采用了一套非常简单的符号系统。

表示变量的符号

就本书而言，我们规定，变量一般用大写字母表示，通常为 X 或 Y。变量的单个取值则用字母作为下标来表示。假设我们测量了三年级儿童能绝对安静地坐多久，得到以下 5 个分数（即时间长度，以秒为单位）：

45 42 35 23 52

这组分数就被称为 X。该组第 1 个数字（45）称为 X_1，第 2 个数字（42）称为 X_2，依此类

---

* Falk, R.& Konold, C. (1997) Making sense of randomness. *Psychological Review*, 104（2），301-318. 该文章见本书教辅资源材料包。——中文版出版者注

推。要指称"某分数"而又不具体指明哪个分数,我们就写成 X_i,表示 $X_1 \sim X_5$ 中的任意一个值。在精确描述统计方法时,下标是必不可少的。然而在教学实践中,下标在更多情况下分散了学生的注意力,对学生帮助不大。所以在本书中,如果不用下标就能清楚地表达意思,我们通常会将其省略。

求和符号

统计学当中最常见的符号之一就是**求和符号**,记作大写的希腊字母 Σ(近似读作西格马),它是求和的标准符号,意思是"将后面的值加起来,或求以下数值之和"。因此,ΣX_i 的意思就是"求所有 X_i 之和"。准确地说,如果我们有 25 个案例(表示为 $N = 25$)用于求和,则表示 X 的全部 N 个数值之和的符号就是

$$\sum_{1}^{N} X_i$$

意思是:求所有 X_i 之和(从 $i=1$ 到 $i=N$)。在实际情况下,很少需要这么详细地说明具体做法,记作 ΣX_i,甚至 ΣX,就足够了。本书在大多数情况下都不用下标,所以 X 值之和可以简单地记作 ΣX。

从最简单的 ΣX 还可以演变出几个扩展式子,你需要了解一下。其中之一就是 ΣX^2,读作"求 X 的平方和"(即 $45^2 + 42^2 + 35^2 + 23^2 + 52^2$)。另一个常见的表达式是 ΣXY,意思是"求 X 和 Y 对应值的乘积和"。以下例子用来说明这些术语的用法。

想象我们在做一个简单的实验,记录青少年生活中主要生活事件和次要生活事件的数量,并测量其行为问题的严重程度。为了方便举例,我们只用 5 个青少年(即 $N = 5$)的数据。表 2.1 列出了他们的数据以及简单的求和运算。其中有些运算已经讨论过了,另一些

表 2.1 求和运算举例

	生活事件(X)	行为问题(Y)	X^2	Y^2	$X - Y$	XY
	10	3	100	9	7	30
	15	4	225	16	11	60
	12	1	144	1	11	12
	9	1	81	1	8	9
	10	3	100	9	7	30
总和	56	12	650	36	44	141

$\Sigma X = 10 + 15 + 12 + 9 + 10 = 56$
$\Sigma Y = 3 + 4 + 1 + 1 + 3 = 12$
$\Sigma X^2 = 10^2 + 15^2 + 12^2 + 9^2 + 10^2 = 650$
$\Sigma Y^2 = 3^2 + 4^2 + 1^2 + 1^2 + 3^2 = 36$
$\Sigma (X - Y) = 7 + 11 + 11 + 8 + 7 = 44$
$\Sigma XY = 10 \times 3 + 15 \times 4 + 12 \times 1 + 9 \times 1 + 10 \times 3 = 141$
$(\Sigma X)^2 = 56^2 = 3136$
$(\Sigma Y)^2 = 12^2 = 144$
$[\Sigma (X - Y)]^2 = 44^2 = 1936$
$(\Sigma X)(\Sigma Y) = 56 \times 12 = 672$

运算将在接下来的几章中讨论。考察一下表 2.1，发现其中还含有一系列涉及括号的运算，例如 $(\Sigma X)^2$。

括号内的运算优先于括号外，这是始终如一的运算规则。

计算 $(\Sigma X)^2$ 时，我们先计算 X 的总和，之后求结果的平方；而计算 ΣX^2 时，在求总和之前应该先计算各个 X 的平方。把 2，3，4 等简单数字代进去，请看仔细了：$(\Sigma X)^2$ 不等于 ΣX^2。

即使只是为了学习最初级的统计技术，你也要完全弄懂这些符号。根据我们已经掌握的知识，我们现在可以进一步学习另外三条运算规则。请你用一些简单的数字来验证这些规则的正确性。

求和运算规则

1. $\Sigma(X-Y) = \Sigma X - \Sigma Y$。一组差值的总和等于第一组数的总和减去第二组的数的总和。
2. $\Sigma CX = C\Sigma X$。符号 ΣCX 表示将 X 的每个值乘以常数 C，之后求出这些乘积的总和。**常数**指的是在给定情况下恒定不变的数字（变量与之相反，可以变化）。常数一般用字母 C 和 k 表示，但也可以用其他符号表示。
3. $\Sigma(X+C) = \Sigma X + NC$。其中 N 表示求总和的项数，C 是常数。

2.5 总结

本章简要研究了测量的概念，并考察了四种不同的测量水平（即量表）。称名量表只是简单地给事物命名，我们可以用数字、字母或名称来命名。顺序量表则仅将对象按升序或降序排列，别无其他。利用等距量表，我们谈论量表上点与点之间的差异就有了意义。（20 和 30 之间的差异等于 30 和 40 之间的差异。）最后，对于比率量表，我们可以说某对象是另一对象的 2 倍。

我们还讨论了不同类型的变量。连续变量可以在量表上的最低点和最高点之间取任意值，而间断变量的取值是有限的，因为这些取值之间什么都没有。（即使变量在理论上是间断的[*]——例如一个班级的学生数——只要它有许多可能的值，我们就可以将其视为连续变

---

[*] 即使是间断变量，理论上也存在无限多个；"各取值之间什么都没有"，是说除了这些取值，不能取别的值。——译者注

量。）还要记住的是，因变量是我们要测量的变量，而自变量通常处于实验者的控制下，是我们研究的对象——例如不同的阅读教学法。

随机抽样涉及如何选择要加以测量的个体或对象，而随机分配涉及如何将参试者分配到不同处理组中。后者通常更为重要。

理解符号的规则非常重要，我们将在学习本书的整个过程中随时回顾这些规则。行文至此，你已经学到了开始查看数据所需的基本术语。现在我们可以开始学习统计方法了。

重要术语

测量 / 计量（measurement，p.017）
测量量表（scales of measurement，p.018）
称名量表（nominal scale，p.019）
顺序量表（ordinal scale，p.019）
等距量表（interval scale，p.020）
比率量表（ratio scale，p.021）
变量（variables，p.023）

间断变量（discrete variables，p.023）
连续变量（continuous variables，p.023）
自变量（independent variables，p.023）
因变量（dependent variables，p.023）
随机分配（random assignment，p.025）
求和符号（Σ，p.026）
常数（constant，p.027）

2.6 快速复习

A. 说出四种常见的测量量表。

答：称名量表、顺序量表、等距量表和比率量表。

B. 为什么史蒂文斯比我们更关心测量量表？

答：史蒂文斯希望心理学能够受到物理科学界人士的尊重。当时，这些物理学家抱怨心理学家做的测量很粗糙。现在的心理学家不再那么关注这一点了，并且学会了应对那些不太精确的测量。但我们还是沿袭了这四种量表的提法。

C. 等距量表和比率量表有什么区别？

答：数字之间的比例（例如，"有 2 倍那么大"）仅对比率量表有意义。不过，我们对这两种数据通常会采用相同的统计程序。

D. 采用不同量表的关键是要牢记数字本身。（对 / 错）

答：错。重要的是我们希望测量的潜在变量。

E. 间断变量和连续变量之间的实用性区别是什么？

答：间断变量仅取一些不同的值，而连续变量可以取最低分和最高得分之间的任意值。

F. 什么是自变量？

答：这是我们想要研究的变量，不是我们获得的测量值。

G. 简而言之，随机抽样有助于____，随机分配有助于____。

答：确保样本上的研究结果可以推广到其来自的总体；确保组与组之间的差异不是源于无关变量

H. 当我们提到 X_i 时，我们指的是____。

答：变量 X 的任意一个具体取值

I. 关于算式中括号的一般运算规则是什么？

答：先执行括号内的运算，后执行括号外的运算。

J. 符号"Σ"是指____。

答：计算总和

2.7 习题

2.1 为称名量表、顺序量表、等距量表和比率量表各举一个例子。

2.2 在本章开头，我根据基本的量表给出了三个例子，其中的数字 18 分别代表三种不同的含义。请你也举一个例子，要求数字 18 属于等距量表而非比率量表。（不要拿"温度"举例，因为本章已多次使用这个例子了。）

2.3 我们训练大鼠走直巷式迷宫以得到食物强化。走到迷宫中途，一只大鼠突然躺下睡着了。如果将速度作为学习指标，你会怎样看待测量量表？如果将速度作为动机指标呢？

2.4 如果你能使用 SPSS，请访问本书网站，选择"SPSS Manuals/The Shorter Manual"的链接，找到"SPSS Manual——The Short Version（SPSS 简明手册）"并阅读该简介。下载该文档中提到的"apgar.sav"文件，用 SPSS 打开它。要下载该文件，请用鼠标左键点击在第三段中的文件名。那样会打开文件。接着，对着链接点击右键并选择存储文件的位置。完成后，双击该文件的图标，就能用 SPSS 将其打开。你看到了什么样的数据？请描述文件给出的 10 个变量的量表种类。

2.5 我在第 2.1 节中谈到了一系列假设，这些假设将我们的关注点从桥洞里的人类海洛因成瘾者转移到站在热板上的小鼠身上。请列出这些假设。

2.6 用一句话描述吗啡耐受性实验，其中须提到实验的自变量和因变量。

习题 2.7—2.10 涉及 Pliner 和 Chaiken（1990）进行的一项研究。在这项关于行为的社会期许性的研究中，他们考察了男女参试者在同性和异性面前的食量。

2.7 上述研究中有哪些自变量？

2.8 该研究中的因变量是什么？

2.9 进行这样的实验时，通常需要考虑好某个假设。你认为实验者的假设是什么？

2.10 描述一下本研究的测量工作所依据的一连串假设。

2.11 我们看到，人们经常将间断变量视为连续变量。我们容易在什么条件下采取这种做法？

2.12 给出 3 个关于间断变量的例子和 3 个关于连续变量的例子。

2.13 大多数人想象中的随机数其实比实际情况更有序。例如，他们认为，如果你抽取 50 个随机数，老天爷会以某种方式确保你得到 25 个偶数和 25 个奇数，或者至少是大致上各占一半。从附录 D 的表 D.9 中抽取 50 个随机数，算一算偶数占的比例。然后再做 2 次，并记录每次得到的偶数的比例。这些数据看起来像你期待的样子吗？

2.14 先写下你期望的抛掷 5 次硬币后的正反面序列（例如，HTHHT），共写 6 个序列。接着，拿出一枚真实的硬币，以 5 次抛掷为一轮，连做 6 轮，产生 6 个正反面序列。接下来，转到前文提到的 Falk 和 Konold（1997）关于随机性的那篇文章。将你预测的序列与实际得到的序列相比较，看到了什么？

2.15 我们将在第 5 章讨论一个关于月亮错觉的研究，研究者 Kaufman 和 Rock（1962）比较了观察者平视和仰视月球时的表现得分，以此检验早先关于月亮错觉原因的假设。平视条件下的数据如下：

1.65　1.00　2.03　1.25　1.05　1.02　1.67　1.86　1.56　1.73

用 X 来表示这个变量，

（a）X_3、X_5 和 X_8 分别等于几？

（b）计算 ΣX。

（c）将（b）的求和式子写成最复杂完整的形式。

2.16 习题 2.15 中，仰视条件下的数据是

1.73　1.06　2.03　1.40　0.95　1.13　1.41　1.73　1.63　1.56

用 Y 来表示这个变量，

（a）Y_1 和 Y_{10} 分别是什么？

（b）计算 ΣY。

2.17 根据习题 2.15 中的数据，

（a）计算 $(\Sigma X)^2$ 和 ΣX^2。

（b）计算 $\Sigma X/N$，其中 N = 数据个数。

（c）怎么称呼刚才算出的结果？

2.18 利用习题 2.16 中的数据，

（a）计算 $(\Sigma Y)^2$ 和 ΣY^2。

（b）根据（a）的答案，计算

$$\frac{\Sigma Y^2 - \frac{(\Sigma Y)^2}{N}}{N-1}$$

（c）计算（b）的结果的平方根。（你将在第 5 章中再次见到这些计算。）

2.19 习题 2.15 和习题 2.16 的数据来自相同的 10 位观察者。换句话说，有一个人在平视条件下得了 1.65 分，在仰视条件下得了 1.73 分。可见，数据是成对的得分。

（a）将每一对得分相乘，得到一个被称为 XY 的变量。

（b）计算 ΣXY。

（c）计算 $\Sigma X \Sigma Y$。

（d）ΣXY 和 $\Sigma X \Sigma Y$ 相等吗？你觉得一般会不会相等？

（e）计算

$$\frac{\Sigma XY - \dfrac{\Sigma X \Sigma Y}{N}}{N-1}$$

（你将在第 9 章中再次遇到这些计算。其结果称为协方差。本书中比这复杂的计算是不多的。）

2.20 利用前面的数据来说明以下关系：

（a）$\Sigma(X+Y) = \Sigma X + \Sigma Y$

（b）$\Sigma XY \neq \Sigma X \Sigma Y$

（c）$\Sigma CX = C\Sigma X$

（d）$\Sigma X^2 \neq (\Sigma X)^2$

2.21 用 5 个数据验证 $\Sigma(X+C) = \Sigma X + NC$，其中 C 是任意常数（例如：4），N 是数据的个数。

2.22 我曾因为在本书的早期版本中用"山羊毛的数量"作为连续变量的例子而被人批评。这个批评是正确的。为什么这个变量其实是间断变量？这会改变你处理数据的方式吗？

2.23 顺序量表水平的变量可用连续变量来测量吗？

2.24 我认为，将舔爪潜伏期当作小鼠疼痛敏感性的等距量表水平的指标是合理的。现在假定另外有人认为，用舔爪潜伏期的平方根做指标更合适。我们应该如何在这两种相互竞争的测量指标中做出抉择？

2.25 《芝加哥论坛报》(*Chicago Tribune*) 1995 年 7 月 21 日报道了一位名叫贝丝的四年级学生的一项研究。为了争取从父母那里获得更多的零花钱，这个小女孩在搜集证据的过程中，逐一询问了同学们每周能得到多少零花钱。她惊讶地发现，做出回应的 11 名女孩报告的每周零花钱平均为 2.63 美元，但是做出回应的 7 名男孩报告的每周零花钱平均为 3.18 美元，比女孩多出 21%。与此同时，男孩做的家务比女孩少。不出所料，这件事在全美范围内引起了注意，并提出了一个问题：成年女性与成年男性的收入差距是不是真的在出生后不久就有萌芽了？

（a）本研究中有哪些因变量和自变量，它们是如何测量的？

（b）这里处理的样本是怎样的？

（c）样本的特征会怎样影响结果？

（d）贝丝是如何进行"随机抽样"的？她又将如何进行"随机分配"？

（e）如果本研究做不到随机分配，会不会对研究的有效性产生不利影响？

（f）除了男孩和女孩这两个总体之间确实存在的差异外，还有哪些变量可能影响本研究的结果？

（g）说明本例中哪些是描述统计的特征，哪些是推断统计的特征。

2.26 《公共卫生杂志》(*Journal of Public Health*) 公布了吸烟与健康之间关系的数据（参见 Landwehr & Watkins, 1987）。他们报告了 21 个国家（主要是西方国家和发达国家）的成年人的人均卷烟消费量，以及每个国家的冠心病发病率。这些数据清楚地表明，在卷烟消费量最高的国家，冠心病发病率也最高。

（a）为什么本研究的抽样仅限于发达国家？

(b）如何根据我们所说的"测量量表"来描述这两个变量？

(c）如果我们的目标是研究吸烟对身体健康的影响，那么这些数据与整个问题有什么关联？

(d）在这样一项研究中，还需要考虑哪些其他变量？

(e）据报道，烟草公司正在亚洲进行大规模广告宣传。几年前，只有 7% 的中国女性吸烟（而在中国男性中，吸烟者占 61%）。健康心理学家将怎样研究中国女性吸烟率可能发生的变化对其健康的影响？

(f）通过搜索引擎搜索与二手烟有关的冠心病方面的文章，这些文章提出了什么建议？

2.27　最近互联网上在讨论多媒体播放器上的"随机播放"功能是不是真的随机。（好吧，有些事情确实比其他事情重要！）你如何判断播放顺序是否随机？怎样才算真的随机？你可以在互联网上搜索相关内容。

2.28　在互联网上搜索其他作者对测量量表的解释。（如果看到有人用了与本书不同的术语，请不要觉得非常惊讶，尽管我用的术语相当标准了。）

第3章

数据展现

需要回忆的概念

连续变量： 可以有无数可能取值的变量

间断变量： 只能取少数可能值的变量

因变量： 需测量的变量

自变量： 需操纵的变量

我们用一个简单的例子开始本章，你将看到，相比单纯的数字，将数据绘成图可以展现更多信息。我们从最简单的直方图开始，学习其绘制方法。与此同时，我们还要学习如何设置和使用计算环境（R）来进行绘图和其他分析。直方图不是观察数据的唯一方式，在某些情况下，甚至也不是首选方式，因此我们还要接着学习其他替代方法，其中包括茎叶图、条形图、折线图以及其他相关方法。我们还将学习用于描述各种分布的术语，例如对称性和偏态性。最后，我们将运用 SPSS 和 R 快捷轻松地做图。

收集来的一堆原始数据本身并不比选举日之前的垃圾邮件更令人兴奋或带来更多信息。不管你是将数据工整地写在数据收集表格中，还是潦草地写在从公告板上撕下的过时公告的背面，一堆数字还是那一堆数字。要解释这些数据，首先要按照某种逻辑顺序对其进行必要的组织。

对知觉感兴趣的心理学家一直想知道人是如何在心中比较两个事物的。例如，假设我为你呈现两个不同朝向的视觉图像。它们可能是同一图像，只是旋转了一定的角度（例如，一个是正立着的大写字母R，另一个是横躺着的大写字母R）；也可能是彼此的镜像（例如，R 和Я）。你的任务是尽快说出它们是同一图像还是互为镜像。这件事可能听起来容易，但是事实并非如此。我将测量你反应的准确性和速度。我还可以探究你做出反应需要的时间是否受到图像旋转角度大小的影响。

汉诺威学院的 John Kranz 维护着一个出色的网站[*]，对于刚才那个任务，你可以在上面收集自己的数据。Kranz 和他的学生们搜集了许多有趣的实验。我们将要

---

[*] 感兴趣的读者可搜索 "Cognition Laboratory Experiments John H. Krantz" 找到该网站。——中文版出版者注

思考的实验涉及奇形怪状物体的心理旋转。

下图是计算机屏幕上显示的两个刺激的示例。中心的十字是你在各次试验之间应该集中注意的注视点。

作为观察者,你的任务是尽可能快地按下 S 或 M 键,而按哪个键取决于你认为两者是相同的刺激还是彼此的镜像。接着,出现下一对图像以及相同的指导语。(如果真的选择参加这个实验,你还可以改变刺激的大小、刺激旋转的水平数以及其他几个自变量。)我收集了自己 600 个试次的数据,其中有 10 个不同水平的旋转度数,相邻水平之间差 20°。但是,收集了这些数据后,我现在需要知道我所拥有的这些数据的意义。我可以提出一些关于这些数据的有趣问题。例如,我可以问,耗费较长时间的是错误答案还是正确答案?我还可以问,如果两个物体旋转后相差许多度,是不是比只旋转了几度或者没有旋转需要更长的判断时间?在考察这些问题之前,我先来查看所有数据,而不考虑自变量的水平,也不考虑反应正确率。

我们将要用到的数据原本是精确到毫秒的。计算机可以精确地测量时间,也按此精确度记录数据。但为了方便,我将数据四舍五入到 1/100 秒。这对结果不会有任何影响。表 3.1 显示了数据文件的样子,完整数据见本书配套的数据包 "Tab3-1.dat"。

表 3.1 来自心理旋转实验的反应时数据

试次	角度 / 度	刺激	反应	正确性 (1= 正确;0= 不正确)	反应时 / 秒
1	140	相同	相同	1	4.42
2	60	相同	相同	1	1.75
3	180	镜像	镜像	1	1.44
4	100	相同	相同	0	1.74
5	160	镜像	镜像	1	1.94
6	180	镜像	镜像	1	1.42
7	180	镜像	镜像	1	1.94
8	0	相同	相同	1	1.24
9	40	镜像	镜像	1	3.30
10	140	相同	相同	1	1.98
11	60	镜像	镜像	1	1.84
12	160	相同	相同	1	3.45
13	40	镜像	镜像	1	3.00
14	180	镜像	镜像	1	4.44
15	140	镜像	镜像	1	2.92
……	……	……	……	……	……
600	40	镜像	镜像	1	1.12

自变量包括试次、旋转角度和刺激（图像是相同的还是互为镜像？）。因变量是反应（我按了什么键？S为"相同"，M为"镜像"）、正确性和反应时。注意，在某几次试验中，我花了4秒多才做出反应，而且即使花了那么多时间，也不一定总能答对。

3.1 绘制数据

反应时数据有 600 个之多，可以想见我们不可能一眼就看明白。要将数据重新组织成为易于理解的形式，最简单的方法之一就是将它们展现为某种图形。有几种常用的方法可以将数据展现为图形。其中有次数分布图、直方图和茎叶图，我们将一一讨论这些方法。

次数分布和直方图

作为绘图的第一步，我们可以为数据制作一个**次数分布**（或称**频次分布**），使数据以某种逻辑顺序组织起来。就反应时的例子而言，我们要计算每个可能的反应时出现的次数。但是，数据的记录精度达到 1/100 秒，这将形成一个长长的表。在表 3.2 中，我将数据分散到若干个 1/10 秒的区间，并注明了区间的中点以及边界。区间的上下边界分别称为**精确上限**和**精确下限**。任何落入两个相邻上下限之间的值都属于该区间。例如，大于等于 1.895000 且小于 1.995000 的分数将落在 1.90 ~ 1.99 区间内。①区间的中心称为**中点**。表 3.2 列出了这些数据的次数分布，它报告了每一个区间所示之反应时长发生的次数。这些数据还将被绘制成直方图（图 3.1）。

从表 3.2 所示的分布可以看出，反应时的分布范围很广，短的仅约 0.75 秒，长的达到 4.5 秒。数据倾向于向约 1.5 秒处聚拢，其中大多数落在 0.75 ~ 3.00 秒的区间。这一趋势从表 3.1 中是很难看出来的，因为数据还没有得到组织。请注意，反应时的次数分布似乎向右侧拖出了一条长尾。这并不奇怪，因为参试者对刺激的反应速度有极限，但是对参与者的反应时间没有限制*。

一般来说，用图来表现数据远比用表格容易让我们看到发生了什么。对于本例数据，我们可以将数据表现为**直方图**的形式。（我们将用 R 来创建直方图，后面附上的专栏"怎样获取 R 和 RStudio"，描述了如何下载和安装 R。有关 R 入门的更完整版本可通过访问本书的网站获得。（如果你读了该专栏，可能用不着更多指导了。）但是，即使你还没有下载并安装 R，也可以通过一个入门级的介绍 R 图形处理的出色网站**，了解其可以进行怎样的图形处理，看看那些命令是什么样的；我介绍该网址也只是为了说明代码看上去是什么样的，

注释①

注意数字舍入的方法！本书采用的规则是，当你要对一个以 5 结尾的数字进行舍入时，应该以保证结果均匀的方式向上或向下舍入。因此 1.895 将入为 1.90，而 1.995 则舍为 1.99。

---

* 就是说，反应时有下限，不可能很短；但没有上限，可以很长。——译者注
** 网址可联系电子邮箱 1012305542@qq.com 获取，或者登录 www.wqedu.com 下载。您在下载中遇到问题，可拨打 010-65181109 咨询。——中文版出版者注

表 3.2　反应时（每 1/10 秒内）的次数分布

反应时 / 秒	中点	次数	反应时 / 秒	中点	次数	反应时 / 秒	中点	次数
0.50 ~ 0.59	0.55	0	2.00 ~ 2.09	2.05	21	3.50 ~ 3.59	3.55	0
0.60 ~ 0.69	0.65	0	2.10 ~ 2.19	2.15	19	3.60 ~ 3.69	3.65	0
0.70 ~ 0.79	0.75	7	2.20 ~ 2.29	2.25	10	3.70 ~ 3.79	3.75	1
0.80 ~ 0.89	0.85	18	2.30 ~ 2.39	2.35	6	3.80 ~ 3.89	3.85	2
0.90 ~ 0.99	0.95	39	2.40 ~ 2.49	2.45	11	3.90 ~ 3.99	3.95	2
1.00 ~ 1.09	1.05	45	2.50 ~ 2.59	2.55	11	4.00 ~ 4.09	4.05	0
1.10 ~ 1.19	1.15	45	2.60 ~ 2.69	2.65	7	4.10 ~ 4.19	4.15	2
1.20 ~ 1.29	1.25	43	2.70 ~ 2.79	2.75	7	4.20 ~ 4.29	4.25	1
1.30 ~ 1.39	1.35	46	2.80 ~ 2.89	2.85	4	4.30 ~ 4.39	4.35	0
1.40 ~ 1.49	1.45	45	2.90 ~ 2.99	2.95	5	4.40 ~ 4.49	4.45	2
1.50 ~ 1.59	1.55	50	3.00 ~ 3.09	3.05	5			
1.60 ~ 1.69	1.65	42	3.10 ~ 3.19	3.15	2			
1.70 ~ 1.79	1.75	34	3.20 ~ 3.29	3.25	1			
1.80 ~ 1.89	1.85	37	3.30 ~ 3.39	3.35	3			
1.90 ~ 1.99	1.95	23	3.40 ~ 3.49	3.45	4			

以及可以用它生成哪些种类的图形。我想让你对 R 的整体内容有一个形象的体验，但并不要求你记住什么，更不要求你理解什么，那是以后要做的事。

怎样获取 R 和 RStudio

如果要用 R，你就需要从互联网上将其下载。我用屏幕截图详细介绍了这个过程，如果需要，请访问本书网站。

但是安装和运行 R 确实非常简单。启动浏览器并访问 r-project.org，点击"CRAN"，选择你的操作系统需要的文件，然后下载该文件。文件下载后，点击该文件就能进行安装。你也可以下载并安装 RStudio。RStudio 是一个与 R 完美配合的编辑器。在 RStudio 中输入代码后，点击"Run"按钮，接着就可以查看结果。其实，无论何时启动 RStudio，它都会同时自动启动 R。顺便建议你访问本书网站下载"DataFiles"压缩包，将该文件下载到一个名为 StatisticsData 的目录（或任何名称的目录）下，这样你就可以轻松地将本书的所有例题和作业练习的数据放在其中。（这样一来，你既可以从自己的硬盘也可以从网上载入数据文件。）你可以用 RStudio 或 R 上的文件菜单来设置合适的默认目录，以便轻松地载入数据而无须到处搜索文件。这样一来，无论何时加载文件，电脑都会打开 StatisticsData 文件夹。请参阅图 3.1 中第 3 行和第 4 行中的代码样例。一行代码如果以"#"开头，这一行就被转换为注释；除非删除"#"，否则电脑是不会执行一行注释的。

下面，你将看到不少包含 R 代码的段落。我强烈建议你安装并启动 R，然后边阅读边粘贴，并运行这些代码。我甚至建议你修改那些代码，看看会有什么变化——即使你的修改不起作用，也没有人会拿戒尺打你手心，而且你还是能学到东西的。

用 R 代码处理我们的心理旋转数据之后生成的直方图如图 3.1 所示。好好感受一下，看图识别数据模式是不是比看表格容易得多？特别要注意的是次数分布在右侧伸出的长尾。强烈建议你仔细阅读代码，大致了解 R 在做什么以及它是怎样做的。当然，如果你要学习众多 R 命令，单是阅读这些源代码远远不够。

```
### - - - - - - { Plotting a histogram for the reaction time data.
 - - - - - -
# setwd("C:/Users/Dave/Dropbox/Webs/Fundamentals8/DataFiles")
# An example of "set working directory."
# data1<- read.table("Tab3-1.dat", header = TRUE)
# Now you just need to give the file name.
data1 <- read.table("http://www.uvm.edu/~dhowell/fundamentals9/Data-
Files/Tab3-1.dat", header = TRUE)
names(data1)        #Tells me the names of those variables
attach(data1)                       # Make the variables available for use
par(mfrow = c(2,1))                 #Just to make things pretty--
                                    uses only half the screen
hist(RTsec, breaks = 40, xlim = c(0,5), xlab = "Reaction Time (in
sec.)")
# For Figure 3.1
stem(RTsec, scale = 2)              # Not used discussed in text
# More useful stuff
install.packages("psych")           # Only use this the first time you
                                    install a library
library(psych)                      # Assumes lpsych library has been
                                    installed
describe(data1)                     # Extra stuff that we come back to
                                    later
```

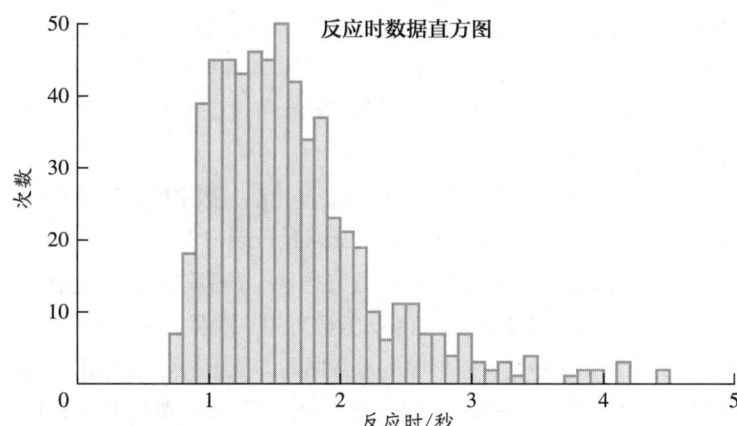

图 3.1　R 代码与反应时 – 次数关系图

阅读 R 代码须谨记的注意事项

1. 如果设置过工作目录，就不必重复列出——提供文件名即可。我对这两行命令都加了注释。
2. 以 "data1<- read.table…" 开头的行是从网上读取文件的常用方法。
3. 我们用 install.packages 命令找到并安装适用的包（psych）。这个包只须安装一次，但是每次都要用 "library（psych）" 来加载它。

直方图通常像表 3.2 那样将数据分散到多个区间，而且区间的宽度（例如，是 1.00～1.09，还是 1.00～1.19）也可以由生成图像的计算机程序做出选择。在本例中，我强制要求直方图采用与表 3.2 相同的区间宽度。（这就是"breaks = 40"命令所做的事情。）

对数据进行分组时，区间数不宜太多或太少，合适才最好——金发姑娘原则[*]。（在 R 中，可以用"breaks ="命令粗略地控制区间数。）我们总是希望不用观察太多细节就能看出分布的整体特性。就一般的应用情境而言，最好用数字系统中比较自然的断点（例如：0～9，10～19；或 100～119，120～139；等等）来分出各个区间，而不宜用随意定义的区间数进行分割。当然，如果另一种分割方式让人更容易理解数据，也完全可以用。请记住，你的目的是让数据有意义——不要勉为其难地遵循那些从未见过你的问题的人设定的僵硬规则。大多数软件都从许多可用的算法中挑选一种来确定区间数，但是为了更好地满足你的要求，在一般情况下可以无视软件的选择。

关于 *R* 的附加说明

- RStudio 可以执行代码，画出直方图。RStudio 会自动启动 *R*，然后在自己的窗口中处理代码和输出。你也可以只用 *R*，将代码粘贴到 *R* 的编辑器中，但那实在不是一个像样的编辑器。
- 要运行代码，只需将其输到 RStudio 编辑器中，选中所有代码，或根据需要选择部分代码，然后点击"Run"。输出的结果（如变量名等）将显示在左下方。你可以轻松找到软件生成的图。
- *R* 是区分大小写的。因此，如果你输入的是"names（Data1）"，而文件名是"data1"，软件就会茫然不知所措。
- 读入数据文件时，无论它包含一个还是多个变量，都以数据框的方式存储。若要访问这些变量，请用"attach"命令——例如：attach（data1）。
- 对于"attach"命令存在很多争议。当读取数据时，*R* 将其存储在数据框中，这实际上是一个保险箱。如果你要求画出 RTsec 的直方图，软件会回答说没有这个变量。输入"attach（data1）"命令后，软件就会从数据框中取出并复制变量，以便你使用其副本。能解决这个问题的还有其他方法，但"attach"命令是其中最简单的，我在这里用的就是这个命令。
- 如果对某个命令（例如 hist）有疑问，就输入"?hist"。如果你不知道该用什么命令，可以输入诸如"??histogram"，软件会找到各种可能性。
- 现在已经有了能运行 *R* 的图形界面。最著名的是 RCommander 界面。你的老师可能会建议你使用这样的界面，但我选择提供直接的 *R* 代码，因为代码能清楚地说明你在做什么。如果你还是愿意用图形界面，可以访问 DownloadingR 网页，上面有如何安装 Rcmdr 的说明，但我不会讨论如何运用该界面——你可以通过尝试错误自行解决。

---

[*] 即凡事必须有度，不能超越极限，源自童话《金发姑娘和三只熊》。——译者注

3.2 茎叶图

次数分布告诉我们每个取值出现的次数，与此对应的直方图直观地表现了这些数据。而要想同时保留各个取值及其出现次数，约翰·图基（John Tukey）设计的**茎叶图**是一种极好的方式。

谁是约翰·图基？

约翰·图基是 20 世纪下半叶影响最大的统计学家之一。图基出生于 1915 年，据说 3 岁就能读报纸。又据他的同事说，他开会时可以全程坐着读书，开完会却能一五一十地说出别人讲了些什么——就是这么个奇人。他在美国布朗大学获得了化学硕士学位。接着，他去了普林斯顿大学，原想获得化学博士学位，结果获得了数学博士学位。几年后，他进入并且留在了统计学领域。他是一个绝顶聪明的人，关于他的生活、工作以及人际关系，流传着不少故事。图基的整个职业生涯都在普林斯顿大学和附近的贝尔实验室（Bell Labs）度过。他曾在多个领域工作，不过本书仅介绍了图基对他亲自命名的"探索性数据分析"的贡献，以及他在多重比较程序方面的工作——他提出了一种著名的统计检验方法。你将会看到，图基的探索性数据分析没有烦琐的固定规则和程序。他最常引用的一句话是，对正确的问题做出一个模糊的回答，好于对错误的问题做出一个精确的回答。

约翰·图基（Tukey, 1977）发明了多种形象化地展示数据意义的方法，这些成了他的通用数据分析方法（称为**"探索性数据分析"**，即 exploratory data analysis，缩写为 EDA）的组成部分。其中最简单的方法之一就是茎叶图。我暂时不用本章的反应时数据生成茎叶图，因为观察值太多，需要较复杂的显示方法。作为代替，我将用一组刚确诊乳腺癌的患者所经历的侵入性思维数量的真实数据（Epping-Jordan, Compas, & Howell, 1994）。你或许能料到，有些女性因为不断想到癌症而备感困扰。而其他女性很少报告这种想法。

数据见图 3.2，左侧是原始数据，右侧是根据这些数据生成的完整茎叶图。

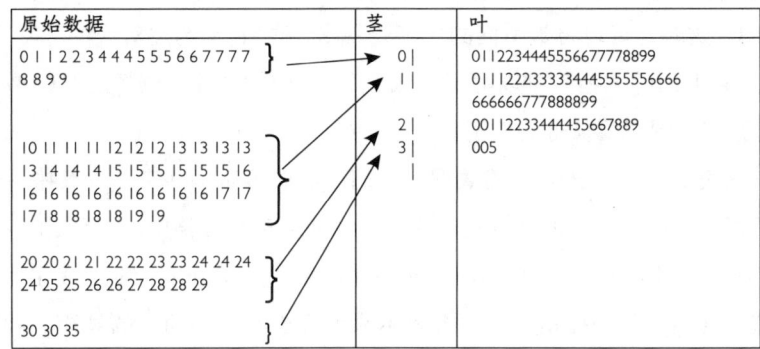

图 3.2　关于侵入性思维得分的茎叶图

从图 3.2 中的原始数据可以看出，有少数得分是个位数，十几分居多，有些是二十几分，三十几分的只有 3 个。我们将这些得分的十位数（在这里就是 0、1、2 和 3）称为**前导数**（有时称为**最高有效数字**）。这些前导数形成茎叶图的"茎"（即竖轴）。（有时候，我们需要两位数来做茎，你很快就会看到反应时数据的茎叶图就是这样的。）在二十几分的得分中，你可以看到有 2 个 20、2 个 21、2 个 22、2 个 23、4 个 24、2 个 25、2 个 26、1 个 27、2 个 28 和 1 个 29。个位数 0、1、2、3、4 等称为**尾数**，即**低位有效数字**。它们形成了茎叶图中的"叶"（即横向元素）。②

在图 3.2 的右侧，你可以看到，在作为"茎"的数字 2 后面，有 2 个 0、2 个 1、2 个 2、2 个 3、4 个 4、2 个 5、2 个 6、1 个 7、2 个 8 和 1 个 9，这些都是"叶"，对应于原始数据中的个位数。同样请注意与"茎"下面的数字 1 对应的"叶"，它们对应着所有介于 10～19 的得分的个位数。根据茎叶图，你可以重新生成该图纳入的全部原始数据。例如，你可以说，有 1 个人没有报告侵入性思维，有 2 个人各自报告了 1 次侵入性思维，等等。此外，茎叶图的形状看起来就像一个横向的直方图，可见茎叶图具备直方图表达数据的所有优点。

这种简单的茎叶图也有一个明显的缺点：对于某些数据集，它的分组对于我们的目的来说可能太粗糙，即每个"茎"后面跟着的"叶"太多。事实上，这就是我暂时不用反应时那个例子的原因。如果我还是企图用反应时数据，那么 1 秒的"茎"后面就跟着 410 片"叶"，这可有点傻。不用担心，图基早想在前面了，而且找到了一个解决这个问题的聪明方法。

如果我们不能将 50～59 的所有数字合并看待，就应该将这个区间分成更小的区间。我们可以试着将其分为 50～54 和 55～59 这两个区间，依此类推。但是，我们不能只用 5 作为"茎"，因为那样不能分这两个区间。图基建议，我们用"5*"表示 50～54，用"5."表示 55～59。但是这也解决不了我们面临的问题，因为分成这两类仍显粗糙。所以图基提出了另一种办法，用"5*"表示 50～51，"5t"表示 52～53，"5f"表示 54～55，"5s"表示 56～57，"5."表示 58～59。（你可能想知道为什么图基选择那些特定的字母。其实只要想到 2 和 3 的英语单词都以字母"t"开头，剩下的你肯定也明白了。我数十年来从未注意到数字词当中还有这些名堂，所以我做不了约翰·图基。）如果我们将上述方法应用于反应时数据，就可以得到图 3.3 的结果。图 3.3 是一个完整的茎叶图，你可以据此重现完整的数据集。

有时候，数据文件中的两端数值可能极高或极低，例如，一个可能得分为 6.8，另一个可能得分为 8.3。这时，可以将最下面的"茎"写成"高值"，与之对应的"叶"就写成 6.8 和 8.3。同样，最上面的"茎"可以写成"低值"，后面的"叶"则填上具体数值。如果不这样处理，这张茎叶图就要长得失控了。

要用茎叶图表示心理旋转实验的数据，我们还需要多做一些工作。其中一部分要解决的问题在于观察值实在太多，很难将它们简洁整齐地呈现在表格中。（事实上，茎叶图最常用来展示于小型数据集。）在这里，我们将不得不将"茎"分得更细，而且用两位数来表示。这并不违反规则，因为探索性数据分析本来就很少有必须固守的规矩。我们的目标就是以最有意义的方式展现数据。这种茎叶图如图 3.3 所示。请注意表格最上面的说明，它

注释②
茎叶图中，并非总是以十位数为"茎"，以个位数为"叶"。例如，如果数据的范围是 100～1000，就要用百位数做"茎"，用十位数做"叶"，忽略个位数。

小数点在竖线“|”向左数第1位数字之前

茎	叶
07	2222233
08	111113333333333333
09	2222222222222222222222222222222222224444
10	1111111111222222222223333333333333333333333333
11	2222222222222222222222222222222222222222222244
12	22222222222222222222233333333333334444444448
13	33333333333333333333333333333333333333333333344
14	22222222222222222222444444444444444444444444444
15	112222233333333333333333333333333333333333333333335
16	2222222222222222222222224444444444444444444
17	22222223333333333334444444444444458
18	33333333333333333333333344444444444489
19	24444444444444444444448
20	333333333333555555555
21	2222444444444444444
22	3333335555
23	334444
24	24444444445
25	22235555559
26	4444446
27	3555555
28	4446
29	22555
30	00555
31	79
32	7
33	004
34	5557
35	
36	
37	5
38	36
39	18
40	
41	26
42	0
43	
44	24

图 3.3　心理旋转数据的茎叶图

指出了小数点的位置——从垂直线“|”向左数 1 位数。换句话说，第一行的“茎”应该是 0.7。

在 *R* 中，相应的命令是：

stem（RTsec，scale = 1）

试一试这个命令，然后将 scale 设为 0.5、2 或 3，看看有什么结果。

我用茎叶图呈现这些数据的原因之一是它能体现数据中有趣的方面。请注意，大多数“茎”后面跟着的“叶”中很少有大于 5 的数值。这不是我犯了什么错误；这是数据本身的

特点。我猜这可能是反应时程序中的计时功能与计算机的循环速率以某种方式共同作用所产生的异常现象。这对我们解释数据没有任何实质性影响，但是它确实说明，茎叶图可以展现出用其他类型的方式展现不出的内容。

双向茎叶图

你坚持来上课了吗？有人会问，能不能坚持上课很重要吗？我认为这很重要，数据也支持我的观点——在同一幅茎叶图中"茎"的两侧各画一个分布就能很好地展现坚持上课的重要性。我在以前讲授的课程中要求实验室助理在课程结束时汇总哪些学生总是（3）、有时（2）或很少（1）来上课。（实验室助理每次上课时都要对出勤情况做出明确的判断。）我们忽略掉那些"有时"来上课的人，只留下两组数据。图 3.4 显示了两组学生所得成绩的分布情况。这些是真实的数据。我们已经把"茎"放在中间，把两个类别（经常缺课和总是来上课）的数据分开放在两侧作为"叶"。这样，当我们要查看那些坚持上课的人的成绩时，就看"茎"和右侧的"叶"；而查看那些经常缺课的人的成绩时，就看"茎"和左侧的"叶"。请注意表格底部的编码（Code）规则，它表示如何将你看到的茎叶转换为原始分数。例如，如果看到两根表格竖线"|"中间的"茎"是 25，"叶"是 6，你无法判断这表示的是 25.6，256 还是 2.56。但是底部的编码告诉你，"茎"是 25，"叶"是 6，实际表示 256。

经常缺课	茎	坚持上课
8	18	
5 5	19	
	20	
	21	
8 5	22	
9 7 3 2	23	
0	24	1 3 6 9
6 6 6 0	25	0 2 4 4 5 6
8 4 4 1	26	1 2 3 4 4 4 5 7 7
7 4 4 0 0	27	0 1 2 3 6 6 7 8 8
	28	0 1 2 4 8 8
	29	0 1 1 2 3 4 6 6 7 8
8	30	
	31	0
	32	0 1 8

Code |25| 6 = 256

图 3.4　一门真实的心理学研究方法课程的全部成绩，两侧分别表示经常缺课和坚持上课的学生的成绩

最后请注意，这个茎叶图清楚地表明，坚持上课的学生与百无聊赖才来上课的学生的成绩是有差异的。虽然有一些例外，但多数常常缺课的学生都遇到了麻烦。（坚持来上课的人的总成绩也偶尔会落在中间。）本书贯串始终的一个要求是，我们不仅希望判断差异是否出于偶然，还要能够知道差异的大小或重要程度。此处可以看到，双向茎叶图可以很好地表现出差异的大小。下面可以看到在 R 中执行此操作的代码。[其中"file.choose()"命令会打开一个窗口，让你在硬盘上搜索该文件。] 查看代码的工作方式，然后将其粘贴到 RStudio 窗口。你可以看到代码的一个有趣特性。R 的基本代码不能处理双向茎叶图，但有人编写了一个名为"aplpack"的函数包，我们可以加载这个包，调用其中的"stem.leaf.backback()"函数即可。

```
data <- read.table(file.choose(), header = TRUE) # Then select Fig3-4.dat
attach(data)
poorAttend <- Points[Attend == 1]
goodAttend <- Points[Attend == 2]
install.packages("aplpack")                      # Use only the first time.
library(aplpack)
stem.leaf.backback(poorAttend,goodAttend, m = 2) # m controls bin size
```

3.3 读图

近年来，我听到同事们越来越多地议论说，学生不会解读图表。很难说这是因为我的同事在慢慢变老所以开始觉得"现在的学生哪儿像我们那时候"，还是因为现在的图表解释对于学生来说更难了。我将在本节尝试提出解决这一问题的方法。

读图的困难之一，就是我们不能武断地判定因变量是在 Y 轴（垂直轴）还是在 X 轴（水平轴）上。明确的规则让生活变得简单，但是在这里不起作用。如果看一下直方图，你将看到 X 轴表示因变量（例如反应时间），而 Y 轴表示各个取值的出现次数。我能想到的直方图都是如此。但是，再请看图 3.5。它叫**条形图**，因为它用垂直条表示平均反应时。该图显示，平均反应时是参试者所做选择（"相同"还是"镜像"）的正确性的函数。请注意，X 轴表示的是自变量（正确性），而垂直轴（Y 轴）表示的是因变量（反应时）。你可以看到，参试者做出正确选择时，其反应时似乎更快一些。我不知道这种差异是否可靠，但就算它是可靠的，似乎也只是一个微小的差异。可靠的差异未必都很重要。[这部分的 R 代码和第 3 章的其他材料可以在本书网站上（Supplemental Material / Code for Chapter 3）找到。]

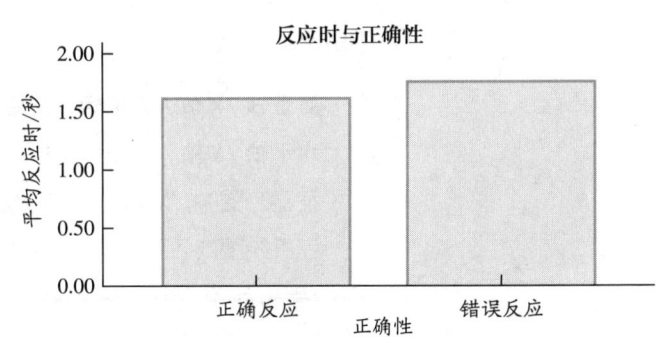

图 3.5　平均反应时是判断正确性的函数

在下一个统计图中，X 轴表示的是时间（图 3.6）。在这个图中，视频游戏的次数③是年龄的函数。这些数据来自 Gentile（2009）。其 R 代码是：

注释③

这里是一个将顺序量表（0 = 从不，1 = 少于 1 次 / 月，2 = 约 1 次 / 月，……，7 = 每天至少 1 次）当作因变量的例子，但是计算这些值的平均数似乎也是合理的。

```
# Plotting Video Game data from Gentile(2009)

videoData <- c(4.8, 4.8, 4.9, 4.4, 5.4, 4.8, 3.6, 4.1, 3.4, 3.7, 2.9)
age <- c(8,9,10,11,12,13,14,15,16,17,18)
    ## You could also use age <- c(8:18)
plot(videoData  ~  age, type = "l", ylim = c(2,6), ylab = "Mean
  Frequency", col = "red", lwd = 3)  #lwd = line width   "~" is read as
  "as a function of", "l" = "line"
```

用 SPSS 也可以画出这种图——选择"Graphs/Legacy Dialogs/Line"，指定 Data in Chart 为"values of individual cases"，然后将"Line Represents"设置为"Frequency"，将"Category Labels"设置为"Age"。数据可从本书配套数据包中找到（见 SPSS 系统格式的文件 Fig3-6.sav）。文件中还包括了花在电子游戏上的时间数据（单位为小时）。

生成此图时，我将各个数据点用一条线连接起来，可使其成为一幅**折线图**，而不是用垂直条构成一幅条形图。鉴于自变量（年龄）的顺序量表特性，这样做似乎是合适的。请注意，这幅图很好地说明，随着玩家年龄增长，其玩视频游戏的次数随之降低。有趣的是，如果你用每周视频游戏的平均小时数绘制一个类似的图表，这条折线将显得相对平坦。显然，游戏的次数随着年龄的增长而下降，但每次游戏的时间增加了。

这些事说起来似乎很简单，但是读图时最重要的是先确定每个轴上绘制的内容。接着，识别因变量和自变量，最后寻找数据背后的模式。我们用直方图考察分布的形状，通常希望至少能看到它在中心位置达到最高点。对于条形图（图3.5）和折线图（图3.6），我们通常考察各组数据之间的差异和/或数据的趋势。选用条形图还是折线图，通常只是一个偏好的问题，尽管许多人对此问题固执己见。但如果你的导师也如此，你应该密切关注其意见。

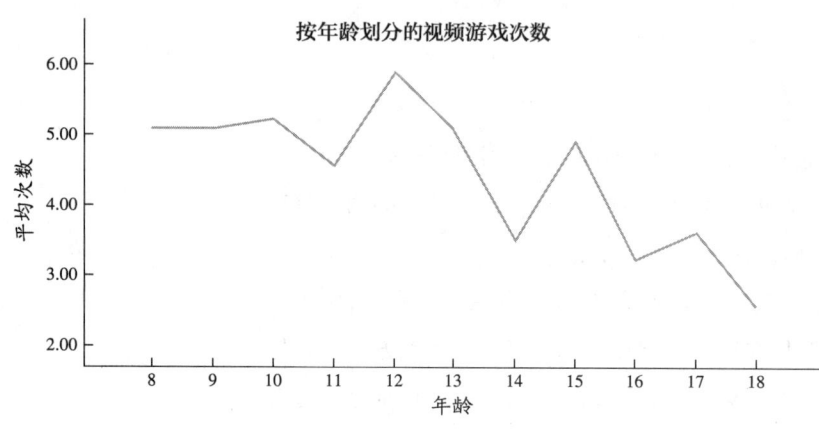

图 3.6　视频游戏的次数是年龄的函数

图中的轴

垂直轴 /*Y*轴 / 纵坐标：垂直轴的各种名称。

水平轴 /*X*轴 / 横坐标：水平轴的各种名称。

在直方图中，*X*轴表示因变量的分数。

在折线图或条形图中，*X*轴通常表示自变量。

3.4 绘制数据的其他方法

前面几节涉及的仅是绘制数据的少数几种方法而已。数据的显示方式几乎是无限多样的，其中有一些方法非常巧妙，而且能传递丰富的信息，也有一些方法未能清晰地展现数据中的重要信息。

关于如何将数据变成图，有两句话很重要。第一句话是，以图形方式展现数据，关键是为了与受众沟通。如果有别的更便于沟通的方式，就用别的方式。绘制图形的那些规则是为了指导我们更清晰地展现数据，并非永远不能改变的、僵化的清规戒律。这一点在之前讨论直方图的区间数时就已经确定下来了，但是它的适用范围不限于直方图。所以，首要的"规则"是：如果这个方法有助于理解，那就用；如果无助于理解，就不用。Howard Wainer（1984）写的一篇题为"如何正确展现数据（How to display data badly）"的论文非常适合你在绘制数据时做参考。你可以从该论文以及 Wainer 的许多其他论文中学到很多东西。

第二条规则是尽量简洁。一般来说，加入一些无关紧要的特征只会让人莫名其妙，是最糟糕的展示。Tufte（1983）将这种材料称为"图表垃圾"，你应该尽量避免。许多人认为，最拙劣的做法也许就是用三维图形代替能更好地显示数据的二维图形。（我认为这比饼形图更糟糕。）用三维图有时候是合理的，但三个维度更容易混淆问题，而不是说明问题。不幸的是，为企业用户编写的大多数图形包（通常称为"展示图"）都鼓励你画蛇添足地增加不必要的维度。图形应该看着实用、整洁、有序；它们一般不需要看起来"漂亮"。如果你认为需要三个维度来表示材料，就要问问自己，读者能否理解你想要展示的内容。在通常情况下，第三个维度会让图形变得难以看懂——它加大了图形的复杂性，而许多人没有能力加工这种复杂图形。如果你学过知觉方面的心理学课程，应该知道眼睛能非常出色地加工三维空间中的三维物体。但是当我们试图在二维空间中处理三维物体时，眼睛（和大脑）就会欺骗我们。图 3.7 是一个故意画得很糟糕的三维图，这个图本意是显示司法惩教系统对人的处置情况。你能判断一下，是看守所里的人多还是获得假释的人多？惩教系统里面有多少人被假释？你可以提前看一眼图 6.2，看看用那个图显示的数据是不是比三维图清楚得多。

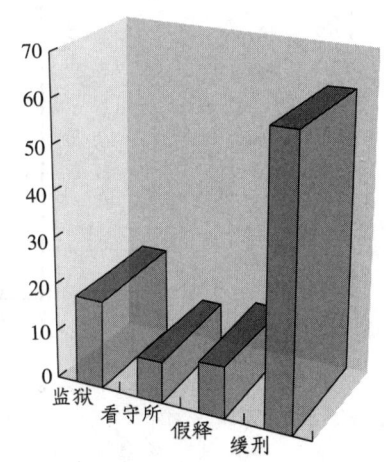

图 3.7　司法惩教系统对人的处置情况

图 3.8 是一幅双向条形图，显示的是墨西哥、西班牙、美国和瑞典四国人口按年龄和性别的分布情况。这幅图清楚地展示了各国人口在年龄分布方面的差异（你可以看一下墨西哥和瑞典的差异情况）。通过将男女两性做双向条形图，我们还可以发现性别差异对预期寿命的影响。三个国家老年群体中的女性多于男性。而在墨西哥，从 20 岁出头开始，男性人数超过女性。这种分布在历史上很常见，当时许多妇女在分娩时死亡。于是，我们就可以从这个现象出发，寻找出现这种人口分布情况的原因。我给大家呈现这些图形的目的就是想说明一点：简单的图形也可以讲出一个令人信服的故事。

绘制数据的指南

- 注明主要标题。
- 记得对各个轴做好标记。
- 尽量将 X 轴和 Y 轴的起点都设置为 0；如果做不到，可以将轴的一部分画成⌇（表示此处缩折），以求合理。
- 饼图：不要用！求求你们了！很难从饼图上准确读出数值。
- 绘图尽量不要超过两个维度。
- 避免添加无足轻重的材料。

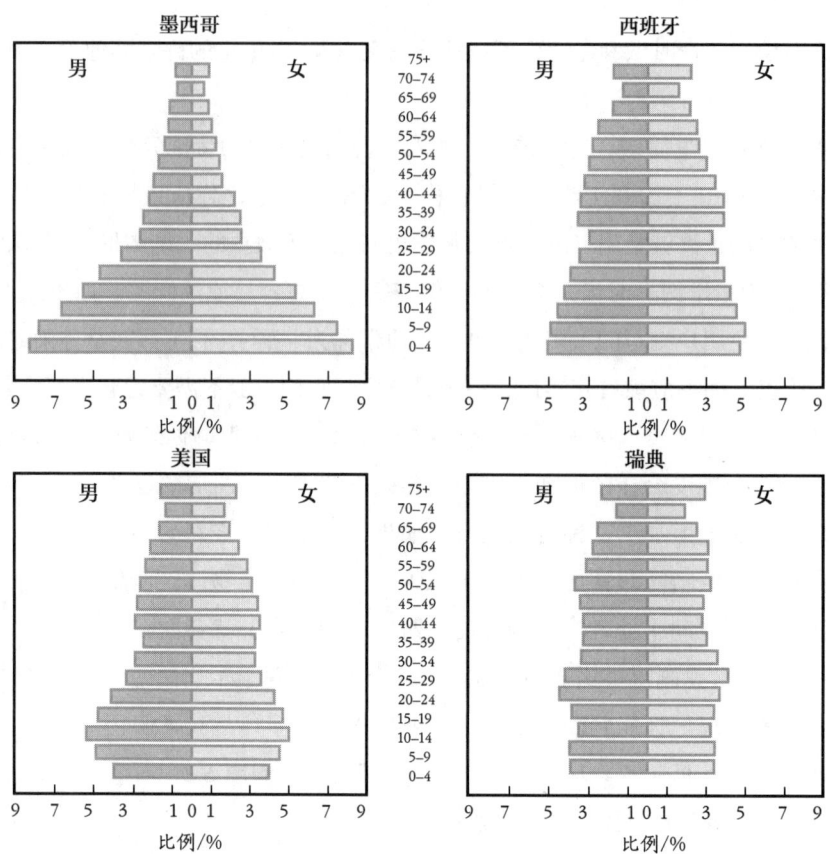

图 3.8　1970 年按性别和年龄分列的选定国家的人口情况
来源：From *Social Indicators: 1976*, U.S. Department of Commerce, U.S. Government Printing Office, 1977.

我以为她只是一名护士！

对早期图形运用的最重要的贡献者都有谁？你可能根本想不到，弗洛伦斯·南丁格尔（Florence Nightingale，1820—1910）算一个！她很早就展现了图的巨大威力，并引出了多种直观呈现数据的方式。

1854 年，克里米亚战争爆发，南丁格尔随英国政府派遣的一支护士队伍来到土耳其。她对恶劣的卫生条件深感不安；为了提高护理质量，她坚持与军事当局抗争多年。她做的对统计学意义最大的一件事，就是收集了有关士兵死亡原因的数据，并利用她的人脉，将她的发现广为传播。她证明了士兵死于医院卫生条件恶劣或伤口未得到处理而引发的疾病的比例高出死于敌军炮火的比例许多倍。她用极地图方法生成了一个复杂图形，用面积表示各种原因造成的死亡比例。南丁格尔创造了一种与众不同的简单的折线图，显示和平时期平民和军人的死亡率。其数据按年龄进一步细分；其含义明确无误，并强调控制混淆变量的重要性。她的工作显著改善了军队内部的医疗保健条件。

在她的余生中，南丁格尔为改善健康标准而奋斗，在几乎每一个议题上都敢于与英国政府对抗。虽然她没有接受过正规的统计学训练，但还是于 1858 年当选为英国皇家统计学会的第一位女性会员，几年后又成为美国统计学协会荣誉会员。

3.5 描述分布

图 3.1 和图 3.2 中所示的观察值分布总的来说属于形态比较规则的分布——先上升到最大值，然后平稳地下降。然而，并非所有的分布都是如此（参见图 3.4 中的茎叶图），所以，学会理解那些描述不同分布的术语非常重要。考察一下图 3.9（a）和图 3.9（b）中显示的两个分布。这些图分别是用计算机根据特定分布形态的总体所生成的数据画出来的。它们和图 3.9 中的另外两个图都基于包含 1000 个观测值的样本，其中轻微的不规则性只是随机误差而已。图 3.9（a）和图 3.9（b）中的分布被称为**对称**分布，因为它们中心点的两侧都是相同形状的图形。图 3.9（a）显示的分布来自我们将来会提到的正态分布。图 3.9（b）中的分布称为**双峰**分布，因为它有两个峰值。"双峰"这一术语指任何具有两个主峰的分布，无论这两个主峰的高度是否完全相同。如果分布只有一个主峰，则称为**单峰**分布。用于表示分布中主峰个数的术语是**多峰性**。

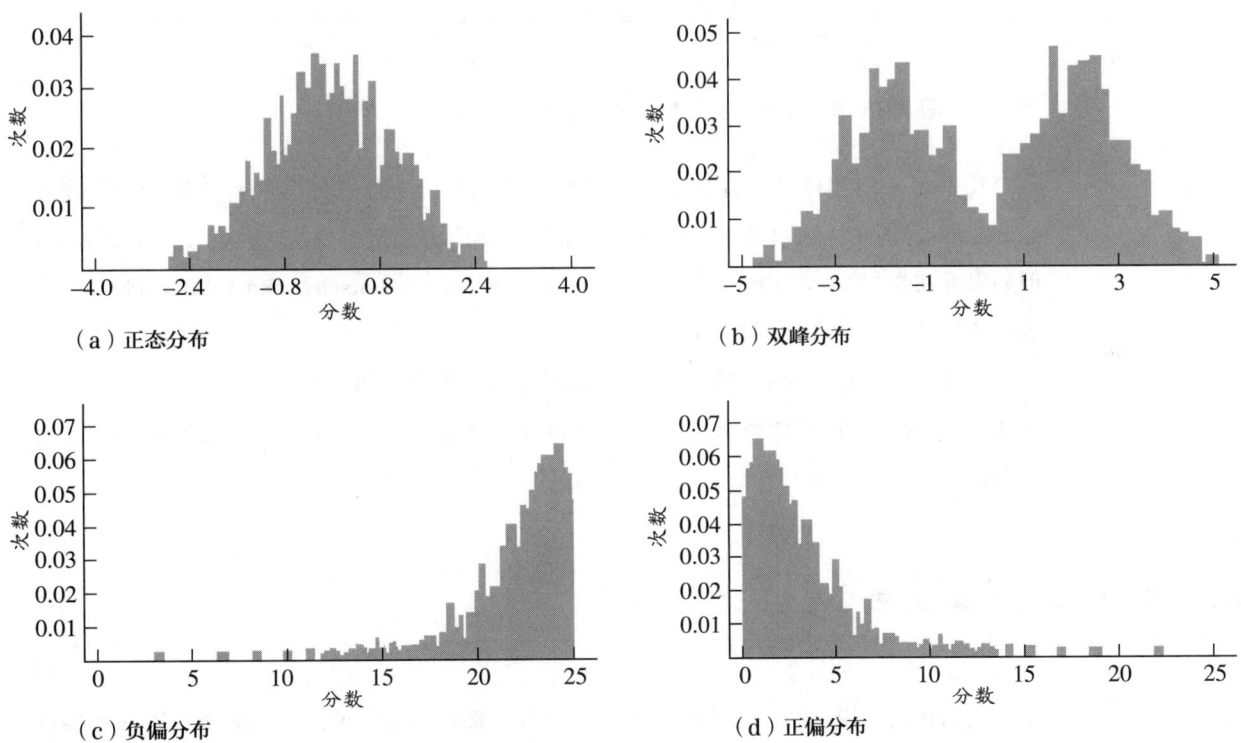

图3.9 次数分布的形态：（a）正态分布；（b）双峰分布；（c）负偏分布；（d）正偏分布

接下来看图 3.9（c）和图 3.9（d）。这两个分布显然不对称。图 3.9（c）中的分布有一条向左延伸的长尾，图 3.9（d）中的分布则有一条向右延伸的长尾。我们将前者称为**负偏**，将后者称为**正偏**。（提示：为了帮助你记住负偏和正偏的区别，请注意负偏分布的尾部指向量表的负数或最小数，而正偏分布的尾部指向量表的最大数。）统计学上有多种表示不对称程度的统计量，即**偏态性**，但是在行为科学中都不常用到。你之前应该已经见过图 3.1 中有一个正偏分布。

图 3.10 是关于正偏分布的一个有趣的现实例子。这些数据是由 Bradley（1963）生成

的，他要求被试们在每次小灯亮起时都尽快按下按钮。大多数数据点都均匀地分布在大约 7～17（1/100 秒）之间，但是在 30～70（1/100 秒）之间明显有一小群观察值，形成一条伸向右侧的尾巴。之所以有这后一组观察值，主要是因为实验中的被试第一次没按到按钮，只好再次尝试。保留这些数据，分布的形态就会受到明显影响。拥有这样一堆数据的实验者可能要认真考虑一下，那些偏长的反应时是否需要另行处置，因为这些数据更多地反映了心理动作反应的准确性，已经不是反应速度的良好指标了。

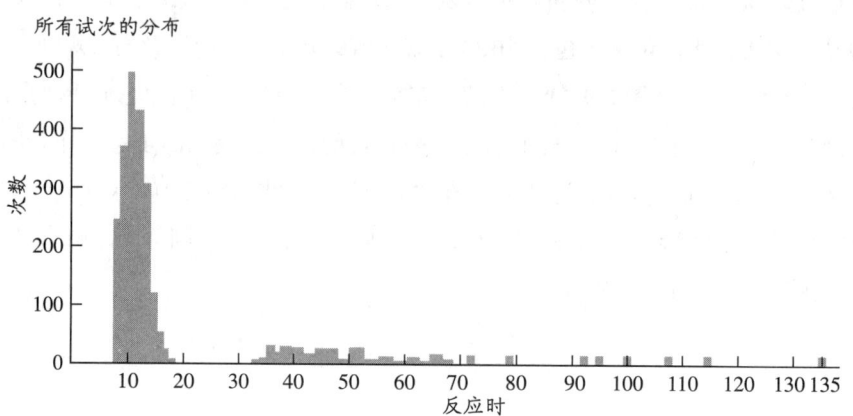

图 3.10　Bradley 反应时数据的次数分布

几乎每一位教科书作者都觉得有必要讨论关于分布形态的另一种特征量——峰态量（kurtosis）。但是，知道其真正内容的人很少，运用的人就更少了。我们在这里将其略过；但如果你实在好奇，可以在搜索引擎中搜索"kurtosis Wuensch"。Karl Wuensch 关于峰态量的知识甚至比我想知道的还要多。

重要的一点是，要清楚地了解分布的形态，首先需要相对较大的数据样本。样本容量在 30 左右时，我们能合理预见到的最佳结果是，数据是倾向于堆积在分布的中心，还是明显向着某个方向倾斜。

3.6　用 SPSS 展现数据

正如我之前说过的，几乎所有的统计学教材都曾假定简单的数据分析可以在标准计算器的帮助下手工完成。这可能是最优的教学方法，虽然我不这么认为；但是现今的计算机程序已经可以执行越来越多的统计分析了。因此，你需要了解怎样解读计算机输出的结果。我们已经看到了运用 R 和 SPSS 软件来绘制数据的例子。本书大部分章节都将运用计算机来解答以前手工分析的例题。我主要关注 R 和 SPSS。正如我在别的场合说过的，我选择 R，是因为它可以免费下载到任何一台计算机上，它正在成为心理学等学科重要的数据分析工具，而且它可以让你边学边用。我选择 SPSS，是因为它是最常用的"大型"软件，并且教师也经常要求学生使用它。但是，我在这里做的任何事情也许都能通过你手头的软件来完成。我们已经看到了 R 能做什么，我现在重点讲讲 SPSS。

图 3.11 是 SPSS 根据图 3.2 中关于侵入性思维数据生成的直方图和茎叶图。（在 SPSS

软件中，茎叶图可以在菜单 Analyze/Descriptives/Explore 下找到。）这幅图与我们之前获得的图略有不同，这是由于分组的数量不同。到目前为止，我们在讨论中几乎还没有提到数字本身。我们已经看到，怎样将数据组织和呈现为分布形式，而且我们讨论了用来描述分布的多种特征。这其中包括对称性或不对称性（偏态性），以及峰态量。虽然这些信息可能在某些情况下很有用，但在其他情况下，它们是不够的。我们仍然不知道简单的心理旋转反应时间的平均速度，不知道个别试次的反应时间有多相似。我们也不知道来听（或不来听）我上课的学生的平均分数。为了获得这方面的知识，我们必须将数据精简成一系列带有我们所需信息的计量指标。问题可以涉及量表上的某个位置（集中量），也可以涉及数据的分散性（差异量）。这两个特征的计量指标将在接下来的两章中讨论。

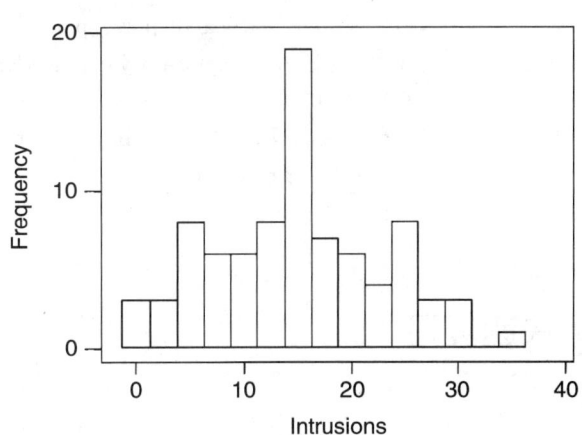

```
INTRUS Stem-and-Leaf Plot

Frequency     Stem & Leaf

     9.00     0.011223444
    13.00     0.5556677778899
    15.00     1.011122233333444
    25.00     1.5555556666666666777888899
    12.00     2.001122334444
     8.00     2.55667889
     2.00     3.00
     1.00     3.5

Stem width:    10.00
Each leaf:      1 case(s)
```

图 3.11　SPSS 输出的关于侵入性思想的茎叶图和直方图[*]

3.7 总结

本章讨论了描述分布的各种方法。我们先是把数据放在表格中，将其简化，让观察值分别落入各个不同的区间（例如 1.90 ~ 1.99）。这样，我们就记录了落入各个区间的观察值个数。我们将下限和上限定义为截出一段区间的两个端点（例如 1.895 和 1.995），并将两者之间的中点指定为区间的中心（例如 1.95）。随后，我们用直方图表示这些数据，其 X 轴（水平轴）表示因变量（例如反应时）的不同取值，其 Y 轴（垂直轴）表示各个区间对应的次数。

接下来，我们讨论了茎叶图及其用途。在茎叶图中，最前面的一位（或两位）有效数字形成"茎"，其后位置上的数字形成"叶"，其他不太重要的数字则被略去。双向茎叶图尤其有用，它让我们能够比较来自两个组或两个类别的数据。我们还简要介绍了条形图和折线图。在这些图上，自变量的水平标记在 X 轴上。Y 轴则标记一些因变量的测量值，例如各组的平均数，或某个其他变量的值（例如预期寿命）。我还指出，画图应尽可能简单明了，以免无关维度或其他信息把读者弄糊涂。

---

[*] 该图是 SPSS 的输出原样。如果有兴趣，可以将 SPSS 界面语言设置为中文，就能得到中文版本的输出，故遇到类似情况不再翻译。——译者注

最后，我们研究了一些用于描述分布的术语。对称分布指的是中心点两侧的分布呈相同形态，而偏态分布是不对称的分布。正偏分布的长尾向右延伸，而负偏分布的长尾向左延伸。

重要术语

次数分布 / 频次分布（frequency distribution, p.035）
精确下限（real lower limit, p.035）
精确上限（real upper limit, p.035）
中点（midpoint, p.035）
直方图（histogram, p.035）
茎叶图（stem-and-leaf display, p.039）
探索性数据分析（exploratory data analysis, EDA, p.039）
前导数 / 最高有效数字［leading digits（most significant digits），p.040］
茎（stem, p.040）

尾数 / 低位有效数字［trailing digits（less significant digits），p.040］
叶（leaves, p.040）
条形图（bar graph, p.043）
折线图（line graph, p.044）
对称（symmetric, p.047）
双峰（bimodal, p.047）
单峰（unimodal, p.047）
多峰性（modality, p.047）
负偏（negatively skewed, p.047）
正偏（positively skewed, p.047）
偏态性（skewness, p.047）

3.8 快速复习

A. 绘制数据的主要目的是____。

答：解释其意义

B. 区间的两个端点称为____。

答：精确上限和精确下限

C. 在 X 轴上标记因变量的各个取值，在 Y 轴上标记次数，这种图称为____。

答：直方图——虽然也有人将其称为次数分布图

D. 对直方图（以及茎叶图）而言，最佳区间数是____。

答：不宜太多也不宜太少，只要该图能最充分地描述数据

E. 列出关于茎叶图的三个重要事项。

答：它可以同时呈现分布的形态和实际数据；双向茎叶图可以比较两个相关的分布；经调整后可以处理因变量的极端值。

F. 列出描述分布形态的三个术语。

答：对称性、峰态性和偏态性。

G. 正偏分布的长尾向右延伸。（对 / 错）

答：对。

H. 好图形的一个主要特征是____。

答：简洁

I. 在接下来的两章中，我们将把数据描述扩展到____。

答：描述分布的中心及其差异性（或分散性）

3.9 习题

3.1 你有没有想过，如果你根本不阅读试卷中的文章就做关于文章的题目，你的 SAT[④]成绩会怎样？ Katz 等人（Katz, Lautenschlager, Blackburn & Harris, 1990）要求学生在不看问题涉及的文章的情况下回答 SAT 类型的试题。这组被试被称为"无文章"组。他们得到的数据大致如下，其因变量就是学生的测验得分。

54 52 51 50 36 55 44 46 57 44 43 52 38 46
55 34 44 39 43 36 55 57 36 46 49 46 49 47

（a）绘制这些数据的直方图——可以手工绘制，也可以用 R 或 SPSS 绘制。
（b）其分布大致是什么形态？

注释④
向美国以外的读者介绍一下，在美国，学业能力倾向测验（Scholastic Aptitude Test, SAT）是许多学生（但并非所有学生）的大学入学考试。该考试分为数学和语言两部分。每个部分的分数通常为 200～800，平均分大约在 500 左右。本书间或会提到 SAT 分数。

3.2 用合理的区间数为习题 3.1 中的数据制作茎叶图。

3.3 用 R 重新生成图 3.3 中数据的茎叶图。在第 3.2 节中可以找到相应的代码。

3.4 在 Katz 等人的研究中，如果完全凭猜测答题，可以预计大约为 20 分。即使研究中的这些学生没有阅读试卷中的文章，他们的成绩是否也好于随机水平？

3.5 在习题 3.1 描述的研究中，实验者还让一组学生先阅读文章再回答问题（故称为"有文章"组），取得了相同类型的数据。他们的数据如下：

66 75 72 71 55 56 72 93 73 72 72 73 91 66 71 56 59

（a）通过这些数字你能看出什么？学生读了文章成绩会更好吗？
（b）在茎叶图的一侧手动绘制这些数据，在同一茎叶图的另一侧绘制"无文章"组数据。
（c）通过观察这种茎叶图，你能看出什么？
（d）关于这个例子的进一步讨论请访问本书网站[*]。

3.6 在第 2 章的习题 2.4 中，我要求能用 SPSS 的人访问本书的网站，找到"SPSS 简明手册"，并下载 apgar.sav 文件。如果你有 SPSS 但没有做这个习题，请回过去阅读手册，了解如何下载并用 SPSS 打开该文件。该网页的导言部分对数据做了介绍。先阅读其中的前三章（它们都非常短），然后阅读关于描述和绘制数据的第 4 章。（该章稍长些，但大部分都是图。）重新生成网页上的次数分布和图形，但要改变图的精细度。

3.7 用 SPSS 或 R 加载并绘制表 3.1 中呈现的心理旋转反应时数据。这些数据可以在本书配套的数据包（Tab3-1.dat）中找到，你可能需要阅读 SPSS 简明手册的第 3 章中关于如何导入文本数据的内容。

3.8 访问本书网站，进入 Supplemental Material/Introducing R，浏览该页面获取关于 R 的知识，随后阅读页面底部的"简单示例（Simple Examples）"部分。

---

[*] 网址可联系电子邮箱 1012305542@qq.com 获取，或者登录 WWW.wqedu.com 下载。您在下载中遇到问题，可拨打 010-65181109 咨询。——中文版出版者注

接下来的 2 个习题要用到附录 C 中的大型数据集。这些数据也可以通过本书网站下载。这些数据来自 Howell 和 Huessy（1985）的一项研究，附录的开头对其进行了描述。我们将在整本书中经常提到该研究。

3.9　用合理的区间为 Add.dat 中的 GPA 数据生成一幅直方图。你可以手工完成，也可以用任意软件来完成。

3.10　用任意软件为 Add.dat 中的 ADDSC 分数画出茎叶图。

3.11　从图 3.8 中可以看出关于墨西哥和西班牙人口的哪三个有趣的事实？

3.12　在某些包含少数异常低的取值的茎叶图中，第一个"茎"通常写作"低值"，其"叶"则显示完整值。为什么要这样做？何时可以这样做？

3.13　如何描述图 3.4 中听课和缺课学生的成绩分布？为什么你在看到数据之前就已经预见到这种分布？

3.14　在表 3.1 中，反应时数据按物体的旋转角度进行细分。（你可能想用该变量对数据进行排序。）用 SPSS 或其他计算机程序将这些数据的多个单独的直方图绘制为旋转角度的函数。（可以用 R 执行此操作，但需先了解一些新内容。请参阅本章的网页。）这些数据见本书配套数据包。

3.15　Krantz 在设计实验（后来得到表 3.1 中的数据）时，兴趣在于了解心理旋转的角度会不会影响反应时。根据习题 3.14 的答案，你对这个问题可以得出什么结论？

3.16　除了将反应时作为心理旋转角度的函数进行比较之外，你还能用别的方式从这些数据中得到其他关于人们如何加工信息的结论吗？

3.17　统计分析中的一个常见假设是各次观察之间都是彼此独立的（即使知道某个反应，也不能推知另一个反应的大小）。你能否仅根据自己对数据收集方式的了解来描述表 3.1 中的反应时数据？（缺乏独立性不会让我们在本章中对这些数据所做的任何处理失去效力，尽管这可能会影响更复杂的分析。）

3.18　图 3.12 改编自 Cohen 等人（1992）的论文，该研究考察了在稳定的和不稳定的社会群体中养大的非人类灵长类动物的免疫反应。在每个群体中，动物们都被分为高度归属关系或低度归属关系——以各个动物与其他个体之间身体密切接近的时间长度来衡量。免疫水平测量得分越高，对疾病的免疫力越强。请写两三句话来描述这些结果似乎说明了什么结论。

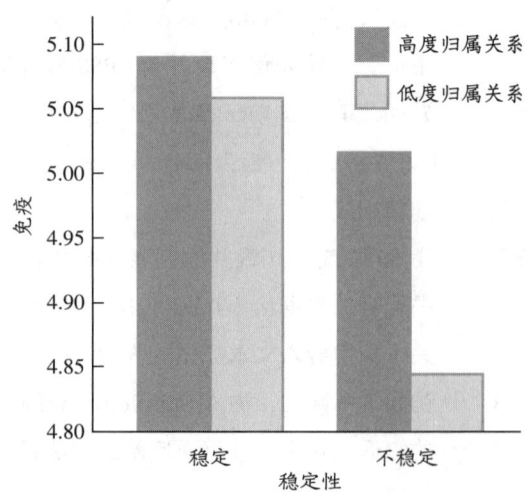

图 3.12　社会稳定性和归属度与免疫的关系
来源：From Cohen, Kaplan, Cunnick, Manuck, and Rabin（1992）.

3.19　Rogers 和 Prentice-Dunn（1981）招募 96 名男性欧裔本科生参加生物反馈研究，其中一项任务是让他们对其他"被试"施加电休克刺激。研究者记录了被试在遭受和未遭受实验者侮辱这两种条件下，对其他欧裔人和非裔人"被试"施加的电休克刺激量。结果如图3.13所示。请解释这些结果。（我以前的一个指导原则要求将每个轴的原点设置为0或画一段折线轴。为什么这里不需要这样做？）

3.20 以下数据是1982年、1991年和2005年按人口普查类别分列的美国大学入学率。（2005年的数据为近似值。）请根据数据绘图，以表现1982—2005年美国大学生入学情况的变化。（表中每个数据以1000人为单位，1991年的数据纯粹为了供你了解信息。）

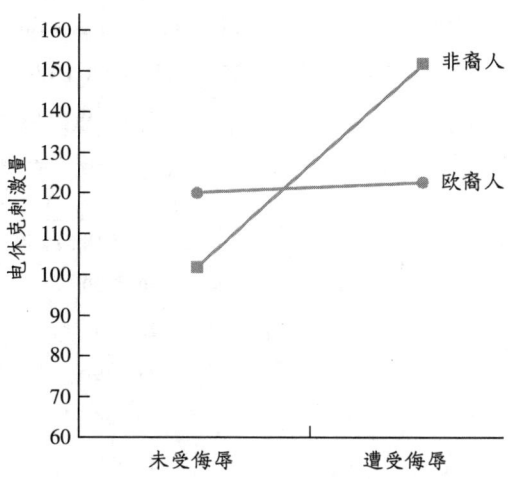

图3.13　来自Rogers和Prentice-Dunn（1981）
来源：From Rogers and Prentice-Dunn（1981）.

族群	1982年	1991年	2005年
欧裔人	9997	10 990	11 774
非裔人	1101	1335	2276
美洲原住民	88	114	179
西班牙裔人	519	867	1935
亚裔人	351	637	1164
非美国人	331	416	591

3.21 《纽约时报》（*New York Times*）2009年3月16日报道，华盛顿特区约有3%的人口携带艾滋病病毒或罹患艾滋病。在网络上搜索全球统计数据，以便将上述数字放在全球背景下考察。

3.22 以下数据表示1960—1990年美国家庭总户数、女性为户主的户数以及家庭规模。请用某种能揭示美国人口统计数据变化趋势的方式来呈现这些数据。这些数据说明社会科学家是怎样看待美国面临的问题的？（表中的家庭数量以1000个为单位。）

年份	总户数	女性为户主的户数	家庭规模（人数）
1960	52 799	4507	3.33
1970	63 401	5591	3.14
1975	71 120	7242	2.94
1980	80 776	8705	2.76
1985	86 789	10 129	2.69
1987	89 479	10 445	2.66
1988	91 066	10 608	2.64
1989	92 830	10 890	2.62
1990	92 347	10 890	2.63

3.23 修改图3.6给出的 *R* 代码，根据上一习题的数据重新生成一幅图。

3.24 重复习题 3.23，但是这次要求体现家庭规模的变化。

3.25 Moran（1974）根据澳大利亚新生儿的数据，提出孕产妇年龄和唐氏综合征（这是一种严重的残障，心理学家为此做了大量研究）之间存在关联。数据如下，但可能需要你做一些计算才有意义。根据这些结果，你能得出什么结论？

孕产妇年龄 / 岁	新生儿总数	患有唐氏综合征的新生儿数
20 或 20 以下	35 555	15
20—24	207 931	128
25—29	253 450	208
30—34	170 970	194
35—39	86 046	197
40—44	24 498	240
45 或 45 以上	1707	37

3.26 你出生时的月份与你的心理健康有关吗？Fombonne（1989）搜集了巴黎某精神病诊所收治的儿童的病情诊断结果，并按出生月份分类。（共有 208 名这样的儿童。）他还有一个由 1040 名儿童组成的对照组（或控制组），这些儿童有其他问题。数据如下，另外还附上了占相应月份出生总人数的百分比。*

	1月	2月	3月	4月	5月	6月	7月	8月	9月	10月	11月	12月	总计
精神病患儿组	13	12	16	18	21	18	15	14	13	19	21	28	208
对照组	83	71	88	114	86	93	87	70	83	80	97	88	1040
比例 /%	8.4	7.8	8.7	8.6	9.1	8.5	8.7	8.3	8.1	8.1	7.6	8.0	100

(a) 对精神病患儿组和对照组的数据应做何种调整（转换），以使所有 3 组数据可以放在同一个图中？

(b) 你将如何绘制数据？

(c) 绘制数据。

(d) 那些被诊断患有精神病的儿童与一般人群是否有差异？

(e) 设置对照组的目的是什么？

(f) 你可以得出什么结论？

3.27 关注自我伤害行为（例如吸烟、吃高脂肪饮食、滥用药物等）的心理学家担心母亲吸烟会影响低体重新生儿的比例，而且已经知道这些新生儿有出现发育问题的风险。疾病控制和预防中心公布了关于孕妇吸烟与低体重新生儿的统计数据。这些数据是出生体重低于 2500 克的新生儿人数所占的百分比。请找出一种能更清楚地说明这种关联的数据呈现方法。为什么这种关联不太可能是统计上的偶然？

---

*后面的"习题答案"部分包含习题 3.26 和 3.28 的答案，不包含问题 3.27 的答案。——中文版出版者注

年份	1989	1990	1991	1992	1993
吸烟者 /%	11.36	11.25	11.41	11.49	11.84
非吸烟者 /%	6.02	6.14	6.36	6.35	6.56

3.28 下图显示了欧裔和非裔女性的预期寿命数据。你能从这张图中得出什么结论？

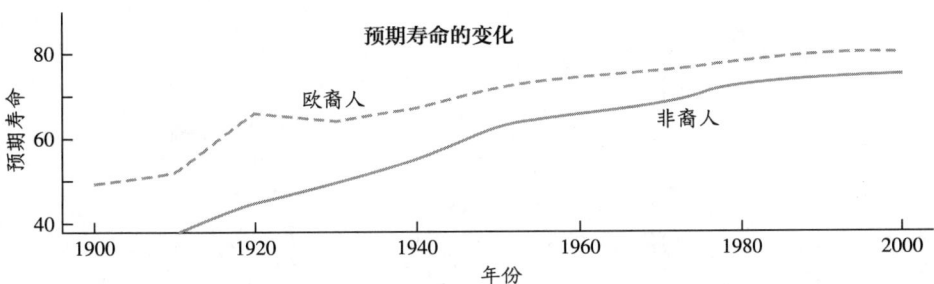

3.29 1970 年，正是越南战争最激烈的时期，美国政府举办了一次彩票活动，以确定征召哪些人入伍。从一个大缸中抽出一些代表 366 个可能生日的球，根据这些球被抽到的先后顺序，可以确定年轻男性的入伍顺序。（如果你的生日较先抽到，那么你的被选号码就很小，被征召入伍的可能性就很高；如果被选号码较大，你就可能免于入伍。）这一特别的彩票制度受到了相当多的批评，因为生日接近年底的人得到的被选号码似乎比别的月份小得多。（12 月出生的人的平均号码是 121.5，而 1 月出生的人的平均号码数是 201.2。）

结果如下表所示。请将这些数据绘制成图，并给出合适的结论。我们完全有理由相信那些举办彩票活动的人尽力想做到公平，但如果你是有资格被选中的人，你对结果会感到满意吗？你如何解释这些结果？

1月	2月	3月	4月	5月	6月	7月	8月	9月	10月	11月	12月
201.2	203.0	225.8	203.7	208.0	195.7	181.5	173.5	157.3	182.5	148.7	121.5

3.30 用 R 将图 3.4 的内容重新生成为一个箱须图（而非双向茎叶图）。相应的命令是 boxplot（y ~ x），其中"y ~ x"读作"y 为 x 的函数"，而 x 和 y 是相关变量。就当作一次尝试吧。

3.31 用 R 生成图 3.4 中双向的茎叶图——数据保存在文件 Fig3-4.dat 中。这是一个棘手的问题，而且不只是一个难题。你能解决吗？数据文件可在本书数据包中找到，文件名为 Fig3-4.dat。数据之间用制表符分隔，所以用 sep = "\t"。

（本章关于 R 的网页包括了为各个数据集准备的必要代码，但还是先看看你能否自己解决问题。最终运行成功时你会很开心。）

第 4 章

集中量

本章将研究所谓**集中趋势**，这个术语指的是对观察值分布中心的计量指标。最常见的集中量是平均数，即我们通常所说的算术平均数；还有中位数，即中间位置上的观察值；众数，即出现次数最多观察值。我们将讨论每种方法的优缺点，因为没有一种方法比别种方法更普适。接着，我们将学习如何用计算机软件来计算这些集中量，并考察 SPSS 和 R 的输出结果。在下一章中，我们将进一步研究处理观察值在中心周围分布情况的数量指标，但是我们必须先找出分布的中心。

通过第 3 章的学习，你应该已经懂得，展现数据的方式影响着我们能否根据数据得出结论。绘制数据可以显示分布的一般形态，同时形象地体现数字的大小。第 3 章中的一些图在 Y（垂直）轴上标出了"平均值"，这些平均值是本章的核心内容。

需要回忆的概念

自变量： 你要操纵的变量，或想要研究的变量

因变量： 你要测量的变量，即数据

多峰性： 分布中有意义的峰的个数

Σ： 求其后内容之和的符号

对称分布： 中心的两侧具有相同形态的分布

变量通常用单个字母标记，通常是 X 或 Y

4.1 众数

众数（Mo）是最少使用（且用处最小）的指标，可以将其简单地定义为"最多见的观察值"，即从最多的被试身上获得的观察值。因此，众数就是分布上最高点对应的因变量 X 的值。在第 3 章心理旋转任务反应时的例子中（参见表 3.2），区间（1.50～1.59）中的数值一共出现了 50 次，使得该区间成为众数区间。（如果你想要一个数字作为众数，可以取这个区间的中点，即 1.55。这可以从图 3.1 中清楚地看到。）

如果两个长短相邻的反应时出现的次数并列最多，则通常的惯例是取两个值的平均数，并将其称为众数。反之，如果两个相差较大的反应时出现的次数也并列最多（或以几乎相等的频次出现），我们就说这是一个双峰分布，并且很可能报告两个众数。从图 3.1 可以看到，其中有几个区间对应的次数与前面提到的区间（1.50～1.59）对应的次数几乎一样多。在报告结果时，你应该考虑到这一事实，并报告"最常见的反应时介于 1.00～1.60 或 1.70 之间"。对于你的读者而言，这比报告众数等于 1.55 的信息量更大。当我们谈到分布的众数或峰态性时，其实谈论的是分布的突出特征，不是特定样本中微小波动的结果。

4.2 中位数

注释①
百分位数的定义是，小于等于该数的观察值占指定的百分比。

注释②
中位数的定义是统计学家喜欢争论的问题之一。前文给出的定义说，中位数是数字分布上的一个点，这是批评家最喜欢的定义。这也符合中位数为第 50 百分位数的说法。另一方面，有很多人非常喜欢说中位数是有序序列中的中间数（如果 N 是奇数）或两个中间数的平均值（如果 N 是偶数）。阅读这些论述有点像去参加一个没有什么特别重要议程的教职工大会。问题越不重要，大家越有话要说。

中位数（Mdn）最简单的定义是：一组有序数据集的中间位置上的观察值。根据这个定义，中位数也可以称为第 50 百分位数。①例如，有这样一组数字：5，8，3，7，15。如果将这些数字按大小排序成：3，5，7，8，15，则中间位置的观察值就是 7，它就被称为中位数。然而，假设观察值的个数是偶数，例如：5，11，3，7，15，14，经重新排列得到：3，5，7，11，14，15，中间位置（实际上落在 7 和 11 之间）没有观察值。在这种情况下，我们通常将两个位于中间的观察值（7 和 11）的平均数（9）算作中位数。②

我们暂时需要一个术语——**中位**，它就是中位数在有序分布中占据的位置。N 个数字的中位可以定义为

$$中位 = (N+1)/2$$

因此，如果有 5 个数，中位 =（5+1）/2 = 3，中位数就是有序系列中的第 3 个数。如果有 12 个数，中位 =（12+1）/2 = 6.5，中位数就介于第 6 和第 7 个数字之间，并且是两者的平均数。

对于表 3.1 中的那些反应时数据，中位 =（600+1）/2 = 300.5。当数据依序排列时，第 300.5 个观察值位于（1.50～1.59）的区间内，因此我们将该区间的中点（1.55）当成中位数。而对于图 3.2 所示乳腺癌患者侵入性思维的数据，因为有 85 个分数，中位 =（85+1）/2 = 43。观察茎叶图可以发现第 43 个得分是 15，这就是中位数。

4.3 平均数

用于表示集中趋势的最常见计量指标就是**平均数***，这也是人们提到"均值"时通常会想到的。**平均数**（$\overline{X}$）即观察值之和除以观察值个数，通常记为$\overline{X}$。[统计学家几乎都写成$\overline{X}$，但美国心理学协会（American Psychological Association，缩写为APA，2010）更喜欢用字母M，虽然他们仍允许用$\overline{X}$。我基本赞同他们选用的大多数其他符号，但我不放弃$\overline{X}$，尽管我在讨论如何报告研究结果时也用M。] 平均数的定义公式（用第2章中给出的求和符号表示）是

$$\overline{X} = \frac{\sum X}{N}$$

其中，$\sum X$指的是数集X所有值的总和，N是X值的个数。因此，数字3、5、12和5的平均数就是$(3 + 5 + 12 + 5) / 4 = 25/4 = 6.25$。

本书通篇都会呈现$\overline{X}$，$\overline{Y}$也经常用到。你需要记住在变量名上加一横杠就是指该变量的平均数。只要我们在变量名或其缩写上加一个横杠，就是指其平均数。

对于表3.1所示的反应时数据，其观察值之和为975.60（以0.1秒为单位）。当我们将其除以$N = 600$时，得到$975.60 / 600 = 1.626$。请注意，这个答案略高于众数和中位数（我们之前发现后两者大约是1.55）。当分布几乎对称时（即曲线向平均数两侧对称地下降），平均数和中位数将很接近。当分布几乎是单峰对称时，众数也将与平均数和中位数相一致。但是在非对称分布中，平均数、中位数和众数就可能彼此完全不同。图3.1上的分布是正偏的，从而导致平均数大于中位数和众数。

我们可以从图3.11的茎叶图中获取原始数据值，将这些值相加后除以85，计算侵入性思维得分的平均数。就该例子而言，其得分的总和为1298，并且有$N = 85$个得分。因此，平均分为$1298 / 85 = 15.27$。本章稍后将介绍如何在计算大型数据集的平均数时用R和SPSS，为你节省大量时间。

- **众数**：出现次数最多的观察值；分布的最高点对应的值。
- **中位数**：位于中间的值，或两个中间值的平均数。
- **平均数**：亦称"均值"；计算方法是将观察值总和除以观察值个数。

---

* 英语中有两个单词表示"平均数"，一个是"mean"，另一个是"average"，就本书而言，其含义没有差别，后文一律译为"平均数"。——译者注

4.4 众数、中位数和平均数的相对优劣

只有在分布对称的情况下，平均数才等于中位数，并且只有在分布单峰对称（只有一个众数）的情况下，上述三个集中量才是相等的。在所有其他情况下（包括我们未来要处理的几乎所有情况），都必须有选择地使用集中量。制定一套关于何时使用何种集中量的规则或许很相宜，但可惜没有这样的规则。我们需要对各个统计量的优缺点有所了解，这样才能从三个指标中做出明智的选择。

众数

众数是出现次数最多的观察值。按照定义，众数是一个实际观察到的观察值，而平均数（有时中位数也是）可能是实际数据中从未出现过的值。众数具有这样一个明显的优点：它说明最多的人得到了哪一个值。最近有很多人讨论在华尔街上班的人的薪资。如果你告诉我在高盛工作的人的平均工资，我说不出那能代表什么，平均工资可能不会提供多少信息。有些人挣得了巨额工资，但是许多人（如秘书）只能获得很普通的薪水。同样，我认为中位数也提供不了多少信息。但是，如果你告诉我工资的众数——你这么对我说："在高盛，大多数人的工资大约是……美元"——我才能从中找到有用的信息。

按照定义，随机抽取的一个观察值（X_i）等于众数的概率大于该观察值等于任何其他特定观察值的概率。我们可以用代数方式表达这个意思：

$$p(X_i = 众数) > p(X_i = 其他任意一个数)$$

最后，众数可以用于称名水平的数据，这显然是中位数和平均数不具备的优点。

然而，众数也有缺点。我们已经看到，众数取决于如何对数据进行分组。而且，它可能不太能代表整个数据集。当众数为 0 时尤其如此——例如，当我们计算某个群体中每个人每天抽烟的数量时，就会发生这种情况。由于不吸烟者占多数，众数将为 0，但是它不会告诉我们吸烟者的行为是怎样的。或许，你可以只考虑吸烟者的众数，但你要清楚地表述自己的做法。（注意，在这种情况下，平均数或中位数会提供更多信息，但它们也会因非吸烟者人数太多而产生偏差。）

中位数

中位数与众数共有的一个主要优点，就是不受极端数值的影响。因此，（5，8，9，15，16）和（0，8，9，15，206）的中位数都是 9。许多实验者发现，在偶尔出现极端数值（但没有特别的意义）的研究中，这一特性还是很有用的。例如，经过一般训练的大鼠可以在 1～2 秒内跑过一段短跑道。但是每隔一段时间，这只大鼠都会莫名其妙地停在中途，抓个痒痒，对着光电池伸伸鼻子，甚至躺下睡觉。在这些情况下，它到达跑道的另一端用掉 30 秒还是 10 分钟并没有实际意义。它需要的时间甚至可能取决于实验者何时按捺

不住拿起铅笔戳它一下。如果我们某一天对一只大鼠进行了3次试验,并且得到的时间数据是1.2秒、1.3秒和20秒,这与数据1.2秒、1.3秒和136.4秒所包含的意义是相同的——就其体现的大鼠对任务的掌握程度而言。在这两种情况下,中位数都是1.3。但是很明显,两种情况下的平均时间将有很大差异(一个是7.5秒,另一个是46.3秒)。在这种情况下,实验者通常会采用一组试验所得观察值的中位数。同样,在谈到薪资和房价时,我们经常用中位数代替相应的平均数,尽管我所举的华尔街例子是一个例外。中位数具有消除极端数值影响的优点。

中位数的一个主要缺点是它不容易加入运算,因此不如平均数好用。正如我们在下一章将看到的那样,样本中位数也不像样本平均数那样稳定,往往不利于我们用样本统计量来估计参数。

平均数

在三个主要的集中量中,平均数是迄今为止最常用的。毫不夸张地说,对许多人而言,统计学几乎就是关于平均数的研究。

正如我们已经看到的,平均数也有某些缺点。它容易受极端数值的影响;可能没有哪个观察值刚好等于平均数;用平均数来解释被测量的潜在变量时,至少要对数据的等距性有一定信心。你可能会礼貌地建议说,如果平均数真有我刚刚总结的那么多缺点,也许它应该静悄悄地消失在人们的记忆中,也许可以和"临界比率"这样的几年来未曾听人说起的统计概念一起被忘掉。然而,平均数可不是那么不堪一击的。

平均数有几个优点,这些优点的重要性远远超过其缺点。从历史的角度来看(尽管不一定与你的观点一致),这些优点中最重要的一条可能是,平均数可以进行代数运算。换句话说,我们可以将平均数代入算式,用正规的代数运算规则加以运算,而这是因为我们可以写出定义平均数的算式。由于无法为众数或中位数编写标准算式,我们也就实在无法用标准的代数运算来对这两个统计量进行运算。无论平均数有什么毛病,它的这一优点在某种程度上使其得到了广泛应用。平均数的第二个重要优点是,如果让它做总体平均数的估计量,它将具备多种理想的特征。特别是,如果我们从某个总体中抽取了许多样本,则由此算出的样本平均数作为该总体集中趋势的估计量,要比样本中位数或样本众数更稳定(变化较小)。样本平均数(统计量)通常是对总体平均数(参数)的更好的估计量,众数和中位数就不如平均数,这就是统计学家如此广泛地使用平均数的主要原因。

切尾平均数

我们现在花一点时间回过头来考察一个曾经过时而现在又重获新生的概念。讨论平均数时我曾说过,衡量一个统计量是否良好的标准之一是它能否很好地估计总体参数。虽然样本平均数通常来说是对总体平均数的一个很好的估计量,但它有时并不像我们想的那么完美。假设有一个总体呈严重偏态分布,即重尾分布(heavy-tailed distribution)——这是一种包含过多较大值或较小值的分布。从该总体重复抽取多个样本,其平均数之间将有很大差异。如果一个样本中有一个或多个较大的数值，则其平均数就会被拉大。如果下一个样本没有极端数值，则其平均数将更接近分布的中心。因此，换一个样本就会显著改变我们对总体平均数的估计。要解决这个问题，一个办法是使用所谓的**切尾平均数**。切尾平均数的计算方法是，先从样本中找到一个或多个最大值和最小值，将其去除，然后计算剩余观察值的平均数。例如，计算 10% 的切尾平均数时，我们将去除最大的 10% 和最小的 10% 的观测值，然后计算剩余观察值的平均数。（我们总是从分布两端去掉相同比例的观察值。）

许多人（例如，Wilcox，2003）认为，我们应该更多采用切尾平均数。他们声称，这样做可以解决总体分布太宽广造成的一些问题，并改进从实验中得出的结论。（一般建议从两端各去除 10% 或 20% 的观察值，但是这取决于数据的差异程度。）我将在后文中回到这个问题上，并说明切尾平均数的优点。目前，你只需要知道切尾平均数是如何定义的就行了。

切尾平均数指从分布两端去除相同数量的观察值，并计算剩余观察值的平均数。它越来越普遍地用于处理偏态程度很大的数据。

4.5 用 SPSS 和 R 计算集中量

对于小型数据集，完全可以手动计算集中量。但是，对于较大的样本或包括许多变量的数据集，让计算机程序完成计算省力得多。SPSS 就非常适合这一目的，因为它易于使用，功能全面，并且为许多学院和大学广泛使用。（关于用 SPSS 进行描述性统计和图表绘制的命令，本书的网站有说明书可以参阅，请访问"SPSS 简明手册"，阅读其中的第 4 章。）

在习题 3.1 中，我们得到了 Katz 等人（1990）的研究数据，该研究考察学生在没有阅读相关文章的情况下回答多项选择题的成绩。其数据如图 4.1 所示。我们可以直接求出其平均数和中位数，但是要求出众数，还需要生成直方图（或茎叶图），找到出现次数最多的区间。SPSS 的命令是 Analyze/Descriptive Statistics/Explore。然后，将要研究的变量（Score）放进 Dependent Variable 框，选择你需要的统计量，最后考察结果。要画出直方图，你只需选择 Graphs/Legacy Dialogs/Histogram。

从图中可以看出，平均数（46.6）、中位数（46）和众数（46）大致相等，并且分布相当平滑。我们没有足够的数据来讨论分布的偏度。从直方图还可以看出，28 名被试的得分存在很大差异。下一章将讨论观察值向平均数两侧的这种分散趋势。图 4.1 中的许多统计量还没有介绍过，它们将在以后的章节出现。

用 R 也很容易得到基本的集中量。代码如图 4.2 所示，其中包括读取数据的命令。请注意，R 生成的直方图与 SPSS 的略有不同，因为它们选择分割点的方式有细微差别。还要注意，这些数据恰好说明了一种情况：有时，没有哪个集中量可以很好地描述数据——无论用哪个集中量，这些数据都距之太远，过于分散。

原始数据	54	52	51	50	36	55	44	46	57	44	43	52	38	46
	55	34	44	39	43	36	55	57	36	46	49	46	49	47

描述统计

		统计量	标准误
未读文章组的得分	平均数	46.5714	1.29041
	95% 的置信水平		
	平均数的置信区间		
	下限	43.9237	
	上限	49.2191	
	5% 切尾平均数	46.6587	
	中位数	46.0000	
	方差	46.624	
	标准差	6.82820	
	最小值	34.00	
	最大值	57.00	
	全距	23.00	
	四分位距	9.0000	
	偏度	−0.224	0.441
	峰度	−0.901	0.858

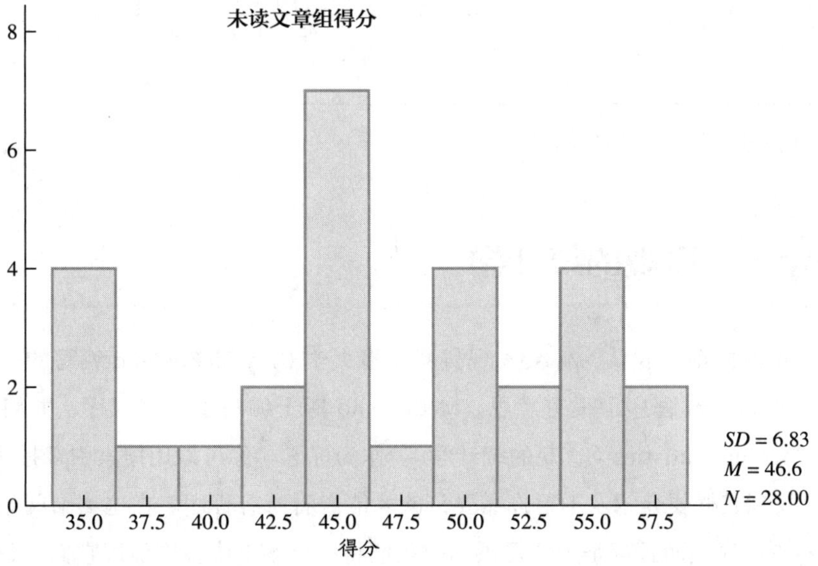

图 4.1 未读文章条件下的得分

```
NumCorrect <- c(54, 52, 51, 50, 36, 55, 44, 46, 57, 44,43, 52, 38, 46,
                55, 34, 44, 39, 43, 36, 55, 57, 36, 46, 49, 46, 49, 47)
xbar <- mean(NumCorrect)
xbar.trim <- mean(Numcorrect, trim = .10)
med <- median(NumCorrect)
cat("The mean is = ", xbar,
    "\nThe 10% trimmed mean is ", xbar.trim, "\nThe median is = ", med)
hist(NumCorrect, main = "Number of Items Correct", breaks = 10, col =
"green")

    # For a more complete description of a variable or data frame
install.packages("psych")     # Needed only first time
library(psych)
describe(NumCorrect)

############################################################################
The mean is =  46.57143
The 10% trimmed mean is  46.66667
The median is =   46

>   vars n mean sd median trimmed mad min max range skew kurtosis se
    1  28 46.57 6.83  46   46.67  8.15  34  57   23  -0.2  -1.1  1.29
```

图 4.2 用 R 计算集中量的输出结果

4.6 一个简单的演示——直观的统计学

在结束本章之前，我认为你会发现科罗拉多大学 Gary McClelland 编写的一个小型计算机程序（称为 Java 程序）很有意思。McClelland 博士编写了许多程序，并将其做成软件包，以 "Seeing Statistics（直观的统计学）" 作为标题。你可以用搜索引擎搜索 "Seeing Statistics" 找到其概要介绍。不过你需要订阅才能查看所有程序。在这本书网站中已经收录了其中不少程序，而且都是免费提供的。我们将在整本书中多次引用它们。但是到我编写本书的时候，这些程序需要做一些小的改动，使 Java 能够正常运行。

使用这些程序的目的是让你有机会更积极地学习这些材料，并让你自己阐明本书讨论的许多概念。例如，当以后讲到 t 检验时，我会告诉你，t 分布在某些条件下会是什么形态的。但是相关的程序可以让你改变这些条件，并实际看到这种改变对 t 分布有什么影响。我相信，从实践中能学到的东西远远多于我在书里告诉你的。

我还希望这些程序能帮助你准备考试。在花一点点时间完成与每个程序有关的活动后，你将可以学到一种从记忆中提取信息的新方法。访问自己记忆的方法越多，提取的效果越好。

我们将要使用的第一个程序能产生一组有意义的数据，这些数据可以说明视知觉的重要原则。要查看这个程序，只需访问本书网站，点击 SeeingStatisticsApplets 来查看网页，并按照说明操作。你要使用的这个程序名为 "Brightness Matching Experiment（亮度匹配）"。请务必读一读 Java 程序首页上的说明。你可能需要（也可能不需要）下载免费软件，加载程序有时是需要花费一些时间的。在这个亮度匹配程序中，你可以操纵一个灰色圆的亮度，而这个灰色圆又位于一个颜色更深或更浅的较大圆盘的中心。附图中给出了一个例子。你的任务是调整右侧大圆盘中心的小圆的灰度，使其与左侧大圆盘中心的小圆的灰度相等。要做到准确地匹配是很难的。

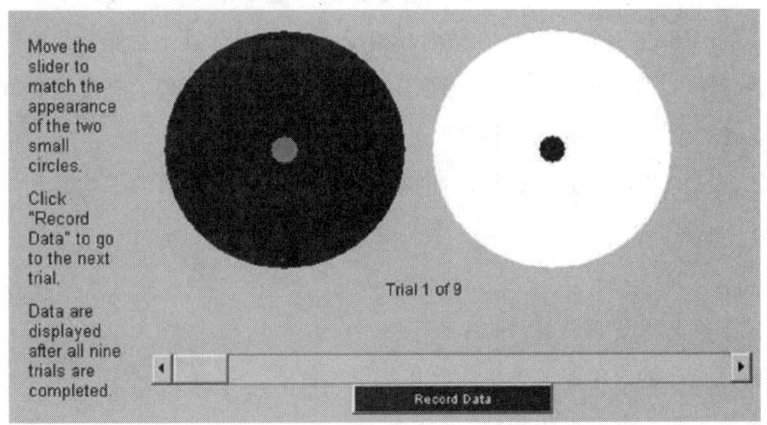

当你将滑块向右移动时，右侧圆圈的中心将变亮。如果你觉得两者已经匹配了，请点击标有 "Record Data（记录数据）" 的按钮。此时将出现另一组圆圈，让你重复上述过程，完成新的试验。当你完成 9 次匹配后，程序将显示你的数据，告诉你匹配的准确程度如何。（请将这些数据记下来或打印出来，因为一旦你开始新的试验，原来的数据就没有了。）我在完成该任务时生成了以下数据（表 4.1 对这些数据进行了整理）。

Trial	BG1	BG2	FG1	Match	Diff
1	1.0	0.0	0.5	0.43	0.07
2	0.25	0.75	0.4	0.7	-0.3
3	0.5	0.5	0.6	0.62	-0.02
4	0.75	0.25	0.5	0.37	0.13
5	0.0	1.0	0.6	0.78	-0.18
6	0.25	0.75	0.6	0.74	-0.14
7	0.0	0.0	0.4	0.5	-0.1
8	1.0	0.0	0.4	0.31	0.09
9	1.0	1.0	0.5	0.53	-0.03

图中的标题"BG1"和"BG2"指两边背景圆盘的灰度（0 = 白色，1 = 黑色）。"FG1"指的是左侧前景（中心小圆）的灰度。"Match"指我对右侧小圆灰度的设置（调整结果），"Diff"指两个小圆灰度的差异数。差值为正，意味着我设置的灰度低于左侧小圆的灰度。

表 4.1　颜色匹配 9 次试验的结果

左侧背景	试次	差值	差值平均数	差值中位数
比右边亮	2, 5, 6	−0.30, −0.18, −0.14	−0.21	−0.18
比右边暗	1, 4, 8	0.07, 0.13, 0.09	0.10	0.09
与右边一样	3, 7, 9	−0.02, −0.10, −0.03	−0.05	−0.03

根据人类视知觉的一般原理，较暗的背景会导致中心的小圆看上去比实际更亮。因此，在上图的例子中，我们预计你会将右侧中心小圆调整得比正确亮度高，即产生调整误差。这就意味着，两个中心小圆之间的亮度差值是正的。这是第 1、4、8 这 3 个试次遇到的情况。而在第 2、5、6 这 3 个试次，情况刚好相反——左侧背景比右侧背景亮——差值应该是负的。最后，第 3、7、9 这 3 个试次属于对照条件，两个背景的亮度是相同的，我们预期会得到最准确的设置，即相对较小的（正或负）差值。

请根据你自己的数据，分别计算前面描述的三种条件下差值的平均数和中位数，并仿照表 4.1 绘制一张表。

- 你的数据与前文所提假设有何关系？
- 作为重要的统计量，你偏向于平均数还是中位数？
- 为什么众数不是一个有用的指标？
- 为什么你认为任何一行中的三个差值都不完全相同？（当我们将在相似条件下获得的观察值的差异性称为"随机误差"时，这将是一个非常重要的观点。）

我选择在这里使用这个程序，是因为它有多种用途。第一，它为你提供了一项积极的活动，而不是局限于苦读我写的教材。第二，它让你有机会面对真实现象，收集真实数据。第三，它让你可以对照一系列关于人类知觉的合理假设来考察这些数据。第四，虽然这次数据点太少，我们不宜对集中量的实际计算结果太当真，但是观察一下平均数和中位数的作用是很有意思的，尽管你所做的实际观察至少在一定程度上取决于你的个人数据。但是如果更进一步（这将成为我们以后积累数据的开端），我可以将这个实验再重复 5 次。表 4.2 汇合了所有数据——6 次重复实验中各有 3 种观察条件，得到 18 个观察结果。

你会注意到，平均数和中位数的变化不大，但是正如我们将看到的，我们对于采用这些新的、比较稳定的平均数作为总体平均数的估计量的信心更强。我们很快就会回过头来审视这些数据。

表 4.2　亮度匹配实验的 54 个试次的结果

左侧背景	重复实验	试次	差值	差值平均数	差值中位数
较右边亮	1	2, 5, 6	−0.30, −0.18, −0.14	−0.20	−0.225
	2	2, 5, 6	−0.27, −0.22, −0.28		
	3	2, 5, 6	−0.22, −0.12, −0.25		
	4	2, 5, 6	−0.27, −0.25, −0.10		
	5	2, 5, 6	−0.27, −0.19,　0.10		
	6	2, 5, 6	−0.31, −0.23, −0.13		
较右边暗	1	1, 4, 8	0.07,　0.13,　0.09	0.09	0.075
	2	1, 4, 8	0.17,　0.03, −0.02		
	3	1, 4, 8	0.08,　0.03,　0.04		
	4	1, 4, 8	0.05,　0.08,　0.12		
	5	1, 4, 8	0.23,　0.06,　0.15		
	6	1, 4, 8	0.16,　0.03,　0.07		
与右边相等	1	3, 7, 9	−0.02, −0.10, −0.03	−0.05	−0.045
	2	3, 7, 9	−0.03,　0.05, −0.06		
	3	3, 7, 9	0.00,　0.00, −0.11		
	4	3, 7, 9	0.01, −0.04, −0.12		
	5	3, 7, 9	0.01, −0.14, −0.12		
	6	3, 7, 9	−0.05, −0.13, −0.10		

4.7　总结

在本章中，我们考察了几种用于描述分布中心的计量指标。最常用的指标是平均数，通常用符号 $\bar{X}$ 表示，它是我们大多数人在小学时就学过的内容——将所有数值加起来，然后除以数值的个数（通常用 N 表示）。我们还进一步讨论了另一种平均数——切尾平均数，它就是在分布的两端各去除一定比例的观察值后，剩下的观察值的平均数。两端各剪切 10% 的观察值得到的平均数通常比较有用。第三个非常有用的集中趋势的指标是中位数，它是观察值按升序或降序排列后位于中间位置的数值。（如果有偶数个观察值，则中位数就是两个中间位置上的观察值的平均数。）最后，我们还有众数，即在结果分布中出现次数最多的一个（或多个）值。

平均数是最常用的集中量，但是如果你想要尽量消除极端数值的影响，中位数就非常有用了。例如，当谈到体育人物的薪水时，中位数就是衡量球员挣钱数目的一个更有意义的指标，因为它不像平均数那样受少数球员的巨额薪水的影响。

重要术语

集中趋势（central tendency，p.057）　　　　中位（median location，p.058）
众数（mode，Mo，p.058）　　　　　　　　平均数（mean，$\bar{X}$ 或 M，p.059）
中位数（median，Mdn，p.058）　　　　　　切尾平均数（trimmed mean，p.062）

4.8 快速复习

A. 在大众媒体上,你最有可能看到哪一种集中量?

答:平均数。

B. 当分布中有两个不同且不相邻的众数时,我们会怎么报告?

答:两个众数都应该报告。但是同样在上述情况下,如果众数"0"对研究问题没有帮助,就应报告非零众数。

C. 中位数在什么情况下最有用?

答:当我们不希望极端观察值影响结果时。

D. 说出平均数相对于其他计量指标的两个优点。

答:平均数可以通过重复抽样更准确地估计总体的集中趋势。平均数可以进行代数运算。

E. 为什么我们要用切尾样本?

答:为了消除极端观察值的影响。

F. 样本切尾合适的比例是多少?

答:每端 10% 或 20%。

G. "Seeing Statistics(直观的统计学)"中的样例数据是否支持知觉心理学的预见?

答:支持。

4.9 习题

4.1 在 Katz 等人(1990)研究中,有一项内容是考察学生在没有阅读文章的条件下完成相关内容测验的成绩,实验者同时还找了一小批学生在读过文章的条件下(读过文章组)完成同样的测验。他们的数据如下:

66 75 72 71 55 56 72 93 73 72 72 73 91 66 71 56 59

请计算这些数据的众数、中位数和平均数。

4.2 图 4.1 的 SPSS 输出结果中列出了 Katz 研究中没有读过文章的学生成绩的集中量。将这些答案与习题 4.1 的答案进行比较。这些数据说明阅读与试题有关的文章有多重要了吗?

4.3 如果 Katz 研究中的某个学生只是随机地回答(甚至连问题都不曾读过),预计其可以答对 20 题。与我们在第 4.5 节得到的量值相比,差异有多大?为什么你不该觉得惊讶?

4.4 生成一组数据,要求其平均数大于中位数。

4.5 生成一组正偏分布的数据。其平均数高于还是低于中位数?

4.6 分别将表 4.2 中三个条件下的数据绘制成图,并描述结果。

4.7 一批 15 只大鼠学习走直巷迷宫。要达到预定标准,需要完成的尝试次数(分布表)

如下：

达到标准所需尝试数　18　19　20　21　22　23　24
大鼠的个数（次数）　 1　 0　 4　 3　 3　 3　 1

请计算达到标准所需尝试次数的平均数和中位数。（你可以将 15 个数字全写出来，也可以想一想如何将大鼠个数直接用于平均数的计算公式中。）

4.8　假定有以下数据集，请证明：每个观察值减去一个常数（例如 5），则所有集中量的值也将减去该常数。

8　7　12　14　3　7

4.9　假定有以下数据集，请证明：每个观察值乘以一个常数，则所有集中量的值也将乘以该常数。

8　3　5　5　6　2

4.10　生成一个由 10 个数值构成的样本，要求平均数为 8.6。仔细记录你是如何做到这一点的——这将帮助你以后理解自由度的概念。

4.11　计算附录 C 中变量 ADDSC 和 GPA 的集中量——这些数据也可以通过下载本书网站上的文件 Add.dat 获得。

4.12　为什么计算附录 C 中变量 SEX（性别）或 ENGL（英语水平）的平均数没有任何意义？如果我们真的继续计算 SEX 的平均数，那么（$\bar{X}$ –1）的值究竟代表什么？

4.13　在表 3.1 中，反应时数据依照观察到的是相同的刺激还是将彼此的镜像分开列出。请访问本书的网站，下载文件名为 Tab3-1.dat 的数据。用 SPSS 或类似软件计算两种条件下的平均反应时。对镜像刺激做出反应是否需要更长的时间？这个问题需要动点脑筋。你可以点击 SPSS 的 Data 菜单，要求根据变量"Stimulus"拆分数据，然后通过菜单 Analyze/Descriptive Statistics/Descriptives 进行分析；如果你不会拆分数据，可以通过菜单 Analyze/Descriptive Statistics/Explore，并在 Factor List（因子列表）中输入变量"Stimulus"完成分析。

4.14　根据习题 4.13，如果人们需要花费更长时间处理"翻转加旋转"的图像，那么其平均反应时应取决于对比的刺激是否已被翻转。如果翻转不影响信息加工的难度，那么平均数应该接近些。习题 4.13 的答案对我们如何进行信息加工提出了什么看法？

4.15　为什么众数是适用于称名水平的数据的数量指标？为什么对于称名水平的数据而言，平均数和中位数是不可用的？

4.16　在第 2 章的练习中，我们看到一位四年级女生的研究，她统计了同学们的平均零花钱。现在回忆一下，7 名男孩报告的平均零花钱为 3.18 美元，11 名女孩报告的平均零花钱为 2.63 美元。上述数据引发了一些有趣的统计问题。这位四年级的学生做了一个有意义的研究（好吧，她干得比我四年级时强得多），让我们更仔细地看看这些数据。

论文中说，零花钱最多的男孩拿 10 美元，零花钱最多的女孩拿 9 美元。论文还报告说，两位零花钱最少的女孩分别只拿 0.50 美元和 0.51 美元，而男孩零花钱最少也有 3.00 美元。

（a）为男孩和女孩分别生成了一组能够产生上述结果的数据。（不，我没有犯错误。）

（b）对于这种情形，最适合报告的集中量是哪一个？

（c）根据现有的信息，男孩和女孩的零花钱的分布情况是怎样的？

（d）数据能说明男孩的诚实性吗？

4.17 在第3章的图3.4中，我们看到了坚持上课和经常缺课的学生的成绩。这两组学生成绩的平均数和中位数是多少？（为方便起见，我把数据复制了过来。）从中可以看出上课的价值吗？

坚持上课的学生成绩： 241 243 246 249 250 252 254 254 255 256
261 262 263 264 264 264 265 267 267 270
271 272 273 276 276 277 278 278 280 281
282 284 288 288 290 291 291 292 293 294
296 296 297 298 310 320 321 328

经常缺课的学生成绩： 188 195 195 225 228 232 233 237 239 240
250 256 256 256 261 264 264 268 270 270
274 274 277 308

4.18 为什么我不要求你计算众数？（提示：如果你计算经常缺课者的众数，应该能看到问题所在。）

4.19 在互联网上搜索有关集中量的信息来源。有没有本章没有讲到的内容？

4.20 用 R 计算习题 4.1 中数据的平均数和中位数。[提示：命令的形式为 xbar < mean(variableName) 和 med < median(variableName)。你可以回顾第3章中的 R 代码，复习如何读取数据。]

4.21 当你不知道如何做某件事时，互联网上有无尽的资源。搜索互联网，了解怎样用 SPSS 计算一组数据的众数。你可以访问任何搜索引擎，输入"如何用 SPSS 计算众数？"

4.22 R 的基础包中没有像"a < -mode(variableName)"之类的命令。搜索互联网，寻找用 R 计算众数的方法。

4.23 （a）计算图 4.1 中成绩数据的 10% 切尾平均数。（请记住，"10% 切尾"意味着在分布两端各去除 10% 的分数。）

（b）假设你收集了以下数据——参试者在注意分散的条件下阅读文章所犯的错误数。

10 10 10 15 15 20 20 20 20 25 25 26 27 30 32 37 39 42 68 77

计算这些数据的 10% 切尾平均数。

（c）与（a）小题相比，（b）小题中的切尾造成的差异更大。你能解释一下为什么吗？

4.24 Seligman、Nolen-Hecksema、Thornton 和 Thornton（1990）将他们研究的参试者（都是大学游泳队的成员）分为两类人：乐观主义者和悲观主义者。然后，研究者要求他们游出最好成绩，但是他们每次报告的游泳用时都比游泳队员的实际用时长，这让每个队员都很失望。半小时后，研究者要求队员们再游一次。因变量是两次游泳用时之比——用时 1/ 用时 2；因此比率大于 1.0 意味着第二次游泳的速度更快。数据如下。

乐观主义者
0.986 1.108 1.080 0.952 0.998 1.017 1.080 1.026 1.045 0.996
0.923 1.000 1.003 0.934 1.009 1.065 1.053 1.108 0.985 1.001
0.924 0.968 1.048 1.027 1.004 0.936 1.040

悲观主义者
0.983 0.947 0.932 1.078 0.914 0.955 0.962 0.944 0.941 0.831
0.936 0.995 0.872 0.997 0.983 1.105 1.116 0.997 0.960 1.045
1.095 0.944 1.069 0.927 0.988 1.015 1.045 0.864 0.982 0.915
1.047

用 R 或 SPSS 计算每个组的平均数。Seligman 等人以为，乐观主义者在失望后会更加努力。这话听起来对吗？

4.25 在习题 4.24 中，就女性而言，乐观主义者和悲观主义者之间没有太大的差异。在乐观主义者组中，前 17 个分数是男性的；在悲观主义组中，前 13 个分数是男性的。你觉得就男性的分数而言，你有什么发现？

4.26 我曾建议，如果你看不懂我写的内容，可以通过搜索引擎找些更好懂的。我在第 2 章中曾说，定义一个因变量非常容易，但是自变量的定义有点复杂。请上网输入"什么是自变量"进行搜索，阅读至少 5 个（不一定是前 5 个）搜索结果链接的内容，写下你找到的最佳定义——你觉得最清楚的定义。

第 5 章

差异量

需要回忆的概念

自变量：	你要操纵的变量，或想要研究的变量
因变量：	你要测量的变量，即数据
平均数：	观察值的总和除以观察值的个数
切尾样本：	分别从两端剪切一定比例的观察值得到的样本
$\bar{X}$：	表示平均数的常用符号
Σ：	求其后内容之和的符号
N：	观察值的个数
中位：	有序列表的中位数所在的位置

了解集中趋势的数量指标固然很重要，但我们还需要更进一步。本章将讨论观察值的差异性问题，向你解释差异性为什么是统计分析的核心概念。我们将看到衡量差异性的诸多方法。每种方法都有其优缺点，但我们主要关注其中两个差异量。是什么让一种差异量好于另一种差异量？我们将在参数估计这一标题下讨论这个问题。我们还将看到怎样用图形方式展现差异性。最后，我们将介绍许多人觉得奇怪的事实——当我们想求出一组数值的平均数作为统计量时，不是将数值总和除以数值的个数，而是将其除以数值个数减1。这看起来很诡异。

在第 3 章中，我们学习了刻画和展现分布形态的各种方法。在第 4 章中，我们学习了几个与分布中心相关的量。然而，一个分布的形态和平均数［无论是众数（出现次数最多的值）、中位数（位于中心的值），还是平均数］无法给出数据的全貌。我们需要一些其他的数量指标来表示个体观察值的疏密程度（换言之，偏离平均数的程度）。平均数有时能反映大多数分数的大体位置，但有时观察值可以散布在比较广阔的取值范围内，结果使"平均数"难以代表大多数观察值。我们每个人可能都有过两种截然不同的考试经历，一种是所有同学都取得了大致相同的成绩，另一种是成绩从极优到极差都有。要表示这两种情况之间的差异，我们就要想到讨论数据相对于中位数、众数或其他任意值的**差异性**或**分散性**。一般而言，我们总是专指数据相对于平均数的分散性。

我们来考察前一章中的一个例子。在这个例子中，我们可能预期两组数据具有不同程度的差异性。在该研究中，有些学生先阅读文章，接着回答相关问题；而另一些学生未阅读这些文章就回答相关问题。那些没有读过文章的人可能只是猜对了，他们成绩之间的差异也只是随机的——有些人猜测的时候比其他人幸运,尽管他们都可能给出愚蠢的答案。但是对于读过文章的人来说,他们之间可能会有更多实质性的差异。在这些差异中,不仅有随机误差(取决于他们不知道答案时的幸运程度),而且有真正由文章理解程度所造成的差异。在这里,两组的平均数很可能不同,但是这无关紧要。差异性的不同才是我们关注的焦点。即使他们的平均数差不多,这两个组也可能有不同程度的差异性。我的假设与你的经历相符吗?如果不相符,你预期会发生什么?你预期两组平均数间有差异,两组方差间有差异,两者都有差异,还是两者都没有差异?

另一个例子是 Langlois 和 Roggman(1990)收集的关于面孔吸引力的一些有趣的数据。这是他们所做的关于吸引力及其在生活中的重要意义的研究之一。该研究引起了广泛的讨论,在互联网上搜索"Langlois & Roggman",你能很轻松地找到与该研究及其相关研究有关的丰富资料。在得克萨斯大学奥斯汀分校的网站上有 Langlois 的网页,从中可以找到有关这方面研究的有价值的讨论,里面的例子还可以告诉你用计算机生成平均脸是怎么回事。最近的一项研究(Sofer et al., 2015)发现,正如 Langlois 和 Rogmann 所揭示的那样,对吸引力的评定等级随着"典型性"水平的下降而上升。但是,当要求被试判断"可信赖"程度时,越典型的面孔刺激被认为越值得信赖。无论面孔吸引力是高于还是低于平均水平都是如此。想一想你觉得有吸引力的那些面孔。这些面孔上的特征是不寻常的(例如高鼻梁或不寻常的眉毛),还是相当普通的? Langlois 和 Roggman 很想弄清楚什么使面孔产生了吸引力。为此,他们向学生呈现计算机生成的面孔图片。在这些图片中,有一部分是将 4 个人的真实照片平均之后生成的复合面孔。我们将这些图片标记为集合 X,其中 X 表示 4 个人的平均面孔。其他图片(集合 Y)则是对 32 个不同人的照片进行平均而生成的。正如你可能猜到的,当你生成 4 个人的平均照片时,这些复合面孔仍有较大的个体差异。例如,一些复合面孔比较瘦削,而另一些比较圆润。然而,32 个人的平均面孔通常都会给出非常"平均"的结果。鼻子不长也不短,耳朵不耸立招风也不紧贴头部,等等。

研究者要求学生观看生成的图片,并对每张图片的吸引力进行五点量表评分。作者主要感兴趣的是,学生对集合 X 中面孔吸引力的平均评分是否小于对集合 Y 中面孔的平均评分。结果,数据符合研究者的预期(尽管不像我预期的那样)。这说明,相比普通的面孔,特征比较鲜明的面孔得到的吸引力评分更低。不过,在本章中,我们更感兴趣的不是面孔评分的平均数,而是评分之间的相似程度。我们预期,将许多面孔平均后生成的那些复合面孔将更加雷同,因此得到的评分也更相近,而对少数面孔平均后生成的复合面孔的评分之间应该有较大差距。

数据如表 5.1 所示,其中的分数是多位评定者用 5 点量表给出的评价的平均数,5 分表示"最具吸引力"。[1]从表中可以看出,Langlois 和 Roggman 正确地预测了集合 Y 的面孔比集合 X 的面孔更有吸引力。(平均数分别为 3.26 和 2.64。)但是请注意,用 32 张面孔生成的复合面孔比用 4 张面孔生成的复合面孔得到的吸引力分数相近得多。我们可以将这两组数据绘制成标准的直方图(如图 5.1 所示)。

从图 5.1 中可以明显看出,4 张面孔生成的复合面孔所得评分的差异性远远大于 32 张面孔生成的复合面孔所得评分的差异性,而我们需要某种计量指标来反映这种差异性上的区别。可以用的指标有很多,我们将从最简单的方法开始逐一介绍。

注释①

这些得分不是 Langlois 和 Roggman 收集的原始数据,但它们是根据与原始数据完全相同的平均数和标准差生成的。Langlois 和 Roggman 的每个数据集合只用了 6 张复合面孔图片,而我用了 20 张,目的是让数据更符合本章的目的。但是,你根据这些数据得出的结论与根据他们的数据得出的结论是完全相同的。

表 5.1 来自 Langlois 和 Roggman 的数据

集合 X		集合 Y	
图片编号	4 张面孔生成的复合面孔	图片编号	32 张面孔生成的复合面孔
1	1.20	21	3.13
2	1.82	22	3.17
3	1.93	23	3.19
4	2.04	24	3.19
5	2.30	25	3.20
6	2.33	26	3.20
7	2.34	27	3.22
8	2.47	28	3.23
9	2.51	29	3.25
10	2.55	30	3.26
11	2.64	31	3.27
12	2.76	32	3.29
13	2.77	33	3.29
14	2.90	34	3.30
15	2.91	35	3.31
16	3.20	36	3.31
17	3.22	37	3.34
18	3.39	38	3.34
19	3.59	39	3.36
20	4.02	40	3.38
	平均数 = 2.64		平均数 = 3.26

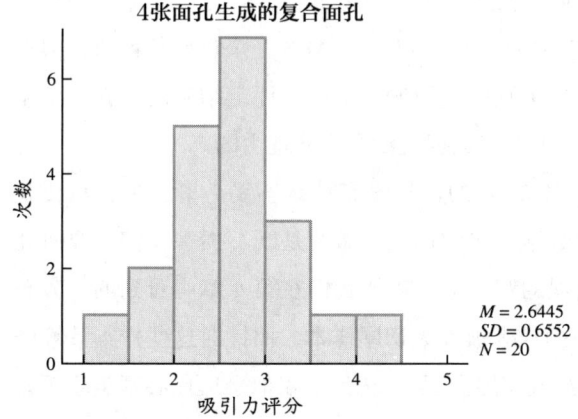
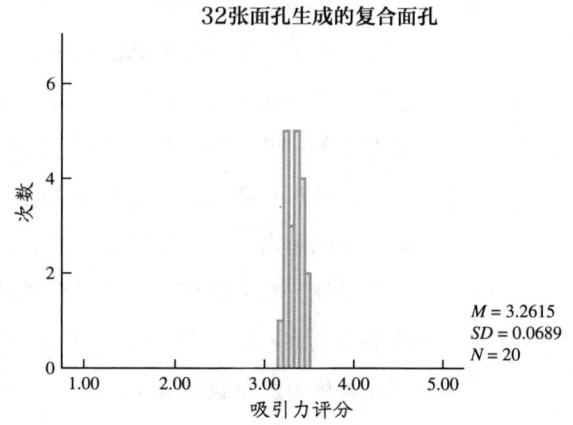

图 5.1 复合面孔吸引力得分的分布

5.1 全距

全距是一种距离——从最小值到最大值的距离。就我们的数据而言，集合 X 的全距是

4.02−1.20=2.82；集合 Y 的全距是 3.38−3.13=0.25。全距是一种很常见的指标，在日常生活中也经常听到这样的话："汉堡包的价格在每磅*1.29 美元至 1.99 美元的范围波动，上下落差超过 70 美分"。（尽管在这种常见的陈述中，我们只是说明了分布的端点，但是全距其实就是端点之间的差异或距离。这里的全距就是 0.70。）然而，全距完全受制于极值（非常极端的数值，即所谓的**异常值**）。其结果是，全距可能扭曲地反映差异情况。一个极不寻常的数值可能会大幅改变全距。

5.2 四分位距

如果说全距会受到一个或两个极端数值的巨大影响，那么我们也许应该在计算全距之前就剔除这些极端数值。四分位距就代表了一种为避免全距严重依赖于极端数值而进行的尝试。**四分位距**的计算方法是，去除分布的上下两端各 25% 的数据，对剩下的数据求全距。你可能会发现，去除分布的上端和下端就是上一章中提到的"切尾"，而四分位距其实就是 25% 的切尾样本的全距。因此，它就是中间 50% 的观察值的全距，也就是说，它是第 75 百分位数和第 25 百分位数之差。我们可以剔除最低和最高各 5 个观察值，再计算剩余数据的全距，以此作为面孔吸引力数据的四分位距。在本例中，集合 X 的四分位距为 0.58，而集合 Y 的四分位距仅为 0.11。

四分位距在一种很有用的、被称为"箱须图"（或"箱线图"）的图示方法中也起着重要作用。我们将在第 5.8 节讨论这种方法。

在许多方面，四分位距遇到的问题恰好与全距相反。具体而言，四分位距丢弃的数据可能太多了。从分布两端各剔除 25% 的观察值可以给出对平均数的一个良好估计值，但往往不能给出对整体差异性的良好估计值。如果我们想知道一组照片评定结果的差异程度是否大于另一组，那么丢掉两极远离平均数的那一半数据是没有充分理由的。

在计算全距之前，剔除分布上下两端各 25% 的数据没有什么不妥。事实上，只要我们能说明理由，就可以剔除任意百分比的数据。我们真正要做的是既不损害我们想要研究的差异性，又剔除那些可能是意外的或错误的观察值。正如我们在第 4 章中看到的，分布两端各剔除一定比例（例如 10%）观察值的样本被称为**切尾样本**，而针对这些样本计算的统计量称为**切尾统计量**（例如，切尾平均数或切尾全距）。统计学家似乎远比心理学家更喜欢切尾样本。这对心理学来说是一件不幸的事情，因为切尾样本及其相关的切尾统计量可以提供很多信息，从而使我们的分析更有意义。我曾经说过，切尾样本已经开始卷土重来，虽然还需要时间。我很高兴地看到切尾统计量开始出现在论文当中，这意味着我们的技术正在不断地（尽管有些缓慢地）得到改进。

---

*1 磅 = 0.454 千克。——译者注

全距和四分位距只用到分布的极端数值或 25% 切尾样本的极端数值。接下来要讨论的统计量则利用了所有数据点。

5.3 平均差

乍一看，如果我们要衡量观察值围绕平均数的分散程度（即离平均数之差，简称"离差"），最合乎逻辑的做法似乎应该是求出所有离差（即 $X_i - \overline{X}$），然后求出这些离差的平均数。观察值越分散，数值与平均数的偏差越大，离差的平均数就越大——其实完全不是这么回事。常识往往让人误入歧途。计算与平均数的偏差时，某些数值高于平均数，离差为正；其他数值低于平均数，离差为负。最后，正负离差将完全相互抵消，离差之和将为零。到这里，就没法继续了。

为了说明我所说的离差相互抵消，考虑数字 1、4 和 5。它们平均值是

$$\frac{\sum X}{N} = \frac{1+4+5}{3} = 3.333$$

而离平均数之差的总和（以下是离差之平均数的计算公式）是

$$\frac{\sum (X - \overline{X})}{N} = \frac{(1 - 3.333) + (4 - 3.333) + (5 - 3.333)}{3}$$

$$= \frac{-2.333 + 0.667 + 1.667}{3} = \frac{0}{3} = 0$$

5.4 方差

要避免正负离差相互抵消，一种办法是采用离差的绝对值，其实就是消除离差前面的符号。虽然我们用这种方法也可以算出一种合理的差异量，即平均差（mean absolute deviation，缩写为 m.a.d.），但是这种差异量很少用到，在此不再详述。本节要介绍的差异量被称为**样本方差**（s^2），这种差异量代表了另一种应对离差的平均数为零的方法。（当我们说的是**总体方差**时，可以记作 σ^2，读作"西格马平方"）。在计算方差的情况下，我们利用的就是负数的平方为正数这一事实。因此，我们将离差的平方相加，而不是直接计算离差之和。

因为我们想要得到一个平均数，所以下一步就是将上述离差之总和除以 N（观察值的个数）。尽管你可能觉得应该除以 N，但是实际上我们除以的是 $N-1$。我们之所以用 $N-1$

作为样本方差（s^2）的除数，是因为正如我稍后将解释的那样，这样得到的样本方差是对相应的总体方差的较好估计量。目前，你只要接受我们须用 $N-1$ 来计算样本方差就行。（总体方差 σ^2 的计算方法是将总体中每个数值的离差平方和除以 N，而不是除以 $N-1$；但是我们实际上很少计算总体方差。除了编写教科书，我不记得自己什么时候曾经计算过总体方差，尽管我曾经无数次用样本方差估计总体方差。）如果必须更清楚地说明 s^2 是哪个变量的样本方差，可以用表示变量的字母为 s^2 加一个下标。因为采用 4 张面孔生成平均面孔的那个样本被标注为 X，所以其方差可以表示为 s_X^2。

$$s_X^2 = \frac{\sum(X-\overline{X})^2}{N-1}$$

注释②

在下面以及全书其他部分的计算中，我的答案可能与你用相同数据算出来的答案略有不同。如果有差异，很可能是舍入误差。如果你把我的计算重做一遍后得出了一个非常相似的答案，那就足够了。

对于我们例子而言，可以这样计算集合 X 和集合 Y 的样本方差：②

设集合 X

X 的平均数是

$$\overline{X} = \frac{\sum X}{N} = \frac{52.89}{20} = 2.64$$

则

$$\begin{aligned} s_X^2 &= \frac{\sum(X-\overline{X})^2}{N-1} \\ &= \frac{(1.20-2.64)^2 + (1.82-2.64)^2 + \ldots + (4.02-2.64)^2}{20-1} \\ &= \frac{8.1567}{19} = 0.4293 \end{aligned}$$

设集合 Y

Y 的平均数是

$$\overline{Y} = \frac{\sum Y}{N} = \frac{65.23}{20} = 3.26$$

则

$$\begin{aligned} s_Y^2 &= \frac{\sum(Y-\overline{Y})^2}{N-1} \\ &= \frac{(3.13-3.26)^2 + (3.17-3.26)^2 + \ldots + (3.38-3.26)^2}{20-1} \\ &= \frac{0.0902}{19} = 0.0048 \end{aligned}$$

我们从这些计算中可以看出，两个方差之间的差异反映了我们所看到的分布的差异。集合 Y 的方差远小于集合 X 的方差。

虽然方差是一个极其重要的概念，而且还是最常用的统计量之一，但是它没有一个受人欢迎的、直接而直观的解释。因为它是用离差的平方来计算的，所以其结果的单位也带有平方。因此，集合 X 的平均吸引力得分为 2.64 个单位，而吸引力方差的得分就成了 0.4293 个平方单位。但是平方单位是很难讨论的，对数据也没什么直观的意义。好在这个问题的解决方案很简单：取方差的平方根。

5.5 标准差

标准差（s 或 σ）被定义为方差的正数平方根。样本标准差记为 s（如果需要，可以用下标标识变量）。心理学出版物报告结果时，经常用符号 SD 表示样本标准差。（符号 σ 仅用于表示总体的标准差。）下面是标准差的定义公式：

$$s_X = \sqrt{\frac{\sum(X-\overline{X})^2}{N-1}}$$

对于目前的例子而言，

$$s_X = \sqrt{s_X^2} = \sqrt{0.4293} = 0.6552$$

$$s_Y = \sqrt{s_Y^2} = \sqrt{0.0048} = 0.0689$$

为简洁起见，我将这些答案分别四舍五入为 0.66 和 0.07。

如果你看一下公式，就会发现标准差像平均差一样，从根本上说就是每个观察值离平均数之差的平均数。当然，这些离差经过了平方、加总等计算，但是其核心仍然是离差。即使我们将离差平方和除以 $N-1$，而不是除以 N，我们得到的结果仍然非常类似于这些偏差的平均数。因此，我们说集合 X 的吸引力评分平均偏离平均数 ±0.66 个单位，而集合 Y 的吸引力评分平均偏离平均数仅 0.07 个单位。这意味着，基于 4 张面孔的平均脸与基于 32 张面孔的平均脸相比，前者吸引力评分之间的差异几乎是后者的 10 倍。这是一个令人惊讶的差别。

将标准差看作一种平均的偏差，这是一种相当粗略的思考方式，它离精准地理解标准差还差得远。

上述结果告诉我们，吸引力有两个有趣的地方。首先，用计算机对许多面孔进行平均所产生的不同复合面孔都很相似，这反映在以下事实中：对集合 Y 中图片的评价没有显示出很大的差异性——所有这些面孔图片得到的评分都非常接近。其次，这些评分的平均数高于对集合 X 中的面孔的评分；这一事实表明，对许多面孔进行平均所产生的复合面孔看上去更具吸引力。这符合你的日常经验吗？我原来以为，那些被认为有吸引力的面孔应该具有鲜明的特征，看来我是错的。回过头来想一想你觉得很有吸引力的面孔。它们真的特征鲜明吗？如果是这样，你是否可以提出另一个假设来解释这些发现？

我们还可以考察有多少观察值落在平均数上下 1 个标准差的范围之内。对于各种比较对称的分布，以及各种丘形分布，我们可以说大约 2/3 的观测值位于平均数上下 1 个标准差之内（对于第 6 章将要讨论的正态分布而言，这一比例几乎刚好是 2/3）。虽然肯定有例外（特别是当分布严重偏斜时），但是这仍然是一条有用的规则。如果我告诉你，2014 年走上传统工作岗位的文科大学毕业生的平均起薪预计为 45 445 美元，标准差为 4000 美元，你可能会得出结论：在从事这些工作的毕业生中，大约有 2/3 的人收入在 41 500 ~ 49 500 美元。

差异量

- 全距：从最小观察值到最大观察值的距离。
- 四分位距：剔除最高和最低各 25% 的观察值后，剩余观察值的全距。中间 50% 的观察值的全距。
- 平均差：与平均数之差的绝对值之和除以样本容量。
- 方差：与平均数（$\overline{X}$）之差（离差）的平方和除以样本容量减 1，即

$$s_X^2 = \frac{\sum(X-\overline{X})^2}{N-1}$$

- 标准差：方差的平方根

$$s_X = \sqrt{\frac{\sum(X-\overline{X})^2}{N-1}}$$

5.6 方差和标准差的计算公式

如果你要手工计算相对大量数据的方差和标准差，前面的公式虽然完全正确，但是计算量很大。计算中也容易出现舍入误差，因为通常要计算小数的平方。虽然这两个公式是完美的定义公式，但是我们现在要简要地介绍一套更实用的计算公式。这些公式与我们之前看到的公式在数学上是等价的，因此它们会得出相同的答案，同时还很省力。（有趣的是，在本书的早期版本中，我曾强调过根据定义公式推导出的计算公式。但是，随着大家越来越多地依赖计算机，用计算器的人越来越少，我发现自己也更倾向于定义公式了。如果你想理解标准差究竟是什么，请专注于我们之前用到的公式。如果你必须对很多数字进行人工计算，就看看下面的公式。）

样本方差的定义公式如下

$$s_X^2 = \frac{\sum(X-\overline{X})^2}{N-1}$$

更实用的数学上等价的计算公式是

$$\boxed{s_X^2 = \frac{\sum X^2 - \dfrac{(\sum X)^2}{N}}{N-1}}$$

同样，样本标准差的定义公式和计算公式是

$$s_X = \sqrt{\frac{\sum(X-\overline{X})^2}{N-1}}$$

$$= \sqrt{\frac{\sum X^2 - \frac{(\sum X)^2}{N}}{N-1}}$$

用计算公式计算集合 X 的样本方差，对于 $N = 20$ 个观察值，我们得到

$$s_X^2 = \frac{\sum X^2 - \frac{(\sum X)^2}{N}}{N-1}$$

$$= \frac{1.20^2 + 1.82^2 + \cdots + 4.02^2 - \frac{52.89^2}{20}}{19}$$

$$= \frac{148.0241 - \frac{52.89^2}{20}}{19} = 0.4293$$

你应该注意到，使用这个公式时要计算所有观察值的总和，即 $\sum X$。接着，我们将所有观察值的平方相加，得出 $\sum X^2$。N 只是观察值的个数。将每个观察值代入公式，进行必要的计算，就可以得到答案。请注意，我们这里求得的答案与我们用定义公式得到的答案完全相同。另外请注意，正如我在第 2 章中指出的，$\sum X^2 = 148.0241$ 与 $(\sum X)^2 = 52.89^2 = 2797.35$ 完全是两回事。也就是说，求数字之平方的和与求数字之和的平方完全是两回事。我将集合 Y 的标准差留给你计算，但可以告诉你答案是 0.0689。

你现在可以放点心了：本书其他任何地方要求的数学水平都不会超过刚才的这些计算。

5.7 作为估计量的平均数和方差

我在第 1 章中曾提到，我们通常会计算平均数和方差等计量指标，并将它们当作总体中对应参数的估计值。样本上的数量特征被称为统计量，用罗马字母（例如 $\overline{X}$ 和 s_x）表示。另一方面，总体的数量特征称为参数，用希腊字母表示。因此，总体平均值用 μ 表示，总体标准差用 σ 表示。一般而言，我们要用统计量来估计参数。

如果计算统计量的目的是将其用作总体参数的估计量，那么我们选择统计量（甚至定义统计量）时，自然会在一定程度上考虑该统计量是不是我们想求的参数的良好估计量。实际上，平均数之所以通常优先于其他集中量，正是由于它是 μ 的良好估计量。样本方差（s^2）被定义成那样，就是因为 s^2 被用于估计总体方差（σ^2）时所表现出的优点。

作为总体方差估计量的样本方差

估计量有一个属性——**偏差**，而样本方差是讨论偏差的极好例子。有偏差的样本统计量意味着其最终的平均数不等于它想要估计的总体参数。正如你可能猜到的，无偏统计量的最终平均数等于其估计的参数。无偏统计量就像无偏见的人一样，很好相处。如果你以

正确的方式计算样本方差，它就是无偏的。

之前我悄悄地用 $N-1$ 代替 N 作为除数来计算方差和标准差。$N-1$ 被称为**自由度**（df），它是对样本容量的一种调整，说明我们正在处理样本观察值。说得更具体些，在估计样本标准差时，我们首先必须计算 $\overline{X}$，并用它来估计总体平均数（μ）。因为我们这样做了，所以需要相应地调整样本容量。现在是解释为什么这样做的时候了。你需要对所涉及的问题有一个大致的了解，但不必关心具体细节。无论你何时看到方差或标准差，它们都是将 $N-1$ 作为分母计算的结果。你可以说，"这或许是因为某种我看不懂的统计学推导"，然后跳过本节内容；你也可以继续阅读本节，看看 $N-1$ 到底有什么意义。

样本方差用 $N-1$ 做分母，其原因可以通过多种方式来解释。最简单的解释或许就是已经提到过的：样本方差（s^2）是总体方差（σ^2）的无偏估计。假设我们从一个总体中抽取了无数个样本（每个样本包含 N 个观察值），而且我们还知道了总体方差（σ^2）。再进一步，假设我们愚蠢地用 $\sum(X-\overline{X})^2/N$（注意分母）计算样本方差。如果计算这些样本方差的平均数，我们就会发现

$$\text{平均}\left(\frac{\sum(X-\overline{X})^2}{N}\right) = E\left(\frac{\sum(X-\overline{X})^2}{N}\right) = \frac{(N-1)\sigma^2}{N}$$

其中，$E(\ )$ 读作"括号中内容的**期望值**"。我们看到，这里用 N 作为分母算出来的方差的期望值不等于 σ^2，而是等于 $(N-1)/N$ 乘以 σ^2。哎，这好像不是一件好事！

不过，这个问题倒也不难解决。若

$$\text{平均}\left(\frac{\sum(X-\overline{X})^2}{N}\right) = E\left(\frac{\sum(X-\overline{X})^2}{N}\right) = \frac{(N-1)\sigma^2}{N}$$

则稍作代数处理即可得到

$$\text{平均}\left(\frac{\sum(X-\overline{X})^2}{N}\right)\left(\frac{N}{N-1}\right) = E\left(\frac{\sum(X-\overline{X})^2}{\not{N}}\right)\left(\frac{\not{N}}{N-1}\right) = E\left(\frac{\sum(X-\overline{X})^2}{N-1}\right) = \sigma^2$$

换句话说，当我们用 $N-1$ 而非 N 作为除数时，其结果就是对 σ^2 的无偏估计。

自由度

在本书中，你将随时遇到自由度的概念。每当我们用样本统计量来估计总体参数时，自由度（df）就会参与进来。通常情况下，自由度是 $N-1$，但是在某些情况下（例如第9—11章），自由度却是 $N-2$ 或 $N-3$。但不管是何种情况，自由度都是对样本容量的一个校正。如果我们有5个组或3个类别，则组的自由度为 $5-1=4$，类别的自由度为 $3-1=2$。只要你将自由度看作对其他数值（例如样本容量、组数、成对观察值的对子数，等等）的一种校正，你就不会犯错误。每当你需要用到自由度的时候，我都会小心地告诉你这些自由度是如何计算的。

5.8 箱须图：差异量和极端数值的图形表示

在第 3 章，你已经看到茎叶图是怎样同时以多种有意义的方式展现数据的。茎叶图不仅将数据组织得非常类似于直方图，还能保留各个观察值。除了茎叶图，约翰·图基还想出了其他一些查看数据的方法，其中有一种图示方法特别能凸显数据的分散程度。这种图叫作**箱形图**，有时也称为**箱须图**。图基计算箱须图各元素的方法比实际需要的更复杂，所以近年来大多数人采用了一种略微简单一些的方法，能以比较容易理解的步骤生成几乎相同的图。这也是我将在这一版本中采用的方法。

表 5.2 中的数据及其茎叶图采自佛蒙特大学研究中的正常和低体重新生儿（Nurcombe et al., 1984），其中的观察值是 38 名正常体重新生儿住院时间的原始数据。该变量缺失了 3 个婴儿的数据，表中用星号（*）表示。（将这几个缺失值放在表中，是为了强调我们不应该简单地忽略缺失的数据。）因为数据是介于 1 到 10 之间的整数（除了 2 个例外），故所有"叶"都是 0，因为没有"低位有效数字"可以用作"叶"。那些 0 其实就是为了占据一些空间以生成形似直方图的分布。考察茎叶图中的数据可以看到该分布呈正偏态，其中位数为 3 天。在"茎"的底部，你可以看到"高值"和两个观察值（20 和 33）。这些是极端数值或异常值，这种显示方式可以突出它们的存在。设计箱须图要解决的问题之一，就是判断这些异常观察值是否达到了可疑的程度。茎叶图的最后一行表示缺失值的个数。

表 5.2 足月新生儿住院时间的数据和茎叶图（单位：天）

数据			茎叶图
2	1	7	1 | 000
1	33	2	2 | 000000000
2	3	4	3 | 00000000000
3	*	4	4 | 0000000
3	3	10	5 | 00
9	2	5	6 | 0
4	3	3	7 | 0
20	6	2	8 |
4	5	2	9 | 0
1	*	*	10 | 0
3	3	4	高值 | 20, 33
2	3	4	
3	2	3	缺失值个数 = 3
2	4		

为了帮助理解接下来的几个问题，我呈现了表 5.2 中所列数据的箱须图，如图 5.2 所示。这个图是用 R 生成的，其代码稍后列出。不同的软件画出的图也常有不同，但差异很小。

为了理解箱须图的构成，我们要回想曾经讨论过的一些概念，同时还要增补一些概念。在第 4 章中，我们将一组 N 个观察值的中位定义为第 $(N+1)/2$ 个位置。当中位是一个整数（即 N 是奇数）时，中位数就是有序排列的数据中占据该位置的观察值。当中位带小数点（即 N 是偶数）时，中位数是该位置两侧观察值的平均数。对于表 5.2 中的数据，中位 = $(38+1)/2 = 19.5$，中位数 = 3。请注意，图 5.2 中小箱体中间的水平线所在的位置

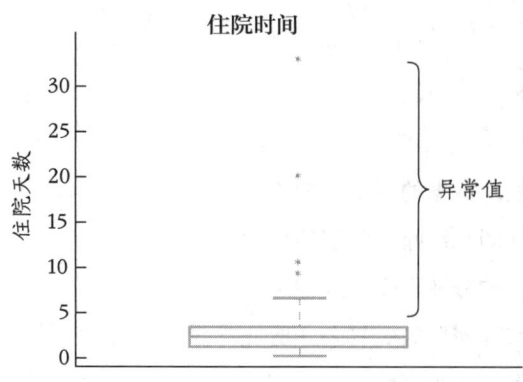

图 5.2 根据表 5.2 中住院时间数据生成的箱须图

就是中位数的位置。构建箱须图的下一步，是分别求出有序分布上下两半数据的中位数的位置，即第一和第三四分位数（即第 25 和第 75 百分位数）所在的位置，这两个位置被图基称为"铰链位"。为了计算四分位数，我们首先要求出**四分位**，其定义为

$$四分位 = \frac{中位 + 1}{2}$$

如果中位带小数，在计算四分位之前应该先将其舍去。四分位与四分位数的关系相当于中位与中位数的关系。它告诉我们，在有序序列中的哪个位置可以找到四分位数。对于住院新生儿的数据，四分位是（19 + 1）/2 = 10。因此，两个四分位数就是分别从有序序列的底部和顶部开始数起的第 10 个观察值。它们分别是 2 和 4。对于没有并列数值的数据集，或者对于大样本，第一和第三四分位数之间包括的就是中间 50% 的观察值。请注意，图 5.2 中箱体的顶部和底部是 2 和 4，对应于第一和第三四分位数。

以下是生成表 5.2 中所列数据箱须图的 R 代码：

```
### Boxplot of data on days of hospitalization of normal-birth weight infants
   days <- c(2, 1, 7, 1, 33, 2, 2, 3, 4, 3, NA, 4,
         3, 3, 10, 9, 2, 5, 4, 3, 3, 20, 6, 2,
         4, 5, 2, 1, NA, NA, 3, 3, 4, 2, 3, 4,
         3, 2, 3, 2, 4)     # NA represents missing ("not available") data

   xbar <- mean(days, na.rm = TRUE)      # na.rm tells it to first remove
                                          missing data.
   stdev <- sd(days, na.rm = TRUE)
   cat("xbar = ",xbar, "  st. dev = ", stdev) # Print out mean and st dev.
   boxplot(days, border = "red", boxwex = .5, col = "blue", main =
       "Length of Hospitalization", ylab = "Days of Hospitalization")
       ### boxwex governs width of box, col = color of box
```

下一个概念，我们需要回到四分位距，它其实就是我们将上下两端各 1/4 观察值剔除后，剩余观察值的全距。图基称之为"H 距"，但这个术语似乎在逐渐被人忘却。就我们的数据而言，四分位距（或 H 距）是 4 − 2 = 2。绘制箱形图的下一步骤是，分别从箱顶和箱底开始画出长度不超过 1.5 倍于四分位距的两条**须线**。因为本例数据的四分位距是 2，所以这两条须线将不超过 2 × 1.5 = 3 个单位。[须线的长度不会正好是 3 个单位，除非在那个点上有一个观察到的数值。否则它只能到达最极端的观察值（上下邻近值）处，所以须线的长度不超过 3 个单位。] 箱底往下 3 个单位是 2 − 3 = −1，但是数据中的最小观察值是 1，所以我们将下须线延长到 1 处为止。箱顶往上 3 个单位是 4 + 3 = 7。数据中有一个"7"，所以我们将上须线延长到 7。我们刚刚定义的所有内容的计算如表 5.3 所示。

以上步骤都展现在图 5.2 中。唯一需要说明的问题是"那些星号是从哪里来的？"图

中的星号表示极端数值，连须线都对它们"鞭长莫及"。这些数值通常被称为异常值。它们可能是真实存在的极端数值，也可能是错误的数值。箱须图的好处是，它至少可以让我们注意到那些数值。我将很快回来讨论这些极端数值。

表 5.3　根据表 5.2 中数据的计算结果和箱须图

中位	$(N+1)/2=(38+1)/2=19.5$
中位数	3
四分位	(中位†+1)/2=(19+1)/2=10
下四分位（第一四分位）	第 10 最低位值 = 2
上四分位（第三四分位）	第 10 最高位值 = 4
四分位距	第三四分位数 − 第一四分位数 = 4 − 2 = 2
四分位距 ×1.5	2 × 1.5 = 3
下须线最远端	（第一四分位数 − 1.5 × 四分位距）= 2 − 3 = −1
上须线最远端	（第三四分位数 + 1.5 × 四分位距）= 4 + 3 = 7
下须线低端	最小值 ⩾ −1 = 1
上须线高端	最大值 ⩽ 7 = 7

†舍去任何小数

我们从图 5.2 中可以看到下面几个要点。首先，分布的中间部分是比较对称的。中位数位于箱体的中心，茎叶图也可以说明这一点。其次，我们还可以看到，该分布是正偏的，因为上须线比下须线长得多。从茎叶图也可以看出这一点，尽管不是特别清晰。最后，我们看到了 4 个异常值（其定义是"任何超出须线远端的数值"）。茎叶图不像箱须图那样可以在图上显示异常值的位置。

异常值值得特别注意。异常值可能是测量时发生的错误，也可能是数据记录或输入时发生的错误，但也可能恰好是真实的极端值。例如，本例数据是住院时间，而足月婴儿可能因为出生时身体有缺陷而需要延长住院时间。因为这些都是实际数据，所以我们有机会重新查看医疗记录，更仔细地了解那 4 个新生儿的极端情况。检查的结果是，有 2 个最极端的数值纯属数据输入错误，纠正起来也很方便。另外 2 个极端数值是由婴儿的身体问题引起的。在这种情况下，项目负责人就要判断问题是否严重到应该剔除这 2 个新生儿的研究数据（这 2 个数据最终都被保留下来了）。两个极端数值（33 和 20）分别被纠正为 3 和 5。如果你用的是 R，可以返回过去修改代码（输入正确的值），生成更正后的箱须图。

从前面介绍的内容可以明显看出，箱须图是检查数据分散程度的非常有用的工具。我发现，它们对于筛选错误数据和凸显潜在问题以供后续分析特别有用。在本书中，箱须图将继续形象地向我们展示数据。

有许多网站介绍了箱形图的各种有用的方法，有的还允许你自己绘制箱须图。其中特别出色的一个网站*是莱斯大学的 David Lane 维护的（David Lane 的任何网站都值得浏览）。但是如果你的计算机有问题而无法运行其中的应用程序，可以访问本书网站，点击

---

* 网址可联系电子邮箱 1012305542@qq.com 获取，或者登录 www.wqedu.com 下载。您在下载中遇到问题，可拨打 010-65181109 咨询。——中文版出版者注

"SeeingStatisticsApplets"查看网页。

对急性子说的话

画个箱须图真的花不了多长时间，但是有些人就是没有耐心。对于那些不想做精细研究，只想了解数据大概情况的人来说，最简单的办法就是找到中位数以及第一和第三四分位数。接着，画出箱须图的箱体。假设你有大量的观察值，可以剔除其中最大的 2.5% 和最小的 2.5%，然后将须线延长到剩余数据的最大值和最小值处。最后，将两端共 5% 的极端数值看作异常值。实际上，有些计算机程序似乎就是用这种方法来生成箱须图的。

5.9 对于切尾样本的回顾

回忆一下第 4 章，你应该还记得一种处理异常值（它们会扭曲平均数）的技术——切尾样本，而切尾就意味着我们在分布的两端分别丢掉一定数量的观察值。然后，我们对剩下的观测值计算平均数。从逻辑上讲，你可能会认为我们在考察该样本的方差或标准差时也会做同样的事情。但实际上，我们要略微修改一下做法。

温氏方差

计算 20% 切尾平均数时，我们剔除最大和最小各 20% 的观察值，找出剩余数据的平均数。另外，还有一个被称为**温氏平均数**的统计量，它用切尾之后剩余数据的最大值和最小值分别代替两极端观测值。（Charles P. Winsor 对我们前面提到的约翰·图基产生了巨大影响。正是图基提出了术语"温氏转换"。）例如，假设我们有以下观察值：

12 14 19 21 21 22 24 24 26 27 27 27 28 29 30 31 32 45 50 52

共 20 个观察值，20% 切尾样本就是剔除最小和最大各 4 个观察值，剩下

21 22 24 24 26 27 27 27 28 29 30 31

则它们的切尾平均数是 316/12=26.33。（原来的平均数是 28.05。）

当我们对数据进行温氏转换时，要用 21（切尾后剩余的最小观察值）代替那些被剪切掉的最小观察值，用 31（切尾后剩余的最大观察值）代替那些被剪切掉的最大观察值。结果是：

21 21 21 21 21 22 24 24 26 27 27 27 28 29 30 31 31 31 31 31

则温氏平均数就是 524/20=26.2，这实际上非常接近切尾平均数。

由于一些我不会在此详述的技术原因，我们很少用到温氏平均数；我们用的是切尾平均数。但是，在计算方差或标准差时，我们重新想到了温氏转换。当我们研究切尾平均数

时，我们发现**温氏方差**或**温氏标准差**是更有用的统计量。要计算温氏方差，只需计算经过温氏转换的样本的方差即可。所以，我们用于计算方差的数据就是：

21 21 21 21 21 22 24 24 26 27 27 27 28 29 30 31 31 31 31 31

结果是 16.02。（切尾样本的方差只有 9.52。）

我们以后还将提到温氏方差和标准差，但现在你只需了解它们的定义。只要你知道"Winsor"，你就领先于你周围的大多数人了。

5.10 用 SPSS 和 R 计算差异量

我们将用 SPSS 计算第 3 章讨论的反应时数据的差异量（表 3.2）。在图 5.3 中，我用 Descriptive Statistics/Explore 计算了结果，并且按选择的正误分别计算了两组结果。在这个图中，你可以看到分别用正确反应的试验数据和错误反应的试验数据计算出来的描述统计量。你会注意到，两组结果的右上角都有一个名为标准误的统计量。你现在不用理会这个统计量，但是如果你好奇，那就告诉你，标准误指的是重复抽样所得到的样本平均数之间的差异量，而标准差指的是各个观察值之间的差异量。图 5.3b 是对应的箱须图。

从图 5.3a 可以看出，在错误选择的那些试验中，平均反应时略长，但中位数是相等的。图 5.3b 中的箱须图显示，错误选择的数据呈正偏态（中位数不在箱体中心）。SPSS 还为异常值标记了它们的编号。例如，第 179 号和第 202 号观察值就是两个异常的反应时。在正确选择的试验中，异常值明显更多些，这表明有时要花很长时间才判断哪一个是正确反应。而一旦弄清楚，我的反应往往是正确的。我指出这一点，是因为它再次说明箱须图有助于厘清数据的含义，而不限于反映两个平均数是否相等。

安装并加载"psych"包之后，你可以用 R 做到完全同样的事情。你要用到一个简单的名为"describe"的函数，该函数的唯一参数是你想要分析的变量名。代码如图 5.4 所示，但是我先要根据反应的正确与否将数据分为两组。我将输出结果略作编辑形成了这个版本。本章已经介绍了如何绘制箱须图。

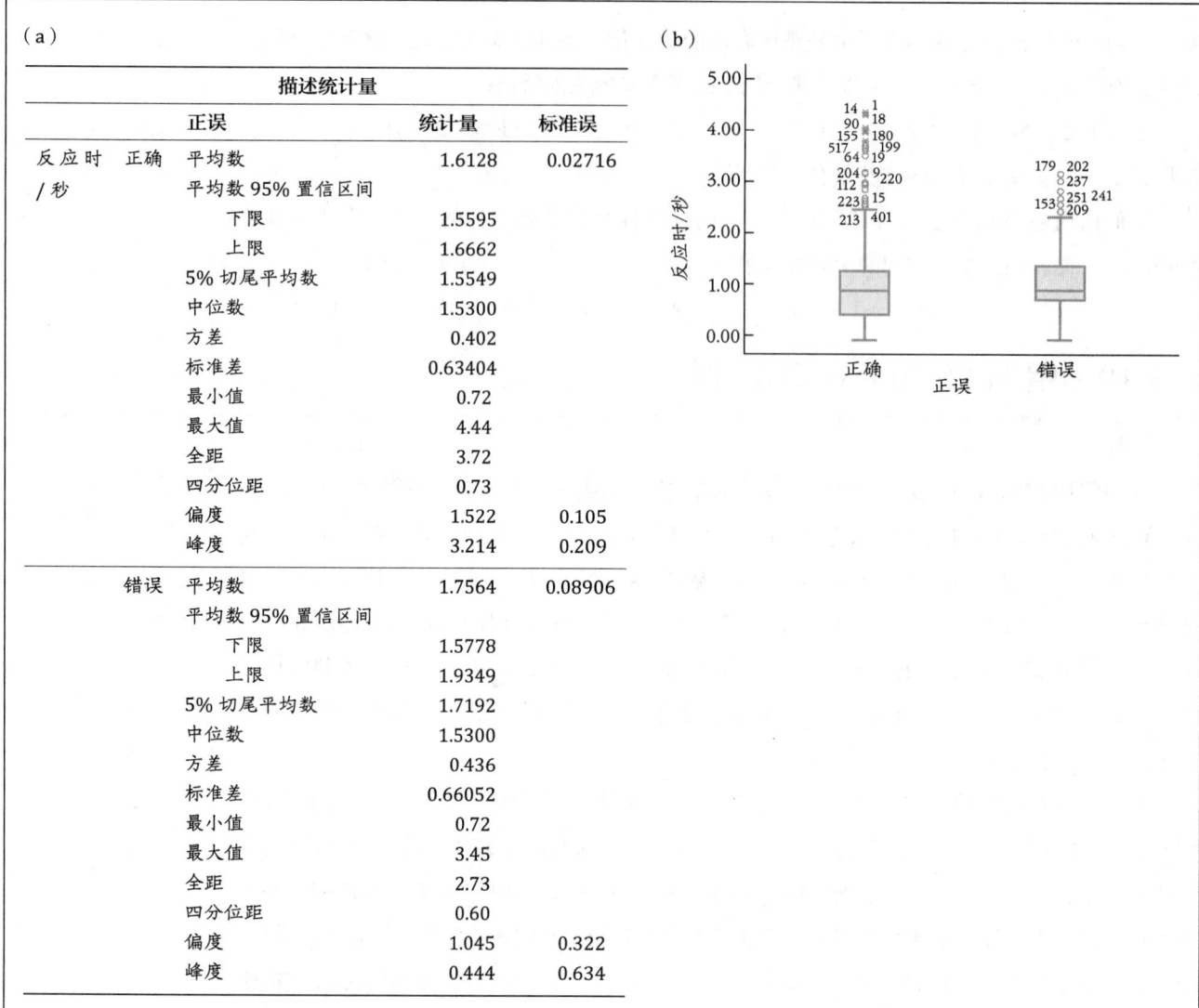

图 5.3 （a）反应时数据的分布及其集中量与差异量；（b）按反应的正误分别显示的反应时

```
### Reaction Time Data
rxData <- read.table(file.choose(), header = TRUE) # Load Tab3-1.dat
attach(rxData)
Accuracy <- factor(Accuracy) # Convert Accuracy to a factor with levels 0 and 1
library(psych)    # Necessary because "describe" is not part of base package
correct <- RTsec[Accuracy == 1]
cat("Results for Correct trials \n")
describe(correct)
incorrect <- RTsec[Accuracy == 0]
cat("Results for Incorrect trials \n")
describe(incorrect)

Results for Correct trials

  vars  n  mean   sd median trimmed  mad  min  max range skew kurtosis   se
1    1 545  1.61 0.63   1.53    1.53 0.61 0.72 4.44  3.72  .51     3.14 0.03

Results for Incorrect trials

  vars  n  mean   sd median trimmed  mad  min  max range skew kurtosis   se
1    1  55  1.76 0.66   1.53    1.69 0.44 0.72 3.45  2.73 0.99     0.18 0.09
```

图 5.4　用 R 处理反应时数据的结果

5.11 月亮错觉

我相信你们都有晚上开车的经历,都看到过大大的一轮明月挂在地平线上。月亮怎么会这么大?是有人像吹气球一样把它吹大的吗?不可能!那么,地平线附近的月亮为什么比高挂夜空时大得多呢?这个简单的问题引来了心理学家的各种各样的理论,而且这方面的研究多年来在知觉心理学的文献中一直很活跃。Kaufman 和 Rock(1962)进行了完整的系列研究。他们提出,月亮错觉是由于月球在地平线上时的主观距离比它在天顶时的主观距离更大而造成的(类似于这样的想法:"如果它真的那么远,它一定非常大")。当我们在第 12—14 章讨论 t 检验时,我们还会更详细地研究 Kaufman 和 Rock 的数据,但首先我们要问的是,他们采用的方法是否真能模拟地平线上的月亮错觉。表 5.4 给出了 Kaufman 和 Rock 收集的月亮错觉的实际测量值。以这些数据中的一个观察值 1.73 为例,它的意思是,被试觉得地平线上的月亮看起来比在头顶上时大 1.73 倍。如果他们的方法正常起作用(产生错觉),我们就可以预期,这个比率应该大于 1.00。比率越接近 1,就越表明错觉很少或没有。此外,我们还希望,如果让被试完成的任务是恰当的,那么各个观察值之间就不会有太大的差异。

表 5.4 月球错觉数据

错觉量(X)	X^2
1.73	2.9929
1.06	1.1236
2.03	4.1209
1.40	1.9600
0.95	0.9025
1.13	1.2769
1.14	1.9881
1.73	2.9929
1.63	2.6569
1.56	2.4336
$\sum X = 14.63$	$\sum X^2 = 22.4483$

作为对本章内容的复习,我们可以对这些数据进行计算,以此说明这些过程。

平均数:$\bar{X} = \dfrac{\sum X}{N} = \dfrac{14.63}{10} = 1.463$

方差:$s^2 = \dfrac{\sum X^2 - \dfrac{(\sum X)^2}{N}}{N-1} = \dfrac{22.4483 - \dfrac{(14.63)^2}{10}}{9} = 0.1161$

标准差:$s = \sqrt{0.1161} = 0.3407$

所以,平均错觉量就是 1.46,它告诉我们,地平线上月亮的大小看上去几乎是头顶上月亮大小的1.5倍。其标准差为0.34，我们可以预计，大约2/3的观察值将落在1.12和1.97之间，即平均数 ±1 个标准差。现在让我们看看画成图是什么样的。

箱须图：

按部就班地完成一系列步骤，我们可以计算出画箱须图需要的数据。我把这个过程细细分解，以说明我们所做事情的逻辑顺序。

第一步，按升序重新排列观察值：

    0.95   1.06   1.13   1.40   1.41   1.56   1.63   1.73   1.73   2.03

第二步，计算中位，得到中位数：

中位 =（N+1）/2=11/2=5.5

中位数 =（1.41+1.56）/2=1.485

第三步，计算四分位，以便找到第一和第三四分位数：

四分位 =（中位 +1）/2=（5+1）/2=3

（如果有必要可去掉小数。）

四分位数 = 分别从有序系列的首尾数起第 3 个观察值 = 1.13 和 1.73

第四步，计算两条须线：

四分位距 = 第三和第一四分位数之差 = 1.73 – 1.13 = 0.60

1.5 × 四分位距 = 1.5 × 0.60 = 0.90

须线最大长度 = 四分位数 ± 1.5 × 四分位距

上须线远端 = 1.73 + 0.90 = 2.63

下须线远端 = 1.13 – 0.90 = 0.23

第五步，找出最接近但不超过须线范围的值：

下须线低端 =0.95

上须线高端 =2.03

第六步，画出箱须图：

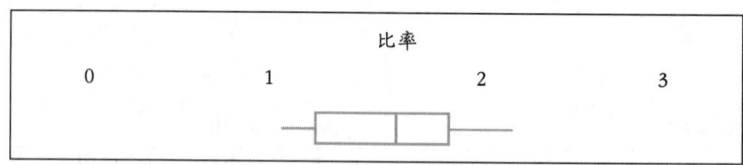

从这些结果可以看出，月亮错觉量的平均数远高于1.00；实际上也确实只有一个观察值小于1。平均错觉量达到1.46，换言之，地平线上的月亮看上去似乎比头顶上的月亮平均大一半（46% 多）。就本章的目的来说，更重要的一点是，错觉的差异量相当小；标准差 = 0.34，这说明观察值非常接近，而且没有异常值。看来，Kaufman 和 Rock 的方法很好地达到了他们的研究目的。

5.12 直观的统计学

我刚才告诉过你，我们用 $N-1$ 做除数计算方差和标准差，因为这样做可以减小计算结果与总体方差之间的偏差。你能否接受我的做法，在很大程度上取决于对我的信任。不过，如果你运行来自 McClelland 在 "Seeing Statistics（直观的统计学）" 上的一个程序，就可以明白这一点。你将看到，虽然 $N-1$ 并不是每一次都能产生很精确的估计值，但是平均下来是精确的。

程序可以在本书网站上点击 "SeeingStatisticsApplets" 找到，它的名称是 "Why Divide by N-1?（为什么除以 $N-1$？）"。在这个程序中，我们生成了一个由 0 到 100 之间数字组成的总体。因为我们有总体数据，所以可以知道真正的平均数是 $\mu = 50$，方差 $\sigma^2 = 850$，标准差 s 为 29.2。（如果你不放心，可以自己计算一下。）在抽取样本之前，程序看起来就像右边显示的那样。

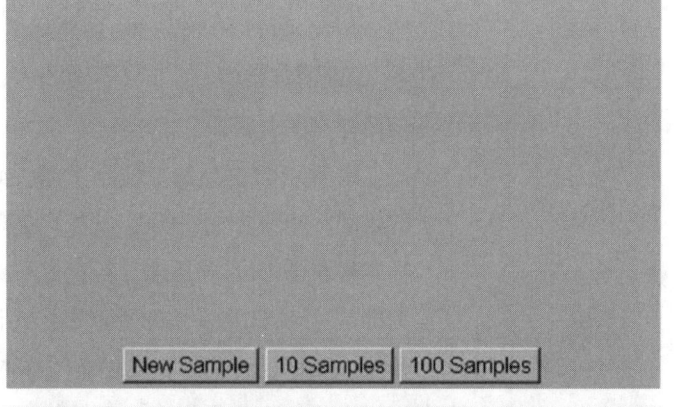

点击"新样本"按钮，你可以从该总体中抽取容量为 3 的单个样本，并显示用 N 和 $N-1$ 作为分母的计算结果。首先，抽取单个样本并记录它们的变化情况。你可以注意到，有时是 N 做分母时算出的估计值更接近，有时则是 $N-1$ 做分母算出的估计值更接近。现在点击"10 个样本"按钮。它可以一次就抽取 10 个 $N = 3$ 的样本，并给出这 10 个样本的平均数。右边这个图就是它计算的结果。

通常而言（虽然并非总是如此），在抽取 10 个样本后，你可以看到 $N-1$ 作为分母可以得到更好的平均估计值。（请记住，真正的总体标准差是 29.2。）这次我抽取了 10 个样本。屏幕上显示了这 10 个样本分别用 $N-1$ 和 N 作为分母计算的两组标准差估计值。屏幕上还分别显示了这两组估计值的平均数。

如果你一直点击这个按钮，它每次都会向你的样本库中添加 10 个新样本。点击下一个按钮则一次可以添加 100 个样本。我总共抽取了 500 个样本。用 ($N-1$) 作为分母时，我们可以得到总体标准差的平均估计值为 31.8，这个数字比真实结果高了 2.6 个单位。而用 N 作为分母时，平均估计值低了 3.2（即 29.2 - 26）个单位。显然，以 ($N-1$) 作为分母的结果更准确些。

点击 "100 Samples（100 个样本）" 按钮，直到积累的样本达到大约 5000 个。再看两个不同的除数算出的总体标准差的平均估计值是多少？（我看到的是 29.1 和 23.8。）

很显然，随着单个样本的容量 N 变大，N 和 $N-1$ 之间的相对差异将减小。这必然导致两个估计值之间的差异减小。此外，样本容量越大，平均样本标准差也越接近 σ。屏幕上的第二个程序允许你用 15 作为样本容量重复上述过程。这对结果会产生什么影响？

5.13 总结

在前面三章中，我们学习了如何绘制数据，如何合理地计算表示分布中心的集中量，如何计算差异量。本书以后的章节还会介绍关于绘制数据的更多方法，但你现在已经基本上掌握了关于描述性统计的知识，例如平均数和标准差。

本章从最简单的差异量，即最大和最小观察值之间的差异——全距——开始介绍。在全距的基础上，我们介绍了四分位距，即分别删除了最小和最大 25% 的观察值后的全距。四分位距也可以看作 25% 切尾样本的全距，因为 25% 切尾样本就是丢弃最低端和最高端各 25% 的观察值。实际上，四分位距没有什么特别的重要性，我们可以计算任意百分比的切尾样本的全距。

最常用的差异量是样本方差（s^2）和样本标准差（s）。方差是每个观察值与样本平均数之间距离平方的平均数。为了计算样本方差，我们以样本容量减 1（即 $N-1$）而不是以样本容量 N 作为分母来计算离差平方的平均数。这就是总体方差（σ^2）的无偏估计。样本标准差（s）就是方差的平方根。无偏估计量意味着估计量的平均数最终等于待估计的总体参数。我们还看到，在处理切尾样本时，我们通过生成温氏样本来计算样本方差和标准差，该样本是一个切尾样本，只是其中原本要丢弃的元素被替换成了剩余数据中的最小值和最大值。

我们考察了方差和标准差的计算公式。除非你要进行手工计算，否则这些公式并不是特别重要，尽管它们曾经非常重要并为人们节省了大量时间。箱须图是数据可视化展示的绝佳方式。我们在中位数处画一条水平线，再以第一四分位数和第三四分位数为边界画一个方框（箱体），然后从箱体的两端各画一条须线。须线的长度不超过四分位距的 1.5 倍。（须线实际上只延长到离箱体不超过 1.5 倍四分位距的观察值的位置。）任何超出须线末端的观察值都被视为异常值，值得认真注意。

重要术语

差异性 / 分散性（dispersion 或 variability，p.073）

全距（range，p.075）

异常值（outlier，p.076）

四分位距（interquartile range，p.076）

切尾样本（trimmed samples，p.076）

切尾统计量（trimmed statistics，p.076）

样本方差（sample variance，s^2，p.077）

总体方差（population variance，σ^2，p.077）

标准差（standard deviation，s 或 σ，p.079）

偏差（bias，p.081）

自由度（degrees of freedom，df，p.082）

期望值（expected value，p.082）

箱形图（boxplot，p.083）

箱须图（box-and-whisker plot，p.083）

四分位（quartile location，p.084）

须线（whisker，p.084）

温氏平均数（Winsorized mean，p.086）

温氏方差（Winsorized variance，p.087）

温氏标准差（Winsorized standard deviation，087）

5.14 快速复习

A. 异常值是____。

答：异常极端的数值

B. 四分位距的主要缺陷是什么？

答：它删除了太多的观察值，以至不仅剔除了原本那些极端数值造成的差异，还消除了许多有趣的差异。

C. 怎样用切尾样本的概念来描述四分位距？

答：这是一个 25% 切尾样本的全距。

D. 离差的平均数有什么问题？

答：离差的平均数永远为 0。

E. 当我们试图描述数据时，为什么标准差比方差好？

答：方差以平方单位表示，标准差以原来的单位表示。

F. 当我们计算方差和标准差时，为什么除以 $N-1$ 而不是 N？

答：这样做可以得到对总体方差或标准差的无偏估计。

G. 参数的"无偏"估计量是什么意思？

答：无偏估计量指的是，其所有估计值的平均数等于想要估计的参数值。

H. 我们将像 $N-1$ 这样的数称为____。

答：自由度

I. 什么是"四分位"？

答：它们是第一和第三四分位数对应的位置。

J. 我们如何确定箱须图中须线的端点？

答：从箱体两端各伸展 1.5 倍四分位距形成一个区间，以该区间内的最大观察值和最小观察值作为须线的上下端点。

K. 什么是温氏样本？

答：将剪切掉的观察值分别替换成剩余观察值中的最大值或最小值后产生的样本。

5.15 习题

5.1 根据 Katz 等人搜集的在没有阅读文章的条件下的 SAT 成绩，计算其全距、方差和标准差。数据如下：

54 52 51 50 36 55 44 46 57 44 43 52
38 46 55 34 44 39 43 36 55 57 36 46
49 46 49 47

求这组数据的全距、方差和标准差。

5.2 根据 Katz 等人搜集的在阅读文章的条件下的 SAT 成绩，求其全距、方差和标准差。

		66	75	72	71	55	56	72	93	73	72	72	73
		91	66	71	56	59							

5.3 用 R 再次解答习题 5.1 和习题 5.2（最简单的办法是用"psych"包中的"describe"命令。）

5.4 在习题 5.1 中，有多少百分比的分数落在平均数上下 2 个标准差之内？

5.5 在习题 5.2 中，有多少百分比的分数落在平均数上下 2 个标准差之内？

5.6 创建一个包括大约 7 个分数的小数据集，证明每个分数加上或减去一个常数后，标准差不变。加上或减去一个常数时，平均数会发生什么变化？

5.7 利用你在习题 5.6 中创建的数据，证明每个分数乘以或除以一个常数后，这些数据的标准差将是原来的值乘以或除以该常数。在同样的情况下，平均数会发生什么变化？

5.8 运用从习题 5.6 和习题 5.7 中学到的知识，将以下数据集转换为标准差为 1.00 的新数据集。

5 8 3 8 6 9 9 7

5.9 根据习题 5.6 和习题 5.7 的答案，设法让习题 5.8 的答案变成平均数为 0，标准差为 1.00。（注：习题 5.8 和习题 5.9 的解题方法将在第 6 章中发挥很重要的作用。）

5.10 创建两组分数，其全距相等，但是方差不等。

5.11 用习题 5.1 中的数据生成一个箱须图。

5.12 如果可能，用 R 或 SPSS 为习题 5.2 中的数据生成一个箱须图。

5.13 为附录 C 中的变量 ADDSC 生成一个箱须图。数据见本书配套数据包，文件名为 Add.dat。

5.14 根据附录 C 中变量 ENGG 的数据

（a）计算 ENGG 的方差和标准差。

（b）上述结果应该大于 GPA 的对应指标。你能解释为什么会这样吗？（我们将在第 12 章讨论这个问题，但在这里先看看你能否解决它。）

5.15 习题 5.1 中数据的平均数为 46.57。假设另一位被试加入，其成绩也是 46.57。请重新计算这些数据的方差。（你可以从解答习题 5.1 的中间步骤开始解答本题。）这个成绩将对习题 5.1 的答案产生什么影响？

5.16 如果不是像习题 5.15 那样添加等于平均数的成绩，而是向习题 5.1 的数据中添加一个 40 分的成绩。该分数将对习题 5.1 的答案产生什么影响？

5.17 用 SPSS、R 或其他软件绘制一组箱须图（类似于图 5.3b），展现心理旋转数据中旋转角度增加所产生的影响。数据见本书配套数据包，文件名为 MentalRotation.dat。（带有"sav"扩展名的文件是 SPSS 文件，如果你想用 SPSS，可以加载该文件。）

5.18 根据以下数据：

1 3 3 5 8 8 9 12 13 16 17 17 18 20 21 30

（a）画一个箱须图。

（b）计算这些数据的标准差，并将每个观察值除以标准差。

（c）绘制（b）得到的数据的箱须图。

（d）比较两个箱须图。

5.19 下图是运用 JMP 统计软件包针对表 5.3 中住院时间数据生成的。注意图顶部的箱须图。这个箱须图与我们一直在用的箱须图相比有何差别？（提示：平均数是 4.66。Length_Stay 指住院时间，Quantiles 指各种分位数，Moments 指各种矩。）

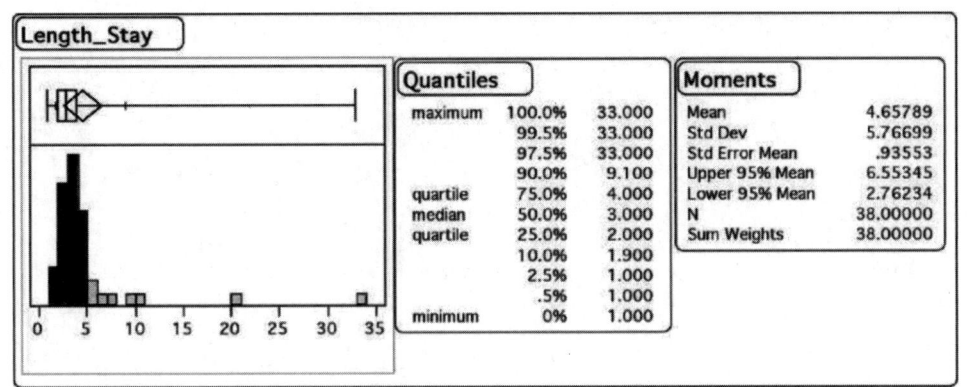

5.20 在第 5.10 节中，我们用第 3 章中的反应时数据计算了多个统计量。从这些数据中，你能否总结出反应的对错与反应时之间的关系？

5.21 Hand 等人（1994）报告说，Everitt 提供了 72 个厌食女孩在某种处理条件（共三种条件）下获得的体重数据。三种条件分别是认知行为疗法组、家庭疗法组和未接受治疗的控制组。数据如下（见本书配套数据包 Ex5.21.dat）：

认知行为疗法组	1.7	0.7	-0.1	-0.7	-3.5	14.9	3.5	17.1	-7.6	1.6	11.7	6.1	1.1	-4.0
	20.9	-9.1	2.1	-1.4	1.4	-0.3	-3.7	-0.8	2.4	12.6	1.9	3.9	0.1	15.4
	-0.7													
家庭疗法组	11.4	11.0	5.5	9.4	13.6	-2.9	-0.1	7.4	21.5	-5.3	-3.8	13.4	13.1	9.0
	3.9	5.7	10.7											
控制组	-0.5	-9.3	-5.4	12.3	-2.0	-10.2	-12.2	11.6	-7.1	6.2	-0.2	-9.2	8.3	3.3
	11.3	0.0	-1.0	-10.6	-4.6	-6.7	2.8	0.3	1.8	3.7	15.9	-10.2		

（a）你对数据的集中趋势和分散性有什么假设？

（b）分别计算每个条件下的重要描述性统计结果并绘图展示。

（c）你在绘图时觉得哪些结论比较合理？为什么？（我们还没有介绍假设检验，但是你在这里已经做了一个初级的假设检验。仔细想想，是如何做到的——这一经历可能在第 8 章中对你有帮助。）

5.22 将习题 5.1 中数据的平均数、标准差和方差与其切尾样本和温氏样本的相应结果进行比较。

5.23 将习题 5.21 中认知行为疗法条件下数据的平均数、标准差和方差与其 20% 切尾样本和温氏样本的相应结果进行比较。为什么温氏样本的方差明显小于普通方差？（你可以用 R 来解答本题，只要加载 "psych" 包，用 "describe" 命令即可。）

第6章

正态分布

需要回忆的概念

自变量：	你要操纵的变量，或想要研究的变量
因变量：	你要测量的变量，即数据
X 轴：	水平轴，也称横坐标
Y 轴：	垂直轴，也称纵坐标
直方图：	数据绘制的一种形式，以 X 轴表示因变量值，以 Y 轴表示各因变量取值出现的次数
条形图：	数据绘制的一种形式，以 X 轴表示自变量，以 Y 轴表示平均数或其他计量指标
$\overline{X}$：	表示平均数的常用符号
s^2：	表示方差的常用符号
Σ：	求后面内容之和的符号
N：	观察值的个数

在本章中，我们要学习正态分布，这是一种在统计学家看来非常重要的分布。我认为，之所以称"正态"，是因为这样一个事实：人们曾经认为这种分布非常普遍，适用于体重、智力、自信水平，等等。由于正态分布可以对应任意一对平均数和方差，所以存在无数可能的正态分布，这促使我们研究如何把握这些分布——以同一尺度运用它们。接着，我们还要证明，我们可以用正态分布来推知事件的概率，并说明如何做到这一点。我们还将看到其他许多类似于正态分布的、运用于无数种情况的分布。最后，我们将使用应用程序演示如何运用正态分布。

从前面的章节可以看出，我们将非常关注分布——数据的分布、假定的总体分布以及抽样分布。在所有可能的分布中，被称为**正态分布**的是迄今为止最重要的一种分布。

然而，在详细阐述正态分布之前，有必要提几句题外话，解释一下为什么我们对正态分布如此感兴趣。关键就在于分布与概率之间存在重要的联系。如果我们对各个事件（或样本统计量）的分布有所了解，就能知道其中任一事件（或统计量）可能发生的概率。你可以通过一种最简单的形式（下面的饼图）理解这一点。（这也将是你在本书中唯一一次看到的饼图。它们很难准确地解读，何况还有更好的选择。所以我们不应该使用这种信息含混不清的图。）

图 6.1 中的饼图摘自美国司法部关于缓刑和假释的报告。这个图显示了所有被判有罪的人的状况。从图中可以看出，罪犯被拘留的占9%，被收监的占19%，被判缓刑的占61%，其余11%的罪犯获得了假释。你还可以看到，每个扇形所占面积与该部分个体人数的百分比成正比。如果我们进一步将饼图的总面积设定为1个单位，则每个扇形的面积就等于该扇形内观察次数所占的

注释①

有些学生觉得，将饼图的面积擅自决定为1个单位未免太武断。如果你想不通这个问题，只需想象自己重新画了一张饼图，将其缩放到总面积为10平方厘米。接着，从其中切出一块，表示有25%的罪犯被监禁，这块切出来的饼就是2.5平方厘米这么大。

注释②

（到了2004年，上述比例变成了：看守所 = 10%，监狱 = 20%，缓刑 = 60%，假释 = 10%。这说明美国对待罪犯的方式发生了怎样的变化？用"correctional supervision（惩教监控）"一词进行网络搜索，可以发现各种有趣的统计数据，这些统计数据似乎受报道者不同政见的影响。令人震惊的是，虽然百分比没有发生很大变化，但总数急剧增加。

注释③

此图可以使用以下R代码生成。

比例。①

从谈论面积转到谈论概率就很容易了。概率的概念要到第7章才详细阐述，但即使没有关于概率的精确定义，我们也可以对饼图的面积做出一个结论。就目前而言，你只须考虑"概率"一词的日常用法——某个事件发生的可能性。从这个角度，你可以推出这样的结论：因为19%被判有罪的人正在监狱中，如果我们从罪犯名单中随机抽出一个人的名字，这个人目前在监狱中的概率就是0.19。换句话说，如果将19%的饼图面积分派给监狱，随机选择的人落入该扇面的概率就是0.19。

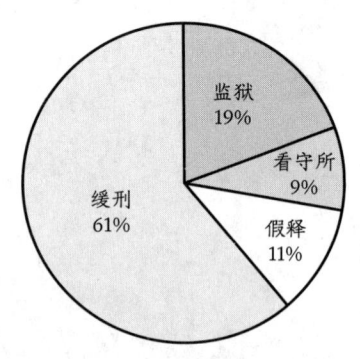

图 6.1 司法惩教系统对人的处置情况，按1982年的分类监控情况呈现②

这个饼图还可以让我们研究其他扇形。应该明确的是，如果19%的人被收监，9%的人被拘留，则有19% + 9% = 28% 的人被监禁。换句话说，我们可以将各个类别的百分比相加，算出个体落入多个独立类别中任意一个的百分比*。用面积表示也是如此，因为我们可以将（罪犯被关进）监狱和看守所对应的两个面积相加，得出被监禁者的百分比。最后，既然我们可以将面积相加而得出百分比，就可以将面积相加来计算概率。因此，被监禁的概率就是落入与监禁对应的两个扇形中任意一个的概率，我们可以对两个面积（或两个对应的概率）求和，来得到这个总概率。我希望我这里说的其实都是你知道的事情。我只是为接下来要讲的内容做个铺垫。

除了饼图外，还有其他更好的方法来呈现数据。其中最简单的是条形图，它用直条的高度表示各类别中观察值个数的百分比。（我们曾在图3.5中看到过一个条形图，其中的Y轴表示平均反应时，X轴表示选择的正确性。）图6.2是根据图6.1重画的条形图。虽然这个图没有包含任何新信息，但它与饼图相比有两个优点。第一，更容易做类别间比较，因为我们唯一要注意的是直条的高度，不用费力比较两个不同方向的不同弧的长度。第二，条形图看上去更像我们将要处理的常见分布，因为各个水平或类别沿着横轴展开，而每个类别的百分比用纵轴显示。在这里，你可以再次看到分布的各个面积与概率有关。你进一步还可以看到，我们可以像用饼图做概率的加法那样对面积求和，其意义是一样的。当我们介绍其他分布（特别是正态分布）时，面积、百分比、概率的含义以及面积（概率）的加法原则都几乎没有任何变化。

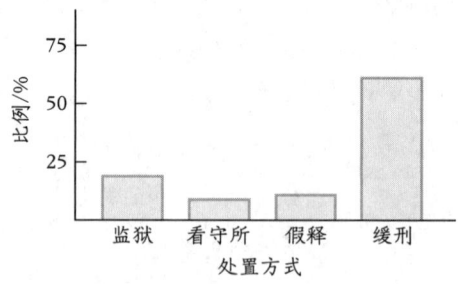

图 6.2 按监控类型显示的受管教监控的人员的条形图③

---

* 即个体只要落入其中一个类别就算某一事件发生的概率。——译者注

```
# Bar chart for correctional supervision
areas <- c(.61, .19, .09, .11)
name <- names(areas) <- c("Probation","Prison","Jail", "Parole")
barplot(height = areas, ylab = "Percentage", main = "Form of
Supervision", density = 10, col = "darkgreen")
```

6.1 正态分布

现在让我们进一步考察正态分布。我曾说过，正态分布将是我们遇到的最重要的分布之一。这样说有以下原因：

1. 我们处理的许多因变量通常被认为其总体是正态分布的。也就是说，我们经常假定，如果取得了总体中的全部观测值，那么得到的分布将非常接近正态分布。当我们根据数据得出概率后，上述假定通常就是证明概率运算合理性的前提。
2. 如果可以假定某个变量至少是接近正态分布的，我们就可以用本章讨论的技术对该变量的值进行一些或精确或近似的推断。
3. 从特定总体中抽取无限数量的样本可以得到一个假想的样本平均数集合，这些平均数的理论分布在许多情况下都接近正态分布。这种分布被称为平均数的抽样分布，本书后面的内容中将广泛讨论和运用抽样分布。
4. 我们将采用的大多数统计学程序在推导中都有某个环节要假定变量是正态分布的。

为了引入正态分布，我们将考察一个近似正态分布的新数据集（如果我们进行更多次观察，这些数据将更接近正态分布）。我们将要查看的数据是用 Achenbach 青年自评量表（Achenbach Youth Self-Report，缩写为 YSR；Achenbach[④]，1991）收集得来的。这是儿童行为问题研究中最常用的量表之一，它可以给出多个维度的得分。我们将要考察的是综合的行为问题维度，它表示孩子父母报告的行为问题的总数（根据问题的严重程度加权）。(行为问题的种类包括"争执""冲动""炫耀"和"戏弄"等。）图 6.3 是根据 289 名初中学生数据绘制的直方图。分数越高，表示行为问题越多。（当前可以先忽略叠加在图上的平滑曲线。）你可以看到，这个分布的中心非常接近 50，并且分布中心的两侧相当对称，得分约在 25 ~ 75。该分布的标准差约为 10。虽然这个分布不完全均匀（有一些凸起和凹陷），但是就总体而言，这还算是一个相当平滑的分布，中间高、两头低。（该特定样本的实际平均数和标准差分别为 49.13 和 10.56。）[⑤]

根据这个分布，你可能会注意到，如果你将落入 52 ~ 53、54 ~ 55 和 56 ~ 57 这三个区间的被试人数相加，就可以发现有 64 名学生的得分落在 52 ~ 57。由于这个样本中一共有 289 个观察值，所以有 64/289 = 22% 的观察值落入上述区间。这就验证了之前我们对"面积相加"问题所做的评论。

如果我们采用同一组数据，但是用折线图（而不是直方图）来表示，就可以得到图

注释④
Tom Achenbach 开发了几个用于研究儿童行为问题的非常重要的量表，这些量表被广泛运用于临床。

注释⑤
关于本章的网页上给出了叠加正态分布曲线的 R 代码。

6.4。这个图里面绝对不存在任何图 6.3 没有包含的信息。我所做的只是在直方图中将各个相邻直条的顶点用直线相连,然后擦掉那些直条而已。那么,为什么要画这么一个不提供任何新信息的图,这不是浪费艺术家的时间吗?原因很简单,我只是希望读者看到,直方图(在打开报纸或杂志时经常看到的图)是怎么过渡到折线图的。从折线图再过渡一下,就是一条平滑的曲线,本书后面的内容中将经常出现这种曲线。你在图 6.3 中可以看到一条平滑曲线,那是我让 SPSS 在直方图上叠加的拟合度最高的正态分布。折线图(亦称"次数多边形")和平滑曲线之间的主要区别在于,后者是排除了峰谷的程式化版本的折线图。如果你愿意,可以认为平滑曲线"坐落"在隐形的、直条极细的直方图上。

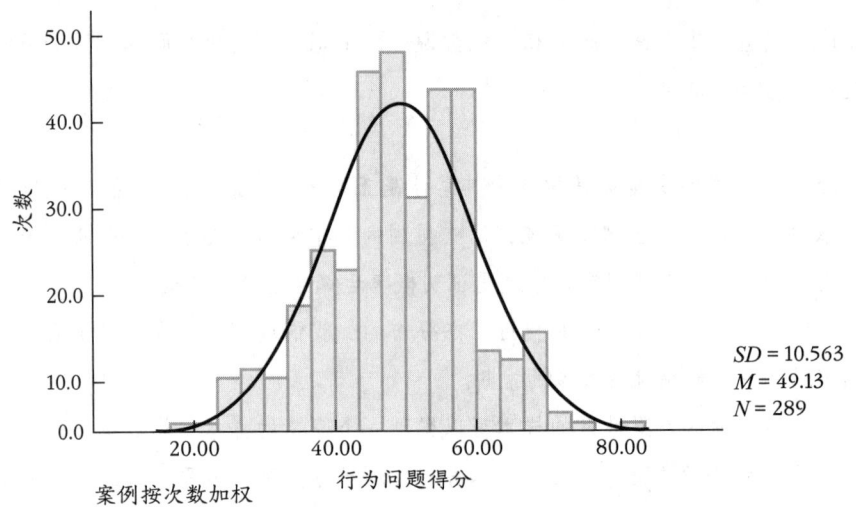

图 6.3　显示行为问题总得分的分布的直方图

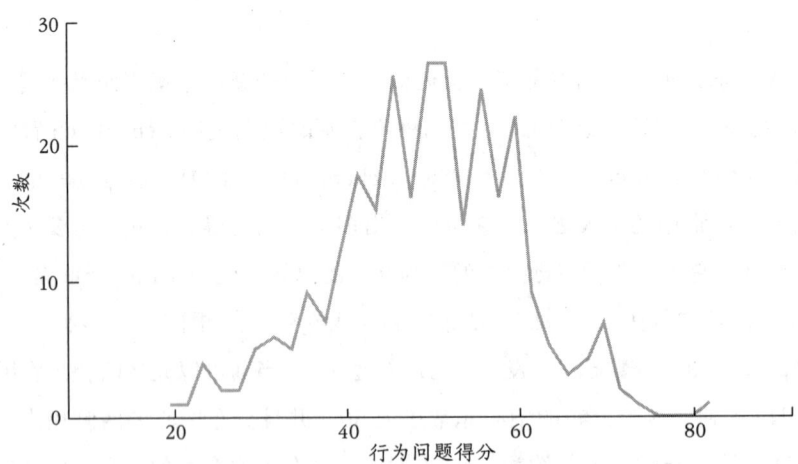

图 6.4　显示行为问题总得分分布的次数多边形

现在我们就要考察正态分布了。首先,我们介绍其抽象形式,然后利用在图 6.3 和图 6.4 中看到的 Achenbach 青年自评量表行为问题总分来讲一个具体的例子。

图 6.5 呈现的是一个典型的正态分布。这是一种对称的单峰分布,常被称为"钟形"分布,其两侧极限为 ± ∞。**横坐标**(横轴)表示 X 的可能取值,而**纵坐标**(纵轴)称为概率**密度**,通常记作 $f(x)$,与 X 的出现频率或概率有关(但又不是一回事)。下一章将详细讨论概率密度这一概念。

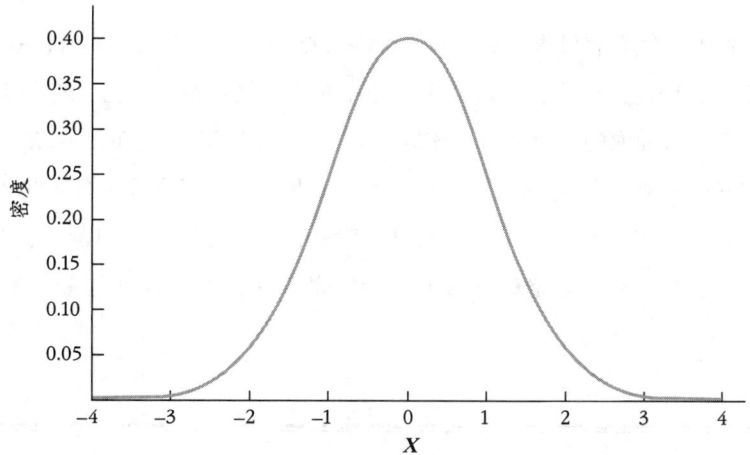

图 6.5 典型的正态分布，横坐标为 X 值，纵坐标为密度

正态分布很早就被提出来了。最初研究正态分布的是亚伯拉罕·棣莫弗（Abraham DeMoivre，1667—1754），他想用正态分布描述概率游戏（赌博）的结果。皮埃尔-西蒙·拉普拉斯（Pierre-Simon Laplace，1749—1827）给出了正态分布的精确定义，卡尔·弗里德里希·高斯（Carl Friedrich Gauss，1777—1855）则给出了正态分布的更通用的形式，这两位都对天文观测中的误差分布感兴趣。事实上，正态分布也常常被称为高斯分布和"误差的正态律"。比利时天文学家阿道夫·凯特勒（Adolphe Quetelet，1796—1874）是第一个将正态分布用于社会学和生物学数据的人。他收集了苏格兰士兵的胸围和法国士兵的身高数据。（我无法想象这是为什么，他一定是太闲了。）他发现，这两组测量值大致上是正态分布的。凯特勒对数据进行了解释，说这种分布的平均数是自然界的理想值，而观察值落在平均数两侧就是误差的表现（偏离自然理想值的程度）。（像我这样身高是 1.73 米的男性，其实挺想把那些壮汉都看成大自然的误差，虽然我不认为他们自己也会这样想。）尽管我们不再认为平均数是大自然的理想值，但是这种想法有助于我们理解围绕平均数的差异性。实际上，我们仍然用"误差"这个词来表示与平均数的偏差（离差）。弗朗西斯·高尔顿（Francis Galton，1822—1911）进一步发展了凯特勒的思想，并在心理学理论（特别是心理能力理论）中确立了正态分布的中心地位。有人坚持认为高尔顿在这方面成功得有点过头，以至我们现在看到非正态分布的变量时，也倾向于认为它们是正态分布的。我不会在这里讨论这个问题，但是这确实是统计学家争论的焦点。

正态分布的数学形式可以定义为

$$f(X) = \frac{1}{\sigma\sqrt{2\pi}}(e)^{-\frac{(X-\mu)^2}{2\sigma^2}}$$

其中 π 和 e 是常数（π=3.1416，e=2.7183），μ 和 σ 分别是分布的平均数和标准差。假设已知 μ 和 σ，则对于任何 X 值，只需将 μ、σ 和 X 的值代入该方程就可以得到 X 值对应的曲线高度或纵坐标 $f(X)$。这没有看起来那么难，但是你在实践中可能永远不必进行计算。正态分布的累积概率已经有表可查，我们只需要在表格中找到我们需要的信息就行了。

学过微积分课程的人可能会发现，正态分布曲线下任意两个 X 值（X_1 和 X_2）之间的面积，即任意一个随机抽取的观察值落入该区间的概率，都可以通过在 $X_1 \sim X_2$ 的区间内进行积分运算求得——尽管这不是一项简单的任务。那些没有学过微积分的人也不必紧张，事实上这些运算已经有人帮我们完成，还列出了表格；也就是说，我们自己也可以通过查表轻松地完成这项工作。这个表格就是附录 D 中的表 D.10；本章后面出现的表 6.1 是这张表的节选版本。

大多数人都乐于信赖这个公式，特别是那些永远不必用到这个公式的人们。但是对于那些喜欢公式计算或不轻信的人，我们只好假设，有一个总体，其平均数 $\mu=0$，标准差 $\sigma=1$。当 $X=1$，$\mu=0$，$\sigma=1$ 时，若想知道曲线的高度（密度），则

$$f(X) = \frac{1}{\sigma\sqrt{2\pi}}(e)^{-\frac{(X-\mu)^2}{2\sigma^2}} = \frac{1}{1\sqrt{2\pi}}e^{-\frac{(X-0)^2}{2(1)}}$$

$$= \frac{1}{\sqrt{2(3.1416)}}e^{-\frac{X^2}{2}} = \frac{1}{2.5066}e^{-\frac{1}{2}} = 0.3989 \times (2.7183)^{-0.5} = 0.2420$$

那些认为用纸、笔和表格进行计算早已过时的人们，你们可以访问互联网，找到可以为你进行计算的网站。

如果使用 R，则只需调用以下命令即可进行计算

```
dnorm(x = 1, mean = 0, sd = 1)
```

说到这里，你可能会想，一开始为什么有人想到为正态分布编制表格或进行计算。单是正态分布的常见性（至少经常假设变量是正态分布的）还不足以自动成为编制附录（反映正态分布相关内容）的理由。但这确实是有原因的：用表 D.10，我们可以很容易地计算从总体中随机抽取的某个观察值位于任意两个指定点（X_1 和 X_2）之间的概率。因此，通过使用统计表，我们可以用概率的说法来回答各种问题。在本章后面部分以及本书的许多其他章节中，你都可以看到此类问题的例子。

6.2 标准正态分布

在制作正态分布表时，我们发现了一个问题：正态分布受总体平均数（μ）和标准差（σ）的制约。为了正确地编制正态分布表，我们必须为每一个可能的 μ、σ 组合编制一张表。这当然是无法实现的。表 D.10 实际上是一张被称为"**标准正态分布**"的表格，其平均数为 0，标准差和方差为 1。这样的分布通常记为 $N(0,1)$，其中 N 表示这是一个正态分布，0 是 μ 的值，1 是 σ^2 的值。更一般的表达式是 $N(\mu,\sigma^2)$。有了附录中的标准正态分布表，

外加一套能将任意正态分布转换为标准正态分布（或反过来转换）的规则，我们就可以用表 D.10 或任何统计计算器求出任意正态分布下的面积。

你可以这样理解我们所做的事情：我们是在将观察值转换为它的标准正态分布形式，这很像你在考试中得到的等级成绩。你可能参加了一个有 100 道题的考试，并答对了 90 道题。我可能参加一个有 50 道题的考试，并答对了 45 道题。另有一人可能参加了一个 10 道题的考试，并且正确地回答了 9 道题。我们答对的题目数都不同，但是我们都可能在考试中获得 A 等成绩。无论是原始分数的标准正态分布形式，还是用字母表示的等级，其实根本上都是对在不同尺度上得到的数字进行某种调整的结果。

考察图 6.6 所示的分布，其平均数为 50，标准差为 10（方差为 100）。这个图表示的是 Achenbach 青年自评量表的行为问题总得分的完整总体分布，图 6.3 和图 6.4 中的数据只是从这个总体中抽出的一个样本。如果我们知道图 6.6 中的曲线下的面积是什么意思，就可以说出行为问题得分的各种取值对应的概率，还可以看出哪些是仅占总体人数 5% 或 10% 的高分。

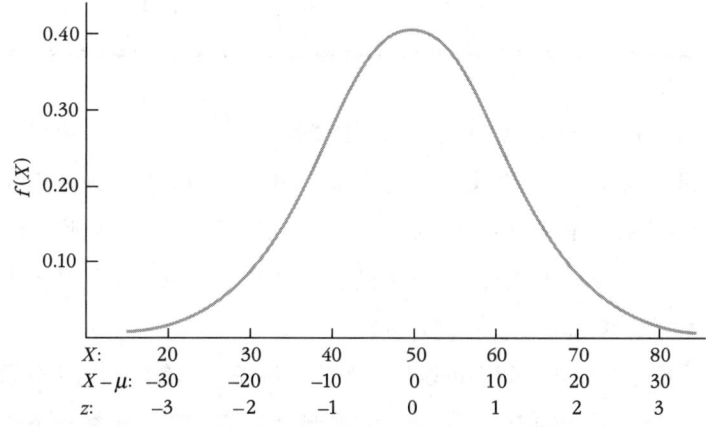

图 6.6 横坐标上有各种变换的正态分布

目前唯一可用的纸版的正态分布表是标准正态分布表。因此，如果要说出一个个体的得分高于某个特定数值的概率，我们必须先将图 6.6 中的分布（至少是其中的特定点）转换为标准正态分布。也就是说，我们希望将平均数为 50、方差为 100 的正态分布［通常表示为 $N(50,100)$］下的某个值 X_i 对应到平均数为 0、方差为 1 的正态分布［通常表示为 $N(0,1)$］下的某个值 z_i。这样，对于 z_i 为真的任何事情对于 X_i 也都为真，z 和 X 是相互对应的两个变量。

从习题 5.6 可知，将一组分数中的每个分数减去一个常数 C，这组分数的平均数就会比原来少 C。因此，如果我们将 X 的每一个观察值都减去 50（平均数），则新的平均数将是 $50 - 50 = 0$。[更一般的表述是：$(X - \mu)$ 的分布的平均数为 0。] 这一转换的结果表现在图 6.6 中横坐标的第二组数值上。到这里，我们还仅仅做了一半工作，因为我们现在只是将平均数降到了 0，但是标准差（σ）还是 10。而从习题 5.7 可知，如果我们将变量的所有值除以一个常数（例如 10），这个变量的标准差也应除以该常数。所以，如果将离差除以 10，标准差就将是 10/10 = 1，这正是我们想要的。我们将这个转换后的分布称为 z，并根据我们所做运算将其定义为

$$z = \frac{X - \mu}{\sigma}$$

请注意要先减去平均数，后除以标准差。

就我们的具体例子（$\mu=50$，$\sigma=10$）而言，

$$z = \frac{X - \mu}{\sigma} = \frac{X - 50}{10}$$

图 6.6 中横坐标的第三组数值（标记为 z）显示了这一转换的结果。注意，除了数值的**线性变换**⑥之外，数据其实没有任何变化。转换前后，分布还是相同的形状，观察值之间的关系也保持不变。改变测量的单位不会改变分布的形状或观察值的相对位置，这毫不奇怪。我们测量人们每周的饮酒量时，用的单位是毫升还是盎司*对人们的相对位次其实没有影响。单位不同只不过改变了横坐标上的数值而已。（即使用盎司计算他喝下的酒，醉鬼也还是醉鬼。）

注释⑥

线性变换仅涉及将 X 乘以（或除以）某个常数，同时也可以对 X 加上（或减去）某个常数。这样的转换不会影响原来数值之间的关系。换句话说，它不会使尺度上一部分数值的变化比另一部分大。将单位从"英寸"转换为"厘米"就是线性变换的一个好例子。

如果有一个分数为 43，则其 z 的值为

$$z = \frac{X - \mu}{\sigma} = \frac{43 - 50}{10} = \frac{-7}{10} = -0.70$$

重要的是，你要清楚地明白将 X 转换为 z 意味着什么。以前一个 60 的分数，现在变成了 1。它的意思是，以前高于平均数 1 个标准差（10 分）的分数，现在仍高于平均数 1 个标准差，只是现在被赋予了一个新值：1。原来得分如果是 43，低于平均数 0.7 个标准差，现在就是 -0.7，依此类推。换句话说，**z 分数**表示 X_i 高于或低于平均数 z 个标准差——正的 z 分数高于平均数，负的 z 分数低于平均数。

z 的计算公式是一个通式。我们可以用这个公式将任何分布转换为 z 分数的分布。但是请记住刚才强调的话。分布的形态不受转换的影响。这意味着，如果一个分布在转换之前不是正态的，转换之后也不会是正态的。有些人认为将数据转换为 z 分数就可以"正态化"（即产生一个正态分布），但是 z 分数没有这样的功能。

标准正态分布就是平均数为 0、标准差为 1 的正态分布。它是以后许多学习内容的基础，沿着该分布的取值通常称为 z 分数。z 分数等于几，就表示观察值高于或低于平均数几个标准差。

---

*盎司既是体积单位也是质量单位。液体盎司是体积单位，1 英制液体盎司 =28.41 毫升，1 美制液体盎司 =29.57 毫升；常衡盎司是质量单位，1 盎司 =28.35 克；药衡盎司是质量单位，1 盎司 =31.10 克。——译者注

使用标准正态分布表

正如我曾提到的,现在已经有了编制得很完整的标准正态分布表。虽然我希望大多数学生用软件程序进行计算(我只花了 2.99 美元就在手机上安装了 Statsmate 应用),但是介绍一下表格用法可以让你更清晰地了解其中的过程。表 D.10 就是这样一张表,表 6.1 再现

表 6.1　正态分布表(摘自表 D.10)

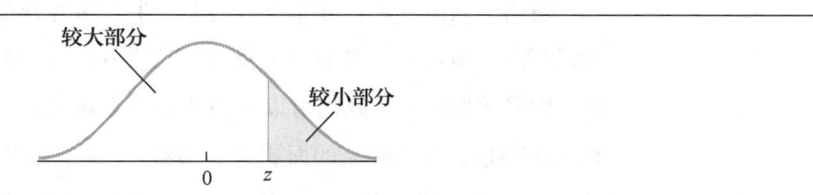

z	从平均数到 z 的距离	较大部分	较小部分	z	从平均数到 z 的距离	较大部分	较小部分
0.00	0.0000	0.5000	0.5000	0.45	0.1736	0.6736	0.3264
0.01	0.0040	0.5040	0.4960	0.46	0.1772	0.6772	0.3228
0.02	0.0060	0.5080	0.4920	0.47	0.1808	0.6808	0.3192
0.03	0.0120	0.5120	0.4880	0.48	0.1844	0.6844	0.3156
0.04	0.0160	0.5160	0.4840	0.49	0.1879	0.6879	0.3121
0.05	0.0199	0.5199	0.4801	0.50	0.1915	0.6915	0.3085
……	……	……	……	……	……	……	……
0.97	0.3340	0.8340	0.1660	1.42	0.4222	0.9222	0.0778
0.98	0.3365	0.8365	0.1635	1.43	0.4236	0.9236	0.0764
0.99	0.3389	0.8389	0.1611	1.44	0.4251	0.9251	0.0749
1.00	0.3413	0.8413	0.1587	1.45	0.4265	0.9265	0.0735
1.01	0.3438	0.8438	0.1562	1.46	0.4279	0.9279	0.0721
1.02	0.3461	0.8461	0.1539	1.47	0.4292	0.9292	0.0708
1.03	0.3485	0.8485	0.1515	1.48	0.4306	0.9906	0.0694
1.04	0.3508	0.8508	0.1492	1.49	0.4319	0.9319	0.0681
1.05	0.3531	0.8531	0.1469	1.50	0.4332	0.9332	0.0668
……	……	……	……	……	……	……	……
1.95	0.4744	0.9744	0.0256	2.40	0.4918	0.9918	0.0082
1.96	0.4750	0.9750	0.0250	2.41	0.4920	0.9920	0.0080
1.97	0.4756	0.9756	0.0244	2.42	0.4922	0.9922	0.0078
1.98	0.4761	0.9761	0.0239	2.43	0.4925	0.9925	0.0075
1.99	0.4767	0.9767	0.0233	2.44	0.4927	0.9927	0.0073
2.00	0.4772	0.9772	0.0228	2.45	0.4929	0.9929	0.0071
2.01	0.4778	0.9778	0.0222	2.46	0.4931	0.9931	0.0069
2.02	0.4783	0.9783	0.0217	2.47	0.4932	0.9932	0.0068
2.03	0.4788	0.9788	0.0212	2.48	0.4934	0.9934	0.0066
2.04	0.4793	0.9793	0.0207	2.49	0.4936	0.9936	0.0064
2.05	0.4798	0.9798	0.0202	2.50	0.4938	0.9938	0.0062

了其中一部分。（我们将在本章稍后的内容中用 McClelland 的"Seeing Statistics"应用程序进一步探究正态分布。）要了解如何使用正态分布表，请看图 6.7 所示的正态分布。这个分布代表了图 6.6 中行为问题得分的标准正态分布。假设曲线下的总面积为 1.00，我们想知道高于平均数 1 个标准差的曲线下面积有多少。（我们关心面积，是因为它们可以直接转化为概率。）我们已经看到，z 分数代表着与平均数之间差了多少个标准差，因此我们知道自己要找的是 $z=1$ 以上的面积。

表格只列出了正态分布正数的那一半。因为分布是对称的，所以关于正的 z 值的任何知识都同等地适用于其对应的负值。从表 6.1（或表 D.10）中找到对应于 $z=1.00$ 的那一行。横着读取该行，我们可以看到从平均数到 $z=1$ 之间的面积是 0.3413，较大部分的面积是 0.8413，较小部分的面积是 0.1587。〔只要你将分布图分为低于 $z=1$ 的面积（图 6.7 的非阴影部分）和高于 $z=1$ 的面积（图 6.7 的阴影部分），就可以明白"较大部分"和"较小部分"的含义。〕所以，刚才那个问题的答案是 0.1587。因为我们已经说了，面积和概率是一回事（见第 3 章），我们现在就可以说，如果我们从儿童的总体中随机抽取一个儿童，而且行为问题分数是一个平均分为 50、标准差为 10 的正态分布，那么儿童得分高于总体平均数 1 个标准差（即 60 分）的概率为 0.1587。由于分布是对称的，所以我们同时也可以得知，儿童得分低于总体平均数 1 个标准差的概率也是 0.1587。

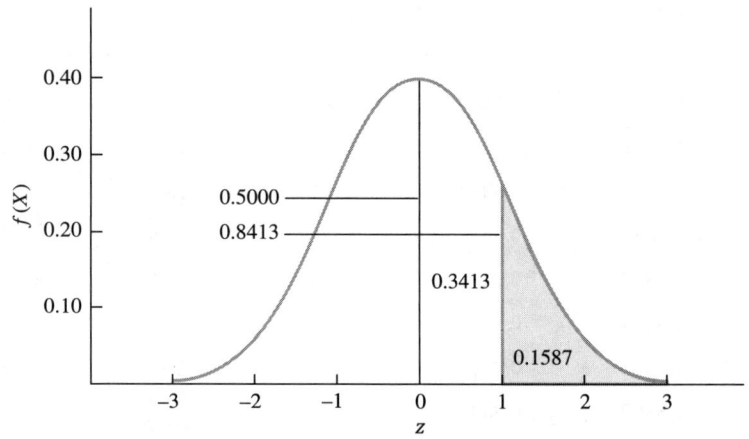

图 6.7　正态分布曲线下表示的各种面积

现在假设我们想知道这个儿童的得分偏离（包括"高于"和"低于"这两个方向）平均数超过 1 个标准差（10 分）的概率。这是面积求和的简单问题。因为我们已经知道正态分布是对称的，所以 $z=-1$ 以下的面积等于 $z=1$ 以上的面积。这就是为什么正态分布表不包含负的 z 值——因为不需要。我们已经知道我们感兴趣的两个面积都是 0.1587。那么，$z=\pm 1$ 之外的总面积必定是 $0.1587+0.1587=0.3174$。反过来也一样。如果 $z=\pm 1$ 之外的面积是 0.3174，则 $z=+1$ 和 $z=-1$ 之间的面积等于 $1-0.3174=0.6826$。故儿童得分落在 40 ~ 60 的概率是 0.6826。这就是早先关于"许多分布中大约 2/3 的观察值落在平均数上下 1 个标准差的区间内"这一说法的来源。

为了进一步推广上述方法，我们来考虑一下如何求出得分落在 30 ~ 40 的概率。稍作计算就可以知道，这其实就是求出观察值落在平均数以下 1 个标准差和平均数以下 2 个标准差之间的概率（如图 6.8 所示）。

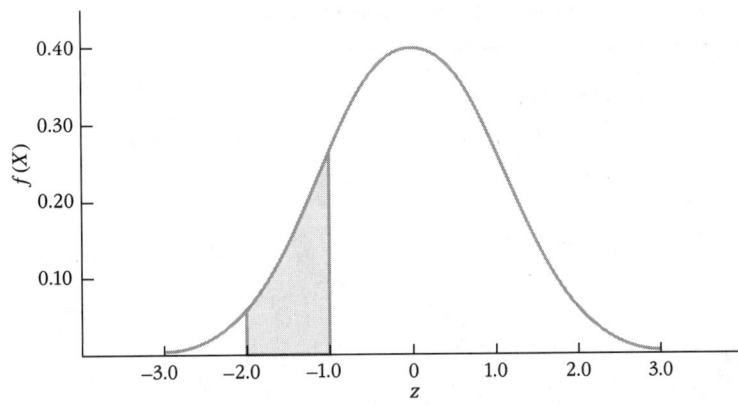

图 6.8　介于平均数以下 1 个标准差至 2 个标准差的面积

绘制像图 6.8 那样的简图总是聪明的做法。这样做可以消除许多错误，并且能够让你清楚地看到要寻找的面积。

从表 D.10 可知，从平均数到 $z=-2.0$ 之间的面积是 0.4772，从平均数到 $z=-1.0$ 之间的面积是 0.3413。这两个面积之差必然代表了 $z=-2.0$ 与 $z=-1.0$ 之间的面积。该面积为 0.4772-0.3413=0.1359。因此，从正态分布总体中随机抽取的个体的行为问题得分介于 30 ~ 40 的概率是 0.1359。

我不喜欢查表——那就用在线计算器

去年夏天，我在路上遇到一名高中生向我请教统计问题。在我们完成了必要的计算后，我说我们可以通过查表得出答案。她像看傻子似的望着我，说她学的是在计算器上查出概率。我傻乎乎地说："呃，我也不用这些附表。我用 R 来计算。"面对一个知道更好方法的高中生，你很难掩饰自己的"愚蠢"。

正如我说的，你可以用在线计算器完成上述计算，例如搜索 Daniel Soper 博士维护的在线计算器*。从菜单中选择"正态分布"，然后从其给出的各种选项中选用各种计算器。例如，如果选择了 z 分数计算器，你就可以给出正态曲线下面积的百分比（例如，0.85），让计算器告诉你能截取这一百分比的 z 分数（1.0364）。请参见图 6.9 的例子。[你可以在 R 中用 z = qnorm(0.85,0,1) 求得相同的结果。]

---

* 网址可联系电子邮箱 1012305542@qq.com 获取，或者登录 www.wqedu.com 下载。您在下载中遇到问题，可拨打 010-65181109 咨询。——中文版出版者注

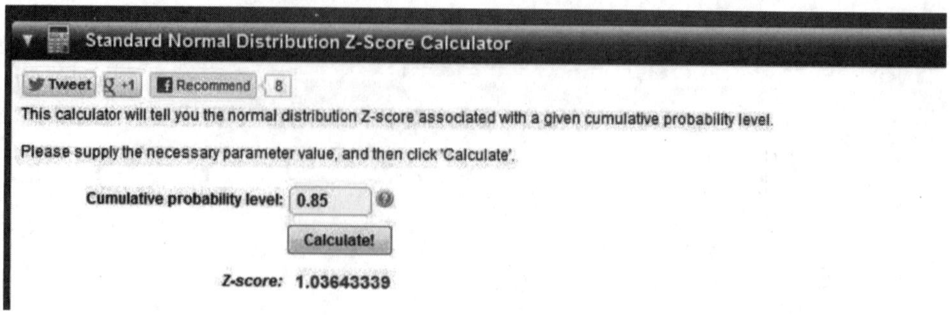

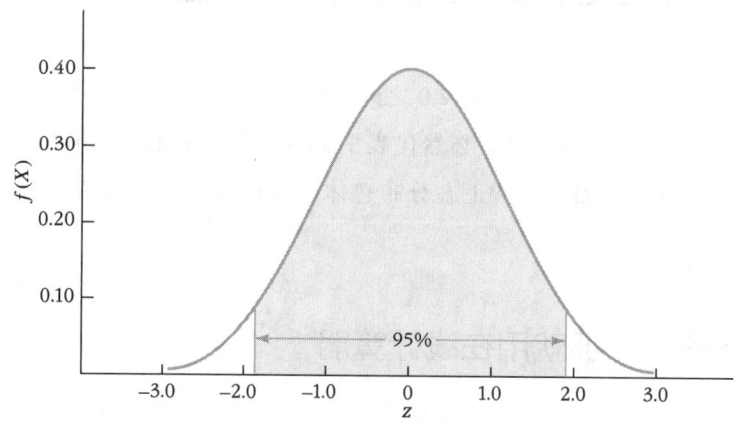

图 6.9 用在线计算器计算 z 分数

6.3 根据概率为观察值设定上下限

最后一个例子，我们来考虑这样一个问题情境：对随机抽出的一个儿童的分数，我们要以一定的信心水平设定其上下限。换句话说，我们要做出这样一种陈述："如果我从这个总体中随机抽取一个儿童，其得分将有 95% 的次数介于____和____之间。"图 6.10 显示了我们想要求得的上下限——两者中间要包括总体中 95% 的得分。

图 6.10 包含 95% 行为问题分数的 z 值

为 95% 的得分寻找其所落入区间的上下限，也就是为落在该区间以外的其余 5% 的得分寻找上下限。为了排除这剩下的 5% 的得分，我们要找到一个 z 值，它将分布的两端（即双"尾"）各切掉 2.5% 的面积。（我们不一定要求上限和下限左右对称，但是通常都这样做，这是因为对称的上下限通常最有意义，而且得到的区间长度是最短的。）从表 D.10 中可以看到这两个值是 $z = \pm 1.96$。于是，我们就可以说，随机抽出的一个儿童的得分有 95% 的机会落在平均数以上 1.96 个标准差和平均数以下 1.96 标准差之间。（用前面提到的在线计算器，选择"标准正态分布 Z 分数计算器"，输入 0.025 或 0.975 以获得适当的分界点。）

因为我们通常希望求出行为问题原始分数（而不是 z 分数）的上下限，所以我们必须多做一些事情。想求出原始分数的上下限，我们只需反向推导 z 的公式，让它求出 X（而不是 z）即可。可见，如果我们想要求出总体中 95% 的得分所在区间的上下限，就要找到高于或低于总体平均数 1.96 个标准差的分数。可以写成

$$z = \frac{X - \mu}{\sigma}$$

$$\pm 1.96 = \frac{X - \mu}{\sigma}$$

$$X - \mu = \pm 1.96\sigma$$

$$X = \mu \pm 1.96\sigma$$

这里对应于（$\mu+1.96\sigma$）和（$\mu-1.96\sigma$）的两个 X 值代表我们要求的上下限。就本例而言，上下限就是

　　上下限 = 50 ± 1.96 × 10 = 50 ± 19.6 = 30.4 和 69.6

因此，随机抽取的儿童的得分（X）落在 30.4 和 69.6 之间的概率为 0.95。我们对低分不感兴趣，因为低分说明没有行为问题。但任何得分为 69.6 或更高的人都有问题。只有 2.5% 的儿童有如此高的得分。

虽然我们并不经常用刚才所说的"对应于一定概率的上下限"，但我在这里介绍这一内容，是因为它可以很好地引出以后要讲的"置信区间"。利用这样的上下限，我们可以根据总体的平均数和标准差，有理论依据地猜出个体观察值所在的范围。而有了置信区间，我们就可以根据个体观察值，有理论依据地猜出总体平均数的可能取值。目前，你完全不需要了解关于置信区间的任何知识，但是当我们在第 12 章遇到这一内容时，希望你能想起今天的这一段讨论。

6.4 与 z 相关的量

我们已经看到，用前面给出的 z 公式可以将任意平均数和方差对应的分布转换为平均数为 0、标准差（以及方差）为 1 的分布。我们经常将这种转换后的得分称为**标准分**，将计算这些标准分的过程称为**标准化**。每天都有人使用其他标准分转换系统（各有其具体特征），却不知道它们是什么意思。

人们经常提到的智商，就是这种分数转换系统的一个好例子。智商测验的原始分数按规定要转换为平均数为 100、标准差为 15 的分布（比纳智力量表的标准差为 16）。知道了这个规定，你就可以将个体的智商（例如 120）轻松地转换为个体的所在位置——平均数之上或之下几个标准差（即计算出其 z 分数）。由于智商基本上是正态分布的，你可以利用表 D.10 将 z 转换为百分位。（在这个例子中，智商为 120 意味着高于平均数 1.33 个标准差，有大约 91% 的得分低于这个分数，故 120 被称为第 91 **百分位数**。）

另一个常见的例子是全国性的考试，例如"学业能力倾向测验（SAT）"。其原始分数由考试的提供者——教育考试服务中心（Educational Testing Service，ETS）——进行转换和报告，转换后的分布的平均数为 500，标准差为 100（至少在我考大学的时候是这样，现

在的平均数和标准差不再是那些值）。这样的计分系统是很容易设计的。我们先将原始分数转换为 z 分数（根据原始分数的平均数和标准差），然后将 z 分数转换为我们设计的特定计分系统。即

$$新分数 = 新\ SD \cdot z + 新平均数$$

其中 z 指个体原始分数对应的 z 分数。对于 SAT 来说就是：

$$新得分 = 100z + 500$$

Achenbach 青年自评量表采用的计分系统将平均数设置为 50，标准差设置为 10，此类计分系统都称为 **T 分数**（T 总是大写）。这些测验在心理测量中很有用，因为它们有着共同的参考框架。例如，人们习惯于将 63 分视为确定前 10% 被试的分界点。（精确的分界点是 62.8，但测验分数总是采用整数形式。）

6.5 直观的统计学

当打开本书网站点击"SeeingStatisticsApplets"，找到名为"Normal Distribution（正态分布）"的程序并点击本章的程序时，你将看到一个如图 6.11 所示的界面。

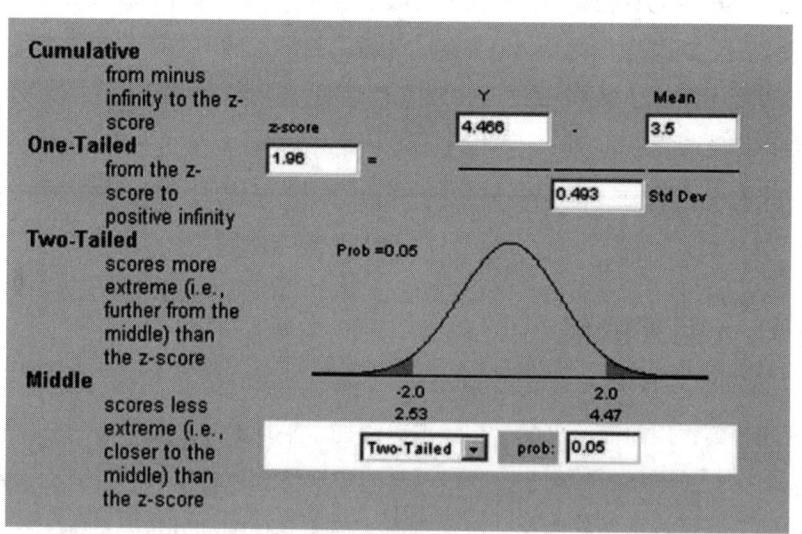

图 6.11 说明正态分布和 z 分数的程序*

这个程序将帮助你探究正态分布，你可以改变平均数、标准差、观察值或 z 值，考察曲线之下的面积。要改变任何一个数值，都必须按回车键才能使该数值生效。

分布的尾部有不同类型，其定义显示在界面的左侧。请在当前标记为"Two-Tailed（双尾）"的下拉框中进行选择，看看不同的选择产生的结果。

接下来，将标有"prob：（概率）"的框中的内容更改为 0.01。请注意，这时"z"框中

---

* 界面左侧尾部类型分别是："累积（cumulative）"——从负无穷到该 z 分数；"单尾（one-tailed）"——从该 z 分数到正无穷；"双尾（two-tailed）"——比该 z 分数更极端（远离中心）的那些分数；"中间（middle）"——比该 z 分数更常见（接近中心）的那些分数。——译者注

的内容也会相应改变，变为将分布两端截去 1% 的 z 的双尾临界值。

以某年美国研究生入学考试（Graduate Record Exam，缩写为 GRE）为例，其平均成绩为 489，标准差为 126。用这个程序来计算得分不低于 500 的学生应该占多大百分比。（你只需在框中输入相应的数值，每输入一个数值都按回车键即可。）得分超过 700 应该占多大百分比？（请确认在计算百分比时正确选择了分布的尾部类型。）

6.6 总结

在本章中，我们考察了正态分布。正态分布是统计学中极常见的分布，通常被认为能很好地描述因变量观察值的分布情况。我们经常假设样本中的数据来自正态分布总体。

本章先是考察了被惩教人员各种比例的饼图。我们看到，饼图中每一块扇形的面积与个体属于该类别的概率直接相关。接着，我们从饼图转到考察条形图，这是一种更好的呈现数据的方式；然后我们又转到近似服从正态分布的数据的直方图。考察这些不同图示法都是为了强调曲线下面积与概率的对应关系。

正态分布是一种对称的分布，其众数位于中心。其实，对于正态分布的变量而言，其众数、中位数和平均数都是相同的。我们看到，只要将得分与总体平均数（μ）的差值除以总体的标准差（σ），就能将正态分布的原始得分转换成 z 分数。z 分数是一个重要的统计量，有了它，我们就能查标准正态分布[通常表示为 $N(\mu, \sigma^2)$] 表。只要我们将原始分数转换为 z 分数，我们就可以直接用标准正态分布表来计算观察值落入给定区间内的概率。

我们还看到，许多计量指标与 z 直接相关。例如，报告数据时，我们经常说其来自平均数为 50、标准差为 10 的总体。报告 IQ 分数时，我们说它来自平均数为 100、标准差为 15 的总体；早先报告 SAT 入学考试成绩时，说它来自平均数为 500、标准差为 100 的分布。

重要术语

正态分布（normal distribution，p.097）
横坐标（abscissa，p.100）
纵坐标（ordinate，p.100）
密度（density，p.100）
标准正态分布（standard normal distribution，p.102）

线性变换（linear transformation，p.104）
z 分数（z score，p.104）
标准分（standard scores，p.109）
标准化（standardization，p.109）
百分位数（percentile，p.109）
T 分数（T scores，p.110）

6.7 快速复习

A. 纵坐标是我们以前所说的____轴。

  答：Y

B. 标准正态分布有什么特殊性？

  答：其平均数为 0，标准差为 1.0。

C. $N(\mu,\sigma^2)$ 代表什么？

   答：平均数为 μ、方差为 σ^2 的正态分布。

D. 线性变换是____。

   答：只乘以或除以常数并加上或减去一个常数，它丝毫不会改变分布的形态

E. ____表示高于或低于平均数几个标准差。

   答：z 分数

F. 一定概率对应的上下限用于____。

   答：指定一个区间，随机抽取的观察值落入上下限之间的概率等于该指定的概率（例如 0.95）。

G. 我们如何从 z 回到对应的 X？

   答：$Z=\frac{X-\mu}{\sigma}$，故 $X=\mu+z\times\sigma$。

H. "标准化"是什么意思？

   答：将原始分数转换为具有指定平均数和方差（通常为 0 和 1）的量表的过程。

I. 第 32 百分位数是多少？

   答：分布中有 32% 的分数低于该分数。

J. T 分数的平均数和标准差分别是多少？

   答：一般为 50 和 10。

6.8 习题

6.1 假设以下数据是 X 值构成的一个总体，其 $\mu=4$，$\sigma=1.58$：

$X=$1　2　2　2　3　3　3　4　4　4　4　5　5　5　6　6　7

（a）画出给定的分布。

（b）将（a）中的分布转换为 $X-\mu$ 的分布。

（c）进一步将（b）中的分布转换为 z 分布。

6.2 用习题 6.1 中的分布计算 $X=2.5$，6.2 和 9 的 z 分数，并解释这些结果。

6.3 你们大多数人都有过重新标度考分的经历，经过重新标度，教师可以"根据分布曲线给出评分"。假设有一门听讲人数很多的课程（"心理学 I"）刚刚进行了考试，考卷上有 300 个四选项选择题。（说实话，这就是我当学生时经历的那种"心理学 I"考试。当时教授招募学生进行评分。）假设成绩呈正态分布，其平均数为 195 分，标准差为 30 分。请用 Soper 软件*或类似的容易找到的软件，计算以下问题的答案。

（a）165～225 的得分占多少百分比？

（b）195 以下的得分占多少百分比？

（c）225 以下的得分占多少百分比？

---

* 本书配套提供的网络补充材料的网址可联系电子邮箱 1012305542@qq.com 获取，或者登录 www.wqedu.com 下载。您在下载中遇到问题，可拨打 010-65181109 咨询。——中文版出版者注

6.4 利用习题 6.3 中的内容，计算：

(a) X 的哪两个值（得分）之间可以包含中间 50% 的结果？

(b) 75% 的得分将低于____。

(c) 95% 的得分将在____和____之间。

6.5 还记得早前 Katz 等人的研究吗？研究者不让学生先阅读相关的文章，却要他们回答有关该文章的 SAT 试题。（如果你想不起来，请参阅习题 3.1 和习题 4.1。）假设我们把习题 6.3 中提到的"心理学 I"考试的答题纸发了下去，但是忘了发印着试题的试卷。如果学生随机猜测作答，其平均分为 75 分，标准差为 7.5 分。那天，100 名学生参加了考试。

(a) 在随机猜测作答的人中，前 10 名学生的分界点是几分？

(b) 前 25% 的学生的分界点分数是多少？

(c) 我们预计，只有 5% 的学生得分低于____。

(d) 如果 25% 的学生正确回答的题目数超过 225 个，你会怎么想？

6.6 参加多项选择题考试的学生很少是随机猜测作答的。他们通常会排除一些荒谬的答案，而将其余答案视为良好的选项。此外，即使从未学过"心理学 I"的学生也可能知道巴甫洛夫是谁，或者知道我们所说的同胞争宠是什么意思。假设我们这里讨论的就是"心理学 I"考试，每个试题有 4 个选项。

(a) 如果学生得分为 70，你会得出什么结论？

(b) 学生得分有多高，才让你有 95% 的信心认为该生不是全凭猜测作答？

6.7 四年级儿童阅读的平均分为 25，标准差为 5。九年级儿童的平均分为 30，标准差为 10。假设阅读分数呈正态分布。

(a) 根据上述数据绘制一张草图，将两组成绩放在同一图中。

(b) 四年级学生中有多少百分比的人得分高于九年级学生的平均成绩？

(c) 九年级学生中有多少百分比的人得分低于四年级学生的平均成绩？（我们在第 15 章研究统计功效时，将回过头来研究这些计算背后的概念。）

6.8 在什么条件下，习题 6.7 中 (b) 和 (c) 的答案会相等？

6.9 在许多诊断性测验中，只有当某个儿童的得分进入所有参试儿童的前 10%（达到或超过第 90 百分位数）时，我们才能说这个儿童有问题。许多这样的测验都将分数转换为平均数为 50、标准差为 10 的 T 分数。请问：具有诊断意义的分界点应该是几分？

6.10 一位主管要给她的员工指定明年的加薪幅度。她决定加薪幅度为正态分布，平均加薪 2000 美元，标准差为 400 美元。她将尝试根据员工的贡献分配这些新增的工资，这意味着绩效好的人会获得更多的加薪幅度。

(a) 产出最多的 10% 的员工将获得等于大于____美元的加薪。

(b) 5% 的员工多年来碌碌无为，他们每人的加薪幅度不会超过____美元。

6.11 我们曾让修读一门心理学导论大课的每位学生外出考察人们是否使用安全带。每个学生都被告知要观察 100 辆汽车，并统计使用安全带的人数。如果以每位学生记录到的人数作为学生的分数，则该班的平均分为 44，标准差为 7。

(a）假设人数呈正态分布，绘制其分布图。

(b）一位平时很少做事的学生报告说，他发现 100 人中有 62 人使用了安全带。我们是否有理由怀疑这个学生没有实际统计人数，只是编造了一个数字？

6.12 几年前，我的一位在通信科学系的同事编制了一项语言问题诊断测验，该测验现在仍被广泛使用着。该测验计分的方法很简单，就是让测验的主试向儿童做出特定提示，然后计算儿童做出正确反应的语言中各种语言结构（例如复数、否定、被动等）的数目，以此作为测验得分。该测验的平均分是 48，标准差是 7。但是，孩子们的父母难以理解这个得分的含义，所以我的朋友希望将原始得分转换为平均数为 80、标准差为 10 的量表分（也就是说，把分数转换成孩子父母熟悉的样式）。她怎么才能完成这一任务？

6.13 不幸的是，世界并非完全建立在正态分布原理之上。在前一题中，实际情况下的分布是严重偏态的，因为大多数儿童没有语言问题，他们都能正确地生成所有结构。

(a）用图表示该分布可能的形态。

(b）如果是非正态分布，你怎样才能找到最低 10% 分数的分界点？

6.14 我们多次提到心理旋转任务中反应时的数据。这些数据的文件 Ex6-14.dat 可以在本书配套的数据包中找到。请用 SPSS 读入数据，并绘制以秒为单位的反应时的直方图。点击合适的选项，在图上叠加正态分布曲线。这能说明这些数据是正态分布的吗？为什么你会认为它们不是正态分布的？

6.15 用本章网站上给出的 R 代码绘制在第 3 章得到的心理旋转数据。

6.16 附录 C 中的数据是高中生的实际数据。在这些数据中，GPA 的第 75 百分位数（有 75% 的观察值预计会落在该点以下）是多少？

6.17 假设本章讨论的行为问题分数来自平均数为 50、标准差为 10 的总体，如果你想找出那些得分最高的 2% 的儿童，则具有诊断意义的分界点是多少？（这些测验将原始分数转换为 T 分数，主要是为了求得这样的诊断分界点。）

6.18 在第 6.4 节中，我说 T 分数的平均数为 50，标准差为 10，而 Achenbach 青年自评量表的得分就是 T 分数。但是图 6.3 中数据的平均数和标准差不是精确的 50 和 10。你觉得为什么是这样？

6.19 2001 年 12 月 13 日，美联社发表了一篇题为"研究：美国儿童以令人不安的速度变胖（Study：American kids getting fatter at disturbing rate）"的报道。

截至 1998 年，近 22% 的 4—12 岁非裔儿童、22% 的西班牙裔儿童和 12% 的欧裔儿童超重……而在 1986 年，同样的调查显示，大约 8% 的非裔儿童、10% 的西班牙裔儿童和 8% 的欧裔儿童显著超重……根据 20 世纪 60 至 80 年代的增长图，超重被定义为体重指数高于 95% 的同性别同龄人……体重指数超过 85% 同龄人的儿童人数也出现了令人不安的趋势。1986 年，大约 20% 的非裔、西班牙裔和欧裔儿童都属于这一类别。到了 1998 年，这些数字已上升到约 38% 的非裔和西班牙裔儿童，以及近 29% 的欧裔儿童。

该报道吸引了许多统计学家的关注。你觉得一群专业统计学家为什么会对他们在这里读到的内容感到如此兴奋和烦恼？这些数据看起来合理吗？

6.20 你可以用 SPSS 创建正态分布变量（以及许多其他分布形态的变量）。启动 SPSS，在 Data/Go To Case 下，令其转到 case 1000，然后在该单元格中输入任意值。（那只是将数据集的大小设置为 1000。）接着点击 Transform/Compute，并用公式 rv.normal (15,3) 创建一个名为 X 的变量。这样做的结果是从平均数为 15、标准差为 3 的正态分布总体中进行随机抽样。然后绘制数据的直方图，并令 SPSS 在直方图上叠加正态分布。试试其他平均数和标准差。最后用 Transform/Compute 的对话框中的 Functions 菜单尝试生成其他分布。

6.21 你可以用函数

X<-rnorm(1000,15,3)

在 R 中生成正态分布变量，其中 $1000=N$，$15=\mu$，$3=\sigma$。其结果与习题 6.20 基本相同。用

hist(X,main="Normally Disrupted Data",xlab="Score",ylab="Frequency")

来绘制这些数据。

6.22 假设我们在大规模收集成人情绪反应性数据。假定大多数成年人的情绪反应性呈平均数为 100、标准差为 10 的正态分布。但被诊断患有双相情感障碍的人得什么样分数的都有。如果他们目前很抑郁，反应性得分就较低。如果他们目前处于躁狂阶段，得分就相当高。作为一个总体，他们的平均分仍然是 100，但标准差是 30。假设 10% 的人口有一定的双极性。（实际百分比接近 1%，但 10% 作为例子更好些。）这就是所谓混合正态分布的情况。画出这种分布在你心目中的样子。如果我们大幅度地改变平均数，会发生什么？

6.23 任意选用一个互联网搜索引擎，查找一个能计算正态分布曲线下面积的程序或应用。（不要用本章中提到过的那些程序或应用。）

第 7 章

概率的基本概念

需要回忆的概念

间断变量：	只能取少数可能值的变量
连续变量：	最小值和最大值之间可以有无数（至少许多）可能取值的变量
X轴：	水平轴，也称横坐标
Y轴：	垂直轴，也称纵坐标
次数分布：	数据绘制的一种形式，以X轴表示因变量的值，以Y轴表示这些值出现的次数
条形图：	数据绘制的一种形式，以X轴表示自变量，以Y轴表示平均数或其他计量指标
$\bar{X}$：	表示平均数的常用符号
s^2：	表示方差的常用符号
Σ：	求其后内容之和的符号
N：	观察值的个数

在本章中，我们将研究关于概率论的许多内容。虽然说出来不好听，但是我们还是要承认，概率论确实很少成为学生最喜欢的主题。不过，你确实需要了解一些关于概率的知识，以便为学习本书后面的内容打下一点基础。本章的重要内容不是很多，但还是有一些的。你将会看到，关于间断变量和连续变量的概率论就有根本性差别。这不会严重影响你的学习，但需要引起你的注意。

在第 6 章中，我们已经在运用概率这一概念了。例如，我们看到大约 68% 的儿童的行为问题分数介于 40～60，于是得出结论：如果我们随机抽取一个儿童，其得分落在 40～60 的概率就是 0.68。等我们学到第 8 章，开始关注推断统计学时，我们将在很大程度上依靠概率进行表达。那时我们将要这样说："如果这个假设为真，那么我们在实际生活中得到的结果比当前结果还极端的概率只有 0.015。"如果我们要依赖概率进行表达，就必须理解概率的含义，并学习计算和操纵概率的一些基本规则。这就是本章的目的。

前面说了，我的同事可能会因为我说概率是学生努力逃避的一个主题而责备我。对许多人来说，概率很可怕，可能让人如坠五里雾中。更何况大多数教师（包括我自己）概率论方面的背景都很弱，这样一来你就更惨了。然而，单是因为对一个主题感到焦虑并不构成逃避的理由。不管你愿不愿意，你都必须知道一些事情。你必须知道，在餐厅里喝汤不要发出咕噜咕噜的声音；你也必须了解一些关于概率的知识。汤的美味不会因为你的吃相而受到影响，概率其实也容易懂，即使你在高中时讨厌它。

我在选择本章的材料时，考虑了两个方面。首先，所选材料应能直接帮助学生理解本书后面的内容。其次，所选材料可以让你通过简单计算求出可能对你有用的概率。不符合这些要求的材料都被有意略去了。

比如说，我们不会研究这样的问题："假定已经抽出 14 张牌，其中有 4 张红桃，求抽到红桃 Q 的概率"；或者"假定一盏台灯已经持续使用了 250 小时，求未来 25 小时内该台灯报废的概率"。这两个问题在某些情况下可能都很重要，但是就算你对它们一窍不通，你也可以学会很多统计学知识，并能很好地理解行为科学的各种方法。

7.1 概率

我们对"概率"这一概念可以有不同的理解。人们甚至对"概率"这个词的含义也没有达成一致意见。概率最古老（也许是最常见）的定义就是所谓的**分析观**。我最喜欢的一种糖果 M&M's® 巧克力豆经常被人用作讨论概率的例子。M&M 巧克力豆问题是一个很好的例子，因为这是大家都熟悉的糖果，又很方便用于课堂演示——不会黏手，讨论结束后还能吃掉。玛氏糖果公司非常喜欢人们拿他们的糖果当例子，以至他们在每个袋子中放入各种颜色的巧克力，每种颜色占一定的比例，不过他们似乎总在改动那些比例，所以要弄清楚这些比例确实是一个挑战。其牛奶巧克力版本的数据如表 7.1 所示。

表 7.1　M&M 普通袋中颜色的分布

颜色	比例 /%
棕	13
红	13
黄	14
绿	16
橙	20
蓝	24
总计	100

假设你面前有一袋 M&M 巧克力豆，你可以把手伸进口袋里取出一颗巧克力豆。纯粹是为了简化后面的问题，我们假定袋子里有 100 颗巧克力豆，尽管这不是先决条件。你掏出蓝色巧克力豆的概率是多少？在不了解与概率有关的其他信息的前提下，你也可能答得出这个问题。因为 24% 的 M&M 巧克力豆是蓝色的，而且因为随机抽样，所以抽出蓝色巧克力豆的概率就是 0.24。这个例子说明了概率的一个定义：

概率的分析观

若某事件会发生的方式有 A 种，不发生的方式有 B 种，且所有方式出现的可能性相等（即一个口袋中的每颗 M&M 巧克力豆被抽到的机会相等），则该事件发生的概率是 $A/(A+B)$，不发生该事件的概率是 $B/(A+B)$。

因为抽到蓝色巧克力豆的方式有 24 种（装着 100 颗巧克力豆的口袋中有 24 个蓝色巧克力豆，每一颗算一种方式），抽到其他颜色巧克力豆的方式有 76 种，故 $A=24$，$B=76$，$p(A)=24/(24+76)=0.24$。

概率的另一种观点是**频率观**。假设我们不断地从口袋中抽取 M&M 巧克力豆并记下每次抽到巧克力豆的颜色。在进行这种抽样研究时，我们采用的是**放回抽样**，意思是说，每颗 M&M 巧克力豆被抽到后，都要被放回口袋，然后才抽取下一颗。如果我们进行了很多次抽取，就会发现抽到蓝色巧克力豆的次数非常接近总次数的 24%。因此，我们可以将概率定义为：随着抽取次数的增加，发生期待事件的相对频率的极限①。

注释①
"极限"这个词指的是这样一个事实：当我们抽取 M&M 巧克力豆的次数越来越多时，抽到蓝色巧克力豆的比率会越来越趋近某个值。在 100 次抽取之后，比率可能是 0.23；在 1000 次抽取之后，比率可能是 0.242；在 10000 次抽取后，比率可能是 0.2398，依此类推。请注意，答案越来越接近 $p=0.2400000……$极限就是那个正在被趋近的值。

概率的频率观

根据频率观，概率是根据过去的表现来定义的。如果我们在过去的 1000 次抽取中有 160 次抽到了绿色巧克力豆，则抽取到绿色巧克力豆的概率的估计值就是 160/1000=0.16。

但是，许多理论家提出了第三种概率，即**主观概率**。它的定义是这样的：概率表示个体对事件发生可能性的主观信念。我们的各种决定都是根据自己对事件发生的主观信念做出的。我们往往没有任何别的办法来设定事件的概率。其实，主观概率很可能没有任何数学基础。我们可以问这样一个问题："鲍勃和梅的婚姻以离婚告终的概率有多大？"诚然，我们可以查到以离婚告终的婚姻占多大比例，但是鲍勃和梅又有很多特别的地方，以至我们可能不愿意以这个比例为基础做出判断。如果知道他们一直在争吵，我们可能应该考虑全国离婚的百分比，最好再加上 10 个百分点。这就是一个主观概率。这并不是说这种概率观不值一顾。主观概率在人类决策中起着极其重要的作用，决定着我们行为的各个方面。我们将简单地讨论一下所谓的贝叶斯定理，它对于主观概率的运用是必不可少的。我们在本书中做出统计决策时通常会说明是依据频率观还是分析观，尽管如此，我们对于这些概率的解释仍具有强烈的主观色彩。

虽然你我更偏爱的某个定义对我们每个人来说都很重要，但是不管运用哪个定义，对于本书后面贯串始终要讨论的假设检验、效应量和置信区间等问题，其结果是基本相同的。（应该提一下，偏爱主观概率的人们往往不赞成进行一般意义上的假设检验。）实际上，大多数人交替着运用不同的定义。当我们说俄罗斯轮盘赌失败的概率是 1/6 时，我们指的是枪的 6 个弹槽中只有 1 个有子弹。当我们因为《消费者报告》（*Consumer Reports*）称某个牌子的汽车维修记录良好而购买这种车时，我们其实是在回应这样一个事实，即这些汽车相对无故障的比例相当高。当我们说科罗拉多落基山队赢得锦旗的概率很高时，我们是在谈论自己主观上认为该事件发生的可能性（或许只是我们一厢情愿的想法）。但是，如果我们拒绝某些假设是因为在该假设成立的前提下其实不太可能取得现在实际搜集到的数据，我们持何种概率观也许就不重要了。

7.2 基本术语和规则

现在你必须开始学习一些关于概率的知识了。内容其实不多，学起来也不是很难或很痛苦，只是你必须要学习这些内容。

在概率论中，最基本的数据单位称为**事件**。"事件"这个词是统计学家用来涵盖万事万物的一个术语。当我们抽取纸牌时，发生的事件可能是抽到一张 K；事件还可以是以下形式：可爱度为 36；下一位被任命的最高法院法官的性别为"女性"；样本的平均数。只要你谈到某件事的可能性，这件事就被称为事件。就算是研究简单的抛硬币过程，也把硬币翻转的结果（无论是正面朝上还是反面朝上）作为事件来看待。当我们从袋中取出一颗 M&M 巧克力豆时，可能产生的事件就是各种可能的颜色。当我们说起课程的等第成绩时，可能的事件就是字母 A、B、C、D 和 F。

当一个事件是否发生丝毫不影响另一个事件是否发生时，这两个事件就被认为是**独立事件**。在本国不同地方随机选中的两位公民，其投票行为通常被认为是相互独立的，特别是无记名投票时，因为一个人怎么投票不会影响另一个人的投票。然而，同一家庭的两个成员的投票行为可能不是独立事件，因为这两个人可能有许多共同的信仰和态度。即使这两个人小心翼翼地不让对方知道自己投了什么票，这两个事件仍可能不是相互独立的。

如果一个事件的发生排除了另一个事件发生的可能性，则认为这两个事件是**相互排斥**的。例如，在美国的大学里，四个年级就是相互排斥的，因为一个学生不能既是 2019 级学生，又是 2020 级的成员。如果一组事件包括了所有可能的结果，则这些事件构成**完备事件**。因此，刚才这个例子中的四个大学年级对全日制本科生来说就是完备事件，任何一个大学生要么属于某个年级，要么属于另一个年级——哪怕仅仅是为了满足注册的要求。但是与此同时，就大学的全体学生而言，它们还不够完备，因为大学里还有研究生、医学生、不要求学位的学生、挂科生，等等。

关于概率的重要概念

- 独立事件：一个事件的结果不依赖于另一事件的结果。
- 相关事件：一个事件的结果与另一个事件的结果有关。
- 互相排斥：如果某事情以一种方式发生，它就不会同时以另一种方式发生。抛掷一次硬币，要么正面朝上，要么反面朝上，但不可能两面同时朝上。
- 完备事件：所有可能的事件。抛掷硬币后只有两种可能性：正面朝上和反面朝上；除非你觉得硬币可以立着，那总共就算三个事件。

正如你已经知道的那样（或者可以根据我们对概率的定义推断），概率介于 0.00 和 1.00 之间。如果某个事件的概率为 1.00，则该事件必然发生。（很少有事件的概率为 1.00，包括我能做到一直打字直到完成本段文字输入的概率。）如果某个事件的概率为 0.00，则该事件必定不会发生。概率越接近这两个极端值，事件发生的可能性就越大或越小。

概率的基本定理

为了说明加法定理，我们将利用 M&M 巧克力豆的例子，考虑所有 6 种颜色。根据表 7.1，我们可以由概率的分析观定义得知 p（蓝）= 24/100 = 0.24，p（绿）= 16/100 = 0.16，等等。但是，我抽出的巧克力豆是蓝色或绿色而非其他颜色的概率是多少？

在这里，我们需要用到**概率的加法定理**。

概率的加法定理：给定一组相互排斥（互斥）的事件，其中一个或另一个事件发生的概率等于它们各自概率的总和。

因此，p（蓝或绿）= p（蓝）+ p（绿）= 0.24 + 0.16 = 0.40。请注意，这里有个限制条件——事件之间必须相互排斥，这意味着一个事件的发生排除了另一个事件的发生。如果抽到的 M&M 巧克力豆是蓝色的，它就不可能同时是绿色的。这个限制条件很重要。美国大约有一半的人口是女性，大约一半的人口拥有传统的女性名字。但是，如果随机抽出一个人，这个人是女性或有一个女性名字的概率显然不是 0.50 + 0.50 = 1.00。因为这两个事件并不相互排斥。然而，一位 2005 年在美国出生的女孩取名叫艾米丽或麦迪逊（该年度最常见的两个女孩名字）的概率等于 p（艾米丽）+ p（麦迪逊）= 0.013 + 0.011 = 0.024。在这里，两个名字是相互排斥的，因为你不能把艾米丽和麦迪逊都作为你的名字（除非你的父母心血来潮，将两个名字用连字符组合起来，叫你"艾米丽 - 麦迪逊"）。

乘法定理

让我们继续用 M&M 巧克力豆作为例子，p（蓝）= 0.24，p（绿）= 0.16，p（其他颜色）= 0.60。假设我抽取了 2 颗巧克力豆，但在抽取第 2 颗之前将第 1 颗放回了口袋。我在第 1 次试验中抽到蓝色巧克力豆并且在第 2 次试验中又抽到蓝色巧克力豆的概率是多少？在这里，我们需要引入**概率的乘法定理**。

概率的乘法定理：两个或多个独立事件联合发生的概率是各个事件概率的乘积。

因此，

p（蓝, 蓝）= p（蓝）× p（蓝）= 0.24 × 0.24 = 0.0576

同样，蓝色巧克力豆后跟绿色巧克力豆的概率就是

p（蓝, 绿）= p（蓝）× p（绿）= 0.24 × 0.16 = 0.0384。

请注意，这里有一个限制条件——独立事件，即一个事件发生与否对另一个事件发生

与否没有影响。因为性别和名字不是相互独立的，所以，说 p（起女性名字的女性）= 0.50 × 0.50 = 0.25 是错误的。不过，说 p（女性，1月出生）= 0.50 × 1/12 = 0.50 × 0.083 = 0.042，倒很可能是对的，因为据我所知没有数据表明性别与出生月份有关。（如果出生月份和性别有关，那我的计算就是错误的。）

在第 19 章中，我们将用乘法定理来回答关于两个变量独立性的问题。这一章里面的一个例子可以帮助我们了解乘法定理的具体用法。该章讨论了一项研究，研究者 Geller 等人（Geller, Witmer, & Orebaugh, 1976）想要检验一个假设：人们处置超市宣传单的方式取决于宣传单上是否包含"不要乱扔垃圾"的要求。

Geller 等人在人们进入商店时分发宣传单。大约有一半宣传单上注明"不要乱扔垃圾"的要求，另一半没有写这个要求。在一天营业结束时，他们搜索了整个商店，记录宣传单被丢弃的位置。要检验他们的假设，就要计算宣传单被注明"不要乱扔垃圾"并且最终在垃圾箱中被找到的概率。计算这个概率的前提是，这两个事件（"注明不要乱扔垃圾"和"在垃圾箱中"）是独立事件。如果我们假定这两个事件是相互独立的（即人们不会注意宣传单上的提醒信息），乘法定理就告诉我们：p（有提醒信息，在垃圾箱中）= p（有提醒信息）× p（在垃圾箱中）。在他们的研究中，49% 的宣传单有这条提醒消息，因此随机选择的一张宣传单上注明该消息的概率是 0.49。同样，6.8% 的宣传单后来是在垃圾桶中找到的，故 p（在垃圾箱中）= 0.068。因此，如果这两个事件是独立的，则

p（有提醒信息，在垃圾箱中）= 0.49 × 0.068 = 0.033，

因此，我们预计这样的宣传单有 3.3% 的可能将会在垃圾箱中找到。（事实上，有 4.5% 的带有提醒信息的传单被发现在垃圾箱里，这比我们以"人们处置宣传单的方式独立于提醒信息"为前提做出的预测高一些。假设 3.3% 和 4.5% 之间的这个小小的差异是可靠的，你觉得提醒信息是否有效？）

最后，我们举一个能同时说明加法定理和乘法定理的简单例子。经过 2 次试验（放回的抽样）后，我抽到一颗蓝色 M&M 巧克力豆和一颗绿色 M&M 巧克力豆的概率是多少（忽略它们被抽到的顺序）？首先，我们用乘法定理来计算

p（蓝，绿）= 0.24 × 0.16 = 0.0384

p（绿，蓝）= 0.16 × 0.24 = 0.0384

因为这两个结果都满足我们的要求（而且没有其他结果满足上述要求），我们现在需要知道这两个结果发生其中一个的可能性。这里用加法定理计算：

p（蓝，绿）+ p（绿，蓝）= 0.0384 + 0.0384 = 0.0768

因此，2 次抽取获得蓝色和绿色 M&M 巧克力豆各 1 颗的概率大约是 0.08，也就是说，它的发生率略低于 8%。

学生有时容易混淆加法定理和乘法定理，因为如果听的时候马虎点，这两个定理好像差不多。一个有用的思路是明确这两个定理适用于不同的条件。在运用加法定理时，你知道将获得一个结果。你抽到的 M&M 巧克力豆可能是蓝色的，也可能是绿色，但只能抽到其中一颗。在运用乘法定理时，我们谈论的结果至少有两个（例如，我们将得到一颗蓝色巧克力豆和一颗绿色巧克力豆的概率）。对于单一结果，我们用概率的加法定理；对于多个相互独立的结果，我们用乘法定理将它们的概率相乘。

联合概率和条件概率

在讨论概率时，有两种类型的概率起重要作用，即联合概率和条件概率。

联合概率可以简单地定义为两个或更多事件同时出现的概率。例如，在 Geller 对超市宣传单的研究中，宣传单包含了不要乱扔垃圾的信息而且它还被发现在垃圾箱中的概率，就是联合概率；同样，宣传单包含了不要乱扔垃圾的信息而且它还被塞在一种叫 Raisin Bran® 的葡萄干麦片货品后面，也是联合概率。对于给定的两个事件，它们的联合概率可以记为 $p(A, B)$，就像我们之前写的 p（蓝色，绿色）或 p（提醒信息，在垃圾箱中）一样。如果那两个事件是相互独立的，则它们联合发生的概率可以用乘法定理求得，这正是我们刚才看到的。如果它们相互之间不是独立事件，则它们联合发生的概率计算起来比较复杂。我们目前不计算这个概率。

条件概率是假定发生了其他事件后某个事件发生的概率。假定一个人通过静脉注射吸毒，则他感染艾滋病的概率就是一个条件概率。假定宣传单上注明了不要乱扔垃圾的信息，则它被扔进垃圾箱的概率也是条件概率。第三个例子是本书中反复出现的一句话："如果零假设为真，那么获得这样结果的概率是……"在这里，我用"如果"替换了"假定"这个词，但意思是一样的。（我将在第 8 章中给"零假设"下个定义。）

对于两个事件（A 和 B），在假定 B 发生的情况下 A 发生的条件概率可以用竖线记作 $p(A|B)$，例如，p（艾滋病|吸毒）或 p（在垃圾箱中|有提醒信息）。

我们通常有理由假定，父母身份会产生责任感。那些以漫不经心的荒唐方式荒废自己多年的人，一旦成为父母，会改掉许多旧的行为模式，就像换了一个人。假设一个广播电台抽取了 100 人，其中 20 人有孩子。他们发现总共有 30 人系了安全带，其中 15 人有孩子。结果如表 7.2 所示。

表 7.2　父母身份与安全带使用之间的关系

父母身份	系安全带	不系安全带	总人数
有孩子	15	5	20
没有孩子	15	65	80
总计	30	70	100

根据表 7.2 中的信息，我们可以计算简单概率、联合概率和条件概率。随机抽取的一个人系安全带的简单概率是 30/100 = 0.30。一个人有孩子并且系安全带的联合概率为 15/100 = 0.15。在有孩子的条件下，一个人系安全带的条件概率是 15/20 = 0.75。不要混淆联合概率和条件概率。你可以发现两者是截然不同的。你可能想知道我为什么没有用简单概率相乘的方式来计算联合概率。运用乘法定理的前提是"父母身份"和"系安全带"这两个事件是相互独立的。但在这个例子，它们不是独立事件，因为数据显示人们系不系安全带在很大程度上取决于他们有没有孩子。（如果我一开始就假设它们是独立事件，就要预测其联合概率是 0.30 × 0.20 = 0.06，这不到实际结果值的一半。）

再举一个例子，饮酒并且发生车祸的概率是一个联合概率。这个概率不很高，因为在任

何时候饮酒的人都相对较少，出车祸的人也相对较少。但是，如果你已经饮了酒，发生车祸的概率就高得多；反过来，如果你已经出了车祸，你饮过酒的概率也很高。在晚上，p（饮酒 | 车祸）的条件概率接近 0.50，也就是说，美国夜间近一半的车祸与饮酒有关。虽然我不知道 p（车祸 | 饮酒）的条件概率是多少，但我知道它远高于 p（车祸），即车祸的**无条件概率**。

联合概率

你有两个水火不容的朋友。你正在筹办聚会，感到有必要邀请他们。这时你就很关心他们俩都接受邀请参加聚会的联合概率。

条件概率

你邀请了两个朋友参加聚会。他们俩最近如影随形，所以你可以想见，如果玛丽来参加聚会，鲍勃很可能也会来。这时你在谈论的就是条件概率——如果玛丽来参加，则鲍勃来参加的概率。

7.3 概率在有争议问题上的应用

许多研究都在审视美国的死刑判决，认为它受被告和受害者的族群的影响。（关于受害者产生影响的数据将在本章末尾的习题中介绍。）Dieter（1998）报告了一项关于被告族群影响判决的研究。

为了进一步简化这个问题（但不能歪曲调查结果），我们可以考察被告的族群对死刑判决的影响。数据如表 7.3 所示。

行百分比是用"是"或"否"的个数除以该行中的总个案数计算出来的。列百分比的计算方法则是将非裔人或非非裔人的人数除以该列总个案数。单元格百分比则是用该单元格中观察次数除以样本的总人数（667）。

表 7.3　死刑与被告族群的关系

被告的族群	死刑 是	死刑 否	总和
非裔人	95	425	520
行百分比	18.3%	81.7%	78.0%
列百分比	83.3%	76.8%	
单元格百分比	14.2%	63.7%	
非非裔人	19	128	147
行百分比	12.9%	87.1%	22.0%
列百分比	16.7%	23.1%	
单元格百分比	2.8%	19.2%	
总和	114	553	667
列百分比	17.1%	82.9%	

我们可以根据表 7.3 中的信息计算简单概率、联合概率和条件概率。被告被判处死刑的简单概率是

114/667 = 0.171,

即被判处死刑的案件数占总数的比例。被告是非裔人的概率是

520/667 = 0.780。

被告既是非裔人又被判处死刑的联合概率是

95/667 = 0.142,

即"非裔人 / 是"单元格中观察到的个案数占总个案数的比例。

如果量刑与族群无关，那么这两个事件就应该是相互独立的。在这种情况下，我们可以预期非裔人被判处死刑的概率是 p（非裔人）$\times$ p（死刑）= 0.780 $\times$ 0.171 = 0.134。你认为这两个事件是独立的吗？

该表中最有趣的就是条件概率。当被告是非裔人时，其被判处死刑的概率是

95/520 = 0.183。

当被告不是非裔人时，其被判处死刑的条件概率是

19/147 = 0.129。

对于非裔和非非裔被告的判决存在相当大的差异。非裔被告的死刑率比非非裔人高出近 50%。

优势度和风险度

这里要介绍一些你需要了解并能运用的术语。即使你的统计学课程不需要这些术语，在日常生活也需要你对它们有所了解。不幸的是，这些术语容易混淆并且经常使用不当。[*]

首先介绍的术语是**风险度**，它其实指的就是事情发生的概率。在前面的例子中，被告因为是非裔人而被判处死刑的风险度是 95/520 = 0.183。而对于非非裔被告而言，被判处死刑的风险度是 19/147 = 0.129，这些都是我们已经求出的结果。但是，我们可以更进一步，计算所谓的**风险比**，即上述两种风险度的比率。就上述例子而言，风险比就是 0.183/0.129 = 1.42。这个值告诉我们，非裔罪犯被判处死刑的风险度是非非裔罪犯的 1.42 倍。这是一个很大的差异。

现在让我们看看**优势度**。从表面上看，优势度和风险度差不多是一回事，但是在这里我们将被判处死刑的非裔被告人数除以未被判处死刑的非裔被告人数作为优势度。请注意，分母已从非裔人的总人数变为未被判处死刑的非裔人人数。在这种情况下，优势度为 95/425 = 0.224。对于非非裔人而言，他们的优势度为 19/128 = 0.148。我们可以像计算风险比那样，创造一个新的术语——**优势比**，计算两个优势度的比率。在上述例子中，优势比为 0.224/0.148 = 1.51，这个值略高于风险比。我们对此的解释是：如果你是非裔被

---

[*] 本节介绍的四个概念英文分别是 risk、odds、risk ratio 和 odds ratio。它们都是比率，区别在于前两者是两数之比，后两者是两个比率之比。由于汉语译法五花八门，为了区别清楚，本书将前两者分别译为"风险度""优势度"，将后两者分别译为"风险比""优势比"。——译者注

告,你被判处死刑的优势度是非非裔被告的 1.51 倍。

为什么我们既要计算优势度又要计算风险度?只计算其中一个,岂不是既充分又不会搞混?可惜不是这样。原因之一是,有些人觉得优势度和优势比说起来更自然,而风险度和风险比却不那么自然。(我当然不是这种人,但我可以大概地理解他们的理由。)而另一些人觉得,风险度似乎是一个更合理的统计量,因为它直接指出一个人属于某一类别的可能性。至于风险比或优势比,技术上有更充分的理由采用优势比。这是研究的设计方式决定的,因为在很多情况下无法计算风险比。不过,优势比总是可以算出来的,而且当我们谈到极其罕见的事件(例如被诊断患有结核病)时,只要我们可以根据样本数据计算出优势比,它就是风险比的极好估计值。

计算风险度时,分母是行的总次数;计算优势度时,分母是同一行中另一个单元格中的次数。风险比和优势比说的似乎都是同样的问题,但由于技术原因,我们经常无法计算风险比。对于低概率事件而言,如果我们能够算出优势比,它就是风险比的极好估计值。

尽管对于低概率事件,如果能算出优势比,它就是对风险比的合理估计值,但是这并不意味着优势比得到了强烈的认同。许多人,尤其是医学界人士,都认为优势比可能会产生误导。Mark Liberman(2007)有一个非常有趣的网页,名为 Thou shalt not report odds ratios("敬请不要报告优势比")。这是关于这个问题的一个好例子。这并不意味着不能计算优势比,只是说最好限制其使用范围,仅用于低概率事件。

7.4 结果报告

在本书的剩余各章中,我都将加入一节内容,讲解如何撰写统计分析结果。每一章的这一节都非常简短,而且未必完全符合各种各样期刊的要求。我的目的是告诉你,哪些内容应该写出来。在本章中,我们还没有见到哪个完整的实验运用了统计学上的假设检验,但是我至少可以写出死刑研究的结果,就像我曾说差异是可靠的那样。(实际上这些差异确实是可靠的。)

我将首先列出哪些内容需要写入此类报告。我们要介绍一下,这个研究要回答什么问题,我们如何考察这个问题,以及我们收集数据的地点和方式。不要漏掉观察值个数。然后我们要提一下重要的无条件概率,例如一个人被判处死刑的总概率,也许还要报告分族群的死刑概率。条件概率和/或优势度也很重要。接下来,我们需要计算和报告风险比或优势比。因为概率不很低,我会继续采用风险比。最后,我们要得出结论,并将该研究置于该主题已经开展的其他工作背景之下进行讨论。要包括所有这些内容,我会这样写:

> 死刑信息中心发布了 Dieter（1998）关于死刑判决与被告族群之间关联的报告。该报告考察了费城 1983—1993 年的案件判决结果，其根本目的是探讨不同族群的被告被判处死刑的可能性是否相同。作者调查了被告有可能被判处死刑的 667 起案件，并根据被告的族群和最终判决对数据进行了分类统计。
>
> 结果显示，17.1% 的案件中的被告被判处死刑。但是，量刑结果与族群之间存在统计学意义上的关联。当被告是非裔人时，其被判处死刑的风险度是 0.183；而被告不是非裔人时，风险度仅为 0.129。这些以族群为前提的条件概率直接回答了本研究的问题。根据这些条件概率，可知风险比为 1.42，这表明非裔人比非非裔人被判处死刑的可能性大约高 40%。即使根据犯罪的严重程度对数据做进一步分类，仍可以发现这种差异。因此，死刑判决时似乎存在族群偏见。

这些都是 1983—1993 年的数据，如果加入现在的数据，结果可能有所不同。但是，这个问题值得分别研究。结果与 Radelet 和 Pierce（1991）的发现非常相似。公众媒体和科学界的讨论仍在继续。就在 2008 年，大法官 John Paul Stevens 和 Clarence Thomas 在族群因素对佐治亚州案件的影响问题上还爆发了激烈的争论。

7.5 间断变量与连续变量

我们已经介绍了多个与概率有关的术语，还研究了两个能让我们在简单但非常真实和常见的情境中计算概率的定理。现在我们要进一步审视一些与概率有关的变量。我们将会看到，不同类型的变量需要不同的处理方法。

在第 2 章中，我们已经将变量分为间断变量和连续变量。在数学家看来，间断变量的可能取值是可数的，而连续变量则可以取无数个不同的值。例如，参与人际空间实验的人数是一个间断变量，因为我们可以一一清点参与实验的人，数出来的人数不会带小数或分数。然而，在个人空间研究中，两个人之间的距离是连续变量，因为距离可以是 85 厘米、85.34 厘米，或者是 85.3473754814 厘米。虽然从技术上讲，间断变量和连续变量确实应该这样区分，但是在通常情况下，用法有所不同。

在实际工作中，当我们谈到间断变量时，我们通常是指这样一个变量：它只能取少数几个可能的值（例如，社会经济地位的五点量表，或者偏好的三点量表——喜欢、中立或不喜欢）中的一个。如果一个变量可以有许多值可以取，而且这些值至少达到顺序量表水平，这个变量一般都被视为连续变量。因此，我们通常认为智商是一个连续变量，即使我们认识到智商只能是一个整数，知道没有人的智商为 105.317。

在这里重新介绍间断变量和连续变量的区别，是因为概率论对这两种变量的分布采用了略有差别的处理方式。对于间断变量，我们可以说出特定结果的概率。而对于连续变量，我们要说出获得落入特定区间内的数值的概率。

为了具体说明这一点,假设我们有 4 种颜色的 M&M 巧克力豆,每种颜色有 25 颗,并将它们放在一个口袋里。我们从口袋中抽出一颗蓝色巧克力豆的概率刚好是 25/100 = 0.25。但是,一颗 M&M 巧克力豆的质量刚刚好为 1 克的概率是无限小的,它倒是蛮有可能落在 1 ~ 1.25 克的范围内。对于间断变量,我们可以讨论特定事件的概率;而对于连续变量,我们必须讨论事件落在某个区间内的概率。

7.6 间断变量的概率分布

图 7.1 呈现了一个有趣的例子,可以说明间断变量的概率分布。图中展示的数据来自苏格兰当地政府于 2009 年收集的环境态度调查。研究人员对环境问题感兴趣,并且在研究过程中用美国伊利诺伊大学 Edward Diener 编制的生活满意度表(Satisfaction With Life Scale,缩写为 SWLS)收集了一般生活满意度数据。该研究要求受访者对"在大多数情况下我的生活接近理想状态"这句话做出评价,图 7.1 显示了受访者对这个问题的各种反应的分布情况。X(评分)的可能取值显示在横坐标(即 X 轴)上,选择该值的相对次数(即比例)绘制在纵坐标(即 Y 轴)上。看人们对自己的生活有多满意是一件蛮有意思的事——我未曾想到会有这样一些反应。那些比例可被直接当作该样本的概率,这就是说,如果随机选择一个人,他对"自己的生活接近理想状态"表示"同意"的概率是 0.38。正如我们之前对犯罪数据所做的那样,现在计算 3 个积极反应的概率之和,可以知道样本中 69% 的人至少是"有点同意"他们的生活接近理想状态的。

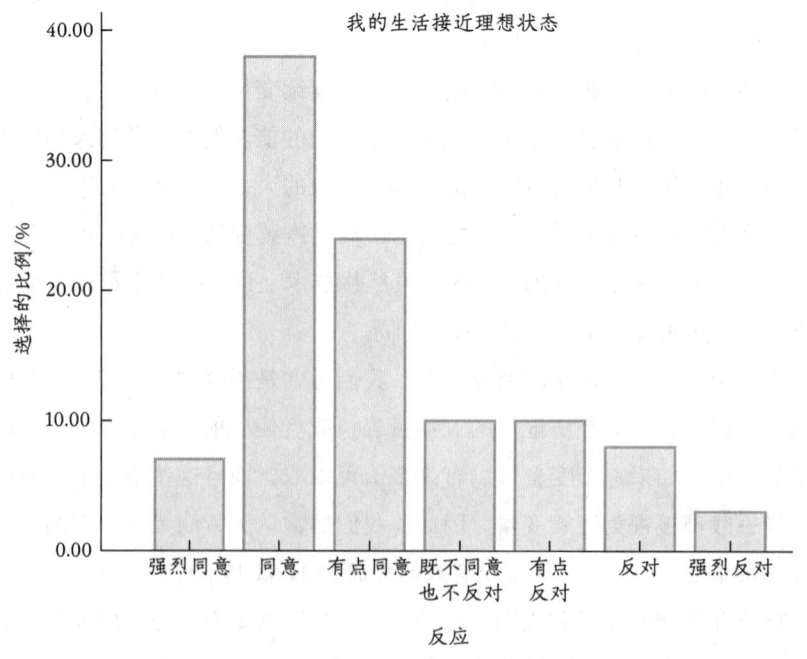

图 7.1　对生活中三个方面之重要评价的分布情况

7.7 连续变量的概率分布

当我们从间断的概率分布转向连续的概率分布时，事情就变得复杂了。我们在第 6 章讲到正态分布时，就是在处理一种连续分布。你可能还记得，我们当时将分布图的纵坐标标示为"**密度**"。我们用的术语也都是区间而不是特定的结果。现在我们要详细地说明这些要点。

图 7.2 是根据 Martin 等人（2012）提供的数据显示的生育头胎时产妇年龄的近似分布，见于美国疾病控制和预防中心（Centers for Disease Control and Prevention，缩写为 CDC，2013）2013 年 12 月 30 日出版的"全美人口出生统计报告（National Vital Statistics Reports）"第 62 卷第 9 期。图 7.2 对年龄组做了插值调整。图上绘出的曲线称为核密度曲线（kernel density curve），它是对数据的最佳拟合线的估计。

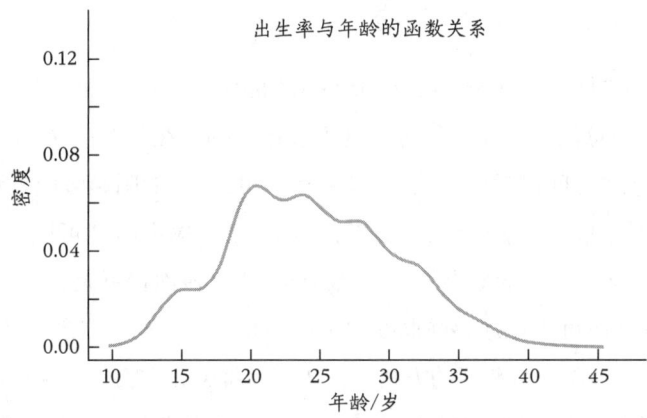

图 7.2　第一个孩子出生时母亲的年龄

平均年龄约为 25 岁，标准差约为 5 岁，分布惊人地对称。因为用于拟合数据的平滑曲线是连续分布的，所以纵坐标被标记为"密度"。密度与概率不是同义词，最好将其视为不同 X 值处曲线的高度。还有，25 岁左右处的曲线高于 15 岁左右处的曲线，这说明女性生头胎孩子的年龄更有可能是 20 多岁，而不是 10 多岁。这倒没什么特别惊奇的。将纵坐标的标记改成"密度"，是因为我们现在面对的分布是连续的而不是间断的。用不了太多思考，你就会明白，虽然曲线在 20 岁处达到最高点，但是一个随机抽取的母亲分秒不差地在其 20 岁生日（即 20.00000000 岁时）时生育第一个孩子的概率趋近于 0——统计学家会说这个概率实际上就是 0。同样，这个母亲在其 20.001 岁时生孩子的概率也趋近于 0。这表明，我们面对间断变量的分布时可以说某个具体结果的概率是多少，但在面对连续变量的分布时，这种说法没有任何意义。不过，我们可以知道许多女性在大约 20 岁时分娩，也就是说，求得女性在某个特定时间段（区间）内生育的概率才有实实在在的意义。例如，我们可能想知道婴儿在其母亲 24.5—25.5 岁时出生的概率。图 7.3 上标出了这段区间。如果我们人为地将曲线下的总面积定为 1.00，那么图 7.3 中 24.5—25.5 岁的阴影区域的面积就等于母亲将在 25 岁时分娩的概率。如果你学过微积分，你就会明白，只要知道了描述这种分布的方程（也就是分布曲线的方程），只需对 24.5 ~ 25.5 这一区间进行积分运算就能得出这块面积。不过，你不需要用微积分来求解，因为我们将要使用的各种分布非常近似于另一些已经有统计用表可查的分布。在本书中，我们永远不会求函数的积分，倒是要经常查阅各种分布表。在第 6 章中，你已经有过查标准正态分布表的经验了。

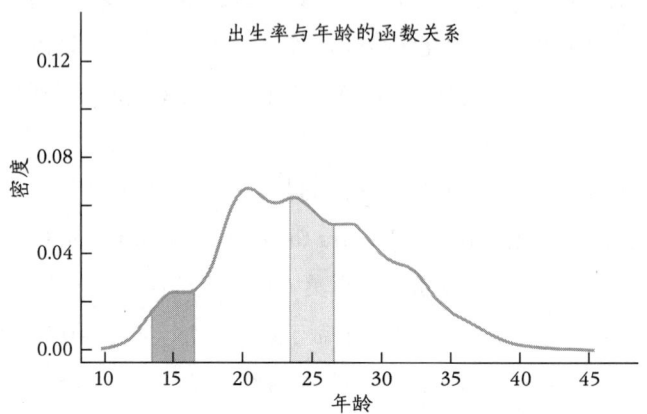

图 7.3　15 岁和 25 岁分娩的概率

我们刚才考察了图 7.3 中介于 24.5 岁和 25.5 岁的面积，其中心位于平均数附近。其实，对于其他位置上的任意区间，我们都可以这样表述概率。在图 7.3 中，你还可以看到对应于 15 岁左右各半年的时间段对应的面积（用 14.5—15.5 岁的阴影区域表示）。虽然这个例子没有提供足够的信息让我们计算实际概率，但是通过观察图 7.3 可以看到，25 岁左右的区间比 15 岁左右的区间对应的概率大（可以看到阴影区域面积更大）。

有一个很好的办法可以让你感受曲线之下的面积大小：取一张透明的方格纸，将其对着图的顶部放好（或者用一张普通的方格纸，放好后将图和方格纸一起举起对着亮光）。数一数落在指定区间内的方格数，将其除以整条曲线下的方格总数，你就可以近似地求出随机抽取的个体数值落入该区间的概率。很显然，方格纸上各个方格的尺寸越小，你求出的概率就越精确。

7.8　总结

在本章中，我们考察了概率这一术语的各种定义，并且了解到概率可以基于对问题的逻辑分析（分析性概率），也可以基于过去的经验（频率性概率），或者基于对事件发生的可能性的主观信念（主观概率）。我们区分了独立事件和非独立事件，并了解到"相互排斥"是指一个事件的发生排除了另一个事件发生的情况。同样，一组"完备"事件指的是集合中包含了所有可能的结果。

我们考察了概率的两个基本定理——加法定理和乘法定理。加法定理涉及只出现一个结果的情形，我们在描述这种情形时会用到"或"这个词。例如，你的等第是 A 或 B 的概率是多少？乘法定理适用于出现多种结果的情形，例如"你在第一次测试中获得 A 等，并且在第二次测试中获得 B 等的概率是多少？"

接着，我们研究了联合概率和条件概率。联合概率是两个或更多事件同时发生的概率，例如刚才说的第一次测试中得到 A 等且第二次测试中得到 B 等的概率。条件概率指某件事在另一件事已经发生的前提下的概率。例如，假定你在第一次测试中得到 A 等，则你在第二次测试中得到 B 等的概率是多少？

之后，我们又看到了两个新的术语，即"风险度"和"优势度"。风险度本质上就是概率——"你在放学回家的路上发生意外的风险度（概率）是多大？"我们计算风险度的大小时，就是将发生事故的人数除以总人数——或其他类似的计算方法。优势度略有不同。计算优势度时，我们将发生事故的人数除以没有发生事故的人数。优势度和风险度都是说明事情发生可能性的合理方式。在赛马和其他形式的赌博中，优势度是最常见的；而在医学研究中，大家往往不赞成用优势度，除非优势度非常低，这时它*是风险比的良好估计值。

不管是风险度还是优势度，我们都可以计算它们的比率。在本书所举的例子中，风险比就是非裔人被判处死刑的风险度除以欧裔人被判处死刑的风险度。优势比也是这样，但它是两个优势度相除的结果。优势比的优点是，无论我们采用何种设计，优势比几乎总能求得；而只有在特定的实验条件下，我们才能计算风险比。对于低概率事件，优势比是对风险比的良好估计值。但是，如果我们面对的不是概率很小的事件，优势比就会产生误导，因为它比风险比大很多。

最后我们还看到，间断变量和连续变量之间有重大差异，我们谈起后者时通常用到"密度"这一术语。我们在整本书中都将看到，对于间断变量和连续变量的处理方式经常是不同的。

重要术语

分析观（analytic view，p.118）
频率观（frequentist view，p.119）
放回抽样（sample with replacement，p.119）
主观概率（subjective probability，p.119）
事件（event，p.120）
独立事件（independent events，p.120）
相互排斥（mutually exclusive，p.120）
完备（exhaustive，p.120）
概率的加法定理（additive law of probability，p.121）
概率的乘法定理（multiplicative law of probability，p.121）
联合概率（joint probability，p.123）
条件概率（conditional probability，p.123）
无条件概率（unconditional probability，p.124）
风险度（risk，p.125）
风险比（risk ratio，p.125）
优势度（odds，p.125）
优势比（odds ratio，p.125）
密度（density，p.129）

7.9 快速复习

A. 概率的定义有哪三种？

答：频率性概率、分析性概率和主观概率。

---

* 根据前文所说，这里的它应该是优势比。——译者注

B. "放回抽样"是什么意思?

答：我们在抽取一个观察结果后将其放回，之后才进行下一次抽取。

C. 我们为什么要做放回抽样?

答：这样可以使所有试验中的概率保持不变。

D. 什么是互斥事件?

答：一个事件的发生排除了另一个事件的发生。你可以得到两个结果之一，但不能同时得到这两个结果。

E. 什么是乘法定理?

答：假定两个事件是相互独立的，则其中一个事件与另一个事件一起发生的概率等于两个事件的概率之积。

F. 什么是加法定理?

答：假定有两个互斥事件，则其中一个或另一个发生的概率是两个事件概率之和。

G. 举出一个条件概率的例子。

答：如果温度低于0℃，则下雪的概率是0.20。

H. 我们如何表示条件概率?

答：在两个事件之间画一条竖线。例如，p(下雪 | 低于0℃)。

I. 什么是风险比（亦称为"相对风险"）?

答：一个风险度与另一个风险度的比率。例如，女性患抑郁症的概率除以男性患抑郁症的概率，其结果就是风险比。

J. 优势度与风险度有什么区别?

答：优势度指的是某事件的发生次数除以其他事件的发生次数。风险度是一个事件的发生次数除以所有事件发生的总次数。

K. 密度是什么意思?

答：分布曲线的高度，表示连续变量的事件取值的分布。

7.10 习题

7.1 对于概率的分析观、频率观和主观概率，各举一例。

7.2 假设邻近学校的小球员正在出售抽奖券，其奖品是当地一家商店价值500美元的购物券，你为自己和母亲各买了一张1美元的抽奖券。这些孩子最终卖出了1000张抽奖券。

（a）你赢得奖品的概率是多少?

（b）你母亲赢得奖品的概率是多少?

（c）你或你的母亲赢得奖品的概率是多少?

7.3 现在假设由于抽奖券卖得好，又额外增加了一个价值250美元的二等奖。

（a）假定你没有获得一等奖，则你获得二等奖的概率是多少?（在抽出二等奖之前，一等奖奖券不会放回奖券箱。）

（b）你的母亲获得一等奖，而你获得二等奖的概率是多少？

（c）你获得二等奖，而你的母亲获得一等奖的概率是多少？

（d）你们两个人分获一等奖和二等奖的概率是多少？

7.4　习题 7.3 的哪些部分涉及联合概率？

7.5　习题 7.3 的哪些部分涉及条件概率？

7.6　编写一个简单的例子，该问题需要用联合概率解答。

7.7　编写一个简单的例子，该问题需要用条件概率解答。以研究假设的方式提出问题。

7.8　在某些家庭中，母亲的行为似乎与她的孩子无关，反之亦然。如果母亲每天看着她的孩子的时间合计是 2 小时，而孩子每天看着母亲的时间合计是 3 小时，而且他们的行为确实相互独立，那么他们同时看着对方的概率有多大？

7.9　在习题 7.8 中，如果母亲和孩子从晚上 8 点到早上 7 点都在睡觉，则他们同时看着对方的概率有多大？

7.10　我曾经说过，夜间发生交通事故的人喝过酒的概率约为 0.50，但是我不知道喝了酒的情况下发生交通事故的概率有多大。如果你有足够的资源，将如何寻找这个问题的答案？

7.11　Geller、Witmer 和 Orebaugh（1976）在研究超市宣传单上注明"不要乱扔垃圾"是否有效时发现，如果人们对宣传单的处置行为与宣传单中的信息无关，则含有上述信息的宣传单最终会被扔进垃圾箱的概率为 0.033。我还提到，实际上 4.5% 的包含该信息的宣传单被扔进了垃圾箱。根据以上结果，你觉得宣传单中含有上述信息产生效果了吗？

7.12　举一个常见的连续分布的例子——我们真正感兴趣的是观察值落入某个特定区间内的概率。

7.13　举一个本来是连续变量，但是我们又经常将其当作间断变量的例子。

7.14　举出两个间断变量的例子。

7.15　毕业生招聘委员会终于意识到，它无法有效区分最优秀的申请人。今年，委员会对所有 500 名申请人进行了评分，并从得分大于或等于第 80 百分位数的人中随机选择了 10 名。（第 80 百分位数指的是有 80% 的得分小于或等于这个数。）假设你不知道申请人的得分，则任意一位申请人被录取的概率是多少？

7.16　对于习题 7.15，假定在以下两种条件下，请确定该申请人被录取的条件概率：

（a）该申请人的得分最高

（b）该申请人的得分最低

7.17　在附录 C（或本书配套的 Add.dat 数据包）中，一个随机抽取的人的 ADDSC 分数大于 50 的概率是多少？

7.18　在附录 C 中，一位男生的 ADDSC 分数大于 50 的概率是多少？

7.19　在附录 C 中，一位 ADDSC 分数不低于 60 分的人辍学的概率是多少？

7.20　如何运用条件概率来判断附录 C 中的 ADDSC 的分界点（66）能否预测一个人会不会辍学？

7.21　将习题 7.20 的条件概率与无条件辍学概率进行比较。

7.22 汽车销售商经常被指控区别对待男性和女性顾客。编写一些陈述句来说明与此类行为相关的简单概率、联合概率和条件概率。我们怎样才能确定上述指控是否属实？

7.23 假设你是当地人权组织的成员。你如何用你所知道的概率来考察住房方面的歧视问题？

7.24 Fell（1995）的一篇题为"What's New in Alcohol, Drugs and Traffic Safety in the U.S."的论文，提供了很多关于美国国内酒精、毒品和交通事故之间关系的有趣统计数据。该论文可在以下网站获取 http://raru.adelaide.edu.au/T95/paper/s14p1.html。根据本文的统计数据提出一些问题，以阐明本章讨论的原理。（如果由教师收集，这些问题可能会成为很好的考试题目。）

7.25 美国司法部于 2000 年发布了一份关于 1995—2000 年的死刑研究报告。在这段时间里，美国检察官须提交所有死刑案件的材料，由司法部进行审查和批准。所有数据还根据美国律师是否建议判处死刑以及受害者（不是被告）的族群做了分类。这些数据总结后列在下表中。

受害者族群	建议判处死刑数		总计
	是	否	
非欧裔人	388	228	616
行比例	0.630	0.370	1.000
欧裔人	202	76	278
行比例	0.726	0.274	1.000
总计	590	304	894
列比例	0.660	0.340	

根据这张表，你会得出什么结论？

7.26 利用习题 7.25 中的数据，计算不同族群对应的优势比和风险比。

7.27 最近我接到了佛蒙特州一位律师的电话。他代理的客户是一位质疑陪审团所做决定公平性的非裔美国人。他担心的是，候选陪审员中非裔美国人的比例不够。在佛蒙特州，成年人中有 0.43% 是非裔美国人，而在 2124 名候选陪审员中只有 4 名非裔美国人。可以很容易地算出，在公平选取陪审员的情况下，候选陪审员中非裔美国人不超过 4 人的概率几乎刚好等于 0.05。（你现在还不知道如何进行计算。）我的这位律师朋友要我解释"专家证人总是提起的那些假设检验问题"。请写一段简短的话来回应他的要求。

7.28 对于 2002 年和 2012 年数据，用本章网页上提供的 R 代码比较不同年龄的出生率。我预期 2012 年有更多的年长女性生孩子，因为她们中的许多人已经将生育推迟了很多年。不知我的预期能不能成立？

第 8 章

抽样分布与假设检验

本章是过渡性的一章。在前面的章节中,我们研究了多种多样的统计量,以及怎样用它们描述一组数据或表示某事件发生的概率。你现在所具备的知识基础已经能回答统计学家更感兴趣的问题了。从下一章开始,我们将开始学习具体的统计学技术及其应用。尽管描述数据对于任何统计分析都很重要,也是最起码的,但要回答我们将要面对的许多有趣的问题,光有描述统计学是不够的。能够完成各种统计检验固然很好,但是我们还需要知道在完成算术计算后如何看待这些检验。在本章中,我们将考察根据样本统计量对总体参数得出结论的一般过程。

需要回忆的概念

样本统计量: 此处主要指根据样本数据计算得到的平均数($\bar{X}$)和标准差(s)

总体参数: 主要指总体的平均数(μ)和标准差(σ)

N: 样本中观察值的个数

条件概率: 假定发生了其他事件后某个事件发生的概率

8.1 抽样分布和标准误

已有的文献中有大量证据表明，身材较高的人往往比较矮的人更有权力。他们通常有更高的工资、更高地位的职业，也更有可能成为领导，等等。（2010年墨西哥湾发生大规模石油泄漏事故时，英国石油公司的总裁声称他们心系"小人物"，但这并没有让他大受欢迎。也许是因为措辞的问题。）Duguid 和 Goncola（2012）则反过来考虑这个问题。他们的问题是：感觉自己很有权力会不会导致人们低估或高估自己的身高？他们随机地将一组人分配为担任管理者的角色，另一组人则在相同的情境中扮演员工的角色。值得一提的是，参试者从未真正扮演过这个角色——他们只是被告知将分配到这个角色。在分配角色后不久，研究者要求参试者报告自己的身高。虽然两组参试者平均身高其实没有差别（样本平均数之差小于 0.375 英寸[*]），但那些被告知将扮演管理者角色的人（即高权力组）将自己的实际身高高估了 0.66 英寸，而低权力组却低估了 0.21 英寸。这样一来，参试者报告的样本平均数之差达到了 0.87 英寸。你可能会同意，无论干预的力量多么微不足道，两组平均数的估计值几乎肯定会略有差异。你可能想问，两组被试在身高估计上的差异真就缘于他们被分配了不同的角色，还是仅仅因为某种随机误差？换一种问法就是，这大于 3/4 英寸的差异是不是大于可归结为随机误差的"微小的差异"？

这个例子体现了我们将要关注的一般问题。我们会问：平均数、平均数之差或相关系数（变量之间关系密切程度的指标）是小到足以归结为随机误差，还是大到可以得出结论说它们反映了组与组之间真的存在差异或变量之间确实有某种相关？在以后的章节中，我们还将更进一步，不仅要验证是否真的存在差异或相关，还要确定这种差异或相关是不是有意义并且值得关注。

要理解假设检验，我们需要理解两个概念：抽样分布和抽样误差。抽样分布指的是样本统计量的分布——从某个总体中抽出多个样本，计算出某种统计量（例如平均数），我们就能看到这些统计量的分布。**抽样误差**表示根据不同样本求得的那些统计量的值的差异。抽样误差意味着样本统计量的值是有误差的（即偏离它要估计的参数），这是因为每个样本包含的观察值各有不同。所以，"抽样误差"中的"误差"并不意味着粗心或错误。我们研究行为问题的时候，一个随机样本里面可能恰好有一个异常令人讨厌的熊孩子，另一个样本里面可能恰好有好几个行为相对得体的好孩子。我们在研究人们估计自己的身高时，一个样本中可能恰好有较多人高估了自己的身高。请记住，统计学与字典所说的"误差"通常不是一回事；前者指的是随机的差异。

我们回到 Duguid 和 Goncola 的研究，用它来说明抽样误差这一概念。现在，我们只考虑那一组被告知将成为管理者的参试者。（我们之后会直接比较两组。）假如我们有一组来自假设总体的身高数据——平均高估了 0.66 英寸。根据这些数据，还可以算出标准差的估计值为 0.88 英寸。（请记住，这些数据是总体对身高的高估值，不是身高本身。换言之，这些数据是个体的真实身高与其估计身高之差。0.66 英寸和 0.88 英寸近似于 Duguid 和 Goncolo 根

---

[*] 1 英寸 =2.54 厘米。为了代入后文图片和 R 代码，本例中数据保留英制单位，不转换为公制单位。——中文版出版者注

据"高权力"组的数据求出的平均数和标准差。在他们的研究中，每个样本都有50名参试者，这相当于我从这个假设的总体中抽取了50个观察值，计算这50个观察值的样本平均数并记下该结果。将上述过程重复10 000次并记录每个样本平均数，我们就能看到这些样本平均数的分布情况。我完成这个过程所获得的结果见图8.1。（你可以看到图8.1之后有一段R代码，它就是用来生成这种分布的。你可以试试改变其中的样本容量或平均数，看看会发生什么。如果将这段代码剪切并粘贴到R中，你得到的图形可能略有不同，因为抽样是随机进行的，而且直方图中直条的宽度是由R自行选取的。）我们接下去将详细说明这种分布，不过在当下，我还是想让你明白，抽样误差表示两个样本统计量（本例中是两个平均数）之间的差异。注意一下，在那么多样本的平均高估值中，有些低于0.40，有些高于1.0。然而，大多数平均数落在中间区域。如果高权力总体的人确实与我们抽出的样本中那50个人相似，那么大多数时候来自该总体的容量为50的样本的平均数将落在0.40和1.0之间。（我可以告诉你更精确的数值，但是上述近似值比较明白易懂，而且可以达到同样的效果。）

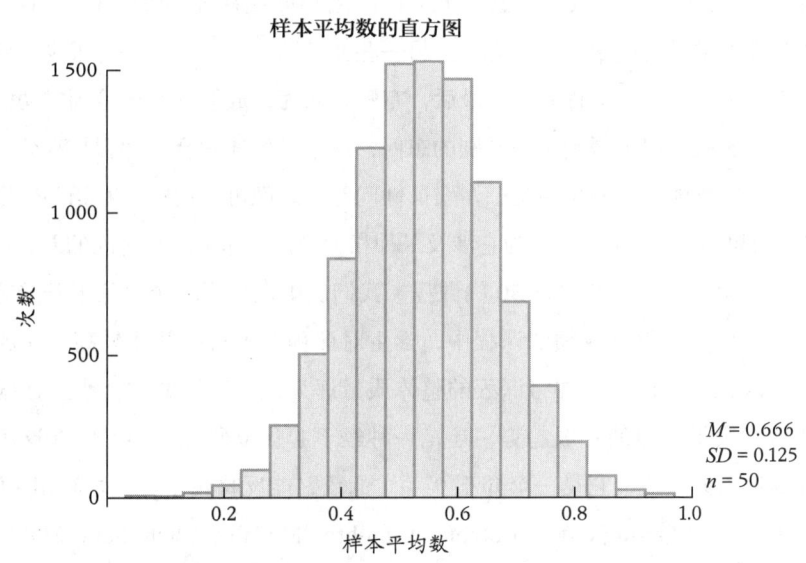

图 8.1 从 $\mu=0.66$，$\sigma=0.88$ 和 $N=50$ 的总体中抽取的高估值的样本平均数的分布

```
# Sampling distribution of the mean
par(mfrow = (c(1,1)))
nreps = 10000; n = 50   #Semicolons allow you to save space by putting
                         several lines on one line.
xbar <- numeric(nreps)
for (i in 1:nreps) {
 x <- rnorm(n = 50, mean = .667, sd = 0.88)
 xbar[i] <- mean(x)
}
meanxbar <- round(mean(xbar), digits = 3); semean <- round(sd(xbar),
digits = 3)
cat("The mean of the sampling distribution is ",meanxbar, "\n")
cat("The standard error of the mean is ", semean, "\n")
hist(xbar, col = "#22748A", xlab = "Sample Mean",
   main = "Histogram of Sample Means" )
legend(0.85, 800, paste("Mean = ", meanxbar, "\nSt. Dev = ", semean,"\nn = ", n),
bty = "n")
```

这个分布阐明了"抽样误差"的含义，也阐明了我们所说的"平均数的标准误"的含义。标准误是抽样分布的标准差。你可以看到，在本例中，平均数的标准误为 0.125。

你可能会说："我不想像你那样，仅仅为了看看能得到一些什么样的平均数，就将一个实验重复 10 000 次。"没关系。我们很快就会看到，只要抽取一个样本，你也可以像抽取了 10 000 个样本那样很好地进行预测。刚才讲的这些，重点是想展示我们可以预期得到什么样的结果。

8.2 另外两个例子——课程评价和人类决策

在讲新内容之前，让我们看一些类似的例子。其中有一个例子探讨的是学生对课程的评价情况与他们预期在该课程中获得的成绩之间的关系（它们之间如何相关会在下一章快结束的时候讨论）。这是许多教师非常关注的一个话题，因为即使是最优秀的教师每学期打开课程评价表时，也会有些惴惴不安——也许和许多学生打开成绩报告单时一样。有些教师认为，课程的好坏与学生觉得自己学得好坏无关。另一些教师则认为，一个因为很少上课而成绩差的学生会（不公平地？）给课程差评。最后，有些人认为，成绩好并体验到成功的学生除了成绩优秀之外，还从课程中得到了一些别的东西，这些学生通常会给课程打高分。但是，课程评价与学生预期成绩之间的关系是一个实证性问题，因而可以通过查看相关数据来做出回答。（我之所以选中这个例子，是因为它涉及一种相关量，而非平均数之间的差异量。）

假设有一个随机样本，其中有 50 门课程，我们从中发现了一个总的上升趋势——在那些学生预计自己可以取得好成绩的课程中，学生对课程的评价往往比较高；在那些学生预计成绩较差的课程中，他们往往将课程的整体质量评为低。我们的这个小型数据集所体现的这种趋势是代表了学生的一般趋势，还是一种经不起重复研究的侥幸？在这里，我们要计算的统计量是相关系数，它是一个介于 0～1 的数，能反映两个变量之间相关的程度。

第二个例子来自 Strough 等人（Strough，Mehta，McFall，& Schuller，2008）的研究。他们研究的是所谓的"沉没成本谬误"。他们给这种谬误下了如下定义："这是一种决策偏差，它反映了人们将更多未来资源投向先前有过投资的对象，而不是投向相似的、但是先前没有投资的对象。"例如，假设你花了 10 美元在付费电视上看电影。几分钟后，你发现电影实在是糟糕。与电影是免费的情况相比，你是不是更有可能继续观看（投入更多成本，包括时间和/或忍受无聊或不爽）这部已经支付了 10 美元的电影？（我很怀疑我会继续观看，因为这样不仅花掉的 10 美元回不来，还不得不忍受一部糟糕的电影。）"沉没成本"指的是一旦发生即无法收回的成本。（无论你做什么，10 美元都回不来了。）Strough 等人的问题是，较年长的参试者是不是比较年轻的参试者更有可能继续观看。其测量指标是根据参试者的行为计算出的"沉没成本谬误分"。该分数越高意味着参试者更有可能继续观看。他们发现，75 名年轻参试者（大学生）的样本平均数（$\bar{X}_Y$）约为 1.39，73 名年长（58—91 岁）的参试者的样本平均数（$\bar{X}_O$）为 0.75。（下标"Y"和"O"分别代表"年轻"和"年长"。）两组参试者的标准差的估计值约为 0.50。以上结果可以有两种可能的解释：

- 一个样本的平均数（1.39）与另一个样本的平均数（0.75）之间的差异完全归结为抽

样误差（样本之间的随机差异）；这样的话，我们就断定年龄不会影响沉没成本谬误。
- 1.39 和 0.75 之间的差异很大。这么大的差异不能仅仅归结为抽样误差；由此我们得出的结论是，年龄较大的人相对不太容易产生沉没成本谬误，即不太会继续观看电影。

尽管回答上述问题所需的统计计算不一样（因为第一个问题考察相关程度，第二个问题考察平均数之差），但是两者背后的逻辑基本相同。

所有统计检验最基础的概念都是统计量的抽样分布。可以说，没有抽样分布就没有统计检验。概括地说，抽样分布告诉我们，在一组预先设定的条件下，可以预期某个特定统计量的可能值（例如，如果一个总体中所有儿童得分的平均数为50，则来自该总体的5个儿童的平均数可能是多少）。请注意，我这里谈的是条件概率——假定另一事件为真的前提下，某事件的概率。你已经在图8.1中看到了一个抽样分布，当时我们的问题是分配到"高权力"条件组的参试者对自己身高的平均高估值的分布情况。

以上三个例子——（1）是关于权力的；（2）是关于成绩与课程评价之间关系的；（3）是关于沉没成本谬误的——都是由**假设检验**统领的问题。我希望通过本章尽可能地介绍一般意义上的假设检验理论，尽量不详细讨论任何特定检验方法的具体技术或特性。我所关注的假设检验主要涉及差异而非相关，但是两者的逻辑基本相同。到下一章讨论相关分析时，你将看到考察相关关系的新材料。

假设检验理论在本书以后的所有内容中都占有非常重要的地位，你务必透彻地理解这个理论。本章特意将假设检验的逻辑与实际进行统计检验的技术分开。在学习计算公式之前，先要理解为什么要这样计算。专业的统计学家可能惊讶于本章的定义如此宽泛，但是在以后的章节中，我们将给出更严谨的说法。本章介绍的材料涵盖了所有统计检验，这让我们可以单独地讨论这个问题。学习材料经过这样的分解处理后，你就可以心无旁骛地专注于假设检验的基本原理，而无须担心计算过程。

假设检验中的一个重要问题是找到某种方式进行决策。例如，我们在沉没成本研究中要判断两个年龄组之间只是存在偶然产生的小波动，还是确实存在足够大的差异，以至让我们相信老年人不像年轻人那样容易"将错就错"。

要回答关于沉没成本的问题，我们不仅要知道沉没成本谬误分的平均数会是一个怎样的值，还要知道如果有很多可能的平均数，它们之间的差异有多大。我们虽然只有一个平均数，但是如果重复这个研究，下一个平均数将会有一定的差异，这也正是我们想知道的。我们根据样本标准差可以计算出一组平均数的差异量的估计值。也就是说，我们可以将标准差转换为标准误的估计值，即平均数的标准差。图8.1就报告了身高的高估值的标准误，你从图中可以看到平均数的标准差是0.125。在前提条件成立的情况下，抽样分布能让我们算出所获样本统计量取特定值的概率。此外，标准误还能告诉我们这种分布的差异程度。尽管抽样分布几乎都是由数学推导而来的，但是如果我们想象它们可以怎样从理论上通过简单的抽样试验总结出来，就容易理解它们是什么意思了。

请看图8.2。在这个例子中，我可以从一个与图8.1相同的总体中抽取样本，只不过这次我抽取的样本容量都是10而不是50。[为了画出这幅图，我生成了由随机数据组成的10 000个样本，每个平均数都是根据从一个正态分布总体 $N(0.667, 0.88^2 = 0.774)$ 中随机抽取的 10 个观察值计算而得。请注意，图 8.2 的分布范围比图 8.1 宽。在这两个图中，平均数分布的平均数一直到小数点后第 3 位还几乎相同，但是标准差从 0.125 上升到了 0.278。这是因为后者那些平均数都基于较少的数据，相差较大不足为奇。]正如我们从本书中看到的那样，样本容量至关重要。

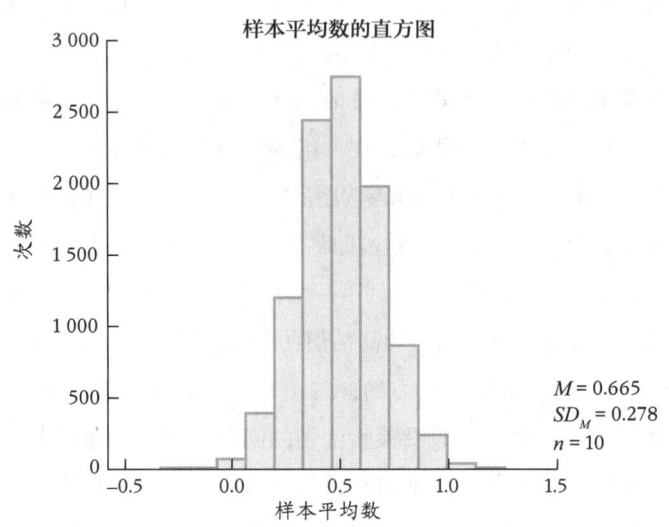

图 8.2 身高的平均高估值的抽样分布，每个样本的容量都是 $n = 10$

考察图 8.2，我们可以看到，当随机抽取 10 个参试者时，样本平均数很可能大致位于 0.25 ~ 1.40。我们还可以看到，从这个总体中抽取 10 个观察值作为样本，其平均数尽管可能低至 –0.25，但其概率极低。在我们知道了从某个总体中抽取的样本的平均数可能取哪些值后，可以反过来考察这样一个问题：仅有一个已知的样本平均数能否支持我们的假设——这个样本确实来自该总体吗？

在我们进一步学习的过程中，要谨记两个要点。抽样分布是任意统计量的分布。例如，**平均数的抽样分布**就是我们从特定总体中反复抽取随机样本而形成的平均数的分布，而方差的抽样分布则是这些样本方差的分布。同样，我们经常提到的标准误就是抽样分布的标准差。因此，平均数的标准误就是反复抽样得到的样本平均数的标准差。从图 8.2 可以看到，对于容量为 10 的样本，平均数的标准误为 0.278。

8.3 假设检验

我们在第 6 章中讲到了由 Achenbach 青年自评量表得出的行为问题总分的分布情况。由于量表的编制方式，总体的行为问题总分接近正态分布（即总体中所有个体的分数将形成一个正态分布），该总体的平均数（μ）为 50，标准差（σ）为 10。我们知道，每个儿童都表现出了不同程度的问题行为，因此他们的分数也不同。同样道理，不同儿童样本的平均分数也不太可能完全相同。如果我们抽取一些儿童组成一个样本,这些儿童的平均得分不大可能正好等于 50。某个由儿童组成的样本的平均数可能是 49.1,而另一个样本的平均数则可能是 53.3。样本平均数究竟是多少其实取决于碰巧包含在样本中的特定儿童。我们预期的样本之间的差异就是所谓"源于偶然的差异"。这种从样本中获得的统计量(本例中就是平均数)本来就应该是随着样本的不同而变化的。这与我们在身高—权力关系的研究中面临的问题是一样的。我们知道,仅是因为两个样本中的参试者不同,两种处理条件(管理者和员工)的平均数几乎肯定会有所不同。但我们想知道的是,我们发现的差异实际上是否大于我们预期中相对较小的随机差异。

我们不会仅仅因为有趣就用数学的或实证的方式来取得各种抽样分布。我们这样做,自有一些很重要的理由。通常的理由是,我们想检验一些假设。让我们考虑一个由 5 名高度应激的儿童组成的随机样本,其平均行为问题得分为 56。我们想要检验这样一个假设:如果我们从 $\mu=50$、$\sigma=5$ 的总体中抽取样本,得到这样的样本平均数在理论上是很正常的。这是"想知道经历应激的儿童与正常儿童的平均数有无差异"的另一种说法。我们检验这个假设的唯一方法是回答这样一个问题:如果我们确实是从正常儿童的总体($\mu=50$)中抽取样本进行观察,那么样本平均数为 56 的概率是多少?这正是抽样分布要回答的问题。

假设我们以平均数 $\mu=50$ 且 $\sigma=10$ 的总体获得(或生成)了 5 个儿童的样本平均数的抽样分布。(为了生成这样一个分布,我从总体中抽取了 10 000 个样本,计算出它们的平均数观察值。只要将前面图 8.1 那里的 R 代码略作修改,即可构建这样的分布。)图 8.3 表示的就是这样一个抽样分布。假设我们想进一步根据该分布来确定样本平均数大于或等于 56 的概率。为了方便起见,我们先假设这个概率是 0.094。我们的推理可能是这样的:"如果从 $\mu=50$ 的总体中进行抽样,得到一个平均数高于 56[*] 的样本的概率是 0.094。这意味着一般情况下不会得到这样一个结果,但是这肯定也不是一个罕见的结果。因为从平均数为 50 的总体中有 9% 的概率可以取得一个这么大的样本平均数,所以,我们尚没有充分的理由认为该样本不是来自这样的总体。"

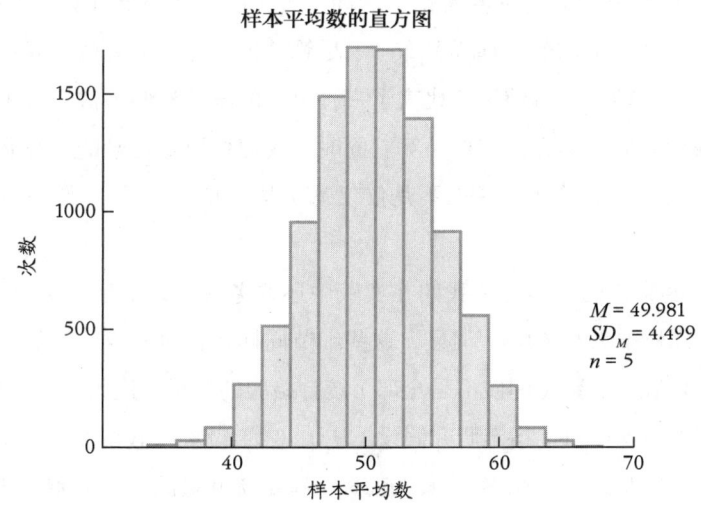

图 8.3 基于 $n=5$ 的行为问题分数的分布

---

[*] 原文为"高达 56",这一表述似乎不够严谨。——译者注

接下来，我们假定样本平均数是 62，则根据抽样分布计算出来的样本平均数高于 62 的概率只有 0.0038。这时，我们可能就要这么说了："如果我们从 $\mu=50$ 且 $\sigma=10$ 的总体中抽取样本，得到一个平均数高于 62 的样本的概率只有 0.0038。这意味着该事件极其罕见。正因为从这样的总体中不太可能获得这么高的样本平均数，所以我们有理由得出结论：这个样本可能来自另一个总体（该总体的平均数高于 50）。"

重要的一点是，你要意识到我们在这个例子中所做的事情，因为其中用到了大多数假设检验通用的逻辑。实际的检验过程包括以下阶段：

---

1. 我们想要检验的假设通常称为**研究假设**（H_1），即因为父母离婚而处于应激状态下的儿童比正常儿童更容易表现出行为问题。

2. 我们建立一个假设（称为**零假设**，H_0），该假设认为样本实际上是从一个平均数为 μ_0（等于 50）的总体中抽取的。根据这个假设，应激儿童行为问题的严重程度与正常儿童没有差别。

3. 我们随机抽取了一些应激儿童作为样本。

4. 接着，我们在假定 H_0（零假设）为真的情况下生成平均数的抽样分布（从 $\mu=50$ 且 $\sigma=10$ 的总体中获得平均数的抽样分布）。

5. 根据生成的抽样分布，我们计算出平均数不低于实际得到的样本平均数的概率。

6. 根据这个概率做出决策：要么拒绝 H_0，要么不能拒绝 H_0。因为 H_0 认为 $\mu=50$，所以拒绝 H_0 意味着你相信 $\mu>50$，尽管 μ 的真实数值仍有待确定。

哪怕你记不住本章的所有内容，你也要确保透彻地理解方框中列出的假设检验各步骤背后的逻辑。这是统计假设检验的基本原理，无论这些假设表面上多么复杂。

前面的讨论在几个方面被过度简化了。首先，我们不必坐等计算机真的抽出 10 000 个样本，得出这些样本平均数的抽样分布——尽管这种方法必定有效，并且由于计算机可以实现高速运算，这种方法目前已经代表了一种可行的统计检验方法，未来更是很有可能被广泛运用。我们有简单的方法完成计算。同时，我们更愿意检验的研究假设往往是：应激状态下的儿童与其他儿童不同（而不是仅仅高于其他儿童），但我们稍后就会讨论这个问题。

另一个被过度简化的方面是，我们在实践中还要考虑（无论是直接用到或通过估计）总体方差（σ^2）和样本大小（N）。但是，这些细节同样是在时机成熟时需要处理的。这种思路背后的逻辑代表大多数（即使不是全部）统计检验的逻辑。进行每一次的假设检验时，我们都遵循相同的步骤：（1）指定研究假设（H_1）；（2）设置零假设（H_0）；（3）收集数据；（4）构建（更常见的是想象）在 H_0 为真的前提下特定统计量的抽样分布；（5）将样本统计量与该分布进行比较，求出统计量取值超过该统计量观察值的概率；（6）根据求出的概率拒绝或保留 H_0——这个概率表示的是在 H_0 成立的前提下，样本统计量取值比我们求出的样本统计量值更远离抽样分布中心的可能性。*

8.4 零假设

正如我们已经了解的，零假设这一概念在假设检验中起着至关重要的作用。很多人往往不理解，为什么要建立一个与我们希望证明的假设完全相反的零假设。例如，如果我们希望证明的研究假设是"大学生不是来自自信心平均分数为100的总体"，我们做的第一件事情却是建立一个零假设，说他们来自那个总体。又如，如果我们要证明的研究假设是"两个样本分别来自两个平均数不同（$\mu_1 \neq \mu_2$）的总体"，这时我们会提出一个零假设——两总体平均数相等（$\mu_1 = \mu_2$ 或表示为 $\mu_1-\mu_2=0$）。（在这个例子中，"零假设"这个术语是很容易理解的，它的意思就是两个总体平均数之差为零或无差异。）我们提出零假设是基于以下几个理由。费舍（Fisher）在他第一次引入这个概念时提出了这样一个哲学论点：我们永远无法证明某个事情为真，但是我们可以证明某个事情为假。就算你观察了3000头奶牛，每头奶牛都只有一个脑袋，这并不能证明"所有奶牛都只有一个脑袋"的说法。然而，只要找到一只长了两个脑袋的奶牛就可以毫无疑问地证伪原来的说法。虽然可能有人质疑费舍的基本观点——而且很多人确实质疑了——但是零假设在统计学中仍然占主导地位。我们也经常做这样的零假设：在被证明有罪前，这个人都是无罪的——这也是司法公正的基石。我们一开始认为被告是无辜的，而且只有在证据与这一观点很不一致时才同意定罪。这种思路未必到处适用，但它与我们检验假设的方式非常相似。

采用零假设的第二个原因（也是更实际的原因）是它为我们提供了统计检验的出发点。考虑一下你想证明大学生的平均自信心得分大于100的情况。我们进一步假设你有证实某个假设的能力。那么，你要检验哪一个假设？你应该检验 $\mu=101$ 的假设，还是 $\mu=112$ 或 $\mu=113$？问题在于，我们没有考虑好具体的备择（研究）假设（我不记得有哪个实验提出过这样的备择假设）；没有具体的假设也就无法生成我们需要的抽样分布。但是，如果以假设 H_0：$\mu=100$ 为出发点，我们就可以立即着手生成 $\mu=100$ 的抽样分布，接着还幸运地拒绝了该假设，得出结论说大学生的平均分高于100，这个结论正是我们最想证明的。

罗纳德·阿里默·费舍爵士（1890—1962）

我们在介绍与统计假设检验有关的内容时提到了罗纳德·阿里默·费舍（Ronald Alymer Fisher）的名字，我应该告诉你一些关于他的事。在一个有着许多有趣的大人物的学科中，费舍无疑是非常出色的，他对早期的统计学的贡献可能比其他任何人都大，唯一可能与他竞争的只有卡尔·皮尔逊（Karl Pearson）了。

费舍的视力自打出生就极低，早早地就需要特殊教育辅导了。他获得了英国剑桥

---

* 例如，我们当前求出的样本统计量值为 $z=1.96$，对应的概率为 0.025，这就表示，如果 H_0 成立，z 与其分布中心 $z=0$ 之间的距离超过 1.96 的概率为 0.025。——译者注

大学的奖学金，在那里学习数学和物理，并且在班上名列前茅。由于视力太差，他不得不靠想象来思考问题，而不是用纸和笔来解答问题。这极大地影响了他对统计学问题的思考方式，并且经常弄得他与同事们格格不入。他对遗传学和优生学产生了强烈的兴趣，并帮助组建了剑桥优生学会。在第一次世界大战期间，众所周知的低视力让他免于兵役，他也换了好几个工作岗位。战争结束后，他在一个名为洛桑的小型农业实验站取得了一个职位——要不是因为这层关系，没有人会记住这个实验站。那里有农业方面的许许多多的数据，却一直没有得到分析。费舍分析了这些数据，这些工作为他对该领域的诸多贡献打下了基础。他提出了方差分析的概念，这是当今统计分析中最重要的技术之一。他还提出了最大似然性理论，没有这个理论，统计学中的许多领域甚至不会存在。他还提出了零假设的概念，并且说了这样一句名言："可以说，每个实验都只是为了找到可能推翻零假设的事实"。

在之后的若干年里，他与杰吉·内曼（Jerzy Neyman）和埃贡·皮尔逊（Egon Pearson；他是卡尔·皮尔逊的儿子）争论了至少10年，后两位主张采用不同的思路进行假设检验。我现在讲授的"假设检验"其实是两种思路的结合；那场辩论中的任何一方也许都不会喜欢现在的假设检验。今天的科学家如果在书刊中用那两派人相互攻讦的语言来说别人，是不会有好果子吃的。但是20世纪上半叶，英国的统计学界有趣得很。[Good（2001）提到，有一次演讲，排在费舍后面的一位发言者将费舍的演讲形容为"蠢驴的嘶鸣"。可以肯定，费舍回敬了一个同等粗鄙的比喻。]尽管火药味十足，但当年英国的统计学成果实在是多得令人难以置信。

费舍在优生学运动中非常活跃，担任了伦敦大学学院的优生学教授，后来担任剑桥大学遗传学教授，这两所大学都是全世界最负盛名的。虽然这两个系都不是统计学系，但是它们的研究工作与统计学高度相关，费舍就是因为统计学而广为人知的。

8.5 检验统计量及其抽样分布

我们前面讨论的都是平均数的抽样分布，但是如果将平均数换成中位数、方差、全距、相关系数（见于前文提到的课程评价研究）、比例或你希望考察的任何统计量，我们可以进行本质上相同的讨论。（从技术上讲，抽样分布的形态会有所不同，但是我在这一节特意忽略了这些问题。）刚才提到的统计量，通常称为**样本统计量**，因为它们描述的对象是样本。另外还有一类大不相同的统计量，称为**检验统计量**，它们对应于各种特定的统计程序，并且有着自己的抽样分布。检验统计量包括 t、F、χ^2，等等，你以前或许见过它们。如果你对它们还不熟悉，不用担心，我们将在以后的章节分别进行讲解。不过，这里不是详细解释这些检验统计量的地方。（我把这一章放在前面讲，就是因为不想让读者认为他们应该担心技术问题。）本章恰恰要指出，完全可以用与平均数一样的方法获得和运用各种统计量的抽样分布。

举个例子，第12—14章将讨论统计量 t 的抽样分布。对于那些从未听说过 t 检验的人来说，只要告诉他们这样一句话就足够了：t 检验的用途之一就是判定两个样本是否来自两个平均数相同的总体。例如，那些被告知要扮演管理者角色的参试者在估计自己的身高时，其平均误差值与那些被告知要扮演员工角色的参试者是否相同？假设 μ_1 和 μ_2 分别表示两个样本所来自总体的平均数。零假设就是"两个总体的平均数（μ_1 和 μ_2）相等"；换句话说就是，H_0：$\mu_1=\mu_2$（或 $\mu_1-\mu_2=0$）。如果我们有足够的耐心，可以抽取无数对来自同一总体的样本，计算每一对样本对应的 t 值（计算方法稍后会讨论），然后将这些 t 值用图表示出来，最终就能获得在 H_0 为真的前提下检验统计量 t 的经验抽样分布。进行上述工作是必须保证 H_0 为真，因为那些样本都来自同一总体。这样得到的分布就是 H_0 为真的前提下 t 的抽样分布。我们抽出两个样本并求出特定的 t 值后，就可以将该 t 值与 t 的抽样分布进行比较，以此检验零假设。如果求出的 t 值看上去不像零假设为真时 t 的抽样分布中的大多数 t 值，我们就会拒绝零假设。

如果将 t 换成 χ^2、F 或其他检验统计量，我只需要稍微改动一下统计量的计算方法，将上面这段话重写一遍就行。由此可知，各种各样的抽样分布在理论上可以用基本相同的方式获得——从已知总体中抽出很多个样本，计算出统计量的值，最后绘制分布图。一旦你理解了这一点，本书后面的很大一部分内容就是详细说明所需统计量的计算方法，以及相应的抽样分布所具备的特征。不用担心，我们用简单的技术就能算出那些抽样分布，不需要抽取那"无数个"样本。

请记住我用司法系统做的比喻。零假设大致可以比作在证实某人有罪之前先认为其无辜。拒绝零假设可以比作我们对此人"排除合理怀疑"后仍判定其有罪。我们用不着"证明"此人无罪，我们只需要得出结论：对于此人的"合理怀疑"检验失败了。用费舍（Fisher, 1935）的话说就是："对于任何实验，我们都可以将这个假设称为'零假设'；并且要知道，零假设从来都不能被证实，它只能被实验证伪。"我以后还会回过头来谈这个问题，因为这对理解显著性检验是至关重要的。

8.6 运用正态分布进行假设检验

到目前为止，我们讨论的主要是你还不知道如何运用的统计程序。我特意这样处理，是为了强调检验背后的逻辑与计算是两个相互独立的问题。你现在对假设检验执行过程已经有了一些了解，尽管你对如何进行算术运算还一无所知。但是，我们现在可以学着运用正态分布的知识来检验一些简单的假设了。在这一过程中，我们要回答几个基本问题；用一个具体的例子可以让你更容易理解上述问题。

正态分布的一个重要应用就是进行假设检验，无论是关于个体观察值的假设，还是关于样本统计量（例如平均数）的假设。在这里，我们先研究关于个体观察值的假设检验；至于样本统计量的假设检验问题，我们把它留给后面的章节。请注意，相比个体观察值的假设检验，样本统计量（例如平均数）的假设检验才是最常见的情况。之所以用个体观察值的例子作为开头，是因为这样解释起来比较清晰。因为我们只分析个体的单个观察值，所以这里采用的抽样分布就应该是个体观察值（或分数）的分布（而不是平均数的分布）。两种检验的基本逻辑是相同的。还须指出，在神经学等领域（偶尔也出现在临床心理学领

注释①

在两点阈的测量中，我时而用一根针，时而用两根针，轻戳你的皮肤。你刚开始能分清我用的是两根针而不是一根针时，两个戳中点之间的距离就是两点阈。

域），针对个体分数进行的假设检验还是比较普遍的。例如，神经科医生经常采用简单的测量指标（例如两点阈①）来诊断疾病。例如，如果有个人的两点阈或视觉反应时明显大于正常人，就可能被诊断为患有某种障碍。

举一个简单的例子，假设我们关注的是人们手指敲击的速度。关心这种动作看似奇怪，但神经心理学家和神经科医生其实经常将手指敲击作为一种诊断工具。Christianson 和 Leathem（2004）开发了一种手指敲击测验软件，测得非临床参试者在一个长达 10 秒的试验中的平均得分为 59 分，标准差为 7 分（四舍五入）。现已得知，阿尔茨海默病患者的敲击速度会降低，患有各种神经系统疾病的人也有这种表现。（有趣的是，珠穆朗玛峰攀登者在离开高海拔地区整整 1 年后，手指敲击的动作仍很迟缓。我觉得你会想知道这些。）

假定我们已经知道正常的健康成人的手指敲击平均速度是 10 秒内 59 次，标准差为 7，且敲击速度总体呈正态分布。再假定我们已经知道某些神经障碍患者的敲击速度确实比较迟缓。举一个极端的例子，假定你让你的祖父完成 Christianson 和 Leathem 的测验，结果得了 20 分。你可能会说："爷爷嘛，当然不如年轻人啦。"但是如果他以前得过 52 分，你可能会说："分数有点低了，最好留意点老头，不过他目前看着似乎还行。"最后，我要举一个不太极端的例子，假设我们刚刚对一个人进行了测验，他的敲击速度是 10 秒内 45 次。这一低于平均值的分数是否足以让我们认为他不是来自神经健康的总体？图 8.4 表示的就是这种情况，图中的箭头指向数据所在的位置（这个人的分数）。

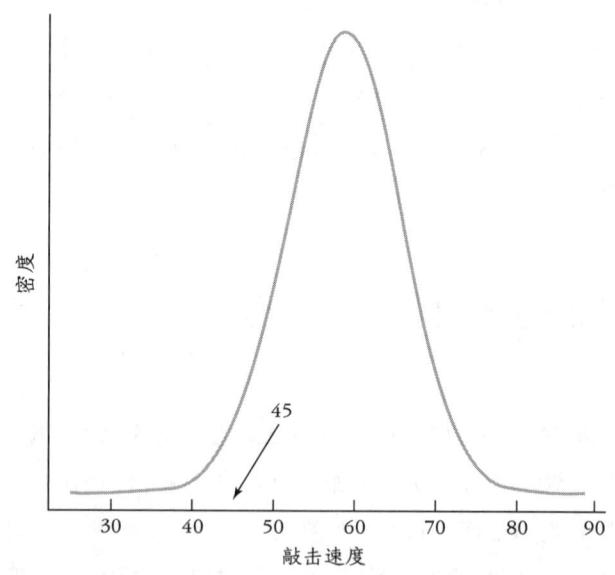

图 8.4 某个人的敲击分数在神经健康者的分布中所在的位置

解决这个问题的逻辑与一般的假设检验相同。首先，我们要假设这个人确实来自健康人总体。这就是零假设（H_0）。如果 H_0 为真，我们自然就知道了他来自的总体的平均数和标准差（分别为 59 和 7）。根据这些信息，我们就能计算出从该总体中抽到的个体分数低于这个人的分数的概率。如果概率非常低，我们就可以拒绝 H_0，并得出结论——这个人并非来自健康人总体。相反，如果概率不是特别低，这说明数据符合 H_0，我们没有理由认为 H_0 不成立，因而没有理由认为这个人不健康。请记住，我们对分数刚好等于 45 的概率不感兴趣（因为这种分布是连续的，其概率等于无穷小），我们感兴趣的是分数小于或等于

45 分的概率。

这个人得了 45 分。如果 H_0 为真，我们想求的是得分小于或等于 45 的概率。我们学过求这个概率（即图 8.4 中分数低于 45 的面积）的方法。我们要做的就是将 45 转换为 z 分数，然后查表 D.10。

$$z = \frac{X - \mu}{\sigma} = \frac{45 - 59}{7} = \frac{-14}{7} = -2.00$$

从表 D.10 可以看出，z 分数小于或等于 -2.00 的概率是 0.0228。（在表格中找到 z=2.00，然后找到"较小面积"那一列。请记住，正态分布是对称的，因此 $z \leq -2.00$ 的概率等于 $z \geq 2.00$ 的概率。）

到了这一步，我们就应该进入假设检验的**决策**阶段了。我们必须判定一下，知道事件的概率为 0.0228，是否足以让我们拒绝 H_0。在这里，我们将转而依赖已经建立了许多年的人为约定。这些约定背后的原理将随着我们的学习变得越来越清晰，但是你现在只要记住它们只是约定而已。约定之一便是，如果 H_0 为真时，事件的概率小于或等于 0.05（$p \leq 0.05$），则拒绝 H_0；约定之二是，如果 H_0 为真时，事件的概率小于或等于 0.01（$p \leq 0.01$），才拒绝 H_0。后一种约定在拒绝 H_0 的概率上更为保守。这两个概率（0.05 和 0.01）通常被称为假设检验的**拒绝水平**或**显著性水平**。只要以 H_0 为真作为前提（以下简称为"在 H_0 下"）求得的事件概率小于或等于我们约定的显著性水平，我们就要拒绝 H_0。

要表达上面的意思，还可以用另一种方式：在 H_0 下，只要该结果的概率小于等于显著性水平（即足以"排除合理怀疑"的概率），就会落入**拒绝域**，因为该结果将导致我们拒绝 H_0。在本书中，我们将显著性水平定为 0.05；请记住，有些人会认为这个水平太容易拒绝 H_0 了。就我们前面的例子来说，我们求得的概率为 0.0228，明显小于 0.05。由于我们已经设定只要在 H_0 下的概率小于 0.05 就应当拒绝 H_0，所以我们应该得出结论说，这个人的分数不是来自健康人总体。把这个结论说得更具体些就是，手指敲击速度为 45，这一分数与健康人的结果（平均数为 59，标准差为 7）不一致。必须注意的是，我们没有证明这个人不健康，我们只是证明他看上去不像一个健康人。但是，如果这个人手指敲击的速度是每 10 秒 52 次，则敲击速度等于或低于 52 的概率是 0.1587，这时我们就不能拒绝零假设。不拒绝零假设也不一定意味着这个人是健康的，它只不过表示我们没有足够的证据来拒绝零假设——"这个人是健康的"。可能是因为，他虽然患病了，但并不像其他病人那么偏离正常人的平均数。也可能是因为，他的病情虽然已经很重，但恰好在手指敲击方面是一位佼佼者。我们要记得，永远不要说我们已经证明了零假设。我们的结论只能是：这个人的敲击速度还没有慢到患病（如果有病的话）那样的程度，所以单用统计手段无法做出判断。[②]

请务必记住，拒绝水平（通常为 0.05 或 0.01）是一个概率值，它指的是观察值落入拒绝域的概率。拒绝域表示在零假设下不太可能出现的那些结果，因为那些结果比较罕见，于是我们基于以下理由拒绝零假设：如果零假设为真，我们不大可能看到这样的结果。

注释②

这里采用的方法是以大样本求出的常模为前提的；样本越大，我们的常模（平均数和标准差）越可靠。Crawford 和 Howell（1998）指出，在许多情况下，尤其是在神经心理学中，常模往往来自很小的样本。为了解决这个问题，有人提出了另一种方法。要进一步了解这种方法，请参阅 Crawford、Garthwaite 和 Howell（2009）的文章。

刚才我概括地介绍了费舍在20世纪的前30年推广的显著性检验理论。在1928—1938年，杰吉·内曼和埃贡·皮尔逊将侧重点放在决策框架上，对该理论进行了扩展和改造。那时，他们经常遭到费舍极力而无端的反对。现在的统计实践所用的方法更接近埃贡-皮尔逊的理论，它比费舍更强调以下事实：我们还有一个与零假设（H_0）相反的**备择假设**（H_1）。（琼斯和图基近年来提出了第三种方法，我们将在本章后面介绍这种方法。）如果零假设是

H_0: $\mu=100$

则备择假设就是

H_1: $\mu \neq 100$

或

H_1: $\mu>100$

或

H_1: $\mu<100$

稍后我们将更详细地讨论备择假设。

关于如何报告显著性水平，也存在一些争议。按照过去的标准，我们只需要简单地报告概率是否小于0.05（或0.01）就行了，不需要报告确切的概率水平。APA现在要求报告p的精确值，尽管并非所有的期刊都遵循这一规定。另一方面，Boos和Stefanski（2011）认为，所谓的精确p值无论是在精确性上还是可重复性上都令人怀疑，他们总结说："我们考察了精确p值与近似p值的相对差异后发现，学术期刊中用'*''**'和'***'表示0.05、0.01和0.001显著性水平与运用通行规则对统计量估计值进行四舍五入后得到的p值的准确度差不多。"我的建议是，报告p值时精确到小数点后3位即可，这主要是因为APA的要求；但是不要盲目追求概率的精确数值。我在本书的后面部分都将这样处理。

至于表述时用"$p < 0.05$"还是"$p = 0.032$"，这个问题对我来说变得很重要，相应地对你来说也很重要，因为这会影响本书的定位和使用。自统计学发端以来，统计学家一直用着各种统计分布表。多少年来，统计学一直就是这么教的，教材也一直是这么写的。假定我根据数据计算出某个统计量（例如在某个研究中根据25个案例算出t值为2.53）。如果该t值对应的概率小于0.05，我就要拒绝零假设。过去我要做的就是查表，就像本书后面的那些表，查表后发现，根据我研究的样本容量，任何大于2.06的t值的概率都低于5%。因为2.53 > 2.06，所以我可以拒绝零假设。

但即使拒绝了零假设，我仍然不知道$t = 2.53$对应的概率究竟是多少，只知道它小于0.05。长期以来这都没关系——因为我不需要知道确切的概率，而且查表得到的近似值对我来说也够用了，何苦费劲计算一个精确值呢？

最后，我们运用的方法本身也在演变之中。因为大多数统计检验都是运用统计软件（如R、SPSS、SAS或SYSTAT）进行的，而且软件可以立即显示确切的概率，所以我们可以直接报告这个概率，不再采用诸如"$p <0.05$"之类的表述，而是表述为"$p = 0.032$"之类。但是我就悲催了，因为我写的教材是给那些可能无法随时用软件计算准确概率的学生读的。我是采取更新潮的方法编写教材，并对那些没有软件的人说"谁让你们运气不好"

呢，还是沿袭目前已经鲜有从业者继续使用的老方法，完全依赖统计用表？与大多数面临两种选择的人一样，我也很自然地想到两种办法一起用。所以我的做法就是，既讲清楚如何运用各种统计用表，并举出具体的例子加以说明，还要求计算并报告准确的概率值（如果可能的话）。而且，概率值计算起来真的不难。如果你用某个标准统计软件，就可以自动获得答案。如果你手动计算，可以访问某些网站，例如 DanielSoper 在线计算器，这样也很方便就能计算出你想求的概率值。[我刚刚用苹果手机上一个仅售 0.99 美元的 "89-in-1 Statistics Calculator（89 合 1 统计计算器）" 计算了概率。我超级喜爱这个应用。] 如果想用 SPSS 进行此类计算，请看一下东卡罗来纳大学 Karl Wuensch 的网站。其说明书的链接是 http://core.ecu.edu/psyc/wuenschk/SPSS/P-SPSS.docx。如果你在一个无法上网的地方，你可以回过头来查表，然后报告说，尽管不知道概率的准确值，但至少可以说这个概率小于 0.05。

要想知道从互联网上获取概率值有多容易，你可以用计算机登录我刚刚提到的网站。你会看到，只要点击你算出来的检验统计量，输入 2 个或 3 个数字，就可以得到计算结果。如果使用 DanielSoper 在线计算器，你要选择 "Standard Normal Curve Calculator（标准正态曲线计算器）" 下面的 "Cumulative Area（累积面积）" 选项。输入 $z=2$，再点击 "Calculate!（计算）" 按钮，你就能得到一个概率值：0.97725，它就是低于 $z=2$ 的概率。要求得高于 $z=2$ 的概率，用 1.00 减去这个概率即可。

8.7　Ⅰ 类错误与 Ⅱ 类错误

我们通过统计检验做出的每一个决定都有可能是错的。虽然几乎所有决策都会出错（无论是不是通过统计检验），但统计学家有一个其他决策者通常都缺乏的优势。统计学家不仅可以通过某种理性过程做出决策，而且可以说出决策出错的条件概率。在日常生活中，我们感觉哪个是对的就选哪个。而统计学家可以非常准确地说明其错误地拒绝 H_0 而接受备择假设（H_1）的概率。假设检验的逻辑决定了我们能够精确地计算错误概率。

想一想手指敲击的例子，这一次不考虑之前提到的个体的分数。情境正如图 8.5 所示，图中是健康被试的分数分布，阴影部分是分布中最低 5% 的分数对应的面积。分割出这块最低 5% 面积的实际分数被称为**临界值**。临界值是 X（变量）或检验统计量的值，用来描述拒绝域的边界。就本例来说，临界值为 47.48。

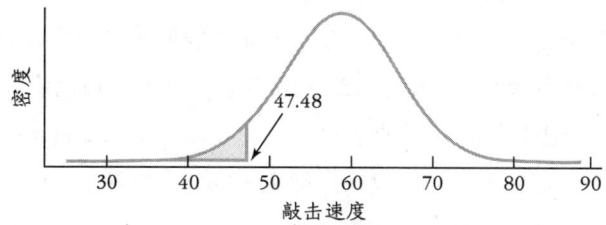

图 8.5　临床健康人群分数中最低的 5%

47.48 从何而来？

如果一个人的敲击速度落入正常人敲击分数中最低的 5%，我们就要拒绝"速度正常"的假设。$z=-1.645$ 是最低 5% 部分的临界值。接着，我们要求出对应于 $z=-1.645$ 的原始分数。

$$z = \frac{X-\mu}{\sigma} = \frac{X-59}{7} = -1.645$$

$$X - 59 = -1.645 \times 7 = -11.515$$

$$X = -11.515 + 59 = 47.48$$

假定我们的决策规则是，当结果落在分布最低 5% 的部分时就拒绝 H_0，那么只要个体的分数落入阴影区域，就应拒绝 H_0；也就是说，任何一个人的分数如果低于这个临界值，这个人来自健康人总体的概率就不到 0.05。然而，我们所用的方法本身就意味着完全健康的人中也有 5% 的人的分数会落入阴影部分。因此，如果我们真抽到了一个健康人，我们就有 5% 的概率发现其分数落在分布尾部的阴影中，这将导致我们错误地拒绝零假设。这种错误（拒绝了其实为真的 H_0）被称为 **I 类错误**，而且其条件概率（在 H_0 为真的前提下被拒绝的概率）被指定为 α，正好等于拒绝域上的阴影面积。以后每当我们用 α 表示概率时，指的就是 I 类错误的概率。

请记住，I 类错误的概率是一种"条件"概率。我知道这话听起来太专业，但它的意思不过是你要确定自己明白这一点：I 类错误指的是在 H_0 为真的前提下将其拒绝的概率。我们不是说，被拒绝的假设占全部待检验的假设的 5%。我们倒是希望，在对重要而有意义的变量进行实验时，可以经常拒绝 H_0。但是当我们谈到 I 类错误时，只是说在 H_0 恰好为真时拒绝了 H_0。

你可能会觉得 5% 的错误概率是一个很大的风险，并建议我们制定更严格的标准以降低错误拒绝 H_0 的概率，例如降到仅拒绝分布中最低的 1% 那部分。这样做倒是完全合法，但是你要想到，标准越严格，你就越容易犯另一种错误——当 H_0 实际上为假且 H_1 为真时，却没有拒绝 H_0。这种错误被称为 **II 类错误**，其概率用 β 表示。

II 类错误特别让人头疼，因为 H_0 为假说明样本并非来自已知总体，而我们又对它所来自的真正总体的分布形态（H_1 下的分布）一无所知。我们只知道 H_0 下分数的分布情况。就当前这个例子而言，我们只知道健康人的分数分布，但是不知道不健康的人们的分数分布。③患有某种神经系统疾病的人的平均敲击速度也许比健康人慢得多，也许只慢一点点。图 8.6 表示的就是这种情况——其中标记为 H_0 的分布代表健康人的分数分布（在零假设成立的情况下，预期观察值的集合），标记为 H_1 的分布代表我们假设的病人的分数分布（H_1 成立情况时的分布）。请记住，曲线 H_1 是假设性的。我们其实不知道不健康的人们的分数分布在哪里。我已经将不健康人的分布放在比健康人的分布更偏左的位置，因为我们知道不健康人的敲击速度更慢——只是不清楚慢多少。（这个平均数为 50、标准差为 7 的分布是我随便画的。）

注释③

你可能会说："那好办，出去找一些病人，让他们做手指敲击测验嘛。"行！只是，你希望找到病情达到何种程度的病人？是病情严重、动作缓慢，还是病情轻微，只是略感迟缓？我们对病情的分级不太感兴趣。何况，怎样的病情算"轻微"？我们想的是，把人分为健康和不健康两类，这样我们只需将病人与健康人做比较就行了。

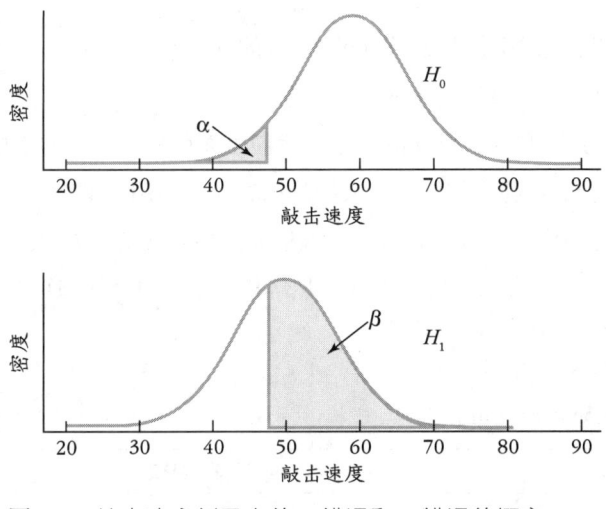

图 8.6 敲击速度例子中的 α 错误和 β 错误的概率

图 8.6 上半部分的阴影对应的是拒绝域。落入这个拒绝域（落在约 47.48 的左侧）的任何观察值都将导致我们拒绝零假设。我们知道，在零假设为真的情况下，将有 5% 的观察值落入拒绝域。因此，在每 100 次判断中就有 5 次犯 I 类错误。

图 8.6 下半部分的阴影表示 II 类错误的概率（β）。注意，我将整个分布画得向左偏移了一些，因为我假定 H_1 下的 μ 的值是 50 而不是 59。这个图表示的是这样一种情况：一个人确实来自不健康人的总体，但是其分数不足以导致我们拒绝 H_0。只有当他的分数低于 47.48（临界值）时，你才能拒绝零假设。

在图 8.6 这样的情况下，我们实际上可以用假设的病人的正态分布总体的平均数 μ 和标准差 σ 来计算对应的 β，即计算在 $\mu=50$ 且 $\sigma=7$ 的正态分布总体中抽到一个大于 47.48 的分数的概率。实际计算过程对于理解 β 并不重要；本章就是为了先避免计算而编写的。我就直接告诉你结果吧：这个概率（即标记为 β 的面积）是 0.64。也就是说，在这个例子中，当我们面对的人确实是一位病人（即 H_1 实际上是真的）时，有 64% 的概率犯 II 类错误——因为没能拒绝错误的 H_0（如果我们是医学诊断学家，就有很大的改进余地了）[④]。

从图 8.6 可以看到，如果我们将拒绝域向左移动，就可以使 α 水平（I 类错误的概率）从 0.05 降低到 0.01，但是这种做法在降低 I 类错误概率的同时增加了 II 类错误的概率。如果将 α 设为 0.01，在零假设下得到的临界值就是 42.72。这会将 β 提高到 0.85。很明显，采用何种显著性水平这个问题很值得争论。如何抉择主要取决于对你的研究影响更大的是 I 类错误还是 II 类错误。如果避免 I 类错误（例如，告诉某个健康人说他有病）更重要，就设置严格（即较低）的 α 水平。反之，如果你更想避免 II 类错误（例如，让某个需要立即治疗的人回家服用阿司匹林），你可以设定较高的 α 水平。（在本例中设置 $\alpha=0.20$，β 就会减少到 0.33。）不幸的是，大多数人在统计实践中只是武断地选择一个 α 水平，例如 0.05 或 0.01，而对 β 完全是无视的。很多时候，你能做的也就是这样了。（事实上，你可能会采用老师推荐的 α 水平。）但是在其他情况下，你可以做的还很多。你将在第 15 章看到还可以做些什么。

我要再次强调，图 8.6 完全是假想的情况。我之所以能画出这个图，完全是因为我人为地认定不健康的人的敲击速度呈正态分布，且其平均数为 50、标准差为 7。在大多数日常情境中，我们不知道这个分布的均数和标准差，只能依据经验做一定的猜测，因而只能

注释④

以上计算的 R 代码如下：
```
beta <-1-pnorm
(x=47.48, mean
=50,sd=7)
Print(beta)#Subt
ract from
1.00 because
pnorm (47.48,50,7)
gives the
probability below
47.48.
[1] 0.6405764
# To get cutoff
at 1%
qnorm(.01,50,7)
```

粗略地估计 β。在实际应用中，我们选择的 H_1 下的 μ_1（与 H_0 下的 μ_0 相比）应当达到我们所能检测出的最小的差异，因为差异越大，β 越小。

根据上面对Ⅰ类错误和Ⅱ类错误的讨论，我们可以用一个简单的表格来总结决策过程。表 8.1 列出了一次试验的 4 种可能结果。表中的内容应该不用再解释了，除了一个叫作"功效（power）"的概念我们还没有讨论过。一次检验的**功效**就是当 H_0 为假时拒绝 H_0 的概率。由于未能拒绝假 H_0 的概率是 β，所以功效必然等于 $1-\beta$。如果你想更多地了解功效及其计算方法，可以去看第 15 章的材料。

表 8.1　决策过程的各种可能结果

决策	世界的真实状态	
	H_0 为真	H_0 为假
拒绝 H_0	Ⅰ类错误 $p=\alpha$	正确决策 $p=1-\beta=\text{power}$
未能拒绝 H_0	正确决策 $p=1-\alpha$	Ⅱ类错误 $p=\beta$

8.8　单尾检验和双尾检验

前面的讨论让我们想到检验有单尾和双尾之分。在手指敲击速度的例子中，我们知道不健康被试的敲击速度比健康人慢；因此，我们只在被试敲击过于缓慢时做出拒绝 H_0 的决策。但是，假设被试在 10 秒内的敲击次数达到 180。虽然这样一个事件极不可能发生在一个健康被试身上，但是它也不会落入拒绝域，因为拒绝域只针对低速度那一侧。于是，我们发现自己陷入一个尴尬的境地——面对一个极不可能的数据，却因为它出现在我们没有料到的方向，便不能拒绝 H_0。（因为 10 秒内敲击 180 次的概率实在太小，R 将其直接显示为 0。）

接下来的问题就是，我们怎样避免陷入这种境地（如果我们认为有必要避免）。我们的答案是，在进行实验之前就确定我们要拒绝一定比例（例如 5%）的极端结果，这里的"极端"包括"极低"和"极高"两种情况。但是，如果我们拒绝最低的 5% 和最高的 5%，那么在 H_0 为真的情况下，我们实际上将有 10% 的概率拒绝 H_0，即 $\alpha=0.10$。我们很少愿意将 α 设得这么高，而是更希望 α 不高于 0.05。为此，唯一的办法是拒绝最低的 2.5% 和最高的 2.5%（加起来是 5%）。

我们只在敲击速度过低（或只在过高时）时拒绝 H_0，这种情况称为**单尾检验**或**定向检验**。我们先要预测一下个体分数向哪个方向偏离平均数，然后根据偏离的方向确定拒绝域位于分布的哪一侧。当我们要同时拒绝两个极端的结果时，我们就要进行所谓的**双尾检验**或**非定向检验**。重要的是要记住，虽然双尾检验让我们有所得（两个方向的极端值都能让我们拒绝零假设），但是也会有所失。在单尾检验中落入 5% 拒绝域的分数将有一半落在 α 同为 5% 的双尾检验的拒绝域之外，因为双尾检验时分布的每一端都只有 2.5% 的得分落入拒绝域。

在手指敲击这个例子中，决定用单尾检验还是双尾检验的理由是很明确的。因为我们知道患有某种疾病的人敲击速度比较慢，所以只关心在低分时拒绝 H_0——高分没有诊断价值。但在其他情况下，我们可能不知道分布的哪个尾部更重要，或者不知道是否两个尾部都重要，这时我们就需要将两个极端都列入拒绝域。我们在设计一个规劝年轻人不要吸烟的活动时，就可能面对这种情况。我们可能发现这个活动能降低吸烟率，但也可能发现年轻人把这个活动当成一种挑战，反而觉得吸烟的人看起来更有魅力。（事实上，有证据表明真是这样的。）无论在哪种情况下，我们都想拒绝 H_0。

由于多种原因，双尾检验总的来说比单尾检验常见得多。原因之一是研究者可能不知道数据会是什么样子的，因此必须准备应付各种可能性。虽然这种情况并不多见，但是在探索性研究中确实存在。

研究者偏爱双尾检验的另一个常见原因是，他们推断数据会出现在某一段，但又担心自己的推论出错，所以只好用双尾检验覆盖所有的可能。这种情况其实很多。（精心设计的假设往往令人烦恼地得到相反的结果，其原因总在事件发生后才浮现出来。）当数据出乎意料地给出了另一种结果时，有人就会问这样一个问题："原计划用单尾检验，但是数据表现出另一种结果时，何不干脆将单尾检验改为双尾检验？"但是，这种思路是有问题的。如果你开始实验的时候将 5% 对应的拒绝域设在左端，然后又转而将拒绝的机会设为两端各占一半（2.5%），即在右端也有 2.5% 的拒绝域，那么你这个研究的拒绝水平就变成了 7.5%。在这种情况下，你不但在一个方向上了拒绝 5% 的结果（假设数据落入期望的一侧），而且还打算拒绝另一个方向上的 2.5%（当数据出乎意料地落在相反方向时）。无可否认，5% + 2.5% = 7.5%。换一种说法就是，假定我们通过抛硬币来决定谁吃冰激凌蛋筒，我在选了"正面"的同时还保留了看到硬币落定后切换到"反面"的权利，你愿意吗？或者，当硬币翻出对你有利的一面时，我高喊："三局两胜！"你会觉得公平吗？你一定会反对我的这两种做法。同样道理，我们在收集数据之前就要选定用单尾检验还是用双尾检验。这也是我们通常会选择双尾检验的一个原因。

虽然前面的讨论偏向双尾检验，而且在本书中我们通常只做双侧检验，但是采用单尾检验还是双尾检验并无严格的规则。最终的决定取决于你觉得犯哪种类型的错误代价更大。重要的是要记住，对于给定的分布尾部，单尾检验和双尾检验之间的区别仅在于两者的临界值有差异。显著性水平 $\alpha=0.05$ 的双尾检验比 $\alpha=0.01$ 的单尾检验更宽松（即更容易拒绝零假设）。

为了便于理解，我将刚刚介绍的一大堆内容简短概括为一两段话。我们正在进行的是一个决策过程，目的是确定两个假设中哪个为真。一个是零假设（H_0），它声称一个人确实来自某个总体，或多个人的平均数确实来自某个总体，或两个样本来自的总体具有相同的平均数，或两个变量之间没有相关，等等。概括地讲，这种假设就是"无差异假设"。另一个假设是备择假设（H_1），它声称一个人不是来自某个总体，或多个人的平均数不来自某个总体，或两个样本平均数不来自同一总体，或两个变量之间的相关不为零，等等。在进行决策时，我们要设定一个拒绝水平（例如 5%），只要获

得的结果在零假设为真时发生的概率小于这一拒绝水平，就可以拒绝零假设。与拒绝水平相关的是临界值，统计量的值超过这个临界值的概率就是拒绝水平（例如 5%）。在做决策时，我们可能犯两类错误。当我们拒绝一个为真的零假设时，我们就会犯 I 类错误，犯这种错误的概率就是 α。另一种是 II 类错误，是我们本该拒绝却未能拒绝零假设的概率，其概率表示为 β。

最后，我们研究了单尾检验和双尾检验。最常用的还是双尾检验，当结果过高或过低时都能拒绝零假设。用 0.05 作为拒绝水平意味着，当结果落入零假设为真时分布的最高或最低 2.5% 的区域时，就拒绝零假设。这就是双尾检验。单尾检验则要求我们指定拒绝零假设时的方向——结果太低时拒绝，还是太高时拒绝。这时，只要结果所在的方向与我们预测的一致，且其概率小于 0.05，我们就可以拒绝零假设。

琼斯和图基（Jones & Tukey，2000）的另一种观点

但是，事情发展到这里就开始变得有趣了。我刚才介绍的是对零假设进行检验的标准做法，也是你确实需要掌握的做法。而且我还曾告诉过你，我是双尾检验的坚定支持者。但是在 2000 年，琼斯和图基（就是那个前文提到过的图基）提出了一个新建议。他们认为，首先，如果你足够努力地观察，零假设几乎肯定是假的。（有人真的相信密西西比河东西两岸的人的平均身高完全相同吗？我不相信，虽然我不知道哪个总体的平均数更大。）所以琼斯和图基认为，可以将零假设一脚踢开不予理会。这样一来，我们唯一能犯的错误就是在西岸人更高的情况下说东岸人长得更高，反之亦然。他们认为，未能发现显著差异只能算不走运，但不算是什么错误。因此，他们提议只用单尾检验，且事先不指定哪一侧尾部。

举一个简单的例子，Adams、Wright 和 Lohr（1996）向一组恐同的异性恋男性（h）和一组非恐同的异性恋男性（nh）放映一段带同性恋性行为的录像，并记录这些人的性唤起水平。研究者想看看两个组之间是否存在差异。琼斯和图基（Jones & Tukey，2000）和 Harris（2005）认为，虽然结果有三种可能性（$\mu_h<\mu_{nh}$；$\mu_h=\mu_{nh}$；$\mu_h>\mu_{nh}$），但第二种结果是不可能成立的。所以我们其实只有两个选项。如果确实是 $\mu_h<\mu_{nh}$，但我们断定 $\mu_h>\mu_{nh}$，我们就犯了错误，但是发生这种情况的概率不超过 0.025（假设我们以 0.05 的水平进行双尾检验）。反过来也是这样。因为两个选项必定有一个是真的，所以错误的概率只有 0.025，而不是 0.05。如果这两个假设都不能拒绝，只能说我们还没有取得足够的数据来做出选择，但不能说是错误的。

因此，琼斯和图基建议我们只做单尾检验，且事先不指定方向，并在两侧尾部都设 5% 的拒绝域。如果不是因为琼斯和图基的声望，这种想法可能不会引起注意；但是明智的人一般不会忽视图基的建议。正如我从一开始说的那样，我们先讨论大多数人遵循的、也是你必须了解的传统方法，但是这里介绍的方法也非常合理，因为它建立在对假设检验方法的现实评估上。

不幸的是，明智的人们似乎忽略了图基的建议，这真是令人惊讶。至少在心理学

领域，研究文献还会按老规矩继续写下去。这让我想删除此处的讨论，但是这个问题实在太重要了，以至不能删除。即使你沿袭传统方法，也很有必要理解他们的观点。这就是这部分讨论仍然留在这里的原因。不过，没有删除这部分的另一个原因正如我将在本书中一直念叨的，这种有时被称为"新式统计学"的方法其实超越了只关注直接对零假设进行检验的做法，转而强调将假设检验和置信区间结合起来。前者说的是"零假设为假"之类的话，而后者则说"μ 的真值的合理取值范围是 39.6 ~ 48.8"，等等。如果我们向着置信区间的方向继续推进，琼斯和图基提出的区别对我们的研究工作已经不重要了。

琼斯和图基的建议也许可以用 Robinson 和 Wainer（2001）的话来重新表达：

"如果 p 小于 0.05，研究人员就可以确定差异的方向……如果 p 大于 0.05，则结论就应该是'差值的符号尚未确定'。这种三元决策法（$\mu_1 > \mu_2$，$\mu_2 > \mu_1$，或'尚无结论'）的优势在于，它强调研究工作是一种长期持续的活动，并且永远不必被迫'接受'一个可能是错的零假设。"

这段话不如琼斯和图基说得具体，但是它讲的是同样的方法。

我们在这部分介绍了很多内容，但是如果你通过抽样分布很好地掌握了假设检验的逻辑，那么本课程余下的部分对你来说就比较简单了。对于将来可能遇到的任何新的统计量，你只需问两个基本问题：

1. 计算该统计量的前提假设和方法是什么？
2. 在 H_0 成立的前提下，统计量的抽样分布呈何种形态？

如果你知道这两个问题的答案，那么你只要用手头数据计算检验统计量，并将计算结果与抽样分布进行比较，就能完成假设检验。相关的抽样分布很容易通过互联网获得，并且本书附录中也有，因此你真正需要知道的是哪一种检验方法适合当前的情况，以及如何计算其检验统计量。（但是切记，统计学远不止于各种统计检验的计算和评价方法，你要学的还很多。）

在结束这个话题之前，我着重指出，我只阐述了问题的一半内容。假设检验固然重要，这就是我用了整整一章来介绍这方面内容的原因。但正如你将会看到的那样，其他数量指标也很重要，例如置信区间和效应量。甚至可以说，它们比传统的假设检验更重要。在之前介绍的内容的基础上，我们可以对这些指标进行相关讨论；在你继续学习本书的过程中，你将会看到更多关于此类数量指标的内容。我只是希望你不要以为假设检验是统计分析的全部，尽管曾经是全部。除了统计检验，还有更多内容要学习。

8.9 直观的统计学

你可以访问本书网站，点击"SeeingStatistics Applets"并转到第 8 章的应用，找来轻松练习概率运算，理解单尾和双尾检验以及零假设。由于这个应用程序允许改变问题中的任意数值，还可以选择单尾检验和双尾检验，所以你可以重复算出第 8.6 节中手指敲击问题所涉及的统计量。此处显示的是该应用程序的输出。

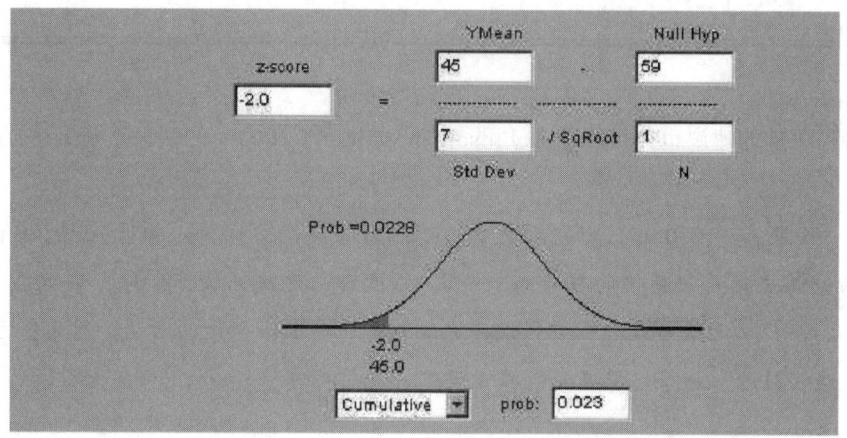

请记住，我们现在处理的是个体观察值，而不是样本平均数，因此我们可以在标记为"YMean（Y 平均数）"的框中输入个体的分数（45）。"Null Hyp（零假设）"下的平均数为 59，"Std Dev（标准差）"为 7.0。你改变任意单元格中的数值后，只要按下回车键，应用程序就会计算出新的 z 值。我们在之前的章节中已经看到，45 这个分数低于 5% 的临界值。问题中已给出了零假设和标准差。样本大小（N）是 1，因为只有一个观察值。

你可以看到，根据我讲的那个例子算出来的"Prob（概率）"是 0.0228，这将导致我们拒绝"这个分数来自正常人敲击分数总体"的零假设。现在试着换一个观察值，然后注意概率和图形的阴影部分会怎样变化。点击左下方的框可以选择"two-tailed（双尾）"来进行双尾检验。如果在该框中选择了"one-tailed（单尾）"，你可能会感到惊讶：为什么曲线的阴影部分跑到了右侧？（因为该应用程序上设定的是相反方向的单尾检验。）最后，阅读第 8.10 节，并用应用程序重新算出其中得到的数值结果。再说一遍：记得我们用单个观察值代替平均值，所以样本容量应该填"1"。

8.10 综合举例

我们介绍了 Duguid 和 Goncalo（2012）的一项研究作为本章的开头，该研究考察两组参试者自我报告身高的差异，其中一组参试者被告知，他们要扮演管理者的角色，另一组则被告知要扮演员工的角色。参试者并非真去扮演这些角色。因变量是每个参试者自我报告的身高与实际身高之差。"管理者"组将自己的身高平均高估了 0.66 英寸。相反，"员工"

组实际上平均低估了身高（差值为 -0.21 英寸）。因此，两组的平均估值相差了 0.87 英寸，但两组唯一的不同之处仅在于要扮演的角色不同，而且并未真的扮演。

现在的问题就是：虽然未曾真正扮演被分配的角色，两组参试者对自己身高的估计是否也会有差异？按照琼斯和图基（Jones & Tukey，2000）的逻辑，我们有三个选项。我们可以判定（被赋予）高权力的总体比（被赋予）低权力的总体更加高估自己的身高；也可以判定高权力总体会低估自己的身高；还可以说，我们无法分辨哪一个选项是正确的。用比较传统的语言来说，我们有三种可能的结论：$\mu_m < \mu_e$，或 $\mu_m > \mu_e$，或"不能拒绝零假设"。

按照传统模型，我们现在要选择进行单尾检验还是双尾检验。因为差值可能落在左侧也可能落在右侧，所以我们选择双尾检验——如果差值的绝对值大于预期的随机水平就拒绝零假设。在用统计软件计算手头的数据之前，我们还必须做出一个决定——检验的显著性水平。在本例的情况下，我选择以 5% 的显著性水平进行检验，因为本书所用的标准就是 $\alpha=0.05$。

我们还没有讨论这种情况所需要的那种假设检验（对两个独立样本进行 t 检验），但我们至少可以用计算机来模拟完成我们将要进行的检验。一般人回答关于自己的身高的问题时不太可能给出完全精准的答案，从 Duguid 和 Goncola 的数据可以看出，在两种不同的处理下，两个样本合起来平均高估了 0.225 英寸。这似乎很合理。另外，根据论文提供的数据，真实高度和估计身高之间的这种差异的标准差约为 0.88 英寸。

那么，如果我们发起一个简单的抽样研究，抽取两个组（告知扮演管理者组和告知扮演员工组）的分数，算出每个人的真实身高和估计身高之差，会怎样？这等于从一个平均数为 0.225 英寸、标准差为 0.88 英寸的总体中抽取了两个样本。请注意，这两个样本都是从同一总体中抽取的，因此根据定义，零假设应该是成立的。接下去，假设我们计算两组平均数之差，然后继续重复这个抽样过程 9999 次，每一次抽样都记录平均数之差。这 10 000 个平均数之差的分布就是我们在零假设为真的条件下预期的结果分布——零假设为真的意思是两个组对身高的高估程度是相同的。这样一个分布看上去像图 8.7 中的分布。从这个图可以看出，在零假设下，平均数之差的分布以 0.00 为中心，几乎所有的值都大概介于 -0.5 和 +0.5 之间。但是 Duguid 和 Goncola 发现，两个组的平均数差了 0.87。这在零假设为真的条件下确实是罕见的。事实上，发生这种情况的概率只有 $p = 0.0003$。这时，我们当然应该很有信心地拒绝零假设。结论就是：单是告诉人们他们处于高权力组还是低权力组，就可以影响他们对自己身高的估计。阅读 Duguid 和 Goncola（2012）的论文中的另两个实验，它们证明了这个结果的普遍性。

正如我刚开始介绍本例时说的，这种做法与我们在第 14 章学习的 t 检验不同。但这种方法也是合理的，得到了几乎所有期刊的认可，而且很可能在若干年后最终取代 t 检验。我之所以选用这种方法，是因为它清楚地体现了假设检验中的决策和程序。就算我们现在觉得它好像是另一种检验，也要先记住这个方法。从总体中反复抽样并考察结果，这种基本思想不同于我们将要学习的检验方法，但实际上它才是假设检验的理论基础。

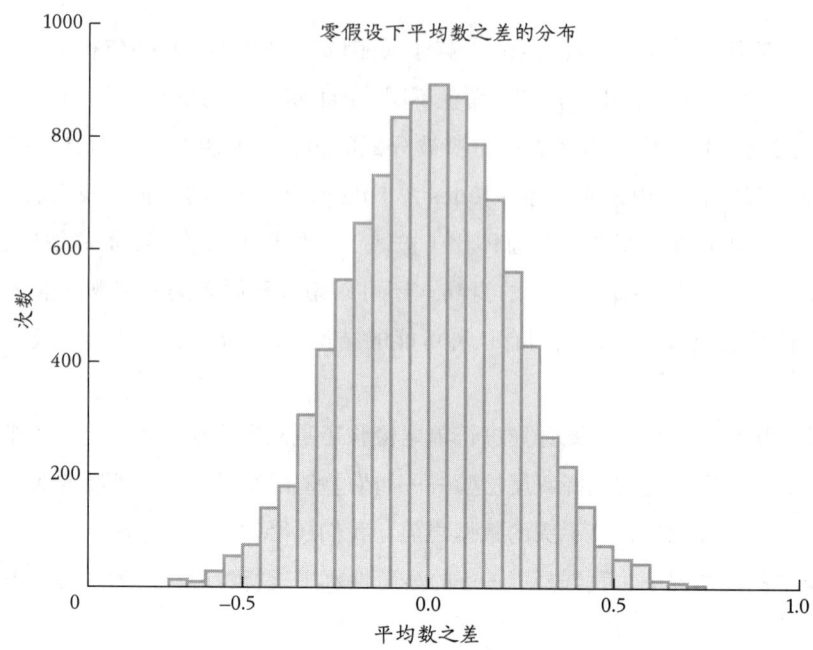

图 8.7 当零假设为真时，样本平均数之差的分布

8.11 回顾课程评价和沉没成本的例子

本章开头有一个例子，说的是学生对课程的评价与他们对课程成绩的预期之间的关系。还有一个例子比较的是不同年龄的人易受沉没成本影响的程度。正如你将在下一章看到的，第一个例子用相关系数来表示关联的程度。第二个例子就是简单地比较两个平均数。这两个例子都可以用本章讨论的方法来处理。就第一个例子而言，如果两个变量之间没有关联，我们可以预期学生总体的两个变量之间真实的相关系数为 0.00。我们只要设定，零假设就是总体相关系数为 0.00，然后根据样本中 15 个个体的数据计算两个变量（学生对课程的评价与他们预期的课程成绩）之间的相关系数，以及与这个相关系数对应的概率。就第二个例子而言，我们建立的零假设是，两个总体（年轻和年长）的参试者的平均沉没成本谬误分数之间没有差异。接下来的问题就是："如果零假设成立，那么平均数之差达到本题中这样大（本例中为 0.64）的概率是多少？"我不期待你现在就能完成那些检验，但是我们学习那些检验时，应该先大致了解一下如何设定问题。

8.12 总结

本章的目的是学习假设检验的一般原理，暂时不涉及假设检验时需要的具体计算方法。假设检验及其相应的程序是分析大多数实验数据的核心方法，尽管有人对此不以为然。我们首先考虑了统计量的抽样分布——在某些特定条件下从一个总体抽取无数样本，根据无数样本计算得到的统计量的分布。（可以是你想要的任何统计量，例如平均数、中位数、方差和相关系数等。）有了抽样分布，我们就可以知道在前提条件不变的情况下统计量合理的取值范围。

接着，我们考察了零假设及其在假设检验中的作用。零假设往往是说，两组或多组之间没有差异，或者两个或多个变量之间没有相关。我们看到，对于零假设的检验，就是先求得相关的统计量的抽样分布，然后将我们要研究的统计量的值与该抽样分布进行比较。接下来，我们还看到了怎样用我们熟知的正态分布来实际地检验一个简单的假设。

最后，我们研究了Ⅰ类错误和Ⅱ类错误，还考察了单尾检验和双尾检验。Ⅰ类错误指拒绝了真实的零假设，Ⅱ类错误指未能拒绝假的零假设。单尾检验时拒绝零假设的前提是，获得的结果落在分布中我们指定的某一侧的尾端。双尾检验则规定，只要结果落在左右任意一侧的尾端，就可以拒绝零假设。在理解了单尾检验和双尾检验后，我们简要了解了琼斯和图基的建议，他们建议我们不要再考虑零假设，因为它严格来说几乎都是不成立的；他们希望我们关注能否判断诸如"两个组中的哪一组的平均数更大"这样的问题。他们建议进行单尾检验，而且事先不指定是做左尾检验还是做右尾检验。

重要术语

抽样误差（sampling error，p.136）
平均数的标准误（standard error of the mean，p.137）
假设检验（hypothesis testing，p.139）
平均数的抽样分布（sampling distribution of the mean，p.140）
研究假设（research hypothesis，p.142）
零假设（null hypothesis，H_0，p.142）
样本统计量（sample statistics，p.144）
检验统计量（test statistics，p.144）
决策（decision making，p.147）
拒绝水平 / 显著性水平（rejection level/significance level，p.147）

拒绝域（rejection region，p.147）
备择假设（alternative hypothesis，H_1，p.148）
临界值（critical value，p.149）
Ⅰ类错误（type I error，p.150）
α（alpha，p.150）
Ⅱ类错误（type Ⅱ error，p.150）
β（beta，p.150）
功效（power，p.152）
单尾检验 / 定向检验（one-tailed test / directional test，p.152）
双尾检验 / 非定向检验（two-tailed test / nondirectional test，p.152）

8.13 快速复习

A. 什么是抽样分布？

答：重复抽样得到的统计量的分布。

B. 什么是抽样误差？

答：某种统计量（例如平均数）的样本估计值的差异程度。

C. 什么是平均数的标准误？

答：平均数的抽样分布的标准差。

D. 什么是假设检验？

答：检验关于总体参数之间关系的某种假设。

E. 什么是研究假设？

答：通常指"确实存在差异"或"变量间确实存在关联"的假设。

F. 什么是零假设？

答：这种假设认为，表面的差异或关联是偶然因素造成的。

G. 为什么我们检验零假设而不是检验备择假设？

答：备择假设过于模糊，而零假设是确定的；而且只要拒绝了零假设，我们就可以认为备择假设为真。

H. "拒绝水平"的另一种叫法是什么？

答：显著性水平。

I. 什么是 I 类错误？

答：零假设实际为真时被拒绝而造成的错误。

J. 什么是临界值？

答：它指的是这样一个数值：只要检验统计量的值超过该值就可以拒绝零假设。

K. 如果一个数据在零假设为真时的条件概率小于 0.05，我们通常会拒绝这个零假设。我们通常用什么符号表示这个 0.05？

答：希腊字母 α。

L. 如果我们只有在总体间的差异过大（且差值符号为正）时才拒绝零假设，我们用的检验就是____尾检验。

答：单*

8.14 习题

8.1 假设我告诉你，昨晚的北美职业冰球联赛比分为 26：13。你可能会判断我拿错了报纸，因为冰球比赛的比分基本上不可能那么高，我刚才说的应该不是冰球比赛的比分。实际上，你刚刚做的事就是检验零假设，并拒绝了这个零假设。

(a) 零假设的内容是什么？

(b) 简述刚刚采用的假设检验的程序。

8.2 在过去的 1 年里，我每天大约花 4 美元用于午餐，误差大约为 ±0.25 美元。

(a) 粗略画出日常午餐费用支出分布图。

(b) 如果我没注意账单，拿出 5 美元支付我的午餐费，店员找了 0.75 美元，我要不要怀疑店员多收了我的钱？

(c) 解释你回答（b）时用的逻辑。

8.3 习题 8.2 中的 I 类错误是什么？

8.4 习题 8.2 中的 II 类错误是什么？

8.5 利用习题 8.2 中的信息，描述拒绝域和临界值的含义。

8.6 为什么我想在习题 8.2 中采用单尾检验？应该选择哪一侧尾部？如果选错了方向会

---

* 更具体地说是右尾检验。——译者注

怎么样？

8.7 利用图 8.1 给出的 R 代码，尽可能近似地再现图 8.2。

8.8 如果我们将标准差放大 1 倍，习题 8.7 的结果会发生什么变化？

（a）如果将每个样本的容量从 10 改为 100，会发生什么变化？

8.9 众所周知，如果要求人们做某些估计，例如"大学的教堂有多高？"一群人的平均猜测值比一个人的猜测更准确。Vul 和 Pashler（2008）想知道同一个人多次猜测的平均值是否也会更准确。他们要求人们猜测已知的事实。例如"世界上的机场有多大比例在美国？"3 周后，研究者向同一个人询问相同的问题，并计算每个人两次回答的平均比例。他们的问题是，这个平均比例是不是比第一次猜测准确。我们以后还会提到这个例子。

（a）零假设和备择假设分别是什么？

（b）在这种情况下，Ⅰ类错误和Ⅱ类错误分别是什么？

（c）在这种情况下，你倾向于单尾检验还是双尾检验？

8.10 给"抽样误差"下一个定义。

8.11 "分布"和"抽样分布"有什么区别？

8.12 降低 α 对表 8.1 中的概率会有什么影响？

8.13 Magen、Dweck 和 Gross（2008）要求参试者做出某种选择，诸如"要么今天拿 5 美元，要么下周拿 7 美元，你选哪一个？"在第一种条件下，实验者说的就是刚刚那句话。在第二种条件下，措辞变成"要么今天拿 5 美元而下周拿 0 美元，要么今天拿 0 美元而下周拿 7 美元"，这两种措辞的意思显然是相同的。每个参试者的分数就是他们选择前者（少但可以更快拿到钱）的次数。结果，第一组的平均次数为 9.24，第二组的平均次数为 6.10。

（a）零假设和备择假设分别是什么？

（b）为了回答问题，你需要比较哪些统计量？（虽然你还不知道怎样进行比较。）

（c）如果双尾检验发现差异很大，你会得出什么结论？

8.14 对于图 8.6 中的分布，我说Ⅱ类（β）错误的概率是 0.64。说明如何求得此概率。

8.15 设 $\alpha=0.01$，重新计算习题 8.14 中Ⅱ类（β）错误的概率。

8.16 在第 8.10 节的例子中，如果我们选了双尾检验，做法会有哪些不同？

8.17 为了使本章中关于课程评价的例子更具体，你会采取什么步骤？换句话说，你怎样才能确定预期成绩和课程评价之间存在关联？

8.18 请描述你为检验以下假设而采取的步骤：如果人们已经为某部电影付了钱，他们将更有可能继续看电影。

8.19 在第 2 章的习题中，我们讨论了关于小学四年级儿童零花钱的研究。在第 4 章，我们又讨论了这项研究，并生成了此类研究中可能得到的数据。

（a）如何检验"男孩比女孩获得更多零花钱"这一研究假设。其零假设应该是什么？

（b）你将采用单尾检验还是双尾检验？

（c）什么结果可能导致你拒绝零假设，可能导致你保留零假设的原因是什么？

（d）怎样做才能让这项研究更有说服力？

8.20 Simon 和 Bruce（1991）在展示一种被称为"重抽样统计学"的统计方法时，检验了以下零假设——16 个实施酒类"专营"的州（酒类商店归州所有）在 1961 年的酒类平均价格不同于 26 个实施酒类"私营"的州（酒类商店归私人所有）的平均价格。（平均价格分别为 4.35 美元和 4.84 美元，你可以从中看到通货膨胀效应的些许苗头。）由于技术原因，有几个州的数据不符合这一模式而无法分析。

（a）我们实际检验的零假设是什么？

（b）你会给 4.35 美元和 4.84 美元贴上什么标签？

（c）如果这些情况刚好符合我们的预想，为什么我们还要先检验零假设？

（d）指出在什么样的情况下检验零假设确实有意义。

8.21 我在本章中多次将假设检验与司法系统做类比。你如何用 I 类错误和 II 类错误以及统计功效来描述司法系统的工作？

第 9 章

相 关

需要回忆的概念

自变量: 你要操纵的变量，或想要研究的变量

因变量: 你要测量的变量，即数据

X 轴: 水平轴，也称横坐标

Y 轴: 垂直轴，也称纵坐标

$\bar{X}$、$\bar{Y}$、S_X、S_Y: 分别表示两个变量（X和Y）的平均数和标准差

本章将讨论两个变量之间的相关关系。首先，我们要研究如何以一种容易理解的方式将数据绘制成图。接着，为了将相关关系数量化，我们要提出一个概念——协方差，而后将协方差转化为相关系数，并理解为什么相关系数是一个更好的相关量。在学会用原始数据直接计算相关系数后，我们还将考察当这些数据以名次（秩次）形式呈现时会发生什么。你会很开心地发现没什么大不了的事情发生。相关系数可能受许多因素影响，所以接下来我们将看看有哪些因素影响相关系数。之后，我们将提出用统计检验以考察我们算出来的相关与零相关的差异是否大到足以使我们得出结论：两个变量之间确实存在相关——我们刚刚在第 8 章中介绍的内容的直接推广。接下来，我们将简明扼要地介绍其他可能用上的相关系数，以及如何用软件来计算相关系数。

本书前面各章都是讲以这种或那种方法描述单个变量的数据。我们曾经讨论过变量的分布，探讨如何找到它的平均数和标准差。然而，有些研究设计针对的因变量不止一个，而是两个甚至更多。在这种情况下，我们通常感兴趣的是两个变量之间的关系，而不是各个变量本身的特点。为了说明可能针对 2 个变量（标记为 X 和 Y）的研究，请考察以下研究内容迥异的问题：

- 乳腺癌的发病率（Y）是否因特定地方的日照量（X）而变化？
- 各国的预期寿命（Y）是否因人均酒精消费量（X）而变化？
- 对一个人的"好感度"（Y）的评价是否与其体貌特征的吸引力（X）有关？
- 仓鼠的囤积行为（Y）是否随着其发育过程中的被剥夺程度（X）的差异而变化？

- 反应的准确性（Y）会随着反应速度（X）的增加而降低吗？
- 一个国家的平均寿命（Y）是否随着该国人均健康支出（X）的增加而增加？

在上述每一种情况下，我们问的都是一个变量（Y）与另一个变量（X）是否相关。当我们处理两个变量之间的关系时，我们关注的是它们之间的**相关**，并用**相关系数**表示这种相关性的程度或强度。我们可以根据变量的基本特性计算多种多样的相关系数，但是你稍后会看到，这些不同种类的相关系数在许多情况下只是表面上有区别，实际上差异不大。现在，我们先关注最常见的相关系数——皮尔逊积差相关系数（r）。

9.1 散点图

为了考察两个变量之间的关系，我们要收集它们的具体数据，而理解这种关系最有用的技术之一就是**散点图**。在散点图中，研究中的每个实验被试、单元或观察值都可以用二维空间中的一个点来表示。这个点（X_i, Y_i）的坐标分别是个体（或对象）在变量 X 和 Y 上的取值（分数）。图 9.1—图 9.3 都是这样的散点图。

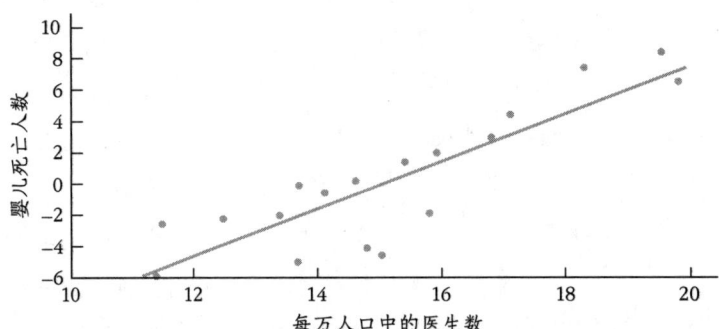

图 9.1 婴儿死亡率和医生数

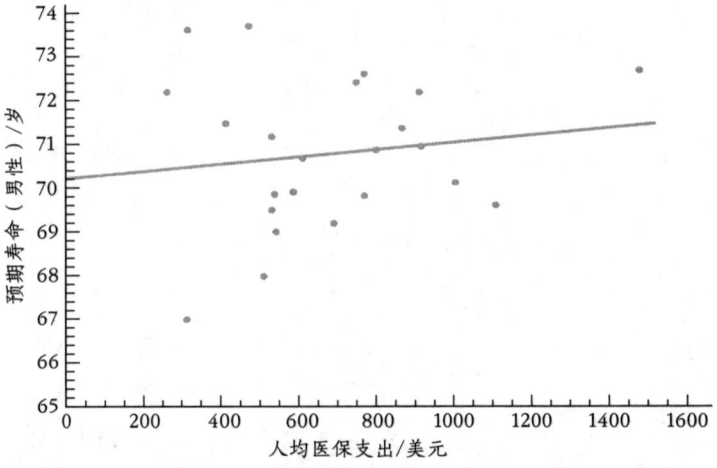

图 9.2 预期寿命与医疗保健支出的关系

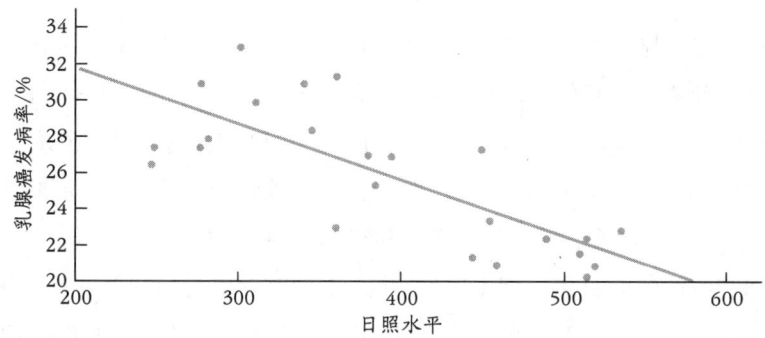

图 9.3 癌症发生率和日照水平

在准备画散点图时，习惯上将**预测变量**（即自变量）呈现在 X（水平）轴上，而将**准则变量**（即因变量）呈现在 Y（垂直）轴上。如果研究的最终目的是根据一个变量的已知值预测另一个变量的值，那么这两种变量的区别就显而易见了：准则变量是被预测的变量，而预测变量是用来预测的变量。如果研究的目的只是求得相关系数，则两种变量的区别只在某些情况下很清楚（例如，癌症的发生率取决于吸烟量，但是反过来不成立，因此癌症发生率就应当呈现在纵坐标上）。但是在另一些情况下，这种区别可能就不明显了（例如，行动速度和正确选择数——两者都是动物学习研究中的常见因变量——很难说哪一个更应该放在因变量的位置）。如果区别不明显，就不用太在意哪个变量标记为 X，哪个标记为 Y。

这么些术语可能把你的脑子搞得有点乱。如果我告诉你，我要调查一个样本，测量其中个体的抑郁水平和应激程度，这时我们会将这两个变量都看作因变量，因为两者都是要收集的数据。然而，如果想知道抑郁水平是不是随着应激程度而变化，我们就会将应激程度看作自变量，而将抑郁水平看作因变量——我们想知道抑郁水平是否因应激水平而变。因此，"自变量"和"因变量"这两个术语用得有点混乱。也许最好退回去将"预测变量"和"准则变量"作为描述变量间关系的术语。但即使这样，有时还是免不了混乱，因为如果我想知道身高和体重之间有没有关系，那么这两个变量没有一个是清清楚楚的预测变量，也可能两个都是。我说这些，是希望你稍微容忍一下术语使用上的这种混乱。不要绞尽脑汁纠结一定要将哪个变量称为自变量。

考察一下图 9.1—图 9.3 这三个散点图。这些图表示的都是真实的数据——它们不是人工编造的。图 9.1 的数据来自 St. Leger、Cochrane 和 Moore（1978）报告的婴儿死亡率（根据调整后的国民生产总值而得）与每万人口中的医生数。（对国民生产总值的调整会造成婴儿死亡率有时为负值，但这不是我们要研究的问题。）请注意这样一个奇异的结果：婴儿死亡率随着医生数的增加而上升。这显然是一个意想不到的结果，而且几乎可以肯定不是随机误差造成的。（当你查看这些数据并阅读本章后面的内容时，你可以想一想对这一惊人的结果可能有哪些解释。①在由全世界 31 个发达国家或发展中国家组成的样本中，美国的婴儿死亡率排名为第 30 位，它后面就是垫底的斯洛伐克。

叠加在这三个图上的线都是"拟合度最高"的直线。下一章的主题就是怎么画出这种

注释①
参见 Young（2001）对这一现象的合理解释。

直线。我在每个图上都画了这种直线，因为它们有助于凸显两个变量之间的关系。我们将这些线称为以 X 预测 Y 的**回归线**，它们表示我们根据给定的 X_i 值对 Y_i 所做的最佳预测值，其中 i 表示 X 或 Y 的第 i 对值。对于任意已知的 X 值，我们都用该值对应的回归线高度表示 Y 的最佳预测值（记作 $\hat{Y}_i$）。换句话说，我们可以从 X_i 处画一条垂直线与回归线相交，然后水平移动到 Y 轴，读取 $\hat{Y}_i$ 值。下一章介绍的内容就是回归分析。

散点在回归线两侧的密集程度（换句话说，Y 的实际值与预测值的一致性程度）与 X 和 Y 之间的相关系数（r）有关。相关系数的范围是 $-1 \sim +1$。图 9.1 中的点离回归线很近，说明这两个变量之间存在强烈的线性关系。如果这些点全都准确地落在回归线上，则相关系数为 +1.00。实际上，图 9.1 中两个变量的相关系数是 0.81，这表明两个真实变量之间存在高度相关。图 9.1 的完整数据文件见本书配套数据包，文件名为 Fig9-1.dat。

图 9.2 是我用 23 个发达国家（大多是欧洲国家）的预期寿命（男性）与人均医疗保健支出的数据绘制成的。这些数据来自 Cochrane、St. Leger 和 Moore（1978）的文献。当美国人热烈讨论医疗保健成本问题的时候，这些数据能让我们冷静下来。如果我们用预期寿命来衡量一个国家的民众健康状况（这当然不是唯一的标准，也可能不是最佳标准），我们可以看到在医疗保健方面花了多少钱与实际的健康水平无关（假设不同的国家以相似的方式安排其支出）。几年前，我们花几十万美元将一个非人类的灵长类动物的器官移植到一个 57 岁的男性身上，这可能会让这位男性多活几年，但是这几乎没有增加全国民众的预期寿命。然而，如果在撒哈拉以南的非洲地区花同样多的钱预防幼儿疟疾，产生的影响将非常重大。请注意，图 9.2 中寿命最长的两个国家（冰岛和日本）与寿命最短国家（葡萄牙）的医保支出费用是差不多的。美国的支出水平几乎是最高的，但是其预期寿命远低于多数发达国家。图 9.2 体现的就是我们考察的两个变量之间没有明显关联的情况。如果变量之间丝毫没有关联，则相关性就是 0.0。图 9.2 中两个变量的相关系数实际上仅为 0.14，足以证明其与 0.0 的差异不够可靠。图 9.2 的完整数据文件见本书配套数据包，文件名为 Fig9-2.dat。

最后，图 9.3 的数据来自 1991 年《新闻周刊》（*Newsweek*）一篇关于乳腺癌与日照水平之间关系的文章。对于我这样的喜欢阳光的人来说，只要听说多晒太阳有那么一点点好处都很开心——尽管这样解释数据有些肤浅。请注意，随着太阳辐射量的增加，乳腺癌病人的死亡率会降低。[近年来，这一主题得到了大量研究，人们认为某些类型癌症的发病率降低与人体内生成维生素 D 的水平有关，而维生素 D 的生成量因日照而增加。这是一篇很精彩的文章，作者用各种方式描绘数据，见于 Garland 等人（2006）的研究。] 图 9.3 也是**负相关**的一个好例子，这里的相关系数为 −0.76。你可以在本书配套数据包中找到图 9.3 的完整数据文件，文件名为 Fig9-3.dat。

特别需要注意的是，相关系数的符号除了表示相关的方向之外没有其他意义。相关系数为 0.75 和相关系数为 −0.75 表示的相关程度完全一样，只是方向相反而已。按照这个理解，图 9.1 和图 9.3 所示变量的相关程度大致相同，但是符号相反。

我们通过另一个例子来更细致地研究影响相关系数高低的因素。行为科学研究者经常研究行为改变与健康问题的关系。红葡萄酒消费量与冠状动脉疾病（心脏病）之间关系的数据就很引人注意。这个例子如图 9.4 所示，它呈现了欧洲各国心脏病发作导致的死亡率与这些国家的葡萄酒消费量之间的关系。数据来自 St. Leger 等人（St. Leger, Cochrane, & Moore, 1979）的论文。

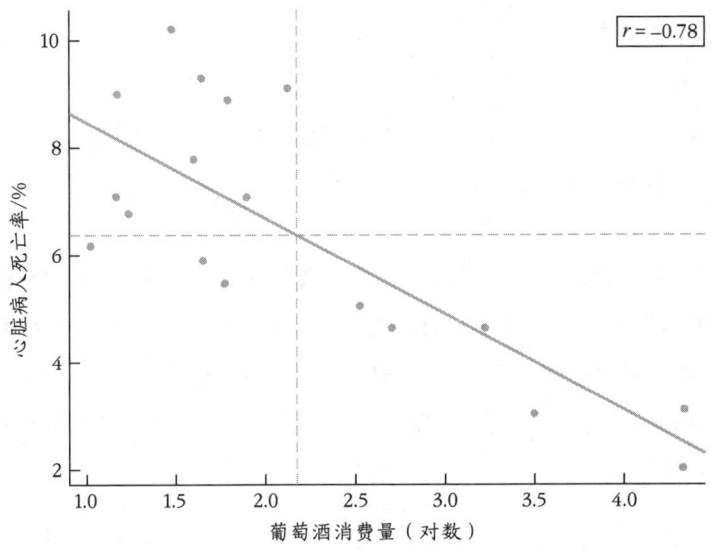

图 9.4　心脏病人死亡率与葡萄酒消费量（对数）的关系。虚线处为 X 和 Y 的平均数

利用这个例子，我要谈几个问题，这对你理解相关分析和回归分析都很重要。

- 请注意，X 轴的数据是葡萄酒消费量（Wine）的对数（Logwine），而不是消费量本身。这是因为消费量的分布是严重右偏的，取其对数有助于纠偏。（网络上的数据文件中同时收录了 Wine 和 Logwine 数据，你可以采用任何一种数据作为 X 来绘图。）
- 请注意，在这个例子中，心脏病导致的死亡率实际上随着葡萄酒消费量的增加而下降。对于这个发现，最初是有争议的，但是现在已经普遍认为这是一个确实存在的（尽管不见得是因果关系）效应。有人可能会将这个结果当成大学生多多饮酒的理由。但不巧的是，大学生很少患心脏病，所以根本没必要用葡萄酒保护心脏。此外，酒精倒是有许多本例未做考察的负面影响。为了预防一个极少出现的问题而让人陷入真正危险的酒精滥用之中，这显然是不明智的。喝酒伤肝而死，就像死于开车撞大树一样，确实可以有效地避免你死于心脏病。
- 要注意的第三点是，在这个图以及前面的几个图中，每一个数据点表示一个国家而不是个人。我在这里选用的数据只是碰巧有这个特征而已。理论上，我们可以抽取一大群人，记录每个人去世时的年龄（不可否认，这与心脏病的发病率不同），然后将每个人的寿命长短与其葡萄酒消费量绘制成图。这可不是一项简单的研究（我们必须每月打电话给每个人问"你死了吗？"），不过还算可以做到。但是，个人的寿命与葡萄酒消费量各不相同，而一个国家的平均寿命与该国平均葡萄酒消费量是相当稳定的。因此，当每对数据表示一个国家的平均数时，我们需要的数据点数比每对数据表示一个人时少许多。（当我们看到平均数抽样分布的标准误随样本容量增加而减小时，我们多多少少应该能够理解前一章为什么说汇总的数据比较稳定。）

- 在图 9.4 中，我画上了分别与 $\bar{Y}$ 值和 $\bar{X}$ 值对应的水平线和垂直线（两条都是虚线）。请注意，用两条虚线划分出来的左上象限中有 9 个观察值（数据点），这些观察值的 X 值小于 $\bar{X}$，Y 值则大于 $\bar{Y}$。同样，在右下象限有 6 个观察值，其 X 值大于 $\bar{X}$ 且 Y 值小于 $\bar{Y}$。只有 3 个点不符合上述模式——这 3 个点的 X 值和 Y 值都高于（也可以是低于）它们的平均数。
- 在 Chance News 网站上可以看到有关葡萄酒消费和心脏病的研究的有趣讨论*，在这个网站，我不仅能用有趣的方式打发时间，还能学到些东西。

如果饮酒与心脏病之间存在很强的负相关，我们就可以预期，在一个变量上取较高值（高于平均数）的国家在另一个变量上的值大多会低于平均水平。这个想法可以用一个简单的表格来表示，表格中填上两个变量取值都高于平均数的次数（国家个数），以及两个变量的取值都低于平均数的次数，以及一个高于平均数而另一个低于平均数的次数。依据图 9.4 中的数据，我们可以列出表 9.1。

表 9.1 根据平均数将散点图划分为多个象限考察相关性

		心脏病	
		平均数以上	平均数以下
葡萄酒消费	平均数以上	0	6
	平均数以下	9	3

鉴于两个变量之间存在强烈的负相关，我们预计表 9.1 中的"平均数以上 - 平均数以下"和"平均数以下 - 平均数以上"这两个单元格中的数字比较大，而两个变量的取值都在"平均数以上"和都在"平均数以下"的国家寥寥无几。反过来，如果两个变量彼此不相关，我们可以想见，表格的 4 个单元格（或散点图中的 4 个象限）里面的国家个数应该大致相等。如果两个变量之间存在强烈的正相关，我们可以预期，那两个双"以上"和双"以下"单元格中的数字会很大。根据表 9.1，我们发现 18 个国家中有 15 个落入负相关模式的单元格中，说明葡萄酒消费与心脏病之间存在负相关。换句话说，如果一个国家在一个变量的取值上低于平均数，则极有可能在另一个变量的取值上高于平均数，反之亦然。只有 3 个国家不符合这种负相关模式。于是，这个例子就以简洁的方式解释了散点图以及两个变量之间的关系。② 对于图 9.4 来说，相关系数为 -0.78。

注释②
在没有计算机和电子计算器的年代，许多教科书都要展示一下如何将散点图划分成几个正方形，再根据各个正方形中的点数来估计相关系数。这种划分比本章将散点图划分成 4 个象限更精细，但是思路是一致的。幸运的是，我们现在已经不再需要以这种方式计算相关系数了，虽然这种方法还是很有启发性的。

其他变量也可能影响结果

不过，事情并不总是那么简单的。其他的变量也可能会影响结果。Wong（2008）提出，欧洲各地的葡萄酒消费量不同，日照水平也是如此。他呈现的数据表明，不仅

---
* 本书配套提供的网络补充材料的网址可联系电子邮箱 1012305542@qq.com 获取，或者登录 www.wqedu.com 下载。您在下载中遇到问题，可拨打 010-65181109 咨询。——中文版出版者注

红葡萄酒和地中海式饮食可以解释冠心病发病率的差异，日照水平与乳腺癌发病率也有关联（见图9.3）。

9.2 一个例子：生活节奏与心脏病之间的关系

我们在前几页中看到的例子要么是高度正相关，要么是高度负相关，要么就是几乎相互独立的变量。现在我们来看一个相关不很高但又显著大于0的例子。这个例子也更接近行为科学家经常做的那一类研究。

很多人认为生活节奏快的人比较容易患心脏病和其他各种致命的疾病。（这时，你脑海中会浮现所谓"A型"人格的讨论。）Levine（1990）发表了关于"生活节奏"与缺血性心脏病死亡率（经年龄校正）之间关系的数据。他的研究收集了36个地理位置各不相同而且规模各异的城市的数据。他测量生活节奏的手段可称得上是天才。他偷偷用秒表记录银行职员为20美元的账单找零所花的时间、普通人走18米所用的时间以及人们说话的语速。Levine还记录了每个城市缺血性心脏病的死亡率（经年龄校正）。数据如下，其中"生活节奏"是上述3个指标的平均数。（测量单位是任意的。所有体现生活节奏的变量的数据都可以在互联网上找到。）这个例子有两个因变量，但其中一个显然是预测变量（横坐标即表示生活节奏的 X 轴，纵坐标即表示心脏病发病率的 Y 轴）。

具体数据见图9.5。

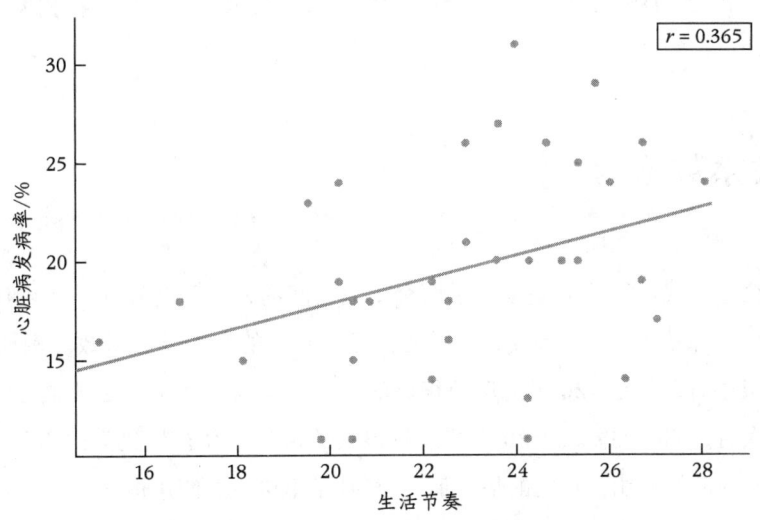

图9.5 生活节奏与经年龄校正的心脏病发病率的关系

从这个图可以看出，在生活节奏越快的城市（那里的人们说话、走路以及完成简单任务的速度都快），经年龄校正后的心脏病发病率越高。这种模式不如前面几个例子那样鲜明，但是我们发现的许多心理变量之间的相关更接近这样的模式。[3]

观察图9.5，我们可以看到生活节奏与心脏病之间存在强烈的正相关关系——生活节奏

注释③
Levine 和 Norenzayan（1999）在研究了31个国家的这种关系时得到了非常相似的发现，其相关系数为 $r = 0.35$。

加快了，心脏病死亡率也随之上升，反之亦然。它之间存在**线性关系**，因为最佳拟合线是一条直线。[如果用一条直线能最好（或几乎最好）地拟合数据，我们就说两变量间的关系是线性的。如果最佳拟合线不是直线，我们将其称为**曲线关系**。]我画上这条拟合线，可以让相关关系更加清晰。看一下图 9.5 中的散点图。如果你只看生活节奏得分最高和最低的两类人，你会发现高分组的死亡率几乎是低分组的 2 倍。

9.3 协方差

我们想用这些数据计算的相关系数，其基础是一种被称为"**协方差**"的统计量。协方差基本上已经能反映两个变量的共变程度。例如，如果一个变量的高分往往与另一个变量的高分相配对，那么协方差会较大而且取正值。当一个变量的高分与另一个变量的高分和低分相配对的情况差不多时，协方差会接近零，而当一个变量的高分往往与另一个变量的低分相配对时，协方差就会取负值。

协方差的数学定义式是这样的：

$$cov_{XY} = \frac{\sum(X - \overline{X})(Y - \overline{Y})}{N - 1}$$

从这个式子可以看出，协方差在形式上与方差上很相似。如果我们将式中的各个 Y 改为 X，算出来的就是 s_X^2。

可以证明，只要 X 和 Y 呈完全正相关（$r = +1.00$），协方差将达到其最大正值；只要两者呈完全负相关（$r = -1.00$），协方差将达到其最大负值。如果不存在相关（$r = 0$），协方差将为零。

9.4 皮尔逊积差相关系数（r）

你可能会想，我们用协方差来表示两个变量之间的相关程度就行了。然而，这样做马上就会遇到一个难点，因为 cov_{XY} 的绝对值也是 X 和 Y 的标准差的函数。例如，在各个变量的标准差很小时，$cov_{XY}=20$ 可能反映很高的相关；而当各个变量的标准差很大——分数之间差异很大时，同样的 $cov_{XY}=20$ 可能反映很低的相关。为了克服这个问题，我们将协方差除以标准差的商作为相关程度的估计值。（从技术上讲，这叫用标准差来缩放协方差，因为我们其实就是在改变协方差的尺度。）这样，我们就定义了一个叫作**皮尔逊积差相关系数（r）**的概念[④]：

$$r_{XY} = \frac{cov_{XY}}{s_X s_Y}$$

注释④
该系数以其提出者卡尔·皮尔逊命名。形如 ($X - \overline{X}$) 和 ($Y - \overline{Y}$) 的离差也称为"矩"，因此该系数称为"积差"或"积矩"相关系数。

cov_{XY} 的最大值就是 $\pm s_X s_Y$。(不信你可以自己做数学推导。)既然 cov_{XY} 的最大值是 $\pm s_X s_Y$，那么 r 的上下极限是 ± 1.00。故此，对 r 的一种解释是，它是协方差接近其最大值的程度的指标。

前面的式子有一个等价公式——将方差和协方差替换成它们的计算公式，然后通过消去部分内容来简化式子。这样就能得到

$$r = \frac{N \sum XY - \sum X \sum Y}{\sqrt{[N \sum X^2 - (\sum X)^2][N \sum Y^2 - (\sum Y)^2]}}$$

如果你手工计算相关系数，这个公式将有用，我把它列在这里，也是应了多位评议者的要求。那些拥有计算机软件和各种电子表格（像 Excel 等）的学生更喜欢用软件计算相关系数。（许多袖珍计算器也可以计算相关系数。）既然大多数计算器会自动生成部分或全部所需的统计量，那么将离差代入本节第一个公式往往简单得多。该公式至少有一个优势，那就是可以从中看到相关系数的计算原理。r 的两个公式算出的结果是完全相同的；选用哪个公式完全由你决定。我比较喜欢用协方差和标准差的那个算式，但是以前的大多数教材也都列出了第二个公式。

表 9.2 中包括了生活节奏数据的协方差和两个标准差。

表 9.2　36 个美国城市的生活节奏（Pace）与心脏病导致的死亡率（Heart）

生活节奏（X）	27.67	25.33	23.67	26.33	26.33	25.00	26.67	26.33	24.33	25.67
死亡率（Y）	24	29	31	26	26	20	17	19	26	24
生活节奏（X）	22.67	25.00	26.00	24.00	26.33	20.00	24.67	24.00	24.00	20.67
死亡率（Y）	26	25	14	11	19	24	20	13	20	18
生活节奏（X）	22.33	22.00	19.33	19.67	23.33	22.33	20.33	23.33	20.33	22.67
死亡率（Y）	16	19	23	11	27	18	15	20	18	21
生活节奏（X）	20.33	22.00	20.00	18.00	16.67	15.00				
死亡率（Y）	11	14	19	15	18	16				

$\sum X = 822.333$　　　　　　　$\sum Y = 713$　　　　　　　$\sum XY = 16\,487.67$
$\sum X^2 = 19\,102.33$　　　　　$\sum Y^2 = 15\,073$　　　　　$N = 36$
$\overline{X} = 22.84$　　　　　　　$\overline{Y} = 19.81$　　　　　　$cov_{XY} = 5.74$
$s_X = 3.015$　　　　　　　　　$s_Y = 5.214$

用第一个公式计算表 9.2 中的数据，可以得到

$$r_{XY} = \frac{cov_{XY}}{s_X s_Y} = \frac{5.14}{3.015 \times 5.214} = 0.365$$

用第二个公式的计算留给你完成。你会发现，两次计算结果是一样的。

用 R 计算相关系数的代码如下。代码的后半部分用来拟合一条名为"reg"的回归线，下一章将详细讨论这个问题。在这里就拟合这条线，是因为下一个语句要把这条线画出来。如果你不想画，也可以暂时不予理会。

```
# Pace of Life
Pace.life <- read.table("https://www.uvm.edu/~dhowell/fundamentals9/
DataFiles/Fig9-5.dat", header = TRUE)
attach(Pace.life)
head(Pace.life)      # Just to find the variable names
correl <- cor(Heart, Pace)
correl <- round(correl, 3)
plot(Pace, Heart, xlab = "Pace of Life", ylab = "Incidence of Heart Disease")
reg <- lm(Heart~Pace)
abline(reg = reg)
legend(16, 28, paste("r = ",correl), bty = "n")
```

对相关系数进行解释时一定要慎之又慎。具体来说，不能将 $r = 0.36$ 解释为生活节奏与心脏病之间存在 36% 的关系（无论这种关系可能意味着什么）。相关系数只不过是 –1.00 ~ +1.00 之间的一个点，越接近两端则意味着两个变量之间的关系越强，仅此而已。要做更具体的解释，我们更倾向于用 r^2 来表示，这个问题将在第 10 章讨论。

卡尔·皮尔逊

卡尔·皮尔逊是 20 世纪初的统计学界最有影响的人物之一。他提出了积差相关系数，这也是本章的主题；他还提出了 χ^2 统计量，这是第 19 章的主题。[可惜他提出的 χ^2 统计量有点瑕疵，费舍提出纠正意见，两人之后还爆发了争执。Field（2009）称他们是"一群闹腾的孩子。"]皮尔逊还提出了其他许多统计方法，不过在这里不打算介绍了。

皮尔逊出生于 1857 年，长大后博闻强识，知识渊博。他曾是历史学家，写过耶稣受难剧，当过律师，学数学成了应用数学的首席，之后又在伦敦大学建立了世界上第一个统计学系。他对爱因斯坦关于反物质、时间皱纹和第四维度的著作也有直接的影响。当他退休时，他的统计学系分裂成两大分支，一个分支由他的儿子埃贡担任统计学教授，另一个分支由费舍担任遗传学教授。你不得不承认，他是一个极富成就的人。当时，《生物计量学》（*Biometrika*）杂志可能是该领域最负盛名的期刊，想必你能猜到，他是主编，而且一直干到去世。他拒绝发表费舍的论文，更是让他们的竞争达到白热化。

皮尔逊提出的相关系数具有巨大的影响力，至少在费舍于 20 世纪 30 年代发表关于方差分析的著作之前，它与下一章讲的线性回归都是最受欢迎的数据分析技术之一。它现在仍是应用最广的统计技术之一，即使皮尔逊讨厌费舍，我们还是应该对他心存感激。

9.5 秩次数据之间的相关系数

在前面的例子中，对每个"被试"——城市——都要以日常生活中的时间单位来记录其三项任务花费的时间和心脏病导致的死亡率。然而，我们有时要求评定者在 2 个维度上对各个对象进行排序（求秩次），然后计算两组秩次的相关程度。例如，我们可能要求评定者对 10 份研究生入学申请书中的"目的陈述"部分的撰写质量排出秩次（根据清晰性、具体性和真诚性三个方面做出评价）。质量最差的排在第 1 位，余下项目中最差的一个排在第 2 位，依此类推。另一位评定者则根据所有其他可用信息对每位申请人的总体可接受性进行排序。我们可能会对申请人"目的陈述"的质量与其可接受性这两个维度的关联程度感兴趣。当面对这样的名次（秩次）数据时，我们经常采用所谓的**斯皮尔曼等级相关系数**，记为 r_s。（这不是唯一可以用于秩次数据的相关系数，甚至也不是最好的系数，但它确实是最简单、最常见的系数之一。⑤）

过去，人们在手工计算相关系数时会用特殊的公式以节省时间。例如，如果数据是 N 个对象的秩次，你可以将所有秩次相加，也可以用公式 $\Sigma X = N(N+1)/2$。两种算法的答案是一样的。当我们只能用纸笔来做手工计算时，有这样的公式就很好了，但现在这样的公式几乎没有什么用了。不过，这种公式正是斯皮尔曼公式的来源。斯皮尔曼只是在皮尔逊公式的基础上做了一些替换。[例如，他用 $N(N+1)/2$ 代替了 ΣX。] 但是如果你将秩次代入皮尔逊（而非斯皮尔曼）公式，你也会得到相同的答案——还不用另记一个新公式。事实上，无论你用哪个公式计算，斯皮尔曼相关系数都等于积差相关系数，只不过参加运算的数据是秩次而不是原测量值。如果有并列秩次，我们必须对斯皮尔曼系数进行调整，但这只是让它与皮尔逊相关系数相一致而已。然而，对于斯皮尔曼相关系数的解释与通常对皮尔逊相关系数的解释不完全相同。

> **注释⑤**
> 肯德尔的 tau 系数在很多情况下有更好的特性，但是我们不打算在这里讨论该统计量。

为什么要用秩次？

如果数据本身就是以秩次形式出现的，自然应该想到斯皮尔曼系数（例如，在要求参试者"根据喜好程度对这些曲奇饼干排秩次"的时候）。但是为什么有人要对连续变量排秩次呢？排秩次的主要原因要么是你不确信所用变量（量表）的性质，要么是你想要减轻极端分数的影响。前一种原因的例子是，我们根据一个人声称拥有的朋友的数量来衡量其社会隔离度，同时另请一位独立评定者以 10 分制对这个人的外表吸引力打分。由于我们心里对这两个变量属于何种量表没有把握，于是可能将每个变量的原始数据转换为秩次（例如，报告朋友数最少的人，其秩次被排为 1，依此类推），然后计算这些秩次之间的相关。而后一种原因（减轻极值的影响）的例子呢？在习题 9.10 中，你将看到唐氏综合征的发病率与孕产妇年龄的关系。在年轻孕产妇中，年龄对发病率的影响非常小，但是在年长的孕产妇中，发病率会随年龄增长而急剧上升。将这些数据排列成秩次，可以对后一种情况下发病率的急剧上升有所制约，使其与年轻孕产妇的年龄对发病率造成的差异程度保持一致。这样做是不是明智另当别论，不过这正是你需要考虑的问题。

对 r_s 的解释

根据秩次数据计算的斯皮尔曼相关系数（r_s）以及其他系数都比皮尔逊相关系数（r）

更难解释，部分原因在于数据的特征。在我之前介绍的关于"目的陈述"秩次的例子中，数据本来就是以秩次形式出现的，因为这是我们对评定者提出的任务要求。在这种情况下，r_s是一组秩次与另一组秩次之间的线性（直线）关系程度的计量。

当我们将获得的数据转换为一组秩次时，r_s就是对秩次之间关系的线性度的计量，但它也仅仅是原变量之间的**单调关系**的计量。（单调关系是连续上升或连续下降的关系——线不需要是直的；它可以先上升一段，走平，再上升，唯独不能调头向下。）这种关系你应该不会陌生。无论是皮尔逊相关还是斯皮尔曼相关，相关系数能直接告诉我们的仅仅是参与计算的变量的信息。我们不要期望相关系数能精确地反映未参与计算的变量。正如第2章所说的，切记，你实际测量的变量（例如朋友数）与要考察的内在属性（例如社交隔离度）之间是有差别的，这里同样有这种差别。

9.6 影响相关的因素

相关系数在很大程度上受样本特征的影响。这里有三个特征：对 X 和（或）Y 的全距（或方差）的限制；关系的非线性程度；子样本的异质性。

全距限制和非线性程度的影响

对 X 和 Y 变化全距的限制是许多案例的共同问题。与全距不受限相比，**全距限制**会改变 X 和 Y 之间的相关。这种限制可能使相关程度上升，也可能使其下降（这与数据性质有关），但最常见的是 r 的下降。

在非常特殊的情况外，限制 X 的全距会使 r 上升，但前提是这种限制消除了部分非线性关系。例如，如果我们研究阅读能力与年龄的相关，如果年龄范围是 0—70 岁，则数据定然会形成一条曲线（开始几年是一条水平线，之后到大约 17 岁都处于上升段，然后趋于平稳甚至下降），在这种情况下计算出来的相关系数会很低，因为该相关系数是衡量线性关系的。但是，如果我们将年龄范围限制在 4—17 岁，则相关系数将很高，因为我们消除了那些与 X 没有线性关系的 Y 值。

关于非线性关系，这里有的一个很好的例子（如图 9.6 所示）。这个图也是医疗保健支出与预期寿命的关系图，但你一看就会觉得与图 9.2 很不相同。你可以看到，这明显是一种曲线关系：虽然预期寿命随着医保支出的增加而增加，但是如果仅考察人均花费超过 2000 美元的国家，两者之间就没有明显的相关了（见图中矩形圈出的区域）。这一段的最佳拟合线基本上是水平的。我呈现这个图，就是想用它说明这样一个事实：一小部分数据就可能造成曲线关系，尽管这种曲线关系本身是准确的，但是它可能误导我们。

限制 X 或 Y 全距更常见的结果是相关程度的降低。这个问题对测验的编制来说尤为重要，因为准则变量（Y）可能只适用于较高的 X 值。请考察图 9.7 中的模拟数据。

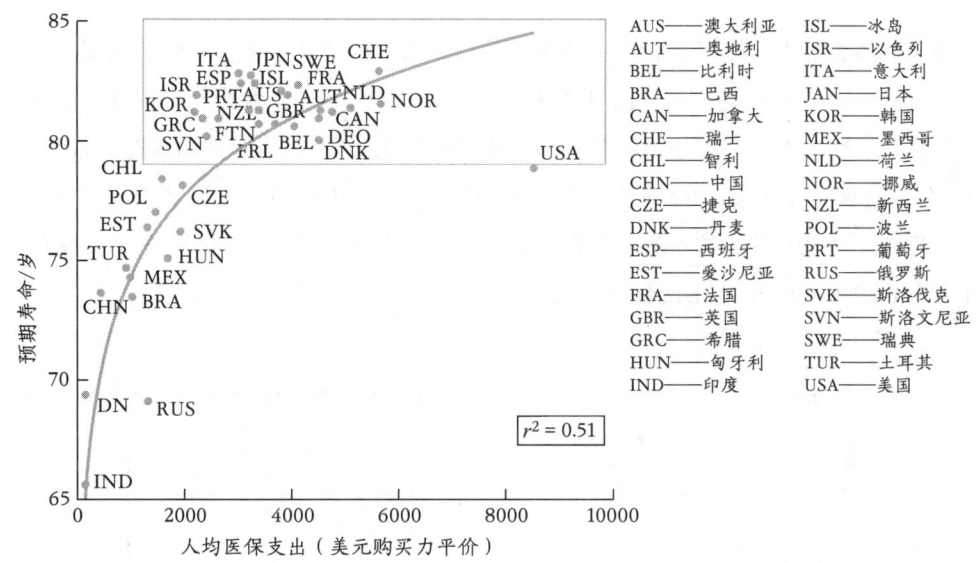

图 9.6 预期寿命与人均医保支出的函数关系
来源：OECD Health Statistics, 2013.

图 9.7 表示一个学生样本中个体的大学平均绩点（GPA）与其标准成就测验得分之间的假设性关系。按照测验构建者的理想，所有参加成就测验的人都将进入大学并获得各自的平均绩点，然后由他来计算测验成绩和平均绩点之间的相关系数。根据图 9.7 可以看出，这种相关系数相当高（$r = 0.65$）。

然而现实情况是，并非所有人都被大学录取。大学只录取他们认为能力较强的学生，无论衡量这种能力的是成就测验得分、高中成绩还是其他任何指标。这意味着，除了标准测验成绩相对较好的学生外，其他人很少能得到大学平均绩点数据。其结果是，我们只能考察一部分 X 值（例如大于 400 的 X）与 Y 的关系。

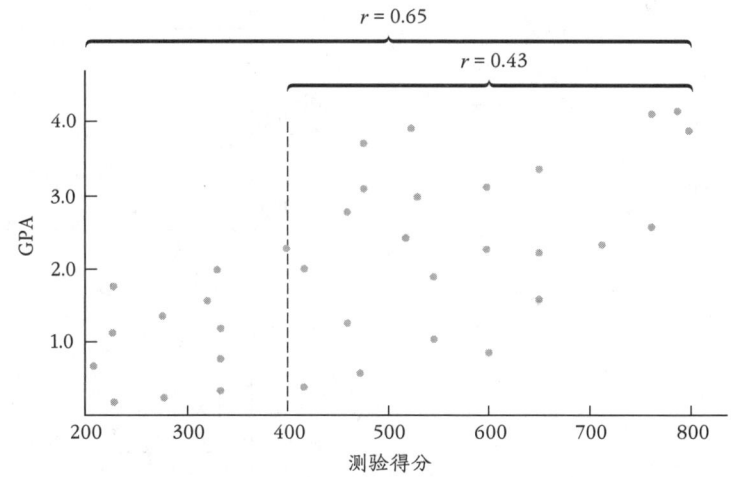

图 9.7 用模拟数据说明全距限制的影响

每当我们看到一个基于受限样本得出的相关系数时，就必须考虑全距限制产生的影响。对于目前这个问题，计算相关系数可能非常不合适。本来我们要研究的是一个人的标准测验成绩能在多大程度上预测其对大学的适应性，但是我们只能考虑那些实际上了大学的人。但是话说回来，有意限制其中一个变量的全距有时还是有用的。例如，如果想研究阅读能力与年龄的线性关系，我们就可能将被试年龄限制在 4—20 岁（也可能采用其他一些合理的限制）。我们想必不会认为阅读能力可以无限制地一直上升。

异质子样本的影响

评价相关分析结果的另一个重要因素是**异质子样本**。这一点可以用一个涉及男女两性被试身高与体重之间关系的简单例子来说明。这两个变量似乎与心理学没什么关系，但考虑到身高和体重对人们建立自我形象的重要作用，这个例子并不像你感觉的那样与心理学无关。此外，这些相关关系在争论身体质量指数（BMI，用于大多数关于饮食和健康的研究中）的适用性中也发挥了作用。图 9.8 中的样本数据来自 Minitab 使用手册（Ryan et al., 1985）。这些真实数据来自 92 名大学生，他们被要求报告自己的身高、体重、性别以及其他几个变量。*（请记住，这些是自我报告的数据，可能存在系统的报告误差。）完整的数据文件名为 Fig9-8.dat，见本书配套数据包。

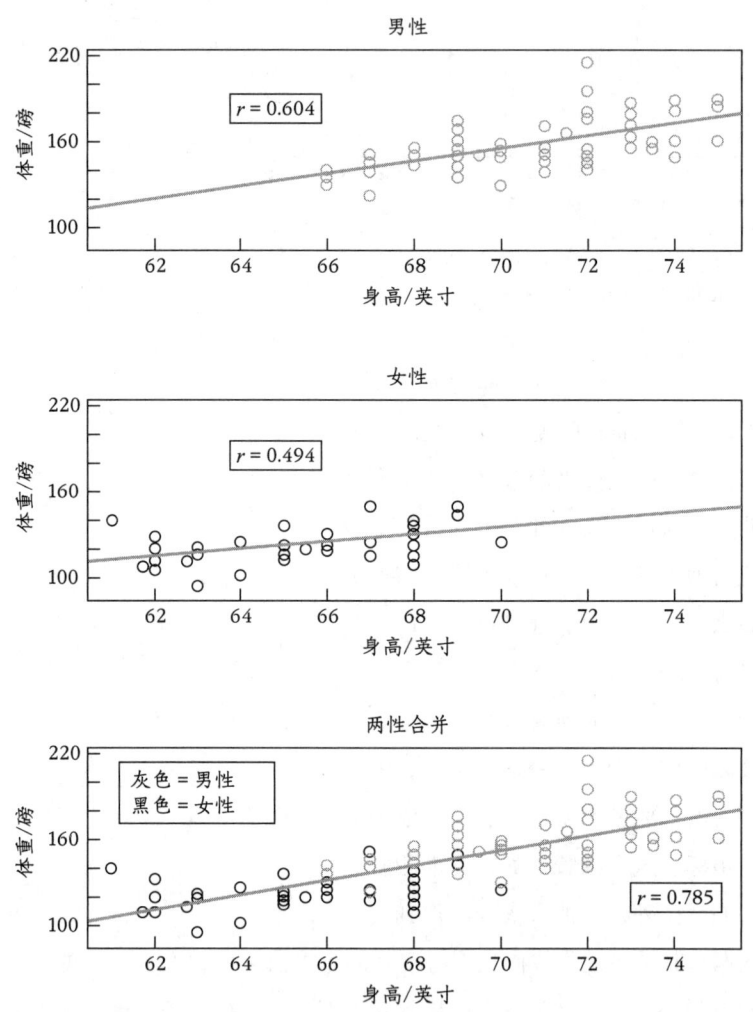

图 9.8 男性和女性的身高和体重之间的关系，注意三个图之间斜率和相关系数的差异（在本书网站上可以找到绘制本图的 R 代码）

当我们将男女两性的数据合在一起（见图 9.8 中最下面的小图）时，可以发现一个很强的相关，相关系数为 0.78。然而，当你分开考察两性数据时，男性的相关系数降到了 0.60，女性则降到 0.49。重要的是，我们将两性数据合并考察时发现的高度相关并不完全是因为身高和体重之间的相关，在很大程度上还因为男性平均比女性更高、更重。事实上，在纸上胡乱画一些点就可以让你相信，谁都可以编造出一些假的、不合理的数据——例如，

---

* 此处报告的身高单位是英寸，体重单位是磅。在本例中，可忽略英制单位与公制单位转换问题，仅关注数值本身。——中文版出版者注

分别看两性的数据，体重和身高均呈负相关；而当你将两性数据合起来时，却可以发现正相关。（完成习题 9.27 就可以看到这种类型的关系。）

在这里，我要表达的观点是，研究者在合并多个来源的数据时必须分外谨慎。两个变量之间的关系可能因为第三个变量的存在而变弱或变强。这本身也是重要的发现。

异质子样本的第二个例子是两性的胆固醇水平与心血管疾病之间的关系，情况也很相似。如果你将两性数据合并，可以发现这种关系并不明显；但是当你将男性和女性的数据分开考察时，可以发现心血管疾病明显随着胆固醇水平的上升而增加。在两性数据混合时，这种相关关系之所以模糊不清，是因为不管在哪个胆固醇水平上，男性的心血管疾病发病率都比女性高。

9.7 警惕极端观察值

来自英国政府对英国家庭烟草和酒精消费情况的调查呈现了关于吸烟与酒精关系的有趣数据。表 9.3 呈现了英国 11 个地区的数据，表中记录的是每个地区的家庭在这两个项目上支出的平均金额。

根据生活中的观察，我觉得烟草和酒精的消费量倾向于存在相关。但是如果计算一下相关数，可以发现它只有 0.224，而 p 值是 0.509，这说明即使零假设为真，这 11 对观察值也可能产生高达 0.224 的相关系数，对此不要觉得诧异。也许是我的直觉有误，也许还有别的解释。对于任何数据，首要的事就是查看数据的分布，而不是急着计算相关系数。如果查看了分布，你会发现各个地区的这两个变量都表现得很正常。北爱尔兰地区的酒精支出比其他地方低一些，但低得不很离谱。同样，北爱尔兰人在烟草上的花费比其他地方的人高一些，但同样高得不过分。可是，如果你将这些数据的散点图画出来，就会发现问题了。图 9.9 就是一个散点图。

表 9.3 英国烟草和酒精产品的家庭支出

地区	酒精	烟草
北部地区	6.47	4.03
约克郡	6.13	3.76
东北地区	6.19	3.77
东米德兰兹郡	4.89	3.34
西米德兰兹郡	5.63	3.47
东安格利亚	4.52	2.92
东南地区	5.89	3.20
西南地区	4.79	2.71
威尔士	5.27	3.53
苏格兰	6.08	4.51
北爱尔兰	4.02	4.56

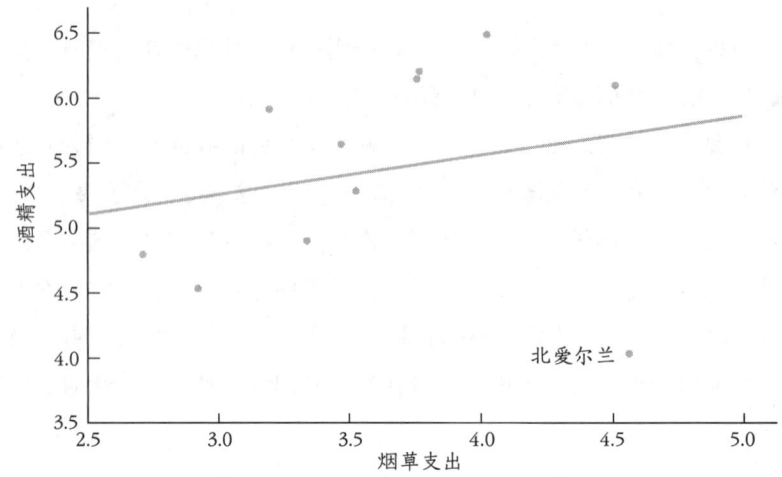

图 9.9 酒精和烟草支出的散点图

请注意,除了北爱尔兰那个数据点外,一切看上去都很像相关。虽然分开看这两个变量时,北爱尔兰的数据并没有那么极端,但两者合起来看确实很极端,因为观察值在一个变量上如此之高,并且在另一个变量上如此之低,这是很罕见的。如果我们将北爱尔兰的数据删除,可以发现用剩余 10 个点算出的相关系数达到 0.784,其双尾检验 p 值为 0.007。这更符合我刚才的预期。

这么说来,遇到不喜欢的观察结果,我们就可以剔除了吗?不是这样的。至少你不能装出一副不存在这些数据的样子。北爱尔兰的数据可以剔除,但前提是要清楚地说明有数据被剔除了,并且应当提供剔除该数据的合理理由;或者,报告结果时仍包括该数据点,但向读者说明这个数据点因未知的原因而表现异常。

9.8 相关关系与因果关系

几乎在每次讨论相关关系的时候,你都会看到一个声明——有相关关系并不意味着存在因果关系。不能仅仅根据两个变量相关就认为其中一个变量变化是另一个变量变化的原因。事实上,我觉得大多数有相关的情况不存在因果关系。教材编写者通常先要做出这样一个声明,再举一个极端的例子,然后就继续往下讲。但我认为我们需要讨论得更深入、详细一些。

我在本章展示了几个变量间有相关关系的例子。一开始举了婴儿死亡率与该地区的医生数的例子,我觉得每个人都不会愿意认为医生数越多会导致婴儿死亡率越高。医生们都在非常努力地救人。接着,我们举了预期寿命和医疗保健支出的例子,我们甚至用不着考虑因果关系,因为两个变量之间显然连相关关系都不存在。(不过,我们倒是可能想知道是什么因素导致这两个变量看上去如此毫无关联。)然后我们举了日照水平与乳腺癌之间相关的例子,还有一个关于葡萄酒消费与心脏病之间相关的例子。对于这两个例子,我们必须更谨慎小心。在这两种情况下,我们确实会忍不住想到用因果关系来解释,而且因果关系也实在有可能是一种合乎逻辑的解释。太阳照射确实促进了维生素 D 的产生,从而对乳腺癌起抵抗作用。同样,葡萄酒中的化合物可能阻碍了导致心脏病的某些生理过程。可是,我们怎么才能知道这是一种因果关系还是别的什么关系？

Utts（2005）列出了一个非常有用的清单，里面有对于两个变量之间显著相关的所有可能解释。在以后的讨论中，我将大胆地遵循她的解释。她提出了两个变量间存在相关的7种可能原因，其中只有1个是因果关系。

1. 这种相关其实就是因果关系。阳光确实可以促进维生素D的产生，而维生素D可以很好地保护身体免受乳腺癌之害。
2. 这种相关可能是反向的，实际上可能是反应变量反过来影响了解释变量。快乐似乎可能带来良好的社会关系，而同样合理的是，拥有良好的社会关系让人们更满意自己的生活。
3. 这种相关可能只在部分程度上属于因果关系。预测变量可能是必要的原因，但是因变量的变化可能单独发生，也可能因为某些其他变量的影响而加剧。财富的增长可能带来更多的快乐，但是前提是有其他条件（例如，家庭的支持、好朋友等）同时起作用。
4. 可能存在第三个起混淆作用的变量。美国人口规模的变化与婴儿死亡率的变化有相关，但是没有人相信周围多一些人口就能减少婴儿的死亡率。这两个变量都与时代有关，也与当时医疗保健方面的其他变化有关。正如我们之前看到的类似例子，Wong（2008）指出，消费大量红葡萄酒的欧洲地区同时也拥有更多的阳光，而太阳照射也被证明与心脏病发病率的下降有关。那么，这一严重疾病的减少是因为晒太阳？喝葡萄酒？两者兼而有之？还是跟两者都没关系？
5. 这两个变量都可能与第三个起原因作用的变量有关。家庭稳定性和身体疾病可能有相关，因为两者本身都受到个体外部压力的影响。
6. 两个变量可能都随时间而变。Utts（2005）举了一个很好的例子——离婚率与毒品犯罪率之间高度相关。这两个变量之间有相关，主要是因为它们都是与日俱增的。
7. 相关可能是由于巧合。你的岳父搬到你家，你的婚姻也每况愈下。你的岳父也许真的起了破坏作用，但也可能是这两件事恰好同时发生而已。我们经常在不存在某种原因的时候看到所谓的因果关系。

构建因果关系的过程是非常艰难的，我们在断定存在任何原因时都要谨慎小心。第一个要考虑的重要因素是，如果A引起了B，则A必须在B之前发生，或两者同时发生。因果关系不可能先有果后有因。第二要考虑的是排除其他变量。如果我们能够证明，不论其他可能的原因是否存在，A总能导致B，我们就会更加坚信这种因果关系。这正是科学如此关注随机性（尤其是随机分配）的原因之一。如果我们招来一大群人，将他们随机地分成三组，并将三组人暴露于不同的条件下，最后发现这三组人随后的行为表现在统计学上有很可靠的差异，我们就较好地论证了这种因果关系。随机分配可以在很大程度上排除各组之间的系统差异，这种系统差异会混在样本之间的任何差异之中。最后要考虑的是，在声称一个变量影响另一个变量之前，我们需要对这种因果关系进行合理的解释。如果无法解释我们的发现，我们最好这样说：这种关系值得进一步研究，寻找对这种相关关系的合理解释。讲完这些，我们总算可以顺畅地过渡到下一节了。

9.9 一件事情如果看起来好得出奇，也许真该怀疑

并非所有统计计算的结果都表达着它们本来的意思；事实上也并非所有结果都有意义。本书将反复强调这一点，尤其是在讨论相关分析和回归分析时。

在图 9.1 中，我们看到了 Cochrane 等人（1978）收集的关于各国婴儿死亡率与每万人口中的医生数之间关系的数据。两个变量之间的相关不仅非常高（$r = 0.88$），而且是正相关。这些数据表明，随着医生数的增加，婴儿死亡率也上升了。我们如何看待这些数据？医生真的害死了孩子？我在上一节说，我强烈质疑这种关系是因果关系的说法，希望大家也都是这样想的。

没有人会当真认为医生真的会害死孩子，这两个变量之间几乎不可能存在因果关系。我们认为这些数据应该用于研究相关关系和回归关系以及对此可能的解释，而不是拿来研究婴儿死亡率。在这样做的时候，我们必须记住以下几个事实。第一，这些数据全部来自发达国家，而且主要（但不限于）来自西欧国家。换言之，我们讨论的都是医疗保健水平较高的国家。尽管这些国家的婴儿死亡率（和医生数）无疑存在很大的差距，但是这种差距想必远远比不上我们在全世界范围内随机抽取的样本之间的差距。这表明，在我们想努力解释的婴儿死亡率的差异中，有一部分可能不是有意义的差异，而是属于系统中的无意义的随机波动。

第二，这些数据是有选择性的。Cochrane 等人没有简单地随机抽取发达国家的样本——他们谨慎地选择要包含的数据，只不过当时这样做的原因与这种奇异的关系几乎不相干。如果我们选择的这个样本中包含更多的发达国家，我们就可能（甚至真的就能）看到，这两个变量之间没有那种戏剧性的关系。（我这样讲绝不是暗示论文作者捏造了数据。）第三，我们还要考虑到，上述这种奇异关系是 Cochrane 等人从他们获得的许多结果中挑选出来的，因为这个发现比较耸人听闻。（不管是怎样的数据，哪怕没有什么真正重要的结果，但是只要你花足够的功夫，总能从中找到一些有趣的发现。）当时，他们正在寻找可以用来预测婴儿死亡率的指标，这种奇异关系就从其他比较正常的关系中脱颖而出，抓住了他们的眼球。他们在论文中提供了多种可能的解释，这篇文章告诉我们，研究者需要具备超越数字的眼光。

根据图 9.1 所示的结果，我们来考虑一些可能的解释（尽管不一定是最佳的解释）。首先，有人可能会认为我们遭遇了"报告问题"。医生越多，我们就越容易收到婴儿死亡的报告，这就导致报告的死亡数随着医生数的增加而增加。如果我们把欠发达国家考虑进来（可惜没有），这可能就是一个合理的解释。即使在某些没有那么多医生的西欧或北美国家，也不大可能出现大量漏报死亡的情况。另一种可能性是，医生是哪里有疾病就去哪里的。这一论点虽然暗示有因果关系，但是其方向相反——婴儿死亡率升高才引来了大批医生。第三种可能性是，人口密度高往往会导致婴儿死亡率升高，这也往往会吸引医生前来。在美国，城市中的贫民和医生都倾向于汇集在市中心。（你将如何检验这个假设？）有趣的是，如果我们将"医生"的范围缩小到更可能起直接作用的儿科和产科医生，前面一直关注的相关关系就弱了很多，尽管还是正相关。

9.10 相关系数的显著性检验

样本的相关系数不等于零，并不一定意味着总体中这些变量之间真的存在相关。例如，我编写一个简单的程序，用随机数生成器"抽取"了 25 个数字，并将这个变量人为地命名为"income（收入）"。接着，我又抽取了 25 个随机数，并将变量命名为"musicity（音乐喜爱度）"。然后，我将第一组数字中的第一个数与第二组中的第一个数配对，再将两组的第二个数配对，依此类推，并计算两个变量之间的相关系数，结果得到的相关系数是 0.278。看着很不错。我好像证明了，一个人越爱好音乐，其收入就越高，反之亦然。但是我们知道，这些数据只是随机数而已，两组随机数之间其实不存在相关。我只是碰巧得到了一个比较大的 r 罢了。

我举这个例子的重点不在于证明统计者在撒谎。（关于这种效应的评论我已经听了太多了！）我要说的重点是，与所有其他统计量一样，相关系数也受抽样误差的影响。它们总会与总体的真实相关（本例中相关为 0）有一定程度的偏差。它们有时太高，有时太低，有时（但很罕见）刚刚好。如果我像前面举的例子那样，再抽取一批新数据，相关系数可能就变成 $r = 0.15$，或者可能是 $r = 0.03$，甚至可能是 $r = -0.30$。不过，我不大可能得到 $r = 0.95$ 或 $r = -0.87$。我们可以预期，这些相关系数与总体真实值 0 可能有小偏差，但不大会有很大的偏差。

但是问题在于这种偏差到底有多大？什么样的相关系数才会让我们说它离零足够远，以至我们不相信总体的真实相关为零？在这里，我们又面临着第 8 章中提出的假设检验问题。

首先，让我们看看基于 1000 个样本的相关系数的经验抽样分布，每个样本都有 50 对 X 和 Y 值。我就是像前一段介绍的那样抽取了 1000 个样本，每个样本里有 2 组随机数（X 和 Y 值），并计算了每一个样本的 r。由于这里的数据都是随机数，因此总体的相关系数（记为 ρ，近似读作"柔"）应该等于 0。r 的分布见于图 9.10。

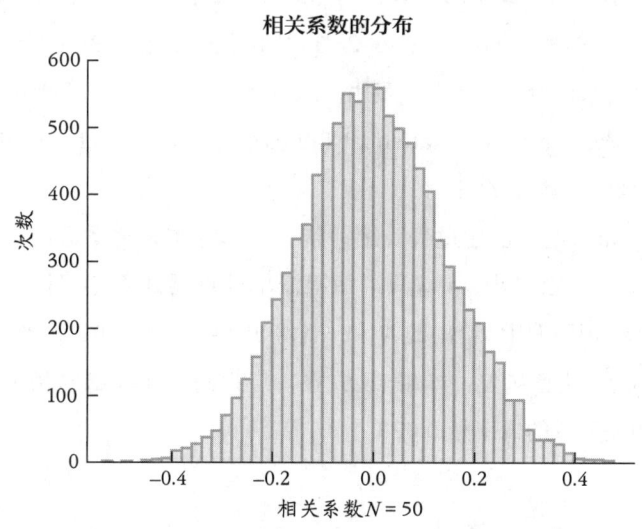

图 9.10　当真实相关为 0 时，从总体中抽样获得的相关系数的抽样分布

注意我们所获得的 r 值的范围。即使有 50 对观察值（随机数），我们偶尔也会算出一些相当大的相关系数。

前文提到过生活节奏与心脏病发病率之间的关系。当时根据 36 对观察值算出相关系数为 0.365。现在我想知道，总体中的这两个变量是否真正相关。为了得出关于这个问题的决策，我要建立一个零假设：**总体相关系数**（记为 ρ）为 0（即 $H_0: \rho = 0$）。如果能够拒绝 H_0，我就可以得出结论说，城市的生活节奏确实对心脏病发病率有影响。如果不能拒绝 H_0，我就只好得出结论说，我没有足够的证据证明这两个变量有或没有相关，也不能证明这种关系的方向，我只能说它们之间不存在线性相关。

我比较偏爱双尾检验——如果求出的相关系数太大（无论正负），我都将选择拒绝 H_0。换句话说，我正在检验

$H_0: \rho = 0$

与

$H_1: \rho \neq 0$

但是仍有一个问题没有解决——"多大才算太大？"

过去，我们经常查阅相关系数表，据此评价相关系数的统计显著性。但是现在我们不再需要这样做了，因为我们可以非常容易地算出另一个统计量，然后评价该统计量的显著性。我们要计算的这个统计量称为"学生 t"，计算方法也非常简单。

$$t = \frac{r\sqrt{N-2}}{\sqrt{1-r^2}}$$

就目前的例子来说，上述公式就成了

$$t = \frac{r\sqrt{N-2}}{\sqrt{1-r^2}} = \frac{0.365\sqrt{36-2}}{\sqrt{1-0.365^2}} = \frac{0.365\sqrt{34}}{\sqrt{0.8667}} = 2.286$$

像这样根据一个变量预测另一个变量时，其自由度 $=N-2$，其中 N 是样本的容量（是成对数据的个数，不是单个数据的个数，不然 N 要乘 2）。我们当前这个例子的 $N=36$，所以我们在评价该统计量时，自由度是 36-2=34。我们可以按照 34 这个自由度，用惯常使用的网络概率计算器来评价 t 的概率。我用 vassarstats.net 上的计算器解决了这个问题。我在界面上选择的过程是：utilities/Statistical Tables Calculator/r to P。图 9.11 呈现了这个计算器，以及屏幕上显示的计算结果。

我来说明一下如何进行上述过程。第一步，计算样本相关系数和 $df = N - 2$，其中 N 表示有多少对观察值。第二步，计算 t，并用概率计算器计算零假设下的（双尾）概率。Vassarstats.net 计算器可以用你给出的 N 和 r 计算出 t 值。第三步，只要概率小于 0.05，我们就拒绝 H_0（$\rho=0$）。这意味着，如果 H_0 成立，与我们现在算出的相关系数（无论正负）相比，出现更高相关系数的概率是 0.029。

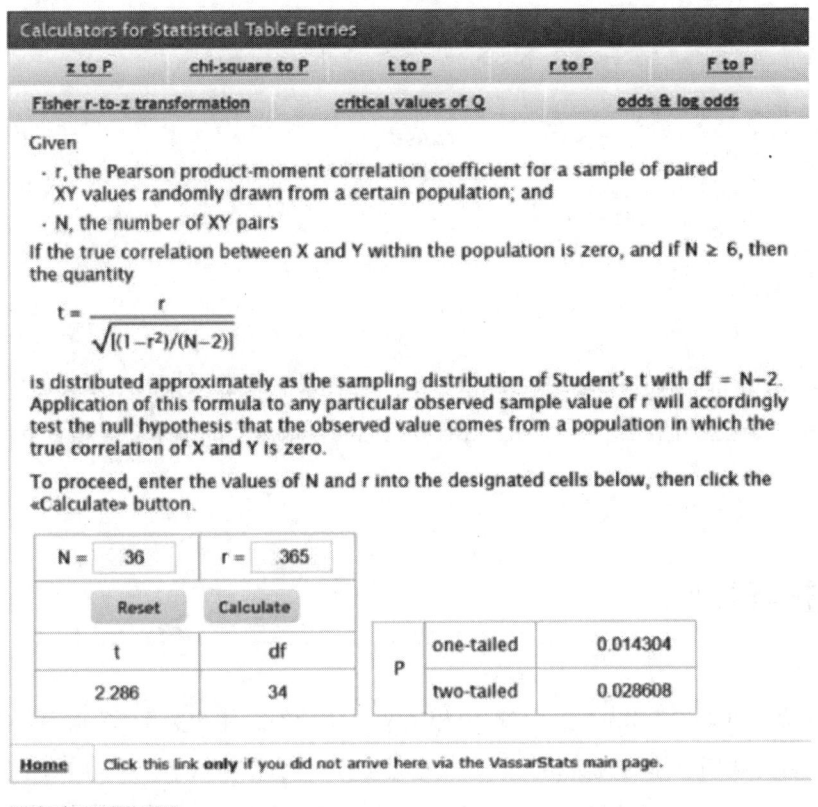

图 9.11　用 Vassarstats.net 计算相关系数对应的概率*

另一个例子见表 9.4，那是用 SPSS 解答同一问题的输出结果。要得到这个结果，我只要加载文件 Fig9-5.sav 中的数据，选择在 SPSS 界面上逐次选中 Analyze/Correlate，填入合适的变量，点击"OK"即可。

表 9.4　生活节奏与心脏病发病率之间的相关系数（SPSS 输出结果）

		生活节奏	心脏病发病率
相关系数			
生活节奏	积差相关系数	1	0.365*
	显著性（双尾）		0.029
	N	36	36
心脏病发病率	积差相关系数	0.365*	1
	显著性（双尾）	0.029	
	N	36	36

*达到 0.05 显著性水平（双尾）

你也可以用 R 做相同的分析，只需加载数据后输入 cor.test(Heart, Pace) 即可。这段代码还能给出 95% 置信水平下 ρ 的置信区间，接下来就将讨论置信区间问题。

---

* 将 36 填入"$N =$"后面的方格，0.365 填入"$r =$"后面的方格，点击"Calculate"按钮即可得到 t 值 2.286，单尾概率 0.014304，双尾概率 0.028608 等。——译者注

```
cor.test(Heart, Pace, alternative = two.sided)
  # We are using Pearson's product-moment correlation

data:  Heart and Pace
t = 2.2869, df = 34, p-value = 0.02855
alternative hypothesis: true correlation is not equal to 0
95 percent confidence interval:
 0.04158114      0.61936671
sample estimates:
    cor
0.3651289
```

执行这段代码后,你可以发现它还报告了一些你没有要求报告的结果,但你很快就会看到你不熟悉的这些结果是怎么来的。当前对我们而言最重要的结果就是报告 $p = 0.02855$ 的那一行。

9.11 相关系数的置信区间

显著性检验可以告诉我们有没有理由相信两个变量的总体相关系数确实不为零,但它不能进一步告诉我们总体的真实相关系数究竟是多少。为此,我们需要求出一个置信区间。看一下上一段中 R 的输出结果,你可以发现它给出了一个 95% 置信区间:0.042 ~ 0.619(四舍五入到小数点后三位)。但是,我们怎么解释这个区间呢?

我们假设,你在一生中总共有 1000 次要计算某个统计量的 95% 置信区间。(我知道,没有特别怪异的兴趣是做不到这一点的,但你可以装出有这种兴趣的样子。)可以相当肯定地告诉你,这 1000 个置信区间中大约有 950 个会包含总体参数(如总体相关系数)的真实值,而剩下那 50 个不包含。这就是我们所说的"置信区间"的基本含义。(请注意,我说不出是哪 50 个置信区间不包含总体相关系数的真实值,我只知道大约 50 个这样的置信区间。)

接下去假设,你要开展一个实验,这个实验需要计算某些数据之间的相关系数。我现在马上就可以告诉你,如果你真的进行了那个实验,你算出来的置信区间有 0.95 的概率将总体相关系数的真实值包含在内。

现在让我们再迈进一小步。我刚才提到生活节奏和心脏病发作之间有相关关系的例子。当时我计算出 r 的 95% 置信区间是 0.042 ~ 0.619。你也许会说,你有 95% 的把握认为这个区间中会包括总体相关系数 ρ。虽然我不会声色俱厉地批判你的这种说法,但是严谨的理论家肯定会狠狠批评你。他们的理论是:一旦你进行了实验,算出了统计量的置信区间,这个区间要么包含 ρ,要么不包含 ρ,不能说它包含 ρ 的概率是 0.95。

在很长一段时间里,包括我在内的编写统计学教材的人都说,你应该跟着这些老学究这样说:按照我们本次研究的计算方法得到的区间包含 ρ 的概率为 0.95,但是不能将我们在本研究中计算出来的数字代入这种说法。好吧,从技术上来说这是成立的,但这种谈论置信区间的方式过于晦涩难懂,所以我还是很愿意听到你说"区间 0.042 ~ 0.619 包含 ρ 的概率为 0.95"。这样说虽然不很严谨,但是与其他许多可能犯的错误相比,这种错误就小巫见大巫了。我希望你能用自己理解的方式来描述这段区间,而且我觉得刚才的说法就很不错啊。就这么说吧![6]我敬重的一些人可能对我的说法感到不满,例如 Smithson

注释⑥
贝叶斯学派的统计学家们从个人信念角度考虑概率,往往用"可信区间"来描述我说的"置信区间"。也有人用"似然区间"一词。在 Dracup(2005)的文章中可以找到有关这个问题的讨论。

（2000），他们坚持认为概率是针对计算方法而不是针对具体数字而言的。虽然这种说法完全正确，但是它给学生们带来的困惑远远超过了对他们的帮助。⑦

计算

但是，我们应该如何求出置信区间呢？我们可以用一些简单的公式进行计算，这就是费舍的转换公式（有时称为费舍的 r'）。不过，一般情况下你不需要手工计算，因为有许多资源可以帮你完成计算。你刚刚还看到，如果用函数 cor.test()，R 就会给出置信区间。出于某种原因，SPSS 不报告置信区间。但是用 vassarstats.net 计算器可以很容易地算出置信区间，用本章 R 页面中的代码也能算出来。[选择左侧面板中"Correlation and Regression（相关与回归）"，然后选择 0.95 或 0.99 置信水平，就能计算出 r 的置信区间。]

9.12 相关系数矩阵

迄今为止，我们讨论的主要是两个变量之间的关系。然而更经常的情况是，我们有一整套变量，而且希望知道它们两两之间是如何相互关联的。在图 9.12 中，我用一个表格体现出了几个变量之间的相关，这些变量涉及州教育支出与学业表现（用 SAT 和 ACT 得分表示，它们是美国大学招生中经常用到的两个测验）。原始数据文件见本书配套数据包，文件名为 SchoolExpend.dat。

在图 9.12 中，我先要计算所谓的**相关系数矩阵**。它就是一个简单的矩阵，每个单元格包含行变量与列变量之间的相关系数和相关信息。Guber（1999）的论文对这些数据做了些许校正，他们的研究兴趣在于学业成绩与州教育预算之间是否存在正相关。

我还画了所谓的散点图矩阵，它也仅仅是一个矩阵，每个单元格内都是行变量和列变量之间的一幅散点图。这些变量依次是州支出（*Expend*）、生师比（*PT ratio*）、薪资（*Salary*）、SAT 得分（*SAT*）、ACT 综合得分（*ACT comp*）以及各州参加 SAT 或 ACT 测验的学生百分比（*Pct ACT* 和 *Pct SAT*）。

仔细查看这个表，你会发现这个例子还报告了显著性检验的概率值。检验每一个相关系数的统计显著性，就要在每个相关系数旁边注明精确的 p 值，这对我们来说是一件非常麻烦的事情。因此，SPSS 退回到以前的传统，根据 p 值在每个显著的相关系数后加注星号，如果 $p < 0.05$，加一个星号；$p < 0.01$ 则加两个星号。我们有时还用三个星号来表示小于 0.001 的概率。（行为科学家对这种做法颇有微词，但我们还是只管用。）这张表是根据 SPSS 的输出结果列出来的，它在相关系数下面给出了该系数在零假设为真时的精确概率。R 没有给出这样一个清楚的结果，除非我们加一些代码。

我们将在第 11 章更详细地讨论这些变量，但我在这里仍要指出，SAT 分数与州支出之间出现了一个有趣而异常的负相关。这好像在说，一个州在教育上花的钱越多，学生就越是不行。到了第 11 章，我们就可以明白，事情不是我们起初认为的那样。

注释⑦
下面我来引用两位备受尊敬的医学统计学家的一段文章，或许能彻底解决这个问题。Gardner 和 Altman（2002）说，他们刚刚算出了 1.1 ~ 10.9 毫米汞柱的置信区间。他们写道（p. 17 ~ 18）："简单地说，这意味着我们指出的区间有 95% 的概率将'总体'平均血压之差包括其中……从统计学意义上讲，关于置信区间更确切的说法是，如果对来自相同总体的不同样本重复进行一系列相同的研究，并且根据每个样本的数据计算 95% 置信区间，长此以往，这些置信区间中将有 95% 包含总体平均数之差。"既然 Gardner 和 Altman 都可以用两种方式表达，我们也可以这样做。

		相关系数						
		支出	生师比	薪水	SAT 得分	ACT 得分	ACT 参试率	SAT 参试率
支出	积差相关系数	1	−0.371**	0.870**	−0.381**	0.380**	−0.512**	0.593**
	显著性（双尾）		0.008	0.000	0.006	0.007	0.000	0.000
	N	50	50	50	50	50	50	50
生师比	积差相关系数	−0.371**	1	−0.001	0.081	−0.004	0.120	−0.213
	显著性（双尾）	0.008		0.994	0.575	0.977	0.406	0.137
	N	50	50	50	50	50	50	50
薪水	积差相关系数	0.870**	−0.001	1	−0.440**	0.355**	−0.566**	0.617**
	显著性（双尾）	0.000	0.994		0.001	0.012	0.000	0.000
	N	50	50	50	50	50	50	50
SAT 得分	积差相关系数	−0.381**	0.081	−0.440**	1	0.169	0.877**	−0.887**
	显著性（双尾）	0.006	0.575	0.001		0.240	0.000	0.000
	N	50	50	50	50	50	50	50
ACT 得分	积差相关系数	0.380**	−0.004	0.355*	0.169	1	−0.143	0.106
	显著性（双尾）	0.007	0.977	0.012	0.240		0.323	0.465
	N	50	50	50	50	50	50	50
ACT 参试率	积差相关系数	−0.512**	0.120	−0.566**	0.877**	−0.143	1	−0.959**
	显著性（双尾）	0.000	0.406	0.000	0.000	0.323		0.000
	N	50	50	50	50	50	50	50
SAT 参试率	积差相关系数	0.593**	−0.213	0.617**	−0.887**	0.106	−0.959**	1
	显著性（双尾）	0.000	0.137	0.000	0.000	0.465	0.000	
	N	50	50	50	50	50	50	50

* 达到 0.05 显著性水平（双尾）；** 达到 0.01 显著性水平（双尾）

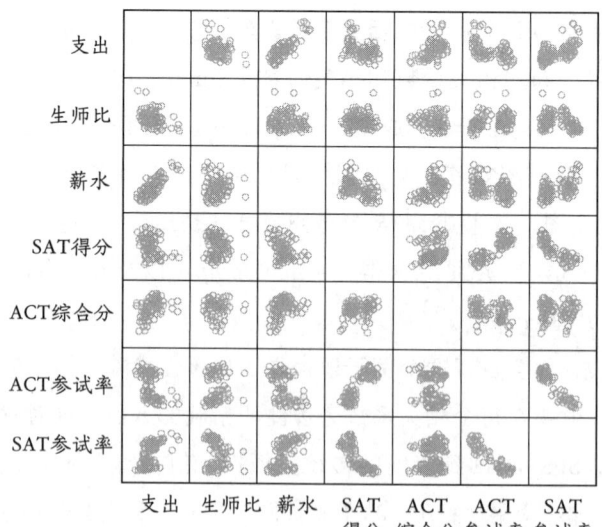

图 9.12　课程评价各变量之间相关系数矩阵和散点图矩阵

9.13　其他相关系数

积差相关系数是标准的相关系数，它主要适用于基本属于等距量表和比率量表水平的变量。我们还看到，当变量以秩次形式出现时，从积差相关系数公式可以推导出一个叫作斯皮尔曼相关系数（r_s）的统计量。你还应该熟练掌握另外两个相关系数，尽管这里几乎没有新内容。

在我们考察的两个变量中，如果一个是连续变量，另一个是二分测量得到的数据（该变量仅具有两个水平），那么我们要计算的相关系数称为**点二列相关系数**（r_{pb}）。例如，我们进行测验项目分析的时候，可以计算测验总分（X）与某个特定项目的"对/错"（Y）的相关系数。（假定用测验总分表示学习程度的好坏，这样做可以研究一下在该项目上的得分能否区分学习程度的好坏。要是相关很低，你有什么建议？）在本例中，X 值介于约 60～100，但 Y 值可能是 0（错）或 1（对）。虽然有计算 r_{pb} 的特殊公式，但是我们通过计算 r 也可以很容易地得到完全相同的结果。唯一的区别是，我们将答案称为点二列相关系数（r_{pb}）而不是积差相关系数（r），以此说明计算这个相关系数时有一个变量是二分变量。请不要急于越过 r_{pb} 的计算方法。作为多个讨论统计学和计算方法的邮件讨论组成员，我每隔几周就会看到有人问，某某统计软件包能不能计算点二列相关系数。而每一次的回答都是："能计算，只需计算标准的积差相关系数就行。"事实上，这个问题出现得如此频繁，大家都回答得有点不耐烦了。

这里要讨论的是**二分变量**。在前面的例子中，我将"错"记为 0，将"对"记为 1，这样可以让那些手工计算的人省点力。我可以很容易地将它们分别记为 1 和 2，甚至记为 87 和 213——只要所有"对"的得分都相同且所有"错"的得分也都相同，但"对"与"错"的得分不同。不管我们用哪两个数字来表示对与错，相关系数本身都不会变，只是其符号可能不同。

如果两个变量都是二分变量，要计算的相关系数略有不同——此时应该计算 **φ**（近似读作"斐"）**相关系数**。例如，为了研究性别和宗教信仰之间的关系，我们可能计算性别（编码：男性 = 1，女性 = 2）与是否经常参加教会活动（否 = 0，是 = 1）之间的相关系数。跟前面一样，我们还是用两个值对二分变量进行编码。虽然 φ 另有一个特殊的公式，但是我们可以用积差相关系数的公式轻松地算出相同的结果，只不过将结果标注为 φ 罢了。

这里介绍的都是最常见的相关系数，其他相关系数还有很多。本章介绍的所有系数都是积差相关系数的特例，都能用本章讨论的公式求得。现在计算相关系数，通常都是将大量数据输入计算机，形成数据文件，然后运行相关或回归程序来得出结果。表 9.5 形象地呈现了这些系数之间的关系。表中的空白部分表示没有合适的相关系数：一个变量为秩次数据，另一个变量是连续变量或二分变量时，就没有合适的系数可算了。在每一种情况下，你都可以用标准的积差相关系数公式进行计算，但是解释结果时别忘了变量的类型。请记住，这张表中所有的相关系数都可以用标准的积差相关系数公式求得。

表 9.5　各种相关系数

		变量 X		
		连续	二分	秩次
变量 Y	连续	积差相关	点二列相关	
	二分	点二列相关	φ 相关	
	秩次			斯皮尔曼相关

9.14 用 SPSS 计算相关系数

图 9.13 中的输出结果是表 9.2 中关于生活节奏与心脏病发病率之间的相关系数。我是用 SPSS 算出这些结果的。(在本书配套的"SPSS 简明手册"的第 6 章,有关于如何用 SPSS 计算相关系数的说明。)请注意,在每个单元格的第二行,SPSS 都输出了一个概率,它指的是在总体零相关的条件下获得该相关系数的概率[*]。在本例中,概率是 0.029。因为它小于 0.05,所以我们拒绝了零假设。

描述性统计

	平均数	标准差	N
生活节奏	22.8422	3.01462	36
心脏病发病率 /%	19.8056	5.21437	36

相关系数

		生活节奏	心脏病发病率
生活节奏	积差相关系数	1.000	0.365*
	显著性(双尾)		0.029
	N	36.000	36
心脏病发病率	积差相关系数	0.365*	1.000
	显著性(双尾)	0.029	
	N	36.000	36.000

* 达到 0.05 显著性水平(双尾)

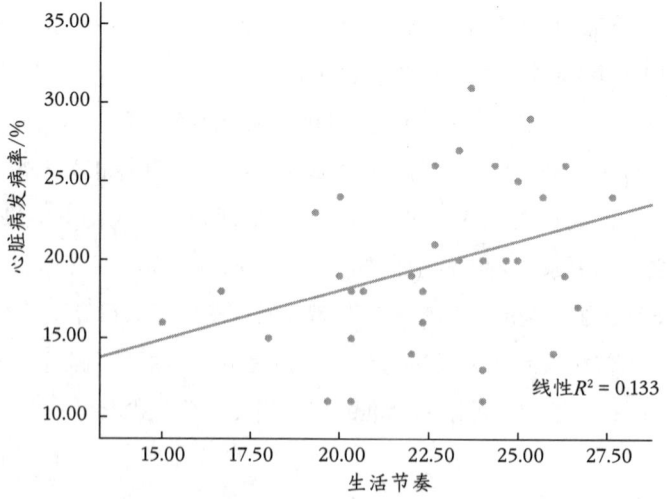

图 9.13 用 SPSS 分析生活节奏与心脏病之间的关系

---

[*] 准确地说,这个概率是"在总体零相关的条件下,随机样本相关系数不低于该系数的概率"。——译者注

9.15 r^2 和效应量

在本书前面部分，我提到过一种被称为"效应量"的计量指标。这些效应量都非常重要，随着学习的进行，我们将看到许多不同的效应量。而在这里，我们就要介绍一个广为人知的效应量。这个效应量是相关系数的平方，我将在下一章详细介绍这个指标。

假设我们研究了 36 个城市的心脏病发病率。如果我们计算这个变量的差异程度，就可以知道各个城市在心脏病发病率上的差异。（请注意，我用了一个含义模糊的词——"差异"，而没有用像"方差"这样更精确的术语。我们将要采用的计量指标与方差非常相似，但又不尽相同，这就是为什么我用了一个不太精确的词。）现在假设我设计了某种方法（这种方法将在下一章讨论），单单根据各城市在"生活节奏"这一变量上的得分来计算心脏病发病率的预测值。心脏病发病率的预测值越高，对应的生活节奏得分往往也越高，反之亦然。现在我来计算这些预测值的差异程度。这种差异会比之前小，因为我考虑了生活节奏的影响，但是还有一些残余的差异——无法用生活节奏预测的心脏病发病率的差异。残余的差异就是误差的差异——不能用城市的生活节奏得分来解释的那部分差异。但是，如果残余的差异非常小，你就可以说，"请注意，在你考虑了不同城市在生活节奏上的差异之后，心脏病发病率的差异其实已经所剩无几了！"这是一件大好事。最理想的情况（也是我们在实践中永远达不到的情况）是，只用一个变量（生活节奏）就可以完全解释心脏病发病率的全部差异。

如果我们将计算出来的相关系数平方一下，其结果可以解释为能用我们所知的城市生活节奏预测的心脏病发病率差异的百分比。换句话说，r^2 是可以解释的差异的百分比。在我们看到的这个例子中，$r = 0.365$，$r^2 = 0.133$。这可以解释为，各城市心脏病发病率上的差异中有 13% 可以用它们的生活节奏得分的差异来解释。现在你可能觉得 13% 听起来很小，但是对于我们实际研究中的众多变量而言，13% 已经不小了。我们也希望一个变量可以解释另一个变量 75% 的差异，但实践中很少出现这样的变量。

我们将在下一章回过头来看 r^2，你现在只要记住，它代表了可解释差异的百分比。就其本义而言，它至少告诉了我们，预测指标有多大的"重要性"或"影响力"。

9.16 直观的统计学

有不少程序可以帮助你直观地了解本章提出的一些重要概念。你可以访问本书网站，点击"SeeingStatistics Applets"并转到第 9 章。

运行第一个程序时，你只要点击鼠标输入个体数据点，就能看到算出来的相关系数。下图显示了输出结果的样子。

启动 Seeing Statistics 程序，然后点击第 9 章中标题为"Correlation Points"的第一个程序。往图里面加点，看看相关系数有何变化。尝试生成不同的数据，使相关系数分别为极低、低、中和高，而后将其反转从而产生负相关。

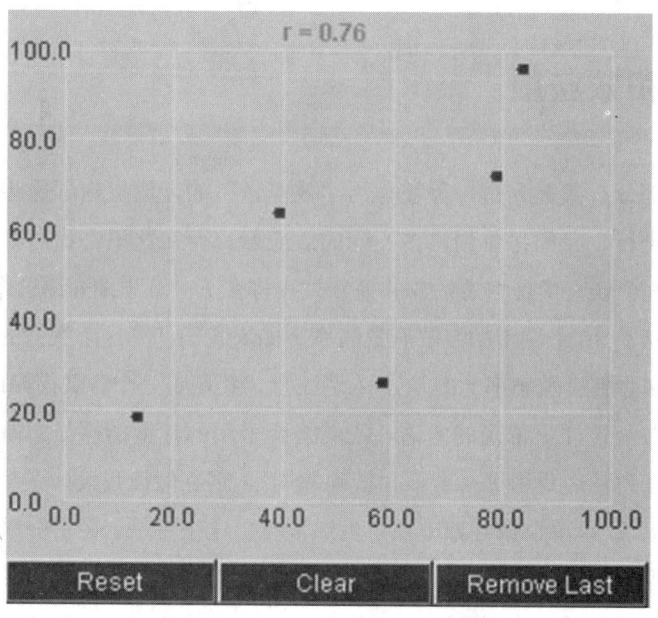

下一个程序可以画出一组数据的散点图，你可以删除或替换数据点，考察相关系数的变化。下图呈现的是输出结果，该散点图中的数据就是你在表 9.3 中看到的英国的酒精（Alcohol）和烟草（Tobacco）消费量。

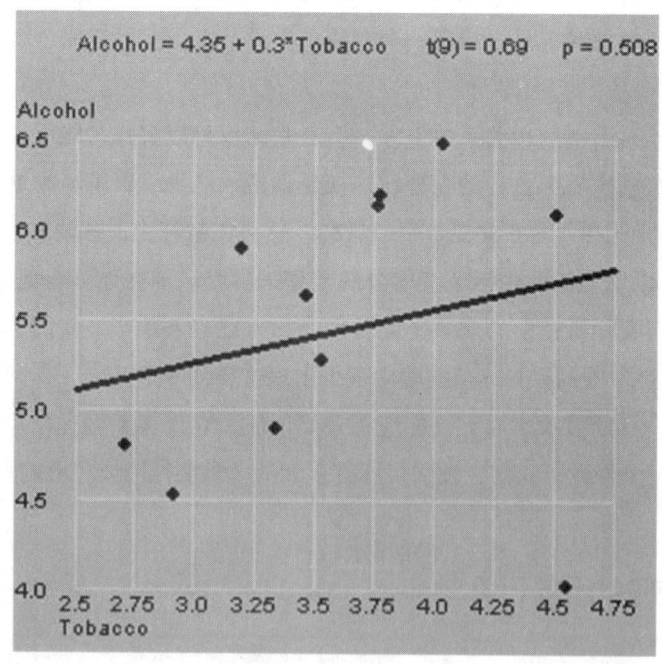

我们利用表 9.3 中数据，是想说明单个数据点可能产生巨大的影响。点击右下角北爱尔兰那个点将其删除，计算出来的相关系数会发生显著变化。接下来再尝试点击其他点，看看会产生什么效果。

名为"Correlation Picture"的程序则展示了散点图和相关系数之间的关系。这个程序允许你移动滑块以改变相关系数，然后查看散点图有何变化。下面是两个散点图，其中一个带有回归线（将在第 10 章中讨论）。回归线通常可以让我们更容易看到变量之间的关系，特别是当相关比较弱时。后面的两个图是程序输出的一个例子。

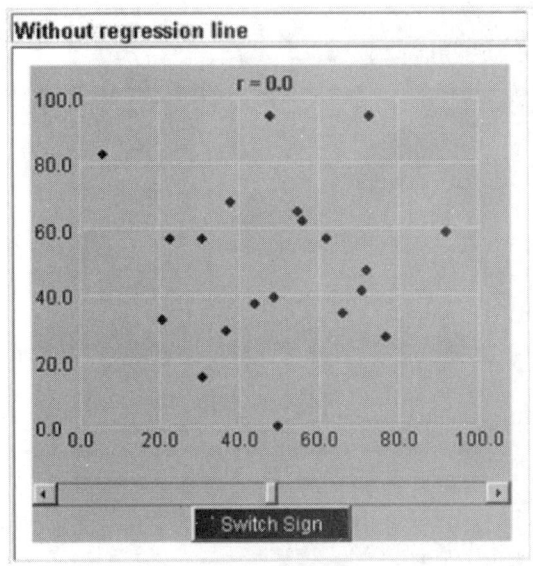
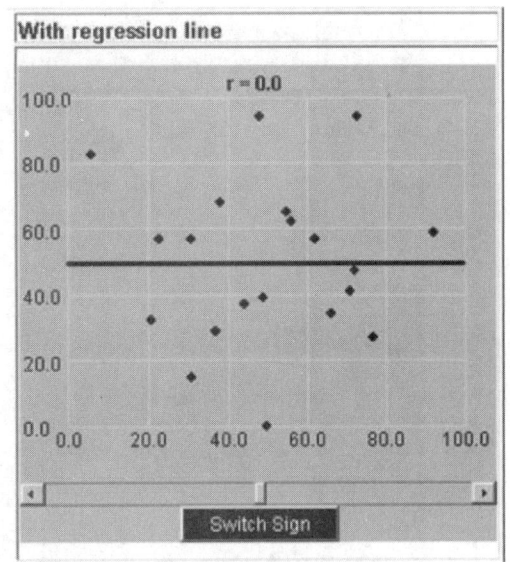

试着移动滑块改变相关系数。然后点击标记为"Switch Sign（切换符号）"的按钮，看看同等程度的负相关是什么样子。

本章的一个重要问题就是数值全距对相关系数的影响。名为"RangeRestrict（全距限制）"的程序可以让你移动滑块，以此限制任一变量的全距，这样你就能查看其对相关系数产生的影响。效果如下图所示。

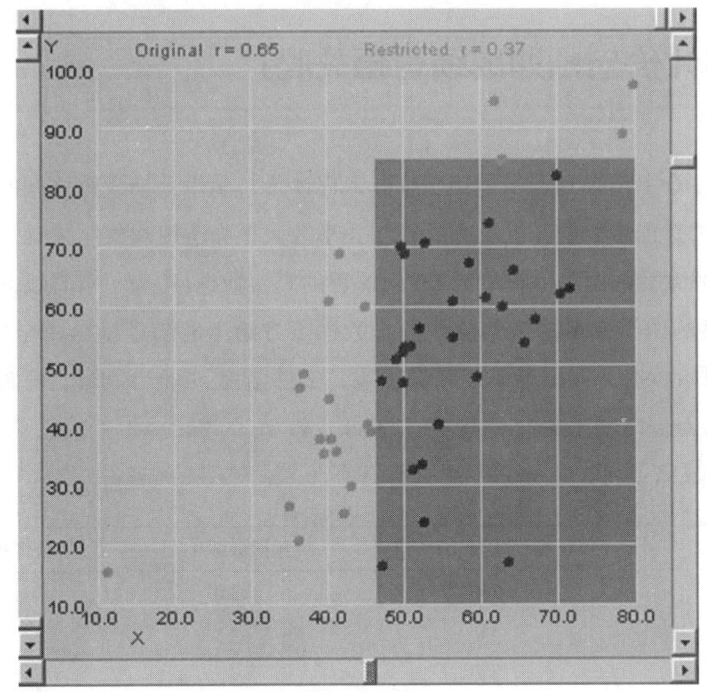

最后一个程序叫"Heterogeneous Samples（异质样本）"，下面的图就展示了异质子样本数据造成的某些戏剧性结果。

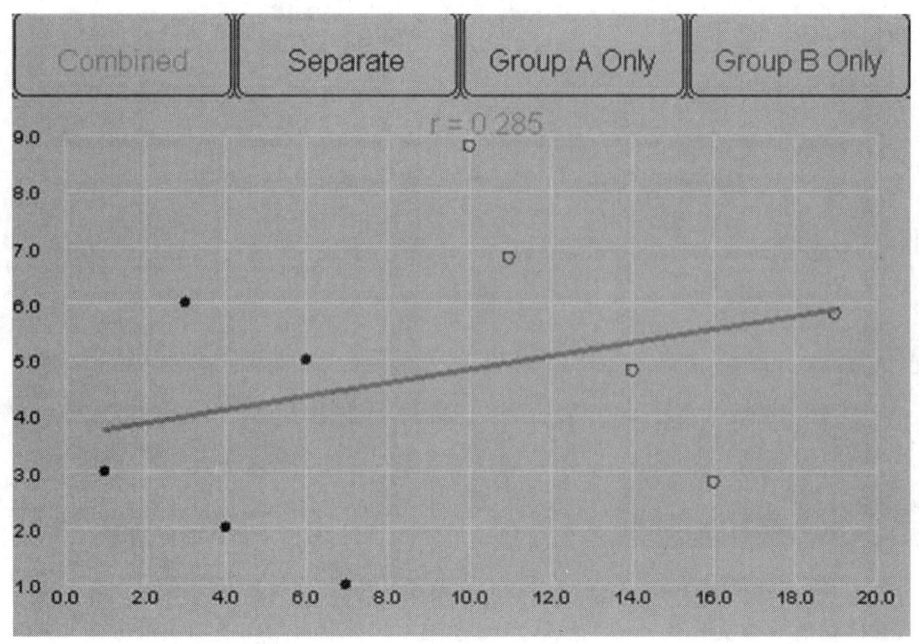

点击屏幕顶部不同的按钮,你可以画出所有案例合并后的回归线,或者数据合并但各组有各自的回归线,或者只画出单个组的回归线。用该网站上的程序还可以像图 9.7 那样考察数据。

9.17 回顾:课程质量评价与预期成绩有相关吗?

本章和第 8 章中都提到了一个例子——课程评价与学生预期成绩之间的关系,但是我们一直没有见过真正的数据,也没有计算相关系数。下面这组观察结果是从由数百门课程评价结果组成的大型数据集中抽取的 50 门课程的真实数据。(为了节省篇幅,这里只呈现了前 15 个个案的两个变量的观察值,但是数据下方给出的统计量是用全部 50 个个案计算出来的。)原始数据文件见本书配套数据包,文件名为 albatros.dat,里面总共有 6 个变量,依次是 "Overall(课程总体质量)" "Teach(教学)" "Exam(考试)" "Knowledge(知识)" "Grade(成绩)" 和 "Enroll(注册情况)"。

预期成绩(X)	课程质量(Y)	预期成绩(X)	课程质量(Y)
3.5	3.4	3.0	3.8
3.2	2.9	3.1	3.4
2.8	2.6	3.0	2.8
3.3	3.8	3.3	2.9
3.2	3.0	3.2	4.1
3.2	2.5	3.4	2.7
3.6	3.9	3.7	3.9
4.0	4.3		

根据全部 50 个个案算出的结果：

$\Sigma X = 174.3$

$\Sigma X^2 = 613.65$

$\Sigma Y = 177.5$

$\Sigma Y^2 = 648.57$

$\Sigma XY = 621.94$

我们的第一步是计算各个变量的平均数和标准差，结果如下：

$$\bar{X} = \frac{174.3}{50} = 3.486$$

$$s_X = \sqrt{\frac{613.65 - \frac{174.3^2}{50}}{49}} = 0.3511$$

$$\bar{Y} = \frac{177.5}{50} = 3.550$$

$$s_Y = \sqrt{\frac{648.57 - \frac{177.5^2}{50}}{49}} = 0.6135$$

用下式计算协方差：

$$cov_{XY} = \frac{621.94 - \frac{174.3 \times 177.5}{50}}{49} = 0.0648$$

最后，用下式计算相关系数：

$$r = \frac{cov_{XY}}{s_X s_Y} = \frac{0.0648}{0.3511 \times 0.6135} = 0.3008$$

这个相关系数表明变量间有一定程度的相关，它支持这样一个观点：平均得分较高的课程得到的平均评价分也较高。正如我们在第 9.9 节中看到的，该相关达到显著水平。你应该明白，这种相关并不一定意味着较好的成绩可以导致较高的评价。同样合理的解释是，较高级的课程会得到较高的评价，因为学习这些课程的学生往往努力做到最好。

报告相关分析的结果报告

如果要你撰写一份关于课程评价研究的简明而准确的报告，你会怎么写？也许你会介绍需要检验的研究假设、收集数据的方式、获得的统计结果以及你得出的结论。下面两段话是这一类报告的简要形式。一份常规的报告包括对背景文献资料的回顾综述，以及关于数据收集的更详细的信息。此外，报告还包括对结果的深入讨论以及对未来研究的预想。

一份简略的报告

任课教师往往认为，学生怎样评价一门课程在一定程度上与他们取得的课程成绩有关。为了验证这一假设，我们在位于美国东北地区的一所大型州立大学里，要求学生对课程的整体质量（按五分制）做出评价，并报告自己预期的课程成绩（A = 4，B = 3……），总共收集了 50 门课程的数据。对于这 50 门课程，我们计算了每门课的平均评价分和学生的平均预期成绩。这些平均数构成了统计分析的对象——观察值。

平均评价分和平均预期等级之间的积差相关系数 $r = 0.30$，而且尽管该相关系数不算高，但是在 $\alpha = 0.05$ 水平上显著（$p = 0.034$）。从这个结果我们可以得出结论：课程评价确实会因预期成绩而变，预期课程成绩越高，学生对该课程的总体评分就越高。对这种效应尚无理论能做出清楚的解释。可能是因为认为自己能获得好成绩的学生倾向于"奖励"老师而给出更高评分。但同样也可能是因为学生在好的课程中学到了更多东西，并据此给这些课程打出高分。

9.18 总结

本章研究的是两个变量之间关联程度的计量方法——相关系数。我们在本章开头看到了三个截然不同的数据散点图。这些散点图的两个变量之间都呈线性关系，也就是说，我们增加任意一个变量的值时，变量间的关系不会随之变化。本章简要介绍了协方差的概念，指出随着关联程度的加强，协方差的绝对值随之增大。接着，我们用协方差和两个标准差来定义相关系数，通常称为皮尔逊积差相关系数。我们还考察了秩次数据之间的相关，这种相关系数被称为斯皮尔曼等级相关系数；后来，我们还考察了点二列相关和 φ 相关，这两种相关系数其实都是在变量中有一个或两个二分变量的情况下算出的积差相关系数。

我们看到，除了两个变量之间确实存在的本质关系外，还有几个因素影响相关系数的值。第一个因素就是一个或两个变量的全距是否受到限制，第二个因素是样本是否包含两个异质子样本，第三个因素是有没有异常值。我们还就相关关系和因果关系之间的差异进行了一次重要的讨论，你最好回顾一下 Utts 关于相关关系的解释清单。

最后，我们考察了如何检验样本相关系数是否大到能提示总体确实存在该相关。为此，你可以查阅本书后面的表格，也可以从计算机软件的输出结果中找到概率的值。我们以后还会看到另一种检验这种关系的方法——t 分布。而这正是计算机计算概率的工作原理。

重要术语

相关（correlation，p.164）

相关系数（correlation coefficient，p.164）

散点图（scatterplot，p.164）

预测变量（predictor variable，p.165）

准则变量（criterion variable，p.165）

回归线（regression lines，p.166）

负相关（negative relationship，p.166）

线性关系（linear relationship，p.170）

曲线关系（curvilinear relationship，p.170）

协方差（covariance，p.170）

皮尔逊积差相关系数（Pearson product-moment correlation coefficient r，p.170）

斯皮尔曼等级相关系数（Spearman's correlation coefficient for ranked data，r_s，p.173）

单调关系（monotonic relationship，p.174）

全距限制（range restrictions，p.174）
异质子样本（heterogeneous subsamples，p.175）
总体相关系数 ρ（population correlation coefficient ρ，p.182）
相关系数矩阵（intercorrelation matrix，p.185）
点二列相关系数（point biserial correlation r_{pb}，p.187）
二分变量（dichotomous variables，p.187）
φ 相关（p.187）

9.19 快速复习

A. 在散点图中，横坐标（X 轴）应该标为哪个变量？

答：如果有一个明显的自变量，就用它作为横坐标，否则就随意指定。

B. $\hat{Y}$ 表示什么？

答：Y 的预测值。

C. 回归线应该解释为

答：对于给定的 X 值，能给出 Y 的最优预测值的直线。

D. 相关系数 −0.81 显著低于相关系数 +0.81。（对 / 错）

答：错。正负号只告诉我们关系的方向。

E. 生成一个散点图，其中的点是平均数而不是单个观察值，很可能出现回归线____的情况。

答：对散点有更高的拟合度

F. 由于____，协方差本身并不是表示变量之间关联程度的令人满意的统计量。

答：它不仅随变量的关联程度变化，而且随变量的方差变化

G. 斯皮尔曼相关系数只不过是____应用于秩次数据产生的结果。

答：将积差相关系数公式

H. 列出可能影响两个变量之间关联程度的三个因素。

答：全距限制、异质子样本和非线性关系。

I. A 与 B 之间有相关但不存在因果关系，请提供三种解释。

答：A 和 B 都随时间变化。A 和 B 都受第三个共同变量的影响。我们看到的可能是反向的关系。

J. 如果____，我们会对 r 进行双尾检验。

答：我们想在样本相关系数的绝对值很大时拒绝零假设。

K. 点二列相关系数适用于表示____之间的相关程度。

答：一个二分变量和一个连续变量

9.20 习题

9.1　在撒哈拉以南的非洲地区，超过一半的母亲在孩子满周岁前会失去这个孩子。下表中的数据来自该地区 36 个国家，表格中包括国家名、婴儿死亡数、人均收入、20 岁以下女性的生育率、40 岁以上女性的生育率、2 年内再次生育率、已婚女性采用

避孕措施的百分比以及计生措施不足的女性百分比。在本书提供的数据包中可以找到该数据文件：SubSaharanInfMort.dat。（注意异常值的影响。）

国家	婴儿死亡数	人均收入/美元	20岁以下女性的生育率/%	40岁以上女性的生育率/%	间隔2年内的出生率/%	已婚女性采用避孕措施的比例/%	计生措施不足的比例/%
贝宁	104	933	16	5	17	3	26
布基纳法索	109	965	17	5	17	5	26
喀麦隆	80	1573	21	4	25	7	20
中非	102	1166	22	5	26	3	16
乍得	110	850	21	3	24	1	缺失
科特迪瓦	91	1654	21	6	16	4	28
厄立特里亚	76	880	15	7	26	4	28
埃塞俄比亚	113	628	14	6	20	6	23
加蓬	61	6024	22	4	22	12	28
加纳	61	1881	15	5	13	13	23
几内亚	107	1934	22	5	17	4	24
肯尼亚	71	1022	18	3	23	32	24
马达加斯加	99	799	21	5	31	10	26
马拉维	113	586	21	6	17	26	30
马里	134	753	21	4	26	5	26
莫桑比克	147	861	24	6	19	5	7
纳米比亚	62	5468	15	7	22	26	22
尼日尔	136	753	23	5	25	5	17
尼日利亚	71	853	17	5	27	9	18
卢旺达	90	885	9	7	21	13	36
塞内加尔	69	1419	14	7	18	8	35
坦桑尼亚	108	501	19	5	17	17	22
多哥	80	1410	13	6	14	7	32
乌干达	86	650	23	4	28	8	35
赞比亚	108	756	30	4	19	14	27
津巴布韦	60	2876	32	4	12	50	13

（a）制作婴儿死亡数与人均收入的散点图。

（b）手工绘制一条看起来与数据拟合得最好的直线。

（c）你觉得异常值对人均收入有何影响？

9.2 用 SPSS 或 R 计算习题 9.1 中所有数值型变量之间的相关系数。[在 R 中，将数据读入数据框（例如 theData），然后调用 cor(theData) 进行计算。你不需要用 "attach theData"；也可以用 plot(theData) 绘制图形。]

9.3 利用网络计算器回答以下问题：习题 9.2 中的相关系数要多高才算显著？（这需要一些尝试和犯错。）

9.4 根据习题 9.2 的结果，哪个因素最能预测婴儿死亡率？

9.5 我们可以从婴儿死亡率数据中得出什么结论？

9.6 在习题 9.1 中，40 岁以上女性的生育率似乎不很重要，但是在其他社会里，这是一个风险因素。你认为这是为什么？

9.7 婴儿死亡率的两个预测因素似乎都很重要。如果你能找到可以让两者一起作为预测指标的方法，你觉得会有什么新的发现？

9.8 根据前面的习题，我们能否得出结论，说低收入提高了婴儿死亡率？

9.9 婴儿死亡率是一个非常严重的社会问题。为什么心理学家比其他职业的人更关心这个问题呢？

9.10 唐氏综合征是心理学家研究的另一个问题。有人提出，高龄产妇更有可能生下唐氏综合征患儿。根据以下数据绘制图形，表示产妇年龄与发病率的相关。数据来自 Geyer（1991）。

年龄	17.5	18.5	19.5	20.5	21.5	22.5	23.5	24.5	25.5
出生数	13555	13675	18752	22005	23796	24667	24807	23986	22860
唐氏患儿数	16	15	16	22	16	12	17	22	15
年龄	26.5	27.5	28.5	29.5	30.5	31.5	32.5	33.5	34.5
出生数	21450	19202	17450	15685	13954	11987	10983	9825	8483
唐氏患儿数	15	27	14	9	12	12	18	13	11
年龄	35.5	36.5	37.5	38.5	39.5	40.5	41.5	42.5	43.5
出生数	7448	6628	5780	4834	3961	2952	2276	1589	1018
唐氏患儿数	23	13	17	15	30	31	33	20	16
年龄	44.5	45.5	46.5						
出生数	596	327	249						
唐氏患儿数	22	11	7						

画一个散点图，用于表示唐氏综合征患儿的百分比（唐氏综合征患儿数除以出生数）是年龄的函数。

9.11 用前面给出的 R 代码生成该图。命令是 plot(percent ~ age)。

9.12 为什么你会感觉用习题 9.10 的数据计算积差相关系数有点不对劲？

9.13 为了解决习题 9.12 不适合计算积差相关系数的问题，办法之一是将唐氏综合征的发病率转换为秩次数据。请用发病率秩次重新绘制散点图并计算相关系数。你算的是斯皮尔曼等级相关系数吗？

9.14 用 R 完成习题 9.13。你可以用 ranked.data = rank(percent) 对数据排列秩次。

9.15 前文提到，Katz 等人在研究中让被试不看文章就回答问题，这样就产生了一个问题：学生在这个测验中的成绩与他们考大学时的 SAT 语言成绩（SAT-V 分数）之间是否存在相关？为什么这是一个重要的问题？

9.16 回答习题 9.15 时，我们需要的数据就是被试不看文章就作答的测验分数和他们的 SAT-V 分数。这里有 28 位被试的数据：

测验分数	58	48	48	41	34	43	38	53	41	60	55	44	43	49
SAT-V 分数	590	590	580	490	550	580	550	700	560	690	800	600	650	580
测验分数	47	33	47	40	46	53	40	45	39	47	50	53	46	53
SAT-V 分数	660	590	600	540	610	580	620	600	560	560	570	630	510	620

请用这些数据绘制散点图，并手工绘制通过这些散点的最佳拟合直线。

9.17 根据习题 9.16 中的数据计算相关系数。该相关显著吗？说它显著（或不显著）分别是什么意思？

9.18 解释习题 9.12—习题 9.15 的结果。

9.19 根据 Katz 等人的研究数据，17 名被试在阅读文章后回答相关问题的测验分数与 SAT-V 分数之间的相关系数是 0.68。该相关系数与习题 9.15 中求得的相关系数没有显著差异，尽管它都与 0.00 有显著差异。请问：两个相关系数之间没有显著差异是什么意思？

9.20 拓展习题 9.19，对"两个相关系数没有显著差异"的结论做出解释。

9.21 Katz 等人的研究符合你的预期吗？为什么？

9.22 绘制并计算附录 C 数据中的两个变量（ADDSC 和 GPA）之间的散点图和相关系数。该相关关系是否显著？你可以用 R 和 SPSS 来回答这个问题。

9.23 假设一组数据的两个变量（X 和 Y）之间存在曲线关系（最佳拟合线轻度弯曲）。用这些数据计算相关系数 r 是否合适？

9.24 本章多次提到基于小样本的相关系数可能不可靠。

（a）在这种情形下，"可靠"指的是什么？

（b）为什么基于小样本的相关系数不可靠？

9.25 哪些理由可以解释一个国家的医疗保健支出与预期寿命无关？

9.26 考察图 9.8 中有关身高与体重的数据，两性的系统报告偏差会对我们的结论产生什么影响？

9.27 用少量数据点生成一张图，要求它说明这样一种可能性：同一性别下的身高和体重呈负相关，但是两性数据汇合后发现这两个变量呈正相关。

9.28 用草图说明"异质子样本的影响"一节的要点——关于男性和女性的胆固醇摄入量与心血管疾病之间的关系。

9.29 本章曾提到 Wong 的一项研究，该研究表明心脏病的发病率是日照水平的函数。这对于理解红酒消费量与心脏病发病率之间的因果关系有何启示？

9.30 将本章网页中的代码修改为 y <-rnorm(50, 0, 1) + .3*x，并将结果画成图。平均相关系数应该在 0.8 左右。现在将样本容量改为 $N = 10$ 并重新绘图。这对你判断极小样本相关系数的可靠性有什么启示？

9.31 本章的一个例子涉及维生素 D 与癌症之间的关联。在互联网上简单地搜索一下，看看有没有关于这个问题的其他数据。

9.32 用 R、SPSS 或其他软件重现图 9.5 所示的结果。你可以修改第 9.4 节给出的 R 代码。

9.33 用教材给出的一个资源（R 或 vassarstats.net 计算器）计算如图 9.10 所示的教育支出与 SAT 分数之间相关系数的置信区间，并解释这个区间。

第 10 章

回 归

相关和回归密切相关，所以在被提到时往往形影不离。在本章中，我们将看到两者的区别，从而了解回归分析提供的信息与相关分析有何不同。我们要学习如何求得回归线的方程，该回归线是与数据散点拟合程度最佳的直线；我们还要学习如何计量该回归线的拟合程度。接着，我们要对回归方程进行假设检验，并考察我们要检验的假设。我们通常将回归表述为一种预测某个体在某个因变量上的取值（分数）的方法。不过在一般情况下，"预测"的目的不能从字面上理解。回归分析最常见的目的还是考察回归方程中各个变量之间的关系。最后，我们将用 SPSS 和 R 对数据进行完整的分析。

如果想一想你认识的所有人，你就会意识到人们的心理健康水平是有个体差异的。有些人开朗外向，有些人忧郁退缩，有些人争强好斗，甚至令人不快，也有些人寝食难安，老在担心他们无法控制的事情。我们怎样才能预测特定个体的心理健康水平？

这个问题实在过于庞大而笼统，所以我们要设法使其变成一个具体问题。假设我们设计一份标准的检查表，让众多学生填写他们过去一个月内经历过的各种心理症状。将每个人报告的症状做加权总和，就得到了一个分数。分数越高，这个人经历的麻烦就越多；反之，分数越低就说明这个人的心理健康状况越好。这时再重新思考，我们应该怎样预测一个人的心理健康分数？

如果我们只收集了这么一组个体的症状分数，那么我们对任何个体所能做出的最佳预测就是该组的平均分。因为你我从未谋面，而且我对你一无所知，所以比起其他任意数值，用样本平均数（$\bar{X}$）作为预测值产生的平均误差小。很显然，我的预测不会永远正确，但这已经是我能做出的最精确的预测了。

但是，我们还应该更具体些——假设我知道你是

需要回忆的概念

自变量：	你要操纵的变量，或想要研究的变量
因变量：	你要测量的变量，即数据
散点图：	将成对数据用二维空间中的一个点来表示而生成的图
相关系数：	变量间相关程度的计量指标
回归线：	对散点图中的数据点拟合程度最优的直线
标准误：	统计量的抽样分布的标准差
标准化：	将原始观察值或分数转换为平均数（$\bar{X}$）等于 0、标准差（s）等于 1 的标准分数（z 分数）

男性还是女性。这样，我就得到了另一个有助于预测的变量。换句话说，我可以用一个变量帮助预测另一个变量。这样一来，你觉得我应该做出什么预测？我希望你这样说：你应该用男性的平均分（$\overline{X}_M$）来预测男性，用女性的平均分（$\overline{X}_F$）来预测女性。平均而言，这样做的效果好于只用整体平均分进行预测。注意，我的预测是以性别为前提条件的。我预测时说的话是这种形式的——"鉴于你是女性，我预测……"请注意，这里的"条件"与我们讨论条件概率时讲的"条件"完全相同。

现在让我们再进一步，不用性别这个二分变量进行预测，而启用一个连续变量——应激水平。我们知道，心理健康与应激水平一起变化，经历过大量应激状态的人往往会有更多的症状。因此，我们可以用应激水平来改进对症状的预测。这个做法比用性别之类的二分变量进行预测更复杂、更精密，但是基本思想是相似的。我们要列一个能解释两个变量之间的差异如何关联的方程，并用它根据个体在一个已知变量上的分数来预测其在另一个变量上的分数。当我们有兴趣推导用一个变量预测另一个变量的方程时，我们就是在进行**回归**分析，而这正是本章的主题。正如我之前指出的那样，我对预测你的实际症状得分可能不很感兴趣。相反，我真正感兴趣的是考察应激水平与症状得分的相关。这种相关很强吗？两者是线性关系吗？男性和女性拥有相同的相关模式吗？

与我们讨论相关的做法相同，我们对回归分析做出一个限定：在散点图上的最佳拟合线是直线或接近直线。这意味着我们只研究线性回归。你不要以为这个限定的影响很严重，其实具有线性关系的数据集所占比例高得出奇。即使是在曲线回归的情况下（即最佳拟合线是曲线），线性回归通常也能达到高度的近似，尤其是当我们剔除了一个（或两个）变量上的极端数值之后。

10.1 应激水平与心理健康的关系

Wagner、Compas 和 Howell（1988）研究了大学一年级学生的应激水平与心理健康之间的关系。他们采用了一份能反映近期生活事件的发生频率以及对这些事件的重要性感受和期待程度的量表，另外还设计了一项关于消极生活事件的计量指标——以被试报告的每个事件的频率与其对事件影响的主观估计值为权重。换句话说，对经常发生的事件以及学生认为具有重要影响的事件都赋予了更多的权重。这一指标可以表示被试感受到的社会和环境的应激水平。研究者还要求学生填写霍普金斯症状检查表（Hopkins Symptom Checklist），分别报告是否存在其中 57 种心理症状。表 10.1 列出了应激水平和心理症状的茎叶图和箱须图。

在考察这些变量之间的关系之前，我们要对其逐一进行检查。两个变量的茎叶图表明，它们都是单峰分布的，但略有一点正偏态。除了一些极端数值，两个变量中没有其他干扰因素（例如极偏分布或双峰分布）。请注意，这两个变量的差异程度都相当大。这种差异很重要，因为如果我们想发现应激水平与心理症状有相关，首先要用变量的差异来解释。

从表 10.1 中的箱须图可以看出，两个变量都存在极端数值——异常值。（双圆圈表示有两个重叠的数据点。）异常值的存在警示我们，这些异常分数可能导致了一些潜在的问题。我们要做的第一件事就是检查数据，看看少数被试是否做出了不合理的反应——例如，那些不太可能发生的事件或症状，被试是不是都说在自己身上发生过？如果是这样，我们就要质疑他们反应的合理性。（你可能很难相信，有些被试对心理实验不够尊重和敬畏，达不到心理学家的标准。）第二件事是检查同一被试是否在两个变量上都得到了异常分数。这种情况表明，被试的数据虽然合法，但可能对其后计算的相关系数产生严重的影响。（我们在前一章看到的北爱尔兰的数据就是这样。）第三件事是用数据生成散点图，再次寻找特定极端数据点的不合理影响。（图 10.1 就是这样的散点图。）最后，我们要在包含极端值和排除极端值这两种情况下分别进行统计分析，然后比较两者结果有什么差异。如果你对数据执行了上述全部四个步骤，应该发现没有任何迹象表明你找出来的异常值对相关和回归分析结果有严重影响才行。这些步骤是完成高质量统计分析的重要前提，因为它们让我们对最终结果更有信心。

表 10.1　对应激水平与心理健康关系数据的描述

应激水平的茎叶图		心理症状的茎叶图	
0*	| 1123334	5.	| 8
0.	| 5567788899999	6*	| 112234
1*	| 011222233333444	6.	| 55668
1.	| 5555555566667778889	7*	| 00012334444
2*	| 00000112222233333444	7.	| 57788899
2.	| 56777899	8*	| 00011122233344
3*	| 0013334444	8.	| 5666677888899
3.	| 66778889	9*	| 0111223344
4*	| 334	9.	| 556679999
4.	| 5555	10*	| 0001112224
		10.	| 567799
HI	| 58, 74	11*	| 112
		11.	| 78
Code: 2.	| 5 = 25	12*	| 11
		12.	| 57
		13*	| 1
		HI	| 135, 135, 147, 186

Code: 5.　\| 8 = 58

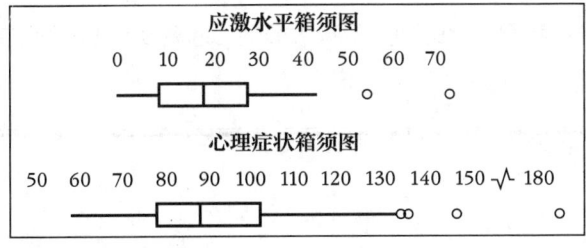

注：表中 HI 表示极高数值；Code 表示编码方式。

初始步骤

1. 用茎叶图和箱须图检查异常数据。
2. 检查被试个体是否在两个变量上同时出现极端数据，这种情况会对结果产生不当影响。
3. 根据数据生成散点图。
4. 分别进行包含和不包含可疑数据的统计分析，查看结果有无差异。

10.2 基本数据

应激水平和症状情况的数据见表 10.2。完整的数据集名为 Tab10-2.dat，见本书配套数据包。你可以根据这些数据计算相关系数（见第 9 章）：

$$r = \frac{cov_{XY}}{s_X s_Y}$$

就本例而言

$$r = \frac{cov_{XY}}{s_X s_Y} = \frac{134.301}{13.096 \times 20.266} = 0.506$$

根据这些心理变量的真实数据算出的相关系数具有显著意义。用 vassarstats.net 计算器［选择界面上的"Correlation and Regression（相关与回归）"，然后向下滚动到"The Significance of an Observed Value of r（r 的观察值的显著性）"］可以算出，在自由度 $df = 105$ 的情况下出现相关系数 0.506 的概率是 0.000（精确到小数点后面 3 位）。（实际上 $p = 0.00000003$，这是一个极小的概率。）因此我们可以拒绝 $H_0: \rho = 0$，并得出结论：应激水平和心理症状之间存在显著相关。我们在前一章讲过，这个显著的相关并不是说应激造成了症状，尽管这是可能性之一。

你应该还记得，当我们写"$\alpha = 0.05$，双尾"时，指的是对相关系数 r 进行双尾显著性检验，将零假设下样本相关系数的抽样分布中 5% 的 r 放入拒绝域。因为相关系数的自由度是 $N - 2$（N 是成对数据的匹配数），故自由度是 105。拒绝零假设意味着我们得出以下结论：我们求得的相关系数太极端（远离 0），以至不能认为它来自这两个变量之间为零相关（即 $\rho = 0$）的总体。

表 10.2　Wagner 等人（1988）的数据

编号	应激水平	心理症状	编号	应激水平	心理症状	编号	应激水平	心理症状
1	30	99	37	15	66			
2	27	94	38	22	85	73	37	86
3	9	80	39	14	92	74	13	83
4	20	70	40	13	74	75	12	111
5	3	100	41	37	88	76	9	72
6	15	109	42	23	62	77	20	86
7	5	62	43	22	91	78	29	101
8	10	81	44	15	99	79	13	80
9	23	74	45	43	121	80	36	111
10	34	121	46	27	96	81	33	77
11	20	100	47	21	95	82	23	84
12	17	73	48	36	101	83	22	83
13	26	88	49	38	87	84	1	65
14	16	87	50	12	79	85	3	100
15	17	73	51	1	68	86	15	92
16	15	65	52	25	102	87	13	106
17	38	89	53	20	95	88	44	70
18	16	86	54	11	78	89	11	90
19	38	186	55	74	117	90	20	91
20	15	107	56	39	96	91	28	99
21	5	58	57	24	93	92	14	118
22	18	89	58	2	61	93	7	66
23	8	74	59	3	61	94	8	77
24	33	147	60	16	80	95	9	84
25	12	82	61	45	81	96	33	101
26	22	91	62	24	79	97	4	64
27	23	93	63	12	82	98	22	88
28	45	131	64	34	112	99	7	83
29	8	88	65	43	102	100	14	105
30	45	107	66	18	94	101	24	127
31	9	63	67	18	99	102	13	78
32	45	135	68	34	75	103	30	70
33	21	74	69	29	135	104	19	109
34	16	82	70	15	81	105	34	104
35	17	71	71	6	78	106	9	86
36	31	125	72	58	102	107	27	97

描述统计量		
	应激水平	心理症状
平均数	21.467	90.701
标准差	13.096	20.266
协方差		134.301
样本容量（N）		107

10.3 回归线

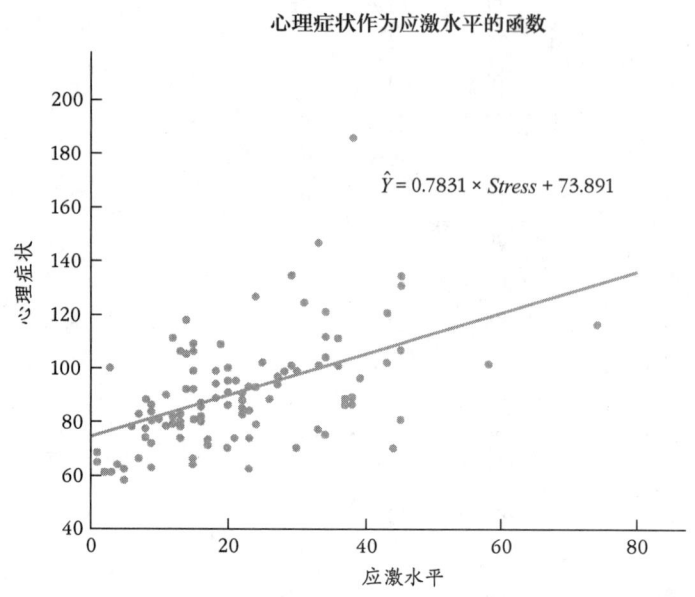

图 10.1 心理症状（Symptoms）与应激水平（Stress）的散点图

我们在前面看到，应激水平与心理症状之间存在显著相关。观察两个变量的散点图以及根据应激水平（X）预测心理症状（Y）的回归线，我们可以更深刻地理解这种关系。图 10.1 就是两个变量的散点图，而且中间叠加了根据 X 来预测 Y 的最佳拟合线。稍后你就能看到这条线的来历，你现在首先要注意的是，预测的症状分数随应激水平的增加而呈线性增加。相关系数只能告诉你这种线性关系确实存在，而当你看到它以图形方式（即回归线）呈现时，才更容易理解它的含义。同时你要注意，尽管相关系数约为 0.50 时各个点分散得相当开，但是随着应激水平从低变化到高，其对应的散点在回归线上下的离散水平大致保持不变。以后在研究回归分析的前提假设时，我们还要更详细地讨论数据点的离散情况。图 10.1 还给出了该回归线的方程，而且我们不久就会看到建立方程的方法。下面的方框中有生成这个图的 R 代码，还有你之前没有见过的材料。

```
stress.data <- read.table("https://www.uvm.edu/~dhowell/fundamentals9/
  DataFiles/Tab10-1.dat", header = TRUE)
attach(stress.data)
head(stress.data)
model1 <- lm(Symptoms ~ Stress) # "lm" represents "linear model."
summary(model1) print out the results
plot(Symptoms ~ Stress, main = "Symptoms as a Function of Stress", xlab =
   "Stress", ylab = "Symptoms")
abline(model1, col = "red")
legend(35,160, expression(hat(Y) == 0.7831*Stress + 73.891), bty = "n")
regress <- lm(Symptoms ~ Stress) # To be discussed later
summary(regress)
```

```
Call:
lm(formula = Symptoms ~ Stress)

Residuals:
    Min     1Q  Median     3Q    Max
-38.347 -13.197 -1.070  6.755 82.352

Coefficients:
            Estimate Std. Error t value Pr(>|t|)
(Intercept) 73.8896    3.2714   22.587  < 2e-16 ***
Stress       0.7831    0.1303    6.012  2.69e-08 ***
---
Signif. codes:  0 '***' 0.001 '**' 0.01 '*' 0.05 '.' 0.1 ' ' 1

Residual standard error: 17.56 on 105 degrees of freedom
Multiple R-squared: 0.2561,  Adjusted R-squared: 0.249 ①
F-statistic: 36.14 on 1 and 105 DF, p-value: 2.692e-08
```

注释①

你可能注意到了，R 和其他软件都包括所谓"调整后的 R^2"。我不准备讨论这个问题，实际上几乎没有人在自己的书中提到它。而且，这种调整不仅微不足道，而且还有争议。

如果你想用 SPSS 完成回归分析，可以先加载数据，然后选择在软件菜单中沿着路径 "Analyze/Regression/Linear" 进入线性回归界面，然后选择变量，点击 "OK"。（最好点击 Statistics 选项卡，要求软件给出置信区间。）如果要画出散点图，请选择 "Graphs/Legacy/Scatter/Simple"。将 Y 轴设为心理症状，将 X 轴设置为应激水平。如果你愿意，可以加上标题，这样的图就更完善了。但是叠加回归线还需要费点劲。

你也许还能想起中学时学过的直线方程：$Y = bX + a$。（可以用其他字母代替 a 和 b，但是大多数统计学家都这么写。）为了达到我们的目的，将等式写为

$$\hat{Y} = bX + a$$

其中

$\hat{Y} = Y$ 的预测值，英语读作 "y-hat"

b = 回归线的**斜率**（当 X 变化一个单位时 Y 的变化量）

a = **截距**（当 $X = 0$ 时 Y 的预测值）

X 是预测变量的取值，在本例中就是应激水平（Stress）。我们的任务是求出最佳拟合线性函数中 a 和 b 的值。换句话说，我们希望用现有的数据来求出 a 和 b 的值，它们让回归线（不同 X 值对应的 $\hat{Y}$ 值）尽可能接近实际观察所得的 Y 值。

你可能会问，既然我用 Y 来定义一个直线方程，为什么等式中用符号 $\hat{Y}$ 而不是 Y？用 $\hat{Y}$ 的原因是，它指的是我们要寻求的预测值。在这个例子中，符号 Y 表示实际观察中已经测得的心理症状的值。这里列出的是 107 个不同被试报告的症状得分。我们现在要求的是尽可能接近实际已经测得的 Y 值的预测值（$\hat{Y}$），因此就用了不同的符号。

前面提到，我们要寻找一条最佳拟合线，这样我们必须给 "最佳" 下一个定义。按照逻辑，就要根据**预测误差**（$Y - \hat{Y}$）来下定义。由于 $\hat{Y}$ 是我们根据方程已知的应激水平预测出的心理症状的值，而 Y 是我们实际观测得到的心理症状的值，故 ($Y - \hat{Y}$) 就是预测误差，通常称为**残差**。我们希望找到一条线（所有 $\hat{Y}$ 的集合），它能让预测误差达到最小。不过，我们要最小化的不是这些预测误差之和，因为对于通过点 ($\bar{X}, \bar{Y}$) 的任意直线，这个预测误差之和都是零。相反，我们要找的是能够让误差平方之和为最小的直线，也就是说，它可以让 $\sum(Y - \hat{Y})^2$ 达到最小〔这与我在第 5 章讨论方差时说的话多有相似，当时我讨论的是平均数的偏差，而这里讨论的是与回归线（相当于浮动或变化着的平均数）的偏差。这两个概念——预测误差和方差——有很多共同点。〕既然我们希望残差的平方为最小，就将其方法取名为"**最小二乘法回归**"。

求最优 a、b 值的公式不难推导，但是本书不讲推导过程。你只要记住：它们是在"预测 Y 时的误差平方为最小"的前提下推导出来的，只要列出以下式子就足够了：

$$\boxed{b = \frac{cov_{XY}}{s_X^2}}$$

和

$$\boxed{\begin{aligned} a &= \bar{Y} - b\bar{X} \\ &= \frac{\sum Y - b \sum X}{N} \end{aligned}}$$

注意，求 a 的式子中包含 b 的值，所以你需要首先求出 b。

如果我们将表 10.2 中的数据（其中的协方差和方差）代入上述式子，可以得到

$$b = \frac{cov_{XY}}{s_X^2} = \frac{134.301}{13.096^2} = \frac{134.301}{171.505} = 0.7831$$

和

$$a = \bar{Y} - b\bar{X} = 90.701 - 0.7831 \times 21.467 = 73.891$$

现在我们可以列出以下方程：

$$\hat{Y} = 0.7831X + 73.891$$

这个方程就是**回归方程**，a 和 b 称为**回归系数**。对这个方程的解释很简单。先说截距（a）。如果 $X = 0$（即被试在过去一个月内没有报告应激事件），则 Y（症状）的预测值为 73.891，放到霍普金斯症状检查表中，这就是一个很低的分数。换句话说，截距就是当预测变量（应激水平）等于 0.0 时，症状水平的预测值。接下来看斜率（b）。你可能知道，斜率通常被称为变化率。在本例中，$b = 0.7831$。这意味着应激水平每变化 1 分，我们就可以预测症状水平会变化 0.7831。也就是说，b 就是预测的症状分数随应激分数的变化而变化的比率。很多人认为斜率在数学方程中只是一个常数，但是如果将它看作变量 X 每变化 1 个单位所对应的 Y 预测值的变化量，就更有意义了。

我刚刚介绍了许多内容。为了帮助你更好地消化吸收，我们再补充一个例子。这个例子的数据来自 Trzesniewski、Donnellan 和 Robins（2008）的一项有趣的研究，也可参见 Trzesniewski 和 Donnellan（2009）。他们当时想检验 Twenge（2006）提出的一个论点。Twenge "将 20 世纪 70 年代、80 年代和 90 年代出生的美国人称为'自我世代'——声称自己比前辈更自负、更主张权利和超级自信"。（如果你也是在那几十年出生的人，我相信你也特别喜欢这些特征！）Trzesniewski 等人收集了 8 个不同年份的个体的自恋人格指数（Narcissistic Personality Index，缩写为 NPI）数据。（分数越高，个体越自恋。）以下数据是各年份极大样本的平均分数：

年份	1982	1996	2002	2003	2004	2005	2006	2007
NPI	0.39	0.38	0.37	0.38	0.38	0.38	0.38	0.39

下面是上述结果的散点图，正如 Twenge 认为的那样，自恋指数似乎并没有增长。

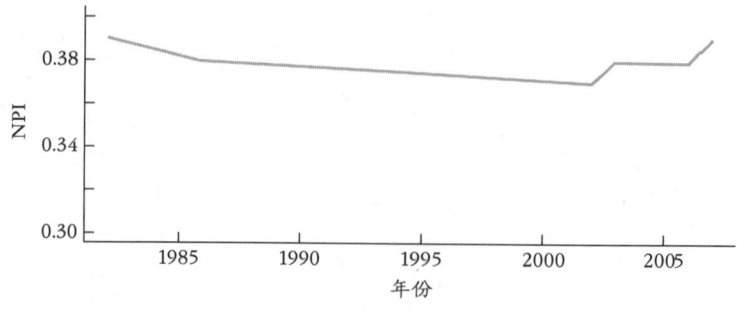

为了进一步的计算，我们还需要知道如下样本统计量，其中年份用 X 表示，自恋程度用 Y 表示。

$\overline{X}$	s_X	$\overline{Y}$	s_Y	cov_{XY}	N
1999.375	9.680	0.381	0.006	−0.018	8

相关系数就是 X 和 Y 的协方差除以两个变量的标准差：

$$r = \frac{cov_{XY}}{s_X s_Y} = \frac{-0.018}{9.680 \times 0.006} = \frac{-0.018}{0.058} = -0.29$$

本例题的自由度为 $N-2$，查附录 C.2 或通过 vassarstats.net 网站计算可知，相关系数的绝对值要大于 0.707 才能在 0.05 水平（即 $\alpha = 0.05$）上达到显著。因此，我们不能拒绝零假设——总体不存在上述相关。（但是请记住，我们的样本非常小——只有 8 个数据点。）

为了获得回归线，我们进行以下计算：

$$b = \frac{cov_{xy}}{s_x^2} = \frac{-0.018}{9.680^2} = \frac{-0.018}{93.702} = -0.00019$$

$$a = \overline{Y} - b\overline{X} = 0.381 - (-0.00019)(1999.375) = 0.758$$

因此回归线将是

$$\hat{Y} = -0.00019X + 0.758$$

如果相关不显著，则回归线的斜率也就不显著，这意味着在被测量的这些年份中，预测的自恋程度与年份没有显著的函数关系。不管社会怎么说，孩子们并没有越来越自恋！（如果这种关系在统计学上有显著意义，我们就可以下结论说，测验时的年份每增加 1 个单位，自恋程度实际上还下降了 0.00019 个单位。这还意味着公元 0 年的平均 NPI 得分为 0.758。我这是故意搞笑，但是这里还是有一层道理的：在正常情况下，X 通常不可能取 0。如果像本例这样，X 取 0 时与其他 X 值相距甚远，我们就不太能相信关于截距的解释。）然而，上述相关关系并不显著，所以我们只能说，我们没有理由质疑自恋分数不随时代变化这一假设。（尽管本例的截距对我们没有实际意义，但我们仍需要学会计算。回归线在图中的高低基本上取决于截距。）

如果我们将数据标准化会怎样？

现在我们回过头来考察心理症状和应激水平的数据。我希望你能想起第 6 章将数据标准化的过程——将各个变量分别转换为平均数为 0、标准差为 1 的标准分数（z 分数）。标准化除了改变数据的平均数和标准差以外，对数据没有其他影响。尽管我们很少使用标准分数，但是如果每个变量的数据都被转换成标准分，我们就要思考此时的 b 代表什么。在标准化的情况下，X 或 Y 变化 1 个单位就意味着该变量变化了 1 个标准差。因此，如果数据标准化之后得到的回归线斜率为 0.75，我们可以说 X 每增大 1 个标准差，Y 就增加 0.75 个标准差。所以，当我们提到标准化数据的斜率时，讲的往往是**标准回归系数（β）**，并以此与非标准化数据的回归系数（b）相区别。幸运的是，我们无须多做计算，例如将每个数据都转换为 z 分数，因为我们还有其他方法得到标准化的结果。

标准化斜率（β）的有趣之处在于，当回归方程中只有一个预测变量时，这个斜率刚好等于相关系数 r。（而当我们在下一章讨论多个预测变量时，情况就不是这样了。）因此我们可以说，如果 $r = 0.506$，b 也等于 0.506。在这里，如果两个学生的应激水平相差 1 个标准差，他们在心理症状上的预测值就相差大约 0.5 个标准差。这对我们理解自己正在谈论的变量间关系有一定帮助。到了下一章学习多元回归时，我们还会发现 β 的其他用法。最重要的是，我们要考虑这样一个事实：β 本身就是一种效应量。如果 β 只有 0.04，我们就明白，改变应激水平 1 个标准差只能改变症状水平（预测值）0.04 个标准差。这个结果难以给人留下深刻印象，也难以证明应激对症状的重要性。然而，如果 $\beta = 0.506$，应激水平上同样 1 个标准差的差异会造成症状水平预测值的半个标准差的差异，这时我会觉得印象深刻了许多。

在这里要谈一下在实际工作中如何绘制回归线。要画出这条线，只需要在 X 上取任意两个值（最好是整个取值范围两端的数值），分别计算它们对应的 $\hat{Y}$，然后在图上标出两个点的坐标，最后用直线连接这两个点。我通常要找出三个点，但这只是为了检查一下精确性。根据应激水平和心理症状的数据，我们得到回归方程

$$\hat{Y} = 0.7831X + 73.891$$

当 $X = 0$ 时，

$$\hat{Y} = 0.7831X + 73.891 = 0.7831 \times 0 + 73.891 = 73.891$$

当 $X = 50$ 时，

$$\hat{Y} = 0.7831X + 73.891 = 0.7831 \times 50 + 73.891 = 113.046$$

接着，画一条过点（$X = 0, Y = 73.891$）和点（$X = 50, Y = 113.046$）的直线，如图 10.1 所示。

这里非常重要的一点是，我们构建的这条回归线是用来根据应激水平预测心理症状的，不能反过来根据后者预测前者。这条回归线只保证预测症状得分与实际症状得分之差的平方和为最小。如果我们想反过来根据应激水平预测心理症状，就不能用这条回归线——它不是为这个目的推导出来的。相反，这时我们必须找到一条能使预测应激水平与实际应激水平之差的平方和为最小的直线。最简单的方法就是回过头去求出新方程的 a 和 b，也就是说，将自变量和因变量对调以求出新的 a 和 b。这样，你在计算回归系数时就能用与之前一样的公式了。

向平均数回归

19 世纪中期的弗朗西斯·高尔顿爵士（Sir Francis Galton）发现了一个有趣的现象。他注意到，身材高的父母生下的孩子往往比他们矮，而身材矮的父母的后代反而高一些。（他还注意到，许多其他变量也表现出了类似的模式。）他多年专注于这个问题，只是他关注的主要是特征的遗传。他最早将这种现象称为"返回（reversion）"，后来改成"回归（regression）"，这就是本章标题"回归"以及相关系数的符号 r 的来

历。当时，他的说法是"回归平庸"，但是后来人们将回归理解为"**向平均数回归**"，这样就好听了许多。

从高尔顿的角度来看，这个问题及其解释并不需要太多的统计学。假设你参加了英语语法测验。你的分数将包含两个组成部分：一是你对语法的真正了解，二是考试时的运气好坏。再假设你得了全班最高的成绩——98 分。如果下周举行类似的测验，我们很可能会发现你的成绩没那么好了。第一个组成部分（你的语法知识）没有变化，但是第二个组成部分（运气）更有可能对你不利。（第一次测验时，你可能是从一大堆各种各样的运气当中抽到了一份极好的运气而已。根据你的概率论知识，你应该意识到你不太可能两次测验都这么好运。）这很像高尔顿观察到的身高回归现象，他花了相当多的时间来研究遗传当中与此对应的"运气"成分。对于高尔顿而言，这不是一个最小二乘回归问题；这只是一个让遗传理论更符合实际观察结果的问题。

如果我们用另一种方式来看待这个问题，就涉及统计学了。将全班各次测验的成绩转换为标准分，这对相关系数绝不会产生任何影响。但是根据我们前面的讨论，标准化数据产生的回归线的斜率等于相关系数。而在绝大多数情况下，相关系数都小于 1。假设两次测验的得分之间的相关系数为 0.80，你得到的 98 分对应的 z 分数是 2.3，那么标准回归系数也是 0.80，标准化数据的回归方程则是

$$\hat{Y} = 0.8 \times 2.3 + 0$$

（标准化数据的截距始终为 0。）因此，如果你第一次测验的成绩高于平均数 2.3 个标准差，那么我对你第二次测验成绩的最合理预测值是高于平均数 $0.80 \times 2.3 = 1.84$ 个标准差。反观班上其他人，他们前一次测验成绩可能很差，但如果这次好运落在他们身上，成绩可能会提高。这就是"向平均数回归"的含义。第二次测验的预测成绩将接近平均数而不是接近第一次测验的成绩。现在你还要注意，我们说的不是实际成绩，而是预测成绩。从某种意义上说，这是关于"向平均数回归"的统计学。

在体育比赛中，我们也经常看到向平均数回归的例子。对今年赢得"年度新秀奖"的选手，我们大家都非常期待他明年有更好的表现，但是结果往往令人失望。这种现象被称为"第二年萧条"，它与选手第二年有没有努力、技术有没有荒废无关。回归是我们预料之中的合理现象。

一种非常普遍的倾向认为，回归现象意味着随着时间的推移，所有变量都会有向一个共同的平均数回归的趋势。因此，如果我们这代人比我们高大的父母更矮、比矮小的父母更高，那么我们的下一代可能比我们中的高个子更矮、比矮个子更高，依此类推。真要是这样，我们可以预计，150 年后每个人的身高都是 1.47 米——当然，这是不可能的。向平均数回归只是一种个体性的现象，而不是群体性的现象。尽管我们预期前次得分较高的人的成绩会差一些，但是他们之间仍存在差异，而且高分组中许多人的表现仍将高于对他们的预期。虽然你下次语法测验的成绩没有这次好，但你根据经验也应该知道下次的成绩总的来说会很接近这一次。（向平均数回归也可以是反时序的——根据子女的身高预测父母的身高，也会看到同样的现象。）

Grambsch（2008）有一项专门针对回归现象的有趣研究。她用回归现象解释关于枪支登记和谋杀率的一些数据，发现当排除"向平均数回归"这一因素的影响之后，

数据"不支持'应发法则（Shall-issue）*'有利于降低谋杀率的假设"。"应发法则"允许更多人携带枪支，并声称可以减少犯罪。

最后，上述内容都与随机分配这一概念有关。假定你想通过提高大学生的数学知识水平而出名。你可以出去开展一次测验，选出成绩最差的学生进行特殊辅导，再让他们回到课堂，然后对全体学生再进行一次测验。几乎可以肯定，之前的那些"差生"会取得更好的成绩。这些学生的知识基础也许根本没有得到改善。如果这些人成绩垫底的部分原因是第一次测验时碰巧倒霉透顶，那么第二次测验时随机的运气成分也许就没那么糟了——就算你的辅导完全无用，他们的分数也会提高。这就是我们坚持尽可能随机分配参试者的一个非常重要的原因。

10.4 预测的准确性

用一条回归线拟合一组数据并不意味着问题已经圆满解决。相反，这仅仅是开始。能不能画出一条通过散点的回归线（你可以随时做到）并不重要，重要的是这条回归线有没有较好地拟合数据——换句话说，我们的努力是否值得。

不过，在讨论预测误差之前，先回到我们在本章开头谈到的在对 X 一无所知的条件下预测 Y 的情况，那将很有启发意义。

标准差作为对误差的计量

请看一下表 10.2 中的数据。假设我要求你预测某个人的症状水平（Y），却不透露其过去 1 个月内应激方面的情况。对于这样的要求，你最合理的预测就是症状得分的平均数（$\overline{Y}$）。你将平均数作为预测值，是因为它平均而言比所有其他预测值都接近其余的分数。想一想，如果你用最低分或最高分做预测值，预测的效果会多糟糕（一般而言）。你也许偶尔会碰巧完全正确一次，但是在大多数时候，你的预测会荒谬得离谱。用平均数做预测值，刚好正确的概率更大（因为比较多的人确实落在分布的中心），而且就算预测错了，你也不大可能像用两极端数值做预测那样错得离谱。与预测相关的误差就是 Y 的样本标准差（s_Y）。这是因为你的预测值就是平均数，而 s_Y 表示 Y 与平均数之间的差异程度。考察 s_Y，我们知道它的定义是

$$s_Y = \sqrt{\frac{\sum(Y-\overline{Y})^2}{N-1}}$$

对应的方差的定义是

$$s_Y^2 = \frac{\sum(Y-\overline{Y})^2}{N-1}$$

---

* 美国部分州关于枪支的态度，即只要符合资质，州就必然颁发隐蔽持枪证。——译者注

其分子是 Y 与 $\bar{Y}$ 之差的平方和（$\bar{Y}$ 就是本例中你预测的那个点）。

估计标准误

现在假设我们根据个体报告的应激水平预测其可能遭受的心理困扰的程度（以心理症状为衡量指标）。假设这个人的 X 值（应激水平）是 15。在这种情况下，我们不仅知道 X 的值，而且知道回归方程，所以可以得到最佳预测值 $\hat{Y}$。也就是说，$X = 15$，$\hat{Y} = 0.7831 \times 15 + 73.891 = 85.64$。像我们先前见过的差异量（标准差）一样，该预测值的误差就是 Y 与预测值之差的函数；只不过在这种情况下，预测值是 $\hat{Y}$ 而不是 $\bar{Y}$。具体来说，现在可以将这个差异量定义为

$$s_{Y-\hat{Y}} = \sqrt{\frac{\sum(Y-\hat{Y})^2}{N-2}}$$

这里同样是先将 Y 与预测值（$\hat{Y}$）之差求平方和，但要除以 $N-2$，其中 N 是成对数据的匹配数。统计量 $s_{Y-\hat{Y}}$ 被称为**估计标准误**，有时还写成 s_{YX}，表示这是根据 X 预测 Y 时的标准差。它是预测误差的最常见的（但不一定是最好的）计量指标。其平方 $s_{Y-\hat{Y}}^2$ 则被称为**残差方差**或**误差方差**。

表 10.3 体现了直接计算估计标准误的方法。前 10 个个体的原始数据列在表中第 2 列和第 3 列，Y 的预测值（根据公式 $\hat{Y} = 0.7831X + 73.891$ 求得）列在第 4 列。第 5 列列出的是每个个体 $Y - \hat{Y}$ 的值。请注意，该列的总和 $\sum(Y-\hat{Y})$ 等于 0，因为预测的偏差之和永远是 0（有高估的也有低估的）。如果我们将偏差先平方再求和，就可以得到 $\sum(Y-\hat{Y})^2 =$

表 10.3 Wagner 等人（1988）的研究中前 10 个个体的数据（包括 $\hat{Y}$ 和残差 $Y - \hat{Y}$）

被试	应激水平（X）	心理症状（Y）	$\hat{Y}$	$(Y - \hat{Y})$
1	30	99	97.383	1.617
2	27	94	95.034	-1.034
3	9	80	80.938	-0.938
4	20	70	89.552	-19.552
5	3	100	76.239	23.761
6	15	109	85.636	23.364
7	5	62	77.806	-15.806
8	10	81	81.721	-0.721
9	24	74	91.901	-17.901
10	34	121	100.515	20.485
全部数据的描述统计				
平均数	21.467	90.701	$\sum(Y-\hat{Y}) = 0$	
标准差	13.096	20.266	$\sum(Y-\hat{Y})^2 = 32386.048$	
协方差	134.301			

32386.048。在这个总和的基础上,我们可以计算出

$$s_{Y-\hat{Y}} = \sqrt{\frac{\sum(Y-\hat{Y})^2}{N-2}} = \sqrt{\frac{32386.048}{105}} = \sqrt{308.439} = 17.562$$

用这种办法求标准误很是枯燥,所以我不建议你这样做。我提起这种方法,是因为它清楚地表明了该术语的含义。幸运的是,还有一个简单得多的程序,它不仅是一种计算估计标准误的方法,还有更重要的作用。但是请不要忘记我们刚刚用过的公式,因为它完美地诠释了我们在测量什么。

r^2 与估计标准误

我们前面将估计标准误定义为

$$s_{Y-\hat{Y}} = \sqrt{\frac{\sum(Y-\hat{Y})^2}{N-2}}$$

以此为起点,进行少量代数替换和运算(具体过程略去),可以得到

$$s_{Y-\hat{Y}} = s_Y \sqrt{(1-r^2)\left(\frac{N-1}{N-2}\right)}$$

对于这些数据,我们现在可以用两种不同的方式计算 $s_{Y-\hat{Y}}$,答案是相同的

1. $s_{Y-\hat{Y}} = \sqrt{\frac{\sum(Y-\hat{Y})^2}{N-2}} = \sqrt{\frac{32386.048}{105}} = 17.562$

2. $s_{Y-\hat{Y}} = s_Y \sqrt{(1-r^2)\left(\frac{N-1}{N-2}\right)} = 20.266\sqrt{(1-0.506^2)\left(\frac{106}{105}\right)} = 17.562$

(在本书第 204 页的 R 的输出结果中,上述标准误被称为"Residual standard error",即残差标准误。)这种估计标准误可以解释为标准差的一种表现形式。因此,我们可以这样说,各散点偏离回归线的程度(标准差)等于 17.562。另一种说法是,$s_{Y-\hat{Y}}$ 是我们在运用回归方程时产生的误差的标准差。这种误差越小越好。

r^2——可预测差异程度的计量指标

相关系数的平方(r^2)是一个非常重要的统计量,它被用来解释两个变量之间相关的强度。讲下面的内容时,我的用语稍微有点随意。为了解释清楚问题,我必须讲几个对你来说其实不怎么需要知道的公式和概念。我很愿意用"方差"一词来表示某几个术语,但它们并不是真正的方差*。因此,我就用"差异"和"差异性"这样的含义模糊的词语来表

---

* 在英语中,variance 表示差异、方差。作者的意思是,那几个术语都可以理解为"差异",但它们不是严格意义上的"方差"。——译者注

示我们所讨论的任何差异*，无论这种"差异"是怎么计量的。

我们先看两个变量（X和Y）的情况。作为一个因变量或准则变量，Y的差异可能很大。其中一部分差异与预测变量（X）直接相关，其他差异则只是普通噪声，即我们所说的误差。如果X是Y的一个很好的预测因素，就像应激水平可以很好地预测心理症状水平那样，那么应激水平的很大一部分差异就与心理症状水平的差异有关，而这种差异正是通过$\hat{Y}$的差异来计量的。这句话的意思是：你我二人症状水平不同，在很大程度上（尽管不是全部）是因为我们的应激水平不同。如果我们的应激水平相同，那我们症状水平的预测值就应该相同。我们的应激水平不同，那我们症状水平的预测值就应该不同。

现在假设我列出一个含义相当模糊的式子，像下面这个样子：

$$r^2 = \frac{\text{可以用应激水平解释的症状水平的差异}}{\text{症状水平的总差异}}$$

上述式子的最终计算结果是百分比。换句话说，r^2就是用应激水平的差异能够预测或解释的症状水平差异的百分比。在本例中，我们发现$r = 0.506$，于是我们就说应激水平的差异可以预测25%的症状水平的差异。② 换句话说，如果我们抽取一个样本，测量其中个体的症状水平，可以发现这些个体之间有很多差异。有些人非常随和，而有些人简直就是变态。但是我们现在知道了，个体症状水平的差异中有25%与他们经历了不同程度的应激事件有关。在行为科学中，一个变量的差异若能解释另一个变量25%的差异，就很令人刮目相看了。

现在来看看关于自恋的那个例子吧。如果"人随着时间的推移变得越来越自恋"这一说法成立，那么时间就应该能够在很大程度上解释平均自恋程度的差异。但是我们发现，两者之间的相关系数为-0.29，将它平方一下，可知其只能解释大约9%的自恋程度的差异。另外，相关系数（以及回归系数b）还是负的，这意味着就算有相关，自恋程度总体而言在随着时间的推移而下降，尽管这个相关不显著。而最重要的是，我们知道那个相关离显著还远着呢。

> **注释②**
>
> r^2的概念不是很直观易懂。假设我说不同学校的犯罪率似乎存在很大的差异。你可能会提出，这些差异在很大程度上是因为报告标准不同导致的。这里的统计量r^2只不过是用来表达你所说的"很大程度"的一个数值（百分比）而已。请注意，我们关注的是犯罪率的差异，而不是犯罪率本身。

这个概念非常重要，值得我们用不同的方式加以解释。假定我们有兴趣研究吸烟量（X）与死亡年龄（Y）之间的关系。当我们观察周围的人是如何逐渐故去的，会有以下发现。首先，我们发现并非所有的死亡都发生在同一个年龄——不考虑吸烟行为时，死亡年龄存在差异。我们还注意到了一个很明显的事实：有些人吸烟比其他人多——不考虑死亡年龄，吸烟行为存在差异。进一步，我们还发现，吸烟者比不吸烟者更早死亡，而重度吸烟者比轻度吸烟者更早死亡。因此，我们列出一个用X（吸烟量）来预测Y（死亡年龄）的回归方程。因为每个人的吸烟行为不同，他们的预期寿命（即寿命的预测值$\hat{Y}$）也不同，这就是所谓$\hat{Y}$的差异性——换言之，只要X不变，$\hat{Y}$就不变。

差异性还有最后一个来源：那些吸烟量完全相同的人的寿命的差异。这是误差的差异，即Y中不能归因于X的那部分差异，因为这些人的吸烟量没有差异。我们可以

---

* 在第 9.15 节中，作者也用了"差异"一词。——译者注

将这几种差异（即平方和）来源简洁地总结为以下几点。

回归中的差异来源：

- 吸烟量的差异
- 预期寿命的差异
- 直接归因于吸烟行为差异的预期寿命的差异
- 实际寿命的差异中不能归因于吸烟行为差异的那部分差异

假设有一种极其荒谬的情形：所有非吸烟者都在 72 岁时去世，所有吸烟者的吸烟量恰好相等并恰好都在 68 岁时去世，那么预期寿命的所有差异都可以直接根据吸烟行为的差异做出预测——如果你吸烟，你能活到 68 岁；如果你不吸烟，你能活到 72 岁。这里的相关系数是 1.00，吸不吸烟能 100% 地预测死亡年龄的差异。

回到比较现实的例子：吸烟者可能比不吸烟者更早死亡，但是无论在哪一个群体中，预期寿命仍有一定程度的差异。在这种情况下，死亡年龄的差异中一部分可以归因于是否吸烟，而另一部分不能用吸烟行为来解释。我们希望算出由吸烟行为的差异所造成的预期寿命的差异占总差异的百分比。换句话说，我们想要一个计量指标来表示

$$\frac{\text{预测到的差异}}{\text{总差异}}$$

正如我们所看到的，这个计量指标就是 r^2。

r^2 的这种解释非常有用。例如，如果吸烟量和预期寿命之间的相关系数高得离谱（达到 0.80），我们就可以说，预期寿命的差异中有 $0.80^2 = 64\%$ 可以根据吸烟量的差异预测出来。这很显然是不切实际的夸张。如果现实一些，相关系数 $r = 0.20$，我们就可以说 $0.20^2 = 4\%$ 的预期寿命的差异与吸烟行为有关，而其余 96% 与其他因素有关。（虽然 4% 看上去微不足道，但是如果我们说的是人的寿命，特别是对那些受到影响的人来说，就非同小可了。）

关注相关系数的平方时，要注意保持适当的全局观。如果吸烟可以解释预期寿命差异的 4%，我们可能觉得吸烟对预期寿命的影响很小。但是切记，有许多变量影响着预期寿命，其中包括车祸、凶杀、癌症、心脏病和中风等。在这些变量中，有些与吸烟有关，有些则与吸烟无关，而 4% 乃至 1% 的解释量已经是一个相当强的预测因素。如果说一个变量只能解释课程成绩差异的 4%，这可能有点少。但是，如果一个变量能解释预期寿命差异的 4%，就不能轻易忽视它。

Rosenthal 等人（2000）曾经提出，不要理会相关系数的平方（r^2），直接采用相关系数 r 就行了。他们担心的问题主要是，相关系数平方后得到的数值总会变小；正如前一段讲的，这可能让我们觉得该效应还不如本来的水平。确实，将我们的计量指标用逻辑对象（与特定变量有关的差异的百分比）来表示很不错，但是用 r 来表示也很好。在本章的前面部分，我们曾提到，如果将数据标准化，r 等于 b。这意味着 r 可以作为两个变量之间共变

程度的计量指标。因此，如果 $r = 0.75$，则意味着预测变量上相差 1 个标准差的两个个体在因变量上将相差 3/4 个标准差。在我眼里，这个相关够引人注目了。

在我们这个级别的教材里，说"你可以这样做，或者可以那样做"，却不说哪一种做法更好，是很不公平的。但这就是丛林法则。15 年前，通常的建议是将相关系数的平方作为效应量的指标。但是近些年来，又有一种缓慢地回到直接用 r 的趋势。我觉得这种做法比较好——但是，到了方差分析那一章，你会发现我也不是前后一贯的。关于这个问题更广泛的讨论可以参阅 Grissom 和 Kim（2012, p.140）。

需要重视的是，不要将诸如"解释""归因于""预测"和"有关联"等词语理解为表达了一种因果关系。你可以说肩膀酸痛可以解释 10% 的天气变化，但这不意味着肩膀酸痛导致下雨，甚至不意味着下雨导致了肩膀酸痛。因为可能是下雨的时候举着雨伞让你的肩膀积劳成疾。

10.5 极端数值的影响

表 9.3 列出了英国 11 个地区酒精和烟草支出之间关系的一组真实数据。我们还看到，其中有一个来自北爱尔兰的数据点很奇怪，计算相关系数时是否将其纳入会严重影响计算结果。（如果纳入该观察值，相关系数将从 0.784 降至 0.224。）让我们看一下这个点对回归方程的影响。

表 10.4 列出了两种情况（包含 / 不包含异常值）下的计算结果。图 10.2a 和图 10.2b 上还画出了回归线。

表 10.4　包含 / 不包含北爱尔兰数据的 SPSS 回归结果

（a）包含北爱尔兰数据的结果

		系数[a]				
		非标准化系数		标准化系数		
模型		b	标准误	β	t	Sig.
1	（常数）	4.351	1.607		2.708	0.024
	烟草	0.302	0.439	0.224	0.688	0.509

[a] 因变量：酒精

（b）不包含北爱尔兰数据的结果

		系数[a]				
		非标准化系数		标准化系数		
模型		b	标准误	β	t	Sig.
1	（常数）	2.041	1.001		2.038	0.076
	烟草	1.006	0.281	0.784	3.576	0.007

[a] 因变量：酒精

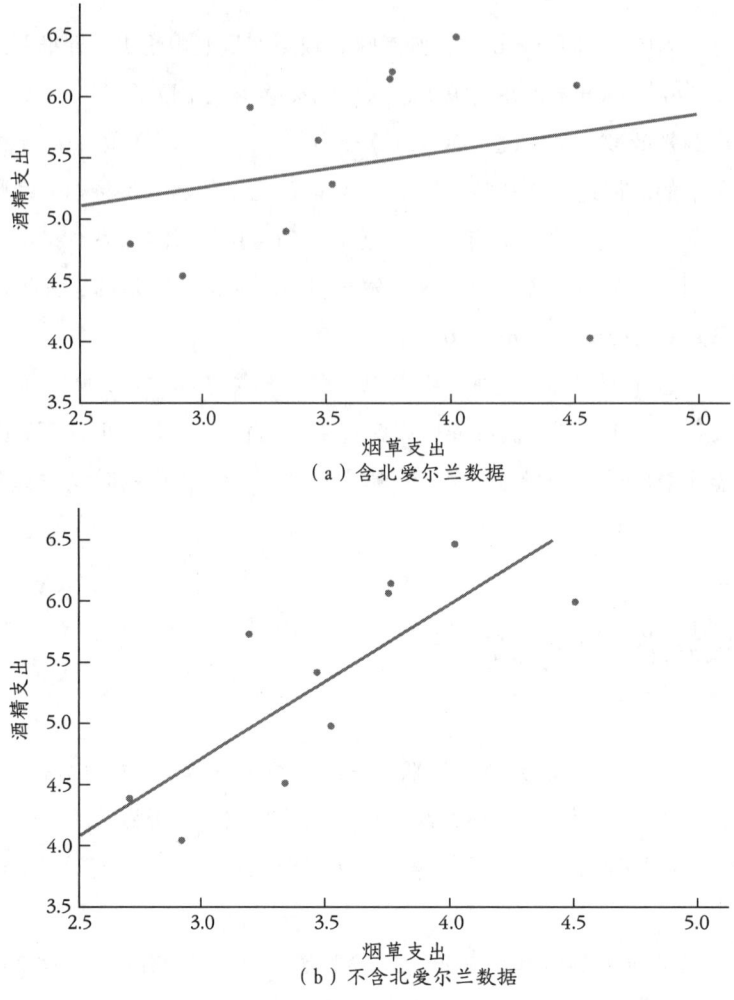

图 10.2 包含与不包含北爱尔兰数据的散点图

请注意两条回归线的巨大差异：在不包含异常值的情况下，斜率是 0.302；包含异常值之后，斜率变为 1.006，而这些斜率对应的 p 值与相应的相关系数对应的 p 值完全相等。这个例子说明，一个不寻常的观察值可以明显地将回归线拉向自己所在的方向。这个例子还有一个特别的好处，那就是当我们单看一个变量时，那个数据点的取值似乎还算正常。更重要的是，它是一个真实存在的数据点，不是收集数据的人记错了数据。

10.6 回归分析中的假设检验

我们在前一章看到了如何检验相关系数的显著性。我们检验的零假设是 $H_0: \rho = 0$，因为如果 $\rho = 0$ 表示两个变量没有线性关系，而 $\rho \neq 0$ 表示变量之间有相关。在进行回归分析时，我们可以同时求得相关系数和斜率，很显然也要问一下它们与 0 之间有没有差异。（你也可以对截距做检验，但是这往往没有什么意义。）你已经知道怎么检验 r 了，但是你知道怎么检验 b 吗？

检验斜率的最简单的情况是：预测变量只有 1 个。在这种情况下，你无须对 b 单独进行检验。举例来说，应激水平和心理症状程度之间有显著相关，这句话意味着症状与应激有关联；而斜率是显著的，这句话意味着症状程度预测值随着应激水平的变化而增加（或减少）。但是，这两种说法表达的是同样的意思！正如你很快就能看到的，对斜率的检验和对相关系数的检验是等价的。因此，最简单的做法就是检验相关系数的显著性。如果检验结果是显著的，则总体相关系数和总体斜率都不是 0。但是请记住，这种关系仅在只有 1 个预测变量的情况下才成立。下一章讨论多个预测变量时，事情就不再这么简单了。

另一种方法是用我们尚未介绍过的检验统计量进行检验。我建议你跳过下面这两段内容，等到学完第 12 章的 t 检验，再回来看这两段。我们将要做的是计算一个叫作 t 的统计量（其公式里面有斜率 b），然后查表或用我们的计算器计算 t 的临界值。如果计算得到的 t 值大于表中查到的 t 的临界值，我们就拒绝 H_0。请注意，我们在检验 r 时经历的是同样的过程。我们计算 t 值的公式是：

$$t = \frac{b}{\frac{s_{Y-\hat{Y}}}{s_X\sqrt{N-1}}} = \frac{b(s_X)\sqrt{N-1}}{s_Y\sqrt{(1-r^2)\left(\frac{N-1}{N-2}\right)}}$$

所以

$$t = \frac{b}{\frac{s_{Y-\hat{Y}}}{s_X\sqrt{N-1}}} = \frac{b(s_X)\sqrt{N-1}}{s_Y\sqrt{(1-r^2)\left(\frac{N-1}{N-2}\right)}} = \frac{0.7831\times13.096\ \sqrt{106}}{20.266\sqrt{(1-0.506)\left(\frac{106}{105}\right)}} = \frac{105.587}{17.563} = 6.01$$

我在这里提到 t 检验，但没有详加解释，因为在下一节你就能看到计算机输出结果中会出现同样的 t 值。（在前文的 R 输出结果中也有这个 t 值。）你可以跳过去直接看图 10.3，最后几行显示的是斜率［标记为"Stress（应激水平）"］和截距［标记为"Constant（常量）"］的值。其右边有一列标着"t"，另一列标着"Sig"（表示概率及显著性）。"t"下面的内容就是刚才提到的 t 检验。（对截距的检验稍有不同，但它也是 t 检验。）"Sig"下面的内容是在 H_0 为真时那些 t 对应的概率。在这个例子中，SPSS 给出的对应的概率为 0.000。（精确地说，这个概率一直要到小数点后第 8 位才出现非零数字。）只要概率小于 0.05，我们就可以拒绝 H_0。这样，我们就拒绝 H_0 并得出结论：心理症状与应激水平形成的回归线的斜率不为 0。我们可以预测，应激得分较高的人应该有更多的症状。（用 statpages 网站[*]上的概率计算器，我们只要输入 $t=6.01$，$df=105$，就能算出 $p=0.0000$。如果用的是 DanielSoper 在线计算器，则输入 $r=0.506$，sample size $=107$，就能得到双尾检验的概率 $p=0.00000003$。）

10.7 用 SPSS 进行回归分析

我在前文中已经简要介绍了用 SPSS 建立回归方程的各个步骤。在这里，我要回到 SPSS，因为我要给你看看实际的输出结果。图 10.3 中包括了用 SPSS 分析症状和应激数据

---

[*] 本书配套提供的网络补充材料的网址可联系电子邮箱 1012305542@qq.com 获取，或者登录 www.wqedu.com 下载。您在下载中遇到问题，可拨打 010-65181109 咨询。——中文版出版者注

的输出结果。本书网站上的"SPSS 简明手册"介绍了如何用 SPSS 进行此项分析。这部分内容见于该手册的第 6 章。在 SPSS 菜单上按以下路径逐层进入：**Analyze/Regression/Linear**。选择 Stress 作为自变量，Symptoms 作为因变量。另外，我建议点击"Statistics"按钮，要求给出置信区间，并生成相应的图。在输出结果中，第一部分显示所有个案的平均数、标准差和样本容量，接着呈现的是相关系数矩阵。你可以看到其中一个相关系数是 0.506，与我们的计算结果相同。出于某种原因，SPSS 报告的是单尾的显著概率，而不像其他程序那样会比较传统地报告双尾检验的数值。你可以简单地将 p 值加倍，这样就成双尾检验[*]了。后面一部分又出现了相关系数，但还加上了它的平方（0.256）、调整后的 r^2（我们暂时不理会它）以及估计标准误（$s_{Y-\hat{Y}}$）。这些计算结果都与我们计算的一模一样。以"ANOVA（方差分析）"为标题的那个部分报告了相关系数显著性检验的结果。"Sig"下面显示的是在 H_0 成立的条件下相关系数高于 0.506 的概率。因为这个概率是 0.000，所以我们要拒绝 H_0 并得出结论：症状和应激之间存在显著的相关。最后呈现的内容是回归系数。我们可以看到斜率（位于"B"这一列，在"Stress"右边）以及斜率正上方的截距。往右跳过两列，可以看到对于这些系数的 t 检验和对应于 t 值的概率。我已经讨论过斜率的 t 检验问题。这里的结果与我们用第 10.6 节给出的公式计算出来的值相同。对截距的 t 检验只是检验真实的截距是否为零。我们几乎不会期望截距等于零，所以这个检验对大部分数目的不是特别有用。

Correlations

		SYMPTOMS	STRESS
Pearson Correlation	SYMPTOMS	1.000	.506
	STRESS	.506	1.000
Sig. (one-tailed)	SYMPTOMS	.	.000
	STRESS	.000	.
N	SYMPTOMS	107	107
	STRESS	107	107

Model Summary

Model	R	R Square	Adjusted R Square	Std. Error of the Estimate
1	.506[a]	.256	.249	17.56242

[a]Predictors: (Constant), STRESS

ANOVA[b]

Model		Sum of Squares	df	Mean Square	F	Sig.
1	Regression	11,148.382	1	11,148.382	36.145	.000[a]
	Residual	32,386.048	105	308.439		
	Total	43,534.430	106			

[a]Predictors: (Constant), STRESS
[b]Dependent Variable: SYMPTOMS

Coefficients[a]

Model		Unstandardized Coefficients		Standardized Coefficients	t	Sig.
		B	Std. Error	Beta		
1	(Constant)	73.890	3.271		22.587	.000
	STRESS	.783	.130	.506	6.012	.000

[a]Dependent Variable: SYMPTOMS

图 10.3　症状与应激的回归分析

---

[*] 其实 SPSS 可以选单尾检验还是双尾检验。——译者注

结果报告

报告回归分析结果时,我们须提供一些之前没有介绍过的信息。我会尽量完整地报告这些内容,但请不要太在意这些内容的具体含义。我们可以这样报告结果:

> Wagner、Compas 和 Howell(1988)开展了一项关于大学生应激与心理健康之间关系的研究。他们让 107 名大学生填写一份检查表,这个检查表用于评估大学生们最近经历的消极生活事件的数量和严重程度。他们还要求这些学生填写过去 1 个月内经历的心理症状检查表。这两个变量之间的关系表现了应激水平与心理健康的关系问题,而文献表明,应激事件的增加与学生报告的症状数量的增加有关。
>
> 本研究分析了上述数据,证实了预测:两个变量之间的相关系数达到 0.506($r^2 = 0.256$),在 $α = 0.05$ 的水平上显著[$F(1, 105) = 36.14$,$p = 0.000$]。回归方程的斜率 = 0.78[$t(105) = 6.012$,$p = 0.000$]。可见,较高水平的应激与较强程度的心理症状有关联,而且应激可以解释约 25% 的症状程度的差异。(我在这里不报告截距,因为它没有实质意义。)

10.8 直观的统计学

网站程序提供了一种绝好的复习所学知识的方式。这些程序还可以让你在考试时更容易回忆起有关知识,因为你积极地运用过这些知识。此外,与 t 检验相关的程序还可以帮助你预习第 12—14 章。

关于带有回归线的散点图,我们要理解的一个重要概念就是回归线是如何帮助我们预测 Y 值的。后面的这个名为"Predicting Y"的程序说明了这个简单的原理。当你移动 X 轴上的滑块时,就可以改变 X 的值,同时读取相应的 $\hat{Y}$ 值。在下面这个实例中,当 $X = 2$ 时,$\hat{Y} = 2.2$。此外,移动左右两边的滑块分别可以改变截距和斜率,并观察预测值的变化。

计算 $X = 2$、3 和 4 时的 $\hat{Y}$ 值。接着移动右边的滑块加大斜率,再计算 $X = 2$、3 和 4 时的 $\hat{Y}$。发生了什么变化?

改变截距,再重复上述操作。现在改变 X 时,$\hat{Y}$ 的值如何随之变化?

我曾说过,回归线是一条通过各个数据点的"最佳拟合"线。下面这个名为"寻找最佳拟合线"的程序允许我们在垂直方向移动回归线(改变其截距),还能将其旋转(改变其斜率)。下图中的数据来自 McClelland 的原创程序,它是学生修读统计学课程前后两次统计知

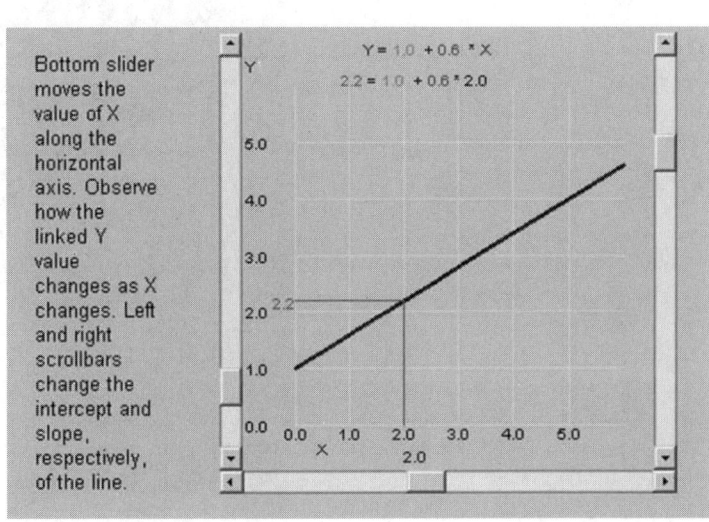

识测验（SKQ）的得分（在下面的图中分别记作 PreSKQ 和 PostSKQ）。我曾多次说我们通常不关心截距。只是，既然不关心，为什么还要费心费力地把它算出来呢？这个程序有助于说明这是为什么。当你用这个程序为回归线求得了一个合理的斜率后，再用小方块向上或向下移动回归线。当你将回归线移到太高处或太低处时，拟合的效果就变得极其糟糕。这就是截距的用处。截距能告诉你的，就是回归线的最佳高度；再结合斜率，你就能做出预测。虽然我们可能不在意截距的具体数值，但是它对确定最佳拟合线至关重要。

调整回归线，直到你认为它达到"最优拟合"。我刚好知道最优拟合线的截距是 10.9，斜率是 0.42。你得到的拟合直线是怎样的？

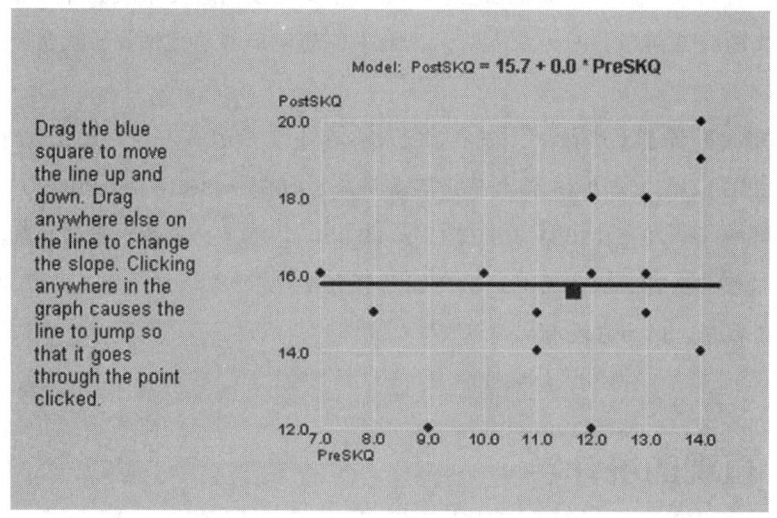

第 9 章中有一个程序可以让你剔除单个数据点，从而观察这对两个变量之间相关程度的影响。在这里，我们回到那个程序，但是这一次我们关心的是极端数据点对回归线的影响。下面显示的程序所用的数据来自图 9.3。

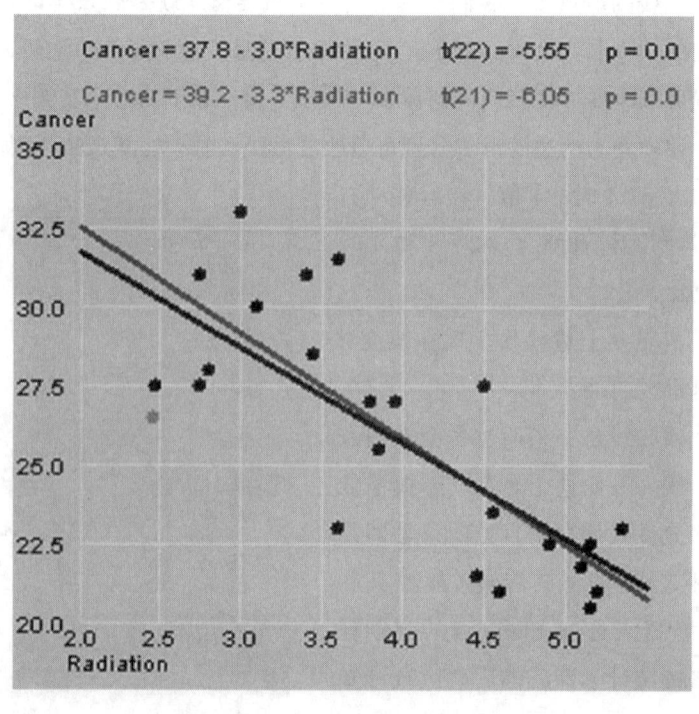

点击坐标大约是 (2.5, 26.5) 的那个点,你可以发现回归线的斜率从 –3.0 变成了 –3.3。图中比较平缓的直线是所有 24 个观测值的回归线,而比较陡峭的回归线拟合的数据不包括刚才点击的那个点。

你可以点击每个数据点,查看剔除该点对斜率和截距的影响。

本章有一个重要的内容,那就是用 t 检验来检验"总体上的斜率为 0.00"的零假设(即假设 X 和 Y 之间不存在线性关系)。一个叫作"SlopeTest"的程序可以用支持零假设的总体数据来展示这种检验的意义。这里显示的是一个例子。

运用这个程序,我抽取了 100 个样本,每个样本都包含 5 对分数。我是从总体中抽取样本,故其真实的斜率(即真正的相关系数)是 0.00,所以我知道变量之间不存在线性相关。对于求出的每一个斜率,我都用程序按照第 10.6 节给出的公式进行了 t 检验。屏幕顶部附近显示的是最后 10 个 t 值,范围从 –2.098 到 5.683。图的右侧是所有 100 个 t 值的分布,左侧是我的第 100 个样本中 5 对分数的散点图。(左侧绿色直线的斜率总是 0,表示零假设为真时一个超大样本的回归线。)每点击一次"10Sets"按钮,你就能抽取 10 个新样本,计算它们的斜率和相应的 t 值,并将它们添加到图右侧的分布中。如果点击一次"100 Sets"按钮,你就能一次性地增加 100 个 t 值。

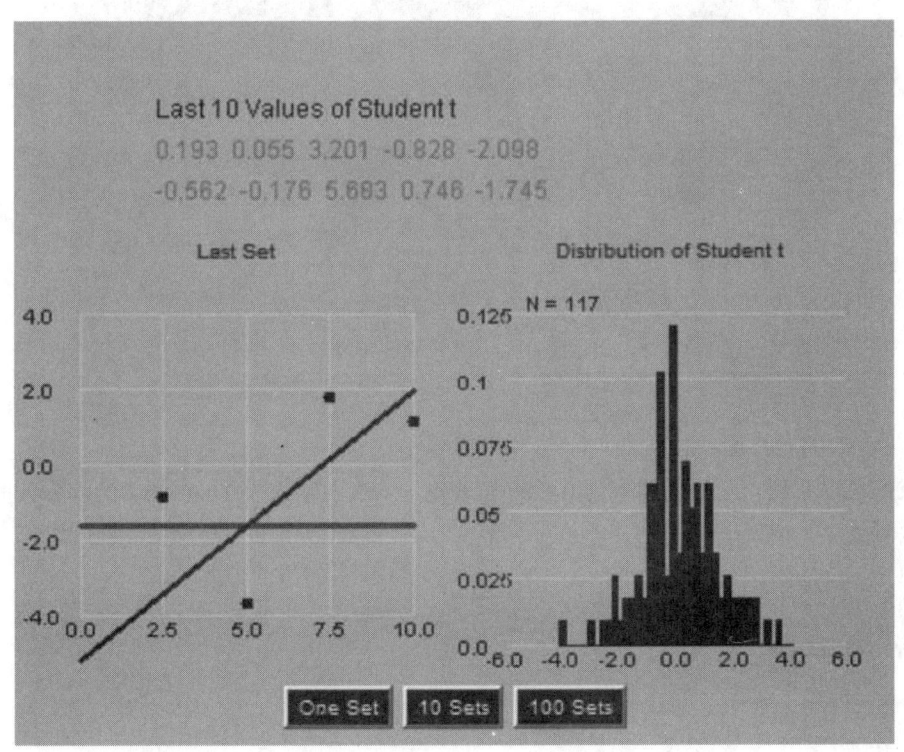

运行这个程序。先是每次生成 1 组数据(点击"One Set"按钮),并注意 t 值的变化,以及回归线随各个样本而变的情况。然后每次增加 100 组数据(点击"100 Sets"按钮),注意观察 t 值分布的平滑情况。请注意,我们的 t 值很少超过 ±3.00。(事实上,在 $df = 3$ 时,t 的临界值是 ±3.18。)

现在,我们来看该网页下面的一个程序,它可以抽取包含 15 对数据的样本。你要注意的是,随着样本容量的增大,t 分布是怎样变得越来越窄的。我们最后将用一个程序来说明

怎样对斜率进行 t 检验。在第 9 章和第 10 章中，我曾多次提到关于英国的酒精和烟草消费量之间关系的数据集，还提到极端数据点的影响。在图 10.3 中，我呈现了 SPSS 的输出结果，其中包含非标准化的斜率及其标准误。如果再加上样本容量（N），就可以计算 t 了。

接下来，我要用程序 CalcT 来计算完整的数据集（其中包括北爱尔兰）的统计量。我输入斜率 0.302，再输入 0.0 作为待检验的零假设（即假设真实斜率为 0），输入 0.439 作为标准误。我还要输入自由度 $N - 2 = 9$。每输入一个数都要按一下回车键——不要只是将鼠标移到下一个框而忘记按回车键。你可以看到，t 的值是 0.688，底部的数字表示双尾概率是 0.509。

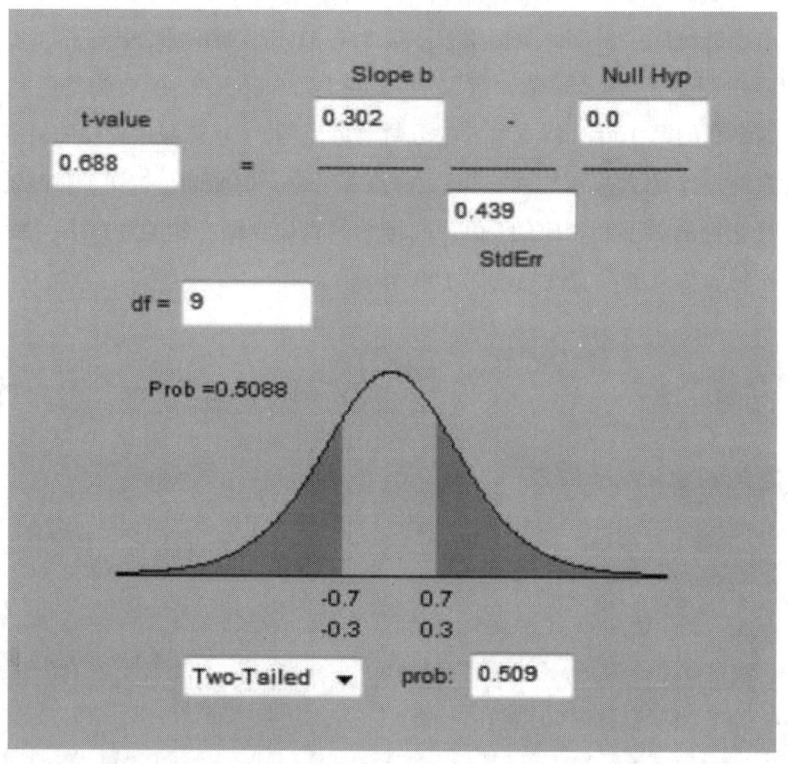

我们可以看到，此处的斜率与 0 没有显著差异。现在输入表 10.4（b）的部分数据，检验一下删除异常值后的相关是否变为显著了。

10.9 综合举例（用于复习）

在第 9 章中，我们计算了课程质量评价与课程成绩（实为修读该课程的学生平均预期成绩）之间的相关系数。表 10.5 中再次呈现这些数据。为了节省篇幅，仅列出了前 15 个个案的数据，但是计算时用到了样本中所有 50 个个案的数据。为了循序渐进地复习回归分析的计算过程，我们要求出一个可以让我们根据预期成绩（X）来预测课程质量总体评价（Y）的回归方程。接下来，我们要解释这个方程中的系数。

表 10.5　根据成绩预测课程质量的例子

预期成绩（X）	课程质量（Y）	预期成绩（X）	课程质量（Y）
3.5	3.4	3.0	3.8
3.2	2.9	3.1	3.4
2.8	2.6	3.0	2.8
3.3	3.8	3.3	2.9
3.2	3.0	3.2	4.1
3.2	2.5	3.4	2.7
3.6	3.9	3.7	3.9
4.0	4.3		

根据全部 50 对数据得出

$$\Sigma X = 174.3$$
$$\Sigma X^2 = 613.65$$
$$\Sigma Y = 177.5$$
$$\Sigma Y^2 = 648.57$$
$$\Sigma XY = 621.941$$

1. 第一步，计算各变量的平均数和标准差，结果如下：

$$\overline{Y} = 177.5 / 50 = 3.550$$

$$s_Y = \sqrt{\frac{648.57 - 177.5^2/50}{49}} = 0.6135$$

$$\overline{X} = 174.3 / 50 = 3.486$$

$$s_X = \sqrt{\frac{613.65 - 174.3^2/50}{49}} = 0.3511$$

2. 计算协方差

$$cov_{XY} = \frac{\Sigma XY - \frac{\Sigma X \Sigma Y}{N}}{N-1} = \frac{621.94 - \frac{174.3 \times 177.5}{50}}{49} = 0.0648$$

3. 计算斜率

$$b = \frac{cov_{XY}}{s_X^2} = \frac{0.0648}{0.3511^2} = 0.5257$$

4. 计算截距

$$a = \overline{Y} - b\overline{X} = 3.55 - 0.5257 \times 3.486 = 1.7174$$

5. 故回归方程为

$$\widehat{Y} = 0.5257\overline{X} + 1.7174$$

6. 我们可以这样解释上述结果：假定有一门课程，学生预期自己的成绩为 0，我们最合理的猜想是，这门课能得到的评分将是 1.7174。就数据解释而言，这个统计量没有什么意义，因为很难想象每个人都会预期自己得 0 分。在本例中，截距仅仅是回归方程中的一个锚定点。

7. 斜率 0.5257 可以解释为，如果两门课程的预期成绩相差 1 分，则可以预期对两门课程的总体评分大约会相差半分。因此，学生对预期成绩分别为 C（2.0）和 B（3.0）的两门课程的评分会相差半分。但是切记我们之前所做的评论——此处不能做因果判断！我们没有特别的理由下结论说，较低的预期导致较低的评分，尽管两者之间存在相关。糟糕的教学往往两者兼而有之。

如果你用的是 SPSS，可以点选菜单 Analyze/regression/linear，确定因变量和自变量，然后点击 Statistics 按钮，勾中一些选项［Estimates（估计量）、Confidence Intervals（置信区间）、Model Fit（模型拟合）、Descriptives（描述性统计）］，也能看到上述结果（见图 10.4）。

Descriptive Statistics

	Mean	Std.Deviation	N
Overall	3.550	.6135	50
Grade	3.486	.3511	50

Correlations

		Overall	Grade
Pearson Correlation	Overall	1.000	.301
	Grade	.301	1.000
Sig. (1-tailed)	Overall	.	.017
	Grade	.017	.
N	Overall	50	50
	Grade	50	50

Variables Entered/Removed[a]

Model	Variables Entered	Variables Removed	Method
1	Grade[b]	.	Enter

[a]Dependent Variable: Overall
[b]All requested variables entered.

Model Summary

Model	R	R Square	Adjusted R Square	Std. Error of the Estimate
1	.301[a]	.090	.072	.5912

[a]Predictors: (Constant), Grade

ANOVA[a]

Model		Sum of Squares	df	Mean Square	F	Sig.
1	Regression	1.669	1	1.669	4.775	.034[b]
	Residual	16.776	48	.350		
	Total	18.445	49			

[a]Dependent Variable: Overall
[b]Predictors: (Constant), Grade

Coefficients[a]

Model		Unstandardized Coefficients		Standardized Coefficients	t	Sig.	95.0% Confidence Interval for B	
		B	Std. Error	Beta			Lower Bound	Upper Bound
1	(Constant)	1.718	.843		2.038	.047	.023	3.412
	Grade	.526	.241	.301	2.185	.034	.042	1.009

[a]Dependent Variable: Overall

图 10.4 表 10.5 中的 SPSS 数据结果

如果你用的是 R，以下代码可以帮助你得到想要的内容。

```
read.table("https://www.uvm.edu/~dhowell/fundamentals9/DataFiles/
  albatros.dat",
header = TRUE)
attach(rating.data)
print(cor(Overall, Grade))
regress <- lm(Overall ~ Grade)
summary(regress)
********************************
>print(cor(Overall, Grade))
[1] 0.3008006
> regress <- lm(Overall ~ Grade)
> summary(regress)
Call:
lm(formula = Overall ~ Grade)

Residuals:
    Min      1Q   Median      3Q      Max
-1.27787 -0.49838  0.04008  0.48367  1.15803
Coefficients:
            Estimate Std. Error t value Pr(>|t|)
(Intercept)   1.7176     0.8427   2.038   0.0471 *
Grade         0.5256     0.2405   2.185   0.0338 *
---
Signif. codes:  0 '***' 0.001 '**' 0.01 '*' 0.05 '.' 0.1 ' ' 1

Residual standard error: 0.5912 on 48 degrees of freedom
Multiple R-squared: 0.09048,    Adjusted R-squared: 0.07153
F-statistic: 4.775 on 1 and 48 DF, p-value: 0.03379
```

10.10 回归与相关

我们在第 9 章讨论相关分析，接着在本章讨论了回归分析，但两者的内容是相同的。相信你会有这样的疑惑：我们为什么同时需要相关分析和回归分析？对这个问题至少有两种回答。当预测变量只有 1 个的时候，正像我们在这两章中遇到的那样，相关与回归这两种方法向你提供的信息有许多是相同的。相关系数的优点在于，它虽然只是一个简单的数字，但是它能简洁地表达两个变量之间相关的程度。当你说某个手工技能测验与工作绩效之间存在 0.85 的相关时，这个信息是非常重要的。但是如果你说一个人在这个测验上多得 10 分，其工作绩效就能出现 5 分的差异，这个信息的重要性就差了许多。反过来，当你对变化幅度感兴趣时，回归系数就很有用了。如果我告诉你，对于那些所生育的孩子活不满周岁的高风险产妇而言，获取计划生育的知识是很重要的——每多 10% 的这样的女性了解这方面知识，婴儿死亡率就能降低 9.7 个百分点——这比我告诉你"撒哈拉以南非洲国家的避孕水平与婴儿死亡率之间的相关系数为 0.44"有用得多。这两种统计量各有千秋，你可以选择最符合要求的那个统计量。

当我们进入下面的"多元回归"那一章时，我们将会发现，相关分析和回归分析之间的差异变得更大了。我们可能发现两个预测变量合起来与一个结果变量之间有很高的相关，但是这可能有三种情况：仅第一个预测变量与结果变量有很高的相关；仅第二个预测变量与结果变量有很高的相关；两个预测变量都与结果变量有很高的相关。在通常情况下，我们根据回归系数来判断哪些是重要的自变量。其实，我们就是在已知多个预测变量与结果变量有显著相关时，运用多元回归分别检验各个预测变量的不同作用。

10.11 总结

从本章开始，我将"回归"定义为根据一个或多个已知变量来预测另一个变量，而将回归线描述为最能代表两个变量之间关系的直线。回归线是方程为 $\hat{Y} = bX + a$ 的直线，其中 $\hat{Y}$ 是根据 X 值得到的 Y 的预测值。系数 b 是回归线的斜率，a 是截距。斜率其实是一种速率——X 每变化 1 个单位所对应的 Y 预测值的变化幅度。截距则是 X 为 0 时 Y 的预测值。截距就像回归线的锚（它只确定回归线的高度，但不确定斜率），通常情况下几乎没有什么实质性意义，因为在数据中，$X = 0$ 通常是很不合理的取值。

接着，我讨论了"向平均数回归"这一概念。它意味着在某次测验中得高分的人在下一次测验中得分会比较低，而前一次分数极低的人刚好相反。它还意味着用回归方程也能预测相同现象。重要的是，这个概念仅涉及个体观察值，它并不意味着一群个体的差异会随时间的流逝而减小。

我还讨论了预测的误差——Y 的实际观察值与预测的 $\hat{Y}$ 值之差。这种误差通常被称为"残差"，因为它们是用 X 预测 Y 后残存的差异。我们对于回归线的要求就是让这些残差的平方和为最小值，这就是"最小二乘法回归"这种叫法的缘由。

最后，我概要地讨论了估计标准误。从根本上说，估计标准误就是残差的标准差，即 Y 值与 $\hat{Y}$ 值之间差异的标准差。预测误差大就说明估计标准误大。我还比较了估计标准误（即数据点与回归线之间的标准差）和普通的标准差（即数据点与平均数之间的标准差）之间的差别。随后，我介绍了 r 的平方（r^2）——Y 的差异中可以根据 Y 和 X 之间的关系做出预测的那部分差异所占的百分比。我认为，r^2 有时解释起来不那么简明，因为面对具体情况时，我们没有很好的方法来判断 r^2 算高还是算低。有些学者建议用 r 代替 r^2 作为效应量指标。

在只有两个变量的条件下，对 r 的显著性检验与对 b 的显著性检验是等价的。但是，我还是对 b 进行了 t 检验，其检验结果与对 r 的显著性检验是一致的，而且所有计算机输出的结果中都包含对 b 进行 t 检验的结果。在本章中，我只考察了仅有一个预测变量的情形。下一章将讨论如何用多个预测变量预测一个准则变量——这就是所谓的多元回归，只有一个预测变量的回归通常被称为"简单回归"。

重要术语

斜率（slope，p.205）　　　　　　　　　　　　截距（intercept，p.205）

预测误差（errors of prediction，p.205）
残差（residual，p.205）
最小二乘法回归（least squares regression，p.205）
回归方程（regression equation，p.206）
回归系数（regression coefficients，p.206）
标准回归系数（standardized regression coefficient，β，p.207）
向平均数回归（regression to the mean，p.209）
估计标准误（standard error of estimate，p.211）
残差方差（residual variance，p.211）
误差方差（error variance，p.211）

10.12 快速复习

A. 回归指的是

答：求出一个（或多个）变量与另一个变量之间的线性关系。

B. 线性回归是_____。

答：最佳拟合线是直线的回归模型

C. 在线性回归中，符号 b 用来表示截距。（对/错）

答：错。符号 b 指的是斜率。

D. 写出"预测误差"的代数式。

答：$Y - \hat{Y}$。

E. 我们经常用"最小二乘法回归"这一术语，是因为_____。

答：我们要让预测误差的平方和为最小

F. 我们总是需要计算截距的值，因为它可以锚定回归线；但是我们是否总要注意它？

答：不是，因为有时它对应的自变量值（$X = 0$）过于极端，我们难以相信它的预测值。

G. 如果我们将数据标准化后再计算斜率（这里称为 β），β 会告诉我们什么信息？

答：它会告诉我们，X 每变化 1 个标准差，Y 的预测值随之变化几个标准差。

H. 在回归分析中用于衡量误差的指标称为_____。

答：估计标准误，即数据点与回归线之差的标准差

I. 回归效应量的两个重要指标是_____和_____。

答：r^2 和 r

10.13 习题

你可以用 R、SPSS 或任何其他可用的软件来解答本章中的许多习题。当然，手工计算结果也不会很难。

10.1　以下是来自美国佛蒙特州的 10 个卫生规划区的数据。其中，Y 指的是出生时体重低于 2500 克的新生儿的百分比。X_1 是 17 岁以下和 35 岁以上的女性的生育率（X_1 被称为"高风险生育率"）。X_2 是未婚女性的生育率。请建立一个回归方程，根据高

风险生育率（X_1）来预测体重低于 2500 克的新生儿的百分比（Y）。

分区	Y/%	X_1/%	X_2/%
1	6.1	43.0	9.2
2	7.1	55.3	12.0
3	7.4	48.5	10.4
4	6.3	38.8	9.8
5	6.5	46.2	9.8
6	5.7	39.9	7.7
7	6.6	43.1	10.9
8	8.1	48.5	9.5
9	6.3	40.0	11.6
10	6.9	56.7	11.6

10.2 计算习题 10.1 中回归方程的估计标准误。

10.3 如果女性在社会中的作用的不断变化造成了生育年龄的变化，进而使习题 10.1 中说的高风险生育率上升至 70%，出生时体重低于 2500 克的新生儿百分比会是多少？

10.4 为什么你会觉得习题 10.3 中以 70% 的比率进行预测不妥当？

10.5 在第 9 章的习题 9.1 中，我们看到了关于婴儿死亡率和风险因素的数据。为什么做出预测时根据塞内加尔的收入比根据埃塞俄比亚或纳米比亚的收入更妥当？

10.6 根据第 9 章的习题 9.1，利用回归的知识，谈谈你对发展中国家婴儿健康状况的看法。

10.7 利用表 10.2 中的数据，预测应激水平为 45 时的症状程度分数。

10.8 表 10.2 中的平均应激分数为 21.467。请根据这个分数预测症状程度分数。预测结果与平均症状程度分数有多大差别？

10.9 假设我们知道两个变量 X 和 Y 之间的相关系数是 0.56。如果每个 X 分数减去 10，你觉得这会对相关系数产生什么影响？

10.10 在习题 10.9 中，假设 X 的平均数为 15.6，Y 的平均数为 23.8。如果每个 Y 减去 10，回归方程的斜率和截距会发生什么变化？

10.11 画一幅或多幅图来说明习题 10.10。

10.12 生成一组由 5 个数据点（即 5 对分数）组成的数据集，要求其截距为 0，斜率为 1。（有多种方法可以解答本题，所以请多花点时间思考。）

10.13 利用你刚刚在习题 10.12 中产生的数据，每个 Y 值再加 2.5。将原数据和新数据画成散点图。在同一幅图上，叠加原回归线和新回归线。问：
（a）斜率和截距发生了什么变化？
（b）相关系数发生了什么变化？

10.14 为表 10.2 数据中的前 5 个案例生成 $\hat{Y}$ 和 $(Y - \hat{Y})$。

10.15 利用附录 C 中的数据，计算根据 ADDSC 预测 GPA 的回归方程。这些数据可以在本书配套数据包中找到，文件名为 Add.dat。

10.16 在本章中我们看到了 Trzesniewski 等人（2008）的一项研究——随着时代的变化，自恋分数的变化趋势。他们还报告了自我美化（对自己具有不切实际的积极看法的倾向）的数据。自我美化的计量指标（SelfEn）是学生以 1 ~ 10 的等级评价自己的智力与其他人相比的优势程度。研究者随后计算了根据 SAT 分数预测所得的评分与学生自评分之差。数据如下。分数为正代表自我美化。

年份	1976	1977	1978	1979	1980	1981	1982	1983	1984	1985	1986	1987	1988	1989	1990	1991
SelfEn	−0.06	−0.03	0.00	−0.01	0.07	0.06	0.04	0.03	0.03	0.03	0.03	0.07	0.06	0.03	0.03	0.04

年份	1992	1993	1994	1995	1996	1997	1998	1999	2000	2001	2002	2003	2004	2005	2006
SelfEn	0.01	−0.01	−0.02	0.02	0.05	0.00	0.01	−0.01	−0.02	−0.06	−0.08	−0.10	−0.11	−0.08	−0.08

（a）根据这些数据，我们可以认为这些年来大学生自我美化分数发生了哪些变化？

（b）该研究的作者建立回归方程时，采用的数据是完整的样本中数十万名学生的个人得分，而不是各年份的平均数。他们得出的相关系数是 −0.03，这与你得到的结果很不一样。为什么说这不奇怪？

（c）这个问题中哪一个相关系数是正确的，你的还是作者的？还是两者都正确？

10.17 用习题 10.16 中给出的自我美化数据，每年各增加 2 分，并保持各年份平均数不变。（例如，1982 年的平均 SelfEn 得分为 0.40，你可以将 0.40±0.03 作为那一年的另外两个分数。）这样，你的数据就增加到 31 × 3 = 93 对。现在计算根据年份预测自我美化的相关系数和回归方程。为什么这一次得到的相关系数不同于习题 10.16 中得到的 $r = 0.57$？斜率发生了什么变化？为什么会有这样的变化？

10.18 为什么我们要关心斜率与 0 有无显著差异？

10.19 以下数据是第 9 章中提到的男大学生的真实身高和体重。

身高 / 英寸	体重 / 磅	身高 / 英寸	体重 / 磅
70	150	73	170
67	140	74	180
72	180	66	135
75	190	71	170
68	145	70	157
69	150	70	130
71.5	164	75	185
71	140	74	190
72	142	71	155
69	136	69	170
67	123	70	155
68	155	72	215
66	140	67	150
72	145	69	145
73.5	160	73	155

续表

身高/英寸	体重/磅	身高/英寸	体重/磅
73	190	73	155
69	155	71	150
73	165	68	155
72	150	69.5	150
74	190	73	180
72	195	75	160
71	138	66	135
74	160	69	160
72	155	66	130
70	153	73	155
67	145	68	150
71	170	74	148
72	175	73.5	155
69	175		

（a）用这些数据制作散点图。

（b）利用这些数据建立根据身高预测体重的回归方程。解释斜率和截距。

（c）这些数据的相关系数是多少？

（d）相关系数和斜率与 0 有无显著差异？

10.20 以下数据是第 9 章提到的女大学生的真实身高和体重：

身高/英寸	体重/磅	身高/英寸	体重/磅
61	140	65	135
66	120	66	125
68	130	65	118
68	138	65	122
63	121	65	115
70	125	64	102
68	116	67	115
69	145	69	150
69	150	68	110
67	150	63	116
68	125	62	108
66	130	63	95
65.5	120	64	125
66	130	68	133
62	131	62	110
62	120	61.75	108
63	118	62.75	112
67	125		

（a）用这些数据制作散点图。

（b）利用这些数据建立根据身高预测体重的回归方程。解释斜率和截距。

（c）这些数据的相关系数是多少？

（d）相关系数和斜率与 0 有无显著差异？

10.21 根据习题 10.19（或习题 10.20）得到的回归方程，用你自己的身高预测你的体重。（如果你不想报告自己的体重，就请用我的身高预测我的体重——我身高 68 英寸，体重 156 磅——反正我是不介意的。）

（a）你的实际体重大于或小于预测体重多少磅？（你这是在计算残差。）

（b）如果部分学生报告数据时带有偏差，对预测你自己的体重会产生怎样的影响？

10.22 用与自己同性的学生的数据画出散点图，观察残差的大小。（提示：各个点与回归线的纵向距离就是残差。）散点图中的最大残差是多少？〔提示：你可以在 R 中输入 print(regress$residuals)，就能得到这些残差。你也可以在 SPSS 的 "Regression" 菜单中选择 "Save" 并选中 "unstandardized residuals（未标准化的残差）"，执行后得到相同结果。〕

10.23 假定一位男性和一位女性的身高均为 66 英寸，他们的预期体重会有多大差异？（提示：按性别运用回归方程分别计算两者的预期体重。）

10.24 用身高预测男性体重的回归方程中的斜率（b）大于女性对应的方程的斜率。根据这个结果，你觉得男性体重与女性体重有何不同？

10.25 在第 3 章中，我列出了判断短暂呈现的图像与左侧图像是相同还是相反的速度数据。但是，我担心各个试次的数据不是相互独立的，因为我是唯一的被试，并且做出了全部反应。请采用本书配套数据包中的数据（Ex10-25.dat）考察反应时与试次编号是否存在相关。成绩是否随着实验的进行而显著提高？我们能否认为随着时间的推移没有出现系统的线性趋势？

10.26 用一段文字总结图 10.4 的结果，要求仿照第 9 章中第 9.17 节（课程评价研究的总结和结论）的写法，描述相关分析的结果。

10.27 Wainer（1997）提供了观看电视小时数与 1990 年国家教育进步评价（National Assessment of Educational Progress，缩写为 NAEP）8 年级数学平均分的数据（分性别）。

看电视小时数	0	1	2	3	4	5	6
女生 NAEP	258	269	267	261	259	253	239
男生 NAEP	276	273	292	269	266	259	249

（a）分别画出男生和女生观看电视小时数与 NAEP 数学分数的散点图（但将它们放在同一张图上）。

（b）根据这些数据，分性别求出并解释回归方程的斜率和截距。

（c）我们根据其他数据了解到男生看电视花的时间比女生多。这可以用来解释男生和女生之间的成绩差异吗？生成这些图的 R 代码如下：

```
TV <- c(0,1,2,3,4,5,6)
GirlsNAEP <- c(258, 269, 267, 261, 259, 253, 239)
BoysNAEP <- c(276, 273, 292, 269, 266, 259, 249)
plot(GirlsNAEP ~ TV, type = "p", col = "red", ylim = c(240, 300), ylab =
"NAEP Score" ,xlab = "Hours Watching TV" )
regG <- lm(GirlsNAEP ~ TV)
abline(reg = regG, col = "red")
par(new = TRUE)
plot (BoysNAEP ~ TV, type = "p", col = "blue", ylim = c(240, 300), ylab =
"NAEP Score" ,xlab = "Hours Watching TV" )
regB <- lm(BoysNAEP ~ TV)
abline(reg = regB, col = "blue")
```

10.28 你可能会惊讶地发现习题 10.27 中的相关非常高。数据点几乎都离回归线不远。作为第一个看到这一结果的人，我猜想，观看电视的小时数和标准化测验成绩之间的相关系数与应激水平和症状得分之间的相关系数应该相差不多，但是这些数据显示的相关远高于图 10.1 中的数据。可能是什么原因导致了这样的结果？

10.29 在一张纸上画一个由 10 个点组成的散点图，要求这个图能表示两个变量间存在中等程度的正相关。现在，将铅笔随意地放在这个散点图上。

（a）如果把这支铅笔想象成一条回归线，当你在纸上沿着垂直方向平移铅笔时，你改变的是回归线的哪个方面？

（b）当你扭动或旋转铅笔时，回归线的哪个方面会发生变化？

（c）如果你不记得任何方程的斜率和截距，你如何判断铅笔是否构成了一条最佳的回归线？

10.30 本书配套数据包中有一个名为 Galton.dat 的数据文件，其中包含"向平均数回归"专栏中讨论过的高尔顿关于父母及其子女身高的数据。在这些数据中，高尔顿将母亲和女儿的身高都乘以 1.08，使其平均数等于男性的平均身高。而父母身高的中间值（mid-parent height）则是父母身高的平均数。数据来自 Stigler（1999）。[*]

（a）建立父母身高与子女身高的回归方程。

（b）根据父母的身高预测子女的身高。

（c）数据文件包含一个名为 Quartile 的变量，取 1～4 的整数，其中 1 是最低段。[**] 在 SPSS 中，用 Analyze/Compare Means/One-way ANOVA 给出每一段对应的子女的平均身高。（以 Child 为因变量，Quartile 为自变量。）对于父母平均身高也执行上述操作。

（d）对于身高位于最高段的父母来说，他们子女的平均身高是否低于其父母的平均身高？对于最低段的父母来说，情况是否刚好相反？

（e）以 X 轴和 Y 轴分别表示父母和子女的四个段的平均数，画出散点图，并画一条 45° 斜线（线上任意一点都体现出父母和子女的平均身高相同）。

---

[*] 本题有答案，请见习题答案部分。——译者注

[**] Quartile 将这些家庭按身高分为 4 段，并用 1～4 表示。——译者注

第 11 章

多元回归

本章探讨同时处理多个预测变量的回归分析，即在第一个预测变量的基础上，考察第二个预测变量能在多大程度上解释第一个预测变量未能预测的内容，随后再考察第三个预测变量还能在多大程度上解释前两个预测变量未能预测的内容，依此类推。我们也会比过去更关注那些无法解释的差异。接着，我们要学习显著性检验，这些检验在很大程度上是第 10 章内容的推广。本章采用了一些新的例子，因为它们可以充实我们讲解的内容，并帮助我们进一步理解多元回归。

在第 9 章和第 10 章中，我们研究的是一个变量与另一个变量之间的关系。我们要么确定两个变量的相关程度，要么根据一个预测变量（自变量）预测一个准则变量（因变量）。在这种情况下，我们可以求出一个相关系数（r）以及建立形如 $\hat{Y} = bX + a$ 的回归方程。

但是，我们没有理由把自己局限于只用一个预测因子来做预测。我们完全可以提出这样的问题：2 个、3 个、4 个乃至更多的预测变量的某些线性组合能否更好地预测准则变量？我举了一个被大大简化了的例子：如果把你 3 个方面的得分（一个月来所经历的应激事件数、你拥有的亲密朋友数，以及你觉得自己对生命中的事件有多强的控制感）加起来，然后用这个总分（综合分数）来预测你的心理症状的严重程度，是不是能预测得更精准？当然，你完全可以质疑说，3 个压力事件加 5 个朋友再加自我评价的 50 分得出的总分 58 是没有意义的，并且认为 58 意味着任何可能的事情。因为这 3 个变量是在完全不同的尺度上测量的。

但是测量尺度不同的这个问题是可以解决的，只要对每个变量赋予不同的权重即可。我们本来就没有理由必须对测验分数和你拥有的亲密朋友的数量赋予相同的权重，对不同的变量给予不同程度的关注也许

需要回忆的概念

相关系数： 变量间相关程度的计量指标

斜率（b）： 与预测变量变化 1 个单位对应的预测值的变化量

截距（a）： 当所有预测变量取值为 0 时的预测值

回归线： 对散点图中的数据点拟合程度最优的直线，常记作 $\hat{Y} = bX + a$

标准误： 统计量的抽样分布的标准差

标准回归系数： 将变量标准化（即转换成 z 分数）后求得的标准回归方程的斜率

残差方差： 实际观察值与预测值之差的平方的平均数

更有意义。或许，你认为生活事件的个人控制感分数对于预测心理症状的价值是应激事件数的2倍，或许这两项都比你的朋友数重要。另外，我们还应该在此基础上加（或减）某个常数，这样就可以使平均预测得分等于实际的平均症状得分。

假定用字母 S、F 和 C 分别表示"应激事件数""朋友数"和"控制感"，我们就可以得出一个回归方程，可能是这个样子的：

$$\hat{Y} = 2 \times S + 1 \times F + 4 \times C + 12$$

这个方程的一般形式就是

$$\hat{Y} = b_1 S + b_2 F + b_3 C + b_0$$

这里的 b_1、b_2 和 b_3 就是预测变量 S、F 和 C 的权重。用回归分析的术语，它们都是斜率或回归系数。系数 b_0 就是单纯的截距而已，与我们之前讨论回归分析时所说的截距是一回事（尽管我们在简单回归中经常将其记为 a）。

用手工计算进行多元回归分析是一件非常麻烦的事，预测变量越多就越麻烦；好在我们可以用随处可得的统计软件轻松地完成这件事。本章只介绍计算机软件输出的答案。

11.1 概述

用一个能体现多元回归分析各个重要方面的例子作为本章的开端，将对我们有很大的帮助。接下来，我们可以回过头来仔细考察各个实际例子中的数据。我会一口气提到很多内容，不过我的主要目的是让你先大致了解要做些什么，而不是向你介绍很多详细的技术性知识。具体技术留着以后学。

教授们是如何确定研究生院录取哪些学生的？许多年前，我收集了一个研究生项目的录取数据。一个系的全体教师对数百个提出申请的学生做出 1～7 的等级评定，其中 1 表示"立即拒绝"，7 表示"立即接受"。我随机抽取了其中 100 份申请，试图根据研究生入学考试语言成绩（GREV）、对多封推荐信的综合评分（Letters）以及对于入学目的陈述的评分（Purpose），预测对每个申请者的评定等级（所有教师给出评定的平均数）。（我的目的是研究人们如何决策，而不是预测谁将被录取。）获得的回归方程是

注释①

请注意，我预测的是教师给予的评分，而不是申请者入学后的成绩。教师评定等级与 GRE 分数以及推荐者对申请者的评价有相关，这并不奇怪；而令人惊讶的是，被录取的学生的综合得分与后来的成绩之间竟然高度相关。

$$\hat{Y} = 0.009 \times GREV + 0.51 \times Letters + 0.43 \times Purpose - 1.87$$

此外，因变量（评定等级）与同时考虑的 3 个预测变量之间的相关系数（即**复相关系数 R**）为 0.775。[①]

复相关系数的平方

在只有一个预测变量的时候，我们可以计算相关系数的平方，现在也可以计算复相关系数的平方，而且其含义是相似的。上述例子中，**复相关系数的平方**（$R^2 = 0.775$）为 0.60。R^2 的含义与只有一个预测变量的 r^2 相同。换句话说，3 个预测变量的差异合起来可

以解释教师评定等级差异的 60%。讲得再具体些就是，同时用 GREV、Letters 和 Purpose 作为预测变量时，我们可以解释录取评分之差异的 60%。也许有两位教师偏偏不喜欢 40 岁以上的学生（这可能违反与年龄歧视相关的法律）。这种情绪会影响他们的评分，不过我不做这方面的测量。因此，我的回归方程无法预测与年龄歧视相关的差异，它属于我无法预测的那 40% 中的一部分，是误差方差的来源之一。

解读

多元回归方程的含义与只有一个预测变量的简单回归方程大体相同。为了预测教师对某个学生的评分，我们将该生的 GREV 乘以 0.009，将推荐信的评分乘以 0.51，将目的陈述的评分乘以 0.43，最后将上述结果相加并减去 1.87（截距）。在 Letters 和 Purpose 保持不变的前提下，GREV 每变化 1 个单位，教师评定等级的预测值将增加 0.009 个单位类似地，Letters 每变化 1 个单位，教师评定等级的预测值将增加 0.51 个单位，当然前提同样是其他两个预测变量保持不变。切记，最重要的是"其他两个预测变量保持不变"这样一个前提。这让我们回想起之前多次提到的术语——"条件"。我们考察一个变量的时候，总要以其他变量保持固定值为前提条件。我们将在稍后更深入地讨论这一问题，但是目前只要记住，我们考察任何一个变量时都要同时控制其他变量的影响。

标准回归系数

我们在第 10 章提到了标准回归系数（β），当时我们说，β 是将变量标准化（各变量分别被转换为 z 分数）后求得的回归系数。β 的意义在这里体现得非常清楚。当你看到根据 GREV、Letters 和 Purpose 预测教师评定等级的回归方程时，你一开始可能觉得 GREV 作为预测变量似乎不那么重要，因为它的（非标准化）回归系数（0.009）实在太小了。反观 Letters 的回归系数为 0.51，比 GREV 的大 5000 多倍。正如我们刚才看到的，这个回归方程告诉我们，GREV 每变化 1 个单位对教师评定等级的预测值造成的差异只有区区的 0.009 个单位，而 Letters 变量每变化 1 个单位，造成的教师评定等级预测值的差异达到了大约 0.5 个单位。但是请记住，GREV 的差异量远远大于 Letters 评分的差异量。GREV 分数相差 1 分根本就是微不足道的——有谁会真的在乎你的语言成绩是 552 还是 553？我们甚至会忽略考试的记分方式，将分数四舍五入到十位数。但是，Letters 评分采用 7 点量表，1 分之差代表了很大的差距。我们直接比较常规的（非标准化）回归系数是没有意义的，其主要原因是这两个变量的方差相差悬殊。

如果我现在告诉你，GREV 的标准回归系数（β）是 0.72，而 Letters 的 β 是 0.61，你就会明白，在考虑了变量的标准差之后，这两个变量的权重就大致相等了。（另一种说法是，"在我们用标准分数使得两个变量相互平等之后，发现它们的贡献大致相等。"）GREV 每变化 1 个标准差，教师评定等级的预测值会变化 0.72 个标准差；而 Letters 每变化 1 个标准差，预测值就会变化 0.61 个标准差。这样看来，这两个变量对预测值的贡献几乎不分伯仲。但是，你还是要注意，不要过度解读我说过的话。采用标准化的权重（β）确实可以让我们相对方便地用同一尺度来衡量各个变量的贡献。但是，这种方式并非万无一失。由于预测变量之间也存在相互关联，变量的 β 权重不能等同于该变量对预测贡献的重要性。β 权重是一个很好的指引，但是并不完美，不要仅仅因为 0.72 大于 0.61 就说 GREV 比 Letters 重要。首先，我们很难说清"更重要"的含义。何况，我们还有其他方法来衡量各变量的贡献大小，换一种方法后，我们可能反过来认为 Letters 比 GREV 重要。判定预测变量的相对重要性是一个艰难的任务（如果预测变量之间也高度相关，这个任务甚至会变得毫无意义）。Howell（2012）对该问题进行了更深入的讨论。

预测变量的冗余度

在多元回归中，预测变量之间的关联也是一个值得讨论的重要问题。想象这样一种情况——有两个预测变量，它们彼此不相关，但是两者分别与准则变量（即因变量）相关。在这种情况下，预测变量之间没有任何共同之处，复相关系数的平方（R^2）等于每个预测变量与因变量之间相关系数的平方之和。每个预测变量都为预测带来了新的、独特的贡献。这是理想的情况，但在实际情况中，我们很少碰到这种预测变量彼此不相关的情况。

现在来看预测研究生申请者所得评分的例子。如果你的 GREV 分数高，就可能得到更好的评分，这似乎无懈可击。同样，如果你有说服力更强的推荐信，也可能得到更好的评分，这似乎也是合理的。但是，GREV 和 Letters 这两个变量本身可能高度相关。如果你的课程成绩好，就可能在 GREV 上取得好成绩。事实上，如果我给你写推荐信，我甚至会参考你的 GREV 分数。如果收信人先看到你的考试成绩再读我的信，这封信无非是重复了这个人已经知道的信息——这个学生知识很丰富。同样地，如果这个人先读了我的信，发现你是一个了不起的学生，然后再发现你考试得了高分，他也不会觉得很意外。换句话说，这两个变量在某种程度上是互为冗余的。说得更学术气些，那就是这两个预测变量传递的总信息量不等于两个变量分别传递的信息量之和，即总信息量小于各部分信息量之和。换一个贴近生活的例子，假定我向你的母亲打听你的一切情况。（你可能会惊讶于她怎么知道这么多。）随后，我又找到你的父亲并提出同样的问题。你的父亲会告诉我很多新情况吗？我很怀疑。他说的话与你母亲说的会在很大程度上重叠。在讨论多元回归时能随时想到这种冗余度是非常重要的。

当预测变量之间存在高度相关时（这就是被称为"**多重共线性**"的情形），不同数据样本得出的回归方程是很不稳定的。换句话说，来自同一总体的两个随机样本生成的回归方程看起来可能完全不同，但是得到的预测（平均而言）可能一样好。我强烈建议你尽量避免采用高度相关的预测变量，甚至连中度相关也要避免，尽管这不一定总能行得通。

11.2 第一个例子：资助我们的学校

美国一直在讨论怎样才能提高中小学教育的质量。一般的假设是，在教育上花更多的钱可以提高学生素质——但这只是一个假设。为了探讨这个问题，Guber（1999）收集了美国 50 个州的数据，其中包括教育的支出（Expend）、生师比（PTratio）、教师平均薪水（Salary）、该州参加 SAT 考试的学生百分比——SAT 参试率（PctSAT）、语言分（Verbal）、数学分（Math）和综合分（Combined）。[②]详细数据如表 11.1 所示。我们在这里只用到其中的 3 个变量，但是你也可以用到其他一些变量[*]。

我之所以选择用这个特定的数据集，是因为它可以阐明几个问题。首先，它是一个与人们当前关心的课题有关的真实数据集。其次，虽然它一开始的结果非常让人费解，但当我们仔细研究后就能够理解这个结果。用一个预测变量与用两个预测变量得到的结果相差极大，这就体现出了多元回归的功用。最后，这些数据很好地说明你需要仔细琢磨变量，不要简单地认为它们衡量的正是你想让它们衡量的内容。

注释② 值得注意的是，ETS 明确表示不建议用 SAT 成绩来评价不同州的教育。我希望等讲完这个例子，你多少能明白这是为什么。

表 11.1 学生成绩与教育支出数据

州名	支出（Expend）	生师比（PTratio）	薪水（Salary）	SAT 参试率（PctSAT）	语言分（Verbal）	数学分（Math）	综合分（Combined）
亚拉巴马州	4.405	17.2	31.144	8	491	538	1029
阿拉斯加州	8.963	17.6	47.951	47	445	489	934
亚利桑那州	4.778	19.3	32.175	27	448	496	944
阿肯色州	4.459	7.1	28.934	6	482	523	1005
加利福尼亚州	4.992	24.0	41.078	45	417	485	902
科罗拉多州	5.443	18.4	34.571	29	462	518	980
康涅狄格州	8.817	14.4	50.045	81	431	477	908
特拉华州	7.030	16.6	39.076	68	429	468	897
佛罗里达州	5.718	19.1	32.588	48	420	469	889
佐治亚州	5.193	16.3	32.291	65	406	448	854
夏威夷州	6.078	17.9	38.518	57	407	482	889
爱达荷州	4.210	19.1	29.783	15	468	511	979
伊利诺伊州	6.136	17.3	39.431	13	488	560	1048
印地安纳州	5.826	17.5	36.785	58	415	467	882
艾奥瓦州	5.483	15.8	31.511	5	516	583	1099
堪萨斯州	5.817	15.1	34.652	9	503	557	1060
肯塔基州	5.217	17.0	32.257	11	477	522	999
路易斯安那州	4.761	16.8	26.461	9	486	535	1021
缅因州	6.428	13.8	31.972	68	427	469	896
马里兰州	7.245	17.0	40.661	64	430	479	909
马萨诸塞州	7.287	14.8	40.795	80	430	477	907
密歇根州	6.994	20.1	41.895	11	484	549	1033
明尼苏达州	6.000	17.5	35.948	9	506	579	1085
密西西比州	4.080	17.5	26.818	4	496	540	1036
密苏里州	5.383	15.5	31.189	9	495	550	1045
蒙大拿州	5.692	16.3	28.785	21	473	536	1009

[*] 请读者记住上述各个变量的中英文名称，因为回归方程中用英文变量名更方便，所以本章后面很多地方不再列出中文变量名。——译者注

续表

州名	支出 (Expend)	生师比 (PTratio)	薪水 (Salary)	SAT参试率 (PctSAT)	语言分 (Verbal)	数学分 (Math)	综合分 (Combined)
内布拉斯加州	5.935	14.5	30.922	9	494	556	1050
内华达州	5.160	18.7	34.836	30	434	483	917
新罕布什尔州	5.859	15.6	34.720	70	444	491	935
新泽西州	9.774	13.8	46.087	70	420	478	898
新墨西哥州	4.586	17.2	28.493	11	485	530	1015
纽约州	9.623	15.2	47.612	74	419	473	892
北卡罗来纳州	5.077	16.2	30.793	60	411	454	865
北达科他州	4.775	15.3	26.327	5	515	592	1107
俄亥俄州	6.162	16.6	36.802	23	460	515	975
俄克拉何马州	4.845	15.5	28.172	9	491	536	1027
俄勒冈州	6.436	19.9	38.555	51	448	499	947
宾夕法尼亚州	7.109	17.1	44.510	70	419	461	880
罗得岛州	7.469	14.7	40.729	70	425	463	888
南卡罗来纳州	4.797	16.4	30.279	58	401	443	844
南达科他州	4.775	14.4	25.994	5	505	563	1068
田纳西州	4.388	18.6	32.477	12	497	543	1040
得克萨斯州	5.222	15.7	31.223	47	419	474	893
犹他州	3.656	24.3	29.082	4	513	563	1076
佛蒙特州	6.750	13.8	35.406	68	429	472	901
弗吉尼亚州	5.327	14.6	33.987	65	428	468	896
华盛顿州	5.906	20.2	36.151	48	443	494	937
西弗吉尼亚州	6.107	14.8	31.944	17	448	484	932
威斯康星州	6.930	15.9	37.746	9	501	572	1073
怀俄明州	6.160	14.9	31.285	10	476	525	1001

从表 11.2 的茎叶图可以看出，*Expend* 这个变量的分布略微有点正偏，而 *Combined* 大致呈正态分布。*PctSAT* 几乎呈双峰分布，我们很快就会讨论这个问题。

表 11.2 根据表 11.1 中变量的数据形成的茎叶图

Expend	Combined	PctSAT
小数点位于 | 处	小数点位于 | 右边第 2 位处	小数点位于 | 右边第 1 位处
3 | 7	8 | 4	0 | 44555689999999
4 | 124456888888	8 | 578899999	1 | 01112357
5 | 01222234457788999	9 | 000000111233444	2 | 1379
6 | 0111224489	9 | 5888	3 | 0
7 | 001235	10 | 00112233344	4 | 57788
8 | 8	10 | 55567789	5 | 1788
8 | 068	11 | 01	6 | 0455888
		7 | 00004
		8 | 01

两个变量之间的相关

对于上述数据，最容易想到的做法就是考察支出与结果之间的关系。我们自然希望看到，在教育上花的钱越多，我们的学生成绩就越好。表 11.3 呈现的是其中一些变量之间的积差相关系数。你也可以很轻松地列出表 11.3，并画出散点图（如图 11.1 所示）来表现这些变量之间的相关。

表 11.3 所选变量间的相关系数

		相关系数			
		Expend	Salary	PctSAT	Combined
Expend	积差相关系数	1	0.870**	0.593**	−0.381**
	概率（双尾）	.	0.000	0.000	0.006
	样本容量（N）	50	50	50	50
Salary	积差相关系数	0.870**	1	0.617**	−0.440**
	概率（双尾）	0.000	.	0.000	0.001
	样本容量（N）	50	50	50	50
PctSAT	积差相关系数	0.593**	0.617**	1	−0.887**
	概率（双尾）	0.000	0.000	.	0.000
	样本容量（N）	50	50	50	50
Combined	积差相关系数	−0.381**	−0.440**	−0.887**	1
	概率（双尾）	0.006	0.001	0.000	.
	样本容量（N）	50	50	50	50

** 表示相关系数在 0.01 水平上有显著意义。

R 代码如下：

```
schoolData <- read.table("http://www.uvm.edu/~dhowell/
fundamentals9/DataFiles/Tab11-1.dat", header = TRUE)
attach(schoolData)
schoolData <- schoolData[-2]    #Remove string variable "State" for future
                                 analyses
smallData <- as.data.frame(cbind(Expend, Salary, PctSAT, SATcombined))
## Create a new data frame with only the variables of interest.
cor(smallData)                  #Produces Table 11.1
plot(smallData)                 #Produces Figure 11.3
```

如果你用 SPSS 完成上述任务，可以先加载数据，然后选择菜单 Graphs/Legacy Dialogs/Matrix Scatter 生成图形，选择菜单 Analyze/Correlate/Bivariate 生成相关系数矩阵。

从图 11.1 中，我们可以看出变量间的大致关系。但是如果想要具体考察 Combined 与 Expend 之间的关联，我们最好单独绘制它们之间的散点图，并画出其回归线。这样就形成了图 11.2。这个图让我们大吃一惊，因为它告诉我们，在教育孩子上花的钱越多，孩子们的成绩反而越差。那条回归线明显是下降的，两个变量间的相关系数为 −0.38。虽然这个相关系数不算很大，但它有显著意义，我们不能对它视而不见。经费越是充裕的学校，学生成绩往往越糟。怎么会这样？

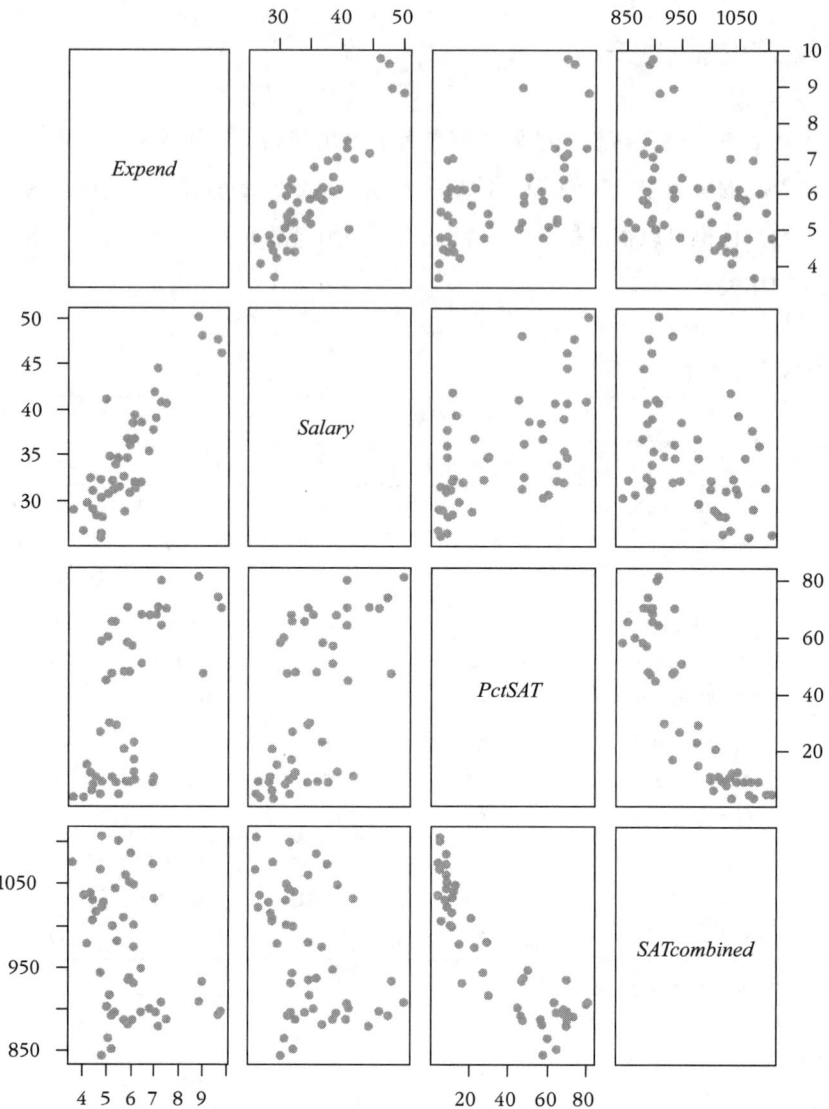

图 11.1　Expend 与 PctSAT 等变量之间的关系

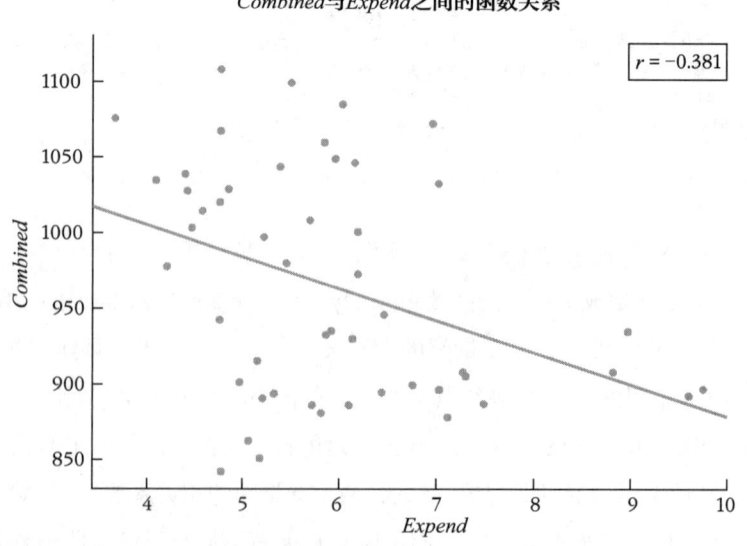

图 11.2　SAT 综合分与支出的函数关系

要解开疑惑，我们应该了解一下 SAT。并非所有学院和大学都要求学生参加 SAT 考试[③]，而且要求 SAT 成绩的学校往往是位于美国东北部和西部的颇负盛名的大学，这些学校往往只招收顶尖的学生。另外，各州参加 SAT 考试的学生比例不一样，比例高的康涅狄格州有 81% 的学生参加，而比例低的犹他州只有 4%。百分比最低的州多位于西部和中西部，最高的则在东北部和西部。在 SAT 参试率较低的州，考生很可能是盯着普林斯顿、哈佛、伯克利等大学（当然还包括我们的佛蒙特大学）的尖子生。这些学生的成绩可能很好。而在马萨诸塞州和康涅狄格州，大多数学生都参加了 SAT 考试，但是学生能力参差不齐，而较差的学生会拖累州平均分。如果真是这样，我们就可以预料，SAT 参试率与州平均分之间存在负相关。这也正是我们发现的结果（见图 11.3）。

请注意图 11.3 中的戏剧性结果。相关系数为 -0.89，各个点都聚集在回归线附近。另外请注意，你可以看到 *PctSAT* 的双峰分布导致大部分数据点都聚集在 *X* 轴的两端。

注释③
许多学院更希望申请者参加美国大学入学考试（American College Test，缩写为 ACT）。

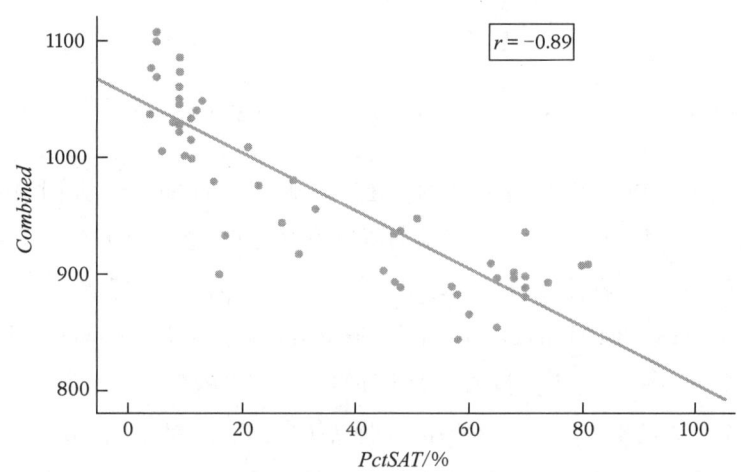

图 11.3　SAT 综合分与学生参试率的关系

在控制其他变量的前提下考察单个预测变量

接下来的问题是，如果我们同时用两个变量来预测 SAT 综合分会怎样？其实这就意味着我们是在控制了 *PctSAT* 的前提下考察另一个变量 *Expend* 与 *Combined* 之间的关系，只不过我们无法直观地看到这个过程。当我说我们控制了 *PctSAT* 时，其实是说我们正在考察 *Expend* 和 *Combined* 之间的关系，同时还要保持 *PctSAT* 恒定不变。假如美国的州不止 50 个，而是有成千上万个。再假如我们还可以从这成千上万个州里找出好多个 *PctSAT* 相等（例如都是 60%）的州。这样一来，我们只需考察来自这些州的学生，用 *Expend* 预测 *Combined*，并计算相应的相关系数和回归系数。这两个系数是完全独立于 *PctSAT* 的，因为这些州的 *PctSAT* 都相等。接下来，我们可以将 *PctSAT* 为 40% 的那些州抽取出来作为一个新样本。同样，我们可以仅对那些州计算变量 *Expect* 和 *Combined* 的相关系数和回归系数。注意，我刚才计算两个相关系数和两个回归系数时，都是在保持参试率恒定（40% 或 60%）的情况下进行的。前面我们只是想象美国有成千上万个州，现在我们还可以进一步想象我们把上述过程重复许多次，每次 PctSAT 所取的恒定值都不一样。对于每一次想象，我们都能求出 Expect 和 Combined 之间的回归系数，这么多回归系数的平均数将非常接近我们马上就要介绍的那个系数——多元回归方程中 Expend 这一变量的回归系数。如果我们计算平均相关系数，道理也是如此。

在我们刚才想象的计算中，每个相关系数都是在 PctSAT 取某个恒定值时的样本的相关系数，即每个相关系数都独立于 PctSAT。换句话说，如果参加计算相关系数的每个州的 PctSAT 都是 35%，就意味着 PctSAT 恒定不变，所以它不可能影响 Expend 和 Combined 之间的相关。这就是所谓"在控制了 PctSAT 的前提下"各州 Expend 和 Combined 之间的相关系数和回归系数。

但是，美国显然没有成千上万个州——只有 50 个州，而且也不太可能增加了。然而，这并不妨碍我们像刚才想象中进行的统计计算那样，用数学方式估计因变量的值。而这正是多元回归分析的全部内容。

11.3 多元回归方程

除了固定一个（或多个）变量的取值，还有其他方法可以进行多元回归分析，但是在讨论这些方法之前，我想先展示一下对前面所说的数据进行多元回归分析的结果——我用一个名为"MYSTAT"的程序进行计算，结果见表 11.4。为了节约篇幅，我省略了一些输出。我选择使用 MYSTAT 的目的是让你能看到输出结果的一种略微不同的方式。

第一个表格呈现的是每个变量的基本统计量。紧接着的表格给出了复相关系数（$R = 0.905$）、复相关系数的平方以及一个叫作"调整后的复相关系数平方（Adj R^2）"的统计量。（"OLS 回归"表示"基本最小二乘法回归"，因为我们努力让残差平方和为"最小"。）在多元回归中，相关系数总是正的，而积差相关系数可以是正的也可以是负的。这其中的详细道理暂且不表。（相关系数总是正的，那么我们怎么才知道出现了负相关？答案就是看回归系数的符号，我们一会就会介绍到。）多元回归情况下的复相关系数平方的含义等同于一元回归的相关系数平方。当单独用 Expend 的时候，我们能够解释 $(-0.381)^2 = 0.145 = 14.5\%$ 的 Combined 的差异（表中未呈现）。而同时用 Expend 和 PctSAT 时，我们可以解释 $0.905^2 = 0.819 = 81.9\%$ 的 Combined 的差异。在这个数值的下方，你可以看到一个标记为 Adj R^2（调整后的 R^2）的内容。你可以忽略这一部分。调整后的 R^2 实际上是对总体真实 R^2 的偏差较小的估计量，但我们从不报告这个估计量。你只管报告 R，无须报告调整后的 R。

你可能还记得，在图 11.3 中我们看到 Combined 和 PctSAT 之间的相关系数是 -0.89，所以当加入第二个预测变量时，相关系数变成了 0.905，但可预测的差异的比例并没有同等程度地增加。这一点我们也会很快看到。

跳过表 11.4 中的第三部分，我们看到一个标有"方差分析"的部分。本书后面的章节将花相当多的时间来介绍方差分析，目前我只讲这个表中的两项内容——请注意标为"F"和"p"值的两列数字。F 指的是一种检验，它考察我们讨论的复相关系数与 0 相比有无显著差异。我们在第 9 章和第 10 章中曾学过对相关系数的显著性检验，这与复相关系数的

表 11.4 同时用 *Expend* 和 *PctSAT* 作为预测变量的多元回归分析结果

描述性统计			
	Combined	Expend	PctSAT
个案数（N）	50	50	50
最小值	844.000	3.656	4.000
最大值	1107.000	9.774	81.000
算术平均数	965.920	5.905	35.240
标准差	74.821	1.363	26.762
方差	5598.116	1.857	716.227

OLS 回归	
因变量	Combined
个案数（N）	50
复相关系数（R）	0.905
复相关系数的平方（R^2）	0.819
调整后的复相关系数的平方（$Adj\ R^2$）	0.812
估计标准误	32.459

回归系数 B						
效应	系数	标准误	标准系数	容忍度	t	p 值
常数	993.832	21.833	0.000		45.519	0.000
EXPEND	12.287	4.224	0.224	0.649	2.909	0.006
PCTSAT	-2.851	0.215	-1.020	0.649	-13.253	0.000

方差分析					
来源	SS	df	方差	F	p 值
回归	224787.621	2	112393.810	106.674	0.000
残差	49520.059	47	1053.618		

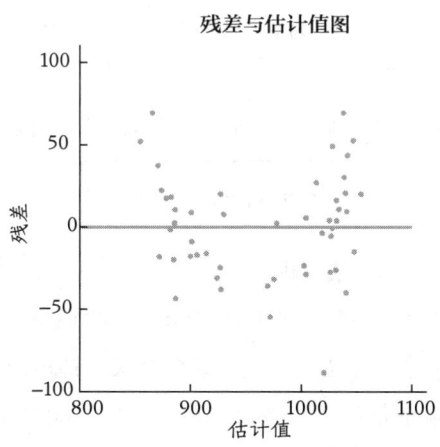

残差与估计值图

显著性检验是一回事，尽管两者用的统计量不同。正如我们在表 11.3 中看到的那样，当只有一个预测变量（Expend）时，预测变量与因变量的相关系数是 -0.38——在零假设为真的前提下，出现这么大或更大的相关系数的概率为 0.006。由于这个概率远低于 0.05，于是我们说，相关系数与 0 有显著差异。而当我们学到多元回归时，预测变量数达到了两个（PctSAT 和 Expend），我们就要问两个问题。第一，两个预测变量合起来与因变量之间的复相关系数和 0.00 有无显著差异？第二，方程中的每一个预测变量对该相关的贡献是否高于随机水平？对于第一个问题，我们从方差分析表中可以看到 $F = 106.674$，其对应的概率为 0.000（四舍五入后）。这告诉我们，采用两个预测变量时，相关系数显著大于 0。在下一节，我会回答第二个问题——各个预测变量是否显著？

如果想用 R 进行上述分析，可以用以下代码。我就不重复它输出的结果了，因为它的输出与我们刚才看到的极为相似。我们用函数"lm"来计算"线性模型"，意思正是"多元回归"。如果想看到完整的输出结果，只要用代码"summary(model1)"就行了。如果只想看"简洁版"，用代码"print(model1)"即可。

```
schoolData <- read.table("https://www.uvm.edu/~dhowell/
    fundamentals9/DataFiles/Tab11-1.dat", header = TRUE)
attach(schoolData)

model1 <- lm(SATcombined ~ Expend + PctSAT)
print(summary(model1))
plot(model1)      # The first plot is the residuals versus predicted

pred <- model1$fitted.values   # Extract predicted values
model2 <- lm(SATcombined~pred)  # Needed to draw line
plot(SATcombined~pred)    # Produces R's equivalent of Figure 11.3
abline(model2)
```

现在回到前面的输出结果，我们来看其中最有意思的部分。在标有"回归系数"的那一部分表格中，我们可以看到同时用两个预测变量时的二元回归方程中的全部回归系数。从第二列可以看出，回归方程应该是

$$\hat{Y} = 993.832 + 12.287(Expend) - 2.851(PctSAT)$$

式中的 993.832 是截距，数学符号通常是 b_0，这里通俗地标为"Constant（常数）"。如果 Expend 和 PctSAT 都取 0.00，这个常数就是 Combined 的预测值，只不过这种情况永远不会发生。我们之所以还留着截距，是因为它可以保证预测值的平均数等于观察值的平均数，但是我们很少真正关心截距本身。

与简单的一元回归方程（$\hat{Y} = bX + a$）相似，多元回归方程是

$$\hat{Y} = b_1 X_1 + b_2 X_2 + b_0$$

其中 X_1 和 X_2 是预测变量，b_0 是截距。从表中我们还可以看到，变量 Expend 前的系数（b_1）是 12.287，而 PctSAT 前的系数（b_2）是 -2.851。我们可以根据这些系数的符号来判断各个自变量与因变量之间分别存在正相关还是负相关。Expend 前面的系数为正，这就告诉我们，在 PctSAT 受到控制的情况下，教育支出与学生成绩之间的关系是正相关——国家花的钱越多，调整④后的 SAT 成绩就越好。这样一来，我们就感觉好多了。我们还可以看到，如果控制了 Expend，PctSAT 和 Combined 之间的关系是负相关，也是合理的。我之前解释过为什么提高 PctSAT 会拉低全州的平均成绩。

但是，你也许已经注意到，PctSAT 本身与 Combined 的相关系数高达 -0.89，而且 Expend 可能并未对上述关系产生重要影响——毕竟在它加入后，相关系数仅升高到 0.905。如果看一下回归系数的表格，你会在系数右侧看到分别标记为 t 和 p 值的两列数字。它们是对回归系数进行显著性检验的结果。你在第 10 章已经见识过类似的 t 检验。根据 p 值可

注释④
这里说的"调整"，指的是根据 PctSAT 的差异而调整 SAT 分数。

以看出，所有三个系数都有显著意义（$p < 0.05$）。除了截距没有实际意义，其他两个统计量都很重要。也就是说，Expend 前的回归系数是有显著意义的，因为它表明，在我们控制了 PctSAT 之后，增加支出确实与分数的提高有关联。同样，在我们控制了 Expend 这一变量后，那些只有少数学生（可能是最好的学生）参加考试的州的 SAT 成绩更高。因此，尽管在 PctSAT 之后再加入 Expend 作为预测变量未能大幅度提高相关程度，但是 Expend 仍不失为一个具有统计学意义的贡献者。而将 PctSAT 加入方程能极大地改变数据分析的结果。之前我们只看到教育支出越多，成绩越差；而在根据各州 PctSAT 进行调整后，我们发现支出越多，成绩越好。虽然 R 增加的幅度很有限，但是它的含义完全反过来了。

在表 11.4 的下面，我附上了一种从未介绍过的图。这种图显示的是成绩的预测值与残差（$Y_i - \hat{Y}_i$）之间的关系。所谓残差，就是用方程预测的各州的平均分与其实际的平均分之差。这种图形看着没什么意思，却很重要。它主要是告诉我们，我们的回归分析没有产生系统误差。如果我们从中看到了某种有趣的模式，就意味着数据中还有我们没有考虑的因素在起作用。所以，我们倒是希望这个图无趣些。

我们在前面只是讨论了解释多元回归的一种方法，即对于任一预测变量，其斜率表示该变量与准则变量之间的关系，前提是保持所有其他变量的取值不变。并且，"保持不变"的意思应该是我们拥有一大批参试者，他们在每个其他变量上都有相同的观察值。但是，另外两种解释回归的方法也是有用的。

多元回归的另一种解释

当我们完全不考虑 PctSAT，仅计算 Expend 与 Combined 的相关，那么 Combined 的差异中就有相当一部分与 PctSAT 的差异直接相关，就是这部分差异带来了那个特别的负相关。我们真正的目的在于考察 Expend 和 Combined 之间的相关，但同时要对它们进行调整，使之免受 PctSAT 的影响。换言之，在 Combined 的差异中，一部分是由于 Expend 的差异，一部分是由于 PctSAT 的差异。我们希望将两个变量中可以归因于 PctSAT 差异的那部分差异剔除，然后考察经调整后的两个变量之间的相关。这个过程听着复杂，实际上很简单。难以想象有谁会刻意按照我说的方式进行多元回归分析，但是这种方式确实能说明整个过程。

我们知道，如果用一元回归方程根据 PctSAT 来预测 Combined，我们得到的预测值只是可以根据 PctSAT 预测的那部分 Combined 的值。实际值减去预测值得到的结果（记作 ResidCombined）就是 Combined 中不能根据 PctSAT 预测（即独立于 PctSAT）的那一部分。（这些新的差值被称为"残差"，我们很快就要进行详细介绍。）同样的，我们现在可以根据 PctSAT 来预测 Expend 的值。通过回归方程算出 Expend 的预测值，再用实际值减去预测值，又能得到一组新的分数（记作 ResidExpend），这些残差也独立于 PctSAT。这样一来，我们就有了两组独立于 PctSAT 的残差（ResidCombined 和 ResidExpend）。所以，这两组残差之间的关系就不再受 PctSAT 的任何影响了。

如果我现在用回归方程根据调整后的 Expend 值来预测 Combined 的值（即用 ResidExpend 预测 ResidCombined），将得到以下结果：

各个系数[a]

模型		非标准化系数 B	非标准化系数 标准误	标准化系数 β	t	Sig.
1	（常数）	2.547E-14	4.542		0.000	1.000
	非标准化残差	12.287	4.180	0.391	2.939	0.005

[a] 因变量：非标准化残差

请注意，根据调整后的 *Expend* 预测调整后的 *Combined* 值的回归系数为 12.287，而这正是我们在正常情况下对 *Expend* 所做回归分析的结果。还请注意，下表显示这两个经调整后的变量之间的相关系数为 0.391，而它正是在剔除了来自 *PctSAT* 的效应之后，*Expend* 与 *Combined* 之间的相关系数。

模型摘要[b]

模型	R	R^2	调整后 R^2	统计量的标准误
1	0.391[a]	0.153	0.135	32.11958743

[a] 预测变量：（常数），非标准化残差
[b] 因变量：非标准化残差

我不希望有人以为回归分析就是这样做的。我说了这么多，无非是要指出，当存在多个预测变量时，我们要对每个预测变量进行调整，以剔除方程中其他预测变量的影响。而且，所谓"调整""控制"和"保持不变"等，说的都是一回事。

最后一种思考多元回归的方法

还有一种看待多元回归的方式，我觉得这种方式从某些方面来说是最有用的。我们知道，在多元回归中我们要解以下方程

$$\widehat{Y} = b_1 X_1 + b_2 X_2 + b_0$$

换上我们一直用的变量就是

$$\widehat{Combined} = b_1 Expend + b_2 PctSAT + b_0$$

对于每个州，我用以下方程算出预测的分数

$$\widehat{Combined} = 12.287 Expend - 2.851 PctSAT + 993.832$$

并将预测分记作 *PredComb*。（如果你用 SPSS，可以在 Regression 下第一个对话框中点击"Save"按钮，SPSS 将为你执行该操作。R 也会自动执行该操作，并将其预测分存入 model\$fitted.values 中，其中"model"是结果的名称。）现在，如果我计算一下 *Combined* 实际值与 *PredComb* 之间的相关系数，其结果会是 0.905，这就是我们说的复相关系数。（图 11.4 显示了这种相关关系的散点图，图中给出了复相关系数的平方——0.8195，其平方根为 0.905。）

这种方法的要点是，你可以将复相关系数理解为准则变量（*Combined*）与全部预测变量最佳线性组合之间的积差相关系数。我说的"最佳线性组合"指的是可以使预测变量最好地预测各州平均成绩的一组最好的权重（回归系数）。其实这才是关键。统计学中有许多

先进的、本书未做介绍的技术，这些技术其实最终都要创建一个新的变量——其他变量的某种最佳的加权和，然后将其作为分析的主要成分。这种方式也可以解释为什么即使两个变量之间的相关为负，复相关系数却总是正的。我们当然希望预测值与准则变量之间有正相关。

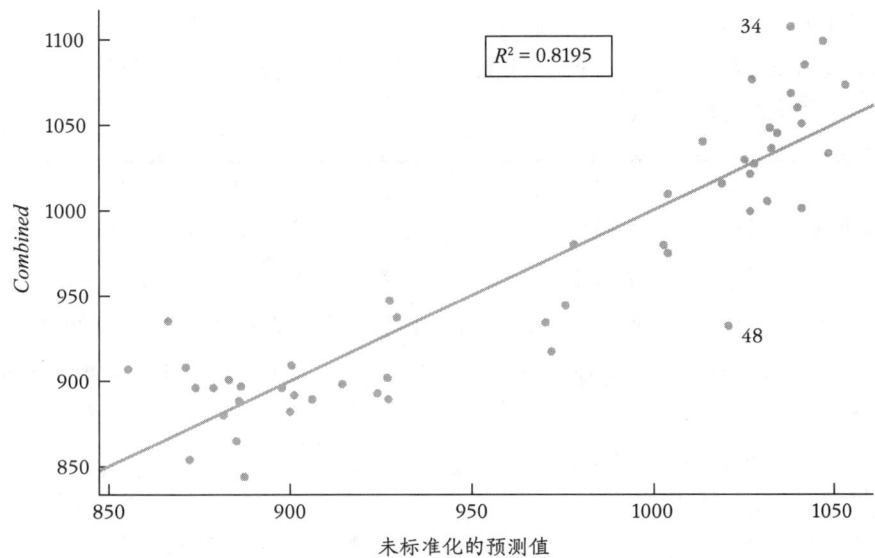

图 11.4 体现预测变量的最佳线性组合与 SAT 综合分之间关系的散点图

回顾

我们已经学习了很多内容，现在要回顾总结一下主要的知识点。

多元回归方程的基本形式是

$$\hat{Y} = b_1 X + b_2 Z + b_0$$

我们用 R 表示复相关系数。与简单的一元线性回归相似，R^2 指的是可以由预测变量（X 和 Z）的最佳线性组合来解释的因变量（Y）的差异的比例。我们还看到，标准回归系数（b_i）对于衡量各个变量的重要性很有用，有了标准回归系数，各个变量之间就有了可比较的基础。

我们讨论了两个预测变量之间存在相关的情况：它们各自解释的 Y 的差异会有一定比例的重叠，因而多元回归分析的结果不是多个一元回归的简单相加。如果预测变量之间存在高度相关，这个问题就变得尤其严重，因为可能出现这样的情况：多个完全不同的回归方程预测的结果非常相似。

接下来，我们考察了 Guber 关于教育经费的数据，看到教育支出与考试成绩之间存在很强的负相关，但是当我们控制各州 *PctSAT* 后，这种相关不仅程度变了，连方向也变了。

最后，我们讨论了三种不同的看待多元回归的方式：

- 我们可以这样理解回归系数：任一预测变量的回归系数都是用多个州在保持其他预测变量恒定时的数据计算出来的。换句话说，除了要考察的预测变量，其他所有预测变

- 我们也可以将多元回归中的回归系数看作一元回归中的回归系数,但前提是根据我们要控制的全部变量对需要考察的预测变量和准则变量取值加以调整。这就是说,在前面的例子中,我们先要根据 PctSAT 的取值调整 Combined 和 Expend 的值,即分别计算后两个变量(Combined 和 Expend)的实际值与预测值之差,而这里的预测值是根据"干扰变量"(或"待控制变量"——PctSAT)计算出来的。这样求得的系数(斜率)才等于多元回归分析得到的系数。
- 我们还可以将复相关系数看作准则变量(Y)与另一个变量($\hat{Y}$)之间的积差相关系数,后者是预测变量的最佳线性组合。

分别计算各州的分数,这将导致用 SAT 分数比较来自不同州的考生时产生不公平现象;为此,举办 SAT 考试的教育考试中心总要让所有考生签署一份免责声明。通过这个例子,你就可以明白教育考试中心提出这一要求的理由之一其实是不同州参加考试的学生不同,这就使 SAT 考试无论是否适合衡量每个学生的学业成绩,都不适用于衡量各州的教育水平。

11.4 残差

根据一组数据进行预测时,不要指望预测永远正确。我们算出来的预测值有时高一点,有时低一点。有时,实际数据点与预测的数据点相去甚远。所以,简单地了解一下这些预测和预测误差(**残差**)很有必要,因为这些残差里面包含关于多元回归的丰富信息。表 11.5 中列出了我们之前在教育支出方面看到的数据。我还另外加了两列数字,一列是预测值,另一列是残差。从这张表可以看到,有些预测非常准确(残差很小),但其他预测就很不准确了(残差很大)。我们曾见过图 11.4 那样的散点图,它表示 SAT 综合分与该得分的最佳线性预测值之间的相关。请注意,该图上有两个小数字 34、48,表示数据点对应的州的编号。34 号是北达科他州,48 号是西弗吉尼亚州。请注意,这两个州的预测值几乎相等(约为 1050),但是北达科他州的实际值(1107)远远超过了这一预测值,西弗吉尼亚州的实际值(932)则差不多同等幅度地低于预测值。

这些残差——预测值与实际值之差,可能是随机误差,也可能有一定的意义的。我倾向于认真对待近 200 分的差值。我会想,是不是北达科他州在教育方面比西弗吉尼亚州更高明?反正这不会是因为北达科他州在教育方面花的钱更多,也不会是因为该州参加 SAT 考试的学生人数明显比较少。我们之所以排除这些可能的原因,是因为残差是在控制了 PctSAT 和 Expend 之后计算出来的。但是仔细研究这些州的情况也许可以得到别的重要发现。我们不会具体分析这些残差,但是我们看到的结果表明,发现极大的残差是很重要的。[5]

注释⑤
详见 Howell(2012)关于如何评价残差值的讨论。

11.5 假设检验

第 10 章提到,我们可以检验回归系数与零有无显著差异。换句话说,我们可以这样

表 11.5 部分州的预测值和残差值

州名	Expend	PctSAT	实际值	预测值	残差
亚拉巴马州	4.405	8	1029	1025.146	3.854
阿拉斯加州	8.963	47	934	969.962	-35.962
亚利桑那州	4.778	27	944	975.562	-31.562
阿肯色州	4.459	6	1005	1031.512	-26.512
加利福尼亚州	4.992	45	902	926.874	-24.874
科罗拉多州	5.443	29	980	978.030	1.970
艾奥瓦州	5.483	5	1099	1046.944	52.056
……	……	……	……	……	……
密西西比州	4.080	4	1036	032.557	3.443
密苏里州	5.383	9	1045	034.311	10.688
蒙大拿州	5.692	21	1009	003.897	5.103
……	……	……	……	……	……
新罕布什尔州	5.859	70	935	866.253	68.747
新泽西州	9.774	70	898	914.355	-16.355
新墨西哥州	4.586	11	1015	1018.817	-3.817
纽约州	9.623	74	892	901.096	-9.096
北卡罗来纳州	5.077	60	865	885.156	-20.155
北达科他州	4.775	5	1107	1038.245	68.755
俄亥俄州	6.162	23	975	1003.970	-28.970
……	……	……	……	……	……
华盛顿州	5.906	48	937	929.551	74.489
西弗吉尼亚州	6.107	17	932	1020.400	-88.400
威斯康星州	6.930	9	1073	1053.319	19.681
怀俄明州	6.160	10	1001	1041.007	-40.007

问：甲变量的差异是否与乙变量的差异有关。如果回归方程的斜率与零没有显著差异，我们就没有理由认为准则变量与预测变量之间存在相关。如果只有一个预测变量，就没什么别的讲究了；事实上，我曾告诉过你，在只有一个预测变量的情况下，相关系数的检验与回归系数的检验是等价的。但是如果有多个预测变量，情况就大不相同了。

如果有多个预测变量，我们对每一个变量都要问：这个变量对应的回归系数与 0 有无显著差异？ *PctSAT* 相同的那些州，*Expend* 的差异会不会导致 *Combined* 产生显著差异？在 *Expend* 相同的那些州，*PctSAT* 上的差异会不会导致 *Combined* 产生显著差异？说得直截了当些，我们要检验零假设

$H_0: \beta_1 = 0$

$H_0: \beta_2 = 0$

而备择假设是

$H_1: \beta_1 \neq 0$

$H_1: \beta_2 \neq 0$

对这些假设的检验结果标在表 11.4 中，详见其中的 t 值以及后面相关系数的双尾概率。这些检验与我们在前一章中看到的检验很相似，区别在于我们现在要检验的不是一个

斜率，而是两个斜率。你可以看到，经检验，*Expend*的斜率与零有显著差异，因为概率（$p = 0.006$）小于0.05。同样，*PctSAT*的斜率也是显著的（$t = -13.253$，$p < 0.001$）。所以，就算你保持*PctSAT*不变，*Expend*也会有变化，而且它会产生积极影响。在后面的章节中，我们将详细探讨t检验和F检验，它们是最常见的检验假设方法。你现在只需要知道，统计学有标准的显著性检验方法，而统计决策是根据t值或F值对应的概率值做出的。

表11.4中的"方差分析"部分还有一个重要信息。这里的方差分析要检验的零假设是：一组预测变量（*Expend*和*PctSAT*）合起来与准则变量之间不存在显著的相关。显著相关就意味着我们要拒绝零假设（总体复相关系数为0）。在这个表中，我们看到$F = 106.674$，其对应的概率是0.000。由于这个概率小于$\alpha = 0.05$，我们应当拒绝H_0，认为用这两个预测变量合起来预测*Combined*的值会高于随机水平。换句话说，我们将得出结论，总体真实的相关系数不为零。

几乎所有的回归分析都包括这两种显著性检验（对斜率的检验和对复相关系数的检验）。我将按照输出结果的先后顺序依次介绍这两种检验，但是一般来说，只要对相关系数的方差分析结果不显著，那么就算个别预测变量对应的斜率有显著意义，也于事无补。幸运的是，就我们提到的大多数回归问题而言，总的关系都是显著的，真正的问题是检验各个预测变量的作用。

11.6 完善回归方程

在表11.4中，我们可以发现*Expend*和*PctSAT*是*Combined*的重要预测变量。根据表11.3还可以知道，*Salary*与*Combined*有显著相关。也许我们应该让*Salary*加入多元回归方程。但在这样做之前，我们还需要考虑变量之间的相关。我们知道，*Expend*、*PctSAT*和*Salary*都与*Combined*有显著相关。而且，它们之间也是相互关联的，相关系数还不低（见表11.4）。

由于*Salary*与其他两个预测变量有显著相关，因此对预测*Combined*可能没有独立的贡献。然而，这是一个实证性问题，最好根据实际结果做判断。结果如表11.6所示，该表只列出了各个系数。（对三个预测变量的回归方程的方差分析结果是显著的。）

表11.6 用SPSS根据*Expend*、*PctSAT*和*Salary*联合预测*Combined*

	各个系数[a]				
	非标准化系数		标准化系数		
模型	B	标准误	β	t	Sig.
1（常数）	998.029	31.493		31.690	0.000
Expend	13.333	7.042	0.243	1.893	0.065
PctSAT	-2.840	0.225	-1.016	-12.635	0.000
Salary	-0.309	1.653	-0.025	-0.187	0.853

[a] 因变量：*Combined*

由表 11.6 可见，*PctSAT* 仍然是一个显著的预测变量，而 *Expend* 的概率值略高于 0.05，于是我们不能拒绝零假设（H_0：该变量的总体斜率等于 0）。我们也看到 *Salary* 甚至连"接近显著"都没达到（$p = 0.853$）。你可能很自然地会问，为什么单独考察 *Salary* 时，它与 *Combined* 相关很高，但是与其他变量联合进入方程时，表现会如此糟糕。与此相关的一个问题是，为什么 *Expend* 在多元回归中不再显著？如果你好好看看那些变量，就会明白各州在支出方面的巨大差异与教师的工资直接相关。所以，说甲州的教师挣的钱比乙州多，几乎就等于说甲州的支出比乙州多。也就是说，*Salary* 这个变量没有给我们带来很多的新信息。我对此并不特别感到惊讶——实际上 *Salary* 还淡化了 *Expend* 的影响。（从某种意义上说，它将 *Expend* 的影响分散到两个都不显著的变量上。）

在这个例子中，我们求得了一个最能预测准则变量的回归方程（数据模型）。但是切记，我们建立回归方程的目的略有不同——想知道教育支出是否造成了什么变化。换句话说，我们不仅对任何能预测综合分的方程都感兴趣，并且尤其好奇支出在其中起的作用。我们先考察 *Expend*，注意到它其实与考试成绩呈负相关。接着我们将 *PctSAT* 加入方程，因为我们知道考生的成绩在很大程度上与参加考试的人数有关。这样一来，这个问题就和单单考察 *Expend* 时不一样了——这个 *PctSAT* 看起来是一个需要控制的变量，因为各州 *PctSAT* 都不同。最后，我们考虑将 *Salary* 加入方程，结果发现无功而返——甚至似乎有害。我们注意到，*Salary* 与 *Expend* 是密切相关的，所以 *Salary* 这个变量很难提供更多的信息，这样就能解释这一发现了。在很多情况下，多元回归分析的目的是解释某些结果，而不是做出实际的预测。在我们的数据中可能还有别的变量与考试成绩有更高的相关（尽管我对此表示怀疑），但是我们已知的相关最能反映研究者收集数据的初始动机。

关于如何选择最优回归方程，有大量文献可查，其中提到了许多进行**逐步回归**的技术。Howell（2012）的文章介绍了这些文献，还可以查到许多其他的文章。现在我们只要明白，虽然能找到回归模型的自动计算软件很诱人，因为它们通常能建立漂亮的模型，但也可能受到数据中随机差异的影响。于是就可能出现这样的情况：软件建立的模型可能很适合当前的数据，但不那么适合新数据。不仅如此，有时候软件虽然建立了非常适合的模型，但是实际上并没有回答我们关心的问题。我们要明白，在尝试建立最优模型时，对于变量和理论的了解远比眼花缭乱的数据分析方法重要。我们应该谨慎看待逐步回归；事实上，有的统计文献说它是一种"愚蠢的回归"。

11.7 专栏：用 R 解决多元回归问题

本书通篇用 R 进行计算，并说明各个要点。但是到目前为止，我还没有真正讨论过怎样用 R 来解决多元回归问题。虽然我喜欢 R，而且用它完成了本章的许多计算，但我还是需要先跑个题，然后再详细解释如何用 R 进行多元回归分析（以及后来的方差分析）。这让我有机会解释一下 R 的基本结构。

最简单的 R 语句是这种形式的：

Model1 <- lm(SATcombined~Expend + PctSAT)

字母"lm"表示"线性模型"，你当然应该能够解释这个语句的其他部分。但是，如果就这样把"模型"打印出来，你得到的只是

```
Call:
lm(formula = SATcombined ~ Expend + PctSAT)

Coefficients:
(Intercept)       Expend       PctSAT
    993.832       12.287       -2.851
```

内容看起来有点少。还有那么多结果（如相关系数、对回归系数的检验等）去哪儿了？

如果软件是我编的，我会把这些结果都呈现出来，但那就不是 R 了。当 R 运行上面给出的命令时，它会创建一个"对象"。这个对象包含 SPSS 或任何其他程序能够生成的所有内容。但是我们必须把它们找出来。R 的作者认为最重要的结果是系数，所以当你仅输入"model1"时，R 就只输出这几个系数。但是你可能已经从以前那些小型代码段中发现，如果你输入"summary(model1)"，就能得到更多信息：

```
Call:
lm(formula = SATcombined ~ Expend + PctSAT)
Residuals:
    Min      1Q  Median      3Q     Max
-88.400 -22.884   1.968  19.142  68.755
Coefficients:
            Estimate Std. Error t value Pr(>|t|)
(Intercept) 993.8317    21.8332  45.519  < 2e-16 ***
Expend       12.2865     4.2243   2.909  0.00553 **
PctSAT       -2.8509     0.2151 -13.253  < 2e-16 ***
---
Signif. codes:  0 '***' 0.001 '**' 0.01 '*' 0.05 '.' 0.1 ' ' 1

Residual standard error: 32.46 on 47 degrees of freedom
Multiple R-squared:  0.8195,    Adjusted R-squared:  0.8118
F-statistic: 106.7 on 2 and 47 DF,  p-value: < 2.2e-16
```

这就好多了，不过还缺了不少内容。也许此时此刻这就是你想要的一切。但是，如果你输入"names(model1)"——其中"names"列出模型对象的各个部分，你将看到以下内容：

```
Names(model1)
[1] "coefficients"    "residuals"        "effects"
"rank"              "fitted.values"
 [6] "assign"           "qr"              "df.residual"
"xlevels"          "call"
[11] "terms"            "model"
```

这是在告诉我们，输入"model1$coefficients"就能看到各个回归系数，输入"model1$residuals"就能看到 50 个残差，输入"model1$fitted.values"就能看到预测值。至于有什么"效应"，你可能并不感兴趣。通常，我们可以仅仅通过输入"summary(model1)"来取得结果，但是有时还需要我们深入挖掘。不过就目前而言，你只要知道"summary(model1)"就行了。如果你想要相关系数矩阵，可以用之前看到的命令"cor(smallDatadf)"。获得 β 值需要费点事，但本书的相关网页给出了命令。最重要的一点是，如果在用 R 完成多元回归时遇到任何问题，请不要忘记使用搜索引擎，那里有很多精彩的网页，值得大力推荐。

11.8 第二个例子：怎样才能成为一个自信的母亲？

Leerkes 和 Crockenberg（1999）的研究兴趣之一是母亲的抚育水平对孩子的影响与这些孩子将来成为母亲后的"母性自信（maternal self-confidence）"之间的关系。他们抽取了 92 位孩子刚出生 5 个月的母亲来组成样本。Leerkes 和 Crockenberg 预计，这些母亲小时候受到的高水平的母性抚育在她们自己为人之母后会转化为高度的母性自信。他们还进一步推测，自尊也将发挥作用。他们认为，高水平的母性抚育可以提高孩子的自尊心，而这种高自尊意味着孩子后来成为母亲时将具备较高的母性自我效能感——觉得自己是否是一个称职的母亲。反过来，低水平的母性抚育预计使孩子的自尊水平低下，从而导致母性自我效能感低下。以上关系如图 11.5 所示。

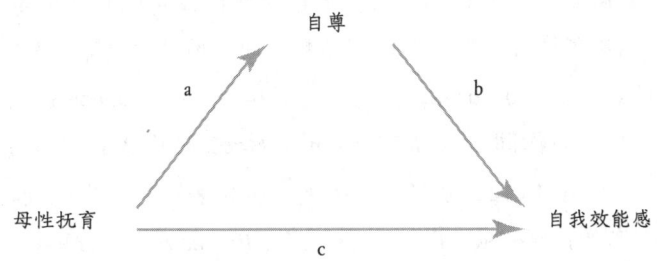

图 11.5　母性抚育、自尊和自信之间的关系

Leerkes 和 Crockenberg 其实很想研究自尊所起的中介作用（自尊是如何将母性抚育转化为自我效能的），不过我们还是暂时忽略这个问题，先讨论一下如何根据自尊

（*SelfEsteem*）和母性抚育（*MatCare*）水平预测自信（*Confidence*）水平。*三者之间的关系如图 11.5 所示，相关系数矩阵见表 11.7。原始数据在本书配套的数据包中，文件名为 Tab11.7.dat。

表 11.7　*MatCare*、*SelfEsteem* 和 *Confidence* 之间的相关系数

		相关系数		
		MatCare	*SelfEsteem*	*Confidence*
MatCare	积差相关系数	1.000	0.403**	0.272**
	概率（双尾）		0.000	0.009
	样本容量（*N*）	92.000	92	92
SelfEsteem	积差相关系数	0.403**	1	0.380**
	概率（双尾）	0.000		0.000
	样本容量（*N*）	92	92.000	92
Confidence	积差相关系数	0.272**	0.380**	1.000**
	概率（双尾）	0.009	0.000	
	样本容量（*N*）	92	92	92.000

** 表示相关系数在 0.01 水平上有显著意义。

在这里，我们可以看到 *MatCare* 与 *SelfEsteem* 及 *Confidence* 都相关，*SelfEsteem* 与 *Confidence* 也显著相关。接下来，用 *SelfEsteem* 和 *MatCare* 作为 *Confidence* 的预测变量。为了便于说明，我让 SPSS 先用 *MatCare* 作为唯一的预测变量，然后再同时用 *MatCare* 和 *SelfEsteem* 作为预测变量。结果见表 11.8 最上面部分。在该表中，你可以看到将 *Confidence* 与 *MatCare* 相关联（模型 1）的结果，还可以看到将 *SelfEsteem* 也作为预测变量加入方程后的结果（模型 2）。

输出结果的第一部分显示，如果单用 *MatCare* 作为预测变量，相关系数是 0.272。这个相关不算高；但是注意，我们讨论的可是 20 多年前发生的母性行为所产生的影响。而加上 *SelfEsteem* 作为预测变量时，我们将看到一种不同的模式。复相关系数从一个预测变量时的 0.272 增加到两个预测变量时的 0.401。

表格中间的方差分析表显示，简单相关和两个预测变量的复相关系数都很显著。表 11.8 最下面的部分给出了两种模型中的回归系数。如果预测变量只有 *MatCare*，标准回归系数 $\beta = 0.272$，这意味着 *MatCare* 每改变一个标准差，*Confidence* 就相应地增加约 1/4 个标准差。有趣的是，当你同时将 *SelfEsteem* 和 *MatCare* 作为预测变量时，*MatCare* 的标准回归系数降低到只有 0.142，并且后两列的数据也表明它尚未达到显著水平。然而，*SelfEsteem* 是一个显著的预测变量，$\beta = 0.323$。当 *SelfEsteem* 加入方程时，*MatCare* 就不再显著，这一情况表明 *MatCare* 是通过 *SelfEsteem* 影响 *Confidence* 的，即这种影响是间接的。换句话说，良好的母性抚育会导致更高的自尊，而且当女孩多年后成为母亲时，她们的高自尊心会带来自信。其实这就是 Leerkes 和 Crockenberg 寻找的中介效应。

---

* 下面提到这三个变量时，都用英文变量名。——译者注

表 11.8 SPSS 得出的多元回归分析结果

模型摘要

模型	R	R^2	调整后 R^2	估计标准误
1	0.272[a]	0.074	0.063	0.24023
2	0.401[b]	0.161	0.142	0.22992

[a] 预测变量：（常数）、MatCare
[b] 预测变量：（常数）、MatCare、SelfEsteem

方差分析 [c]

模型		平方和	df	均方差	F	Sig.
1	回归	0.414	1	0.414	7.168	0.009[a]
	残差	5.194	90	0.058		
	总和	5.607	91			
2	回归	0.903	2	0.451	8.537	0.000[b]
	残差	4.705	89	0.053		
	总和	5.607	91			

[a] 预测变量：（常数）、MatCare
[b] 预测变量：（常数）、MatCare、SelfEsteem
[c] 因变量：Confidence

回归系数 [a]

模型		非标准回归系数 B	标准误	标准回归系数 β	t	Sig.
1	（常数）	3.260	0.141		23.199	0.000
	MatCare	0.112	0.042	0.272	2.677	0.009
2	（常数）	2.929	0.173		16.918	0.000
	MatCare	0.058	0.044	0.142	1.334	0.185
	SelfEsteem	0.147	0.048	0.323	3.041	0.003

[a] 因变量：Confidence

11.9 第三个例子：癌症病人的心理症状

癌症确诊毫无疑问是一个令人不安的事件，许多（尽管不是全部）癌症病人对于这样的诊断表现出严重的心理症状。如果我们能够了解与心理困扰相关的各种变量，也许可以对病人实施干预，以预防或至少减轻心理痛苦。这就是本例的主题。

Malcarne 等人（Malcarne, Compas, Epping, & Howell, 1995）考察了 126 名癌症病人，考察的时机选择在这些病人刚被确诊患有癌症时，以及 4 个月后随访时。在最初的访谈（时间 1）中，他们收集了病人当时的痛苦程度（变量名：Distress1）的数据，病人将癌症归咎于自己的人格类型（变量名：BlamPer）的程度，以及他们将癌症归咎于他们参与的行为类型（如吸烟或高脂肪饮食）的程度（变量名：BlamBeh）。在 4 个月后随访时（时间 2），作者再次收集了病人报告的心理痛苦程度（变量名：Distress2）的数据。（他们还收集了其他许多变量的数据,但我们在这里不关心这些变量。)

该研究的一个主要目的是检验这样一个假设:随访时的心理痛苦(*Distress2*)与病人在多大程度上将癌症归咎于自己的人格类型有关联。有人认为,那些责备自己的人格(而不是行为)的人会表现出更大的痛苦,部分原因是我们不容易改变自己的人格,因此几乎无法控制病症的发展和复发。相反,我们确实可以控制自己的行为,所以归咎于过去的行为至少给了我们某种控制感。(我换了个膝盖,这可以归咎于我在人行道上跑了 25 年步,但至少我可以说那是我的选择,而且我愿意为跑步付出代价。但是我以后不会再跑步了!)

如果我们想预测病人在随访期间的痛苦程度,最重要的一个预测变量显然是初次访谈时的痛苦程度。在预测中应该加入病人在最初访谈时的痛苦程度(*Distress1*)和归咎于人格类型的程度(*BlamPer*),因为我们想知道在我们控制了 *Distress1* 后,*BlamPer* 还会不会增加痛苦。(注意这里的一个重点。我把 *Distress1* 加入回归方程,不是为了最大限度地提高预测的准确性,虽然这样可能确实会达到这个效果。我加入 *Distress1* 是为了弄清楚,在 *Distress1* 被控制或保持不变的情况下,*BlamPer* 能不能帮助我解释 *Distress2*。换句话说,我用多元回归是为了提出或检验一个理论,而不是为了对个体结果做出具体的预测。)因变量就是病人在随访时的痛苦程度(*Distress2*)。由于只有 74 名病人在随访中完成了测量,因此统计分析是针对这个容量为 74 的样本进行的。(你可以想一想,仅用 126 名病人中经过 4 个月的治疗后生存下来的 74 名病人得出的结论会有什么问题?)本例分析的结果如表 11.9 所示。

表 11.9 *Distress 2* 和 *Distress 1* 与 *BlamPer* 之间的关系

```
R 代码:
distress.data<- read.table("http://www.uvm.edu/~dhowell/fundamentals9/
DataFiles/
Tab11-9.dat", header = TRUE)
attach(distress.data)
model4<- lm(DISTRES2 ~DISTRES1+BLAMPER)
summary(model4)


结果呈现:
Call:
lm(formula = DISTRES2 ~ DISTRES1 + BLAMPER)

Residuals:
     Min      1Q  Median      3Q     Max
-18.4965 -5.2708  0.6127  4.5273 17.5763

Coefficients:
Estimate Std. Error t value Pr(>|t|)
(Intercept)  14.2090      5.7161   2.486  0.01528 *
DISTRES1      0.6424      0.1024   6.275 2.43e-08 ***
BLAMPER       2.5980      0.8959   2.900  0.00496 **
---
Signif. codes:  0 '***' 0.001 '**' 0.01 '*' 0.05 '.' 0.1 ' ' 1

Residual standard error: 7.61 on 71 degrees of freedom
Multiple R-squared:  0.4343,    Adjusted R-squared:  0.4184
F-statistic: 27.25 on 2 and 71 DF,  p-value: 1.647e-09
```

表格中间部分就是输出结果的主要内容。请注意,我们对 3 个回归系数都进行了 t 检验,结果它们的 t 值都与 0.00 有显著差异。这说明,在时间 2 较强的心理痛苦程度意味着在时间 1 心理痛苦程度已经很高,并且病人也更加倾向于将患癌归咎于自己的人格类型。方程的截距也与 0.00 有显著差异,但是我们对它不感兴趣。

在表格的后面部分,我们看到复相关系数的平方为 0.434(即可以解释 Distress2 差异的 43.4%)。我们不考虑调整后的 R^2 值。

方差分析表中的 F 统计量表示对零假设(总体真实复相关系数为 0)的检验结果。因为 F 值特别大而 p 值特别小,所以我们拒绝了这个假设,认为 Distress2 确实与 Distress1 加上 BlamPer 的组合存在相关。

你可能还想知道,有没有其他预测变量可以改进我们的回归模型。例如,我们也收集了关于患者将癌症归咎于自己行为的程度(BlamBeh),我们可能想把它添加到现有的预测变量中。尽管我强烈反对你只要看到变量就把它加入方程——你的全部预测变量都应该具有某种先验的逻辑含义——让我们来看看将 BlamBeh 加入回归方程会发生什么。表 11.10 显示了这些结果。我们可以看到,BlamBeh 没能显著改进我们的预测。

表 11.10 根据 Distress1、BlamPer 及 BlamBeh 与 Distress2 的函数关系进行的预测

回归分析:根据 Distress1、BlamPer 和 BlamBeh 预测 Distress2

```
Call:
lm(formula = DISTRES2 ~ DISTRES1 + BLAMPER + BLAMBEH)

Residuals:
    Min      1Q  Median      3Q     Max
-18.599  -5.265   0.669   4.413  17.482

Coefficients:
            Estimate Std. Error t value Pr(>|t|)
(Intercept)  14.0516     5.7822   2.430   0.0177 *
DISTRES1      0.6399     0.1035   6.184 3.69e-08 ***
BLAMPER       2.4511     1.0483   2.338   0.0222 *
BLAMBEH       0.2720     0.9900   0.275   0.7843
---
Signif. codes:  0 '***' 0.001 '**' 0.01 '*' 0.05 '.' 0.1 ' ' 1

Residual standard error: 7.66 on 70 degrees of freedom
Multiple R-squared:  0.4349,    Adjusted R-squared:  0.4107
F-statistic: 17.96 on 3 and 70 DF,  p-value: 9.547e-09
```

我不再详细讨论这个表,因为它与前一个表基本相同。我会指出 R^2 的值(0.435),还有检验 BlamBeh 所对应的概率值(0.784)。请注意,加入 BlamBeh 后,R^2 几乎没有改变,仅从 0.434 上升到 0.435。可见,在方程已有预测变量的基础上,BlamBeh 对预测 Distress2 已经没有显著的新贡献了。但是这并不意味着 BlamBeh 与 Distress2 之间没有关联,只是说除了我们根据另两个预测变量可以做出的预测之外,BlamBeh 没有告诉我们任何新内容。

另外请注意,与 BlamPer 这一预测变量对应的概率值(以及对应的回归系数)有所改变。这就是说,当一个与 BlamPer 类似的变量(BlamBeh)加入模型时,BlamPer 的贡献有所减少,尽管减少的程度不大。这是一种很常见的现象,它是由 BlamPer 和 BlamBeh 之间

的相关（$r = 0.521$）造成的；在某种程度上，也说明两个变量解释的 Distress2 的差异有一部分是重叠的。

乳腺癌研究结果报告

以下是对该研究的概述和结果摘要。请注意各种统计量的报告方式。

Malcarn、Compas、Epping 和 Howell（1995）收集了刚确诊罹患乳腺癌的 126 名病人的数据，并在确诊 4 个月后的随访中再次收集病人的数据。在诸多变量中，有两次访谈时病人的心理痛苦程度，以及患者将癌症归咎于自己的人格类型的程度。在分析结果时，两次访谈都得到数据的病人只有 74 名，她们构成了后续分析的基础。

根据这 4 个月后随访时获得的数据，研究者以心理痛苦程度为因变量，以病人确诊后的痛苦程度和将患病归咎于人格的程度为自变量，建立回归方程。整体而言，回归方程有显著意义［$F(2,71) = 27.25$，$R^2 = 0.434$］。时间 1 时的痛苦程度对应的回归系数 $b = 0.642$，将患病归咎于人格的程度对应的回归系数 $b = 2.598$，两者都是时间 2 时痛苦程度的显著的预测变量。（两个回归系数的检验结果分别是：$t = 6.27$，$p = 0.000$；$t = 2.90$，$p = 0.005$）。

如果把病人将患病归咎于自己的行为（而不是人格类型）的程度纳入方程，结果表明，这个变量对预测没有显著贡献（$t = 0.27$，$p = 0.784$）。我们得出的结论是，病人将患病归咎于自己的人格（而不是归咎于行为）的程度是以后的心理痛苦的重要预测指标；同时也说明，采取针对性的干预措施改变了这种自我认知，可能有助于减轻乳腺癌患者的心理痛苦。

11.10 总结

本章写完前半部分时，我已经写了一小节"回顾"作为前半章的总结。我建议你回过头去仔细阅读那一段话。在"回顾"之后，我们考察了残差——我们预测的 $\hat{Y}$ 与实际获得的 Y 之差。我们需要谨慎对待大的残差，应该检查这些残差是不是反映了特殊的异常情况。接着，我们考察了假设检验，我还指出这些都是"有条件的"检验，尽管没有加上特别的标记。以母性行为研究为例，我们发现，当以母性抚育为唯一的预测变量时，它具有显著意义；但是当我们将自尊作为预测因素时，母性抚育的显著性消失了。这里的关键在于，在第一次检验中，母性抚育是单独考虑的，而在第二次检验中，我们同时考虑了母性抚育与自尊的差异。如果我们让自尊保持恒定，那么母性抚育就不能成为有显著意义的预测变量。因此，我们控制自尊，其实就是在控制自尊与母性抚育之间的相关。

我还介绍了如何改善模型（多元回归的解）。此处要强调两点。第一，有些变量在回归分析中享有优先权，因为它们是你最感兴趣的变量。在这种情况下，就算回归系数不显著，你也不应仅仅将它们剔除出回归方程了事。第二，你也不要仅仅为了看看结果就随便将各种变量引入方程，否则可能"发现"一些虚假的相关。逐步回归是一种向方程加入越来越多变量的方法，有时就因为这个原因而被称为"愚蠢的回归"。

重要术语

复相关系数（multiple correlation coefficient，R，p.234）

复相关系数的平方（squared correlation coefficient，R^2，p.234）

多重共线性（multicollinearity，p.236）

残差（residuals，p.248）

逐步回归（stepwise procedures，p.251）

11.11 快速复习

A. 在一元回归中，截距表示为 a。在多元回归中如何表示截距？

答：b_0。

B. 假设准则变量与若干预测变量之间的复相关系数是 0.48。你怎样解读这个系数？

答：$0.48^2 = 0.23$。同时进入回归方程的这些预测变量的差异可以解释因变量的 23% 的差异。

C. 你如何解释"1.3"这一回归系数？

答：在其他所有预测变量都保持恒定的前提下，该回归系数对应的预测变量每增加 1 个单位，因变量的预测值就增加 1.3 个单位。

D. "多重共线性"是什么意思？

答：指预测变量之间高度相关的情形。

E. 在标准的计算机输出结果中，"常量"指的是什么？

答：截距。

F. 请列出对多元回归的两种不同的解释方式。

答：（a）多元回归分析是一种复相关分析，即研究多个自变量的最佳线性组合与因变量之间的相关。（b）在保持其他所有变量恒定的前提下，回归系数即为某变量与因变量之间回归线的斜率。

G. 什么是残差？

答：Y 的实际观察值与 Y 的预测值之差。

H. "逐步回归"是什么意思？为什么要对其保持警惕？

答：逐步回归通过将变量逐一加入模型来寻求最佳预测方程。它容易受随机因素的影响，经常可能忽略我们最关心的合理的变量。

I. "中介"关系是什么意思？

答：两个变量之间的关系以第三个变量作为中介，即变量 1 通过影响变量 3，来影响变量 2。

J. 为什么我们要注意较大的残差？

答：较大的残差指明了我们的预测中有哪些缺陷，也指出数据的异常之处。

11.12 习题

11.1 心理学家在许多城市（$N = 150$）研究人们对"生活质量"的感受，得到了以下根据平均气温（*Temp*）、收入的中位数（*Income*，单位：1000美元）、社会服务人均支出（*SocSer*）和人口密度（*Popul*）作为预测变量的回归方程。

$$\hat{Y} = 5.37 - 0.01Temp + 0.05Income + 0.003SocSer - 0.01Popul$$

（a）根据回归系数解释上述回归方程。

（b）假设某城市的平均气温为 55 ℉，收入中位数为 12000 美元，社会服务人均支出为 500 美元，人口密度为每个街区 200 人。用该方程预测的生活质量得分是多少？

（c）假设另一城市与（b）中城市的差别仅在于其社会服务人均支出为 100 美元，预测得分是多少？

11.2 Sethi 和 Seligman（1993）对 600 多位来自各种宗教组织的被试进行了访谈，以考察乐观主义与宗教保守主义之间的关系。我们可以建立乐观程度（*Optimism*）与宗教信仰三个变量之间的回归模型。这三个变量分别是宗教对他们日常生活的影响（*Rel Inf*）、他们对宗教的参与程度（*Rel Invol*）以及他们对宗教的期待程度（对后世的信仰）（*Rel Hope*）。SPSS 的输出结果如下：

		模型摘要		
模型	R	R^2	调整后的 R^2	估计标准误
1	0.321[a]	0.103	0.099	3.0432

[a] 预测变量：（常数），relinvol, relinf, relhope

	方差分析[b]				
模型		平方和	df	均方差	F	Sig.
1	回归	634.240	3	211.413	22.828	0.000[a]
	残差	5519.754	596	9.261		
	总计	6153.993	599			

[a] 预测变量：（常数），relinvol, relinf, relhope
[b] 因变量：*Optimism*

	回归系数[a]								
	非标准回归系数		标准回归系数			B 的 95% 置信区间		共线性统计量	
模型	B	标准误	β	t	Sig.	下限	上限	容忍度	VIF
1 （常数）	-1.895	0.512		-3.702	0.000	-2.900	-0.890		
relhope	0.428	0.102	0.199	4.183	0.000	0.227	0.629	0.666	1.502
relinf	0.490	0.107	0.204	4.571	0.000	0.279	0.700	0.755	1.324
relinvol	-0.079	0.116	2.033	-0.682	0.495	-0.308	0.149	0.645	1.550

[a] 因变量：*Optimism*

根据上面的输出结果回答以下问题：

（a）我们看到的是可靠的关系吗？为什么？

（b）乐观程度与三个预测变量之间的相关程度有多高？

（c）如果被试人数很少，你对（a）和（b）的回答最有可能发生什么变化？

11.3 在习题 11.2 中，根据对斜率的 t 检验，哪些变量对乐观程度的预测有显著贡献？

11.4 在习题 11.2 中，"容忍度"（之前没学过）一栏指的是 1 减去该变量与所有其他预测变量的复相关系数的平方。你现在对预测变量之间的关系有何看法？

11.5 根据你对习题 11.4 的回答，思考一下宗教对日常生活的影响（*Rel Inf*）为何成为乐观程度的一个重要预测因素，而宗教的参与程度（*Rel Invol*）却不是？

11.6 用以下（随机）数据，说明如果从数据中删除部分案例，复相关系数会有什么变化（例如，先用 15 个案例，然后用 10 个、6 个、5 个和 4 个）。

Y	5 0 5 9 4	8 3 7 0 4	7 1 4 7 9
X_1	3 8 1 5 8	2 4 7 9 1	3 5 6 8 9
X_2	7 6 4 3 1	9 7 5 3 1	8 6 0 3 7
X_3	1 7 4 1 8	8 6 8 3 6	1 9 7 7 7
X_4	3 6 0 5 1	3 5 9 1 1	7 4 2 0 9

11.7 对于习题 11.6 中 15 个案例的情况，计算调整后的 R^2。我在本章中两次提到我们要忽略调整后的 R^2，即使这是一个完全合理的统计量。你能说出它"调整"的是什么吗？

11.8 佛蒙特州分为 10 个卫生规划区（大致相当于县）。以下数据表示体重低于 2500 克的新生儿比率（Y），17 岁及 17 岁以下女性的生育率（X_1），年龄小于 17 岁或大于 35 岁的女性高风险总生育率（X_2），受教育程度低于 12 年的女性的比例（X_3），未婚女性的比例（X_4），以及直到妊娠晚期（第三孕期）才开始就医的女性的比例（X_5）。（观察数太少，难以进行有意义的分析，故不要相信结果。）

Y	X_1	X_2	X_3	X_4	X_5
6.1	22.8	43.0	23.8	9.2	6
7.1	28.7	55.3	24.8	12.0	10
7.4	29.7	48.5	23.9	10.4	5
6.3	18.3	38.8	16.6	9.8	4
6.5	21.1	46.2	19.6	9.8	5
5.7	21.2	39.9	21.4	7.7	6
6.6	22.2	43.1	20.7	10.9	7
8.1	22.3	48.5	21.8	9.5	5
6.3	21.8	40.0	20.6	11.6	7
6.9	31.2	56.7	25.2	11.6	9

用任意软件建立多元回归模型，预测 2500 克以下新生儿的比率。

11.9 用习题 11.8 的输出解释结果（假定有显著意义）。（为什么说，即使上述关系在总体中是可靠的，当前这种分析也不太可能有显著意义？）

11.10 Mireault（1990）研究了童年时父母去世的学生、来自离异家庭的学生以及来自完整家庭的学生。她收集的数据中包括学生们当前对未来损失可能性的感受（*PVLoss*），他们的社会支持水平（*SuppTotl*）以及他们在父母去世时的年龄（*AgeAtLos*）等数据。这些数据可以在本书配套数据包中找到。

用 Mireault.dat 的数据集以及任意软件评价下面这个模型——抑郁症（DepressT）是这三个变量的函数。（因为只有第 1 组被试失去了父母，所以你的分析只能用第 1 组那些案例。）如果你将完整的数据集命名为"Gina"，就可以在 R 中用以下代码

Gina.Loss <-subset(Gina, [Group == 1].)

生成这一特定的数据集。（注意双等号。）

11.11 解释习题 11.10 中的分析结果。

11.12 本书配套数据包中的数据集 Harass.dat 包含了为复现 Brooks 和 Perot（1991）对性骚扰研究的结果而创建的 343 个案例的数据。其中的变量依次为年龄、婚姻状况（1 = 已婚，2 = 未婚）、女权主义意识、行为的频率、行为的冒犯性和因变量——被试是否报告性骚扰事件（0 = 未报告，1 = 报告）。每个变量的数字越大表示程度越大。从技术上讲，由于因变量是一个二分变量，所以这个问题更好的解决方案应该是所谓的 Logistic 回归。然而，我们也可以通过已经学过的普通线性多元回归求得非常接近最优解的近似值。根据已有的变量，用多元回归来预测被试会不会报告性骚扰。请寻找一个不显著预测变量尽量少的模型。

11.13 在上一个问题中，我很惊讶地发现行为的频率与报告行为的概率无关。说说为什么会这样。

11.14 我在教材正文中曾建议不要用逐步回归法建立多元回归模型——这种方法系统地搜索变量以预测某种最优方程。

（a）解释一下我为什么会提出这样的建议。

（b）既然如此，我又要你在习题 11.12 中这样做，理由是什么呢？

11.15 用随机数表（附录中的表 D.9）为 6 个变量生成 10 个案例的数据，将第一个变量标记为 Y，后面的变量标记为 X_1、X_2、X_3、X_4 和 X_5。现在用任意软件分析这 10 个案例的完整数据集，根据这 5 个预测变量来预测 Y。你对 R 的大小感到惊讶吗？

11.16 现在将习题 11.15 中的数据集限制为 8 个案例，接着限制为 6 个和 5 个，分别记录 R 的变化值。请记住，这些都只是随机数据。

11.17 本书配套数据包中的 Fig9-7.dat 文件包含了图 9.8 中所涉及的 Ryan 的身高和体重数据。性别编码为：1 = 男性，2 = 女性。请比较一元回归（根据身高预测的体重）与多元回归（根据身高和性别预测体重）。

11.18 在习题 11.17 中，我们用性别作为预测变量进行多元回归分析。现在，请分别对男性和女性进行回归分析。

11.19 计算习题 11.18 中根据两性身高预测体重的加权平均斜率。合理的加权系数应为两

个样本的容量。[加权平均数的计算方法很简单：$(N_M \times b_M + N_F \times b_F)/(N_M + N_F)$。] 这个平均数与习题 11.17 中身高对应的斜率差多少？

11.20 由卡内基梅隆大学维护的一个名为"数据与故事库（DASL）"的网站有丰富的数据，提供了可考察关于大脑容量和智力之间关系的例子。你可以在本书配套数据包中找到该数据集，文件名为 BrainSize.dat（我替换了其中 3 个缺失数据，并将"女性"转换为 2，将"男性"转换为 1）。采用多元回归模型，根据大脑容量（MRI-count）和性别（Gender）来预测智商（IQ）。

11.21 为什么你认为将性别纳入回归方程是明智之举？

11.22 既然你下载了包含大脑容量的 DASL 数据集，请注意数据集中还包括身高和体重。请根据身高和性别预测体重，并与习题 11.17 的答案进行比较。

11.23 在类似于 Guber 关于教育经费的研究的例子中，我们经常把像 SAT 参试率（PctSAT）这样的变量称为"令人讨厌的变量"。这种说法在什么意义上是合理的，在什么意义上是容易产生误导的？

11.24 我在本章多次提到要抛开截距，说我们其实不关心截距。既然不关心它，报告结果时为什么还要留着它？

11.25 用第 11.7 节中关于患病症状与心理痛苦之间关系的数据，根据 Distress1 和 BlamPer 计算 Distress2 的预测值，然后计算预测值与 Distress2 实测值的相关系数，并验证它就是复相关系数。

11.26 在习题 9.1 中，我们看到关于婴儿死亡率和其他一些变量的数据。当时你根据收入来预测婴儿死亡率。我们有理由相信，年轻产妇的婴儿将面临更大的风险，并且有大量证据表明避孕措施可以降低婴儿的死亡率。将上述三个预测变量纳入多元回归方程是否可以证实上述假设？

第 12 章

单样本平均数的假设检验

需要回忆的概念

抽样分布: 重复抽样得出的统计量的分布

标准误: 统计量的抽样分布的标准差

自由度: 样本容量的调整值，通常为 $N-1$ 或 $N-2$

零假设: 需要接受统计检验的假设，表示为 H_0

研究假设: 亦称"备择假设"，研究中需要检验的假设，表示为 H_1

μ、σ、$\overline{X}$、s: 分别表示总体平均数、总体标准差、样本平均数和样本标准差

本章开始讨论 t 检验，这里先介绍单个样本的 t 检验。我们首先要观察一下，如果从一个总体中抽取许多样本，样本平均数会有何种表现。接着，我们要简单地介绍一下在总体方差已知的情况下如何检验某个关于平均数的零假设——该样本是否来自该总体。因为总体方差已知的情况很少，所以这个例子只是为了更好地引出总体方差未知时的 t 检验。我们将学习在这种情况下应该做什么，以及有哪些因素会影响 t 值。接下来，我们要研究置信区间，它可以给出真正的总体平均数有哪些合理的取值。我们还将介绍效应量的计量指标，以便了解研究结果的意义。最后，我们将考察一个单样本的例子，但是其重点肯定不在于显著性检验，而在于置信区间，因为它提供的信息量远远超过标准的显著性检验。

在第 8 章中，我们研究了假设检验的一般逻辑，但是没有学习具体计算方法。在第 9 章、第 10 章和第 11 章中，我们研究了变量间相关的计量指标，并且研究了关于相关系数和回归系数的假设检验——总体中各变量之间（不仅是在样本中）是否存在可靠的非零相关，以及回归系数（斜率和截距）与零有无显著差异。在本章中，我们将开始集中讨论关于平均数的假设检验。具体而言，本章主要讲授怎样检验关于单个总体平均数的零假设。

我们以 Williamson（2008）的论文为出发点，这篇论文研究由抑郁的父母养育的孩子是怎样应对环境的。他的研究远远超出了我们在本章所做的检验，但是它告诉了我们在什么情况下应该对单个样本的平均数进行显著性检验。

根据心理学文献可知，儿童的应激经历可能导致未来的行为问题，所以 Williamson 预测，由抑郁的父母养育的孩子将出现异常严重的行为问题。这意味着，如果我们用检查表［如 Achenbach 青年自评量表（YSR）中的焦虑/抑郁分量表］检查这些儿童的行为，就可以预期他们将得到较高的焦虑/抑郁分数。（YSR 用得非常广泛，已知其平均数为 50。我们将 50 作为真正的总体平均数 μ。）这些儿童似乎不可能表现出较低的抑郁水平，但是为了预防这种可能性，我们还是应该进行一个双尾检验，其**实验假设**是：这些儿童的焦虑/抑郁得分与正常样本不同。不过，我们无法直接检验这个假设。相反，我们检验的是零假设（H_0）：经历过应激的儿童的平均得分与正常儿童总体的平均得分相同；拒绝这个零假设，实验假设就能得到支持。再说得具体一些就是，我们要在以下两个假设之间做出决策：

H_0: $\mu = 50$

H_1: $\mu \neq 50$

我选择了双尾检验形式的 H_1，因为我希望 $\mu > 50$ 和 $\mu < 50$ 这两种情况都可以拒绝 H_0。Williamson 抽取的样本中有 166 个儿童，每个儿童的父母中都有一个发生了抑郁。但是为了简化问题，我们先假设只有 5 个儿童，不过我很快就会回过头来分析实际数据。现在假设，我让儿童填写 YSR，他们得到了以下分数：

48　62　53　66　51

这 5 个观察样例的样本平均数为 56.0，标准差为 7.65。可见 5 个儿童的平均分比正常儿童高了 6 分。但是因为这个结果是根据 5 个儿童的样本得出的，所以我们蛮可以认为这 6 分的偏差可能是随机产生的（或者说，这个偏差可能来自抽样误差）。即使 H_0: $\mu = 50$ 为真，我们当然也不会指望样本平均数恰好是 50.000。即使发现平均数是 49 或 51，我们大概也不会特别惊讶。但是如果平均数是 56 呢？这个差异大得惊人吗？如果我们确实觉得差异太大，也许就不愿意继续相信 $\mu = 50$ 这个假设，也就是说，我们不再相信这些儿童是来自正常总体的一个样本。然而，在得出任何结论之前，我们都应该了解从正常儿童总体中抽取的样本的平均数应该是怎样的。

12.1 平均数的抽样分布

想来你能回忆起第 8 章中说的，如果我们从要研究的总体中抽取无数个样本，并算出每个样本的统计量，则我们期望中的该统计量取值的分布就是抽样分布。因为我们在这里关注的是样本平均数，所以我们需要了解平均数的抽样分布。幸运的是，关于平均数的抽样分布的所有重要内容可以归结为一个非常重要的定理——**中心极限定理**。中心极限定理是关于平均数分布的原理。它包含以下几个概念：

假定一个总体具有平均数 μ 和方差 σ^2，则平均数的抽样分布（即样本平均数的分布）的平均数等于 μ（即 $\mu_{\bar{X}} = \mu$），其方差 $\sigma^2_{\bar{X}}$ 等于 σ^2/N（或标准差 $\sigma_{\bar{X}} = \sigma/\sqrt{N}$）。

而随着样本容量 N 的增加，抽样分布将接近正态分布。

中心极限定理是统计学中最重要的定理之一，因为它不仅告诉我们在样本容量一定的情况下样本平均数的抽样分布的平均数和方差的必然结果，还说明随着 N 的增加，无论观察值总体呈何种分布形态，这种抽样分布都将接近正态分布。你很快就能见识这些原理的重要性。

平均数的抽样分布接近正态分布的速度因观察值总体分布而异。如果总体本身就是正态分布的，则无论 N 多大，平均数的抽样分布都是正态分布。如果总体呈对称而非正态分布形态，则即使样本容量极小，平均数的抽样分布也几乎呈正态分布，尤其在总体分布呈单峰形态时。如果总体分布偏得厉害，则样本容量要达到 30 或更多，平均数的抽样分布才接近正态分布。

我们可以用 5 个儿童的样本来展现中心极限定理。假设从正态分布中抽取无数个随机数形成一个总体，其平均数为 50，标准差为 7.65。（请注意，我已将总体平均数设为零假设下的平均数，并且总体标准差等于样本标准差。）该总体的分布如图 12.1 所示。

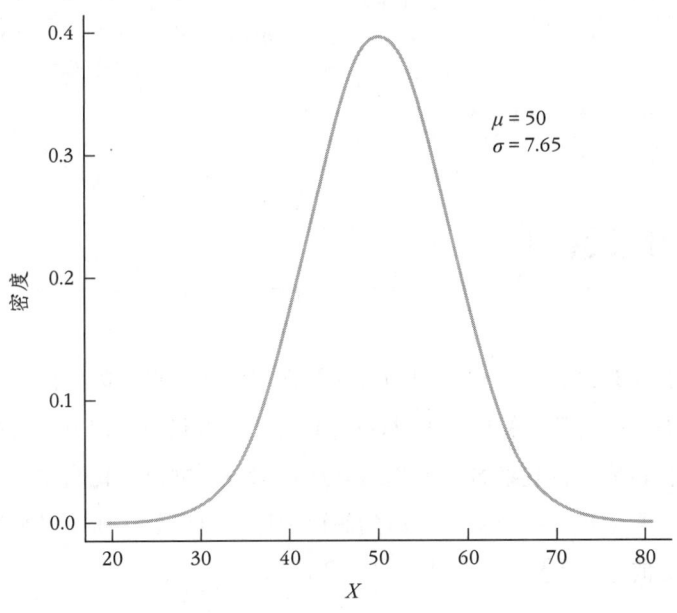

图 12.1　正态分布（$\mu = 50$，$\sigma = 7.65$）

现在假设我们从图 12.1 中所示的总体中放回地抽取 10 000 个容量为 5 的样本（即 $N = 5$），并绘制这 10 000 个样本平均数的分布。（注意，N 表示每个样本的容量，而不是样本数；这里的样本数是一个非常大的数字：10 000。）就算用笔记本电脑也可以轻松完成这种抽样——图 12.2a 中给出了这种抽样的结果。从图 12.2a 可以看出，平均数的分布非常接近正态分布——叠加在图中的平滑曲线就是正态分布曲线。如果你致力于计算该分布的平均数和标准差，你就能发现它们非常接近 $\mu = 50$ 和 $\sigma_{\bar{X}} = \sigma/\sqrt{N} = 7.65/\sqrt{5} = 3.42$。（请记住，$\mu$ 和 $\sigma_{\bar{X}}$ 指平均数分布的平均数和标准差。）

假定我们将上述过程重复一遍，但是抽取的 10 000 个样本的每个样本容量改成 $N =$

30。结果见图12.2b。从这个图可以看到，正如中心极限定理预测的那样，平均数的分布接近正态分布，其平均数同样非常接近50，而其标准差则缩小到非常接近$7.65/\sqrt{30} = 1.42$。（很多年前，我第一次运行类似的程序，花了大约5分钟完成这些样本的抽样，而今天只用了1.5秒。可见，轻而易举就可以做到的计算机模拟使得随机化检验成为大势所趋。）

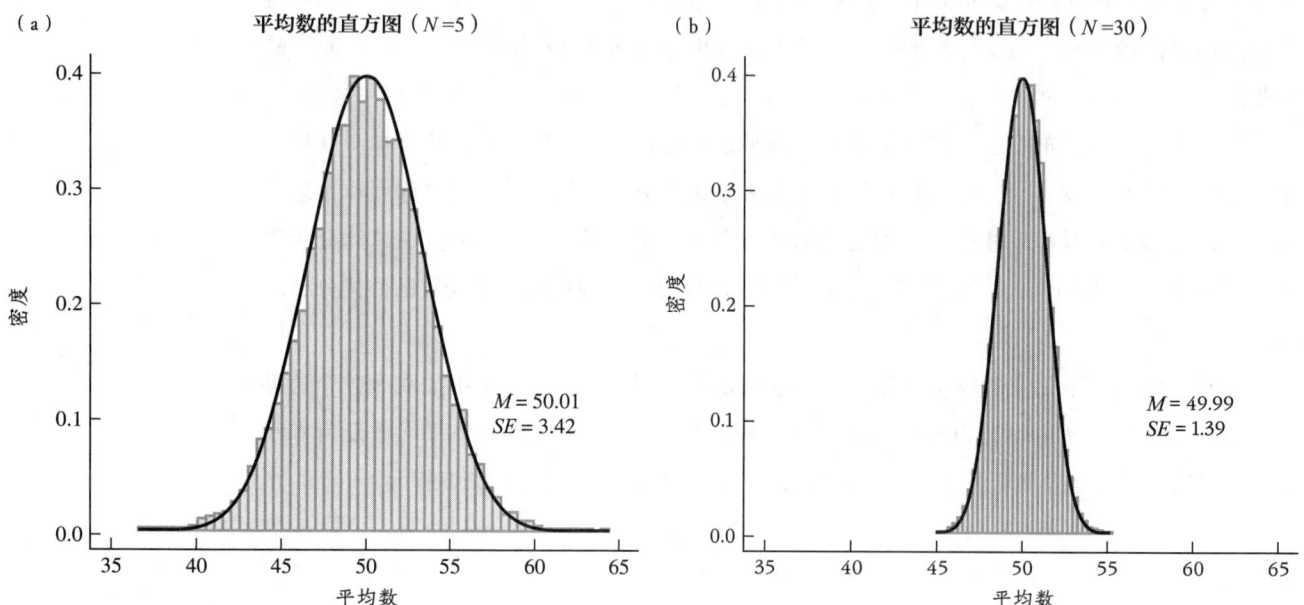

图 12.2　计算机生成的平均数抽样分布：（a）$N = 5$；（b）$N = 30$

12.2 σ已知时平均数的假设检验

学习了中心极限定理，就可以不用抽取任何样本就知道平均数的抽样分布的所有重要特征（其分布形态、平均数和标准差）。根据这些知识，我们就可以开始检验关于平均数的假设了。为了保持内容上的连续性，我们最好从正态分布讲起。我们在第8章明白了一件事：可以通过z分数来检验一个关于总体的假设：计算单个观察值（当时的例子是手指敲击得分）对应的z值，公式是

$$z = \frac{X - \mu}{\sigma}$$

接着，利用标准正态分布表或在线计算器求得小于等于该z值的概率。这样，我们就对"某个敲击速度为45的人是随机地抽自一个平均数为59且标准差为7的健康人正态分布总体"这一假设进行了单尾检验。计算过程是

$$z = \frac{X - \mu}{\sigma} = \frac{45 - 59}{7} = \frac{-14}{7} = -2.00$$

随后，我们用在线软件得z = -2.00以下的面积，结果是0.0228。这样一来，我们就可以预期从健康人群中抽样得到这么低（以及更低）的成绩的概率只有大约2%。因为这个概率小于我们选择的α = 0.05的显著性水平，所以我们拒绝零假设。结论就是，我们有充分

的证据将这个人的反应速度诊断为"异于常人"。我们抽到的这个人的敲击速度迥异于健康被试。(但是,如果我们算出的概率是 0.064,结论又该是什么?)虽然在这个例子中我们只是检验了一个关于单一观察值的假设,但是这个逻辑完全适用于检验关于样本平均数的假设。

在检验关于总体的假设时,我们往往对该总体的方差一无所知。(这是我们采用 t 检验的主要原因,也是本章的焦点。)然而,在少数情况下,我们确实因为某种原因知道了 σ。所以现在正好可以讨论在 σ 已知的条件下,如何进行假设检验;这样可以帮助我们从正态分布转到教学计划中的关于 t 检验的知识。前面提到的 YSR 中的焦虑/抑郁分量表的例子可以帮助我们达到这一目的,因为我们知道这个分量表的总体的平均数和标准差($\mu = 50$ 和 $\sigma = 10$)。我们还知道,随机抽样的 5 个经历过应激的儿童的平均得分为 56.0,我们希望检验的零假设是:这 5 个儿童是一个来自正常总体的随机样本(他们的一般行为问题并不多于正常儿童)。换句话说,我们想要检验的假设是(H_0: $\mu = 50$;H_1: $\mu \neq 50$),其中 μ 表示这些儿童所来自的总体的平均数。

既然我们已经知道一般行为问题得分的总体平均数和标准差,那么根据中心极限定理就能得出零假设为真时平均数的抽样分布,用不着用计算机进行各种抽样。根据中心极限定理,如果从该总体获得平均数的抽样分布,其平均数必定等于 50,方差必定等于 $\sigma^2/N = 10^2/5 = 100/5 = 20$,而平均数的标准差(通常称为平均数的标准误)则等于 $\sigma/\sqrt{N} = 4.47$。该抽样分布如图 12.3 所示。图中箭头所指之处就是样本平均数。

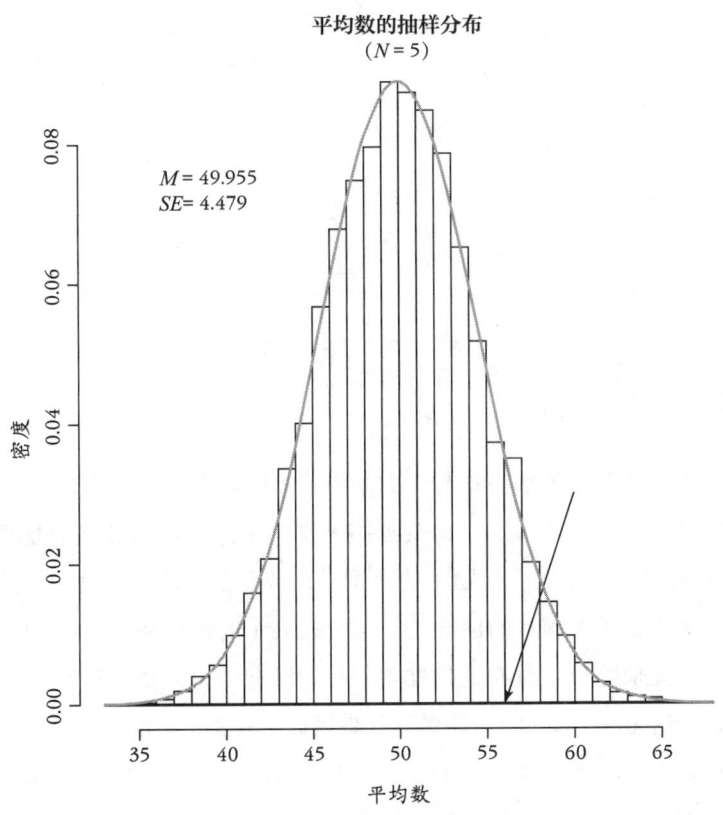

图 12.3 从总体($\mu = 50$,$\sigma = 10$)中抽取样本($N = 5$)的平均数的抽样分布

这里插一小段关于标准误的描述，因为这个概念贯串整个统计学。任意一个抽样分布的标准差通常都被称为该分布的标准误。因此，平均数的标准差就应该被称为平均数的标准误（记作 $\sigma_{\bar{X}}$），而将在第 14 章中讨论的两平均数之差的标准差则称为平均数之差的标准误（记作 $\sigma_{\bar{X}_1-\bar{X}_2}$）。标准误至关重要，因为它可以告诉我们各样本的统计量（诸如平均数）之间的差异有多大。如果标准误很大，就意味着无论你发现的样本平均数是几，别人做同样研究时发现的结果可能大不相同。反之，如果标准误很小，别人发现的结果可能与你相差无几。请注意图 12.2a 和图 12.2b 中标准误的差异。这种差异是由于后一种情况下样本容量大了许多造成的。

因为我们已经知道 5 个儿童的 YSR 得分平均数的抽样分布是正态分布（其平均数为 50，标准误为 $\sigma/\sqrt{N} = 4.47$），我们可以查标准正态分布表得出分布曲线之下的面积。例如，因为两个标准误是 $2 \times 4.47 = 8.94$，故 $\bar{X} = 58.94$ 右边的面积就是正态分布曲线下大于平均数 2 个标准误的面积。

就我们面对的情况而言，我们先要求出样本平均数大于等于 56 的概率，为此我们需要找到 $\bar{X} = 56$ 以上的面积。像求得个别观察值对应的概率一样，我们还是用计算 z 的公式，但要略做改动，将

$$z = \frac{X - \mu}{\sigma}$$

改为

$$z = \frac{\bar{X} - \mu}{\sigma_{\bar{X}}}$$

也可以写成

$$\boxed{z = \frac{\bar{X} - \mu}{\frac{\sigma}{\sqrt{N}}}}$$

代入我们的数据，就是

$$z = \frac{\bar{X} - \mu}{\frac{\sigma}{\sqrt{N}}} = \frac{56 - 50}{\frac{10}{\sqrt{5}}} = \frac{56 - 50}{4.47} = \frac{6}{4.47} = 1.34$$

请注意，此处所用的 z 分数公式与以前的形式相同。唯一的区别是样本平均数 $\bar{X}$ 代替了 X，平均数的标准误 $\sigma_{\bar{X}}$ 代替了 σ。出现这些差别，是因为当前处理的是平均数的分布，而不是原始观察值的分布。之前问题中的数据点，现在是平均数；之前的观察值标准差，现在是平均数的标准误（平均数的标准差）。z 公式表示的仍然是该分布上的一个点减去该分布的平均数，其差值除以该分布的标准差。我们没有专门为 $\bar{X}$ 的分布寻找一个公式，只是将样本平均数表达为一个新的 z 分数，这样就可以解答关于标准正态分布的问题。

查附录中的表 D.10，我们可以看到 $z \geq 1.34$ 的概率是 0.0901。因为我们要对 H_0 进行双尾检验，所以要将这个概率翻倍，结果就是双向偏离平均数 1.34 个标准误以上的概率，即 $2 \times 0.0901 = 0.1802$。因此，在这个显著性水平为 0.05 的双尾检验（即经历过应激的儿童的行为问题平均分大于或小于正常儿童的分数）中，我们不能拒绝 H_0，因为在零假设为

真的前提下根据本例平均数求得的概率大于 0.05。我们的结论是，用 5 个儿童的小样本没能取得充分的证据做出"经历过应激的儿童比其他儿童表现出更多（或更少）行为问题"的判断。请记住，经历过应激的儿童很可能确实表现出更多的行为问题，但是我们的数据还不够令人信服，主要是因为数据太少。[还记得那一回，你母亲虽然确信你在客厅健身时弄坏了物品但又苦于没有足够的证据吗？你的母亲不得不犯了 II 类错误——只得接受零假设（你没弄坏东西），尽管零假设其实为假。在我们这个例子中，尽管经历过应激的儿童的总体平均数确实高于 50，但是我们没有充分的证据让人们相信这一点。]

回到前面提到的 Williamson（2008）的研究，样本中包括 166 名儿童，他们的父母至少有一位有抑郁症病史。这些儿童都完成了 YSR，样本平均数为 55.71，标准差为 7.35。我们想检验的零假设是：这些儿童来自平均值为 50、标准差为 10 的正常总体。因此

$$z = \frac{\bar{X} - \mu}{\frac{\sigma}{\sqrt{N}}} = \frac{55.71 - 50}{\frac{10}{\sqrt{166}}} = \frac{5.71}{0.776} = 7.36$$

对于这么大的 z 值，正态分布表已经不敷使用。[表中 z 的最大值是 4.00。不过，即使 z 等于 4.00，我们查到的概率也已经接近 0.000（精确到小数点后 3 位），所以只要 z 大于 4.00，都可以拒绝零假设。如果一定要知道双尾检验的确切概率，那就是 0.00000000000018，这显然是一个显著的结果。] 因此，Williamson 完全有理由相信，其研究中的儿童不来自 YSR 焦虑/抑郁分量表的正态总体。他们来自一个平均得分更高（问题更严重）的总体。

我们刚刚完成的是根据已知总体的平均数检验一个样本的平均数，这种检验的前提是样本平均数呈正态分布，或者至少接近正态分布（查标准正态分布表时可以忽略误差）。许多教材都说，我们要假设样本来自正态总体（即行为问题得分呈正态分布），但是这个前提实际上并不绝对必要。最关键的是，平均数的抽样分布（图 12.3）要接近正态分布。满足这一前提的方式有两种：(1) 样本抽自正态分布总体；(2) 样本容量足够大（根据中心极限定理可知样本平均数的分布至少会接近正态分布）。这就是中心极限定理的一大益处：只要 N 足够大，我们就能够在总体非正态的情况下检验假设。但 Williamson 也计算出了样本的标准差。我们为什么不用呢？

对这个问题最简单的回答就是，我们有更好的东西——总体标准差。YSR 及其评分系统经过多年精心开发，我们完全可以相信全体正常儿童的分数的标准差是 10，或者与 10 相差无几。我们想检验样本是否来自正常儿童的总体。我们很快就会看到，总体标准差确实经常是未知的，必须根据样本标准差来估计它；但是只要它是已知的，我们就应该用它。理由之一就是，如果这些儿童确实得分较高，那么我估计用他们的样本标准差可能低估 σ。这是因为，位于分布两端的那些个体分数的标准差很可能小于靠近分布中心的个体分数的标准差。

12.3 | σ未知时平均数的假设检验（单样本 t 检验）

我们在前一节里特意挑选了一个在总体标准差 σ 已知的情况下进行假设检验的例子，但是这种情况是相当罕见的。在一般情况下，我们很少知道 σ 的值，这时必须根据样本标准差（s）来估计 σ。然而，一旦我们用 s 代替了原来公式中的 σ，检验的性质就会发生变化。我们不能宣称算出来的结果是一个 z 分数，不能查标准正态分布表来评价结果。相反，我们要将计算结果表示为 t，并根据 t 分布表进行评价，而 t 和 z 的表略有不同。从 z 变成 t，原因并不特别复杂。我们需要这一转变，其根本原因在于样本方差的抽样分布。现在到了你咬紧牙关学一点理论的时候了，因为一方面它将帮助你理解你在做什么，另一方面它对你的灵魂有益。

$σ^2$ 的抽样分布

因为 t 检验要用 s^2 作为 $σ^2$ 的估计值，所以第一紧要的事就是考察 s^2 的抽样分布。我们想了解，在抽取样本（尤其是小样本）时，样本方差会是怎样的。这个抽样分布能让我们对将要遇到的问题有所了解。你在第 5 章曾读到过，s^2 是 $σ^2$ 的无偏估计量——经过重复抽样，s^2 的平均值将等于 $σ^2$。无偏估计固然很好，但这不是一切。关键问题是，s^2 的抽样分布在很大程度上是正偏的，特别是当样本容量较小时。图 12.4 是计算机生成的 s^2 抽样分布（其中 $σ^2 = 138.89$）的一个例子。由于这个抽样分布是偏斜的，单个 s^2 值更有可能低估 $σ^2$，小样本时尤其是这样。（s^2 仍是无偏估计量，因为高估 $σ^2$ 的那些 s^2 刚好可以抵消掉那些数目虽多但低估程度较小的 s^2。）如果我们直接用样本估计量（s^2）代替未知的 $σ^2$，并且装出一副什么都没改变的样子，你觉得会有什么问题？由于方差的抽样分布的是正偏的，由此产生的 t 值可能大于 $σ^2$ 已知时得到的 z 值，因为任何一个样本方差（s^2）低估总体方差（$σ^2$）的概率都大于 50%。

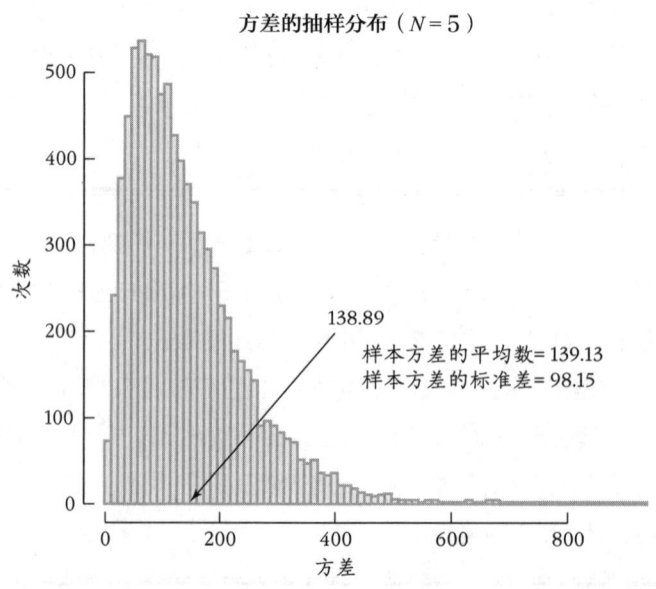

图 12.4 抽自正态分布总体的 s^2 的抽样分布，$μ = 50$，$σ^2 = 138.89$，$N = 5$

t 统计量

在这种情况下，能拯救我们的就是 t 统计量了，因为它原本就是为了应对我们用样本估计量 s^2 而不是用总体方差 σ^2 的情形的。我们先列出专为 z 编写的公式：

$$z = \frac{\overline{X} - \mu}{\sigma_{\overline{X}}} = \frac{\overline{X} - \mu}{\frac{\sigma}{\sqrt{N}}} = \frac{\overline{X} - \mu}{\sqrt{\frac{\sigma^2}{N}}}$$

用 s 代替 σ，得

$$t = \frac{\overline{X} - \mu}{s_{\overline{X}}} = \frac{\overline{X} - \mu}{\frac{s}{\sqrt{N}}} = \frac{\overline{X} - \mu}{\sqrt{\frac{s^2}{N}}}$$

因为我们知道，任何一个特定的样本的 s^2 小于 σ^2 值的可能性更大，所以公式中的分母往往比较小，用 s^2 计算的结果 t 也就往往大于用 σ^2 算出来的 z。因此，将计算结果（t 值）当作 z 分数并且查 z 值表是不合理的。这样做会带来太多"显著"的结果；也就是说，当显著性水平为 $\alpha = 0.05$ 时，I 类错误的发生率将超过 5%。（例如，当我们计算 z 时，如果 $\alpha = 0.05$，则 z 超出 ± 1.96 的临界值时就会拒绝 H_0。如果我们创设一个 H_0 为真的情形，反复抽取 $N = 5$ 的样本，用 s^2 代替 σ^2，并计算各个 t 值，就会有超过 10% 的次数发现 t 值超出 ± 1.96。在 $\alpha = 0.05$ 的情况下，t 值的分界点应该是大于 1.96 的 2.776。）

威廉·戈赛特（William Gosset）解决了这个问题。戈赛特提出，用 s^2 代替 σ^2 会产生一种特别的抽样分布，这种分布现在通常被称为**学生氏 t 分布**。[①]有了戈赛特的研究成果，我们所要做的就是用我们已知的 s^2 代替未知的 σ^2，最终结果表示为 t，并用 t 分布评价 t 值，就像我们用正态分布评价 z 值一样。表 D.6 就是 t 分布表，图 12.5 画出了在样本容量不同的情况下 t 的实际分布。

从图 12.5 中可以看出，t 分布的形态随**自由度**（df）而变，我们现在暂时将其定义为样本中观察值个数减 1。因为 s^2 的抽样分布的偏态程度随着自由度的增加而逐渐消失，s 低估 σ 的倾向也逐渐消失。因此，当自由度为无穷大时，t 分布将变成正态分布，而且是变成标准正态分布。

自由度

前面我已经提到 t 分布受其自由度 df 的制约，而自由度是样本容量（N）的函数。就单样本而言，$df = N-1$；这是因为我们在计算 s^2 时用了样本平均数，所以失去了 1 个自由度。说得更准确些，我们计算样本方差 s^2 时用的是观察值与其自身平均数之差（$X - \overline{X}$），而非观察值与总体平均数之差（$X - \mu$）。因为离差之和 $\sum(X - \overline{X})$ 总是等于 0，所以只有 $N - 1$ 个离差可以自由变化（因为离差之和为 0，故第 N 个离差是确定的）。为了说明这一点，我们假定有 5 个分数，其平均数为 10。这 5 个分数中有 4 个可以随意取值（例如：18，18，16，2），但是第 5 个分数不能自由取值。既然平均数为 10，那么第 5 个数必须是 24。

注释①

之所以称为"学生氏"，是因为戈赛特为吉尼斯啤酒公司工作，该公司不允许他以自己的名义公布他的成果。结果，戈赛特以"学生"为笔名发表了他的成果，因此我们今天称之为学生氏 t 分布。我认为像戈赛特这样的大人物至少能正确拼写他的名字。但是我查阅过的书中，包括我早期出版的书，几乎有一半将"Gosset"拼写为"Gossett"。

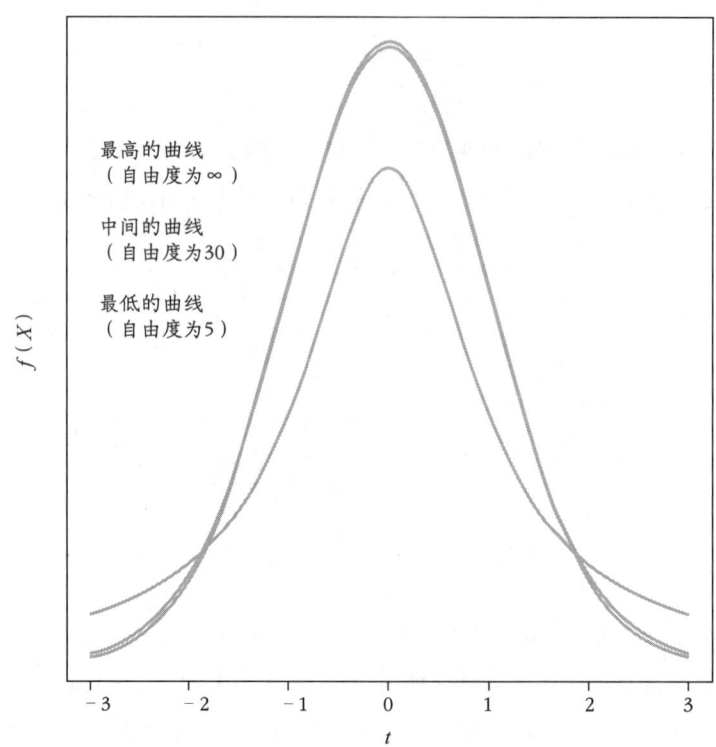

图 12.5 自由度分别为 1、30 和 ∞ 时的 t 分布

换句话说,一旦确定了平均数,那么 5 个分数中只有 4 个可以自由取值;因此自由度就等于 4。这就是第 5 章 s^2 的定义公式中分母是 $N-1$ 的原因。正因为 s^2 是基于 $N-1$ 个自由度,所以 t 分布的自由度也是 $N-1$。

从现在开始到本书结束,你将不断看到我提到自由度。在许多情况下,它们是 $N-1$ 或 $N-2$,有时它们是组数减 1,类别数减 1,诸如此类。每当我们用样本统计量估计了一个或多个参数,就会失去 1 个或多个自由度。

一个运用 t 分布的例子:儿童总能说清他们的感受吗?

在本书中,我曾在多处提到关于应激情境中的儿童和成人的研究。我们经常发现,应激会造成抑郁、焦虑和行为问题等消极反应。但在一项针对癌症病人家庭的研究中,Compas 等人(Compas et al., 1994)观察到,年幼的儿童报告的抑郁或焦虑症状并无异常增长。事实上,他们甚至似乎略好于平均水平。年幼的儿童真能摆脱这种家庭应激源的消极影响吗?你能另想一个可以解释这些结果的备择假设吗?

常用来测量儿童焦虑症状的量表之一是儿童表现焦虑量表(Children's Manifest Anxiety Scale,缩写为 CMAS;Reynolds & Richmond, 1978)。该量表有一个分量表——通常称为"谎言量表",它包括 9 个项目。这些项目旨在鉴别那些可能做出社会期许反应而非诚实回答的儿童。(对儿童们来说,这个量表被冠以"谎言"二字并不很公平:其实他们只是想告诉你，他们认为你想听到什么。）真相会不会是这样的：应激状态下的儿童焦虑得分低，不是因为他们真的不焦虑，而是因为他们试图做出社会期许的回答，从而掩盖了焦虑？要回答这个问题，方法之一就是查看这些儿童在谎言量表上有没有得高分。如果谎言量表得分高，我们就更容易相信，儿童不是没有焦虑，他们只是没有报告自己的焦虑而已。

Compas 等人（Compas et al., 1994）收集了父母之一最近被诊断患有癌症的 36 名儿童的数据。每个儿童都完成了 CMAS，并计算了他们的得分，包括谎言量表得分。对于这组儿童，谎言量表平均分为 4.39，标准差为 2.61。Reynolds 和 Richmond 报告的小学儿童的总体平均分为 3.87；但是根据他们的数据，我们难以确定这个年龄段儿童的总体标准差。因此，我们要用样本标准差（或方差）来估计总体标准差（或方差），并采用 t 检验。

我们要检验的零假设是这些儿童的说谎得分是抽自平均数（μ）为 3.87 的总体的一个随机样本，该总体平均数是 Reynolds 和 Richmond 报告的。因此，

$H_0: \mu = 3.87$

$H_1: \mu \neq 3.87$

我们要在 5% 的显著性水平上进行双尾检验。

根据之前的讨论，我们已经知道

$$t = \frac{\overline{X} - \mu}{s_{\overline{X}}} = \frac{\overline{X} - \mu}{\frac{s}{\sqrt{N}}}$$

该公式的分子表示样本平均数与 H_0 给出的总体平均数之间的距离；其分母表示样本平均数分布的标准差的估计值（即标准误）。除了用样本方差（或标准差）代替了总体方差（或标准差）之外，这个 t 与 z 没什么区别。代入数据得到的结果是

$$t = \frac{\overline{X} - \mu}{s_{\overline{X}}} = \frac{4.39 - 3.87}{\frac{2.61}{\sqrt{36}}} = \frac{0.52}{0.435} = 1.20$$

1.20 这样一个 t 值并不具有特别的意义，除非我们根据 t 的抽样分布对其做出是否落入 H_0 下通常预期范围的判断。为了这个目的，我们在附录部分用表 D.6 列出了 t 的临界值，本章的表 12.1 只是其中的一部分。该表的形式与正态分布表不一样，因为它列出的不是每个特定 t 值以上和以下的面积（那需要的篇幅太大了），是只列出了那些将特定关键区间分割开来的 t 值，包括显著性水平为 0.05、0.025 和 0.01 的那些 t 值。而且，与标准正态分布不同的是，每一个可能的自由度都定义了一个不同的 t 分布。我们希望进行的是显著性水平为 0.05 的双尾检验。这种情况下的临界值通常表示为 $t_{0.05}$。[2]

要查 t 值表，我们必须知道合适的自由度。我们的数据中有 36 个观测值，故本例中自由度 $df = N - 1 = 36 - 1 = 35$。查表 D.6（或表 12.1）得 $t_{0.05}(35)$ 的临界值是 ± 2.03。（因为表中列出的自由度中没有 35，我取 $df = 30$ 和 $df = 40$ 对应的临界值的平均数 ± 2.03 作为临界值。）

注释②

这里可能有点令人困惑。某些教材和本书一样，用 t_α 表示双尾检验的临界值，并且假定你知道两侧尾部各占一半的 α。而别的教材则用 $t_{\alpha/2}$ 更清楚地表示相同的意思。在本例中，临界值是 $+2.03$。因此，本例采用的符号表达方式就是 $t_\alpha = t_{0.05} = \pm 2.03$，而其他作者写成 $t_{\alpha/2} = t_{0.025} = 2.03$，这也是有效的。你只要记得，我在本书中总是在 0.05 的显著性水平上进行检验。我用加减号 $\pm$ 表示我进行的是双尾检验。

表 12.1 表 D.6 的简化版本，t 分布的百分位数

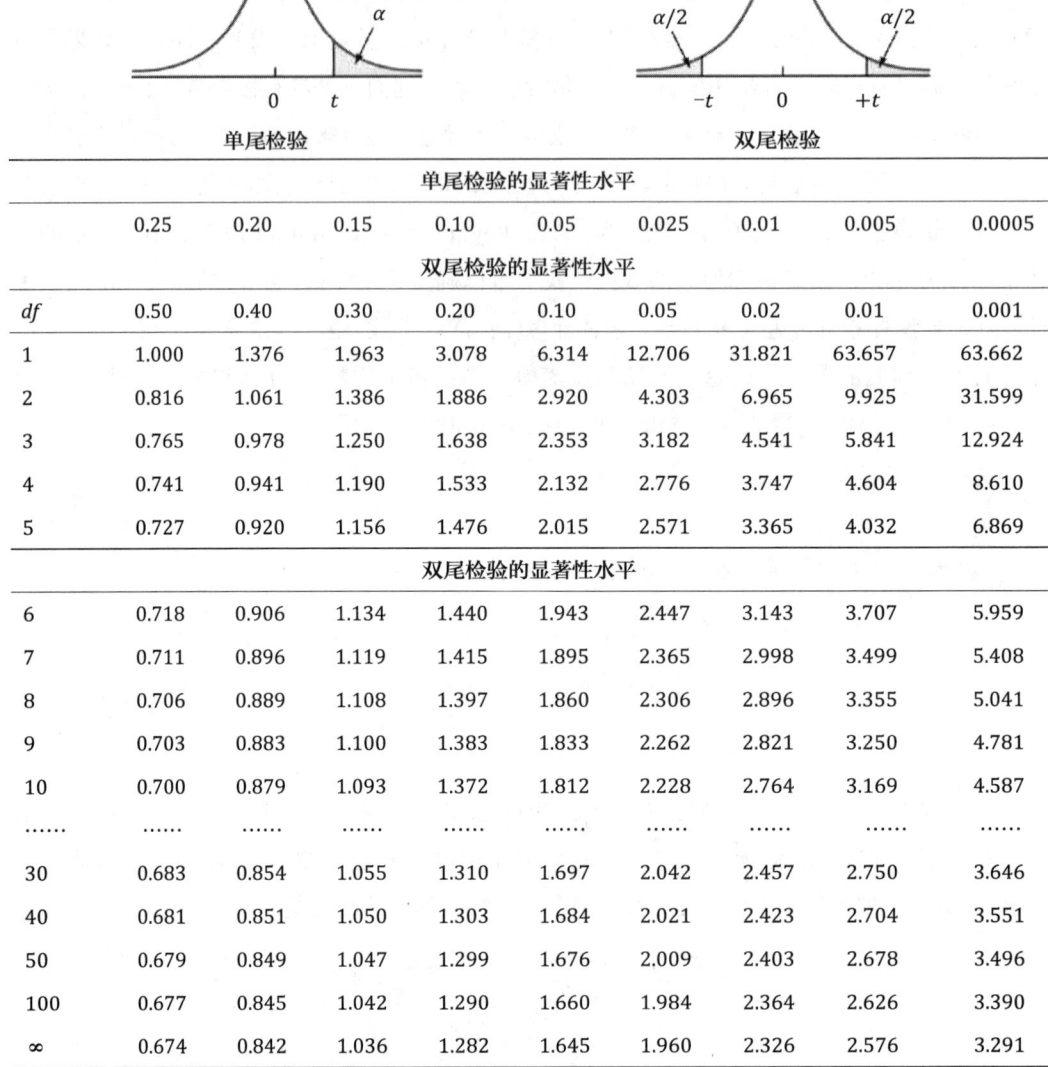

	单尾检验的显著性水平								
	0.25	0.20	0.15	0.10	0.05	0.025	0.01	0.005	0.0005
	双尾检验的显著性水平								
df	0.50	0.40	0.30	0.20	0.10	0.05	0.02	0.01	0.001
1	1.000	1.376	1.963	3.078	6.314	12.706	31.821	63.657	63.662
2	0.816	1.061	1.386	1.886	2.920	4.303	6.965	9.925	31.599
3	0.765	0.978	1.250	1.638	2.353	3.182	4.541	5.841	12.924
4	0.741	0.941	1.190	1.533	2.132	2.776	3.747	4.604	8.610
5	0.727	0.920	1.156	1.476	2.015	2.571	3.365	4.032	6.869
	双尾检验的显著性水平								
6	0.718	0.906	1.134	1.440	1.943	2.447	3.143	3.707	5.959
7	0.711	0.896	1.119	1.415	1.895	2.365	2.998	3.499	5.408
8	0.706	0.889	1.108	1.397	1.860	2.306	2.896	3.355	5.041
9	0.703	0.883	1.100	1.383	1.833	2.262	2.821	3.250	4.781
10	0.700	0.879	1.093	1.372	1.812	2.228	2.764	3.169	4.587
……	……	……	……	……	……	……	……	……	……
30	0.683	0.854	1.055	1.310	1.697	2.042	2.457	2.750	3.646
40	0.681	0.851	1.050	1.303	1.684	2.021	2.423	2.704	3.551
50	0.679	0.849	1.047	1.299	1.676	2.009	2.403	2.678	3.496
100	0.677	0.845	1.042	1.290	1.660	1.984	2.364	2.626	3.390
∞	0.674	0.842	1.036	1.282	1.645	1.960	2.326	2.576	3.291

来源：表中内容由作者计算而得。

$t_{0.05}$ 后面括号中的数字，例如 $t_{0.05}(35)$ 中的 35 就是自由度。我们查到的结果表示，如果 H_0 为真，则 $N = 36$ 的样本的 t 值只有 5% 的机会落在 ±2.03 之外。因为我们求得的值（1.20）小于 2.03，所以我们不能拒绝 H_0。（我手机上的 StatMate 应用程序给出 $|t| < 1.20$ 的概率为 0.238。）也就是说，我们没有足够的证据证明应激中的儿童与从正常儿童中抽出的随机样本在说谎分数上有不同的表现。我们不得不另找原因来解释这些儿童较低的焦虑分。（如果想知道这些儿童的焦虑情绪是否确实低于总体平均数，请参阅习题 12.19。）用以下 R 代码也能获得类似的答案。

```
#Two-tailed t probability for t = 1.20 on 35 df.
2*(1-pt(1.20, 35))
[1] 0.2381992
```

计算 1.00 减去 |t| < 1.20 的概率 [1 − p(|t| < 1.20)] 可以得到单尾概率，再将结果乘以 2 就得到双尾概率。请参阅本章网页上的图形代码和说明。我画的图 12.6 中的 t 分布有单尾面积和双尾面积。

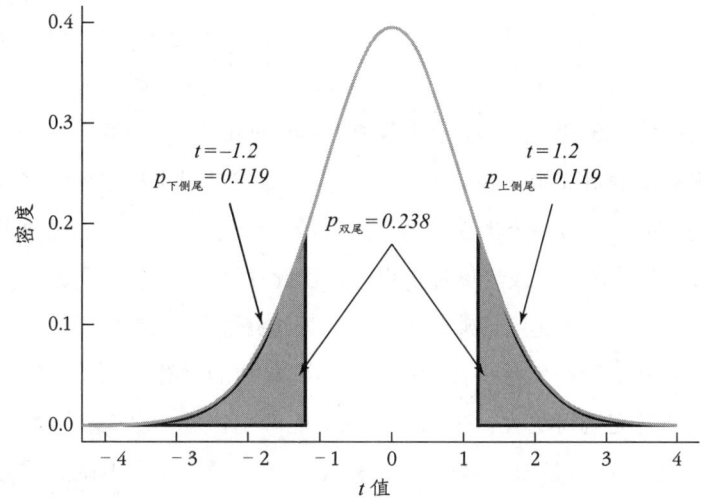

图 12.6　单尾和双尾 t 分布的面积

12.4 影响 t 值的因素与关于 H_0 的决策

以下因素会影响 t 值以及拒绝 H_0 的概率：

1. 实际得到的差异值（$\bar{X} - \mu$）。
2. 样本方差的值（s^2）。
3. 样本容量（N）。
4. 显著性水平（α）。
5. 单尾检验还是双尾检验。

显而易见，$\bar{X}$ 与 H_0 给出的平均数（μ）之间的差值是至关重要的。该差值增大可以直接导致分子增大，进而导致 t 值增大。但是同样要切记，$\bar{X}$ 在很大程度上取决于实际样本所来自的总体的平均数。如果将该总体平均数记为 μ_1，将零假设给出的平均数记为 μ_0，则获得显著差异结果的概率将随着 $\mu_1 - \mu_0$ 的增大而增大。

如果考察一下计算 t 的公式，你就应该很明显地看到，当 s^2 减少或 N 增大时，分母（$s/\sqrt{N}$）就会减小，而 t 的计算结果将增大。因为实验设定本身（含混不清的指导语、低质量的数据记录方式、令人注意涣散的测验条件等）导致的差异都将叠加在参试者之间的差异上，所以我们要尽量控制差异，从而减小 s 值。尽可能增加参试者人数 N 也可以减小 $s_{\bar{X}}$。

最后一个显而易见的事实是，拒绝 H_0 的概率取决于拒绝域的大小，而拒绝域的大小取决于其所在的位置（单尾检验和双尾检验的拒绝域的位置是不同的）。

12.5 第二个例子：月亮错觉

第二个例子对我们很有用，这个例子来自 Kaufman 和 Rock（1962）关于月亮错觉的那篇经典论文。（我们在第 5 章已经讨论过该论文中的一部分内容。）想必你已经知道，位于地平线上的月亮看上去远远大于位于天顶（即最高点）附近孤零零的月亮。但这是为什么？要知道月亮很显然既没有扩张也没有收缩。Kaufman 和 Rock 得出的结论是，月亮错觉是由于人把地平线上的月亮估计得更远导致的。作为一系列非常完整的实验的一部分，研究者一开始设法让被试调整一个出现在地平线上的、可变的"月亮"，一直调节到与出现在天顶的标准"月亮"一样大，或者反过来也行，以此估计月亮错觉量。（在进行上述测量时，研究者用的不是真月亮，而是用特殊装置制作的人造月亮。）我们的第一个问题可能是：用他们的仪器时是否真的能产生月亮错觉——与匹配天顶的月亮相比，匹配地平线上的月亮时是不是要把人造月亮调得更大？（如果被试不能产生错觉，研究者可能需要换一套不同的仪器来开展研究。）以下是取自 Kaufman 和 Rock 论文的 10 个被试的数据，每个数据都表示可调节大小的"月亮"的直径与标准月亮直径之比。比值为 1.00 表示没有错觉；除 1.00 之外的比值都表示有错觉。例如，比值为 1.5 意味着地平线上月亮的直径似乎是天顶月亮直径的 1.5 倍。要证明存在错觉，就要拒绝 H_0（$\mu = 1.00$），支持 H_1（$\mu \neq 1.00$）。

10 个观察值（比值）如下：

1.73 1.06 2.03 1.40 0.95 1.13 1.41 1.73 1.63 1.56

计算可得：$N = 10$，$\overline{X} = 1.463$，$s = 0.341$。对于 H_0：$\mu = 1.00$ 的 t 检验统计量是

$$t = \frac{\overline{X} - \mu}{s_{\overline{X}}} = \frac{\overline{X} - \mu}{\frac{s}{\sqrt{N}}} = \frac{1.463 - 1.000}{\frac{0.341}{\sqrt{10}}} = \frac{0.463}{0.108} = 4.29$$

查附录中的表 D.6，可知自由度为 $N - 1 = 9$，$\alpha = 0.05$ 时，双尾检验的临界值是 $t_{0.05}(9) = \pm 2.262$。本题求得的 t 值（通常表示为 t_{obt}）是 4.29。因为 4.29 > 2.262，我们可以在 0.05 的显著性水平上拒绝 H_0——结论是，这些条件下的真实平均比值不等于 1.00。该比值事实上大于 1.00，而这也是我们根据经验做出的预期。（每回看到科学确认了从小就知道的事情，我们总是欢欣鼓舞，但这样的结果也说明 Kaufman 和 Rock 的实验仪器发挥了应有的作用。）在 $df = 9$ 的情况下，$t = 4.29$ 对应的准确的双尾概率为 0.002（用 DanielSoper 在线计算器计算的）。如果 $t = -4.29$，我们会得出什么结论？

12.6 效应到底有多强？

多年来，心理学家和其他运用统计学分析数据的人都满足于宣称他们发现了显著差异，然后就认为万事大吉了。虽然很多人认为这还不够，但是他们的批评直到近些年才引起重视。这些批评者质疑的是实验者关于"差异不仅显著而且有意义"的说法。因为如果进行足够次数的观察，我们几乎总能发现"显著而无意义"的差异。

在最热衷于辩论这个问题的人当中，有个叫雅各布·科恩（Jacob Cohen）的，这个名字以后在本书中还会频繁出现。科恩坚持认为，我们都应该报告他所说的**效应量**。他希望用这种方式构建一种能表现平均数的意义或两平均数之差的意义的统计量。如果有两个非常大的样本，两者间的差异即使微乎其微而无人在意，在统计上也是显著的。显著性不是一切。

我们可以通过多种方式表达差异的程度。我将在下一节介绍置信区间这一概念。我还将在接下来的几章更充分地阐述效应量概念，但是我目前想只关注一个概括的想法，而月亮错觉的数据非常适合实现这一目的。我们已经得到了显著的差异，但是在报告这个差异时，我们希望让读者相信自己确实应该关心这个效应。如果月亮在地平线上看着也就大一丁点儿，可能就不值得费那么大力气来解释这个效应。

回想一下，因变量的本质是什么？参试者看着天空中的月亮，将另一侧的"假月亮"调整到看起来与真正的月亮一样大。接着，他们又看着地平线上的月亮，再次调整那个"假月亮"。如果仪器没有达到预期目的——没有产生月亮错觉，说明两种情况下调整的结果大致相同，两者的比值应该接近 1.00。但实际结果是，针对地平线上月亮的调整结果远远大于针对天顶月亮的调整结果，两者之间的平均比值是 1.463。这意味着，平均而言，地平线上的月亮看上去有天顶月亮的 1.463 倍大（大了 46.3%）。这可是一个巨大的差异——至少对我来说是这样。（请注意，我说的不是参试者调整结果的大小，而是指两种情况下调整结果的比例。这一点很重要，因为在心理学中，我们实际所做的测量通常受到测量的具体方式的制约，因而直接的测量结果本身往往不一定有意义。但是在这里，测量的比例其实是有意义的。）

这个实验展现了一个仅仅用平均数就能向读者传达效应量的意义的案例。我们不必浮想联翩就能猜到，如果你告诉读者，地平线上的月亮看起来几乎比天顶上的月亮大一半，这话的意思可不仅仅是说"地平线上的月亮显得更大"那么简单，其信息量当然也比说"对地平线上月亮的平均调整结果是 5.23 厘米"丰富得多。

在这个例子中，我们得到的比值本身就可以通过其平均数来告诉读者一些重要信息。在接下来的几章中，你将看到平均数的大小并不特别有用的例子（例如参试者的自尊得分提高了 2.63 分），我们需要制定更好的计量指标。

12.7 平均数的置信限

说月亮错觉是一个好例子的原因还在于，虽然我们特别感兴趣的是估计 μ 的真实值（总体平均数），但是这个例子得出的结果是对地平线月亮的知觉大小与对天顶月亮的知觉大小之真实比值。正如刚才所见，结果可以这么说——人们觉得地平线上的月亮几乎是天顶月亮的 1.5 倍这么大。我们知道，样本平均数（$\bar{X}$）是 μ 的无偏估计量。用一个特定的估计值来估计参数，我们称之为**点估计**，就是这里说的点估计值。在点估计之外，还有**区间估计**——通过一定的程序设定上下限，该程序设定的区间能保证以很大的概率包含真实的（总体）平均数（即整个观察值总体的平均数 μ）。这样一来，我们希望得到的就是 μ 的两个**置信限**，这两个上下限之间包含的就是所谓的**置信区间**。在第 6 章中，我们介绍了如何根据概率为观察值设定上下限。在第 9 章中，我们又讨论了如何设定相关系数的置信限。类似的推理思路在这里同样适用。

如果说我们想用手头的数据设定 μ 的上下限，这其实是问，要想在对样本平均数进行 t 检验时不拒绝零假设，μ 的上下限分别应该是多少？换句话说，如果 μ（月亮错觉的真实强度）实际上非常小或者非常大，我们可能都无法获得现在这样的样本数据。相反，如果总体比值为 1.45 或 1.50，我们现在的样本平均比值（1.46）可能就相当合理了。实际上，也确实存在一个 μ 值区间，里面任意拿出一个 μ 值，与我们手头的数据相比都相差不大。我们就是要求计算出那些 μ 值。换句话说，我们希望找到这样的 μ 值，它们让双尾 t 检验都不显著。

在继续讨论之前，我先澄清一下我们想要做什么——更重要的是我们不想做什么。正如我在以前某一章说的那样，多数人会觉得置信限的逻辑似乎有点古怪。你可能希望我经过一番计算后说，μ 一定介于某两个数字（例如 1.22 和 1.71）之间。但我不能这样说。我只能说，如果 μ 小于 1.22，Kaufman 和 Rock 就不可能获得那样的结果。同样，如果 μ 大于 1.71，他们也不大可能获得该结果。所以，该结果与 μ 介于 1.22 和 1.71 之间的想法是一致的。

要知道我们想做什么，一个简单的方法就是从计算 t 的公式出发，并运用一些简单的代数知识。

$$t = \frac{\overline{X} - \mu}{s_{\overline{X}}} = \frac{\overline{X} - \mu}{\frac{s}{\sqrt{N}}}$$

因为我们手头已经有了数据，所以 $\overline{X}$、s 和 $\sqrt{N}$ 都是已知的。我们也知道，$\alpha = 0.05$ 水平下双尾 t 检验的临界值是 $t_{0.05}(9) = \pm 2.262$。将这些值加入计算 t 的公式，推导出求解 μ 的公式，尽管我们通常求的是 t 值。

$$t = \frac{\overline{X} - \mu}{s_{\overline{X}}} = \frac{\overline{X} - \mu}{\frac{s}{\sqrt{N}}}$$

$$\pm 2.262 = \frac{1.436 - \mu}{\frac{0.341}{\sqrt{10}}} = \frac{1.436 - \mu}{0.108}$$

推导成计算 μ 的公式就是

$$\mu = \pm 2.262 \times 0.108 + 1.436 = \pm 0.244 + 1.436$$

分别用 +0.244 和 -0.244 就可以算出 μ 的上限（μ_{upper}）和下限（μ_{lower}）

$$\mu_{upper} = +0.244 + 1.436 = 1.707$$

$$\mu_{lower} = -0.244 + 1.436 = 1.219$$

因此，我们可以将 1.219 和 1.707 作为 95% 的置信限，将置信区间记为

$$CI_{0.95} = 1.219 \leq \mu \leq 1.707$$

或者写成一般表达式

$$CI_{0.95} = \overline{X} \pm t_{0.05} s_{\overline{X}} = \overline{X} \pm t_{0.05} s / \sqrt{N}$$

但是 95% 这个百分比又从何而来？我们之所以称其为 95% 的置信区间，是因为采用了显著性水平为 $\alpha = 0.05$ 的双尾检验（两侧各占 2.5%）的临界值。我们其实是在说，求得的值有 95% 的次数落入这些区间。如果要求的是 99% 的置信限，则 $t_{0.01} = \pm 3.250$。这样一来，99% 的置信区间就是

$$CI_{0.99} = \overline{X} \pm t_{0.01} s_{\overline{X}} = 1.463 \pm 3.250 \times 0.108 = 1.112 \leqslant \mu \leqslant 1.814$$

我们现在可以说，月亮错觉的总体平均比值 μ 落入诸如 1.219 ~ 1.707 这样的区间的概率是 0.95；而 μ 落入诸如 1.112 ~ 1.814 这样的区间的概率是 0.99。请注意，这两个区间里面都没有 1.00 这个表示没有错觉的比值。讲到 95% 的置信区间时，我们已经明白了这一点，因为在 $\alpha = 0.05$ 水平上进行的 t 检验拒绝了零假设。

我们现在得到的结果很像你在报纸上看到的，诸如"公众对总统的支持率为 59%，误差为 3%"。这里说的"误差"大致上就是用来表达一个置信区间；而且除非另有声明，它多半就是 95% 的置信区间。民意调查者基本上都会报告说，根据样本容量和公众支持程度，他们计算出来的结果与真实数值的差距都极有可能不超过 3 个百分点。

图 12.7 展示了置信区间的含义。为了生成这个图，我从平均数 $\mu = 5$、标准差 $\sigma = 1$ 的总体中抽取了 25 个容量 $N = 4$ 的样本。对于每个样本，我都计算了 μ 的 95% 置信区间，并将其画在图上。例如，第一个样本得出的上下限大约是 3.16 和 6.88，而最后一个样本的上下限则是 4.26 和 5.74。因为在本例中，我们已经知道总体平均数 $\mu = 5$，所以我在 $\mu = 5$ 处画了一条垂线。请注意，样本 9 和样本 12 对应的置信区间不包括 $\mu = 5$。我们预期 95% 的置信区间包含 μ 的概率是 95%。因此，这 25 次抽样中出现 2 次"失手"还算合理。另外还请注意，25 个置信区间的宽度也不同。这种差异可以这样解释：区间的宽度是样本标准差的函数，而一些样本的标准差大于其他样本。

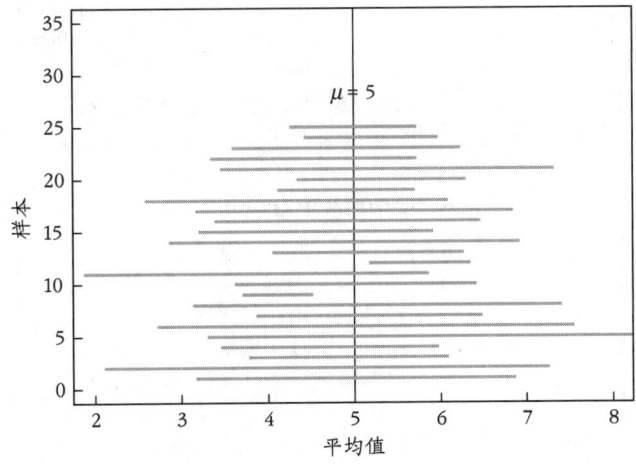

图 12.7　对来自 $\mu = 5$、$\sigma = 1$ 的总体的 25 个样本计算的置信限

我还要重复一遍前面关于置信限的解释。我们不能用通常的方式解释像 $p(1.219 \leqslant \mu \leqslant 1.707) = 0.95$ 这样的表达式。参数 μ 不是一个时大时小的变量。相反，μ 是一个常数，

置信区间才时大时小。我们将参数看作一个套圈游戏的奖品,将研究者计算置信限看作在玩套圈游戏。指定大小的圈有 95% 的次数能套住奖品,有 5% 的次数会错过。所谓置信水平,指的是套圈能套住奖品(即置信区间包括参数)的概率,不是奖品(参数)落入套圈(置信区间)的概率。不过,虽然前面这个说法才是正确的,但是我进行课程评分时不会因为一个学生说"μ 落在 1.219 和 1.707 之间的概率是 0.95"就判他不及格。

12.8 用 SPSS 和 R 进行单样本 t 检验

图 12.7 中关于月亮错觉数据的单样本 t 检验和置信限都是用 SPSS 算出来的。你可以查看"SPSS 简明手册"中的第 7 章,了解如何在 SPSS 中运用该分析方法。请注意,该结果与我们手工计算的结果是一致的,尽管可能有一些舍入误差。另请注意,SPSS 计算 I 类错误的精确概率(p 值),而不是将 t 值与查表所得临界值相比较。虽然我们原来得出的结论是 I 类错误的概率小于 0.05,但 SPSS 实际报告的是双尾概率为 0.002。大多数(虽然不是全部)电脑软件都以这种方式运行。

根据图 12.8 中的输出结果,我们可以得出结论,10 个被试的月亮错觉量(平均比值)显著大于实际没有月亮错觉时应有的比值(1.00)。这种说法可以写成 $t(9) = 4.30$,$p = 0.002$。

One-Sample Statistics

	N	Mean	Std. Deviation	Std. Error Mean
RATIO	10	1.4630	.34069	.10773

One-Sample Test

	Test Value = 1					
					95% Confidence Interval of the Difference	
	t	df	Sig. (two-tailed)	Mean Difference	Lower	Upper
RATIO	4.298	9	.002	.4630	.2193	.7067

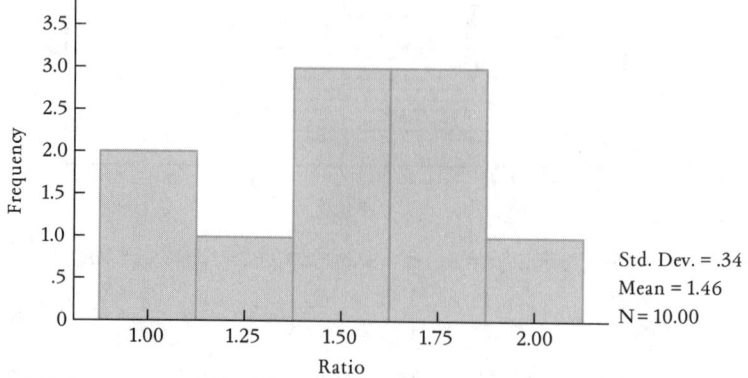

图 12.8　用 SPSS 进行单样本 t 检验和置信限计算的输出结果

进行上述分析的 R 代码非常简单。我没有提供输出结果，因为它与 SPSS 的输出结果基本相同。但是，如果你运行这段代码，请注意，尽管我要求 R 像 SPSS 那样将结果分成 5 段，但是 R 依旧挺有主意地我行我素。还要注意一点，我指定要检验的零假设是 $\mu = 1$，因为比值 1.00 表示没有错觉。R 代码如下。

```
ratio <- c(1.73, 1.06, 2.03, 1.40, 0.95, 1.13, 1.41, 1.73,
1.63, 1.56)
cat("The mean of the ratio scores is," mean(ratio),"\n")
cat("The standard deviation of ratio scores is," sd(ratio),
"\n")
t.test(ratio, conf.int =.95, mu = 1)
hist(ratio, col = "red," breaks = 5, main = "Histogram of
Ratio of Horizon to Zenith," xlab = "Ratio")
```

12.9 良好猜测好于空着不答

现在我们继续介绍关于平均数的 t 检验，但采用另一个例子对总体平均数（μ）的零假设进行 t 检验。我们在本书中曾多次提到，Katz 及其同事（1990）做过一项研究，让一组学生在没有阅读文章的前提下用类似 SAT 的方式回答关于该文章的试题，并考察其成绩。来自"无文章"组的 28 名学生的数据如下。

编号	1	2	3	4	5	6	7	8	9	10	11	12	13	14
得分	58	48	48	41	34	43	38	53	41	60	55	44	43	49
编号	15	16	17	18	19	20	21	22	23	24	25	26	27	28
得分	47	33	47	40	46	53	40	45	39	47	50	53	46	53

即使学生确实连选项都没有好好看，纯属盲目猜测，我们也将预期这些学生能凭机遇做对 20 题，因为总共有 100 题，每题都有 5 个选项。另一方面，如果他们能看看卷面所列选项的内容，动脑筋猜测作答，那么他们的成绩应该好于随机水平。所以，我们要检验的零假设是 H_0：$\mu = 20$，备择假设是 H_1：$\mu \neq 20$。

要解答上述问题，需要知道样本的平均数、标准差和样本容量。

$$\overline{X} = 46.2143, \quad s = 6.7295, \quad N = 28$$

因为我们知道了 $\overline{X}$、s_x 和 N，并且我们知道要检验的零假设是 $\mu = 20$，所以可以进行一个简单的 t 检验。

$$t = \frac{\overline{X} - \mu}{\frac{s}{\sqrt{N}}} = \frac{46.21 - 20}{\frac{6.73}{\sqrt{28}}} = \frac{26.21}{1.27} = 20.61$$

t 值（20.61）如此之大，我们甚至不用查表求概率了。如果一定要查，会发现在 $\alpha = 0.05$、自由度为 27 时，t 检验的双尾临界值是 2.052。很显然，可以拒绝零假设，并得出结论说，学生的成绩高于随机水平。

我们还可以根据样本数据计算 95% 的置信区间。

$$CI = \bar{X} \pm t_{0.05}(s_{\bar{X}}) = 46.21 \pm 2.052 \times 1.27 = 46.21 \pm 2.61$$

$$43.60 \leqslant \mu \leqslant 48.82$$

所以，总体平均分的置信下限和上限分别为 43.60 和 48.82。

通过这个例子，我其实要问这样一个问题：这些置信区间究竟说明了什么？知道学生们猜测作答的得分高于随机水平确实有点用，尽管这原本就不是秘密。但是，得知这种得分的置信区间对科学事业也许没有多大的促进作用。置信区间有时候非常有用——它们可以说明结果的含义。而其他时候，置信区间看起来更像窗户上的装饰罢了。

为了进一步推进讨论，我们稍微花点时间来看一下效应量。我将在下一章详细介绍单样本效应量的计算方法，不过，我想展望一下在这里进行的讨论，因为它与我们在月亮错觉那个例子中所说的话形成了鲜明对比。我们在考察月亮错觉时，因变量是对地平线上的月亮和对天顶月亮所做调整结果的比率，而这个比率又有清楚的解释——地平线上的月亮似乎比天顶上的同一个月亮大了一半。而在 Katz 等人的研究例子中，我们没有看到一个如此有意义的因变量。我们一般不会满足于知道参试者平均答对了 46.21 个问题，甚至也不会满足于知道他们平均答对的问题数比随机水平多了 26.21 个。26.21 这个数字很大吗？大还是不大，取决于你的参照点。

为了预想我将在第 13 章中要说的话，我想用某个分数加减若干个标准差来表示参试者的平均成绩。在 Katz 等人研究的例子中，参试者答对题数的标准差是 6.73。如果问我们得到的平均分高于随机水平几个标准差，就有意义了。因此，在这个例子中，我将 26.21（参试者的平均分超出随机水平的幅度）除以 6.73，并将计算结果称为统计量 $\hat{d}$。率先倡导这种计量方式的就是前面提到的科恩，所以这个统计量通常被称为科恩氏 $\hat{d}$（Cohen's $\hat{d}$）。故

$$\hat{d} = \frac{\bar{X} - \mu}{s} = \frac{46.21 - 20}{6.73} = 3.89$$

根据这一结果，我们可以得出结论，参试者得分比我们预想中的随机水平高出近 4 个标准差。4 个标准差是很大的差异，所以我的结论是，参试者的成绩比随机瞎答该有的得分好得多。如果效应量很小（例如 $\hat{d} = 0.15$），那么猜测作答可能就不值得了。但是当我们看到效应量接近 4 时，我相信你一定会想："就算不懂，也要猜一猜！"即便考试计分体系加入猜测校正措施，上述结论也没错。

需要强调的是，计算 $\hat{d}$ 时要考虑一个复杂的因素。如公式所示，$\hat{d}$ 是差异的程度（单样本平均数或两样本平均数之差）与标准差的比值。但是，在将任意一个旧的标准差代入公

式之前，你需要想一想，这个标准差是不是一个有意义的指标。换句话说，用标准差来表达差异有没有道理？我想大多数人会同意，如果谈论的是月亮错觉，那么平均调整结果本身就足够了——"地平线月亮看起来比天顶月亮大一半。"在该例子中，我们仅仅采用平均数，根本没用到标准差。而在刚才的例子中，仅仅报告答对多少题没什么大用，但是报告说超过随机水平约4个标准差似乎是有意义的。想象一个平均数为20（随机水平）的正态分布，并想象高于平均数4个标准差的位置。这可是一个巨大的差异！不过，还可能有其他情形，我们在下一章就可以看到这样一种情形：用标准差作为单位衡量效应大小似乎没什么特别的意义。研究者的任务是报告某种能让读者理解其发现的统计量，哪怕这种统计量在统计学上不那么"高档"。

报告单样本 t 检验的结果

如果我来写这篇论文，精简版本的结果部分将是这样的：

> Katz 等人（1990）让学生回答 SAT 形式的 100 道试题，这些题目都是关于某一篇文章的，每道题都是五选一的选择题。其中第一组学生（$N=28$）没有读过这篇文章，但是也被要求无论如何都回答这些问题。第二组学生被允许阅读该文章，但是这一组不是我们的兴趣所在。
>
> 如果参试者答题时纯粹以随机方式瞎猜，那么"无文章"条件下的那些学生只能全凭偶然性答对 20 题。反之，如果参试者仔细阅读试题，也许能在不用阅读文章的情况下就拒绝某些不可能成立的选项。对 H_0：$\mu = 20$ 的 t 检验结果是 $t(27) = 20.61$，即零假设下对应的概率远小于 0.05，这使得我们拒绝 H_0 并得出结论说，即便没有读过该文章，学生的成绩也可以高于随机水平。此外，效应量指标（$\hat{d} = 3.89$）说明这些学生的成绩超过我们预期的随机水平近 4 个标准差之多，可见应试技能对他们在这项任务上的成绩贡献良多。

12.10 直观的统计学

我们在本章用 t 检验来检验一个样本是否来自具有某特定平均数的总体，而且可以在总体标准差未知的情况下进行假设检验。统计学要求我们必须采用 t 检验，正是因为我们不知道总体标准差是多少。本书网站上的 McClelland 程序非常适合说明这其中发生的事情，并能说明 t 分布为什么比正态（z）分布更适合回答我们的问题。

t 的抽样分布

第 12 章的第一个程序名为"t 的抽样分布"。这个程序可以帮助你从一个已知平均数为 0 的特定总体中抽取样本，计算每个样本的平均数、标准差和 t 值，最后将结果绘制成图。

抽取任何一个样本，都是为了检验总体平均数为 0 的零假设；因为我们现在知道这个零假设是成立的，所以可以得到零假设为真时 t 的抽样分布（这种分布通常称为**中心 t 分布**。）

在完成任何抽样之前看到的初始屏幕是这样的：

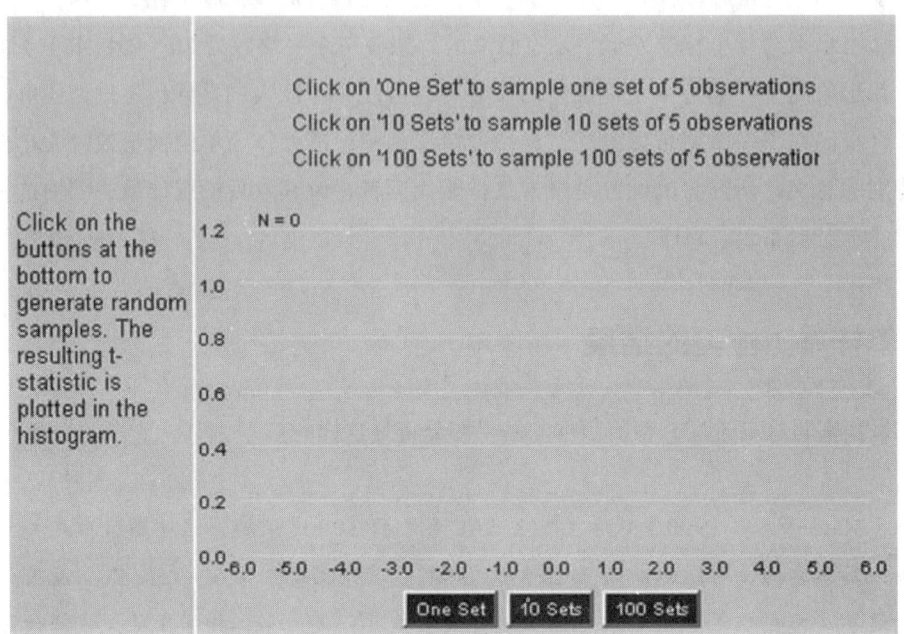

请注意，你可以一次抽取 1 个、10 个或 100 个样本，每次点击图中最下面的一个按钮，就可以将新抽到的样本添加到已抽取的样本中。

首先，每次只抽取 1 个样本（点击"One Set"按钮），注意作为计算结果的 t 值是怎样随着样本的变化而改变的。在抽取了许多次单一样本后，点击"100 Sets"按钮。请注意，程序生成的某些 t 值可能极大或极小。（我在第一次尝试时得到的 t 值大约是 4.5，另一次却是 –4.0。）这些极端数值可能代表着零假设被拒绝的情况。接下来，反复点击"100 Sets"按钮，直到抽出 1000 个样本。这时你会注意到，表示抽样分布的曲线已经开始显得平滑。继续点击按钮，直到样本数目达到 10 000 个，同时注意分布曲线的平滑度。

z 和 t 的比较

你可能更倾向于将刚才的抽样分布看成一种正态分布。它的样子确实很像我们见过的那些正态分布。但是实际上，相比正态分布，它的宽度稍微大了点。在正态分布下，我们预计只有 5% 的 z 的绝对值超过 1.96，但在我们刚才的 $df=4$ 的抽样中，有 12.15% 的 $|t|$ 将超过 1.96。因此，如果沿用 1.96 作为临界值，你将频频拒绝零假设。而实际的 5%（双尾）分界点在 ± 2.776 [*]。

让我们进一步探讨刚才的想法。（我们画了一张很像图 12.5 的图。）请用浏览器打开名为"t versus z（t-z 对照）"的程序，你看到的内容差不多像下面这个样子。

---

[*] 为了表达得更清楚确定，将原来的 +2.776 改成了 ±2.776。——译者注

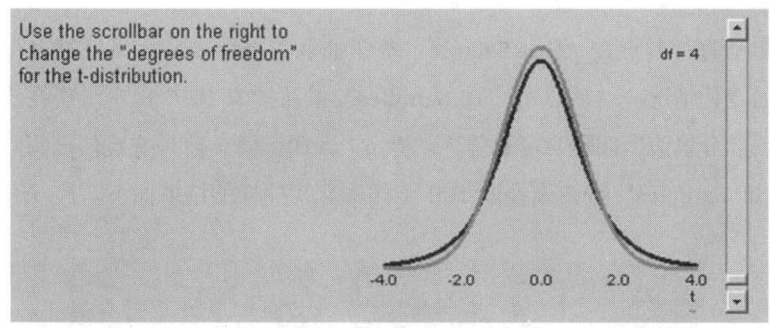

红线（这里是灰色线，计算机屏幕上是红色）表示 z 分布（正态分布）。黑线表示 t 分布。注意 t 分布的尾部高于正态分布的尾部。这意味着必须离中心更远才能找到 2.5% 的临界值。

这个图的右侧有一个滑块。上下移动这个滑块可以改变 t 分布的自由度，你可以看到，随着自由度的增大，t 分布逐渐接近正态分布。想一想，滑块挪到哪里你才愿意得出这两个分布"足够接近"的结论？

置信区间

我们在查看 McClelland 的各种程序时，可以看一下他写的一个展示置信限的程序。图 12.7 表示的是我抽取 25 个样本的结果，计算了零假设（$\mu = 5.0$）为真时的置信限。在那个图中，有 2 个置信区间中没有包含 $\mu = 5.0$，但其他置信区间都包含了 $\mu = 5.0$。想一想，如果零假设其实为假，我们会看到什么？

名为"Confidence Limits（置信限）"的程序可以显示这种情况。它假设总体平均数为 100，实际上却从 $\mu = 110$ 的总体中抽取样本。每抽出一个样本，程序就计算并画出其 95% 的置信限。正如你可能希望和预料的那样，这些置信区间中有很多不包含 $\mu = 110$（用红色或浅灰色画出），尽管其中还有一些用黑色画的置信区间是包含 $\mu = 110$ 的。（注意，μ 实际上是 110。）我抽取了一个样本，结果显示在下面。

在下面的图中，垂直虚线表示零假设（$\mu = 100$）。实线表示 $\mu = 110$。请注意，对于第一个样本，下限是 101.0，上限是 120.0，其中不包含零假设的总体平均数（100）。如果换了你来抽样，抽出的样本可能有不同的结果。

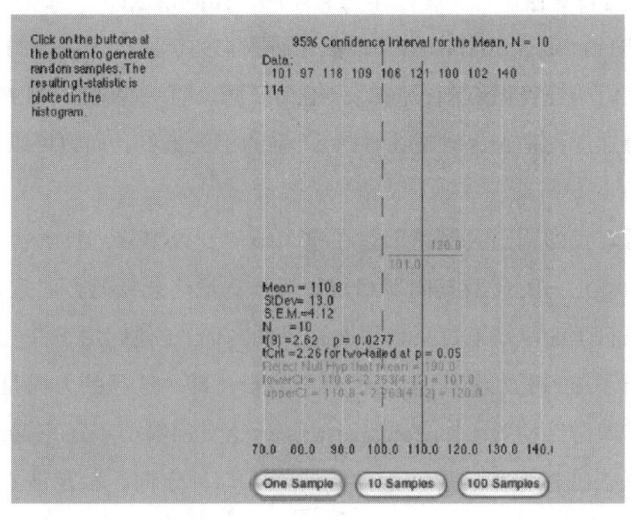

首先，启动程序并点击"One Sample"按钮抽取 1 个样本。之后反复进行抽样，并注意置信区间的变化情况。然后点击"10 Samples"按钮抽取 10 个样本。现在我们可以很明显地看到，一部分置信区间包含了总体平均数 $\mu = 110$，而其他一些置信区间则不包含。最后再点击"100 Samples"按钮来抽取 100 个样本。我抽样的结果如下。

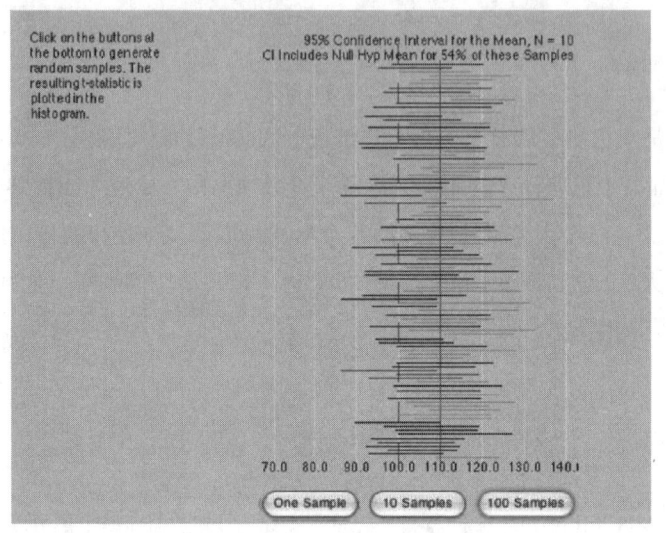

现在看图上方的第二行文字，这里给出的是那些包含了零假设（$\mu = 100$）的置信区间的百分比。（本图中显示的百分比是 54%。）继续抽样，注意百分比是怎么变化的。说到这里，其实我们已经开始讨论"统计功效"问题。统计功效指的是正确拒绝了错误的零假设的概率。在这种情况下，如果有 54% 的置信区间包含 $\mu = 100$，我们将有 54% 概率不能拒绝零假设。这就意味着我们只有 $1 - 0.54 = 46\%$ 的概率正确地拒绝了零假设，所以对我们来说，统计功效就是 0.46。我还将在后面的章节中更详细地介绍统计功效。

12.11 置信区间可能比零假设检验重要得多

在继续讨论其他形式的 t 检验之前，我还想讲一个相关的例子。它可以告诉我们，在这种情况下你可以进行零假设检验，但是更有用的还是置信区间。

Hart 等人（Hart et al., 2013）的兴趣在于研究狗的定向行为。我们知道，许多鸟类利用地球磁场来为它们的迁徙做定向；同时，还有证据表明一些哺乳动物也可以对磁场做出反应。Hart 等人想知道狗是否也对磁场敏感。（狗的祖先是狼，而狼可以在广袤的大地上自由迁徙而不迷路。）

每天早上我带着我的狗出去溜达，它在整个地界到处嗅着，我拿着小塑料袋站在那里随时准备做该做的事儿。Hart 及其同事却想知道，狗最终选择的方向是否与地球磁场有任何关联。为此，他们详细记录了每只狗每次选择的方向。（他们用了 37 个品种的 70 条狗，在 2 年时间内进行了 1893 次观察。）尽管对零假设（即"选择的方向是随机的"）有一种合理的检验方法，即雷氏检验（Rayleigh test），但这个回答似乎还不够合适。我们不满足于知道狗的定向是否随机，我们想知道的是狗做了何种定向，以及该方向上的置信区间。

我选择这个例子的部分原因是，在这种情况下，零假设检验没有提供多少信息，而置信区间却特别有用。

事实证明，狗的定向行为没那么简单，这实际上为狗"偏好某种特定方向"的假设检验提供了更高的可靠性。地球的磁场随时间推移而变化，时而稳定，时而不稳定。Hart 等人根据地球磁场的稳定性将数据分解为三类（稳定、中等和不稳定）。他们发现，当地球磁场处于稳定状态时，狗表现出清晰的南北定向能力（置信区间较窄）；当地球磁场不稳定时，置信区间就变宽。（事实上，他们甚至很怀疑最不稳定的那一类数据是否存在相应的置信区间。）图 12.8 显示的是稳定类数据的结果。根据这一类数据算出的平均定向值几乎就是南/北（173°/353°）③方向。基于 43 个案例的标准差为 29°。这样，我们就能计算向北方向的置信区间：

$$CI = \mu \pm t_{0.025}(se_{mean}) = \mu \pm 2.02 \frac{s}{\sqrt{N}}$$

$$= \mu \pm 2.02 \frac{29}{\sqrt{43}} = \mu \pm 2.02 \times 4.42$$

$$= 173° \pm 8.93 = (164°, 182°)$$

以及

$$= 353° \pm 8.93 = (344°, 2°)$$

因此，我们求得的置信区间非常狭窄，宽度仅为 18°。对于中等稳定性的磁场，平均定向值的 95% 置信区间宽度为 46°；而对于不稳定的磁场，数据极不稳定，无法计算出合理的置信区间。根据磁场不稳定情况下的那些特定数据算出来的角度几乎是东/西方向的，这个结果与随机方向没有统计学意义上的差异（$p = 0.233$）。（毕竟，平均数终究只是某个数字，如果狗的反应是随机的，那么东/西方向也不赖。）

我举这个例子，主要是因为它可以说明在这样的情形下，置信区间是已知的最合适的计量，比统计检验强。任何一个看到图 12.9 的人都会认同狗在南/北定向上表现得非常一致。这个图中没有任何统计检验的影子。如果我只报告有证据表明狗的定向不是随机的，这于我们对犬类行为的认识并没有很大的帮助。现在我们很满意地了解到，当地球磁场稳定时，狗的定向非常接近南/北；但是给我留下了更深刻印象的是，我通过置信区间注意到了狗的定向数据的一致性。

注释③

请回想一下指南针的方向，它指向南 173°方向，也就是指向北 353°，等转过 360°后又从零开始计算角度［1°和 359°的平均数显然不是 (1 + 359)/2 = 180°］。这种统计量其实称为"循环统计量"，网上可以找到其计算公式，还有一个名为"CircStats"的 R 软件包可用。这也是你最后一次在本书中看到循环统计量。

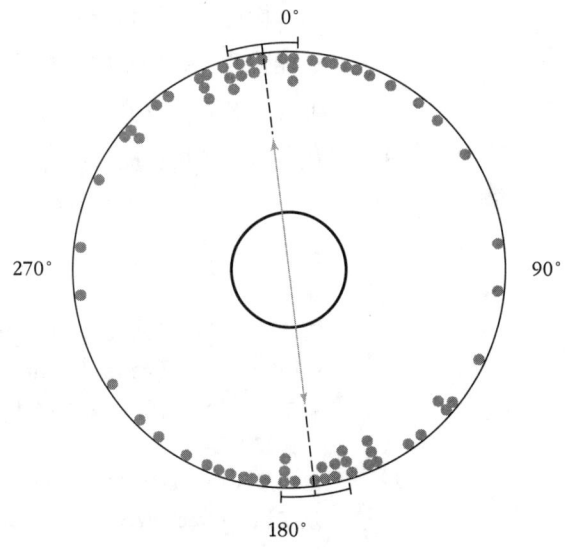

图 12.9 地球磁场稳定时狗的定向表现。圆圈外的黑色线段表示置信区间，圆圈内的灰色小圆点表示单个数据点。

12.12 总结

从本章开始，我们研究平均数的抽样分布，研究如何用抽样分布提供的信息进行假设检验。平均数的抽样分布无非就是重复抽样所产生的平均数之分布。统计学中最重要的定理之一——中心极限定理——告诉我们，抽样分布的平均数等于总体平均数，其标准差等于总体标准差除以 N 的平方根；随着样本量的增加，抽样分布将接近正态分布。这个定理让我们不用真的进行那么多抽样就可以知道重复抽样的结果。

随后，我们介绍了当总体标准差已知时如何检验关于单个平均数的零假设。这种情况下的检验方法很简单，就是算出一个 z 值（用样本平均数减去假设的总体平均数，然后除以中心极限定理给出的平均数的标准误）。当总体标准差未知（而且通常确实不知道）时，我们只需用样本标准差代替总体标准差，但是将计算结果称为学生氏 t 值。但是，我们在计算 t 值后还要考虑自由度的问题：在单样本情况下，自由度就是样本容量减去 1。我们算出 t 值之后，要将其与 t 分布进行比较，因为其结果很可能大于总体标准差已知时算出 z 值。

有几个因素会影响 t 值，包括样本平均数与零假设下的总体平均数之差、样本方差以及样本容量（N）。t 检验是单尾检验还是双尾检验不影响 t 值，但是会影响临界值，从而影响拒绝零假设的概率。

我们简要介绍了效应量的计算方法，在后续章节中还有更详细的介绍。"效应量"是一种能衡量差异大小的计量指标。在月亮错觉的例子中，我认为调整结果（比值）的平均数足以体现这种效应的强度。但是在其他情况下，我们希望用相差多少个标准差来衡量效应的强度，这样就可以报告说"这个平均数超过假设的总体平均值 1.5 个标准差"，等等。

最后，我还讨论了置信限（置信区间），它代表了我们对真实的总体平均数上下限的最佳猜测。我们希望能够这样报告：只要我们用这种方法进行计算，得到的置信区间将有 95% 的概率包含真实的总体平均数。在后续章节中，我们还将更多地讨论置信区间的问题。最后，我还初步提出了统计功效的概念，这个问题同样将在后续章节中得到讨论。

重要术语

实验假设（experimental hypothesis，p.266）
中心极限定理（central limit theorem，p.266）
学生氏 t 分布（Student's t distribution，p.273）
自由度（degrees of freedom，df，p.273）
效应量（effect size，p.279）
点估计（point estimate，p.279）
区间估计（interval estimate，p.279）
置信限（confidence limits，p.280）
置信区间（confidence interval，p.280）
p 值（p value，p.283）
中心 t 分布（central t distribution，p.286）

12.13 快速复习

A. 列出中心极限定理的三个要点。

　　答：抽样分布的平均数等于总体平均数；其标准差（标准误）等于总体标准差除以 N 的平方根；随着 N 的增加，抽样分布接近正态分布。

B. 我们为什么关心统计量的标准误？

　　答：它告诉我们重复抽样情况下的统计量的差异程度。

C. t 公式与 z 的标准公式有何差别？

答：用 $\bar{X}$ 代替了 X；用零假设下的平均数代替了 μ，用平均数标准误的样本估计量代替了 σ。

D. 为什么方差的抽样分布与 t 检验有关？

答：t 的抽样分布是正偏态的，特别在小样本的情况下，因此任何特定的样本标准差低估 σ 的可能性都大于高估 σ。

E. 当我们处理一组分数时，t 分布的自由度为_____。

答：$N-1$

F. 列出影响 t 值的三个因素。

答：差异的大小、方差和样本容量。

G. 当谈及"效应量"这个概念，指的是什么？

答：它指的是能有意义地衡量某种差异的大小的计量指标，而不是指该差异在统计上有没有显著性。

H. 置信区间是什么意思？

答：它是一个取值区间，其计算方式使这个区间能以某个特定概率（通常为 0.95）包含真实的总体参数值。

I. 一般来说，科恩提出的效应量指标 d 是什么意思？

答：d 以标准差为单位表示样本平均数与总体平均数之间的差异。

J. 什么是 t 的抽样分布？

答：在零假设为真的前提下，重复抽取的样本的 t 的分布。

12.14 习题

12.1 以下数字代表从均匀分布总体（平均数为 4.5，标准差为 2.6）中抽出的 100 个随机数。请画出这些数字的分布。

（本书配套数据包中包含其文本文件。）

6 4 1 5 8 7 0 8 2 1 5 7 4 0 2 6 9 0 9 6
4 9 0 4 9 3 4 9 8 2 0 4 1 4 9 4 1 7 5 2
3 1 5 2 1 7 9 7 3 5 4 7 3 1 5 1 1 0 5 2
7 6 2 1 0 6 2 3 3 6 5 4 1 5 9 1 0 2 6 0
8 3 9 3 3 8 5 5 7 0 8 4 2 0 6 3 7 3 5 1

12.2 我从习题 12.1 所说的那个总体中抽取了容量为 5 的 50 个样本，计算了每个样本的平均数。这些平均数如下所示。请画出这些平均数的分布。

2.8 6.2 4.4 5.0 1.0 4.6 3.8 2.6 4.0 4.8
6.6 4.6 6.2 4.6 5.6 6.4 3.4 5.4 5.2 7.2
5.4 2.6 4.4 4.2 4.4 5.2 4.0 2.6 5.2 4.0
3.6 4.6 4.4 5.0 5.6 3.4 3.2 4.4 4.8 3.8
4.4 2.8 3.8 4.6 5.4 4.6 2.4 5.8 4.6 4.8

12.3 比较习题 12.1 中 100 个数字的分布的平均数和标准差与习题 12.2 中平均数的抽样分布的平均数和标准差。

(a) 根据中心极限定理，你对上述问题能得出什么预测？

(b) 实际结果是否符合你的预测？

12.4 用 R 再做一遍习题 12.1 和习题 12.2。（本题的代码可以在本章的网页上找到。该段代码可以自行生成 100 个随机观察值，以及容量为 5 的样本的平均数。）

12.5 如果你抽取了 50 个容量为 15 的样本，则习题 12.2 中的结果将有什么变化？（如果你做了习题 12.4，就可以很轻松地略做修改来回答本题。）

12.6 在第 11 章的表 11.1 中，我们看到参加 SAT 考试的学生的州平均数等数据。北达科他州的言语 SAT 平均分为 515，表中没有报告标准差。现在假定，有 238 名学生参加了考试。

(a) 这个结果能不能说明，这些北达科他州的学生是来自平均分为 500、标准差为 100 的学生总体的一个随机样本？

(b) 根据我们从第 11 章中了解到的关于 SAT 分数的知识，这些分数因州而异的情况及其原因，你是否可以认为北达科他州的人比其他地方的人聪明？

12.7 为什么习题 12.6 中的数据并没有真正回答北达科他州的教育在总体上是否良好？

12.8 用表 11.1 中的数据计算 50 个州的生师比（*PTratio*）的 95% 置信区间。

12.9 你可能对根据表 11.1 的数据推断美国 SAT 综合分的总体参数和置信区间感到没有把握，但是不太担心习题 12.8 中估计的生师比置信限。为什么会这样？

12.10 习题 5.21 的内容是 29 名接受认知行为治疗的厌食女孩的体重增加情况。在这种情况下，可能检验的零假设是什么？

12.11 以下是习题 12.10 中提到的数据（单位：磅）。进行适当的检验并得出适当的结论。

编号	1	2	3	4	5	6	7	8	9	10
增重	1.7	0.7	-0.1	-0.7	-3.5	14.9	3.5	17.1	-7.6	1.6
编号	11	12	13	14	15	16	17	18	19	20
增重	11.7	6.1	1.1	-4.0	20.9	-9.1	2.1	-1.4	1.4	-0.3
编号	21	22	23	24	25	26	27	28	29	
增重	-3.7	-0.8	2.4	12.6	1.9	3.9	0.1	15.4	-0.7	

12.12 用习题 12.11 中的数据计算 μ 的 95% 置信限。

12.13 当我将数据输入习题 12.11 的 R 文件中时，我忽然有点担心它们的含义。你能说出我担心的原因吗？

12.14 用某个我们一直使用的免费统计程序，再计算一遍习题 12.11 和习题 12.12 的结果。（vassarstats 网站*提供的程序可能更容易手动输入数据。选择 "t = Tests & Procedures"，然后仔细阅读其说明书。输入假设的总体平均数后不要按回车键。）

12.15 计算习题 12.11 中数据的效应量。

12.16 根据本书配套数据包中的 **Add.dat** 数据集里的女性 IQ 数据，检验零假设 μ_{female} = 100。可以用包括 SPSS 和 R 在内的任何软件。

12.17 在习题 12.16 中，你可能会用 t 而不是 z。为什么一定要那样做？

12.18 描述怎样重现图 12.4 中的结果。

12.19 在第 12.3 节中，我们进行了一次 t 检验，目的是检验这样一个假设：在完成焦虑量表时，应激之下的儿童比正常儿童更倾向于做出他们觉得被社会赞许的回答。但是我们其实还从未检验过"这些儿童报告的焦虑水平低于正常儿童"这一假设。这 36 名儿童的焦虑分数的平均数为 11.00，标准差为 6.085。小学学龄儿童完成焦虑量表的总体平均分为 14.55。问：这些儿童的焦虑水平是否显著低于总体平均分？

12.20 根据习题 12.19 中数据计算平均焦虑分数的 95% 置信区间。

12.21 在习题 12.20 中计算的置信限与习题 12.19 的 t 检验结果是否一致？

12.22 写一篇短文，描述习题 12.19 中的研究项目及其结果。

第 13 章

双相关样本平均数的假设检验

比单样本更复杂的，是本章要介绍的双样本 t 检验，但是本章还假设两个数据样本是由相同的参试者提供的。这种情形粗看好像会出问题，但是这个问题也很容易解决。我们还将讨论什么时候要使用相关样本。

在第 12 章中，我们考虑了单个样本的平均数（$\bar{X}$）的情况。我们要检验是否有理由根据样本平均数判断抽取的样本来自某个具有特定平均数（μ_0）的总体。另一种说法是，我们要检验的是，是否有理由认为样本来自的总体的平均数（μ_1）等于零假设给出的特定值（μ_0）。

在本章中，我们不再对单个数据样本的平均数进行检验。相反，我们要研究两个**相关样本**的情况，我们希望检验这两个样本的平均数之差是否显著。（这里的分析适用于各种**重复测量**、**匹配样本**、配对样本、相关样本，因变样本，随机区组或裂区数据等，具体采用何种说法与说话人的背景有关。）你将会看到，这种检验与前一章讨论的检验大体相同。

需要回忆的概念

t 分布：	当零假设为真时统计量 t 的抽样分布，常称为"中心 t 分布"
标准误：	统计量的抽样分布的标准差
自由度：	样本容量的调整值，通常为 $N-1$ 或 $N-2$
零假设：	需要接受统计检验的假设 H_0
研究假设：	研究中需要检验的假设 H_1
μ、σ、$\bar{X}$、s：	分别表示总体平均数、总体标准差、样本平均数和样本标准差

13.1 相关样本

在许多（当然肯定不是所有）情况下，我们要用到本章讨论的 t 检验，因为在这种情况下，同一组参试者给出了两组数据。例如，我们可能要求 20 个人在献血前后分别评价一下自己的焦虑水平。又如，对于 20 位残疾人，我们可能用两种不同的评定系统评定每个人的残疾程度，以此判断其中一个评定系统的评定结果是否经常低于另一个系统。在这两个例子中，我们都获得了 20 组数字——每个人都有两个数字；我们预期这两组数字（变量）之间有相关关系。我们在筹划 t 检验时需要考虑这层相关关系。在那个研究献血焦虑的例子中，人们的焦虑水平有很大差异。有些人无论遇到什么事情似乎总是焦虑不安，另一些人却能随遇而安而不担心任何事情。因此，一个人献血前与献血后的焦虑水平应该存在关联。换句话说，如果我们知道一个人在献血之前就比较焦虑，就可以合理地猜测这个人献血之后也比较焦虑。同样，有些人是重度残疾，另一些人则只是轻度残疾。如果我们知道一个评价系统将某个人评为重度残疾，那么另一个评价系统对这个人也可能给出较高的残疾等级。两个数据集之间不一定完全相关——实际上可能永远不会有完全相关。只要我们能够做出好于随机水平的预测，就足以判断两组数据是否相关（或匹配）。[换言之，只要两个变量（例如两组焦虑得分）之间存在显著相关，我们就得到了两个相关样本或匹配样本；而且出于各种实用目的，这种相关都是正相关。]

在前面讲的这两个研究例子中，每个人都贡献了两个分数。尽管这是得到相关样本的最常用方法，但不是唯一的方法。例如，在对婚姻关系的研究中，研究者可能要求参试夫妇评价他们对婚姻的满意度，以此检验妻子的平均满意度是高于还是低于丈夫。在这种情况下，每个人只贡献一个分数，但是一对夫妻作为一个单位同样贡献了两个分数。如果妻子对婚姻非常不满意，她的丈夫也不大可能觉得很幸福，反之亦然。这就是典型的匹配（配对）样本。

许多采用相关样本的实验设计都有一个共同之处，那就是知道了成对分数中的第一个分数，你对第二个分数就会有所了解，尽管未必有很多了解。只要出现了这种情况，我们就说两个样本是相关的。本章将讨论两个相关样本的平均数之差的 t 检验。前面的例子说明了匹配样本的重点。我们从前一章了解到，计算 t 值时，应该将一个差值除以方差的函数（具体来说就是标准误）。方差越大 t 就越小，出现显著差异的可能性也就越小。在献血焦虑的例子中，数据之间的差异中有很大一部分与两次测量所得到的焦虑水平之差没有关系。如果可以剔除那些多余的方差（即被试间方差），我们就更可能拒绝零假设。匹配或配对样本能帮助我们做到这一点——剔除多余的误差方差。

13.2 将学生氏 t 用于差异分数

Everitt 在 Hand 等人（1994）主编的著作中报告了家庭治疗对厌食症的治疗效果。在该实验中有 17 名女孩，她们在治疗前后都称了体重。表 13.1 显示了她们的体重数据（以磅为单位）。①表中那一行差值（记为 Diff）是治疗后的体重（记为 After）减去治疗前的体重（记为 Before），故差值为负表示体重减轻，差值为正表示体重增加。

表 13.1　来自 Everitt 的体重增重数据（单位：磅）

编号	1	2	3	4	5	6	7	8	9	10
Before	83.8	83.3	86.0	82.5	86.7	79.6	76.9	94.2	73.4	80.5
After	95.2	94.3	91.5	91.9	100.3	76.7	76.8	101.6	94.9	75.2
Diff	11.4	11.0	5.5	9.4	13.6	-2.9	-0.1	7.4	21.5	-5.3

编号	11	12	13	14	15	16	17	平均数	标准差
Before	81.6	82.1	77.6	83.5	89.9	86.0	87.3	83.23	5.02
After	77.8	95.5	90.7	92.5	93.8	91.7	98.0	90.49	8.48
Diff	-3.8	13.4	13.1	9.0	3.9	5.7	10.7	7.26	7.16

> **注释①**
> 在 Everitt 的报告中，这些女孩的重量单位是千克，果真如此的话，这些厌食症姑娘的平均体重约为 185 磅（84 千克），这显然很不合理。当然，这个例子的最终结果完全不受重量单位的影响。

我们要做的第一件事，似乎应该是暂时撇开 t 检验，先将治疗前体重和治疗后体重之间的关系绘制成图，考察一下是否存在关联，以及这种关联是不是线性关系。这样画出来的图就是图 13.1。请注意，这种关联基本上是线性的，斜率非常接近 1.0。如果斜率为 1.00，就意味着在治疗结束时，女孩们体重的增加（或减少）量与其治疗开始时的体重无关。换句话说，不管治疗前体重是多少，每个女孩的增重幅度大致相同。

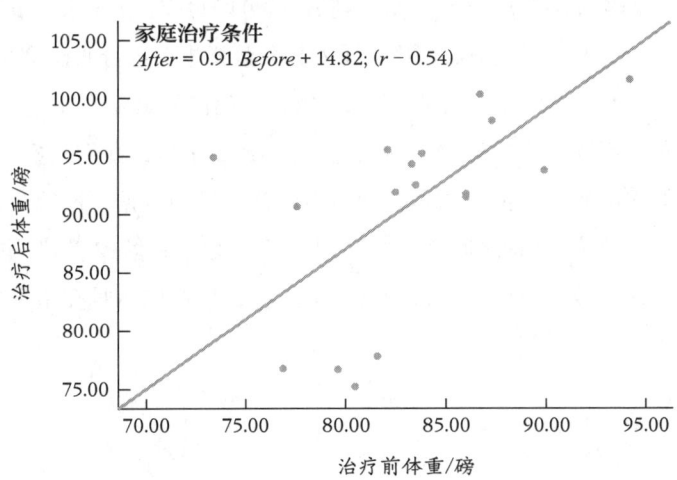

图 13.1　一组 17 名厌食症女孩在家庭治疗前后体重的散点图

我们希望回答的主要问题是，被试是否因为治疗而增重？或者说，家庭治疗是不是治疗厌食症的有效方法？这里有一个与实验设计有关的问题，因为体重增加可能与治疗无关，而仅仅是由于时间的推移而导致的。好在 Everitt 还有一个我们暂时不用理会的**控制组**（亦称为"**对照组**"），这组被试没有接受治疗，她们的体重在同一段时间内没有增加。这就充分说明时间推移本身不是一个重要变量。（我们将在第 14 章介绍如何运用控制组。）计算一下这些女孩在治疗前后的平均体重，结果分别是为 83.23 磅（37.75 千克）和 90.49 磅（41.05 千克），治疗后比治疗前增加了 7 磅（3.18 千克）多一点。然而，我们仍然需要检验这种差异是总体平均数之间确实存在的差异，还是纯粹的随机误差。这么说的意思是，我们要检验这样一个零假设：治疗前的总体平均数等于治疗后的总体平均数。也就是说，我们要检验的是 $H_0: \mu_A = \mu_B$。

正如我之前提到的，如果 Before 分数和 After 分数之间有相关，就会出现问题；现在，我们发现确实存在这样的相关关系（如图 13.1 所示）。这个图告诉我们，两次测量之间的相关系数为 0.54。女孩治疗后的体重与治疗前的体重之间有关系，这个结果听上去理所应当。如果我们找不到解决方法，那么这种相关会扭曲我们的检验——幸运的是，我们还真有办法解决这个问题，所以现在可以继续了。

将差值看作分数

虽然这些数据显而易见可以看作两个样本，治疗之前的数据算一组，治疗之后的数据算一组，但是将两组数据转换成一组数据——每个女孩接受治疗前后体重的差值，不仅可以实现，并且非常有用。这些差值可以称为**差异分数**或**增量分数**，它们就是表 13.1 的第三个变量（Diff）。它们代表第一次测量与第二次测量之间的体重增加量——这可能是我们干预的结果。如果治疗方案实际上没有效果（即 H_0 成立），则两次测量得到的平均体重不会有变化。只不过在治疗之后，有些女孩的体重比治疗前高，有些女孩的体重则比治疗前低，但是平均而言没有差别——平均差值为零。

如果我们现在将数据看成一组差异分数，则零假设就变成：差异分数的平均数（记作为 μ_D）等于 0。这是因为，若 $\mu_D = \mu_A - \mu_B$，则 H_0 就可以写成：$\mu_D = \mu_A - \mu_B = 0$。可是这样一来，我们就发现自己正在用一个数据样本（差异分数样本）进行假设检验，而第 12 章就已经教会我们怎么做了。如果你完成过习题 12.11，你现在可能会觉得，莫非以前做过这种检验，只是处理条件不同罢了？没错，你做过。在第 12 章里，我们只看到一组增量分数，而在本章里，我们先看到治疗前的数据，而后看到治疗后的数据，最后获得增量分数。这就叫殊途同归。本章与第 12 章之间唯一的区别在于，我们在第 12 章讨论的是用单一样本数据进行的检验，这些数据可以是各人两个分数之差，也可以像月亮错觉那样的情况，本身就是一组数据。

t 统计量

既然有了一个数据样本以及一个零假设（$\mu = 0$），我们面临的情形就与前一章完全相同了。区别仅仅在于，现在的数据是差异分数，而平均数和标准差相应地也应该是差异分数的平均数和标准差。回想一下 t 的定义，就是样本平均数与总体平均数之差除以样本平均数的标准误。通常的做法是用符号 D 表示由差异分数组成的样本。于是就有

$$t = \frac{\overline{D} - 0}{s_{\overline{D}}} = \frac{\overline{D} - 0}{\frac{s_D}{\sqrt{N}}}$$

其中，$\overline{D}$ 和 s_D 分别指差值分数的平均数和标准差，N 是差值分数的个数（不是原始数据的

个数，而是成对数据的匹配数）。从表 13.1 可以看出，差异分数的平均数为 7.26，标准差为 7.16。将我们的数据代入公式，可以得到

$$t = \frac{\overline{D} - 0}{s_{\overline{D}}} = \frac{\overline{D} - 0}{\frac{s_D}{\sqrt{N}}} = \frac{7.26 - 0}{\frac{7.16}{\sqrt{17}}} = \frac{7.26}{1.74} = 4.18$$

自由度

在匹配样本的情况下，自由度与单样本的自由度完全相同。因为我们用的是差异分数，N 等于差值的个数（或观察值的匹配数，或独立观察值的个数——所有这些都相等）。因为样本中这些差异分数的方差（s_D^2）是被用来估计总体差异分数的方差（σ_D^2）的，而且因为这个样本方差是根据样本平均数（$\overline{D}$）求出来的，所以我们将失去对应于平均数的 1 个自由度，故 $df = N - 1$，N 为匹配数。

本例有 17 个不同的分数，所以自由度为 16。在附录的表 D.6 中，我们可以查到，在 0.05 的显著性水平上，$t_{0.05}(16) = \pm 2.12$。现在算出来的 t 值是 4.18，超过了这个临界值，因此我们应该拒绝 H_0，从而得出结论：这组差异分数不是来自平均差异分数为 0（即 $\mu_D = 0$）的总体。用在线计算器计算的实际 p 值等于 0.001（精确到小数点后 3 位）。用应用者的话说，这意味着被试的体重在接受干预之后比干预之前有了显著的增加。虽然我们会觉得这是该干预计划成功的标志，但是请记住，这种增加也许是一种正常的生长。不过，无论出于何种原因，事实终究是第二次测量的体重高到了足以让我们拒绝 H_0（$\mu_D = \mu_A - \mu_B = 0$）的程度。

如果用 SPSS 进行上述分析，只需使用进入菜单 Analyze/Compare Means/OneSample t Test 即可。虽然可以点击 "Options" 按钮修改置信水平，例如更改为 99% 或其他任意值，但是一般情况下就采用原有的 95% 置信水平。如果你用的是 R，唯一需要修改之处就是将 GAIN 指定为因变量。另一种办法是采用治疗前后的原始分数，只要告诉 R 这些都是配对的测量值即可。R 中用到的命令是 t.test(Before, After, paired = TRUE)。这个命令会输出以下结果。

```
t.test(Before, After, paired = TRUE)

     Paired t-test

data:  Before and After
t = -4.1849, df = 16, p-value = 0.0007003
alternative hypothesis: true difference in means is not equal to 0
95 percent confidence interval:
 -10.94471  -3.58470
sample estimates:
mean of the differences
             -7.264706

### You would have the same result if you typed t.test(Gain)
```

13.3 一人之群与多人之群

这个古怪的标题来自 Vul 和 Pashler（2008）的一项研究。这两位研究者发现，群体的判断通常好于很多个体的判断。例如，他们问参试者："全世界的机场有百分之几位于美国？"正确的答案是 30% 左右。我想你应该不知道确切数字，但你还是有可能做出合理的猜测——至少你应该觉得答案介于 10% ~ 50%。假定你猜的是 25%，我猜的是 37%。你的答案差了 5 个百分点，我的差了 7 个百分点，平均下来，我们两个人差了 6 个百分点。（请记住，误差的大小是一个绝对值——不考虑正负号。）但是如果将你我的猜测值平均一下，结果是 (25 + 37) / 2 = 31，故我们两个人的平均猜测值与正确答案只差 1 个百分点。平均猜测的效果不会总是这么好，但是经常比较好。[②]

注释②
这个问题至少可以追溯到 1907 年的高尔顿。他让近 800 位村民猜测一头公牛的重量。没有一个人猜到准确答案，但是他们猜测的平均值是 542.95 千克。而那头公牛实际上重 543.4 千克。

Vul 和 Pashler 提出了一个有趣的问题。如果一群人的多个猜测通常好于单个人的猜测，那么来自同一个人的多次猜测又会怎样呢？换句话说，如果我记下你猜的 25%，一段时间以后回过头来再问你一次，也许你两次猜测的平均数会好于任意一次猜测。事实上，只要不准确的单次猜测之间存在正相关，上述规律就应该成立。

以下数据虽然与 Vul 和 Pashler 的数据不一样，但是仍能准确重复他们的发现。假设我们进行了一项类似于 Vul 和 Pashler 的研究的实验，并且为方便起见，假定正确答案始终为 100（如果不是 100，就对数据进行转换，使其成为 100）。我们找到 15 位参试者，每位参试者分 2 次（间隔 3 个周）回答我们提出的问题。假设我们得到的数据都列在表 13.2 中。其中第 5 列显示的是将参试者的两次猜测加以平均后的答案与正确答案 100 的差异。接下来的两列显示了每位参试者第一次猜测（前猜）和第二次猜测（后猜）时的误差，而第 8 列则是这两个误差的平均数。根据 Vul 和 Pashler 的说法，第 5 列中的数据（平均猜测的误差）通常应小于第 8 列中的数据（两次猜测的平均误差），因此这两列的平均数也应该不一样。

用这些数据可以检验多个零假设，但是我们还是着重比较第 5 列和第 8 列的平均数（平均猜的误差和平均误差）。我们想知道，是误差的平均数大还是平均数的误差大。最后就是对零假设（差异分数样本来自 $\mu = 0$ 的总体）进行 t 检验。我们采用的是匹配样本 t 检验，因为同一个人的分数不是相互独立的。在这个例子中，两种猜测的相关系数为 0.76。

$$t = \frac{\overline{D} - 0}{s_{\overline{D}}} = \frac{\overline{D} - 0}{\frac{s_D}{\sqrt{N}}} = \frac{-1.33}{\frac{2.024}{\sqrt{15}}} = 2.54$$

有 15 对猜测数据，所以自由度为 15 - 1 = 14。查附录中的表，可知在 $df = 14$，$\alpha = 0.05$ 的显著性水平下进行双尾 t 检验的临界值为 2.145。因为我们求得的 t 值超过了这个临界值，所以拒绝零假设。（确切的双尾 p 值为 0.023。）我们可以得出结论，一个人分开进行的 2 次猜测的平均数的误差好于这 2 次猜测的平均误差。

Vul 和 Pashler（2008）还进一步探讨了这个问题，他们的论文很值得一读。实际上在文章发表后不久，就有一些评论出现在互联网上。研究者还说，平均而言，第一次猜测的误差小于第二次猜测，尽管两次猜测平均之后的误差更小。

表 13.2　参试者的猜测行为（每人给出 2 个猜测，共 15 人）

答案	前猜	后猜	平均猜	平均猜的误差	前猜误差	后猜误差	平均误差	差值
100	95	110	102.5	2.5	5	10	7.5	−5
100	105	112	108.5	8.5	5	12	8.5	0
100	101	90	95.5	4.5	1	10	5.5	−1
100	92	99	95.5	4.5	8	1	4.5	0
100	115	108	111.5	11.5	15	8	11.5	0
100	103	112	107.5	7.5	7	12	9.5	−2
100	97	95	96	4	3	5	4	0
100	90	98	94	6	10	2	6	0
100	96	90	93	7	4	10	7	0
100	110	95	102.5	2.5	10	5	7.5	−5
100	106	109	107.5	7.5	6	9	7.5	0
100	93	87	90	10	7	13	10	0
100	102	97	99.5	0.5	2	3	2.5	−2
100	108	110	109	9	8	10	9	0
100	95	107	101	1	5	7	6	−5
			平均数	5.767	6.4	7.8	7.1	
			平均差值					−1.33
			标准差					2.024

13.4　相关样本的优缺点

在下一章中，我们将介绍一种新的实验设计，它采用两个独立的被试样本，而不是对同一组被试进行两次测量（或者用其他方法获取数据间有相关的样本）。独立样本广泛用于许多情形；但在介绍这部分内容之前，我们还须研究相关样本的优缺点。

围绕相关样本进行实验设计，其最重要的优势可能是，这种方法能避免参试者之间的差异产生的问题。简单回顾表 13.1 中厌食女孩体重的数据。我们就可以注意到，有些参试者（例如 9 号参试者）在研究之初时的体重远远低于其他参试者。相反，8 号参试者在研究之初时体重情况好于其他人。相关样本设计的优点是，参试者之间的这些差异不会进入我们分析的数据——差异分数。对我们来说，从 73 磅（33 千克）增加到 75 磅（34 千克）与从 93 磅（42 千克）增加到 95 磅（43 千克）没有区别。相关样本设计的巨大优势在于，参试者初始体重的差异所造成的较大的样本方差不会影响检验结果，故其拒绝虚假零假设的能力（统计功效）强于独立样本设计。

与独立样本相比，相关样本的第二个优点是能更好地控制干扰变量。如果是独立样本，即一组参试者在接受治疗之前进行测量，另一组参试者在治疗之后进行测量，那么这两个组之间的差异未必仅仅是由我们的干预造成的，很大一部分差异不知从何而来，因为其他无数因素都将影响结果。但是本章介绍的研究不存在这个问题，因为我们两次测量的对象是同一组参试者。

相关样本设计的第三个优点是，相关样本设计只需较少的参试者就能达到与独立样本设计相同的统计功效。任何曾经招募参试者的人都可以告诉你，这是一个实实在在的优势。让 20 个人做 2 次事情比让 40 个人做 1 次容易得多。

相关样本设计的主要缺点是，可能存在从前一次测量到下一次测量的**顺序效应**或**延滞效应**；或者，第一次测量就可能通过敏感化之类的过程影响实验处理。例如，如果我们这样计划：先进行时事知识测验，接着开设关于时事的速成课程，最后用相同的测验进行重新测验；这样就可以合理地得出结论：被试将更熟悉重复出现的题目，甚至可能利用两次测验的间隙查找答案。同样，在药物研究中，前一次服药的效果可能延续到后一次服药之时。相关样本设计的一个常见问题是，前一次测验会向被试"透露"干预的目的。例如，如果有个陌生人坐在你身边，好像不经意地谈起母乳喂养的好处，你会不会疑心昨天那个关于母乳喂养态度的前测与此有关？如果你担心延滞效应会污染研究结果（也就是说，你担心治疗效果可能会受到前测的影响），就不宜采用相关样本设计。有些技术可以控制（但不能消除）顺序效应和延滞效应，不过此处不做讨论。你是否认为上述效应会出现在月亮错觉研究或厌食症研究中？如果会出现此类效应，我们应当如何加以控制？

13.5 我们发现的效应有多强？——效应量

在第 12 章以及更早的章节里，我讨论过这样一个事实：心理学等学科中出现了一个重要的趋势，要求实验者在描述结果时不仅要说明差异是否显著，而且要指出是否有意义。正如我指出的那样，如果被试足够多，我们几乎总能发现显著差异，哪怕这个差异没什么意义。我还介绍过科恩提出的效应量概念，他希望效应量成为一种统计指标，在说明平均数有多大或者两个平均数之差有多大的同时说明其意义。如果你看过习题 12.15 的答案，你就会看到我说增量分数的标准差并不是一个非常有意义的计量指标，尽管它是一种衡量其他类型的结果变量的好方法。我们当前的例子很像习题 12.15 中的研究，只不过我们不仅有增量分数，还有前测分数和后测分数。有了前测分数，我们就多了一组有用的观察值。关于厌食症治疗的数据就是一个很好的例子，它让我们可以采用多种方式以人们能够理解的术语报告我们发现的差异。我们每个人偶尔都会站上磅秤称体重，因而大体上也都知道体重增加（或减少）5（或 10）磅意味着什么。因此，对于 Everitt 的数据，我们可能只需报告：差异有显著意义（$t = 4.18$，$p = 0.001$），女孩们的体重平均增加了 7.26 磅（3.29 千克）。对于刚开始时平均体重为 83 磅（37.65 千克）的女孩们来说，这可是实打实的增重。实际上，将体重增量转化为百分比也许更有意义，我们可以说女孩的体重增加了 7.26/83.23 = 9%。在这个例子中，百分比可能是最好的表达形式了。

另一种方法是以标准差为单位报告增量。（这通常被称为"标准化的平均数"或"标准化的平均数之差"。）正如我在前一章中讲过的，这种想法可以追溯到科恩③，他最早用参数（d）来回答问题，在这里

注释③
说句公道话，以前有很多人已经研究过这个问题，他们也是有功劳的。其中最重要的两个人是 Hedges 和 Glass，我们经常采用他们提出的计量指标，但是功劳记在科恩一个人身上了。虽然怀着对他们歉意，我还是要继续讲科恩。

$$d = \frac{\mu_1 - \mu_2}{\sigma}$$

一般情况下，这个式子里的分子是两个总体平均数之差，分母是两个总体的标准差。我们可以略作修改，将分子写成平均增量（$\mu_{\text{After}} - \mu_{\text{Before}}$），将分母写成治疗之前体重的总体标准差。再将公式中的参数替换为统计量，即用样本的平均数和标准差来代替总体的平均数和标准差。结果就是

$$\hat{d} = \frac{\overline{X}_1 - \overline{X}_2}{s_{X_1}} = \frac{90.49 - 83.23}{5.02} = \frac{7.26}{5.02} = 1.45$$

我在 d 上加了一个"^"，表示我们计算的是 d 的估计值，并且将治疗前体重的标准差作为分母。算出来的估计值告诉我们，以治疗前体重标准差为单位，经过家庭治疗的女孩的体重平均增加了 1.5 个标准差。前测分数的标准差的意义就在于它是原始测量所用的单位。（差异分数的标准差通常不是很有用，因为它没有多少意义可讲。）我们可以想象一下前测分数的分布（其平均数为 83.23），然后在心目中标出高于平均数 1.45 个标准差的位置。这里就是后测得分平均数所在的位置，两个平均数相距很远，如图 13.2 所示。虽然在这个例子中仅以磅为单位报告增重程度可能也行，但是对于大多数例子而言，原始得分的单位没有太多的意义，更好的方法是计算 d，以标准差为单位表示差异的大小。

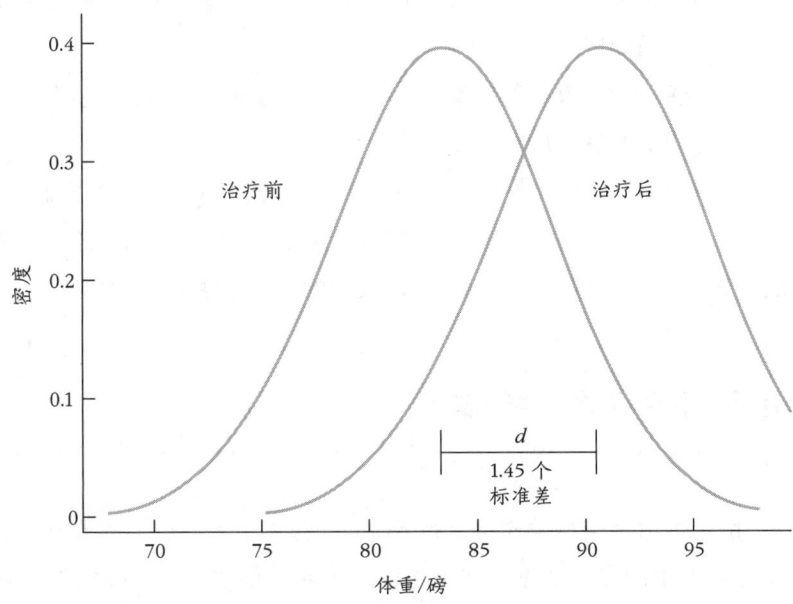

图 13.2 关于治疗前后体重的变化量及其 d 估计值的示意图

在这个特定的例子中，相比用 d，采用平均增重值可能更方便，这完全是因为人们对体重比较熟悉。但是，如果这个实验测量的不是女孩的体重而是她们的自尊，然后你报告她们的自尊升高了 7.26 个点，我听了还是莫名其妙。因为我不知道这个量表的意义。然而，如果你报告说她们的自尊升高了近 1.5 个标准差，这个结果就会给我留下深刻的印象。

前面这一大段话可能会让你不太满意，学习这段话远远不如学习"遇到这种情况就用这种统计方法"的简单规则舒服。相反，这里提出的论点是"采用的统计量能让你的读者看到更多的意义"。这种灵活性其实也是一种独特的舒适感。作为一般经验法则，如果你的数据是一组分数（而不是差异分数），那么用这些分数的标准差来做分母就很合适。但是，

如果你的数据是增量分数或差异分数，那么用前测数据的标准差做分母往往更有意义。但是，现在假设第一列都是女性的数据，第二列都是她们的丈夫的数据，在这种情况下无论是妻子还是丈夫的标准差显然都不适合做分母。在这种情况下，我会求两个方差的平均数，再取其平方根作为分母。

13.6 差异分数的置信限

现在，我们可能进入了一个更容易把自己弄糊涂的环节：讨论两个相关样本情况下的置信限问题。想必你还记得，单个平均数的置信区间通常写成

$$CI_{0.95} = \overline{X} \pm t_{0.05}(s_{\overline{X}}) = \overline{X} \pm t_{0.05}(s/\sqrt{N})$$

这里会出现一个问题：我们应该向这个公式里代入什么样的平均数和标准差才能处理相关样本？一般情况下的答案是：以两个相关样本的平均数之差（通常是前测平均数与后测平均数之差）作为平均数。以差异分数的标准差作为标准差。你可能会发现，这与我估算 d 时代入的内容不一样；但是这里不是在估计 d，而是置信区间，这完全是两回事。估计 d 值是为了让你了解这项研究中的女孩体重增加的程度，而计算置信限是为了建立一个很可能包含总体平均增重幅度的数值区间。

以厌食症治疗研究为例，女孩的体重平均增大了 7.26 磅，而这组增量分数的标准差为 7.16，因此，总体平均增重幅度的置信限是

$$CI_{0.95} = \overline{X} \pm t_{0.05}(s/\sqrt{N}) = 2.76 \pm 2.12(7.16/\sqrt{17}) = 2.76 \pm 3.68$$

故 $3.58 \leq \mu \leq 10.94$。即以这种方式计算的区间包含总体平均增重幅度的概率为 0.95。这个区间里面没有 0，这与我们之前进行 t 检验时发现的显著差异是一致的。

13.7 用 SPSS 和 R 进行相关样本 t 检验

图 13.3 是用 SPSS 对两个相关样本进行 t 检验的输出结果。这个例子里面的数据就是前面的家庭治疗研究中的增重数据。我们将治疗前后收集的数据，分别输入到两个变量（*Before* 和 *After*）之下，然后要求进行匹配样本 t 检验。输出结果的第一部分是基本的描述统计结果。接下来是两个变量之间的相关系数，以及相关系数显著性 t 检验的结果。最后才是相关样本平均数之差的 t 检验结果。我们看到，t 值（-4.185）与手工计算的结果一致，只不过在 SPSS 中，变量 *Before* 减去 *After* 得到的差为负值，所以 t 值也就变成负的了。这里的符号取决于你怎么计算差异分数，但不影响治疗前后体重差异的显著性。

前文已经介绍过，完成配对差异 t 检验的 R 代码是

```
t.test(Before, After, paired = TRUE)
或
Gain <- After - Before
t.test(Gain)
```

Paired Samples Statistics

		Mean	N	Std. Deviation	Std. Error Mean
Pair 1	Before	83.2294	17	5.01669	1.21673
	After	90.4941	17	8.47507	2.05551

Paired Samples Correlations

		N	Correlation	Sig.
Pair 1	Before & After	17	.538	.026

Paired Samples Test

	Paired Differences							
				95% Confidence Interval of the Difference				
	Mean	Std. Deviation	Std. Error Mean	Lower	Upper	t	df	Sig. (2-tailed)
Pair 1 Before − After	−7.2647	7.15742	1.73593	−10.9447	−3.5847	−4.185	16	0.001

图 13.3　用 SPSS 进行相关样本 t 检验（数据分 2 列输入，形成成对的分数）

13.8 结果报告

要报告 Everitt 关于厌食症的家庭治疗的研究结果，我们应当先简要介绍研究的步骤，让读者了解一下来龙去脉。接着，我们就应该提到治疗前后的平均体重，以及由此得到的 t 检验结果。报告中还要包括效应量（可能不止一个），并得出一些结论。

Everitt（参见 Hand, 1994）报告了一项对 17 名厌食症女孩进行家庭治疗的研究。女孩们接受为期数周的家庭治疗，治疗前后均记录体重。治疗前平均体重为 83.23 磅（37.75 千克），治疗后平均体重为 90.49 磅（41.05 千克），每人平均增重 7.26 磅（3.29 千克）。该差异具有显著的统计学意义 [$t(16) = 4.18$, $p = 0.001 < 0.05$]。本研究中的其他数据还表明，体重的增加不能简单地归结为随时间发生的正常成长。基于治疗前体重的标准差算出的效应量估计值 $\hat{d}$ 等于 1.45，即女孩治疗后的平均体重比治疗前增加近 1.5 个标准差。此外，体重增加量的 95% 置信区间为 $3.58 \leqslant \mu \leqslant 10.94$，这表明家庭治疗有可能造成体重的明显改变。

13.9 总结

本章与前一章非常相似，都可以归结为对单列数据平均数与总体平均数（μ，通常等于 0）进行的比较。虽然一开始都有两组数据（例如 Vul 和 Pashler 研究中两次猜测的数据），但是由于这两组数据来自同一组个体，因此两者之间是相关的；这一事实意味着我们需要考虑这种相关关系。最简单的办法是生成一列新数据——差异分数，并检验差异分数是否可能来自平均数为零的总体。

我们考察了两个采用成对数据的例子，它们都获得了具有显著意义的结果。之后，我们转而研究重复测量的优点。第一个优点是，参试者之间的差异不影响结果。这意味着即使个体差异很大也不会影响结果。第二个优点是，配对分数在很大程度上控制了干扰变量。两种条件下对同一个人进行测量，这意味着这个人为两次测量带来了大致相同的结果。最后我还提到，在所有其他情况都相同的情况下，重复测量设计比独立样本设计更有效率。重复测量的主要缺陷是，两次测量之间可能存在延滞效应，第一次测量可能影响参试者在第二次测量时的反应。

我们研究了效应量的几种不同计量指标。在某些情况下，单是报告平均数的差值就足够有意义了。然而在通常情况下，特别是当变量本身的意义不够清楚时，我们需要用科恩提出（并由其他人略作修改）的指标。在本章的例子中，我们简单地将待考察的平均数之差除以标准差，再以标准差为单位报告结果。我还指出，当我们这样做时，我们在大多数情况下都愿意用第一次测量的标准差，而不是差值的标准差。

最后，我们还研究了置信限问题——这只是前面内容的简单延伸。计算上下限时，我们取平均数 ± 平均数的标准误乘以自由度对应的 t 的临界值。计算置信限的目的是指出所讨论的参数的可能取值范围。

重要术语

相关样本（related samples，p.295）　　差异分数（difference scores，p.298）
重复测量（repeated measures，p.295）　　增量分数（gain scores，p.298）
匹配样本（matched samples，p.295）　　顺序效应（order effect，p.302）
控制组／对照组（control group，p.297）　　延滞效应（carry-over effect，p.302）

13.10 快速复习

A. 符号 μ_0 指的是什么？

答：零假设下的总体平均数。

B. "匹配样本"是什么意思？

答：成对出现的观察值，每一行的两个数据来自同一个人或以其他方式相互关联。

C. 匹配样本的主要优点是＿＿＿。

答：它们能让我们在计算 t 之前排除干扰变量造成的差异

D. 匹配样本通常采用怎样的零假设？

答：对同一群人所做的两次测量的总体平均数之差等于 0。

E. 说出匹配样本研究相对于独立样本研究的两个优点。

答：匹配样本能控制个体差异；匹配样本可以减少干扰变量的影响。

F. $\hat{d}=0.95$ 意味着什么？

答：两平均数之差达到 0.95 个标准差。

G. 在问题 F 中，我们计算 $\hat{d}$ 时拿什么来做分母？

答：作为参照的那一组分数的标准差——最常用的是前测分数的标准差。

H. 用于计算 $\hat{d}$ 和置信区间的标准差有何不同？

答：计算 $\hat{d}$ 时用前测观察值的标准差，计算置信区间时用差异分数的标准差。

I. 什么是延滞效应？

答：第一次测量的情况影响第二次测量结果。例如，学习第一个任务可能会干扰学习第二个任务。

13.11 习题

13.1 Hout、Duncan 和 Sobel（1987）报告了一项关于已婚夫妻相对性满意度的研究。他们让 91 对夫妻都用一个 4 点量表（"从不或偶尔"到"几乎总是"）来评定他们对"我和伴侣的性生活很和谐"的同意程度。数据如下（我知道数据有点多，但这是一个有趣的问题，数据集 Ex13-1.dat 见本书配套数据包）：

丈夫	1	1	1	1	1	1	1	1	1	1	1	1	1	1
妻子	1	1	1	1	1	1	2	2	2	2	2	2	2	3
丈夫	1	1	1	1	2	2	2	2	2	2	2	2	2	2
妻子	3	4	4	4	1	2	2	2	2	2	2	2	2	3
丈夫	2	2	2	2	2	2	2	2	3	3	3	3	3	3
妻子	3	3	4	4	4	4	4	1	2	2	2	2	3	3
丈夫	3	3	3	3	3	3	3	3	3	3	3	3	4	4
妻子	3	3	3	3	4	4	4	4	4	4	4	4	1	1
丈夫	4	4	4	4	4	4	4	4	4	4	4	4	4	4
妻子	2	2	2	2	2	2	2	3	3	3	3	3	3	3
丈夫	4	4	4	4	4	4	4	4	4	4	4	4	4	4
妻子	3	3	4	4	4	4	4	4	4	4	4	4	4	4

请先对这些数据进行一个匹配样本 t 检验。为什么匹配样本检验最合适？

13.2 在习题 13.1 提到的研究中，你对这个问题的回答（如果有的话）能否说明这些夫妻的性生活很和谐？我们通过这个分析能知道什么、不能知道什么？

13.3 用习题 13.1 的数据画一个散点图，计算丈夫和妻子的性满意度分数之间的相关系数。本题结果能否验证习题 13.1 的分析结果？［例如在 R 中，可以用命令 plot(wife~Husband) 和 cor(Wife, Husband.) 完成上述工作。］

13.4 运用第 12 章和本章介绍的技术，求出习题 13.1 中两性的性满意度得分之差的 95% 置信区间。

13.5 有人可能会提出反对意见，认为如果按照第 2 章的定义，习题 13.1 中的数据显然是间断变量，或是顺序水平的变量，所以对它们进行 t 检验是不合适的。你能想到什么反驳意见吗？（这个问题不简单，我其实主要是想说明这里可能存在争议。）

13.6　Hoaglin、Mosteller 和 Tukey（1983）提供了能反映应激程度的 β- 内啡肽血液水平的数据。他们分别测量了 19 名患者在手术前 12 小时和手术前 10 分钟时血液中的 β- 内啡肽水平。数据如下（单位：飞摩尔·毫升 $^{-1}$）：

被试	12 小时前	10 分钟前
1	10.0	6.5
2	6.5	14.0
3	8.0	13.5
4	12.0	18.0
5	5.0	14.5
6	11.5	9.0
7	5.0	18.0
8	3.5	42.0
9	7.5	7.5
10	5.8	6.0
11	4.7	25.0
12	8.0	12.0
13	7.0	52.0
14	17.0	20.0
15	8.8	16.0
16	17.0	15.0
17	15.0	11.5
18	4.4	2.5
19	2.0	2.0

根据这些数据，问：应激程度的增强对 β- 内啡肽水平会造成什么影响？

13.7　为什么习题 13.6 要采用配对样本 t 检验？

13.8　用习题 13.6 的数据生成散点图，并计算两组分数之间的相关系数。这与习题 13.7 的答案有什么关系？

13.9　我们永远都应该仔细审视数据。有时，我们会发现难以解释的事情。仔细研究习题 13.6 中的数据，什么引起了你的注意？

13.10　计算习题 13.6 中数据的效应量，并说明这种计量指标的意义。

13.11　举出一个由于延滞效应而不提倡采用相关样本分析方法的实验例子。

13.12　根据表 13.2 中的数据，人们的第一次猜测是否通常好于第二次猜测？将本章提供的 R 代码略作修改即可回答这一问题（这很像你经常听到的关于考试的一项建议：不要回去修改猜想的答案，除非你确定新答案是对的。Vul 和 Pashler 发现了显著差异，但他们的参试者远远多于表 13.2 中的人数。）

13.13　假定习题 13.6 中有更多的被试，但是差异分数的平均数和标准差仍保持不变。我们需要多少个被试才能达到 $\alpha = 0.01$（双侧）的显著性？（原题在 $\alpha = 0.05$ 上显著，但是未达到 $\alpha = 0.01$ 上显著。）（我们将在第 15 章继续讨论这个普遍性问题。）

13.14 改变习题 13.6 中"12 小时"一列中的数据，以增强两个变量之间的相关程度。对修改后的数据运行 t 检验，看看有什么影响。（对真实数据绝不可以做这种修改，因为配对的分数不能分开处理，但是这样的改动可以揭示变量间关系所起的重要作用。）

13.15 根据你得到的习题 13.14 的答案，以及对相关系数的知识，你觉得两个变量（数据集）之间的相关程度将怎样影响它们之间 t 检验的 t 值？

13.16 在第 13.4 节中，我解释了相关样本设计剔除了被试之间的差异，从而使接受 t 检验的数据免受这一因素的影响。这样做可以提高拒绝错误零假设的能力，用你自己的语言解释其原因。

13.17 无论你在习题 13.13 中有没有发现显著差异，反正 Vul 和 Pashler 发现了。但是，第一次猜测是否优于两次猜测的平均数？

13.18 如果有理由相信延滞效应会影响关于猜测行为的数据，我们应当如何控制这种影响？

13.19 在第 13.2 节的厌食症例子中，我将治疗前的分数（*Before*）减去治疗后的分数（*After*）。如果反过来做减法，会发生什么？

13.20 如果我们用"千克"而不是"磅"作为表 13.1 中厌食症例子数据的单位，会发生什么？

13.21 许多母亲生下孩子后不久感到抑郁，这称为产后抑郁症。设计一项研究来考察产后抑郁症，说明如何估计抑郁水平上升的平均数。

13.22 我们没有讨论如何计算效应量的置信限，但是美国圣母大学的 Ken Kelly 和 Keke Lai 创建了一个名为 MBESS 的 R 代码库用于这种计算。请用表 13.1 中的数据计算治疗前后体重之差的置信限——只需执行命令 t.test(Before, After, paired = TRUE.)。然后计算效应量的置信区间。为此，你需要安装和加载 MBESS 包。最后，还要调用 ci.sm 函数。代码如下。

```
data <- read.table("https://www.uvm.edu/~dhowell/fundamentals9/DataFiles/
Tab13-1.dat", header = TRUE)
attach(data)
library(MBESS)
t <- t.test(Before, After)
print(t)
cat("lower CI on mean = ", t$conf.int[1], "\nupper CI on mean = ", t$conf.int[2],"\n")
sm <- (mean(After) - mean(Before))/sd(Before)
cat("Standard mean difference (d) = ", sm,"\n")
ci.effectSize <- ci.sm(sm = 1.45, N = 17)
cat("Lower CI on effect size = ",
ci.effectSize$Lower.Conf.Limit.Standardized.Mean,"\n")
cat("Upper CI on effect size = ",
ci.effectSize$Upper.Conf.Limit.Standardized.Mean, "\n")
```

你会怎样解读计算结果？

第14章

双独立样本平均数的假设检验

需要回忆的概念

抽样分布： 重复抽样情况下统计量的分布

标准误： 统计量的抽样分布的标准差

t 分布： 当零假设为真时统计量 t 的抽样分布，常称为"中心 t 分布"

自由度： 样本容量的调整值，通常为 $N-1$ 或 $N-2$

效应量 $\hat{d}$： 一种旨在用读者能够理解的方式说明处理造成效应之强弱的指标

置信区间： 能以一定概率（通常是95%）将总体参数（如平均数之差）包含在内的区间

本章介绍两个样本相互独立的情况。我们首先要了解独立样本有何特殊之处。我们将看到，面对独立样本，我们要提出一些以前没有提过的假设，而这些假设对 t 检验都很重要。我们接下来要讨论的是前两章中的 t 检验与本章的 t 检验之间的差异，然后介绍在独立样本的情况下如何设置置信限；更重要的是，如何计算独立样本情况下的效应量。最后，我们将介绍如何用 SPSS 和 R 进行统计计算。

在第 13 章中，我们考察了关于对厌食症女孩进行家庭治疗的研究，其数据就是厌食症女孩在干预前后的体重。在这个例子中，研究者在干预之前和之后观察到的是同一组参试者。虽然这种方法很适合评价这一干预计划的效果，但是在许多实验中，对同一组参试者进行重复测量来获取数据要么是不可能的，要么是不合适的。例如，假定我们想确定男性在社交上不如女性，我们总不能找到一批人，让他们先作为男性，后作为女性，进行两次测量。相反，我们这时需要一个男性样本和一个独立于男性样本的女性样本。

t 检验最常见的用途也许就是检验两个独立样本的平均数之差有无显著意义。我们可能要比较两组大鼠达到简单视觉辨别任务的标准所需的平均试次数，其中一组大鼠是在正常条件下饲养的，另一组是在感觉剥夺条件下饲养的。或者，在研究记忆时，我们可能要比较两组大学生的记忆保持水平，其中一组大学生被要求回忆主动语态肯定句，另一组被要求回忆被动语态否定句。最后，我们可能会让参试者处于有人需要帮助的情境中，看看是个别测试的参试者，还是团体测试的参试者，能更迅速（平均延迟时间更短）地给予帮助。

在进行两个独立样本的实验时，我们几乎总会发现两个样本的平均数多少有点差异。而重要的问题在于，这种差异是否大到足够让我们得出"两个样本来自不同总体"的结论？就刚才那个助人行为的例子而言，我们的问题就是，个别测试与团体测试相比，两组参试者的总体平均延迟时间有无差异？在考察具体例子之前，我们需要研究平均数之差的抽样分布，以及由这种抽样分布产生的 t 检验。我们在第 12 章中讲单样本平均数时也是这样做的。

14.1 平均数之差的分布

当我们的兴趣在于检验一个总体的平均数（μ_1）与另一个总体的平均数（μ_2）之间的差异时，我们要检验的零假设 H_0 就是：$\mu_1 - \mu_2 = 0$（或等价地，$\mu_1 = \mu_2$）。因为检验这个零假设时涉及独立样本平均数之差，所以我们有必要先花一点时间研究**平均数之差的抽样分布**。

假设有两个总体（X_1 和 X_2），其平均数分别为 μ_1 和 μ_2，方差分别为 σ_1^2 和 σ_2^2。现在从总体 X_1 中抽取一个容量为 n_1 的样本，从总体 X_2 中抽取一个容量为 n_2 的样本，记录这两个样本的平均数和这对样本平均数之差。（我原来用 N 表示样本容量，现在改为用 n，这是因为现在有多个样本，所以我用 N 表示所有样本中的总个体数，用带下标的 n 表示特定组或样本的个体数。）因为每次抽样都是独立进行的，所以各个样本平均数之间也是相互独立的。（两个平均数只是因为两个样本同时被抽到并计算差值，从而被当成"一对"，此外毫无真正意义上的匹配。）因为我们只是在假想中抽样，不妨假想无数次重复这个抽样过程。结果如图 14.1 所示。在图的下方，前两列表示 $\overline{X}_1$ 和 $\overline{X}_2$ 的抽样分布，第三列表示平均数之差（$\overline{X}_1 - \overline{X}_2$）的抽样分布。我们最感兴趣的就是这个第三列，因为我们关心的是平均数之差的检验。可以证明，（$\overline{X}_1 - \overline{X}_2$）的抽样分布的平均数等同于 $\mu_1 - \mu_2 = 0$。该分布的方差由通常所说的**方差之和定理**给出，该定理的一种极限形式是

> 两个独立变量之和（或差）的方差等于两个变量的方差之和。[①]

注释①

本定理的完整形式不考虑变量间必须相互独立的限制，即两个变量之和或差的方差是 $\sigma_{X_1 \pm X_2}^2 = \sigma_{X_1}^2 + \sigma_{X_2}^2 \pm 2\rho\sigma_{X_1}\sigma_{X_2}$ 这里的 ρ 是 X_1 和 X_2 之间的总体相关系数。减号用于两变量之差的情况。

根据中心极限定理，可知 $\overline{X}_1$ 的分布的方差是 σ_1^2/n_1，$\overline{X}_2$ 的分布的方差是 σ_2^2/n_2。因为两个变量（样本平均数）是相互独立的，所以这两个变量之差的方差等于它们的方差之和。故

$$\sigma_{\overline{X}_1 \pm \overline{X}_2}^2 = \sigma_{\overline{X}_1}^2 + \sigma_{\overline{X}_2}^2 = \frac{\sigma_1^2}{n_1} + \frac{\sigma_2^2}{n_2}$$

知道了平均数之差的平均数和方差，我们就差不多知道了如何检验关于平均数之差的假设。平均数之差的抽样分布的一般形式如图 14.2 所示。

$$\sigma^2_{\bar{X}_1-\bar{X}_2}=\sigma^2_{\bar{X}_1}+\sigma^2_{\bar{X}_2}=\frac{\sigma_1^2}{n_1}+\frac{\sigma_2^2}{n_2}$$

	$\bar{X}_{11}$	$\bar{X}_{21}$	$\bar{X}_{11}-\bar{X}_{21}$
	$\bar{X}_{12}$	$\bar{X}_{22}$	$\bar{X}_{12}-\bar{X}_{22}$
	$\bar{X}_{13}$	$\bar{X}_{23}$	$\bar{X}_{13}-\bar{X}_{23}$
	…	…	…
	$\bar{X}_{1\infty}$	$\bar{X}_{2\infty}$	$\bar{X}_{1\infty}-\bar{X}_{2\infty}$
平均数	μ_1	μ_2	$\mu_1-\mu_2$
方差	$\frac{\sigma_1^2}{n_1}$	$\frac{\sigma_2^2}{n_2}$	$\frac{\sigma_1^2}{n_1}+\frac{\sigma_2^2}{n_2}$
标准差	$\frac{\sigma_1}{\sqrt{n_1}}$	$\frac{\sigma_2}{\sqrt{n_2}}$	$\sqrt{\frac{\sigma_1^2}{n_1}+\frac{\sigma_2^2}{n_2}}$

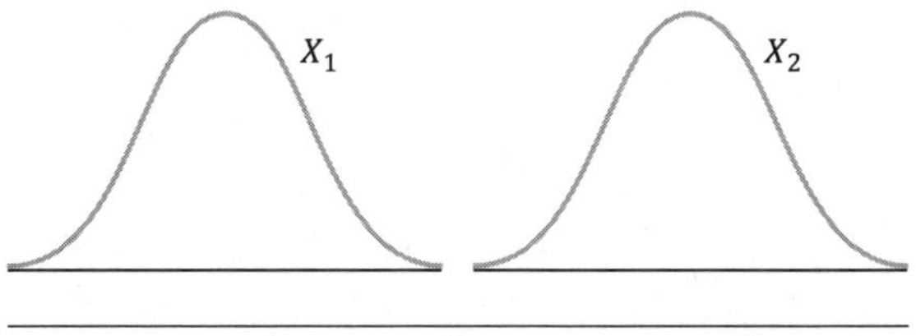

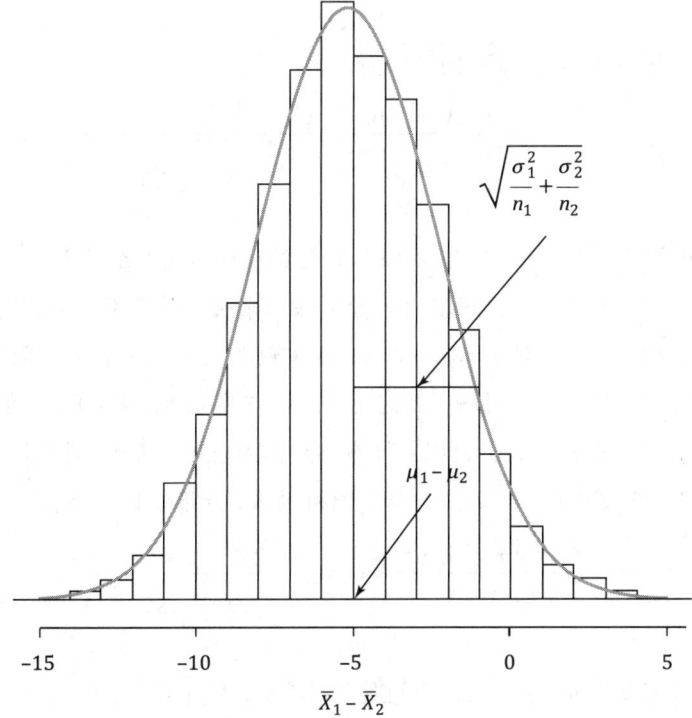

图 14.1　假设从两个总体中抽样得出的平均数和平均数之差

图 14.2　平均数之差的抽样分布

关于平均数之差的抽样分布，我要讲的最后一个要点是它的形态。统计学的一个重要定理是，两个独立的正态分布变量之和（或差）的分布也是正态的。因为图 14.2 表示的是两个平均数之差的抽样分布，而且我们知道在样本足够大的情况下，样本平均数的抽样分布至少接近正态分布，所以图 14.2 中的分布必然至少接近正态分布。（如果你只是为了好玩而复现这个图，可以在网上找到 R 代码。不过其中的标签有点难弄，所以你用的时候保持原样就行了。）

t 统计量

我们现在已经了解了平均数之差的抽样分布的知识，接下去我们就可以设计合理的检验程序了。我们先暂时假定总体方差（σ_1^2 和 σ_2^2）是已知的。我们之前已经定义过 z 分数，它也是一个统计量，其值等于分布上的一个值与分布的平均数之差除以分布的标准误。我们现在面对的统计量是（$\bar{X}_1 - \bar{X}_2$），即样本平均数之差的观察值。该抽样分布的平均数是 $\mu_1 - \mu_2$，而且正如我们所见，在总体方差（σ^2）已知的情况下，**平均数之差的标准误**是

$$\sigma_{\bar{X}_1 \pm \bar{X}_2} = \sqrt{\frac{\sigma_1^2}{n_1} + \frac{\sigma_2^2}{n_2}}$$

请记住，任何统计量（这里指的是两个样本平均数之差）的标准误都是该统计量的抽样分布的标准差。因此，它表示的是我们对统计量的稳定程度的一种预期。

根据现有的知识，我们可以写出下列式子

$$z = \frac{(\bar{X}_1 - \bar{X}_2) - (\mu_1 - \mu_2)}{\sigma_{\bar{X}_1 - \bar{X}_2}} = \frac{(\bar{X}_1 - \bar{X}_2) - (\mu_1 - \mu_2)}{\sqrt{\frac{\sigma_1^2}{n_1} + \frac{\sigma_2^2}{n_2}}}$$

$\alpha = 0.05$ 的临界值是 $z = \pm 1.96$，这与第 12 章讨论的单样本检验是一致的。

上述公式除了用来说明本章所用的 t 检验方法的来历，其实不是很实用，因为我们很少有机会知道公式中必需的总体方差。（虽然在极少数情况下，总体方差是已知的，但这种情况非常罕见，几乎可以忽略不计——我们就当总体方差全都是未知的。）但是，正如在单样本检验中曾经做过的那样，我们可以用样本方差作为总体方差的估计值。鉴于以前考察单样本 t 检验时讨论的那些原因，计算出来的值将服从 t 分布而非 z 分布。

$$t = \frac{(\bar{X}_1 - \bar{X}_2) - (\mu_1 - \mu_2)}{s_{\bar{X}_1 - \bar{X}_2}} = \frac{(\bar{X}_1 - \bar{X}_2) - (\mu_1 - \mu_2)}{\sqrt{\frac{s_1^2}{n_1} + \frac{s_2^2}{n_2}}}$$

因为这里的零假设通常是 $\mu_1 - \mu_2 = 0$，我们通常将其从公式中略去，写成

$$t = \frac{\bar{X}_1 - \bar{X}_2}{s_{\bar{X}_1 - \bar{X}_2}} = \frac{\bar{X}_1 - \bar{X}_2}{\sqrt{\frac{s_1^2}{n_1} + \frac{s_2^2}{n_2}}}$$

汇合方差

讲到这里，主要内容差不多已经介绍完了，只需要完善一些细节。虽然我们刚刚给出的公式在两个样本的容量相等时非常合适，但是在样本容量不等时还需略做调整加以改进。这种调整的目的在于给出更好的总体方差估计值。两个独立样本 t 检验的一个前提假定是，无论 H_0 是否成立，$\sigma_1^2 = \sigma_2^2$（即两个样本来自具有相同方差的总体）。这种前提假定（称为**方差齐性假设**）通常是有道理的。在通常情况下，两组参试者在实验开始时是不相上下的，接着一组（或两组）参试者接受某种可能提高或降低得分的实验处理。（Everitt 的厌食症女孩增重研究就是一个很好的例子。）在这种情况下，假定方差不受影响通常是顺理成章的。（想必你还记得，一组分数加上或减去一个常数不会影响其方差。）因为假定总体方差是相等的，所以这个共同的方差可以用符号 σ^2 表示（没有下标）。

在我们的数据中，σ^2 有两个估计值，即 s_1^2 和 s_2^2。对 s_1^2 和 s_2^2 以某种方式加以平均似乎是合理的，因为用这个平均方差值估计 σ^2 必然优于单用 s_1^2 或 s_2^2 进行估计。而且，我们不想简单地计算 s_1^2 和 s_2^2 的算术平均数，因为这样做意味着我们明知一个样本的观察值多于另一个样本，却对两个估计值赋予了相同的权重。我们要计算的是**加权平均数**，在计算过程中用自由度（$n_i - 1$）作为样本方差的权重。如果我们称这个新估计值为 s_p^2，则

$$s_p^2 = \frac{(n_1 - 1)s_1^2 + (n_2 - 1)s_2^2}{n_1 + n_2 - 2}$$

其中的分子表示两样本方差的总和，每个方差以其自由度为权重；分母代表权重的总和，或者可以说是 s_p^2 的自由度。

两个样本方差的加权平均数通常称为**汇合方差**估计值。定义了汇合方差的估计值（s_p^2）之后，我们现在可以用 s_p^2 代替原来 t 公式中的样本方差 s_i^2，结果是

$$t = \frac{\overline{X}_1 - \overline{X}_2}{s_{\overline{X}_1 - \overline{X}_2}} = \frac{\overline{X}_1 - \overline{X}_2}{\sqrt{\dfrac{s_p^2}{n_1} + \dfrac{s_p^2}{n_2}}} = \frac{\overline{X}_1 - \overline{X}_2}{\sqrt{s_p^2\left(\dfrac{1}{n_1} + \dfrac{1}{n_2}\right)}}$$

请注意，此处计算 t 值的公式与我们在上一节所用的公式都是以样本平均数之差除以平均数之差的标准误的估计值。两个公式之间唯一的区别在于标准误估计值的计算方式。当样本容量相等时，无论你是否采用汇合方差，结果都一样；由此求得的 t 值也一样。但是，当样本容量不相等时，汇合方差对结果的影响就比较大了。

t 的自由度

我们已经知道两个样本方差（s_1^2 和 s_2^2）可以用于计算 t 值。这两个样本方差都是根据各自样本的离差平方计算而得，因而都有各自的自由度（$n_i - 1$）。所以，两个样本合起来的自由度就是 $(n_1 - 1) + (n_2 - 1) = n_1 + n_2 - 2$。由此可见，两个独立样本的 t 检验的自由度是 $n_1 + n_2 - 2$。

回顾

现在让我们稍作停顿，回顾一下已学内容。我们刚刚又介绍了一些公式，而且比起本书前面介绍公式的方式，本章更强调公式的来龙去脉。现在停下来审视一下介绍所有这些内容的意图也许是明智的。

我在本章开头时说，如果我想知道两个独立样本的平均数有无显著差异，就需要知道两个平均数之差有怎样的特性。换句话说，我需要了解平均数之差的抽样分布是怎样的。该抽样分布的平均数等于总体平均数之差，其标准误等于两个总体方差分别除以对应的样本容量后相加之和的平方根。这样计算的结果至少是接近正态分布的。

这样一来，已知条件就包括了平均数、标准误以及平均数之差的抽样分布形态。如果我还知道总体方差，马上就可以计算 z 分数，即以样本平均数之差减去总体平均数之差，再除以标准误。这个 z 分数正是我们学习过程中一路看到的那种 z 分数。

但是，总体方差已知的情况是很罕见的。因此，我们按照以前对待 t 检验的方式进行了同样的处理——用样本方差代替总体方差，并称计算结果为 t 值。也正如我们每次用样本方差代替总体方差时那样，我们需要解决自由度问题。因为计算每个样本方差时，都要用样本平均数作为对应的总体平均数的估计值，这就失去了 1 个自由度；因此，对于每个方差估计值，其分母都要从 n 变为 $n-1$。

最后，当你有两个样本方差时，通常应该求出它们的平均数，以此作为总体方差的更好的估计值。我们称这种平均方差为"汇合方差"。只要两个样本方差大体相等，我们就用汇合方差，特别是当样本容量大体相等时。

现在你应该停下来，回头复习前面几页，看看我刚才的回顾是否符合本章到目前为止介绍的那些公式。

例子：厌食症研究的新数据

为了说明如何检验两个独立样本的平均数之差，让我们换一种方式来分析 Everitt（Everitt in Hand et al., 1994）关于厌食症治疗的一些数据。我在第 13 章中指出，平均数的变化并不一定意味着体重上的差异是由于家庭治疗干预造成的。也许这些女孩体重增加是因为她们又长大长高了一些。要控制这一点，办法之一就是比较家庭治疗组和不做任何治疗的控制组的体重变化量。如果女孩体重增加的唯一原因是长大长高，那么两组女孩的体重都应该受到同样的影响。如果体重增加是由治疗引起的，就可以预测只有治疗组女孩的体重会增加。幸运的是，Everitt 也提供了控制组的数据（见表 14.1），不过我只列出了体重的增加量，没有列出治疗前后的体重。

在考虑采用哪一种统计检验之前（甚至可以说，最好在收集数据之前），我们必须先确定检验的若干特征。首先，我们必须确定零假设和备择假设。如果我们用下标"FT"表示"家庭治疗组"，用"C"表示"控制组"，则有

$H_0: \mu_{FT} = \mu_C$

表 14.1　家庭治疗组和控制组的增重情况

控制组	控制组	家庭治疗组	家庭治疗组
-0.5	3.3	11.4	9.0
-9.3	11.3	11.0	3.9
-5.4	0.0	5.5	5.7
12.3	-1.0	9.4	10.7
-2.0	-10.6	13.6	
-10.2	-4.6	-2.9	
-12.2	-6.7	-0.1	
11.6	2.8	7.4	
-7.1	0.3	21.5	
6.2	1.8	-5.3	
-0.2	3.7	-3.8	
-9.2	15.9	13.4	
8.3	-10.2	13.1	
平均数	-0.45		7.26
标准差	7.99		7.16
方差	63.82		51.23
n	26		17

H_1：$\mu_{FT} \neq \mu_C$

备择假设是一种双向的假设（如果 $\mu_{FT} > \mu_C$，我们将拒绝 H_0；如果 $\mu_{FT} < \mu_C$，我们同样要拒绝 H_0，所以这是双尾检验）。为了与本书中其他例子保持一致，我们将Ⅰ类错误的概率设定为 0.05，即 $\alpha = 0.05$。（切记，上面这两个设定绝非神圣不可变动。②）根据上述零假设，现在可以计算 t：

$$t = \frac{\overline{X}_1 - \overline{X}_2}{s_{\overline{X}_1 - \overline{X}_2}} = \frac{\overline{X}_1 - \overline{X}_2}{\sqrt{\dfrac{s_1^2}{n_1} + \dfrac{s_2^2}{n_2}}}$$

因为我们当前检验的 H_0 是 $\mu_{FT} - \mu_C = 0$，所以原公式中的 $\mu_{FT} - \mu_C$ 不用保留。如果我们用的是汇合方差，计算过程是

$$s_p^2 = \frac{(n_1 - 1)s_1^2 + (n_2 - 1)s_2^2}{n_1 + n_2 - 2}$$

$$= \frac{25 \times 63.82 + 16 \times 51.23}{26 + 17 - 2} = \frac{1595.50 + 819.68}{41} = \frac{2415.18}{41} = 58.907$$

注意，汇合方差的值比较接近 s_1^2 而不是 s_2^2，这是因为其对应的样本容量较大，在计算过程中，s_1^2 得到的权重比较大。接下来，我们用这个共同的方差代替两个样本的方差，则有

$$t = \frac{\overline{X}_1 - \overline{X}_2}{\sqrt{\dfrac{s_p^2}{n_1} + \dfrac{s_p^2}{n_2}}} = \frac{\overline{X}_1 - \overline{X}_2}{\sqrt{s_p^2\left(\dfrac{1}{n_1} + \dfrac{1}{n_2}\right)}} = \frac{-0.45 - 7.26}{\sqrt{58.907\left(\dfrac{1}{26} + \dfrac{1}{17}\right)}} = \frac{-7.71}{\sqrt{5.731}} = \frac{-7.71}{2.394} = -3.22$$

注释②
如果我们有充分的理由，完全可以将假设改为"μ_{FT} 比 μ_C 高 5 个单位"，这时的 H_0 就是：$\mu_{FT} - \mu_C = 5$，虽然这种情况极为罕见。同样地，我们可以将 α 设置为 0.01、0.001，甚至 0.10，尽管大多数人觉得 0.10 太高了。

就这个例子而言，控制组（C组）的自由度为 $n_1 - 1 = 25$，家庭治疗组（FT组）的自由度为 $n_2 - 1 = 16$，故总自由度为 $(n_1 - 1) + (n_2 - 1) = 41$。查附录中关于 t 值抽样分布的表 D.6，可知 $t_{0.05}(41)$ 的临界值约为 ± 2.021。（$|t|$ 大于 3.22 的概率是 0.002。）因为本例求得的 t 值（即 t_{obt}）远远超过 t_α，所以我们拒绝 H_0（$\alpha = 0.05$，双尾检验），并得出结论：我们抽取的两个观察值样本来自两个不同的总体。换句话说，我们得出了一个具有统计意义的结论：$\mu_{FT} \neq \mu_C$，并且（实际上）是 $\mu_{FT} > \mu_C$。就实验变量而言，得到家庭治疗的厌食症女孩的体重增长量显著高于未接受治疗的控制组女孩。③

用 R 进行上述分析的结果如下。你可以在本章的网页上找到执行该分析的 R 代码。在这个例子中，我让 R 计算了汇合方差。因此，上述两次分析的结果完全一致。最关键的一行代码是

```
result1 <- t.test(Gain ~ Trtment, var.equal = TRUE)
```

请注意，R 的输出结果仍会给出平均数之差的 95% 置信区间。上限和下限在 0.00 的同一侧（都是负数），这再次验证了差异的显著性。

注释③
因为家庭治疗组与控制组的差别仅仅在于有没有进行治疗，所以我们才能针对治疗的效果下结论。如果这两组女孩在别的方面也有所不同，比如说，两组参试者在治疗之前的体重也不一样，那结果就不清晰了：治疗的效果与治疗前的体重可能产生的影响就会相互**混淆**了。

两样本 t 检验

数据：通过分配获得

$t = -3.2227$, $df = 41$, $p = 0.002491$

备择假设：均值的真差不等于 0

95% 置信区间：

−12.549248   −2.880164

样本估计：

第一组均值　第二组均值

−0.450000   7.264706

14.2 方差不齐性

我们说过，两独立样本 t 检验的前提之一是方差齐性（$\sigma_1^2 = \sigma_2^2$）。如果这个前提不满足（即 $\sigma_1^2 \neq \sigma_2^2$），那就是所谓的**方差不齐性**。关于方差不齐性对 t 检验的实际影响，已经有了很多研究。根据这些研究的结果，我们可以概括一些在方差不齐性的情况下如何进行统计分析的结论。

首先要牢记的第一点是，方差齐性假设指的是总体方差而不是样本方差——就算总体方差相等，我们也不大会期望样本方差完全相等。根据已有的抽样研究，可以得出一个普遍的经验法则：如果一个样本的方差不超过另一个样本方差的 4 倍④，且样本容量相等或大致相等，你就可以照常继续计算 t 值并做出解释。在这种条件下，方差不齐性不太会对结

注释④
这里说 4 倍，可能是一个比较保守的标准。有些研究者认为，即使超过这个倍数，也可以照原来的标准程序计算，只要样本容量大致相等即可。

果产生严重影响。反之，如果两个样本方差相去甚远，且样本容量也相差悬殊，就可能需要换一种方法。

方差不齐性时，我们不用汇合方差，而是将单个方差分别代入公式。此外，对自由度也要做出相应的调整。这种方法通常被称为 Welch 法。

这个程序很容易应用。我们只需将两个方差的估计值（不用汇合方差）代入公式计算 t 值即可。接着，用下面的公式调整自由度。最后，计算求得的 t 在零假设下对应的概率。我们常常用一个被称为 "Welch 双样本 t 检验" 的统计软件报告上述过程的结果。

根据 Everitt 的研究，我们可以知道

$$\overline{X}_1 = -0.45, \ \overline{X}_2 = 7.26; \ s_1^2 = 63.82, \ s_2^2 = 51.23; \ n_1 = 26, \ n_2 = 18$$

$$t = \frac{\overline{X}_1 - \overline{X}_2}{\sqrt{\dfrac{s_1^2}{n_1} + \dfrac{s_2^2}{n_2}}} = \frac{-0.45 - 7.26}{\sqrt{\dfrac{63.82}{26} + \dfrac{51.23}{17}}} = \frac{-7.71}{2.338} = -3.297$$

由于方差相差极大[*]，我们没有用汇合方差。接下来我们要计算调整后的 df，记为 df''。

$$df'' = \frac{\left(\dfrac{s_1^2}{n_1} + \dfrac{s_2^2}{n_2}\right)^2}{\dfrac{\left(\dfrac{s_1^2}{n_1}\right)^2}{n_1 - 1} + \dfrac{\left(\dfrac{s_2^2}{n_2}\right)^2}{n_2 - 1}} = \frac{\left(\dfrac{63.82}{26} + \dfrac{51.23}{17}\right)^2}{\dfrac{\left(\dfrac{63.82}{26}\right)^2}{25} + \dfrac{\left(\dfrac{51.23}{17}\right)^2}{16}} = \frac{29.9003}{0.2410 + 0.5676} = 36.978$$

这个公式看上去确实很复杂，但大多数软件都能为你完成计算。例如，用 R 的话，我们可以写上这样一行代码：

```
result1 <- t.test(GAIN ~ TRTMENT, var.equal = FALSE)
```

运行这行代码，你将看到调整后的 df'' 与我们手工计算的结果只差 0.001，但这只是舍入误差而已。

如果用 SPSS 进行上述分析，首先要加一个表示组别的变量（通常用 1 和 2 作为组别编码），第二个变量就是因变量。接着从菜单中选择 Analyze/Compare Means/Independent Samples T Test。在其界面中将因变量指定为 "Test Variable（检验变量）"，将组别变量指定为 "Grouping Variable（分组变量）"，定义组别变量的编码（通常为 1 和 2）。SPSS 输出的结果包括正常解和 Welch 解，后者被标为 "Equal variances not assumed（假设方差不齐性）"。

关于方差不齐性问题的更完整讨论可以参见 Howell（2012）。

什么导致方差不齐性？

如果家庭治疗组的方差远大于控制组（想必你还记得其实两个组的方差是齐性

---

[*] 原文说 "两者间相差 6 倍以上"，其实没差多少。——译者注

的），我们会怎么做？我们可以调整自由度，然后愉快地照常做 t 检验。但是，我们确实应该停下来问一声"为什么"。什么原因会导致该组方差变得如此之大？一个非常明显的可能原因，就是家庭治疗对一些女孩特别有效，但对其他女孩完全无效，但是控制组不存在这个原因。这就会导致两组方差出现显著差异。如果真是这样，那就是一个重要的、可能导致我们改变研究方向的新发现。我们可能会更细致地考察家庭治疗，看看它为什么会对不同的人产生不同的效果。事实上，这个问题可能比研究之初提出的问题重要。所以，方差不齐性并非总是令人讨厌的。它有时能向我们透露一些重要的信息。做研究不仅仅要研究平均数。前面说过，我们眼里不能只有统计显著性，也应该考虑置信限和效应量；同样，我们也不要忘记样本的其他差异形式。

14.3 分布的非正态性

我们前面曾经提到，正确运用 t 检验还需要另一个前提，那就是假定数据样本抽自一个正态分布的总体——至少要求平均数之差的抽样分布是正态的。一般地，只要抽样所得数据大致呈山丘状分布（中间高两侧逐渐变低），检验多半是有效的。如果是大样本（n_1 和 n_2 大于 30），就更是如此，因为中心极限定理基本可以保证平均数之差的抽样分布是接近正态的。

14.4 双独立样本 t 检验的第二个例子

Adams、Wright 和 Lohr（1996）的研究兴趣在于用精神分析的基础理论解释同性恋恐惧症。这种理论认为，人们对同性恋或同性恋者的非理性的恐惧或厌恶可能与他们的无意识中存在"自己就是或将要成为同性恋者"的焦虑有关（支持性观点见于 Weinstein, Ryan, DeHaan et al., 2012；反对性观点见于 Meier, Robinson, Gaither, & Heinert, 2006）。他们测定了 64 名异性恋男性的恐同指数，根据分数将这些人分为恐同组和非恐同组。接着，他们让这两组男性观看露骨表现异性恋和同性恋行为的色情录像带，记录他们的性唤起水平。Adams 等人的理由是，如果恐同症与个体对自身性行为的无意识焦虑有关，那么同性恋视频对恐同症个体的唤醒效果应该强于对非同性恋个体的唤醒。

在这个例子中，我们只考察同性恋视频产生的数据。表 14.2 中数据的平均数和汇合方差与 Adams 收集的数据相同，因此我们的结论也应该与他们一致。[5]因变量是 4 分钟视频结束时参试者的性唤起程度，数值越大表示性唤起越强烈。

在考虑采用哪一种统计检验之前（甚至可以说，最好在收集数据之前），我们就必须先确定检验的若干特征。首先，我们必须确定零假设和备择假设：

$H_0: \mu_1 = \mu_2$

$H_1: \mu_1 \neq \mu_2$

注释⑤
其实，我为每个平均数增加了 12 分，主要是为了避免出现太多的负分，但是这丝毫不会改变结果或计算过程。

表14.2 Adams等人（1996）关于恐同组和非恐同组异性恋男性的数据——性唤起水平

恐同组						非恐同组					
39.1	38.0	14.9	20.7	19.5	32.2	24.0	17.0	35.8	18.0	-1.7	11.1
11.0	20.7	26.4	35.7	26.4	28.8	10.1	16.1	-0.7	14.1	25.9	23.0
33.4	13.7	46.1	13.7	23.0	20.7	20.0	14.1	-1.7	19.0	20.0	30.9
19.5	11.4	24.1	17.2	38.0	10.3	30.9	22.0	6.2	27.9	14.1	33.8
35.7	41.5	18.4	36.8	54.1	11.4	26.9	5.2	13.1	19.0	-15.5	
8.7	23.0	14.3	5.3	6.3							
平均数	24.00					平均数	16.50				
方差	148.87					方差	139.16				
人数（n）	35					人数（n）	29				

本例的备择假设也是一种双向的假设（无论是 $\mu_1 > \mu_2$ 还是 $\mu_1 < \mu_2$，我们都要拒绝 H_0），所以这是双尾检验；我们还将显著性水平设定为0.05，即 $\alpha = 0.05$。根据上述零假设，现在可以计算 t：

$$t = \frac{\overline{X}_1 - \overline{X}_2}{s_{\overline{X}_1 - \overline{X}_2}} = \frac{\overline{X}_1 - \overline{X}_2}{\sqrt{\frac{s_p^2}{n_1} + \frac{s_p^2}{n_2}}}$$

因为我们当前检验的 H_0 是 $\mu_1 - \mu_2 = 0$，所以原公式中的 $\mu_1 - \mu_2$ 不再保留。由于两个样本的方差很接近，无须担心方差不齐性，所以这里应该用汇合方差，计算过程是

$$s_p^2 = \frac{(n_1 - 1)s_1^2 + (n_2 - 1)s_2^2}{n_1 + n_2 - 2}$$

$$= \frac{34 \times 148.87 + 28 \times 139.16}{35 + 29 - 2} = 144.48$$

注意，汇合方差的值比较接近 s_1^2 而不是 s_2^2，这是因为其对应的样本容量较大，在计算过程中，s_1^2 得到的权重就比较大。接下来有

$$t = \frac{\overline{X}_1 - \overline{X}_2}{\sqrt{\frac{s_p^2}{n_1} + \frac{s_p^2}{n_2}}} = \frac{24.00 - 16.50}{\sqrt{\frac{144.48}{35} + \frac{144.48}{29}}} = \frac{7.50}{\sqrt{9.11}} = 2.48$$

就本例子而言，恐同组的自由度 $n_1 - 1 = 34$，非恐同组的自由度 $n_2 - 1 = 28$，故总自由度为 $(n_1 - 1) + (n_2 - 1) = 62$。查附录中关于 t 值抽样分布的表D.6，可知 $t_{0.05}(62)$ 的临界值约为 ±2.003（用内插法求得）。因为求得的 t 值远远超过 t_α，所以我们拒绝 H_0（$\alpha = 0.05$）并得出结论：两个观察值样本抽自两个平均数有显著差异的总体。换句话说，我们得出了一个具有统计意义的结论：$\mu_1 \neq \mu_2$，并且（实际上）是 $\mu_1 > \mu_2$。就实验变量而言，恐同组参试者观看同性恋视频时产生的性唤起水平显著高于非恐同组。[6]

注释⑥ 这不是一个孤立的结果。其他实验也得到了类似的结果。与这个主题密切相关的一个非常有趣的例子是Willer等人（Willer et al., 2013）的研究。

用SPSS与R解题

SPSS和R给出的结果是相似的。下面就是SPSS的输出结果，紧跟着的是R的输出结果

T-Test

[DataSet1] C:\Users\Dave\Dropbox\Webs\fundamentals9\DataFiles\Tab14-2.sav

Group Statistics

	Homophobic	N	Mean	Std. Deviation	Std. Error Mean
Arousal	y	35	24.000	12.2013	2.0624
	n	29	16.503	11.7966	2.1906

Independent Samples Test

		Levene's Test for Equality of Variances		t-test for Equality of Means						
		F	Sig.	t	df	Sig. (2-tailed)	Mean Difference	Std. Error Difference	95% Confidence Interval of the Difference	
									Lower	Upper
Arousal	Equal variances assumed	.391	.534	2.484	62	.016	7.4966	3.0183	1.4630	13.5301
	Equal variances not assumed			2.492	60.495	.015	7.4966	3.0087	1.4794	13.5138

```
# Adams et al. data on homophobia
data <- read.table("http://www.uvm.edu/~dhowell/
fundamentals9/DataFiles/Tab14-2.dat", header = TRUE)
names(data)
attach(data)
t.test(Arousal ~ Homophobic, var.equal = TRUE)

        Two Sample t-test

data:   Arousal by Homophobic
t = -2.4837, df = 62, p-value = 0.01572
alternative hypothesis: true difference in means is not equal to 0
95 percent confidence interval:
 -13.53012   -1.46298
sample estimates:
mean in group n mean in group y
      16.50345       24.00000
```

14.5 再谈效应量

我们还要再谈一下向读者提供何种信息的问题——除了前面所说的平均数之间的差异在统计学上是显著的之外，还应当告知样本之间差异的程度。Adams 等人在这一点上就做得很好，因为在这个例子中，单单报告两个样本平均数之间具体差多少对读者而言没有意义。我们谁都不知道两个样本的性唤起程度差 7.5 分算是大的差异还是小的差异。因此，我们需要更好的指标。

在第 12 章和第 13 章中，我们用统计量 $\hat{d}$ 表示将平均数（以原始单位计）之差转化成标准差的个数。然而在这个例子中，两总体中任意一个的标准差估计值都可以充当这种标准差。如果有一组观察值，我们就用这些观察值的标准差。如果得到的是差异分数，我们通常用前测分数的标准差。到了这里，我们有 2 个标准差可供选择（每个样本都有 1 个标准差），这样就有以下两种情况：（1）如果其中一个标准差明显适用于当前问题情境，就直接用这个标准差。例如，如果有一个真正的控制组，它的标准差似乎就是一个合理的选择。（2）如果没有一个明显的控制组，就用我们现有的两个组的方差计算汇合方差，然后取其平方根（即 s_p）。（如果两个方差明显不齐，我们很可能会用其中一个样本的标准差，同时向读者说明我们的做法。）

我们已经用恐同症的数据算出了汇合方差为 144.48，现在只需要取其平方根，即

$$\hat{d} = \frac{\overline{X}_1 - \overline{X}_2}{s_p} = \frac{24 - 16.5}{\sqrt{144.48}} = \frac{24 - 16.5}{12.02} = 0.62$$

这种结果以标准差为单位表示两组之间的差异，它告诉我们，恐同组参试者的平均性唤起水平比非恐同组参试者高出近 2/3 个标准差。这一巨大的差异让我震惊。

请注意：在这个恐同症研究的例子中，计量单位未有明确规定，"相差 7.5"这样一个说法对我们来说没有任何内在意义。因此，以标准差为单位来表达差异大小更能让人明白，因为我们对标准差的含义还多少有点了解。当然，在许多情况下，原始的计量单位本身就是有意义的。在家庭治疗增加体重那个例子中，对体重数据加以标准化（即以标准差为单位报告体重增加量）可能就没有多大意义。这时，我们可能更愿意用平均数之差、平均数之比或某种类似的统计量来报告结果。前面讲到的月亮错觉研究就是一个很恰当的例子。说地平线上的月亮比天顶的月亮大了近一半，那意义是非常清楚的；如果将其转换为标准化单位，不仅优势全失，而且还令人莫名其妙。我们的主要目标是让读者了解差异究竟有多大，所以应该选择最能表达这种差异的计量指标。在有些情况下，标准化后的指标（如 $\hat{d}$）固然最优，但是在另一些情况下，其他计量指标（如平均数之差）更好些。没有什么能阻止你用它们来说明研究结果。

14.6 $\mu_1 - \mu_2$ 的置信限

除了检验总体平均数之差的零假设（H_0：$\mu_1 = \mu_2$），以及报告效应量之外，我们还应当考察 μ_1 和 μ_2 之差的置信限。置信限的设定逻辑与第 12 章介绍的单样本情况完全相同。计算方法也完全相同，只不过这里要用平均数之差代替平均数，用平均数之差的标准误代替平均数的标准误。因此对于 $\mu_1 = \mu_2$ 的 95% 置信区间，我们有如下公式

$$CI_{0.95} = (\overline{X}_1 - \overline{X}_2) \pm t_{0.05} s_{\overline{X}_1 - \overline{X}_2}$$

对于恐同症研究的数据，我们有

$$CI_{0.95} = (\overline{X}_1 - \overline{X}_2) \pm t_{0.05} s_{\overline{X}_1 - \overline{X}_2} = (24.00 - 16.5) \pm 2.00 \sqrt{\frac{144.48}{35} + \frac{144.48}{29}}$$

$$= 7.5 \pm 2.00 \times 3.018 \ = 7.5 \pm 6.04$$

$$1.46 \leq \mu_1 - \mu_2 \leq 13.54$$

（R 和 SPSS 输出的结果是相同的，只不过 R 的答案是负数，因为它用非恐同组平均数减去恐同组平均数，而这里和 SPSS 则刚好反过来做减法。）概率为 0.95，这表示我们计算的置信区间 (1.46, 13.54) 有 95% 的概率将两个总体（恐同与非恐同参试者）观看同性恋视频时平均性唤起水平之差包含在内。虽然置信区间很宽，但其中没有 0。这也符合我们拒

绝零假设的决策，这说明在接触同性恋视频时，恐同者确实比非恐同者有更强烈的性唤起。另一方面，这么大的区间也应该让我们想到这样一个事实：虽然这个效应在统计学上是显著的，而且效应量（0.62）也相当可观，但是对于平均数之差究竟算不算很大，我们还是有相当大的疑问的。

14.7 效应量的置信限

求出平均数之差的置信区间和效应量的值固然很重要，但是效应量的置信区间也是我们很想知道的。

效应量的统计指标是 $\hat{d}$，d 上面的 "^" 表示这是一个估计值。总体上的效应量应当用希腊字母 δ（近似读作德耳塔）表示。

总体效应量的置信区间计算起来很麻烦，但是现在可以用软件来算。Cumming 和 Finch（2001）设计了一个非常好软件，我在本书网站的补充文件（Supplement）中讨论了它的用法。不过，如果用 R 以及我们之前见过的由 Kelley 和 Lai 开发的 "MBESS" 包，我们也可以很容易地算出置信区间。而最简单的方法是将原标准化的效应量值（0.62）看作标准化的平均数之差（standardized mean difference，缩写为 smd），然后根据两个样本容量（35 和 29）进行计算，即

```
library(MBESS)
ci.smd(smd = 0.62, n.1 = 35, n.2 = 29)
$Lower.Conf.Limit.smd
[1] -1.124518
$smd
[1] -0.6227427
$Upper.Conf.Limit.smd
[1] -0.1161817
```

如果用 ncp = −2.48（计算所得的 t 值）替换 smd = 0.62，你可以得到相同的结果（有舍入误差）。用 ncp = t 的好处是，这种算法始终是标准化的平均数之差。

14.8 检验结果可视化

恐同症的研究结果有许多清晰易懂的可视化方法。最常见的也许就是标准的直条图了。直条图用 X 轴上的直条高度表示样本平均数，每个样本有一个直条。在许多已发表的研究论文中，你还会看到所谓的"**误差线**"。误差线的缺点在于，读者有时很难分辨其含义。在图 14.3 中，看上去很像"工"字梁的误差线表示平均数上下各 1 个标准误。换句话说，它的上下两个"梁"分别指 $\overline{X} \pm s/\sqrt{n}$。但是，有些作者画到平均数上下 2 个标准误，另一些作者时而用它表示置信限，时而用它表示标准差。你必须仔细查看作者做了什么分析才能明白其所指内容；而更令人抓狂的是，你经常找不到相应的内容。

根据前面给出的数据，我们知道汇合方差为 144.48，汇合标准差为 144.48 的平方根（12.02）。恐同组（H 组）有 35 名参试者，非恐同组（NH 组）有 29 人，两组的标准误分别为

$$se_H = \frac{s_H}{\sqrt{n_H}} = \frac{12.00}{\sqrt{35}} = 2.03$$

和

$$se_{NH} = \frac{s_{NH}}{\sqrt{n_{NH}}} = \frac{12.00}{\sqrt{29}} = 2.23$$

这样一来，恐同组误差线的两端分别是 24.00 ± 2.03 = 21.97 和 24.03，非恐同组误差线的两端分别是 16.50 ± 2.23 = 14.27 和 18.73。请注意，本研究的误差线很短。这告诉我们，如果我们多次重复这项研究，那么恐同组的平均数大致上有 2/3 的机会落在大约 22 ~ 24。我们几乎不指望恐同组的平均数落在非恐同组中。这理所当然是一个强烈的效应。

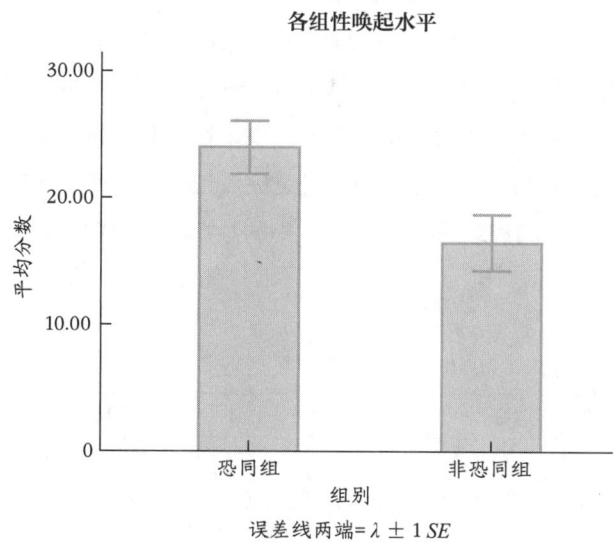

图 14.3 恐同组与非恐同组参试者的性唤起水平

14.9 结果报告

与前一章相同，我们在撰写结果部分时，首先要规划一下读者需要了解的内容。这意味着我们必须非常简洁地描述该研究，包括研究目的和研究程序；还要在正文或表格中报告平均数和标准差；报告 t 时，应当同时报告其自由度、概率水平和结论；对于每一个效应都要介绍效应量。最后写一句总结性的话。下面是一个非常简明的版本：

> Adams、Wright 和 Lohr（1996）考察了恐同者和非恐同者的同性恋恐惧程度与性唤起水平之间的关系。他们的理论是，同性恋恐惧症可能与个体对自身性行为的焦虑水平直接相关；相比非恐同男性，同性恋视频在恐同男性身上引发的性唤起水平更高。

论文作者对 64 名参试者进行了测试，其中 35 人的恐同评分较高，其余 29 人未被归为恐同者。每位参试者都观看了一则关于同性恋行为的露骨的色情视频，并接受性唤起水平评定。结果表明，恐同组参试者的平均性唤起水平是 24.00（$SD = 12.20$），非恐同组参试者的平均性唤起水平是 16.50（$SD = 11.80$）。平均数之差的 t 检验在统计上有显著意义 [$t(62) = 2.48$，$p = 0.016$]。两组之间相差 7.50，转换为 $\hat{d} = 0.62$，这表明两组平均数相差近 2/3 个标准差。作者的结论是，结果明显支持他们的理论——恐同症可能源于个体对自身性行为的焦虑。

14.10 幸运符有用吗？

Damisch、Stoberock 和 Mussweiler（2010）开展了一系列有趣研究，用 4 个研究考察迷信能否真正改善行为。这 4 项研究全都给出了一致的结果：不仅验证了幸运符效应是否存在，而且考察了该效应的可能原因。我们在这里主要介绍他们的第 3 项研究。

Damisch 及其合作者让 41 名大学生带着幸运符来参加实验。实验时，研究者随机选择了其中一半学生，要求其随身带着幸运符完成一项记忆任务。另一半学生被要求在开始记忆任务之前将幸运符留在另一个房间。因变量是完成记忆任务所需的时间和试验次数的综合计量分，分数越低，说明成绩越好。表 14.3 中的数据的平均数和方差与 Damisch 等人的相同。

表 14.3 根据 Damisch 等人（2010）研究生成的数据

随身携带幸运符					不随身携带幸运符				
0.15	-1.07	-0.81	0.42	-1.06	0.47	1.48	-0.99	-0.22	-1.34
-0.42	-1.44	0.83	0.39	0.66	1.17	0.82	0.17	0.69	-0.13
0.76	-0.80	-0.84	-1.02	-0.03	1.62	0.51	-1.00	0.98	-2.02
0.03	-0.53	-0.71	0.11	-0.29	0.66	0.23	0.64	1.19	0.66
0.00									
$\sum X_1 = -5.66$					$\sum X_2 = 5.59$				
$\sum X_1^2 = 10.48$					$\sum X_2^2 = 19.47$				

这次我将把解题过程分解为一系列步骤，因为这有助于你复习本章介绍的内容。

1. **我们要检验什么假设？** 我们首先需要指定零假设、显著性水平以及单尾还是双尾检验。我们要检验的零假设是，无论参试者在任务中是否随身携带幸运符，两个样本的平均成绩是相同的，故 H_0 为：$\mu_1 = \mu_2$。我们还要将显著性水平设置为 $\alpha = 0.05$，与整本书中的显著性水平统一。最后，我们选择双尾检验，因为可以设想，幸运符的存在可能会分散注意力，导致成绩变差。

2. **计算样本统计量：平均数和方差**

$$\overline{X}_1 = \frac{-5.66}{21} = -0.27$$

$$\overline{X}_2 = \frac{5.59}{20} = 0.28$$

$$s_1^2 = \frac{10.48 - \frac{-5.66^2}{21}}{20} = 0.448$$

$$s_2^2 = \frac{19.47 - \frac{5.99^2}{20}}{19} = 0.943$$

3. 计算汇合方差

$$s_p^2 = \frac{(n_1-1)s_1^2 + (n_2-1)s_2^2}{n_1+n_2-2} = \frac{20 \times 0.448 + 19 \times 0.943}{21+20-2} = 0.689$$

4. 计算 t 值

$$t = \frac{\overline{X}_1 - \overline{X}_2}{\sqrt{\frac{s_p^2}{n_1} + \frac{s_p^2}{n_2}}} = \frac{-0.27 - 0.28}{\sqrt{\frac{0.689}{21} + \frac{0.689}{20}}} = \frac{-0.55}{0.259} = -2.12$$

5. 结论：本例的自由度为 $n_1 + n_2 - 2 = 39$。查附录中表 D.6，可知 $t_{0.05} = 2.021$。因为 2.021 < 2.12，故拒绝零假设。（我用手机上安装的 StatsMate 应用程序算出，t 分布曲线下的概率为 $p = 0.040$。）我们可以得出结论，在随身携带幸运符的情况下，参试者完成任务的平均成绩更高些。（这一结果与 Damisch 等人报告的其余 3 项研究结果一致。）

6. 计算效应量。本例中的最佳效应量是科恩的 $\hat{d}$ 指标。因为没有明显的理由只选用某个样本的标准差，所以我们计算效应量时要用汇合方差估计值的平方根作为标准差。（你可能会认为不携带幸运符的那个样本属于控制组，用该组的标准差更合适，但是我觉得用汇合标准差更保险。）

$$\hat{d} = \frac{\overline{X}_1 - \overline{X}_2}{\sqrt{0.689}} = \frac{-0.27 - 0.28}{0.830} = \frac{-0.55}{0.830} = -0.66$$

上述效应量表明，随身携带幸运符的参试者的分数比不随身携带幸运符的参试者低了大约 2/3 个标准差。但是本例中低分表示成绩好，所以迷信行为似乎可以提高成绩。

7. 计算 $\hat{d}$ 的置信区间。我们前面曾经在 R 中用 ci.smd 函数，这种方法最容易完成这一计算。其结果是

```
Library(MBESS)
ci.smd (smd = -0.66, n.1 = 21, n.2 = 20)

$Lower.Conf.Limit.smd
[1] -1.285536
$smd
[1] -0.66
$Upper.Conf.Limit.smd
[1] -0.02646733
```

这个置信区间很宽，但是其中不包括 0。我们还将看到，平均数之差的置信区间也很宽。不过重要的一点是，论文作者们进行的所有 4 个实验都得出了非常相似的结论。

8. 计算平均数之差的置信限。置信上下限是

$$CI = (\overline{X}_1 - \overline{X}_2) \pm t_{0.05} s_{\overline{X}_1 - \overline{X}_2} = (-0.27 - 0.28) \pm 2.021 \times 0.259 = -0.55 \pm 0.523$$

$$= -1.07 \leqslant \mu_1 - \mu_2 \leqslant -0.027$$

这个例题里算出来平均数之差的置信区间有一个缺点，那就是它没有传递多少信息。我们都不熟悉作者创建的因变量，也就难以理解计算出来的数值究竟算多大。效应量倒是好理解得多。

9. 结果报告：

在一项关于迷信行为如何影响任务绩效的研究中，Damisch 等人（2010）要求一组参试者在随身携带幸运符的条件下完成记忆任务，另一组完成记忆任务时不随身携带幸运符。结果表明，前一组参试者的成绩（$\overline{X} = -0.27$，$sd = 0.67$）好于后一组（$\overline{X} = 0.28$，$sd = 0.97$），$t(39) = 2.12$，$p = 0.04$。Cohen's $\hat{d} = 0.66$。该项研究的进一步实验表明，幸运符组还报告了更高的自我效能感，作者认为这也可以用来解释结果。

14.11 直观的统计学

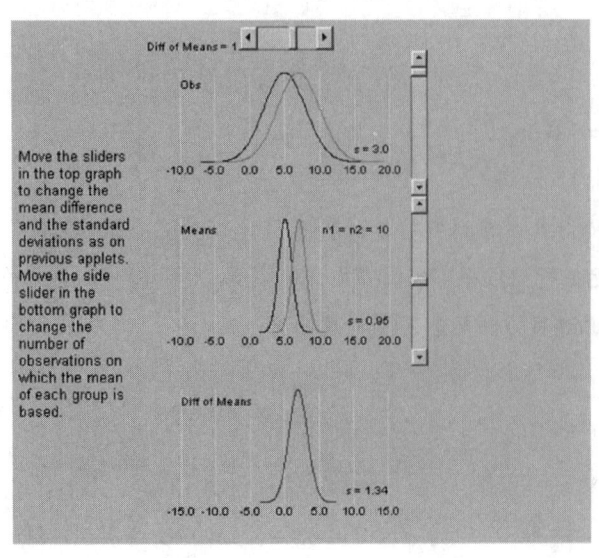

本章开头部分让大家观察平均数之差的抽样分布。本书网站上介绍的一个名为"Sampling Distribution of Mean Differences"的程序可以非常完美地展示这种抽样分布的形态，以及这种分布与总体平均数之差、样本容量和总体标准差之间的关系。左面就是该程序的起始界面。

这个屏幕上有三组分布图。顶部的是我们抽样的总体，中间的两条曲线分别表示从两个总体中抽取的样本平均数的分布。底部是平均数之差的抽样分布。在屏幕的最上面，你可以看到一个滑块，拖动它就可以改变总体平均数之差。拖动右上方的滑块可以改变总体标准差；它下方的滑块可以用来改变样本容量。

现在请移动顶部滑块，你可以发现，总体平均数之差增大时，平均数的抽样分布曲线的位置随之变化，而更重要的是，平均数之差的抽样分布的平均数也随之变化。

另一个程序（名为"t-test on differences between means"，即平均值之差的 t 检验）允许你指定平均数、标准差或样本容量，并查看 t 值及其对应概率受到何种影响。该程序计算 t 值和两平均数之差的概率。下图显示的就是程序开始时的界面，其用法一目了然，但要记住每输入一个值后一定要按一下回车键。

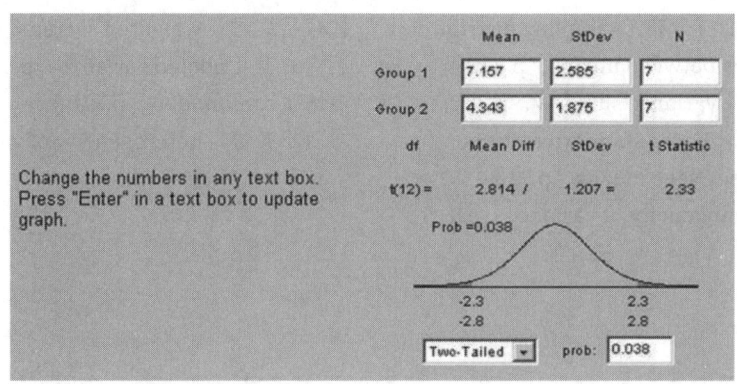

利用表 14.2 中的恐同症研究数据，并输入相应的统计量值。程序输出的答案与我们的计算结果是否一致？

如果还用原来的例子，只是假设每组仅有 10 个参试者。结果仍然很显著吗？你有没有通过这一结果明白样本容量的重要性？（下一章将讨论这个问题。）

14.12 总结

因为本章关注的是两个样本平均数之间的比较，所以我们首先考察的是平均数之差的标准误——两个样本所有可能的平均数之差的标准差。如果两个样本是独立样本，这个标准误等于两个方差分别除以各自的样本容量后相加之和的平方根。

接着，我们援引中心极限定理，证明在很多情况下平均数之差呈正态分布。

计算 t 值的公式是用两个样本平均数之差除以差值标准误的估计值。计算标准误的估计值时，我们常常将两个单独的方差合并计算，形成汇合方差——两个方差的加权平均数，然后用汇合方差代替原来的两个方差。t 值的自由度为两个样本的自由度之和，即 $n_1 + n_2 - 2$。

我们讨论了方差不齐性（两个样本方差有显著差异）的情况。在这种情况下，我们要用两个样本方差代替汇合方差来求出 t 值。我们还要计算调整后的自由度来弥补方差不齐性产生的误差。这种 t 检验在计算机输出结果中通常称为 Welch 检验。

我们用科恩的 $\hat{d}$ 值来表示效应量。它的计算方法很简单，就是平均数之差除以标准差。这里的标准差可以是控制组的标准差，也可以是根据某种逻辑选择的样本标准差，还可以是汇合方差的平方根。我们还介绍了怎样计算两种置信限。第一种是平均数之差的置信限。第二种是效应量 $\hat{d}$ 的置信区间。后者可以用软件来帮助计算，而且我们讨论了两种软件的计算方法。用上述方式计算得到的置信区间可以有 95% 的概率包含总体平均数之差。

最后，我们研究了用直条图表示数据。我在生成的图上包含了误差线，同时指出大家对误差线的单位没有达成广泛的一致。一般来说，误差线的上下端分别表示平均数加 1 个标准误和减 1 个标准误的位置，但也可能分别是平均数加减 2 个标准误的位置，还可能分别是置信区间的上下限。所以，写文章时务必向读者交代清楚误差线的含义。

重要术语

平均数之差的抽样分布（sampling distribution of differences between means，p.312）
方差之和定理（variance sum law，p.312）
平均数之差的标准误（standard error of differences between means，p.314）
方差齐性（homogeneity of variance，p.315）
加权平均数（weighted average，p.315）
汇合方差（pooled variance，p.315）
混淆（confounded，p.318）
方差不齐性（heterogeneity of variance，p.318）

14.13 快速复习

A. 说出两个用独立样本开展实验的理由。

答：因为我们有时无法在不同条件下测量同一对象（例如比较性别差异），或者因为前一种处理的效果会严重影响后一种处理的效果。

B. N 和 n 有什么区别？

答：前者指总样本容量，后者指单个样本的容量。

C. "汇合方差"是什么意思？

答：两个方差以其对应的样本容量为权重算出的加权平均数。

D. "方差齐性"假设是什么意思？

答：假设两个样本来自具有相同方差的总体，与总体平均数无关。

E. 两种效应相互"混淆"是什么意思？

答：意思是我们不能清晰地区分两个组。例如，除了我们正在操纵的处理之外，两个组在别的方面也可能不一样。

F. "双向"假设是什么意思？

答：这其实是"双尾检验"的另一种说法。在任一方向上偏差太大都会让我们拒绝零假设。

G. 计算两个平均数之差的置信限与计算单个平均数的置信限有什么差别？

答：唯一的区别在于，计算前者时采用平均数之差以及平均数之差的标准误。

H. 什么是误差线？

答：误差线是在直条图上绘制的线条，用于显示数据的差异程度。我们通常将高于和低于平均数 1 个标准误处作为其上下限，但有时也采用其他单位（例如标准差）。

14.14 习题

14.1 在习题 13.1 中，我们采用匹配样本，这是因为我们收集的反应来自很多对已婚夫妇。假设我们招募的不是已婚夫妇，而是选取很大一群人作为样本，要求他们用一个 4 点量表（"从不或偶尔"到"几乎总是"）来评定自己对"我和伴侣的性生活很和谐"的同意程度。接着，我们将数据按受访者性别分组。可以想象，这样也能得到相当于习题 13.1 中的数据，只不过没有配对而已。

分析习题 13.1 中的数据，就当它们是以独立样本方式收集来的。你会得出什么结论？

14.2 在习题 14.1 中得到的 t 值将略小于习题 13.1 中的 t 值。为什么我们有这样的预测？

14.3 为什么习题 13.1 和习题 14.1 的结果（t 值）之差很小？

14.4 在本章关于厌食症治疗的例子中，如果我们比较的是两组女孩的最终体重（而不是比较体重的增量），我们应该提出什么基本假设？

14.5 在厌食症研究中，随机分配的作用是什么？

14.6 在厌食症研究中，随机抽样的作用是什么？

14.7 为什么我们在恐同症研究中不能采用随机分配，这对我们的结论有什么影响？

14.8 主题统觉测验（Thematic Apperception Test，缩写为 TAT）向参试者呈现意义模糊的图片，并要求他们根据图片讲故事。参试者的故事可以用多种方式评分。Werner、Stabenau 和 Pollin（1970）要求 20 名正常儿童的母亲和 20 名精神分裂症患儿的母亲完成 TAT，随后研究者对表现出积极的亲子关系的故事进行评分（满分 10 分）。数据如下：

正常儿童的母亲	8	4	6	3	1	4	4	6	4	2
精神分裂症儿童的母亲	2	1	1	3	2	7	2	1	3	1
正常儿童的母亲	2	1	1	4	3	3	2	6	3	4
精神分裂症儿童的母亲	0	2	4	2	3	3	0	1	2	2

（a）你认为该研究的实验假设是什么？

（b）对于该假设，你会得出什么结论？

14.9 在习题 14.8 中，为什么应该考察两组的方差？

14.10 在习题 14.8 中，如果出现显著差异，我们可能会认为不良亲子关系是精神分裂症的病因。为什么这个结论可能带来麻烦？

14.11 实验者偏差指的是，即使是在最尽责的实验者的研究中，数据似乎也倾向于理想的结果。这方面已经有很多研究。假设我们招募学生作为实验者。所有的实验者都被告知，参试者将在实验前服用咖啡因；但是，一半实验者还被告知我们期望咖啡因能带来较好的成绩，而另一半实验者则被告知我们期望咖啡因会带来较差的成绩。因变量是参试者在 2 分钟时间内完成的简单算术问题的个数，得到的数据如下：

期望成绩好组：		19	15	22	13	18	15	20	25	22
期望成绩差组：		14	18	17	12	21	21	24	14	

根据上述数据，你可以得出什么结论？

14.12 根据习题 14.11 中的数据，计算 $\mu_1 - \mu_2$ 的 95% 置信限。

14.13 根据习题 14.11 中的数据，计算效应量。

14.14 求习题 14.13 结果的置信限。

14.15 利用本书和配套数据包中的 Add.dat 数据，根据 ADDSC 观察值将个体分为高于 65 分的组和不高于 65 分的组，比较两组个体的平均绩点。

14.16 根据习题 14.15 中的数据，计算科恩氏 $\hat{d}$。

14.17 根据习题 14.15 和习题 14.16 的答案，你怎样评价 ADDSC 分数的预测作用？

14.18 Brescoll 和 Uhlman（2008）研究了这样一个理论假设：如果让观察者观看一位正在表达愤怒的男性的录像，观察者会认为这位男性地位较高；相反，如果观看的是表达悲伤的男性的录像，观察者会认为这位男性地位较低。19 位做出愤怒表情的男性得到的地位评分的平均数为 6.47，标准差为 2.25。29 位做出悲伤表情的男性得到的地位评分的平均数为 4.05，标准差为 1.61。这一差异是否显著？

14.19 在习题 14.18 中描述的研究中，Brescoll 和 Uhlman（2008）还发现女性的结果正好相反。他们认为，这种相反的结果可能是因为人们对男女两性的愤怒有不同的判断方式。研究者让参试者对一组（41 位）表达愤怒但愤怒原因不明的女性的视频做出评价，这些女性得到的地位评分的平均数为 3.40，标准差为 1.44。但是如果视频中的女性给出了引发愤怒的外部归因（一名员工偷走了某样东西），她们得到的地位评分的平均数为 5.02，标准差为 1.66。

（a）给出愤怒的原因有没有造成显著差异？并求出差异的置信区间。

（b）求出效应量及其置信区间。

（c）如果将表达愤怒的人换成男性，则无归因条件下的平均数为 5.42，标准差为 1.63，外部归因条件下平均数为 4.14，标准差为 2.46。我们能否认为观察者判断男女两性的情绪时采用了不同的标准？

14.20 根据加权平均数的定义，假定两个样本容量相等，汇合方差估计值的计算公式会变成什么样？（提示：用 n 代替换 n_1 和 n_2。）

14.21 在前一题中，如果 $s_1^2 = s_2^2$，则无论 n_i 如何变化，都会出现什么结果？

14.22 请证明，在样本容量相同的情况下，不用汇合方差也能得出第 14.10 节中的答案，尽管自由度可能有所不同。

14.23 用 R 或其他软件重复习题 14.8 的结果。

14.24 用 R 或其他软件重复习题 14.11 的结果。

第 15 章

统计功效

本章讨论**统计功效**。想要发现的效应确实存在，而假设检验也得到了显著意义——这种情况的发生概率就是统计功效（以下多简称"功效"）。本章将介绍设定适当水平的功效的重要性，以及精心设计的研究为什么不一定产生显著意义的结果。统计功效是一个重要的概念，一般情况下还算容易计算。例如，为了计算总体平均数之差的功效，我们只需要估计总体平均数之差，以及一个（或多个）总体的标准差。根据这些估计值，我们就可以计算功效的估计值了。

我一直避免举体育方面的例子，但这是一个案例宝库。在我写这段文字的时候，纽约洋基队共参加了66场比赛，赢了其中41场（62%），而波士顿红袜队在66场比赛中赢了33场（50%）。如果一定要你赌一下今天他们两队相遇谁能获胜，而且你住在英国坎特伯雷或澳大利亚墨尔本，也不是哪支球队的球迷，那你最好押洋基队胜，因为他们看上去似乎更强。但你肯定不会认为洋基队必胜无疑。洋基队获胜的可能性确实大一些，但是就算听说他们输了，你也不会惊得目瞪口呆。做研究也是如此。你发明的阅读障碍治疗法可能比我的好，但这并不意味着你的治疗对象的表现总是比我的好，也不意味着你的疗效总会显著好于控制组。我们要切记，一支球队也好，一种疗法也好，"比较好"并不意味着"永远获胜"，只是意味着"胜多负少"。这一点在第21章谈论元分析时将被再次提到。当我们试图全面搜集某个特定主题的众多研究时，并不指望每个研究都发现了显著差异。而且，就算某项研究未发现显著差异，但是只要其平均数之差的方向正确，实际上也可以增强我们对这种效应的信心。

我们研究问题的时候似乎普遍认为，如果我们用实验来检验一个理论，那么这个实验一定会与这个理论共同进退：理论正确，结果就会显著；理论出错，结果就不会显著。但是现实世界并不是这样的，就像

需要回忆的概念

α：	错误地拒绝 H_0 的概率
β：	未能拒绝错误的 H_0（Ⅱ类错误）的概率
效应量 $\hat{d}$：	一种旨在用读者能够理解的方式说明处理造成效应之强弱的指标
汇合方差估计值：	两个样本方差的加权平均数
抽样分布：	重复抽样情况下统计量（例如平均数）的分布

洋基队并不总能取胜一样。即便洋基队比赛失利，也没有人会放弃它；但是，如果实验结果不符合理论预测，我们往往会放弃理论。其实也许只是因为你看得不够多——也就是说，没有积累足够的观察。（或许你做得很到位，只是运气差而已。）

大多数应用统计工作主要都是尽量减少（至少是控制）I类错误（α错误）的概率。我们不希望老是错误地拒绝正确的零假设。人们设计实验时，往往容易忽略另一种错误，即II类错误（β错误）。I类错误是"发现"了一个不存在的差异，而II类错误是另一个严重问题：它是"没找到"确实存在的差异。（以棒球比赛为例，II类错误相当于洋基队实力更强，但没有击败红袜队。）当我们在考虑一项典型实验要耗费的大量时间和金钱成本时，从一开始就应该认识到，要寻找的效应即便实际存在而且相当重要，也是很难找到的，否则就太没有远见了。而且，仅仅因为第一项研究没有得到统计显著性而放弃后面的一系列研究，同样是没有远见的。这就是优秀的研究者经常进行一系列预研究的原因——为了实验设计能"一击即中"。

研究者历来容易忽视II类错误。（有趣的是，赌马的人不会忽略这样一个事实：再厉害的马有时也会失败；而我们做研究时却经常忽略这样一个事实：再好的实验有时也没能产生显著差异。）许多教科书一直以来都忽略了这个问题。而那些讨论过这方面问题的书籍又写得让其目标受众不易理解。不过，在过去的30年里，心理学家雅各布·科恩（Jacob Cohen）在其发表的一些著作中对此进行了清楚明了的讨论。他几乎是以一己之力使心理学家认识到有统计功效这么一件事的，而且这事确实还很重要。科恩（Cohen，1988）的讨论完整而严谨。而Welkowitz等人（2006）的文章则相对简单，运用了一种近似技术，本章也采用了这种技术。该近似技术建立在正态分布的基础上，而且用该方法计算的功效与更精确的方法算出来的结果通常相差无几。（我还将介绍在台式计算机或笔记本电脑上如何用免费统计软件算出更精确的功效。）科恩（Cohen，1992）写了一篇只有5页纸的精彩论文，文章也很容易获取，我总是把该文发给那些问我功效方面问题的人。如果你对这个主题也感兴趣，或需要比本书所述更深入地思考功效问题，应该不难找到刚刚提到的文献，也不难找到科恩在多个主题上发表的许多出色论文。事实上，这些论文都已经有了一些年头，但我几乎都将其看作新近发表的，这说明了观念的变化都是缓慢的——不仅统计方法是这样，所有观念都是如此。

雅各布·科恩

我们已经有好几章没有出现人物小传了，但是本章给了我一个写传记的机会，我要介绍一位在我心目中对提高心理界同人的统计学认识贡献最大的人。虽然无缘相见，但是在几乎整个职业生涯中，我一直很欣赏这位学者。

雅各布·科恩出生于1923年，15岁时就进了纽约城市学院。显然，他那时还没有做好读大学的准备，他的妻子兼合作者帕特里夏·科恩（Patricia Cohen）写道："经过两年的惨淡表现（除了乒乓球外）之后，他从事了一项与战争有关的职业……"（Cohen，2005），后来入伍（Cohen，2005）。第二次世界大战后，他毕业于纽约城市学院，之后又在纽约大学获得了博士学位。再后来，他在退伍军人管理局工作，在那段时间里，他发明了至今仍在广泛使用的卡帕系数（Cohen's Kappa），这是一种衡量一致性程度的概率校正性指标。1959 年，他入职纽约大学，一直到 1993 年退休。他于 1998 年去世。一生中几乎将心理学界颁发的奖项得了个遍。

科恩发表的最重要著作之一是 1968 年的一篇论文，他将线性回归和方差分析（本书接下来几章的主题）结合起来，这一方法是心理学家此前从未真正理解过的。（如果我在职业生涯中只发表了一篇论文，我希望就像他这一篇。）他声称，这篇论文之所以非常成功，是因为他根本写不出像统计学家和数学家的著作那样复杂的文章。也就是说，他写了一篇人们看得懂的论文！他在这篇论文中介绍的内容具有很强的影响力，推动其他学者发表了大量的论文。

1969 年，科恩发表了极具影响力的《行为科学统计功效分析》（*Statistical Power Analysis for the Behavioral Sciences*）一书。这本书向心理学家介绍了什么是功效，如何计算功效，如何设计功效更强的实验，以及我们所做的大多数实验的功效其实是何等的低下。这导致许多人质疑心理学研究的功效，进而从不同方面质疑统计假设检验的整个理论。到了 20 世纪 90 年代，科恩本人也质疑假设检验理论，其 1990 年的论文"我学到的东西（到目前为止）[Things I have learned (so far)]"很好地总结了他的这些思想。请注意标题中的那个"学"字——科恩从未停止学习，这是心理学之福。

谈论 II 类错误，实在是讨论问题的一种消极方式，因为它关心的是我们犯的错误。积极的方式是讲统计功效——其定义是"正确地拒绝错误的 H_0 的概率"。换句话说，统计功效等于 $1-\beta$。如果我们说某个特定实验设计的统计功效是 0.65，其含义就是，如果按照我们的理论零假设为假，则实验结果让我们拒绝 H_0 的概率能达到 0.65。实验越强大，拒绝虚假 H_0 的概率就越大。

15.1 统计功效的基本概念

在解释如何计算功效的估计值之前，我们直接用重抽样方法来了解一下功效背后的基本思想。在下面这个例子中，我们要进行一项涉及两个独立样本的研究，检验的零假设是 $\mu_1 = \mu_2$。当然，它还是一项颇为有趣的研究。

Joshua Aronson 在被称为"刻板印象威胁"的主题上做了大量研究，这种现象涉及这样一个事实——"刻板印象群体的成员在其行为可能证实其所属的群体确实符合某种负面的声誉（即缺乏某种可贵的能力）时，经常感到额外的压力"（Aronson, Lustina, Good, Keough, Steele, & Brown, 1998）。这种对刻板印象威胁的感受在理论上会影响个体的成绩，通常会使其成绩低于没有感受到刻板印象威胁时的水平。很多学者对不同民族在其表现较差方面的刻板印象威胁进行了大量研究，而 Aronson 等人则进一步研究了刻板印象威胁会不会降低欧裔男性的成绩——这一群体通常与刻板印象威胁无关。

Aronson 等人（1998）抽取了两个独立的大学生样本，这些大学生的数学成绩很出色，而且数学对他们也确实很重要。接着，他们随机选派了 11 名学生进入控制组，该组学生只是被要求完成一项高难度的数学考试。同时，他们将 12 名学生分配到了（刻板印象）威胁组，并告诉这些学生说，亚洲学生数学考得通常比其他学生好，而本次考试的目的是帮助研究者弄清为什么存在这种差异。Aronson 预期，单单告诉欧裔学生说亚洲人数学考得更好就会引发刻板印象威胁，并削弱欧裔学生的表现。

本研究的因变量是大学生在规定时间内正确解答的数学题的个数。研究发现，对照组的 11 名学生的平均数和标准差分别为 9.64 和 3.17。威胁组的 12 名学生的平均数和标准差分别为 6.58 和 3.03。对这些数据进行 t 检验，得到 $t = 2.37$，$p = 0.027$，表明有显著意义。这个发现很重要，通常也会有人想重复该实验。假设我们曾计划重复该实验，但希望每个组都有 20 名——控制组和威胁组人数相等。不过，在耗费财力和精力重复该研究之前，我们应该了解一下成功复制的概率。这就是功效的全部意义。

为了计算重复实验的功效，我们需要了解控制组和威胁组所来自的总体的平均数和标准差。对这些参数的最优估计值就是 Aronson 等人测得的样本平均数和标准差。尽管用它做参数可能不够精准，但是这已经是我们能够得到的最优估计值了。因此，我们假设控制组来自的总体的平均数为 9.64，标准差为 3.17；威胁组来自的总体的平均值为 6.58，标准差为 3.03。另外，我们还要假设总体呈正态分布。正如我所说的，我们计划每组招募 20 名参试者。

有一种简单的方法可以模拟这种情境：从一个平均数和标准差等于控制组的总体中抽取 20 个观测值。同样地，从一个平均数和标准差等于实验组的总体中抽取 20 个观测值。接着，我们计算这些数据的 t 统计量，记下该 t 值；然后，将上述过程重复 9999 次。这样，我们就得到了 10 000 个 t 值。我们还查到当 $df = 38$ 时，临界值 $t_\alpha(38) = \pm 2.024$，这时我们可以问：这 10 000 个 t 值中有多少个在统计上是显著的（即 $|t| \geq 2.024$）。

这一抽样研究的结果见图 15.1，图中还附上了适当的 t 分布。请注意，尽管 86% 的 t 值大于 2.024，但仍有 14% 小于该临界值。由此可知，根据本题的参数估计值和样本容量，本实验的功效为 0.86，即 86% 的 t 值超过临界值。就大多数实际情况而言，这样的功效也算合理。

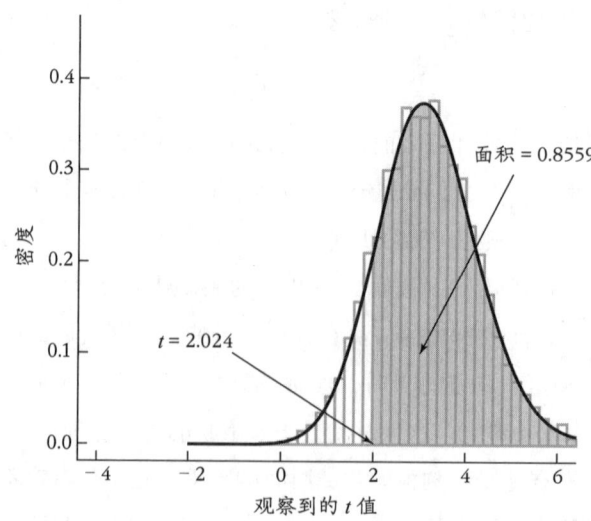

图 15.1　重抽样研究中获得的 t 值的分布

15.2 影响检验的功效的因素

刚才我们用抽取重复样本的方式直观地感受了功效,接下来,我们该知道一点关于功效的理论了。正如我们预料的那样,功效受若干变量的影响。它们分别是:(1)α,即 I 类错误的概率;(2)差异的实际大小;(3)样本容量;(4)要采用的具体检验方式。独立样本与相关样本的功效也有差别,但我们不考虑这个因素,因为只要满足检验假设,可以证明本书讨论的大多数统计方法对于相应的问题都有很强的功效。

简短的回顾

首先,我们要简单地回顾一下前面介绍过的内容。来看图 15.2 中的两个分布。左边的分布(标记为 H_0)表示零假设为真($\mu = \mu_0$)时样本平均数的抽样分布。右边的分布表示 H_0 为假且真实总体平均数为 μ_1 时样本平均数的抽样分布。该分布的位置完全取决于 μ_1 的值。

H_0 分布右侧尾部的深色阴影部分表示 I 类错误的概率(记为 α),不过这是单尾检验的情形,双尾检验的话,这块阴影表示的概率就是 $\alpha/2$。这部分区域中的样本平均数都会让 t 检验的结果有显著意义。第二个分布(H_1 分布)表示当 H_0 为假且真实平均数为 μ_1 时样本平均数的抽样分布。显而易见,即使 H_0 为假,仍将有许多样本平均数(及其对应的 t 值)落在临界值的左侧,令我们无法拒绝假的 H_0,从而犯下 II 类错误。这一点前文已有展示。图 15.2 中浅色阴影部分就是 II 类错误的概率(记为 β)。当 H_0 为假且检验统计量落在临界点的右侧时,我们将正确地拒绝假的 H_0。这种情况的概率就是我们所说的功效,在 H_1 的分布中,功效就是无阴影的那部分。

功效与 α

通过图 15.2,我们很容易看出功效与 α 的关系。如果我们想加大 α,临界点就要向左移动,这样就会减小 β,从而提高功效,尽管此时犯 I 类错误的概率相应地增大了。

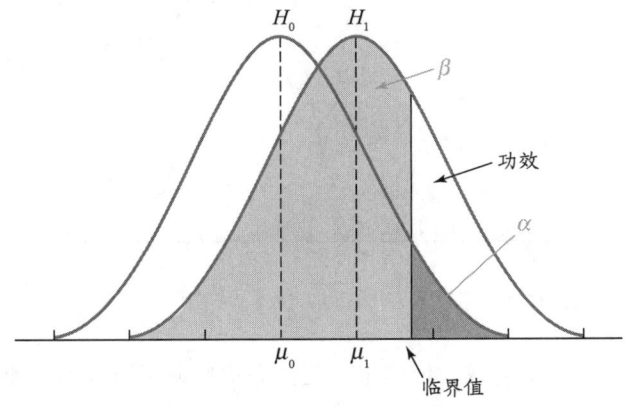

图 15.2 H_0 和 H_1 下 $\bar{X}$ 的抽样分布

功效与 H_1

影响功效的还有差异的实际大小（确切地说是 $\mu_0 - \mu_1$，即 H_0 下的平均数 μ_0 与 H_1 下的平均数 μ_1 之差），对比图 15.2 和图 15.3 就能理解这一点。在图 15.3 中，μ_0 与 μ_1 之差扩大，导致功效显著提高（尽管 II 类错误概率仍相当大）。这没有什么好讶异的，因为如果将我们前面所说的概括成一句话，无非是说，发现差异的概率取决于差异的实际大小。

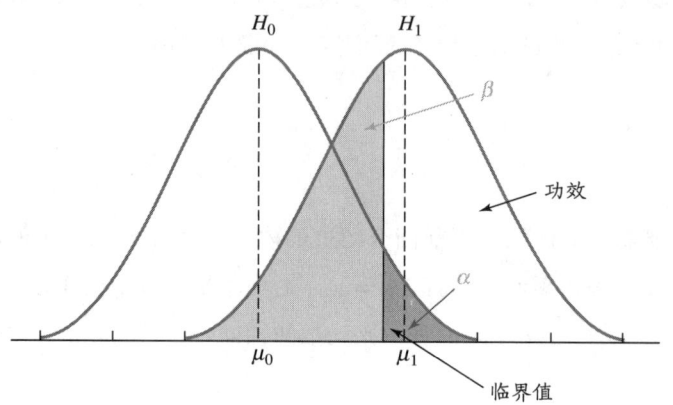

图 15.3 $(\mu_0 - \mu_1)$ 增大对 β 的影响

功效与 n 和 σ^2

功效与样本容量之间的关系（以及与 σ^2 之间的关系）稍微有点微妙。因为我们感兴趣的对象是平均数或平均数之差，所以我们关心的是平均数的抽样分布。我们知道，平均数的抽样分布的方差随着 n 的增大而减小，或随着 σ^2 的增大而增大（因为 $\sigma_{\bar{X}}^2 = \sigma^2/n$）。将图 15.3 和图 15.4 对照着看，可以看到 n 增大或 σ^2 减小时，两个抽样分布（H_0 和 H_1）分别会发生什么变化。图 15.4 表明，如果 $\sigma_{\bar{X}}^2$ 减小，则两个分布之间的重叠减少，功效就提高。注意，从图 15.3 到图 15.4，两个平均数 μ_0 和 μ_1 保持不变。

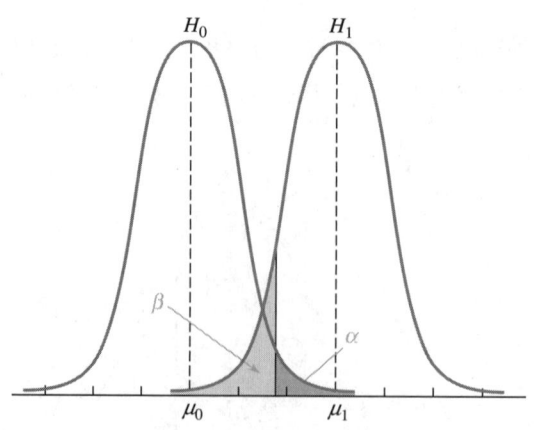

图 15.4 平均数标准误减小对 β 影响

如果实验者关心检验的功效，他们很可能关心那些易于操纵的、能影响功效的变量。因为 n 比 σ^2 或平均数之差（$\mu_0 - \mu_1$）更容易操纵，而增大 α 又会产生不希望看到的副作用——增加Ⅰ类错误的概率，因此，人们在讨论功效时往往只提到样本容量的影响，尽管 McClelland（1997）指出，对实验设计稍作修改也可以增加其功效。

15.3 用传统方式计算的功效

从图15.2—图15.4可以看到，功效受 H_0 和 H_1 下抽样分布之间的重叠程度的影响。另外，这个重叠部分的大小也是 μ_0 和 μ_1 之间的距离以及标准误的函数。因此，衡量 H_0 为假的程度的一个指标是以标准误为单位表示 μ_0 和 μ_1 之间的距离。然而，这个计量指标的问题在于，它包含样本容量（在计算标准误时用到），而实际上我们通常不是希望根据 n 求出功效，就是希望根据功效求出所需的 n。出于这个原因，我们用下面的公式来计算距离或**效应量**（d）：

$$d = \frac{\mu_1 - \mu_0}{\sigma}$$

不考虑 d 的符号，并在以后引入 n。（这与我在别处所称的"科恩氏 d"基本相同，只是目的略有不同罢了。）可见，d 是一个以总体标准差为单位表示 μ_0 和 μ_1 之间距离的指标。[例如，如果我们有汇合方差，则 $d = (9.64 - 6.58)/3.10 = 0.987$，也就是说，$H_1$ 下的平均数与 H_0 下的平均数相差近1个标准差。我在这里用的是汇合标准差。]我们看到，d 的估计值独立于 n，只用了 μ_1、μ_0 和 σ 的估计值来参加运算。我们在第14章曾讨论过用效应量作为标准化的平均数之差。在这里，我们又用到了这样一个指标，只不过其中一个平均数是零假设之下的平均数。当比较两个总体的平均数时，我还会再次指出这一点。

怎样估计效应量

我们的第一个任务是估计 d，因为它是以后各种计算方法的基础。完成这个任务有三种方式，堪称上策、中策和下策：

1. **先前的研究**。在先前研究的基础上，我们经常可以粗略地估计 d 值。因此，我们可以查阅他人研究的样本平均数和方差，有根有据地推测我们期望中的 $\mu_0 - \mu_1$ 和 σ 的值。在实际工作中，这项任务并不像看上去那么难，特别是当你认识到粗略的近似值远远好于一无所知时。
2. **对差异值的个人评价很重要**。在许多情况下，研究者会说："我只对 μ_1 和 μ_0 之间相差10以上的结果感兴趣。"研究者的原意是，小于10的差异不重要或没有用，大的差异才重要、才有用。（这在医学研究中尤为常见，例如，我们希望大幅度降低胆固醇水平，对一点点变化不感兴趣。当我们比较药物疗效时也是这样：如果一个新药的疗效比起现有药物的疗效没有超出预想的程度，我们对新药就不感兴趣。）在这里，我们直接给出 $\mu_0 - \mu_1$ 的值，而无须知道 μ_1 和 μ_0 的具体数值。接下来的事情，就是根据其他数据

估算 σ。例如，研究者可能会说，他希望找到一种方法，将 GRE 成绩提高到超出常模 40 分。我们已经知道 GRE 分数的标准差约为 100。故 $d = 40/100 = 0.40$。如果假想中的实验者想将分数提高 4/10 个标准差，那么他可以直接说 $d = 0.4$。

3. **采用特殊约定**。当无法估计所需参数时，我们可以回到科恩（Cohen, 1988）提出的一系列约定。科恩多少有点武断地定义了三个等级的 d：

效应量	d	重叠比例 /%[①]
小	0.20	92
中	0.50	80
大	0.80	69

> **注释①**
> 在这里，我要感谢美国俄克拉何马州立大学的 James Grice 和新西兰奥克兰大学的 Paul Barrett 为"重叠百分比"提供了正确的数值。科恩当初的估计值有误。

因此，在不得已的情况下，实验者可以简单地决定他想得到弱效应、中等效应还是强效应，从而设定相应的 d。不过，只有在其他替代解决方案不可行时，我们才选择这个方案。上面表格中最右边一列标记为"重叠比例"，它表示的是图 15.2 中的两个分布相互重叠的程度。因此，当 $d = 0.5$ 时，两个分布有 80% 相互重叠（Cohen, 1988）。这（重叠程度）也是另一种说明某种处理能产生多大差异的方式。

科恩认为，中等效应是一个有头脑的观察者很容易看到的；弱效应是一种真实存在但很不容易看出来的效应，而强效应（0.80）则是中等效应（0.50）再加上其与弱效应之差（0.50 − 0.20 = 0.30）。科恩（Cohen, 1969）最初提出上述约定时，只是为了供那些没有其他方法估计效应量的人采用。但随着时间的推移，科恩对许多研究者未能完成功效分析感到气馁——可能是因为他们觉得这种分析过于困难，他自己大力践行了这些约定（参见 Cohen, 1992a）。然而，得克萨斯 A&M 公司的 Bruce Thompson 对此提出了一个很好的见解。当他提到用 d 而不是用检验统计量对应的概率表示差异程度时写道（Thompson, 2000）："最后必须强调的是，如果我们仅仅盲目地采用科恩的经验法则，而忘记了他强烈的劝告，虽然不再说'对应于 $p = 0.05$ 或 0.01 的临界值'之类的话，我们也只是稀里糊涂地选择了一个新指标而已。（注意强调之处。）"这一点适用于对 d 的任意一项约定，无论是为了计算功效，还是为了让读者了解差异有多大。Lenth（2001）令人信服地论证了，采用科恩所说的那样的约定是危险的。我们既要注意 d 的公式中分子的值，也要注意其分母的值，而不仅仅是两者的比率。Lenth 的议论实际上是希望研究者对自己的判定负更大的责任，我不太相信科恩会心悦诚服地同意 Lenth 的看法。

你可能很不理解，为什么在实验开始之前就要求研究者说明自己想要发现什么样的差异。大多数人的反应可能是："我又不知道实验会出什么结果，我只不过想知道会不会有差异。"虽然许多研究者都这样说（我也不例外），但是你应该质疑这种说法的有效性。我们真的不知道自己的实验会发生什么吗？连大概的估计都没有吗？如果一无所知，那我们做这实验干什么？尽管有时候做实验确实是想知道"会发生什么"，但是一般来说，"我不知道"往往是因为"我没有想那么远。"请记住，大多数实验都是为了证明一个特定的理论放在其他情况下也是正确的，而这个理论经常告诉我们应该期待何种结果。

效应量与 n 的新组合

我们之前决定将样本容量从效应量中分离出来，是为了更容易对其进行单独处理。现在，我们需要一种将效应量与样本容量重新结合起来的方法。我们采用统计量 $\delta = d[f(n)]$ 来表示这种结合，这里 n 的函数就是 $f(n)$，对于每一种不同的检验都有不一样的定义。这种系统的便利之处在于，无论是哪一种统计方法，我们都能用同一张 δ 表计算功效。

15.4 单样本 t 检验计算功效

现在讲第一个例子，我们用它考察如何计算单样本 t 检验的功效。在上一节里，你看到 δ 基于 d，同时还是 n 的函数。对于单样本 t 检验，这个函数就是 $\sqrt{n}$，δ 的定义为

$$\delta = \hat{d}\sqrt{n}$$

在这种情况下，δ 被称为**非中心参数**。在第 5 章的习题 5.21 中，我们看到了 Everitt 的一项用认知行为疗法来治疗厌食症的研究。现在假设有一位临床心理学家想重复这项研究。作为必要的前提，这位临床心理学家要假定 Everitt 的数据能够很好地代表总体的情况。换句话说，这位临床心理学家情愿假定，采用了认知行为疗法后，总体中的个体体重平均增量为 $\mu_1 = 3.00$ 磅，标准差为 7.31。其零假设是：认知行为疗法不会导致体重增加，即增重幅度 $\mu_0 = 0.00$。

$$\hat{d} = \frac{3.00 - 0.00}{7.31} = 0.41$$

如果参试人数与 Everitt 研究相同（$n = 29$），而且

$$\delta = \hat{d}\sqrt{n} = 0.41\sqrt{29} = 0.41 \times 5.39 = 2.21$$

虽然实验者期待样本平均数高于总体平均数，但是为防万一，他还是打算采用 $\alpha = 0.05$ 下的双尾检验。给定 δ 后，我们可以根据附录中的表 D.5 迅速确定检验的功效。我复制了该表的一部分，形成表 15.1。不管查哪一张表，只需沿左侧一列向下找到 $\delta = 2.21$，再横着找到标为 0.05 的那一列，那个概率值就是检验的功效。不过，这两个表都没有 $\delta = 2.21$ 这一行，但是都能查到 $\delta = 2.20$ 和 $\delta = 2.30$。当 $\alpha = 0.05$ 时，这意味着功效介于 0.60 和 0.63。通过线性插值，我们可以说，对于 $\delta = 2.21$，其功效四舍五入为 0.60。这样的话，如果 H_0 确实为假，且 $\mu_1 = 3$ 磅，那么用那位临床心理学家收集的数据检验样本平均数与 H_0 指定的平均数之差时，只有 60% 的机会能得到显著意义的 t 值。这个结果相当令人沮丧，因为它意味着，即使接受认知行为疗法的人的平均增重确实是 3.00 磅，但是这位临床心理学家的实验也有 100% – 60% = 40% 的概率得不到显著意义的结果。该实验的精确功效可以通过 Russ Lenth 编写的 Java 程度[*]进行计算，或用 R 或名为 G*Power 的独立程序计算，结果是

---

[*] 本书配套提供的网络补充材料的网址可联系电子邮箱 1012305542@qq.com 获取，或者登录 www.wqedu.com 下载。您在下载中遇到问题，可拨打 010-65181109 咨询。——中文版出版者注

0.568。你可以看到，近似值还是蛮准的。

表 15.1　表 D.5 的一部分，功效是 δ 和显著性水平的函数

	双尾检验的 α			
δ	0.10	0.05	0.02	0.01
1.00	0.26	0.17	0.09	0.06
1.10	0.29	0.20	0.11	0.07
1.20	0.33	0.22	0.13	0.08
1.30	0.37	0.26	0.15	0.10
1.40	0.40	0.29	0.18	0.12
1.50	0.44	0.32	0.20	0.14
1.60	0.48	0.36	0.23	0.17
1.70	0.52	0.40	0.27	0.19
1.80	0.56	0.44	0.30	0.22
1.90	0.60	0.48	0.34	0.25
2.00	0.64	0.52	0.37	0.28
2.10	0.68	0.56	0.41	0.32
2.20	0.71	0.60	0.45	0.35
2.30	0.74	0.63	0.49	0.39
2.40	0.78	0.67	0.53	0.43
2.50	0.80	0.71	0.57	0.47
2.60	0.83	0.74	0.61	0.51
2.70	0.85	0.77	0.65	0.55
2.80	0.88	0.80	0.68	0.59
2.90	0.90	0.83	0.72	0.65
3.00	0.91	0.85	0.75	0.66

以下是完成上述计算的 R 代码

```
library(pwr)
pwr.t.test(n = 29, d = 0.41, sig.level = .05, type = "one.sample")
One-sample t test power calculation

              n = 29
              d = 0.41
      sig.level = 0.05
          power = 0.5682491[2]
    alternative = two.sided
```

注释[2]
我们真的相信计算结果能精确到小数点后面 7 位？我想说 0.57 就足够精确了。

既然研究者在实验之前就能明智地考虑到功效问题，自然就有可能想到要设法提升功效。例如，实验者可以将 α 设置为 0.10，这样可以将功效提高到大约 0.71，但是有些人可能不满意这种做法。(例如，期刊审稿人通常不愿意看到大于 0.05 的 α 值。) 另一种做法是，研究者可以利用"加大 n 可以提高功效"的规律。

怎样估计必要的样本容量

心思缜密的研究者可以通过增加 n 来提高功效,但是需要多大的 n?对这个问题的答案完全取决于可接受的功效水平。现在,假设你想把前面例子的功效改为 0.80。你首先要查附录中的表 D.5,根据指定的功效反向找出 δ 的值。查表可知,当功效等于 0.80 时,δ 须等于 2.80。这样,我们可以根据 δ,通过简单的代数运算得出 n:

$$\delta = d\sqrt{n}$$

$$n = \left(\frac{\delta}{d}\right)^2 = \left(\frac{2.80}{0.41}\right)^2 = 6.83^2 = 46.64$$

因为患者人数必须是整数,故将 n 四舍五入为 47。于是,如果研究者想在 $\hat{d}=0.41$(即 $\mu_1 = 3.00$ 或 -3.00)的条件下将拒绝 H_0 的概率提高到 80%,他就要为 47 位患者提供治疗。虽然研究者可能觉得患者人数太多了,但是不这么做的话,也只好眼看着功效下降,发现不了任何结果的概率增加了。[③]

你可能会想,为什么我们在前面的例子中将功效设定为 0.80?以这样的功效,我们还是有 20% 的概率犯 II 类错误。这是一个很实际的问题。假设我们的研究者希望功效等于 0.95,通过简单的计算,可知这将需要一个容量为 $n = 77$ 的样本;而当功效达到 0.99 时,这项研究需要大约 105 名参试者。在实际研究的具体情况下,或者在研究者资源有限的情况下,这么大的样本容量可能不太合理。虽然我们通常用增加 n 来换取较高的功效,但是当功效非常高时,代价也非常高。而且,这是一种"收益递减"的情况,因为 δ 不是随着 n(而是随着 n 的平方根)的增加而增加。从美国人口统计局的文件中获取数据是一回事;研究分开抚养的同卵双生子就是另一回事了。应该指出,负责批准大多数涉及人类和动物的研究计划的审查委员会对他们觉得容量太大的样本往往是比较审慎的。

注释③
如果你不通过查表得到 $\delta = 2.80$,也可以用 R 得到近似结果——重新运行我提供的用于计算功效的 R 代码,改变 n 的值直到功效变成 0.80。最终结果是,n 被设置为 49。

15.5 计算两个独立样本平均数之差检验的功效

当我们想要对两独立样本平均数之差进行检验时,功效的计算与单样本平均数检验非常相似。在第 15.4 节中,我们取 H_1 和 H_0 下的两个 μ 之差,除以 σ,从而得到 d。在检验两个独立样本平均数之差时,方法基本上是一样的,只是此时要检验的对象变成了平均数之差而已。因此,我们要用 H_1 下的两个总体平均数之差($\mu_1 - \mu_2$)减去 H_0 下的总体平均数之差($\mu_1 - \mu_2$),然后除以 σ。(关于 σ,回想一下我们原来的假定:$\sigma_1^2 = \sigma_2^2 = \sigma^2$。)然而,在大多数平常的应用情境中,$H_0$ 下的 $\mu_1 - \mu_2$ 等于 0,因此公式中无须保留这一项。故,

$$\boxed{d = \frac{(\mu_1 - \mu_2) - 0}{\sigma} = \frac{\mu_1 - \mu_2}{\sigma}}$$

式中的分子指 H_1 下预期的差异,分母指总体的标准差。你应该认出来了,它与我们在第 14 章中看到的科恩氏 d 的计算公式相同,有时候被记作赫奇氏 g(Hedges's g)。唯一的差

别在于，这里的分子是总体平均数之差，而非样本平均数之差。

在双样本情况下，我们必须区分实验的样本容量是相等还是不等这两种情况。我们将区别对待这两种情况。

样本容量相等

假设我们想要检验两种治疗方法的差异，并预计两个总体平均数之差大约为 5，或者说，我们只对差值大于 5 的结果感兴趣。另外，假设依据以往的数据，σ 大约是 10。则

$$d = \frac{\mu_1 - \mu_2}{\sigma} = \frac{5}{10} = 0.50$$

也就是说，我们预计两个平均数之间相差 0.5 个标准差，这在科恩（Cohen，1988）看来就是一个中等程度的效应了。

首先，我们来研究两个样本容量都是 25 的情况下的功效。在两个样本的情况下，我们对非中心参数 δ 的定义是

$$\boxed{\delta = d\sqrt{\frac{n}{2}}}$$

其中 n 是任一样本中的病例数（总共有 $2n$ 个病例）。故

$$\delta = 0.50\sqrt{\frac{25}{2}} = 0.50\sqrt{12.5} = 0.50 \times 3.54 = 1.77$$

查附录中的功效表，用插值法求出 $\delta = 1.77$，$\alpha = 0.05$，双尾检验情况下的功效为 0.43。因此，如果研究者真的对 25 位被试进行了这个实验，且对 δ 做出了正确的估计，而且 H_0 相对于研究者的期望而言为假，则其拒绝 H_0 的概率为 0.43；犯 II 类错误的概率为 0.57。（功效的确切数值是 0.41 而不是 0.43，但是这点差异完全是因为表格中都是近似值。相差 0.02 不算特别大的问题。）

我们接下来回到功效为 0.80 时需要多少被试的问题。查附录中的功效表，这时 δ 应该是 2.80。

$$\delta = d\sqrt{\frac{n}{2}}$$

$$\frac{\delta}{d} = \sqrt{\frac{n}{2}}$$

$$\left(\frac{\delta}{d}\right)^2 = \frac{n}{2}$$

$$n = 2\left(\frac{\delta}{d}\right)^2 = 2\left(\frac{2.80}{0.50}\right)^2 = 2(5.6)^2 = 62.72$$

n 指每个样本的被试人数，故当功效为 0.80 时，每个样本需要 63 名被试，总共需要 126 名被试。

样本容量不等

刚才我们处理的是 $n_1 = n_2 = n$ 的情况。但是在一般情况下做实验都会用到两个不同容量的样本。在这种情况下求解 δ 显然有一定的困难，因为我们只需要一个 n。那么，我们怎么计算 n 呢？

如果两个样本容量都相当大，而且比较接近，保守一点的办法就是用其中较小的那个样本容量作为 n。然而，如果样本容量都很小，或两个 n 相差很大，这种办法就不够理想了。在这种情况下，我们需要更精确的计算方法。

一个看似合理的方法是让 n 等于 n_1 和 n_2 的算术平均数，但是这种做法不合理。我们在第 14 章中看到，计算算术平均数意味着为两个样本赋予相等的权重，而实际上，我们知道平均数的方差与 n 之间不是成正比，而是成反比（或与 $1/n$ 成正比）。将这层关系考虑在内的数量指标不是算术平均数，而是**调和平均数**，记作 $\bar{n}_h$。当两个样本分别有 n_1 和 n_2 个观察值时，

$$\bar{n}_h = \frac{2}{\frac{1}{n_1} + \frac{1}{n_2}} = \frac{2n_1 n_2}{n_1 + n_2}$$

所以，我们可以用 $\bar{n}_h$ 来计算 δ。

在本章开头，我们介绍了 Aronson 等人（1988）对刻板印象威胁的研究。在这里，我们回过头去考察那项研究，但是这次只考虑直接的计算问题。Aronson 实际获得的结果与我在本章中给出的样本数据略有不同，分别是：控制组——9.58；威胁组——6.55。两组的汇合标准差约为 3.10。我们假设 Aronson 对总体平均数和标准差的估计基本上是正确的。（他们当然也一定会遇到一些随机误差，但是上述估计值已经是我们对这些参数的最优猜测了。）这样就得到

$$d = \frac{\mu_1 - \mu_2}{\sigma} = \frac{9.58 - 6.55}{3.10} = \frac{3.03}{3.10} = 0.98$$

也许我希望在自己的研究方法课上重复这项研究，但我不想冒让人觉得很傻的风险，就说"嗨，它也就是在真的失败时才起作用"。我的班上有很多学生，但只有大约 30 名男生，而且他们在实验中不是均匀分布的，原因在于我选择的进行实验的方式——假设我可以预期控制组有 18 名男生，威胁组有 12 名男生。接着，我们来计算有效样本容量（用于计算 δ 的样本容量）：

$$\bar{n}_h = \frac{2 \times 18 \times 12}{18 + 12} = \frac{432}{30} = 14.40$$

我们看到，有效样本容量小于两个单独样本容量的算术平均数。换句话说，如果用每组 14.4 名被试（总共 28.8 名被试）开展这一研究，其功效也是一样的。再换句话说，样本容量不等时需要 30 名被试的研究，其功效与两个样本的容量都是 28.8 时相同。

接下去，

$$\delta = d\sqrt{\frac{\overline{n}_h}{2}} = 0.98\sqrt{\frac{14.4}{2}} = 0.98\sqrt{7.2} = 2.63$$

查表可知，当 $\delta = 2.63$，$\alpha = 0.05$（双尾检验）时，功效为 0.75。

上面这个例子算出来的功效实在有点低，让人觉得拿这个实验当课程练习可能得不到想要的效应。我可以找个机会做实验，但是如果实验失败了，就非常尴尬了。

另一种方法，就是招募更多的学生来做实验。我可以用修读我的课程的 30 名男生作为被试，还可以从另一门课程中找另外 20 名愿意参加实验的男生。这样做有一个风险，那就是把这种极为糟糕的实验设计方法（将两门课的被试聚合起来）教给了学生（至少应该说这是一个缺陷）。加上这 20 名学生后，我想可以编成两个样本，分别有 28 人和 22 人。

根据这两个样本容量，可以算出 $\overline{n}_h = 24.64$。而后

$$\delta = d\sqrt{\frac{\overline{n}_h}{2}} = 0.98\sqrt{\frac{24.64}{2}} = 0.98\sqrt{12.32} = 3.44$$

查附录中的功效表，可知现在的功效约为 0.93，这足以达到我们的教学目的。（我们将在稍后讨论 G*Power，它给出的精确估计值为 0.921，非常接近我们的计算结果。）

我的样本容量是不均等的，但是相差并不很大。当样本容量不可避免地相差较大时，相对于较大的样本而言，应尽可能加大较小样本的容量。你千万不要为了样本容量相等而抛弃被试，因为这只能降低功效。

15.6 计算相关样本 t 检验的功效

当我们考虑两个匹配样本之间差异的显著性检验时，问题就变得更加困难了，因为我们必须考虑两组观察值之间的关联程度。在本书的早期版本中，我曾详细地介绍过在这种情况下如何计算功效，但是经过反思，我相信读者就算读完所有细节内容也不会有很大收获。

基本思想与前述两种检验相同。我们将 d 定义为

$$d = \frac{\mu_1 - \mu_2}{\sigma_D} = \frac{\mu_D}{\sigma_D}$$

并用总体参数代替样本统计量。如果你有先前研究的数据，可以从中得到必要的统计量，你可以马上求出 d 的值。而且，如果将这个公式看作对单个样本平均数（差异分数的平均数）的检验，我们就得出计算 δ 的公式

$$\delta = d\sqrt{N}$$

最后，查表 D.5 得到 δ 值。

如果没有必需参数的良好估计值，你也可以采用两个孤立（独立）样本情况下的方法来计算功效。这样可以得出功效下限的估计值，而真实的值会更高，而且可能高很多。

下面，我们举一个真实的例子，请回到第 13.2 节，找到用家庭疗法治疗厌食症的数据。那是一组体重数据，即治疗开始时的体重和结束时的体重，我们当时计算了匹配样本的 t

值。现在假定我们希望重复这项研究以验证其结论，但是我们希望有较大的概率发现显著差异。因为我们比较熟悉原来的研究，所以可以合理地猜测可能的结果。我们知道，根据 Everitt 的数据，治疗前后体重相差 7.26 磅；我们还知道差异分数的标准差是 7.16，所以我们不必再做估计。有了上述信息，并且假设 Everitt 报告的统计量等于实际的总体参数，再根据其样本容量（$N = 17$）就可以算出功效：

$$d = \frac{\mu_1 - \mu_2}{\sigma_D} = \frac{7.26}{7.16} = 1.01$$

$$\delta = d\sqrt{N} = 1.01\sqrt{17} = 4.162$$

查附录 D 可知，对于 $\alpha = 0.05$ 的双尾检验，功效约为 0.99。如此之高的功效让我很是惊讶。但是请记住，Everitt 报告的效应量也高于 1.00。这可是非常强大的效应，我很坦率地表示惊讶，即使是世界上最强大的疗法也未必能产生这种疗效。（我不是说不相信 Everitt 的数据，我只是觉得非常惊讶。）如果我们运用这种治疗方法能像 Everitt 做的研究那样高效，那么我们几乎可以肯定地说，用 17 名被试进行的重复研究可以发现显著差异。[4]

15.7 以样本容量考虑功效

本章关于功效的讨论表明，如果想让我们的实验很有把握地拒绝实际为假的 H_0，通常需要相当大的样本容量，尤其在效应很弱的情况下。如果用计算器进行计算，只要几分钟就可以告诉你，如果我们想得到的功效是 0.80，而且我们接受科恩对弱、中、强效应的定义，样本容量就必须有多大。表 15.2 列出了我们一直讨论的检验这三种强度的效应所需的样本总容量（功效为 0.80，$\alpha = 0.05$，双尾检验）。这些数字表明，至少在很多情况下，功效是一种非常昂贵的商品，特别是对于弱效应而言。尽管也可以说这其实是一件好事，因为如果不是这样，就会出现许许多多报告一些微不足道的效应的文献，这对大多数研究者来说都不是什么好事。一般的规则应该是，寻找强效应，采用大样本，或者采用敏感的实验设计（例如对相同被试进行重复测量的设计）以减少实验误差，从而将小的差异值变成大的效应量。

表 15.2 功效为 0.80，$\alpha = 0.05$（双尾检验）时所需的总样本容量

效应量	d	单样本 t 检验	双样本 t 检验
小	0.20	196	784
中	0.50	32	126
大	0.80	13	49

15.8 你不必手工完成

互联网上有很多研究功效的资源。我曾经说过，由美国艾奥瓦大学 Russ Lenth 编写的

注释④

我简直就是自作自受，不过还是讨论一下这个问题，而不是寄希望于你注意不到。我曾说过，效应量有两种。一种效应量旨在告诉读者发现的效应有多强，而本章采用的是另一种效应量，即功效。我也曾说两者是一回事，它们也确实是一回事。但是你可能注意到，在本例中，我是用平均数之差的标准误（$s_{\overline{X}_{post} - \overline{X}_{pre}}$）求出了 d，而在第 13 章中，我说应该用治疗前体重的标准差作为分母。在这两种情况下，我说得都对，唯一合理的解释是，这些统计量用于不同的目的。要计算功效，你就需要估计平均数之差的标准误。

一个简单的 Java 程序*，可以根据你输入的样本容量、效应量和标准差的估计值计算功效。

访问这个页面，点击"下载"，可以下载文件 piface.jar。运行后就可以得到你想要的程序。请务必阅读标题为"If you're blocked by a security setting（如果因为安全设置而被阻止）"一节的内容。他重复了我在别处针对运行 Java 程序所提出的建议。

我们可以再利用本章前面部分用过的 Aronson 等人（1998）的例子来说明这个程序的用法。在这个例子中，我们假定要用每组 20 名参试者重复该研究。该研究的统计量见表 15.3，我们将用它们作为对应的总体参数的估计值。

表 15.3　Aronson 等人（1998）的研究结果

处理	平均数	标准差	n
控制组	9.64	3.17	11
威胁组	6.58	3.03	12

你可以在网页上运行软件，也可以下载并打开文件"piface.jar"，这时软件会要求你选择分析的类型。在第一个屏幕上选择双样本 t 检验，然后点击"Run（运行）"对话框，就可以看到像图 15.5 那样的界面。首次出现该界面时，你可以看到每个框里都有一个下拉框，用于改变窗口中的数值。但是直接输入这些数字反而更容易，在输入完毕后点击旁边的 OK 按钮即可。我将相关数据填入了这些窗口。由于两个方差几乎相等，所以我计算了汇合方差，并将其开平方，作为 σ 的估计值。我还点击了标有"Equal sigmas"的选项小方块，这样程序就不会计算"校正"自由度。请注意，程序算出的总自由度是 $n_1 + n_2 - 2 = 38$，功效是 0.8603，这与图 15.1 中显示的估计值（0.8559）非常吻合。

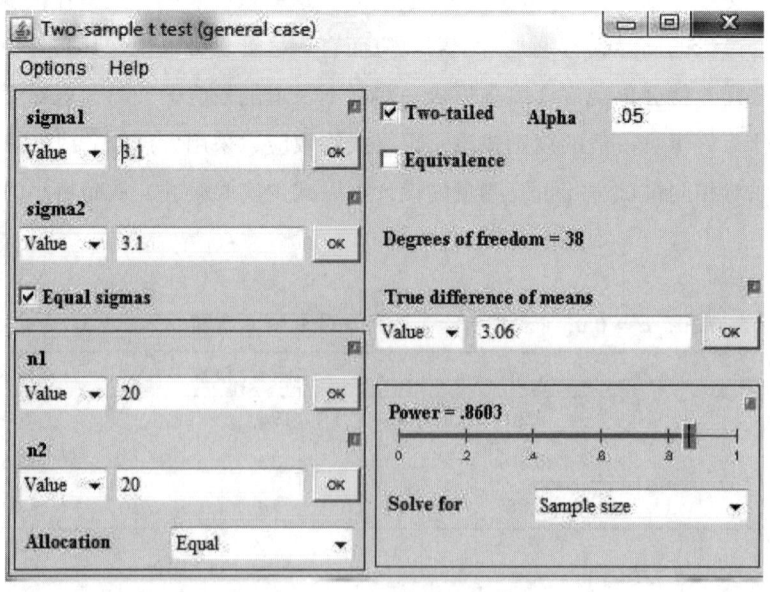

图 15.5　用 Lenth 的 Piface 程序计算功效

---

* 本书配套提供的网络补充材料的网址可联系电子邮箱 1012305542@qq.com 获取，或者登录 www.wqedu.com 下载。您在下载中遇到问题，可拨打 010-65181109 咨询。——中文版出版者注

G*Power

在现有的计算功效的程序中,我最喜欢的软件就是 G*Power,可用于个人计算机和苹果电脑,而且还免费 [Faul, Erdfelder, Lang, & Buchner, A. (2009)]。抱怨一个程序好得过头似乎令人奇怪,但是多年来 G*Power 有很大的改进,结果反而弄得有点复杂难用。不过我还是敦促你尝试一下,虽然可能需要经历一些试误。如果你是根据一组现成的数据计算功效,可以用"post-hoc power(事后功效)",虽然我在别处说过这个术语不太合适。

在使用 G*Power 之前,我建议你阅读下一节(第 15.9 节),这一节也可以让你理解一下什么是"事后功效"。

图 15.6 说明了如何用 G*Power 算出图 15.5 中那个例子的结果。你可以看到,计算得到的功效与 Lenth 程序给出的值相同。G*Power 还能显示两个分布的重叠情况。此外,如果点击标有"X-Y plot for a range of values"的按钮,还可以看到一个显示功效随样本容量而变化的图。

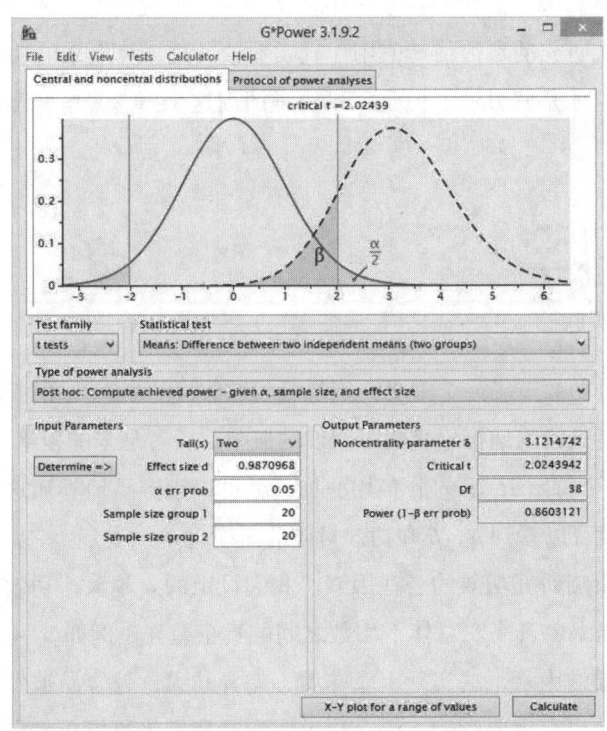

图 15.6　用 G*Power 计算功效

15.9 事后(回溯)功效

在结束关于功效的讨论之前,我还想谈一谈**事后功效**(亦称为"回溯功效")这一概念。在行为科学期刊中,它已成为一个棘手的问题。该术语有两种用法。第一种,我称之为"坏用法",是先做研究,然后根据得到的结果(平均数和方差)回过头来看功效。学术界的一个共同建议是，如果研究结果在统计学上没有显著意义，但具有较高的追溯功效，那么这样的结果就表明要接受零假设。这就好像是说："根据我计算的功效，我有很大的机会拒绝一个真实的零假设，但是我没有拒绝，所以零假设可能为真。"（如果换一种说法，就应该这样说："我的研究起初并没有很高的功效，所以不要因此反对我接受零假设。我确信零假设确实是假的，即便我的研究设计很糟糕，无法检验零假设。"）这种说法听上去很有说服力，但正如 Hoenig 和 Heisey（2001）指出的那样，其前提是错误的。在不能拒绝零假设的同时还有很高的回溯功效，这是不可能的。事实上，p 刚好等于 0.05 时，其结果的回溯功效就不低于 0.50 了，[5]而当 $p > 0.05$ 时，回溯功效会降低。就是编也没法编出一个既不能拒绝零假设（$\alpha = 0.05$），而功效又高达 0.80 的例子。你可以试试看，会发现我是对的。如果你运行 Lenth 的 Piface 程序，可以看到其中有一个将"回溯功效"返回值定为 0.00 或 1.00 的选项，究竟选哪个值，要看之前的实验是否拒绝了你的零假设。他其实就是装了个酷，其意图是告诉大家，他和我一样不喜欢事后功效这一概念。

不过，我的话还没说完。G*Power 和其他一些程序也能计算所谓的事后功效，但是它们所说的事后功效就高级了。我们在本章中多次用前人研究的结果来计算功效：如果重复该研究，并且将前人研究的参数估计值用作真实参数，这样算出来的功效就是 G*Power 等所谓的事后功效，这才是好方法。但是，不要试图用这个概念来解释当前你自己的研究所发现的结果。

注释⑤
之前计算 Aronson 等人研究的修改版本的功效时，就可以看到这一点。

15.10 总结

本章首先为统计功效下了一个定义：拒绝假的零假设的概率。在讨论中，我们回顾了 I 类和 II 类错误，前者是错误地拒绝真的零假设的概率，后者是未能拒绝假的零假设的概率。将 H_0 下的分布与某个特定 H_1 下的分布相叠加，就可以很容易地弄懂这个概念。将上述两个分布叠加后，你就可以看到 α、β 和功效对应的面积。

我们还讨论了影响研究功效的一些因素。我们设定的 α 越大，功效就高，但是要付出代价——I 类错误概率也升高。总体平均数之间的真正差异（例如 $\mu_1 - \mu_0$ 和 $\mu_1 - \mu_2$）可能是影响功效的最重要的因素，这实际上意味着，差异越大，越容易被发现。但是总体标准差和样本容量对功效也有重要影响。综合以上因素，我们将科恩氏 d 定义为"平均数之差除以样本标准差"。我们在定义了 d 之后继续考虑样本容量的影响。如果将样本容量包含进来，计算出来的结果就称为 δ，我们用它查询统计功效表。

我们考察了进行单样本检验、双独立样本的检验以及相关样本的检验时的功效问题。在这三种情况下，思路都基本相同——功效都取决于将样本容量与 d 进行运算从而得出 δ 的那个函数。

利用两个采用独立样本的研究案例，我们介绍了两种不同的方法，具体运用取决于样本容量是否相等。

本章给我们的最重要的启示也许是，除非你研究的差异本身就相当大，否则高功效将需要相当大的样本。

重要术语

统计功效 / 功效（power，p.333）　　　　　　p.341）

δ（p.341）　　　　　　　　　　　　　　调和平均数（harmonic mean，p.345）

非中心参数（noncentrality parameter，

15.11 快速复习

A. 功效是什么意思？

答：拒绝假的零假设的概率。

B. 列出影响检验功效的三个因素。

答：显著性水平、样本容量以及平均数之差。

C. 为什么功效受样本容量的影响？

答：随着样本容量的增加，标准差固定，标准误减小，因此功效增加。

D. 作为一种粗略的估计，中等效应量的 $d = $ _____。

答：0.50

E. $\delta = d[f(n)]$ 是什么意思？

答：它的意思是，δ 是 n 的某种未定的函数。这种函数因不同的实验设计而不同。在单样本的情况下，$\delta = \hat{d}\sqrt{n}$。

F. 为什么样本容量不等的双样本实验需要一个特殊的计算功率的公式？

答：因为我们希望对较大样本得出的估计值赋予较大的权重。

G. 样本容量 n 不等时得出的调整后的样本容量被称作什么？

答：有效样本容量。

15.12 习题

15.1　用前面提到的 Lenth（2011）的 G*Power 或 Java 程序，根据表 14.2 中 Adams 等人（1996）关于恐同症的数据，计算其功效。

15.2　纽约洋基队在明年的世界大赛中获胜的主观概率是多少？这与功效有什么关系？

15.3　我们在第 12.3 节中查看了一系列数据，这些数据记录了因父母离婚而产生应激的儿童是否倾向于揣测我们的心意报告他们的感受，即掩盖其真实的感受。尽管样本容量达到 36，根据这些数据检验 H_0，结果仍没有显著意义。假设实验者确实估计了应激儿童的总体平均数和标准差。

（a）该题的效应量是多少？

（b）样本容量为 36 时，δ 的值是多少？

（c）检验功效是多少？

15.4　将习题 15.3 的情况画成图 15.2 那样的图。

15.5 在习题 15.3 中，如果要将功效提高到 0.70、0.80 和 0.90，分别需要多大的样本？

15.6 续习题 15.3：假设我的同事厌倦了儿童报告的都是他们认为我们想听到的结果，而且诚恳地与儿童谈话，让他们知道如实准确报告的必要性。假设这一做法使得儿童说谎得分的总体平均数从 4.39 降低到了 2.75，但标准差仍为 2.61。如果我们有 36 个儿童的数据可供分析，那么，"这些儿童报告的扭曲程度明显低于正常总体"这一结果的功效是多少？正常儿童总体的平均数仍为 3.87。

15.7 将习题 15.6 的情况画成图 15.2 那样的图。

15.8 在习题 15.6 中，我们需要多少被试才能得到 0.80 的功效？

15.9 我的一位朋友多年来一直运行着一个研究兔子回避行为的神经科学实验室，并发表了大量关于该主题的论文。从下面这项研究中，我们可以清晰地看到，那些未接受任何实验处理的动物对于特定任务的反应潜伏期是 5.8 秒，标准差为 2 秒（根据非常大量兔子的数据算出）。现在，另一位研究者希望让杏仁核的某些部位产生病变，以此证明这些动物的回避条件反应比较差。（杏仁核与情绪有关，如果降低情绪反应，回避行为也应当减少。）她预想兔子的反应潜伏期会缩短大约 1 秒（即兔子会更快地重复受过惩罚的反应），她计划进行单样本 t 检验（$H_0: \mu_0 = 5.8$）。

（a）她需要多少被试才能获得至少 50 : 50 的成功机会？

（b）为了得到不低于 80 : 20 的成功机会，她需要多少被试？

15.10 假设习题 15.9 中提到的研究者决定不做单样本检验（将平均数与其和 $\mu_0 = 5.8$ 做比较，而是进行双样本（一组有病变，一组没有病变）检验。然而，她仍然期望得到相同程度的差异。

（a）如果她的功效要达到 0.60，现在需要多少被试（总被试数）？

（b）如果她的功效要达到 0.90，现在需要多少被试（总被试数）？

15.11 事实证明，一位研究助理刚刚完成了习题 15.10 描述的实验，但是没有计算功效。他本想每组做 20 个被试，但他不小心弄翻了一个兔笼架子，结果不得不将实验组中的 5 只兔子作为无效被试处理。现在这个实验的功效是多少？

15.12 假设我刚刚做了一项研究，内容是比较低体重新生儿（早产儿）与正常体重新生儿在 1 岁时的认知发展状况。根据设计的评分方式，我发现两组的样本平均数分别为 25 和 30，汇合标准差（s_p）为 8。每组有 20 名被试。我们假设上述数字就是总体平均数和标准差的精确值，问本研究发现显著差异的先验概率（实验前的概率）是多少？

15.13 改变习题 15.12 的数据，两个样本平均数分别改为 25 和 28，汇合标准差为 8，两个样本的容量都是 20。

（a）这个实验的先验功效是多少？

（b）根据数据完成 t 检验。

（c）（a）的答案对（b）的答案会有什么提示？

15.14 将习题 15.13 的答案绘制成图。

15.15 两名研究生最近完成了他们的论文。他们都用了两个独立样本的 t 检验。其中一位发现 10 名被试的样本刚好有显著意义。另一位则发现 45 名被试的样本刚好有显著意义。哪一个结果给你留下的印象更深刻？

15.16 编写一个简单的双样本 t 检验的例子，假定被试总人数为 30 人，证明两个样本容量越接近相等，功效越高。

15.17 一位博士生陷入了困境。他认为，要想论文答辩成功，就必须发现显著的结果。他希望能够用自行编制的指标证明正常学生组与前违法者组在社会意识上有差异。然而他的问题在于，他已经有数据表明正常学生的总体平均数等于 38，而且还招募到了 50 名正常学生；而对于另一组学生，他可以访问有违法经历的 100 名大学生，或者 25 名有违法经历的高中辍学生。他认为大学生组所来自的总体的平均数大约为 35，而辍学组所来自的总体的平均数大约为 30。但是他只能用其中一个组的数据——他应该用哪一组？

15.18 生成一个类似于表 15.2 的表，其功效等于 0.80，$\alpha = 0.01$，双尾检验。

15.19 生成一个类似于表 15.2 的表，其功效等于 0.60，$\alpha = 0.05$，双尾检验。

15.20 假设我们想检验一个关于单样本平均数的零假设，$\alpha = 0.05$，单尾检验。再假定数据满足所有必要的假设。会不会发生拒绝真 H_0 的概率大于拒绝假 H_0 的情况？（换句话说，功效会不会小于 α？）

15.21 如果 $\sigma = 15$，$n = 25$，我们正在检验 $H_0: \mu = 100$ 与 $H_1: \mu > 100$，H_1 下的平均数取什么值会导致功效与 II 类错误的概率相等？（提示：画出两个分布图就很容易解答本题。你想尝试让哪些面积相等？）

15.22 假设已经正确地估计了参数，请计算第 14.1 节中厌食症实验的功效。

15.23 用 G*Power 或 Piface（Lenth 的程序）计算习题 14.8 中检验精神分裂症患者和正常被试的父母之间主题统觉测验 T 分数之差的功效。

15.24 我们为什么要像习题 15.22 和习题 15.23 那样，在完成一项研究后计算功效？

15.25 本章关于 R 的网页中有计算功效的代码。请用该软件复现前面习题的结果。

第 16 章

单因素方差分析

需要回忆的概念

自由度（df）：　　估计一个或多个参数后剩下的独立信息数

F统计量：　　　　与t一样的检验统计量，可用于样本平均数的比较

效应量（$\hat{d}$）：　一种旨在用读者能够理解的方式说明处理造成效应之强弱的指标

汇合方差估计值：　两个样本方差的加权平均数

抽样分布：　　　　重复抽样情况下统计量（例如平均数）的分布

方差不齐性：　　　样本方差的估计值相差较大的情形

我们即将开始介绍的方差分析，一共有3章。我们首先要问的是，什么是方差分析？它可以做些什么？随后，我们要想一想，为什么一个原本是比较平均数的方法，却被称为方差分析？方差分析的计算方法非常简单，在讲解了它的逻辑之后，我们就简单地介绍一下其计算过程。接着，我们将考虑样本容量不同的情况，并学习如何处理这种情况。这时你会感到稍微有点复杂，但是肯定不会觉得艰涩难懂。一旦我们介绍完基本的分析方法，就开始介绍如何进行各个组之间的比较。但即使组与组之间差异显著，这种差异也未必很重要，我们要看的是各种效应量指标。最后，我们将看一下怎样用R和SPSS进行方差分析。

方差分析（ANOVA）可能是目前在心理学研究中最常用的统计技术，紧随其后的是多元回归。这种技术的广泛应用可以归结为两个原因。首先，方差分析可以像t检验那样，处理样本平均数之差，但是它又不像t检验那样受制于样本个数。我们可以问2个、3个、4个、5个乃至k个平均数有无差异，而t检验只能问2个平均数有无差异。其次，运用方差分析，我们能够同时处理2个或2个以上自变量，不仅可以检验每个变量单独产生的效应，还可以检验2个乃至更多自变量的交互作用。

本章将关注方差分析的内在逻辑，并介绍如何分析只有一个自变量的实验的数据。此外，我们还将讨论在**单因素方差分析**（one-way ANOVA）的背景下最容易理解的一些相关内容。后面的两章将讨论针对2个乃至多个自变量的实验的方差分析，以及对每位参试者进行重复测量的实验设计。

16.1 基本思路

我们将通过一个简单的例子来考察方差分析的诸多特征。这个例子就是 Giancola 和 Corman（2007）的研究。他们的研究兴趣是分散注意力任务如何影响大量饮酒后的被试的攻击行为。大家都知道，酒精经常导致攻击行为，但这是为什么呢？Giancola 和 Corman 首先假设，酒精可以让人的注意力集中在更显眼的刺激性线索上，而难以集中在不那么显眼的抑制性线索上，这样就促成了攻击行为。他们进一步的推理是，如果向被试呈现一项分心任务，让注意力集中于任务，不再注意刺激性线索，就可以减少攻击行为。但是，他们还推断，如果任务变得过于复杂，其分心作用就会消失，并让位于攻击行为。（事实上，任务过于复杂还可能产生困惑和挫折，这可能反过来引起攻击行为。）

Giancola 和 Corman 让他们的被试饮酒，直至被试血液中平均酒精含量提高到约 0.10%。[这一水平在美国大多数（即使不是全部）州都可以被认定为醉酒驾驶。]然后，要求被试执行一项任务——记住一个 3 × 3 矩阵中的小方块被照亮的顺序。改变要求被试记忆的方块个数，就可以操纵任务对注意的需求度。被试与一个假想的对手进行比赛，这位对手要么对被试施加轻微的电击，要么受到被试的轻微电击，这也取决于假想的任务表现。（事实上，根本不存在对手，被试受到的电击与他们的表现也没有关系。）因变量（攻击性）则根据被试得到机会时施加于对手的电击的强度和持续时间。（原来的研究中有一个控制组，其中的被试没有饮酒，但是我们在这里不考虑这个控制组。在控制组条件下，任务难度没有造成任何差异。）

该研究共有 5 组被试，任务难度各不相同。各组被试须分别记住由 0、2、4、6、8 个方块构成的图形，因此分别被记作 D0、D2、D4、D6 和 D8 组。D 后面的数字就是被试在分心任务中需要记住的方块数。每组有 12 名被试，表 16.1 列出了这些数据及其平均数和标准差。（数据基于原研究报告的平均数和标准差。）

表 16.1　施加电击的强度与任务难度的函数关系

	D0	D2	D4	D6	D8	汇总
	1.28	-1.18	-0.41	-0.85	2.01	
	1.35	0.15	-1.25	0.14	0.40	
	3.31	1.36	-1.33	-1.38	2.34	
	3.06	2.61	-0.47	1.28	-1.80	
	2.59	0.66	-0.60	1.85	5.00	
	3.25	1.32	-1.72	-0.59	2.27	
	2.98	0.73	-1.74	-1.30	6.47	
	1.53	-1.06	-0.77	0.38	2.94	
	-2.68	0.24	-0.41	-0.35	0.47	
	2.64	0.27	-1.20	2.29	3.22	
	1.26	0.72	-0.31	-0.25	0.01	
	1.06	2.28	-0.74	0.51	-0.66	
平均数	1.802	0.675	-0.912	0.544	1.889	0.800
标准差	1.656	1.140	0.515	1.180	2.370	1.800
方差	2.741	1.299	0.265	1.394	5.616	3.168

零假设

前面提到，Giancola 和 Corman 想检验这样一个研究假设：攻击性水平随着回忆任务导致的分心程度的不同而变化。要支持这一假设，就要拒绝标准的零假设：

$$H_0: \mu_1 = \mu_2 = \mu_3 = \mu_4 = \mu_5$$

零假设不成立可能有多种情况（例如，任意两个平均数之间都不相等，前两个平均数可能相等但是不等于后三个，等等），但是我们现在只关心零假设是完全真实还是虚假的。这种情况下的零假设通常被称为综合零假设。备择假设假定至少有一个平均数不等于其他平均数。图 16.1 表示 5 个假设总体的攻击性分数。这些总体的位置关系（从左到右）并不意味着它们的平均数从最小到最大排列。直到目前，我还没比较过总体平均数之间的差别。

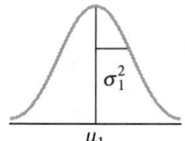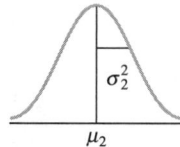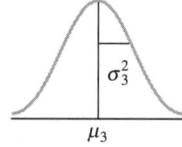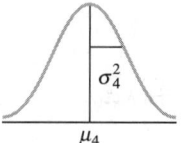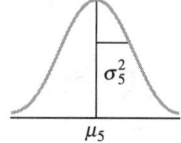

图 16.1　各总体回忆分数的图示

方差分析技术利用样本平均数之差来推断总体平均数之间有无差异。本章稍后还会讨论仅部分平均数是否相等的问题。不过在这里，我估计很多人会相信整体零假设或综合零假设按理不会成立。（你真的认为那些轻度分心和中度分心的人成绩会一样吗？）但是，我们的探讨总是以零假设为出发点的。

总体

学习统计学的人经常遇到的一个困难，就是不清楚"总体"这个词的含义。我在第 1 章就说过，总体是数字的集合，而不是一群大鼠、一群人，也不是一大堆任何其他东西。严格地说，我们想表达的不是"在一种条件下进行学习的被试总体不同于在另一种条件下进行学习的被试总体——这两个总体不言而喻就不是同一个总体。相反，我们想说的是，在一种条件下获得的总体分数的平均数大于或小于在另一种条件下获得的总体分数的平均数。这好像不是一件大不了的事，但事实并非如此。例如，如果你要比较不同年龄的人的回忆成绩，那么不同总体的人当然会有各种不同。但是很显然，不同总体的回忆成绩是否相同却无法事先得知。

正态性假定

为了最终要进行的显著性检验，我们要假定每个总体中的攻击性分数都在平均数（μ_j）两侧呈正态分布。这正像图 16.1 表示的那样，观察值呈正态分布。进行独立样本 t 检验的时候，我们做了同样的假定，但那时只有两个总体。与 t 检验一样，这里的正态性假定主要涉及平均数抽样分布的正态性，而不是个体观察值的分布。而且，即使在某些情况下实际数据大幅度偏离了正态性，最终结果所受的影响也很小。

方差齐性假定

我们要做的第二个主要假定是，每个总体的分数具有相同的方差，具体来说就是

$$\sigma_1^2 = \sigma_2^2 = \sigma_3^2 = \sigma_4^2 = \sigma_5^2 = \sigma_e^2$$

这里的符号 σ_e^2 表示 5 个方差共同的数值。下标 e 是 "error（误差）"一词的缩写，因为这种方差就是误差的方差，它们与任何组间差异无关。①正如你稍后将会看到的，在某些条件下，即使放松这个假定，最终结果也不会受到太大影响。换句话说，在违反正态性和方差齐性假定的情况下，方差分析的结果还是足以信赖的。

注释①
用第 10 章讨论的话来说，称其为误差方差就是因为它是一种不能通过个体所在组别做出预测的差异，因为同一组（总体）中的人在分组变量上显然没有差异。

观察值独立性假定

我们要做的第三个重要假定是观察值的相互独立性。对于一种实验处理中的任意两个观察值，我们都要假定，即使知道了其中一个观察值结果相对于其处理（或总体）平均数的相对位置，也无法得知另一个观察值的情况。（例如，如果参试者作弊，抄袭了身边参试者的答案，或写下了无意中听到的他人的答案，就违反了独立性假定。）在通常情况下，参试者应当尽可能随机分配到各组，其重要原因之一就是为了符合这个假定。违反独立性假定会对方差分析产生严重影响。

回顾三大假定

对于方差分析，我们有三个假定：（1）假定抽样的每个总体都是正态分布的，无论它们之间在别的方面有怎样的差别；（2）假定这些总体的方差也相等，即使它们的平均数不等；（3）假定观察值之间是相互独立的，例如，你的分数高于平均数与我的分数是高于还是低于平均数没关系。

16.2 方差分析的逻辑

方差分析的基本逻辑并不复杂——理解了其中的逻辑，再进行其他的讨论就更清楚明白了。（我不奢望每位读者看一遍就能掌握本节内容，而是希望你理解总的思路。我建议你先完整地阅读本章，然后回到本节，也许再过一天，你又会重读本节。）在本节中，我先假定各组观察值个数相同，这样可以稍微简化一下我的演示；当然，这不是方差分析的必要前提。先考虑一下三个主要假定：正态性、方差齐性和观察值的独立性。前两个假定让图 16.1 中那 5 个总体具有相同的分布形态和相同的离散程度。这样一来，它们之间唯一不同

的就是平均数了。

首先要说的是，我们对 H_0 没有任何假定——它可以为真，也可以为假。对于任何一种处理，其 10 个分数的方差可以作为该样本所来自总体的方差的估计值。因为我们假定所有总体的方差都相等，所以这个估计值也是所有总体共同的方差（σ_e^2）的估计值。如果你愿意，你可以这样想：

$$\sigma_1^2 \doteq s_1^2 \qquad \sigma_2^2 \doteq s_2^2 \qquad \cdots\cdots \qquad \sigma_5^2 \doteq s_5^2$$

这里的符号"$\doteq$"读作"估计值等于"，由于方差齐性假定，所有这些估计值都等于 σ_e^2。为了提高可靠性，如果 $n_1 = n_2 = \cdots = n_5 = n$，我们可以求这些方差的平均数，从而算出 5 个组的汇合方差。故

$$\boxed{\hat{\sigma}_e^2 = \bar{s}_j^2 = \frac{s_1^2 + s_2^2 + s_3^2 + s_4^2 + s_5^2}{5}}$$

这就是我们对 σ_e^2 的最优估计。汇合方差的计算方法与 t 检验中介绍的汇合方差的求法完全相同（只不过这里有 2 个以上的方差而已）。5 个样本方差（s_j^2）的平均数就是总体方差的一个估计值，也是以后我们所说的 MS_{within} 或 MS_{error}（即"**组内方差**"或"**误差方差**"）。切记，这个估计值与 H_0 的真假无关，因为每个样本的 s_j^2 都是独立计算出来的。对于 Giancola 和 Corman 研究的数据，我们计算 σ_e^2 的汇合估计值如下：

$$\bar{s}_j^2 = (3.33 + 4.54 + 6.22 + 20.27 + 14.00)/5 = 9.67$$

现在让我们假定 H_0 是真实的。如果 H_0 确实成立，则可以认为容量同为 10 的 5 个样本是来自相同总体的 5 个独立样本。因此，我们可以考察它们的平均数的方差，从而求得 σ_e^2 的另一个估计值。回忆一下，以前的讨论中曾说过，平均数不像观察值那样差异巨大。（为什么是这样？）事实上，根据中心极限定理，从同一总体中抽出的样本平均数的方差等于总体方差除以样本容量。如果是 H_0 为真，样本平均数抽自同一总体（或相等的总体，相当于同一总体），则

$$\frac{\sigma_e^2}{n} \doteq s_{\bar{X}}^2$$

式中的 n 指各个样本的容量。这里所有样本的容量相等。我们可以颠倒原来的顺序，不是根据总体方差估计平均数的方差，而是根据样本平均数的方差（$s_{\bar{X}}^2$）估计总体的方差（σ^2）。如果我们简单地去掉前一个公式中的分数形式，就可以得到

$$\sigma_e^2 \doteq n s_{\bar{X}}^2$$

这个结果通常称为**组间方差**（$MS_{between\ groups}$），简写为 MS_{group} 或 $MS_{treatment}$。在上一节中，我们用各个样本的方差估计共同的总体方差。现在我们要根据平均数的方差估计共同的总体方差——在零假设为真的前提下。因此，现在有两种不同的方法来估计同一事物，但是前提是零假设为真。如果零假设不成立，则根据平均数计算出来的方差将高估共同的总体方差。

用图 16.2 中 5 个容量相等的样本可以说明这几个步骤。这个图强调，样本方差的平均数为 MS_{error}，样本平均数的方差乘以样本容量为 MS_{group}。

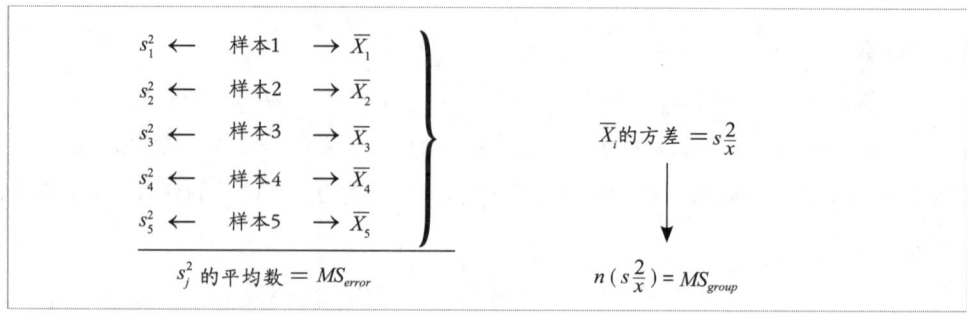

图 16.2　样本容量相等时 MS_{error} 和 MS_{group} 示意图

这样，我们就有了两种总体方差（σ_e^2）的估计值。其中一种估计值 MS_{error} 与 H_0 的真伪无关。它始终是总体方差的估计值。另一种估计值 MS_{group} 则以 H_0 成立为前提（要满足中心极限定理假定的条件——所有样本抽自同一个总体）。如果 H_0 不成立，MS_{group} 估计的就是 σ_e^2 再加上不同总体平均数的差异。如果两个估计值（MS_{error} 和 MS_{group}）大致相等，我们就得到了支持 H_0 为真的证据；反之，如果两者不等，我们就认为 H_0 为假。我可以用两个非常简单的例子来说明刚才阐述的逻辑，这两个例子是特意构建的，可以在 H_0 分别为真和为假的前提下得到较为理想的结果。在实际工作中，数据不会像这两个例子那样纯粹。

例子：H_0 为真的情况

假设我们进行一个包括 3 组被试的实验。我们在前面看到，当 H_0 为真时，$\mu_1 = \mu_2 = \mu_3$，从这 3 个总体中抽取的任何样本都可以认为来自同一总体。第一个例子的 3 个样本的容量 n 都等于 9，它们被选来模拟抽自相同的正态分布总体（其平均数为 5，方差为 10）的数据。例如，这些数据可以代表 3 组被试在社会化训练开始时所做的信息搜索评论数。因为实验还未开始，我们不希望发现总体间有差异。$k = 3$ 组数据都列于表 16.2 中。从这个表中可以看到，各组的平均方差是 9.250，这对于 $\sigma_e^2 = 10$ 来说是很精准的估计值。各组平均数的方差是 1.000，而且我们知道 H_0 为真，故

$$s_{\overline{X}}^2 \doteq \frac{\sigma_e^2}{n}$$

$$\sigma_e^2 \doteq n s_{\overline{X}}^2 = 9 \times 1.000 = 9$$

这就是 MS_{group} 的值。该值理应对应于 σ_e^2，也理应对应于我们基于处理内差异的其他估计值。因为这两个估计值一致，我们得出结论：没有理由怀疑 H_0 为真。换句话说，如果 H_0 为真，则 3 个样本平均数的差异将不会超出我们的预期。

例子：H_0 为假的情况

在接下来探讨的这个例子中，H_0 被我故意弄得不成立。我将表 16.2 中的数据加上（或减去）某个常数就能得到表 16.3 的数据。这些数据可以表示我们在社会化训练结束时 3 组被试产生的信息搜索评论数。我们现在有了可能是从 3 个不同的正态分布总体中抽样得到的数据，这 3 个总体的方差都等于 10，但是第 1 组数据可能来自 $\mu = 8$ 的总体，第 2 组和第 3 组数据则可能来自同一总体（或两个相同的总体），其平均数 $\mu = 4$。这种情况与 H_0 有实质性的差别，因为 H_0 认为所有总体的平均数都相等。

在表 16.3 中，你可以注意到每种处理中数据的方差保持不变，这是因为每个数据加上或减去一个常数对各组内部的方差没有影响。这也证明了前面关于组内方差（MS_{error}）与

表 16.2 H_0 为真的例子的代表性数据

第 1 组	第 2 组	第 3 组
3	1	5
6	4	2
9	7	8
6	4	8
3	1	2
12	10	8
6	4	5
3	1	2
9	7	8
$\overline{X} = 6.3333$	4.3333	5.3333
$s_j^2 = 10.0000$	10.0000	7.7500

总平均数 $\overline{X}_{gm} = 5.3333$

$$s_{\overline{X}}^2 = \frac{\sum (\overline{X}_j - \overline{X}_{gm})^2}{k-1} = 1.000$$

$$\overline{s}_j^2 = \frac{10.00 + 10.00 + 7.75}{3} = 9.250$$

$$MS_{error} = \overline{s}_j^2 = 9.25$$

$$MS_{group} = ns_{\overline{X}}^2 = 9 \times 1.000 = 9$$

表 16.3 H_0 为假的案例的代表性数据

第 1 组	第 2 组	第 3 组
5	0	5
8	3	2
11	6	8
8	3	8
5	0	2
14	9	8
8	3	5
5	0	2
11	6	8
$\overline{X} = 8.3333$	3.3333	5.3333
$s_j^2 = 10.0000$	10.0000	7.7500

总平均数 $\overline{X}_{gm} = 5.6667$

$$s_{\overline{X}}^2 = \frac{\sum (\overline{X}_j - \overline{X}_{gm})^2}{k-1} = 6.333$$

$$\overline{s}_j^2 = \frac{10.00 + 10.00 + 7.75}{3} = 9.250$$

$$MS_{error} = \overline{s}_j^2 = 9.25$$

$$MS_{group} = ns_{\overline{X}}^2 = 9 \times 6.333 = 57$$

零假设的真伪无关的说法。然而，各组平均数之间的差异（它能反映总体平均数之间的差异）却大幅增加了。在这个例子中，基于样本平均数的 σ_e^2 的估计值为 $ns_{\bar{X}}^2 = 9 \times 6.333 = 57$，这个结果与用组内方差（$MS_{error}$）给出的估计值 9.25 大相径庭。故最合乎逻辑的结论就是，$ns_{\bar{X}}^2$ 不单单是总体方差（σ_e^2）的估计值，它应该是 σ_e^2 加上总体平均数的方差的估计值。换句话说，得分的不同不仅是因为随机误差，还因为我们成功地让一些参试者比其他人提出了更多的信息搜索问题。

方差分析的逻辑：总结

我们可以从前面的讨论中简洁地概括一下方差分析的逻辑。为了检验 H_0，我们计算了两种总体方差的估计值；一种是独立于 H_0 真假的 MS_{error}，而另一种是依赖于 H_0 真假的 MS_{group}。如果两者接近相等，我们就没有理由拒绝 H_0。这时的平均数之间的差异程度还没有超出我们根据 H_0 为真时平均数抽样分布得出的预期范围。如果 MS_{group} 远大于 MS_{error}，我们就得出另一个结论：各种处理的平均数背后还存在另一种差异，它使估计值膨胀，导致第一种估计值与第二种估计值拉开距离。于是，我们拒绝 H_0。这就是为什么我们用的方法叫"方差分析"，得出的却是关于平均数的结论。

既然在检验平均数，为什么却说在做方差分析？

这是一个非常好的问题，而且经常有人问起。让我们稍微想一想这个问题。我们其实是在计算两种不同的方差，或者更准确地说，在计算两种不同的方差估计值。其中基于组内差异的估计值（MS_{within}）与平均数没有任何关系。但是基于平均数的方差的估计值显然与样本平均数多少有点关系。如果我们发现这两个估计值大致相等，就可以得出"平均数无差异"的结论。如果两个估计值相差很大，就得出"平均数确实不等"的结论。因此，虽然我们计算的是方差估计值，但其中一个估计值直接反映了平均数之差，而这正是我们要研究的对象。

译者有话说

关于方差分析的逻辑

读到这里，很多读者可能会觉得很疑惑。虽然作者说"方差分析的基本逻辑并不复杂"，但是读者在理解上述逻辑时往往会产生偏差。

对方差分析逻辑可能的误解

本书作者在介绍方差分析的逻辑时，先是提到 MS_{error}，说这是 σ_e^2 的估计值，这个 σ_e^2 其实是 k 个总体方差的加权平均数。无论这 k 个总体的平均数是否相等（H_0 为真还是为假），因为方差齐性，故 σ_e^2 等于任意一个总体的方差。

接着，作者提到，通过 $\sigma_e^2 \doteq ns_{\bar{X}}^2$，同样可以估计总体的方差——求出 $ns_{\bar{X}}^2$，它就是 MS_{group}。既然 MS_{group} 和 MS_{error} 都是 σ_e^2 的估计值，那么在 H_0 为真时，两者应该相等；而在

H_0 为假时，MS_{group} 应该不等于 MS_{error}，而且 MS_{group} 应该大于 MS_{error}，因为这时 MS_{group} 估计的不仅是 σ_e^2，还要算上总体平均数的方差。

读者看到这一表述可能产生这样的误解：MS_{group} 就等于 MS_{error} 与平均数间差异之和，故 MS_{group} 一定大于 MS_{error}。而作者在本节举的两个例子（数据分别见于表 16.2 和表 16.3）更容易加深读者的误解。对表 16.2 的数据进行方差分析，得到的 $MS_{error} = 9.25$，$MS_{group} = 9$，似乎都与总体的真正方差（$\sigma^2 = 10$）相差不远。而表 16.3 数据的计算结果则是 MS_{error} 不变，仍为 9.25，但 MS_{group} 大了许多，变成了 57，远远大于 MS_{error} 或 σ^2。这样似乎可以得出"MS_{group} 包含了总体方差又包含了平均数的方差"的结论。

但是，MS_{group} 其实不一定小于 MS_{error}。因为根据抽样分析的基本原理，$s_{\bar{X}}^2$ 是所有可能样本的平均数的方差，而不是少数几个样本平均数的方差。所以，用为数不多的几个平均数估计总体方差，可能产生很大的抽样误差。公式 $\sigma_e^2 \doteq n s_{\bar{X}}^2$ 中的符号"$\doteq$"表示后者是前者的估计值，不表示两者一定相等。其实，在抽样得到的平均数之间差异很小的情况下，MS_{group} 就可能小于 σ_e^2 或 MS_{error}。

我们用 SPSS 中生成正态分布随机数的函数，同样将平均数和方差分别设定为 5 和 10，生成 27 个数据，并将其分为 3 组（每组 9 个数）如下：

第 1 组：6，7，5，5，3，-1，3，11，2；$n_1 = 9$，$\bar{X}_1 = 4.56$，$s_1^2 = 11.528$

第 2 组：1，8，6，-1，-1，2，1，12，11；$n_2 = 9$，$\bar{X}_2 = 4.33$，$s_2^2 = 25.500$

第 3 组：6，1，4，13，7，3，7，4，4；$n_3 = 9$，$\bar{X}_3 = 5.44$，$s_3^2 = 11.778$

总计：$N = 27$，$\bar{X}_{total} = 4.78$，$s_{total}^2 = 15.256$

既然来自同一总体，H_0 按理也应该成立。但是根据上述数据计算 MS_{group} 和 MS_{error}，结果分别为 3.111 和 16.269。可以看到，MS_{group} 远小于总体方差 10 和任何一组的方差 s^2，但与表 16.2 和表 16.3 的数据相比，这 3 个平均数（4.56，4.33，5.44）之间的差异恰恰是最小的，故而最不能拒绝 H_0。

如果我们像作者那样，也改动一组或两组数据，生成一个新的数据集，结果又会如何呢？我们将表 16.2 中第 1 组数据每个都减 1，得到表 16.2a。由于原来第 1 组数据的平均数最大，每个数据减 1 后该组平均数变成了 5.333，三组之间的差距更小了。所以，用表 16.2a 中的数据更难以拒绝 H_0。

可见，H_0 为真时，MS_{group} 可以接近 MS_{error}，也可以远小于 MS_{error}。

而且，如果 3 个组的平均数相等（虽然这是一种不太可能发生的极端情况），MS_{group} 显然将等于 0。这时最不能拒绝 H_0。可见，MS_{group} 越接近 0，说明其样本平均数越接近，导致 MS_{group} 这一估计值偏小，这样就越不能拒绝 H_0。所以作者在下一节才称"F 值远低于 1.00 的情况通常没有任何意义"。

总之，MS_{group} 是一个估计量，MS_{error} 也是一个估计量，不要认为 MS_{group} 总是大于 MS_{error}。

根据计算公式理解方差分析的逻辑

（读者可以先阅读这一段，也可以先看下一节，再回到这里加深理解。）

虽然对方差分析的逻辑理解容易产生偏差，可是下一节讲的计算公式是很明确的。仔细观察这些公式就可以知道，总差异 SS_{total}（注意这里的"差异"不是方差，而是离差平方

表 16.2a H_0 为真的例子的另一组代表性数据

第1组	第2组	第3组
2	1	5
5	4	2
8	7	8
5	4	8
2	1	2
11	10	8
5	4	5
2	1	2
8	7	8
$\overline{X}$ = 5.3333	4.3333	5.3333
s_j^2 = 10.0000	10.0000	7.7500

总平均数 $\overline{X}_{gm}$ = 5.000

$$s_{\overline{X}}^2 = \frac{\sum(\overline{X}_j - \overline{X}_{gm})^2}{k-1} = 0.333$$

$$\overline{s}_j^2 = \frac{10.00 + 10.00 + 7.75}{3} = 9.250$$

$$MS_{error} = \overline{s}_j^2 = 9.25$$

$$MS_{group} = ns_{\overline{X}}^2 = 9 \times 0.333 = 3$$

和)中包含了组间差异 SS_{group} 和组内差异 SS_{error},即 $SS_{total} = SS_{error} + SS_{treat}$。

$SS_{total} = \sum(X_{ij} - \overline{X}_{gm})^2$ 是所有个体与总平均数之差的平方和,反映全部个体之间的总差异;

$SS_{treat} = n\sum(\overline{X}_j - \overline{X}_{gm})^2$——$SS_{treat}$ 就是 SS_{group},是各组平均数与总平均数之差的平方和,反映各组平均数之间的差异;

至于 SS_{error},它应该等于 $\sum\sum(X_{ij} - \overline{X}_j)^2$,即个体与自己所在组平均数之差的平方和,反映各组内部个体间差异。但是作者偷了个小"懒",直接说它等于 $SS_{total} - SS_{treat}$,这个关系($SS_{total} = SS_{error} + SS_{treat}$)在数学上是可以证明的。

将以上几种 SS 除以各自对应的自由度,就得到各个 MS。

最后,$F = MS_{group} / MS_{error}$。这是一个比值,它越接近 0,意味着 MS_{group} 相对 MS_{error} 越小,平均数间差异越小,越不能拒绝 H_0。在极端的情况是,各组平均数完全相等($\overline{X}_1 = \overline{X}_2 = ... = \overline{X}_k = \overline{X}_{gm}$),显然此时 $SS_{group} = 0$,$MS_{group} = 0$,$SS_{total} = SS_{error}$,$F = 0$。

总之,无论从哪个思路理解方差分析的逻辑,结论只有一个:我们只有在 MS_{group} 远大于 MS_{error} 的情况下才能拒绝 H_0。

16.3 方差分析的计算方法

方差分析的计算并不难,但多数人还是愿意用计算机软件解决问题。(如果你没有像 R 或者 SPSS 这样的软件,通常也可以用标准的电子表格软件。)既然如此,为什么我还要展示一组你可能永远不会被要求用到的公式?我的回答是,这些公式能够清清楚楚地向你展示你在做什么。因为每个公式都是定义公式而不是计算公式,都体现了我讲过的方差分析的逻辑。我已经略去了比较传统的计算公式,因为我不觉得它们能教会你多少东西。

平方和

方差分析中的大多数时间都用在计算**平方和**上,这里说到的平方和其实是与平均数之差的平方之和 $[\sum(X-\bar{X}_{gm})^2]$ 或其某个部分。平方和的优点,同时也是我们以平方和计算为开端的原因,就是平方和之间可以做加减运算,但是均方通常不能做加减。我们将算出**总平方和**(SS_{total}),并将其分解为两部分:一是由于组间的差异导致的那部分平方和(SS_{group});二是由于组内的差异导致的那部分平方和(SS_{error})。平方和的可加性使之成为可能。

计算过程

表 16.4 再现了 Giancola 和 Corman 的研究数据,并给出了我们将要详细讨论的计算过程。我还在图 16.3 中为每个平均数画上了误差线。(注意,我的误差线表示的是标准误而不是标准差或置信区间。这非常重要,有些作者经常会让你弄不明白误差线指的是什么。)

表 16.4 施加电击的强度与任务难度的函数关系 *

	D0	D2	D4	D6	D8	汇总
	1.28	−1.18	−0.41	−0.45	2.01	
	1.35	0.15	−1.25	0.54	0.40	
	3.31	1.36	−1.33	−0.98	2.34	
	3.06	2.61	−0.47	1.68	−1.80	
	2.59	0.66	−0.60	2.25	5.00	
	3.25	1.32	−1.72	−0.19	2.27	
	2.98	0.73	−1.74	−0.90	6.47	
	1.53	−1.06	−0.77	0.78	2.94	
	−2.68	0.24	−0.41	0.05	0.47	
	2.64	0.27	−1.20	2.69	3.22	
	1.26	0.72	−0.31	0.15	0.01	
	1.06	2.28	−0.74	0.91	−0.66	
平均数	1.802	0.675	−0.912	0.544	1.889	0.800
标准差	1.656	1.140	0.515	1.180	2.370	1.800
方差	2.741	1.299	0.265	1.394	5.616	3.168

* 与表 16.1 相比,仅 D6 列数据有变化。——译者注

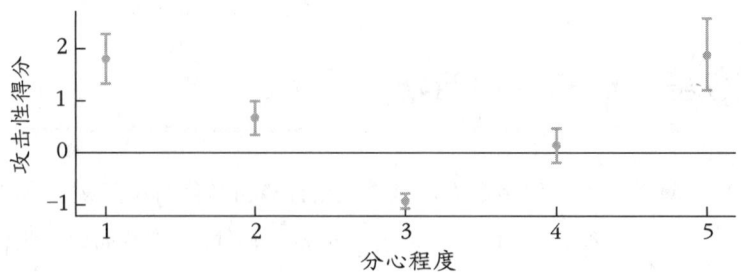

图 16.3 Giancola 和 Corman 关于攻击性与分心程度的函数关系，误差线表示 ±1 个标准误

表 16.4 的上面部分都是数据，即单个观察值（X_{ij}）；各个组的平均数（$\bar{X}_j$）和总平均数（$\bar{X}_{gm}$）。讨论方差分析时，我们用符号 $\bar{X}_j$ 表示第 j 组的平均数。在有多个自变量（因素）的方差分析中，$\bar{X}_j$ 可以扩展为 $\bar{X}_{row\,i}$ 和 $\bar{X}_{col\,j}$，* 意思很清楚。我用符号 X_{ij} 表示个体观察值——第 j 组中第 i 个人的分数。

表 16.5 展示了单因素方差分析的计算过程。这些计算还需要做一些改进。

表 16.5 对于表 16.4 中数据的计算过程

$$SS_{total} = \sum (X_{ij} - \bar{X}_{gm})^2 = (1.28 - 0.80)^2 + (1.35 - 0.80)^2 + \cdots + (-0.66 - 0.80)^2$$
$$= 186.918$$
$$SS_{treat} = n\sum (\bar{X}_j - \bar{X}_{gm})^2 = 12[(1.80 - 0.80)^2 + (0.675 - 0.80)^2 + \cdots + (1.889 - 0.80)^2]$$
$$= 12 \times 5.205 = 62.460$$
$$SS_{error} = SS_{total} - SS_{treat} = 186.918 - 62.640 = 124.485$$

汇总表

差异来源	自由度	平方和	均方	F	p
处理	4	62.460	15.615	6.90	0.000
误差	55	124.458	2.263		
总计	59	186.918			

表中的平均数和方差与 Giancola 和 Corman 发现的完全相同，但是因为数据是虚拟的，所以检查各组内观察值的分布几乎一无所获——这些数据其实就是抽自正态分布总体，经舍入后保留小数点后两位。如果是真实数据，第一件重要的事就是检查这些分布，以确保它们不严重偏斜、不出现双峰，更不要出现向不同方向倾斜的糟糕情况。即使在这个例子中，检查各组方差，看看它们是否符合方差齐性的要求也是有用的。尽管方差并不像我们想象的那样接近（D8 的方差就远大于其他组的方差），但是它们之间的差异似乎还没有显著到令人担忧的程度。正如你将在后面看到的，违反上述假定对方差分析影响不大，特别是当每个组的观察值个数相同时。

总平方和 SS_{total}（读作"总平方和"）表示所有观察值与总平均数之差的平方之和，而无论是哪一种处理产生的这种差异。

---

* row 指行，col 指列，$\bar{X}_{row\,i}$ 指第 i 行或第一个因素取第 i 个值的所有观察值的平均数。——译者注

$$SS_{total} = \sum (X_{ij} - \overline{X}_{gm})^2$$

组间平方和　SS_{group}（读作**组间平方和**）是由于组别引起的差异量的计量指标（实际上就是各组平均值之数的差异），它与各组平均数的方差直接相关。计算 SS_{group} 时，我们只要先计算各组平均数与总平均数之差，接着分别求出这些离差的平方，最后计算这些平方的总和即可。然后，在 H_0 为真的情况下，将 SS_{group} 乘以样本容量，就得到我们对总体方差（σ_e^2）的第二种估计值：

$$SS_{group} = n \sum (\overline{X}_j - \overline{X}_{gm})^2$$

（请记住，在方差分析中，我们用小写字母 n 表示各组观察值的个数，用大写字母 N 表示观察值的总个数。）

误差平方和　在实际应用中，SS_{error}（读作**误差平方和**）通常通过减法求得。因为我们很容易证明

$$SS_{total} = SS_{group} + SS_{error}$$

因此一定有

$$SS_{error} = SS_{total} - SS_{group}$$

表 16.5 中的 SS_{error} 就是这样计算出来的。

汇总表

表 16.5 最下面的内容是方差分析的汇总表。之所以称其为"汇总表"，显然是因为它汇集了一系列计算结果，让我们一目了然地明白数据的含义。

差异来源　汇总表的第一列被标记为"差异来源（Source）"——我用"差异"一词作为"平方和"的同义词。（平方和还不能称为方差，但它也是差异的一种计量指标，因此用了有点牵强的"差异"一词。）从汇总表中可以看出，差异有三个来源：总差异、各组间的差异（各组平均数之间的差异）以及随机误差造成的差异（组内差异）。*这些来源反映了这样一个事实：我们将总平方和分成两部分，一部分是各组之间的差异，另一部分是各组内的差异。

自由度　自由度这列呈现的是两个差异来源分别得到多少自由度（df）。计算 df 也许是方差分析中最简单的一件事。**总自由度**（df_{total}）永远等于 $N - 1$，其中 N 是观察值的总个

---

* 其实单因素方差分析中差异来源只有两个——组间的 SS_{treat} 和组内的 SS_{error}。——译者注

数。**组间自由度**（df_{group}）永远等于 $k-1$，其中 k 是组的个数。很容易想到，总自由度中去掉组间自由度后剩下的就是**误差自由度**（df_{error}）了，当然更直接的计算方法是求所有处理（各组）的自由度之和。在我们前面看到的例子中，$df_{total} = 50 - 1 = 49$。而在这 49 个自由度中，有 4 个与 5 组之间的差异有关，其余 45 个与组内的差异有关。

离差平方的个数在计算自由度时非常有用。SS_{total} 指的是离一个点（这个点就是总平均数）的 N 个离差平方之和。当计算这些离差时，这个点（它是一个估计值）耗去了 1 个 df，剩下的 $df = N - 1$。SS_{group} 是各组平均数离一个点（还是总平均数）的 k 个离差平方之和，而因为这个点是估计值，我们又损失了 1 个 df，故剩下 $k - 1$ 个 df。SS_{error} 表示 k 组离差平方之和，每组都是 n 个离差（与各组平均数之差）的平方之和，故每一组都损失 1 个 df，剩下的 $df = k(n - 1) = N - k$。

平方和 离差平方的总和都标记为 SS，这一列几乎没有什么可多说的，无非就是列出算出来的那 3 个平方和而已。

均方 这一列显示 σ_e^2 的两种估计值。这两个数值都是将平方和除以它们对应的 df 得到的。故 $62.640 / 4 = 15.615$，$124.458 / 55 = 2.263$。我们通常不计算 MS_{total}，因为后面用不到它。但是如果真的算一下，结果就是所有 N 个观察值的方差。

尽管均方其实就是方差，但重要的是要记住这些 MS 是谁的方差。MS_{error} 是每一种处理中所有观察值的方差的平均数。但是，MS_{group} 不是各组平均数的方差，而是经 n 校正的那些平均数的方差，其结果是我们对总体方差（σ_e^2）的第二种估计值；换言之，它是基于各组平均数之方差的 σ_e^2 估计值。

F 统计量 F 这一列是零假设检验中最重要的一列。将 MS_{group} 除以 MS_{error} 得到 **F 统计量**。如前所述，MS_{error} 是对总体方差（σ_e^2）的一个估计值。如果 H_0 为真，则 MS_{group} 也是对总体方差（σ_e^2）的估计值；但如果 H_0 为假，则 MS_{group} 就不仅仅是总体方差的估计值了。如果 H_0 为真，则 MS_{error} 和 MS_{group} 就是对象相同的两种估计量，因此两者应该大致相等。如果是这样，两者之比值应接近 1.00，但这个比值会因抽样误差而上下波动。我们要做的就是计算这个比值（F）并确定它是否足够接近 1，从而判断是否支持零假设。

当我们讨论单尾 t 检验时，很清楚"单尾"的意思。它表示，如果平均数之差落在预计的方向上，就拒绝 H_0。换句话说，只有当 t 值的正负符号正确时，才拒绝 H_0——这两种说法都以平均数之差（或 t 值）足够大为前提。但是，当面对多个样本（组）时，"单尾"所指就不太清楚了。从某种意义上说，我们进行的方差分析正是一种单尾检验，因为只有当算出来的 F 值显著大于 1.0 时，我们才拒绝 H_0。另一方面，获得较大 F 值的原因有很多。在方差分析中，当各组平均数相距很远时，就拒绝 H_0，而不用考虑这些平均数哪个大哪个小。所以，我们进行的是一种非定向 H_0 的单尾检验[*]。

剩下的问题是，在判定总体平均数之间存在差异并因此拒绝 H_0 之前，F 值应该比 1.0

---

[*] 采用单尾检验，但 H_0 还是 $\mu_1 = \mu_2 = \cdots = \mu_k$。——译者注

大多少才行。②答案是，如果 H_0 为真，则比率

$$F = \frac{MS_{group}}{MS_{error}}$$

服从附录表 D.3 中的 F 分布。它有两个自由度：df_{group} 和 df_{error}。表 16.6 是表 D.3 的一部分。因为 F 分布的形状取决于两个均方的自由度，曲线之下的面积也随之受到影响，所以这个表看起来与你见过的其他表有些不同。在这个例子中，我们从各列中找到对应于 F 的分子的那个均方的自由度 $k-1$，再找到各行中对应于 F 的分母的那个均方的自由度 $k(n-1)$。行与列的交点处就是显示在表格顶部的 α 对应的 F 的临界值。

在 DanielSoper 的在线计算器中，你可以找到一个程序，输入平均数、方差和样本容量，就可以得知 F 值，另一个程序则计算概率值。如果你想用 R 计算 F 值，代码很简单：prob <-1 – pf(q = 6.90, df1 = 4, df2 = 55) = .00014。

查 F 分布临界值表，我们首先要找到与 α 水平对应的那个表（$\alpha = 0.05$ 时查表 D.3，$\alpha = 0.01$ 时查表 D.4）。因为分子（MS_{group}）对应的分子自由度 $df = 4$，分母（MS_{error}）对应的分母自由度 $df = 55$，故我们沿着第 4 列向下找到标记为"55"的那一行。不料"55"这一行根本就没有，我们只找到分母自由度为 50 和 60 的那两行临界值，故计算这两个临界值的平均数。这两行和第 4 列交叉之处显示的临界值分别是 2.56 和 2.53，其平均数为 2.54。这就是最终的 F 临界值。如果 H_0 为真，我们预计 F 值超过 2.54 的概率仅为 5%。而我们实际计算出来的 $F = 6.90$，超过了 $F_{0.05} = 2.54$，故拒绝 H_0。结论就是，这几个组抽自平均数不同的总体。在分子自由度和分母自由度分别为 4 和 55 的情况下，F 值对应的实际概率为 0.0001。如果我们选择 $\alpha = 0.01$，查表 D.4 可知 $F_{0.01}(4, 55) = 3.68$，我们仍然会拒绝 H_0。（请注意前面报告 F 值的显著性水平和自由度的格式。这是一种标准写法。）如果用 R 计算，我们可以输入 "Fcrit<- qf(p = 0.95, df1 = 4, df2 = 55)"，这样就可以求得 $\alpha = 0.05$ 时的临界值。当然，更有意义的做法，就是用前面的 R 代码，输入 F 值求概率。（$p = 0.00014$。）

注释②
如果 H_0 为真，则 F 的预期值不一定刚好是 1.00，但是它已经如此接近 1.00 以至不会改变结果。而 F 值远低于 1.00 的情况通常也没有任何意义，尽管在这种情况下我们会觉得困惑：各组平均数之间比我们预期的还要接近？

表 16.6　附录表 D.3 的简化版，F 分布的临界值（$\alpha = 0.05$）

分母自由度	分子自由度									
	1	2	3	4	5	6	7	8	9	10
1	161.4	199.5	215.8	224.8	230.0	233.8	236.5	238.6	240.1	242.1
2	18.51	19.00	19.16	19.25	19.30	19.33	19.35	10.37	19.38	19.40
3	10.13	9.55	9.28	9.12	9.01	8.94	8.89	8.85	8.81	8.79
4	7.71	6.94	6.59	6.39	6.26	6.16	6.09	6.04	6.00	5.96
5	6.61	5.79	5.41	5.19	5.05	4.95	4.88	4.82	4.77	4.74
6	5.99	5.14	4.76	4.53	4.39	4.28	4.21	4.15	4.10	4.06
7	5.59	4.74	4.35	4.12	3.97	3.87	3.79	3.73	3.68	3.64
8	5.32	4.46	4.07	3.84	3.69	3.58	3.50	3.44	3.39	3.35
9	5.12	4.26	3.86	3.63	3.48	3.37	3.29	3.23	3.18	3.14
10	4.96	4.10	3.71	3.48	3.33	3.22	3.14	3.07	3.02	2.98
11	4.84	3.98	3.59	3.36	3.20	3.09	3.01	2.95	2.90	2.85

分母自由度	分子自由度									
	1	2	3	4	5	6	7	8	9	10
12	4.75	3.89	3.49	3.26	3.11	3.00	2.91	2.85	2.80	2.75
13	4.67	3.81	3.41	3.18	3.03	2.92	2.83	2.77	2.71	2.67
14	4.60	3.74	3.34	3.11	2.96	2.85	2.76	2.70	2.65	2.60
15	4.54	3.68	3.29	3.06	2.90	2.79	2.71	2.64	2.59	2.54
16	4.49	3.63	3.24	3.01	2.85	2.74	2.66	2.59	2.54	2.49
17	4.45	3.59	3.20	2.96	2.81	2.70	2.61	2.55	2.49	2.45
18	4.41	3.55	3.16	2.93	2.77	2.66	2.58	2.51	2.46	2.41
19	4.38	3.52	3.13	2.90	2.74	2.63	2.54	2.48	2.42	2.38
20	4.35	3.49	3.10	2.87	2.71	2.60	2.51	2.45	2.39	2.35
22	4.30	3.44	3.05	2.82	2.66	2.55	2.46	2.40	2.34	2.30
24	4.26	3.40	3.01	2.78	2.62	2.5	2.42	2.36	2.30	2.25
26	4.23	3.37	2.98	2.74	2.59	2.47	2.39	2.32	2.27	2.22
28	4.20	3.34	2.95	2.71	2.56	2.45	2.36	2.29	2.24	2.19
30	4.17	3.32	2.92	2.69	2.53	2.42	2.33	2.27	2.21	2.16
40	4.08	3.23	2.84	2.61	2.45	2.34	2.25	2.18	2.12	2.08
50	4.03	3.18	2.79	2.56	2.40	2.29	2.20	2.13	2.07	2.03
60	4.00	3.15	2.76	2.53	2.37	2.25	2.17	2.10	2.04	1.99
120	3.92	3.07	2.68	2.45	2.29	2.18	2.09	2.02	1.96	1.91
200	3.89	3.04	2.65	2.42	2.26	2.14	2.06	1.98	1.93	1.88
500	3.86	3.01	2.62	2.39	2.23	2.12	2.03	1.9	1.90	1.85
1000	3.85	3.01	2.61	2.38	2.22	2.11	2.02	1.95	1.89	1.84

结论

由于 F 值显示差异显著，我们拒绝了"总体中各种处理的平均数相等"的零假设。严格来说，这个结论是说，至少有一个总体平均数与至少另一个总体平均数不相等，但是我们也说不清哪些平均数与其他平均数不相等。我们很快就会另举一个例子来研究这个问题。然而，从图 16.3 中可以很明显地看到，达到一定程度之前，越分心就越会减弱攻击性行为。但是，超过这一程度后，分心的作用反过来了。这至少说明，酒精对攻击性行为有某种影响。

极简主义的计算方法

本书每修订一次，就会离计算疏远一些。疏远计算，不是因为我讨厌计算（其实我是喜欢计算的），而是因为它们经常妨碍理解。所以让我们看看，用最少的公式能走多远。

在本章的前面部分，我曾说用到了两种方差估计值。一种是每个组内或条件下的方差，另一种是平均数的方差乘以样本容量。

1. 根据表 16.4，这 5 个组的方差分别为 2.741、1.299、0.265、1.394 和 5.616。其平均数是 2.263，这就是 MS_{error}。这 5 个方差的每一个都有 11 个自由度，故用于 MS_{error} 的总自由度共有 5 × 11 = 55。
2. 我们知道，MS_{group} 是样本平均数的方差乘以每个样本（组）的容量。各组平均数分别是 1.802、0.675、−0.912、0.544 和 1.889，而这 5 个平均数的方差为 1.300，乘以 12 后得到 MS_{group} = 15.61。由于这是 5 个平均数的方差，因此，对应于 MS_{group} 的自由度应该是 5 − 1 = 4。
3. 最后，用 MS_{group} 除以 MS_{error}，算出 F = 15.61 / 2.263 = 6.90，分子自由度为 4，分母自由度为 55。

计算过程究竟算 3 步还是 4 步其实不重要，就看你怎么数了。

结果报告

方差分析结果的报告比 t 检验的报告稍微复杂一些。这是因为，我们不仅要指出整体性的 F 值是否显著，还要对各平均数之间的差异做出判断。本章要到后半部分才讨论对各个平均数的检验，因此下面这个例子是不完整的，是报告结果的简略版本。

在检验"酒精倾向于使注意集中于刺激性（而不是不太鲜明的抑制性）的线索"这一假设时，Giancola 和 Corman 研究了分心刺激对攻击性行为的影响。研究者按完成任务时不同的分心程度将被试分组。在被试饮用酒精后，研究者用 3×3 个格子向他们反复呈现 0、2、4、6 或 8 个刺激，并要求他们报告刺激出现的顺序。研究者还告诉被试，如果他们的反应速度比假想的对手快，就可以对那个对手实施电击。如果他们的反应速度较慢，受到电击的就是他们自己。相比低度分心的情况，在不呈现分心刺激时，被试们施加的电击强度更高、持续时间更长。随着分心任务的复杂性超过中等水平，电击强度和持续时间的下降趋势发生逆转。单因素方差分析表明，5 个组的平均数之间存在显著差异 [$F(4, 55) = 6.90$, $p = 0.000$]。直观考察各组平均数可以发现，随着分心任务越来越复杂，被试实施的电击的强度先是降低，但是降低到一定程度后反而上升，这与理论预测一致。（注：在作为对照的未饮用酒精的条件下，被试的行为不随分心程度的变化而产生显著差异，只是这里没有报告这些数据。）（要完整地概括这些结果，只说"发现显著差异"是远远不够的。至少还要报告效应量——我们很快就会介绍这项指标。）

用 R 做方差分析

你可能会以为，应该用名为"anova()"这样的函数进行方差分析，但是除了特殊情况，我们要调用的函数其实叫作"lm()"，它指的是"线性模型（linear model）"。

R 代码如下。（我们将在后面的章节看到怎样用 SPSS 做方差分析。）但是请允许我先谈谈计算问题。我已经介绍了如何手工进行方差分析的计算，你从中可以看到事情背后的逻辑。但是计算机软件几乎总是用另一种方法算出相同的结果。如果将"条件"看作一个因素——只要它是一个水平数不多的间断变量——我们解题时就可以采用多元回归分析，根据条件变量来预测因变量的值。换句话说，只要将一个因素看成一个自变量，或者将多个因素（下一章涉及）看成多个自变量，我们就可以用标准的多元回归分析解题。强调这一点，是因为 R 代码看上去与你预想的不一样。但是，它给出的答案与你所用的公式算出的答案完全相同。

```
data<- read.table("https://www.uvm.edu/~dhowell/fundamentals9/DataFiles/
  Tab16-1.dat", header = TRUE)
attach(data)
group<- factor(group)              # IMPORTANT! Specify that group is a factor
model1<- lm(dv ~ group)            # Calculate the linear model of dv predicted from group
anova(model1)
library(car)
Anova(model1)
_____
anova(model1)
- - - - - - -
Analysis of Variance Table

Response: dv
          Df    Sum Sq   Mean Sq   F value    Pr(>F)
group      4    62.46    15.6151    6.9005    0.0001415 ***
Residuals 55   124.46     2.2629

Signif. codes:   0 '***' 0.001 '**' 0.01 '*' 0.05 '.' 0.1 ' ' 1


library(car)
Anova(model1)
- - - - - - - - -
Response: dv
          Df    Sum Sq   Mean Sq   F value    Pr(>F)
group      4    62.46    15.6151    6.9005    0.0001415 ***
Residuals 55    24.46     2.2629

Signif. codes:   0 '***' 0.001 '**' 0.01 '*' 0.05 '.' 0.1 ' ' 1
```

从以上代码和结果中可以看到，我对同一个问题提供了两个解决方案，得到了相同的答案。前一个解法运用了 R 基础包中的"anova"函数求得结果，后一个解法加载了由 John Fox 编写的"car"包，随后调用了"Anova"命令（注意"A"是大写的）。这两种方法用于单因素方差分析时，所得到的答案是相同的。不过，等到下一章进行析因分析时，答案就不一定相同了。在这里，我只是想引入"car"包。而且，R 的结果与手工计算的答案也相同。另外请注意，两个结果中都有一行以"Signif. Codes"开头的内容。这一行表示效应的显著性水平，其中单个"*"表示 F 在 $p < 0.05$ 水平显著，"**"表示在 $p < 0.01$ 水平显著，依此类推。大多数软件都用这种方法表示显著性水平，尽管有许多统计学家认为这种做法有时会产生误导，而且也不能增进我们对研究对象的理解。

16.4 样本容量不等的方差分析

大多数实验在设计之初都会设定各种处理的观察值个数（样本容量）相等。然而，事情的发展往往并非如此。实验中的参试者往往很不可靠，许多人未能前来参试，或者因为没有遵照指导语而被剔除。我最喜欢举的一个例子是我还是研究生的时候从文献中发现的一篇报告。Sgro 和 Weinstock（1963）报告说，有一只实验动物因为老喜欢啃咬实验者而被剔除。此外，在对整群（如学校班级）中实施的研究中，样本容量几乎总是不等的，其原因与实验本身也没有关系。

如果样本容量不等，前面讨论的方差分析方法必须做一些修改才适合新的情况。好在当自变量只有一个时，需要做的修改相对较少。

当样本容量相等时，我们做过如下定义

$$SS_{group} = n \sum (\bar{X}_j - \bar{X}_{gm})^2$$

其中 n 是各组观察值的个数。之所以将离差平方和乘以 n，是因为每种处理的观察值个数都是 n。然而，如果样本容量不等，我们就要将 n_j 定义为第 j 种处理中的参试者的个数（$\sum n_j = N$），并将上述式子改写为

$$SS_{group} = \sum n_j (\bar{X}_j - \bar{X}_{gm})^2$$

当所有各组 n_j 相等时，上述式子就简化为其原来形式。我们在这里所做的只不过是将每个离差平方乘以它们各自的样本容量而已。

另一个例子：母性角色适应

再讲一个单因素方差分析的例子，以阐明样本容量不等时如何处理。在一项关于低出生体重新生儿（Nurcombe, Howell, Rauh, Teti, Ruoff, & Brennan, 1984）发展的研究中，研究者将新生儿分为 3 个组，分组依据是新生儿的出生体重以及他们的母亲是否参加过关于低出生体重新生儿特殊需求的训练课程。当婴儿 6 个月大时，母亲们接受了访谈。实验中有三组新生儿：低出生体重 - 实验组、低出生体重 - 控制组和足月控制组。两个控制组的新生儿母亲未接受任何特殊训练，故可以作为对照，与母亲接受过训练的实验组进行比较。低出生体重 - 实验组母亲接受了干预，我们希望证明这些母亲能像足月新生儿母亲那样很好地适应新角色。反之，我们预期，那些未接受干预计划的低出生体重新生儿的母亲会不

太容易适应。(低出生体重新生儿的父母是很不容易的,特别是在头几个月。要知道对这些孩子长达 9 年的跟踪研究得到了什么戏剧性的结果,请参见 Achenbach, Howell, C., Aoki, & Rauh, 1993。)

表 16.7 的 a 部分列出了本研究的实际数据,b 部分列出了方差分析的计算过程和结果,c 部分是方差分析的汇总表。因变量是母亲们在适应量表上的得分。请注意,除了 SS_{group} 之外,计算的具体方式与样本容量相等时完全一致;而计算 SS_{group} 时,每一个平方和 $(\bar{X}_j - \bar{X}_{gm})^2$ 都与其各自的样本容量相乘。

从汇总表中可以看到,最终得到的 F 值为 5.53,自由度为 2 和 90。查附录中的表 D.3,用插值法可知 $F_{0.05}(2, 90) = 3.11$。(分母自由度 $df = 90$ 介于 60 和 120 之间,故以 3.15 和 3.07 之间的中间值 3.11 作为临界值,应该比较接近。)由于 $5.53 > 3.11$,我们拒绝 H_0 并得出结论:并非所有得分都来自具有相同平均数的总体。(用我们以前介绍过的软件可以求出精确概率是 0.005。)实际上,第一组和第三组的平均数看似大致相等,而第二组(低出生体重–控制组)平均数较高(说明适应不良)。然而,F 值只告诉我们应该拒绝 $H_0: \mu_1 = \mu_2 = $

表 16.7 三组母亲的母性角色适应情况(低分对应于较好的适应水平)

(a)数据

	第 1 组 低出生体重 – 实验组			第 2 组 低出生体重 – 控制组			第 3 组 足月控制组		
	24	10	16	21	17	13	12	12	12
	13	11	15	19	18	25	25	17	20
	29	13	12	10	18	16	14	18	14
	12	19	16	24	13	18	16	18	14
	14	11	12	17	21	11	13	18	12
	11	11	12	25	27	16	10	15	20
	12	27	22	16	29	11	13	13	12
	13	13	16	26	14	21	11	15	17
	13	13	17	19	17	13	20	13	15
	13	14					23	13	11
							16	10	13
							20	12	11
							11		
n_j	29			27			37		$N = 93$
$\bar{X}_j$	14.97			18.33			14.84		$\bar{X}_{gm} = 15.89$

(b)计算

$$SS_{total} = \sum(X_{ij} - \bar{X}_{gm})^2 = (24 - 15.89)^2 + (13 - 15.89)^2 + \cdots + (11 - 15.89)^2 = 2072.925$$

$$SS_{group} = \sum n_j(\bar{X}_j - \bar{X}_{gm})^2 = 29(14.97 - 15.89)^2 + 27(18.33 - 15.89)^2 + 37(14.84 - 15.89)^2 = 226.932$$

$$SS_{error} = SS_{total} - SS_{Group} = 2072.925 - 226.932 = 1845.993$$

(c)汇总表

差异来源	自由度	平方和	均方	F	p
	2	226.932	113.466	5.53	0.005
	90	1845.993	20.511		
	92	2072.925			

μ_3。它没有告诉我们哪个组与其他组有差异。要想得出谁跟谁有差异的结论,需要运用一种被称为"多重比较法"的特殊方法。

16.5 多重比较法

当我们用方差分析并获得显著的 F 值时,还只能说零假设作为一个整体是错的。但是我们还不知道众多可能的备择假设(例如,H_1: $\mu_1 \neq \mu_2 \neq \mu_3 \neq \mu_4 \neq \mu_5$; H_2: $\mu_1 \neq \mu_2 = \mu_3 = \mu_4 = \mu_5$)中哪一个是对的。**多重比较法**使我们能够研究关于单组之间平均数之差的假设,也可以研究单组与多组合并后的"大组"之间平均数之差的假设。例如,我们感兴趣的问题可能是第 1 组与第 2 组有无差异,也可以是第 1 组与第 2、3 组合并后的大组之间有无差异。

组与组之间比较的主要问题之一,就是反复而且无限制地进行这样的比较会导致 I 类错误的概率过高。例如,假定我们有 10 个组,完整的零假设(H_0: $\mu_1 = \mu_2 = \mu_3 = \cdots\cdots = \mu_{10}$)为真,但是如果将所有平均数都逐对用 t 检验比较一遍,则至少犯 1 次 I 类错误的概率是 57.8%。换句话说,实验者以为自己是在 $\alpha = 0.05$ 的水平上进行显著性检验,其实是在 $\alpha = 0.578$ 的水平上进行。图 16.4 表示的是当平均

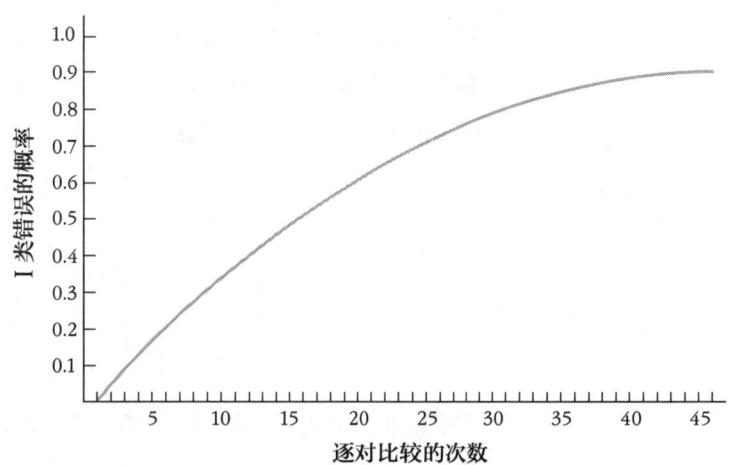

图 16.4 I 类错误的概率与逐对比较次数之间的函数关系,任一比较都在 $\alpha = 0.05$ 的水平上进行

数之间逐对进行的独立 t 检验的次数增加时,产生 1 次或 1 次以上 I 类错误的概率的增长趋势。能发现显著差异固然美妙,但是"发现"那些其实不存在的差异就糟了。心理学家很难做到既可以解释自己发现的所有真实存在的差异,又可以不用担心"发现"不存在的差异。我们现在需要找到某种方法,用它不仅可以进行我们需要的比较,而且能控制住错误地拒绝 H_0 的概率。

为了控制 I 类错误的概率,统计学家研发了不少用于比较多个平均数的方法。(有关这些统计方法的讨论,请参阅 Howell,2012。)幸运的是,其中有两种相对简单的方法可以较好地控制 I 类错误的概率,而且适用于你可能遇到的大多数多重比较问题。除了上述方法外,还有一条非常有用的经验法则:"不要轻易进行比较,除非这种比较对你所做之事有实际意义。永远不要仅仅因为你能做比较而做比较。"

费舍最小显著差异检验

第一种方法通常被称为**保护性 t 检验**或**费舍最小显著性差异检验**(least significant difference,缩写为 LSD)。(如果你的老师对 LSD 检验不以为然,还请稍等片刻,我会为这个建议进行辩护。这个方法不像人们想象的那样离谱。)LSD 是我们所拥有的最广泛适用的

多重比较方法之一。

保护性 t 检验（即 LSD 检验）的过程非常简单。进行保护性 t 检验的第一个前提是总的方差分析的 F 值必须足够大。（只有这一种多重比较检验有这样的要求。）如果 F 不显著，就不能做平均数之间的比较。你只需声明"没有发现各组之间有显著差异"即可结束整个假设检验。相反，如果总的 F 显著，你可以采用经过修正的 t 检验对任意两个平均数进行比较，或对所有平均数进行逐对比较。这里说的"经过修正"的 t 检验，其实是说进行 t 检验时要用方差分析中算出的 MS_{error} 代替标准的 t 检验公式中的汇合方差估计值（s_p^2）。（如果各个组的方差相差极大，我们通常不会进行上述替换。）用 MS_{error} 替换汇合方差是完全合理的。因为 MS_{error} 的定义就是各组内方差的平均数——如果实验只有 2 个组，则方差分析中的 MS_{error} 将等于对这两组平均数进行的双样本 t 检验公式中的 s_p^2。在多个组之间比较平均数时，我们要用 MS_{error} 而不用 s_p^2，因为前者基于所有组内差异，而非基于正要比较的那两组差异。因此，它可能是对 σ_e^2 的更好的估计值。将误差项改为 MS_{error} 还能带来另一个好处：求得的 t 的自由度变成了 df_{error}，而不再是 t 检验时用的 $n_1 + n_2 - 2$。

当我们用 MS_{error} 替换了 s_p^2 之后，t 检验的公式就变成了

$$t = \frac{\overline{X}_i - \overline{X}_j}{\sqrt{\dfrac{MS_{error}}{n_i} + \dfrac{MS_{error}}{n_j}}} = \frac{\overline{X}_i - \overline{X}_j}{\sqrt{MS_{error}\left(\dfrac{1}{n_i} + \dfrac{1}{n_j}\right)}}$$

为了说明如何进行保护性 t 检验，要利用前面例子中有关母性适应的数据。在这个例子中，我们确实发现总的 F 值有显著意义，这样我们就可以做进一步分析。鉴于该研究的性质，我们对以下两个问题感兴趣：

1. 低出生体重－控制组母亲的平均分与足月组母亲的平均分之间有无差异？
2. 低出生体重－控制组母亲的平均分与低出生体重－实验组母亲的平均分之间有无差异？

第一个问题其实是问，低出生体重新生儿的母亲是否比足月新生儿的母亲更难适应？这两组母亲都没有接受干预，因此干预对她们的得分没有干扰作用。第二个问题问的是，干预有没有影响低出生体重新生儿的母亲的适应性。这个问题涉及的两组母亲生下的都是低出生体重新生儿，因此新生儿出生时的体重对她们的得分没有干扰作用。请注意，将低出生体重－实验组与足月控制组做比较是没有意义的，因为即使真发现了差异，我们也无法判断这种差异是干预造成的，还是出生时体重不同造成的。在这种比较中，干预与否和出生体重的作用相互混淆。

刚才这段话让我想到了一个经常被忽视的问题。即便只有三个组，也可以进行多次逐对比较。但是，其中有一个比较（低出生体重－实验组与足月控制组的比较）没有多大意义，而我准备进行的两个比较确实是有意义的。我们要明智地选择检验内容。人们太容易进行愚蠢的比较了，这将导致低质量的分析。总之，提问题之前先好好想想你要问什么问题。

母性适应的分析结果见表 16.8，两次比较得到的 t 值分别为 –2.77 和 3.04。我们采

用 $\alpha = 0.05$ 的双尾检验，而且误差项的自由度为 90。查表 D.3 并通过内插法得到 $t_{0.05}(90)$ = ±1.99。因此，在这两次比较中，我们都可以拒绝零假设，因为我们求出的两个 t 的绝对值都超出了 1.99。我们由此得出结论，低出生体重新生儿与足月新生儿母亲在适应水平上存在差异，足月新生儿的母亲适应得更好。我们还能得出结论，干预对低出生体重新生儿的母亲有效果。两次比较对应的精确概率分别为 0.007 和 0.003。

表 16.8　用于两个低出生体重组与足月控制组的费舍最小显著差异检验

	第一组 低出生体重 – 实验组	第二组 低出生体重 – 控制组	第三组 足月控制组
$\overline{X}_j =$	14.97	18.33	14.84
$N_j =$	29	27	37
$MS_{error} =$	20.511		
$df_{error} =$	90		

（a）μ_1 与 μ_2 的比较

$$t = \frac{\overline{X}_1 - \overline{X}_2}{\sqrt{MS_{error}\left(\frac{1}{n_1} + \frac{1}{n_2}\right)}} = \frac{14.97 - 18.33}{\sqrt{20.511\left(\frac{1}{29} + \frac{1}{27}\right)}} = \frac{-3.36}{\sqrt{1.467}} = \frac{-3.36}{1.21} = -2.77$$

（b）μ_2 与 μ_3 的比较

$$t = \frac{\overline{X}_2 - \overline{X}_3}{\sqrt{MS_{error}\left(\frac{1}{n_2} + \frac{1}{n_3}\right)}} = \frac{18.33 - 14.84}{\sqrt{20.511\left(\frac{1}{27} + \frac{1}{37}\right)}} = \frac{3.49}{\sqrt{1.314}} = \frac{3.49}{1.15} = 3.04$$

你也许会问，为什么要将这种特定的多重比较法称为"保护性"t 检验？或者你可能已经从别人那里听说，将平均数之间所有可能的逐对 t 检验全都做一遍是一个傻主意，而且往往还真是傻主意。现在是时候对这两个关切做出解释了。

在进行一系列多重比较时，我们最大的考虑就是要将 I 类错误的概率维持在一个低水平。换句话说，如果我们先做一次方差分析（F 检验），然后再做三次组间比较，就要确保无论是在前面的 F 检验中，还是在后面任何一次组间比较中，发生 I 类错误的概率都很低。这种情况下的 I 类错误概率被称为**综合错误率**，因为它指的是一系列假设检验中至少犯 1 次 I 类错误的概率[*]。当我们说起综合错误率时，犯 10 次 I 类错误不比犯 1 次更严重。（或许我应该反过来说，犯 1 次 I 类错误和犯 10 次同样严重！）如果我们只是进行平均数差异的逐对 t 检验，当平均数个数（组数）较多时，综合错误率将高得令人难以接受。所以，我们要采取一些措施来防止出现这样的局面，这正是保护性 t 检验要做的，其中就包括一个简单的权宜之计——除非方差分析的 F 值很大，否则就不要进行任何 t 检验。要明白这个简单步骤背后的道理，我们来讨论以下例子。

假设我们只有 2 个平均数，而且零假设为真。在这种情况下，I 类错误的概率就是原来的 F 检验全凭偶然发现显著差异的概率，即 0.05。如果那个 F 值显著了，我们就是犯了 I 类错误；即使我们还是继续做 t 检验，其实这个 t 检验中零假设还是原来那个假设，这是

---

[*] 即进行 m 次假设检验，犯 1 次、2 次、……m 次 I 类错误的总概率。——译者注

最糟的情况。如果 F 值不显著，我们就不会做保护性 t 检验（即费舍的 LSD 检验），因而错误率也不会增加。这样，在两个平均数的情况下，综合错误率为 0.05。

现在假设我们有 3 个平均数。首先，假设总的零假设为真，也就是说，假设 $\mu_1 = \mu_2 = \mu_3$。我们求出了总的 F 值，发现显著差异的概率（由于 H_0 为真，所以"发现显著差异"意味着犯了 I 类错误）就是 0.05，如果我们真的报告了显著差异，这就是我们前面所说的"至少犯 1 次" I 类错误中的那第 1 次，而这也是综合错误率中包含的一次错误。如果 F 值不显著，我们就停止检验过程，这样就连 1 次 I 类错误都没有机会犯了。换句话说，当完整的零假设为真时，犯 1 次或 1 次以上 I 类错误的概率应该根据规则限定在 0.05 以下，这就是我们想要的。接下来，假设完整的零假设为假，而且一个平均值与另两个有差异（例如 $\mu_1 = \mu_2 \neq \mu_3$）。而既然零假设不成立，所以总的 F 检验是不可能犯 I 类错误的。如果我们如愿发现了显著的 F 值，就可以继续检验各对平均数（例如第 1 组与第 2 组、第 1 组与第 3 组、第 2 组与第 3 组）之间的差异是否显著了。但是，这其中零假设为真的情况只有 1 种（即 $\mu_1 = \mu_2$），因此产生 I 类错误的机会也就只有 1 次。同样的，这里"至少犯 1 次 I 类错误"的概率也只有 0.05。最后，假设所有平均数之间都不相等。这种情况下就不可能产生 I 类错误，因为不存在"错误地否定真实的零假设"的情况。通过考察上述各种可能情况，我们可以得出结论：在 3 个平均数的情况下，综合错误率最多也不超过 0.05。

由此可见，在 2 个组或 3 个组的情况下，费舍的 LSD 检验可以保证"至少犯 1 次 I 类错误"的概率不超过 0.05。很好，这正是我们希望看到的。但是，现在我们假设有 4 个或 5 个组。在这种情况下，正确的零假设可能不止一个。例如，第 1 组和第 2 组平均数可以相等，第 3 组和第 4 组平均数也可以相等。如果 $\mu_1 = \mu_2$，$\mu_3 = \mu_4$，你就有 2 次犯 I 类错误的机会，实际的综合错误率将接近 0.10。但是我认为，在 4 个平均数的情况下，这不算是一个很高的错误率，我也不排斥这种检验，虽然不是我的最爱。但是，如果你讨论的是 10 个平均数，事情就完全不同了——无论是谁，用 F 检验考察 10 个组都是没事找事。这就是人们对费舍经常提出的批评，但是这种批评其实并不真正公平。如果你仔细考察心理学文献（而且我怀疑所有的行为科学文献大概都是如此），你甚至连 4 个组的实验都很难找到。［当然，Giancola 和 Corman（2007）的研究确实用了 5 个组，但是这种研究实在是太少了。］10 个组的实验几乎闻所未闻。既然有些实验是我们本来就不想做的，又为什么要以某种检验不能胜任此类实验的统计分析而加以拒绝？在组数不很多的情况下，只要多重比较满足一个前提——总的 F 值显著（这就是"保护"的本来意义），我们就能非常有效地控制综合错误率。这就是本章中强调保护性 t 检验的原因。如果组数相对较少，保护性 t 检验就能很好地控制综合错误率，而且简便易用，统计功效也相当不错。

对于总的 F 值的要求

不要以为多重比较都以总的 F 值必须显著为前提。只有费舍的 LSD 检验需要这个前提。在介绍下面一种检验时，我们将谈到，许多检验绝对不要求"总的 F 值必须显著"。实际上，强加这一前提只会不必要地降低这些方法的功效。

Bonferroni 校正法

第二种简单易用且广受欢迎的检验方法称为 **Bonferroni 校正法**，Bonferroni 是发现该方法的数学家的名字。（大家一般都称其为"Bonferroni 检验"，但是我更喜欢用"校正"这个词，因为这种方法其实就是对 p 值进行了一番校正。）该校正方法的基本思想是，如果进行多次检验（例如 c 次检验），每次检验都以 α' 为显著性水平，则犯至少 1 次 I 类错误的概率永远不会超过 $c\alpha'$。因此，如果你做了 5 次检验，每次检验的 $\alpha = 0.05$，则综合错误率最高可以达到 $5 \times 0.05 = 0.25$。但是这个错误率实在高得令人难以接受。但是，假设你每次进行检验时采用的显著性水平是 $\alpha' = 0.01$，那么综合错误率将不超过 $5 \times 0.01 = 0.05$，这样大家自然就可以接受了。在实际工作中我们可以这样做：如果你要进行 3 次检验，并且希望总的综合错误率不超过 0.05，就将每次检验的显著性水平定为 $0.05/3 = 0.0167$。进行上述检验时，你要做的事情与费舍的 LSD 检验一模一样，但是不再要求总的 F 值必须显著，而且每次检验只有当概率小于 0.0167 时才能拒绝零假设。总之，唯一的区别是每次检验的显著性水平从 α 改为 α/c（c 表示比较次数）。

Bonferroni 校正法起先遇到的困难是，我们没有 0.0167 水平的统计表可查。但是到了今天，大多数人都用标准的计算机软件来进行统计分析，而我所见过的每个软件在求出 t 值或 F 值时都能同时给出对应的概率。例如，如果我用 SPSS 处理低出生体重组的数据，而且要进行费舍检验中的多重比较，就有两种选择。在方差明显不等的情况下，我们只在第 1 组和第 2 组之间以及第 2 组和第 3 组之间各进行一次 t 检验。这固然还不太理想，因为检验中没有将所有三个组的方差汇合起来，不过既然方差不齐性，合并计算也没有多大意义。如果我坚持这样做了，就可以得到表 16.9 所示的结果。

以下是用 LSD 检验对母性适应数据的简要分析。如果你想用 SPSS 进行检验，请下拉菜单依次点击 Analyze/General Linear Model/Univariate，接着设置适当的变量，并点击 Post Hoc tests（事后检验，即多重比较），勾选 LSD 检验。（没错，选的是 LSD 而不是 Bonferroni。）但是，请确保只比较第 1 组与第 2 组，以及第 2 组与第 3 组。在这种情况下，显著差异要求的概率必须小于 $0.05/2 = 0.025$。

我们希望上述检验的综合错误率为 0.05，所以在做 2 次检验的情况下，每次检验都必须得到小于 $\alpha = 0.05/2 = 0.025$ 的概率才能算发现显著差异。请注意，这 2 次 t 检验都满足了这一要求，两个概率分别为 0.015 和 0.002。至于第 1 组和第 3 组的差异，我们对此不感兴趣，所以不在乎结果是什么。

Bonferroni 检验全都可以如法炮制：进行 LSD 检验，而且只关心某几个特定的比较。我们只需确定检验的次数（c），将期望的综合错误率（通常为 $\alpha = 0.05$）除以该次数（即 α/c），每当检验统计量对应的概率小于 α/c 时就拒绝零假设。但是，如果用软件来分析结果，就要谨慎小心了。前面交代过，大多数软件（包括 SPSS）都可以选用 Bonferroni 检验，但这也许不合你的要求。软件会假定你要完成所有可能的成对比较，并相应地调整概率。这样一来，你将得到错误的概率。因为当存在很多个平均数时，这种方法可能变得非常保守。反观 LSD 检验，你可以只限于考察你真正关心的那些差异。请允许我强调：不能只看平均数并从中找出最大的差异加以检验。这样做很可能只得到随机差异。你应该根据理论

表 16.9　对于母性适应数据的 SPSS 分析结果

单变量方差分析

【数据文件】c:\Users\Dave\Dropbox\Webs\fundamentals9\DataFiles\Tab16-6.sav

被试间因素

组别		N
	1	29
	2	27
	3	37

被试间效应检验

因变量：ADAPT

来源	SS	df	MS	F	p
校正模型	226.932[a]	2	113.466	5.532	0.005
截距	23513.095	1	23513.095	1146.364	0.000
组别	226.932	2	113.466	5.532	0.005
误差	1845.993	90	20.511		
总计	25562.000	93			
校正后总计	2072.925	92			

[a] $R^2 = 0.109$（校正后的 $R^2 = 0.090$）

事后检验

组别

多重比较

因变量：ADAPT
LSD

第 I 组	第 J 组	平均数之差 (I-J)	标准误	p	95% 置信区间 下限	95% 置信区间 上限
1	2	-3.37*	1.211	0.007	-5.77	-0.96
	3	0.13	1.123	0.910	-2.10	2.36
2	1	3.37*	1.211	0.007	0.96	5.77
	3	3.50*	1.146	0.003	1.22	5.77
3	1	-0.13	1.123	0.910	-2.36	2.10
	2	-3.50*	1.146	0.003	-5.77	-1.22

基于观察值平均数。
误差项为误差的方差：20.511。

或逻辑来确定要进行哪些检验。欺骗是不允许的。

如果我们想用 R 进行上述检验，可以运行以下代码。

```
data<- read.table("https://www.uvm.edu/~dhowell/fundamentals9/DataFiles/Tab16-6.dat", header = TRUE)
attach(data)
group<- factor(group) # Specify that group is a factor
model1<- lm(adapt ~ group)
anova(model1)
```

```
pairwise.t.test(adapt, group, p.adj = "none", pool.sd = true) # "none"
gives us the LSD test
Analysis of Variance Table
Response: adapt
            Df      Sum Sq      Mean Sq      F value      Pr(>F)
group        2      226.93      113.466      5.532        0.005421 **
Residuals   90      1845.99     20.511


        Pairwise comparisons using t tests with pooled SD


data:   adapt and group
           1          2
2       0.0066       -
3       0.9098      0.0030


P value adjustment method: none
```

注意，上述 R 代码生成的结果与 SPSS 的结果完全相同，只不过显示方式不同而已。

其他多重比较程序

其他可以用来比较组与组之间差异的方法还有很多。有趣的是，它们的基本思路与费舍的 LSD 检验和 Bonferroni 校正法大体相同。它们都试图将综合错误率控制在某个最大值（通常为 0.05）以内，也都根据组数（其实更常见的是各组之间需要逐对比较的次数）来做到这一点。其中最著名的是**图基检验**。[③]但在这里不做详细介绍，因为它采用的检验统计量与以往惯用的略有不同。要强调的是，图基检验将每个平均数与所有其他平均数进行比较，并且也要求综合错误率不超过 0.05（或是检验者设定的其他百分比）。我听说过的统计软件都会应你的要求进行图基检验。

补充说明

重要的是要记住，采用多重比较检验是为了凸显数据的重要特征。我们应该用检验来回答重要问题，而不仅仅是让检验告诉我们有何结果。我对图基检验这一类方法的抱怨是，它们把所有能比较的都比较了一遍（即便其中多数比较没有意义），并且相应地调整了概率。我的建议是，你只需做你认为有用的比较，并回答研究中提出的问题。就算综合错误率上升到 $\alpha = 0.10$，也没什么，又不是世界末日。我的这个建议符合过去 30 年中行为统计学发生的一些变化。现在，人们越来越重视发现有意义的差异，并以大家容易理解其意义的方式报告结果。这与严格遵守一整套规则的统计学家们完全不同。

注释③
这里的"图基"就是本书多次提到的那位约翰·图基。他在统计学中的几乎所有领域都有建树。该检验通常称为"图基检验（Tukey's test）"。

16.6 违反假定的情况

前文曾经提到,方差分析有两个前提——正态性假定和方差齐性假定。但是,方差分析其实是一种相当强健的统计方法,即便违反上述假定,其影响也不大。

一般来说,如果可以假定各个总体的分布均呈对称形态,或形态相近(例如都是负偏分布),同时各总体方差的最大值与最小值之比不超过 4～5,则方差分析很可能就是有效的。(有人甚至认为,方差之间相差得再大些也没关系。)但是切记不要将方差严重不齐性与样本容量不等混淆,这是两回事。如果你觉得有理由预期方差不齐性,就请尽量让样本容量接近相等,尤其是当你计划进行一系列多重比较时。你还应该记住,也许各组之间存在的显著差异才是研究的重要发现,不要局限于平均数的差异。

对于严重违反方差分析之假定的情形,我们也有替代的统计分析方法。其中某些方法涉及转换数据(例如,将 X 转换为 $\log[X]$),即将数据转换后再进行原先的标准统计检验。其他检验方法则全然不同,本书稍后将讨论其中的一部分。[另请参见 Howell(2012)关于贝伦斯-费舍问题的讨论以及切尾平均数和温氏方差的用法。]

16.7 效应量

即使不同处理下的平均数之差有显著差异,也不意味着两者相差很大,或者这种差异很重要。在许多情况下,差异虽显著,然而微不足道。就算差异很大,也没有哪一种统计检验可以告诉我们这差异放到其他地方还有没有实际意义。好在目前有了一些方法可以在这方面给我们一些帮助。

Rosenthal(1994)区分了 **d 族**和 **r 族**计量指标。前者基于平均数之差,后者基于因变量与自变量水平之间的某种相关。我到目前为止还一直没有介绍 r 族指标,因为我认为在只有两个组(样本)的情况下,r 族指标并不能加深我们的理解。相反,如果有多个组(样本),d 族指标(例如科恩氏 d)的含义就很不清楚,除非用 d 族指标逐对衡量组与组之间或两个大组(各由若干小组组成)之间的差异。我先来介绍一下 r 族指标。

r 族(相关类)计量指标

衡量**效应程度**的最简单指标之一就是 η^2。η^2 是一个有偏的计量指标,因为它的估计值往往高于用总体数据(如果能获得的话)计算的结果。尽管如此,它的计算方法非常简单,而且作为首个近似值非常有用,所以很值得讨论。在本书中,我只讨论 η^2 以及其后的另一个指标 ω^2 如何衡量几个组之间的效应程度。在任何一个方差分析中,SS_{total} 都表示数据之间的总差异程度。其中一部分差异是由于以下事实:研究者对不同的参试组进行了不同的处理,从而产生了不同的结果;而另一部分差异则只来源于随机误差——接受相同处理的参试者之间的差异。而我们关心的,正是可以归结为不同处理(即不同的组)所导致的那

部分差异，用 SS_{group} 来计量。如果我们计算如下比率

$$\eta^2 = \frac{SS_{group}}{SS_{total}}$$

就可以确定观察值中有多大百分比的差异是由不同的组（处理）所造成的效应。对于前面的母性适应数据

$$\eta^2 = \frac{SS_{group}}{SS_{total}} = \frac{226.932}{2072.925} = 0.11$$

因此，我们可以估计，母性适应得分中 11% 的差异是母亲在不同的组所造成的。尽管这个 11% 看着挺小，但是如果静下来想一想，我们已知的母亲之间的巨大差异，就可以知道，能解释其中的 11% 已经是一个令人瞩目的成就了。

尽管我们可以快速简便地计算 η^2，甚至可以一边读论文一边心算其数值，但是它同时也是一个有偏的统计量。用它估计总体参数，容易产生高估现象。而另一个统计量 ω^2 的偏差则小得多。就本章讨论的方差分析而言，我们可以将 ω^2 定义为

$$\omega^2 = \frac{SS_{group} - (k-1)MS_{error}}{SS_{total} + MS_{error}}$$

其中 k 代表组数。对于目前的例子而言

$$\omega^2 = \frac{SS_{group} - (k-1)MS_{error}}{SS_{total} + MS_{error}} = \frac{226.932 - (3-1)20.511}{2072.925 + 20.511} = 0.089$$

这个结果略低于我们求出的 η^2 值。但是，它仍然表明我们解释了大约 9% 的差异。

d 族指标（效应量）

另一种衡量效应量的方法是计算科恩氏 d，总的来说，这是一种更有意义的计量指标。我们在前面几章见过这个效应量指标，它是我们在两个独立样本情况下采用的指标，在本章中也将是最有用的一个指标。在两个样本（组）的情况下，我们将 d 的估计值定义为

$$\hat{d} = \frac{\overline{X}_1 - \overline{X}_2}{s}$$

其中的 s 是汇合方差估计值的平方根（有时也代入控制组的标准差）。

尽管数学上有可能将这一思路推广到两个以上的组，求得关于组间多个平均数之差的效应量指标，但是我们很难解释它求出的结果。在大多数情况下，将自己限定一下，只说两组之间的比较结果，或者只谈大组之间的差异，这样更清楚明白；不要老想着用一个指标囊括各组之间所有的差异。

关于低出生体重婴儿母亲的母性适应数据为我们提供了一个很好的例子，它能体现我说的意思。下表中复制了各组的平均数。

	低出生体重-实验组	低出生体重-控制组	足月组	总计
平均数	14.966	18.333	14.838	15.892
误差的方差				20.511

在之前进行的分析中，我们发现各组之间的差异具有统计学显著意义 [$F(2.90) = 5.53$, $p = 0.005$]。但是，我们同时还应该告诉我们的读者：还需要进一步讨论差异的程度问题。而且，我们还要用读者能够理解的语言来表达这个意思。在这里，我们有必要进行两次特定的比较——就像我们之前那样，对低出生体重-控制组与足月组做一次比较，对两个低出生体重组（低出生体重-控制组和低出生体重-实验组）做一次比较。大家应该还记得，当我们用 Bonferroni 校正法进行上述比较时，两个差异都很显著。

如果原始分的单位有其特定含义——因变量是大家都有共同理解的变量（诸如体重、智商、年龄，等等）时，我们只需要用原来的计量单位来报告差异就可以了，最好同时报告标准差的估计值作为参考，读者就能明白其意义。但是，这个例子中的因变量是母性适应性的得分，如果只报告两个低出生体重组差 3.367 分，实在让人费解。谁都不知道这 3.367 分的差异是大还是小。不过，我们可以用 $\hat{d}$（通常称为科恩氏 $\hat{d}$）表示效应的强弱，它是差异的标准化指标。

低出生体重-控制组和足月组都没有接受过任何特殊训练，因此它们之间的差异体现了婴儿出生时体重的影响。在这种情况下

$$\hat{d} = \frac{\overline{X}_{LBW-C} - \overline{X}_{FT}}{s} = \frac{18.333 - 14.838}{\sqrt{20.511}} = \frac{3.495}{4.523} = 0.77$$

在这里，我们看到两组平均之差达到了 0.77 个标准差，这是一个很大的差异。显然，出生体重产生了显著的效应。（这里采用的标准差就是 MS_{error} 的平方根，即组内的平均标准差。）如果比较两个低出生体重组，我们可以发现

$$\hat{d} = \frac{\overline{X}_{LBW-C} - \overline{X}_{LBW-E}}{s} = \frac{18.333 - 14.966}{4.523} = \frac{3.367}{4.523} = 0.74$$

这也是一个很大的效应量。我们由此可以得出结论：与足月组或接受干预的低出生体重组相比，低出生体重-控制组的评分高出约 3/4 个标准差（说明适应不良）。这些指标告诉我们，该实验得到了一个很强的效应。

16.8 结果报告

我在介绍怎样报告 Giancola 和 Corman 关于饮酒对成绩的影响的研究结果时，还没有讲过多重比较和效应量，因此当时的报告也无法介绍这些结果。但是在介绍 Nurcombe 等人（1984）的关于低出生体重婴儿的母性适应研究时，我们进行了多重比较，求出了效应量。下面就是报告这些结果的简洁版本。

Nurcombe 等人（1984）研究了对低出生体重婴儿母亲的干预效果。足月组为 37 名足月婴儿的母亲。在对另一组 27 名低出生体重婴儿的母亲（低出生体重-

控制组)进行评估后,用这两组之间的差异提出了低出生体重婴儿对母性适应性的影响问题。最后,让第三组 29 名低出生体重婴儿的母亲接受了一个干预项目,这种干预的目的是帮助她们更多地意识到婴儿发出的但经常被母亲忽视的行为信号。

总的方差分析表明,三组母亲在母性适应方面表现出显著的差异 $[F(2,90) = 5.53,p = 0.005]$。以 ω^2 作为基于相关性的效应量指标,求得组间差异占因变量总差异的 8.9%。组与组之间的多重比较结果表明,两个低出生体重组在母性适应性指标上的得分有显著差异 $[t(90) = -2.77]$,其中接受干预的实验组($\bar{X} = 14.97$)的得分优于低出生体重 – 控制组($\bar{X} = 18.33$)。计算这一差异的科恩氏 $\hat{d}$,结果为 0.74,表明干预组的平均数比非干预组低(表示适应得更好)了将近 3/4 个标准差。低出生体重 – 控制组与足月 – 控制组的比较也产生了显著差异 $[t(90) = 3.04,p < 0.05]$;这两组比较的 $\hat{d} = 0.77$,表明低出生体重的婴儿可以导致其母亲的母性适应得分超过(表示适应得更差)足月婴儿的母亲 3/4 个标准差。

16.9 综合举例

下面这个例子说明了在样本容量不相等的情况下怎样做单因素方差分析。它还展示了 Bonferroni 方法的用法。

大麻对人体会有什么作用,这种作用是怎么产生的?除了众所周知的作用,大麻还会增强(在某些情况下也会减少)运动行为(四处行走)。伏隔核是一种前脑结构,与大鼠的运动行为有关。(该结构也被认为可以控制愉悦感。)服用低剂量的四氢大麻酚(tetrahydrocannabinol,缩写为 THC,是大麻中的主要活性成分)会增强运动行为,但是高剂量反而导致运动行为减少。为了考察 THC 是否通过影响伏隔核,进而影响运动行为,Conti 和 Musty(1984)向大鼠的双侧伏隔核分别直接注射安慰剂以及 4 种剂量(0.1 微克、0.5 微克、1 微克和 2 微克)的 THC。研究人员记录了动物在接受注射后活动量的变化值。可以预期,小剂量比大剂量能更大幅度地增强动物的运动行为。表 16.10 中的数据代表每只动物的变化值(减少量)。④

注释④

尽管我们预测四氢大麻酚会增强活动,但是测得的因变量表明,动物的总活动量减少了——这是因为动物已经适应了新的情境,探索活动减少了。因此,我们其实不是要发现活动量的增加,而是要发现活动量减少得比较少。搞糊涂了吧!

表 16.10 Conti 和 Musty(1984)的研究数据

安慰剂	0.1 微克	0.5 微克	1 微克	2 微克	总计
30	60	71	33	36	
27	42	50	78	27	
52	48	38	71	60	
38	52	59	58	51	
20	28	65	35	29	
26	93	58	35	34	
8	32	74	46	24	
41	46	67	32	17	

续表

		49	63	61		50	
		49	44			53	
总和		340	508	543	388	381	2160
平均数		34.00	50.80	60.33	48.50	38.1	
n		10	10	9	8	10	47

图 16.5 是根据本研究的数据绘制的。

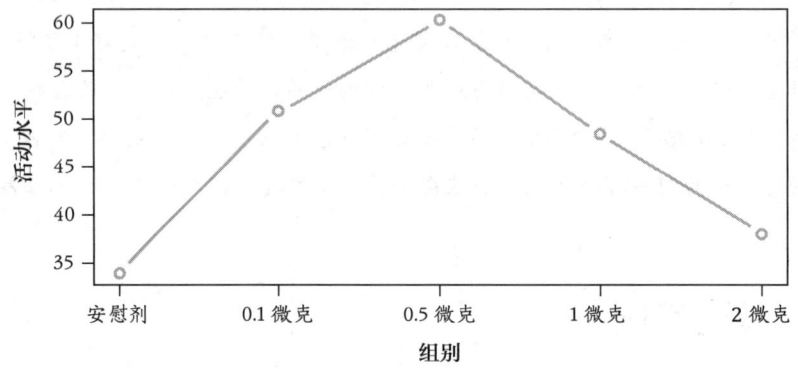

图 16.5 Conti 和 Musty（1984）研究中的平均活动量

首先，我们要建立零假设——所有样本均来自具有相同平均数的总体。换句话说，H_0 是 $\mu_1 = \mu_2 = \mu_3 = \mu_4 = \mu_5$。为了保持一致性，我们将在 0.05 的显著性水平上检验该假设。

接下来进行总的方差分析，先计算各个平方和：

$$SS_{total} = \sum(X_{ij} - \overline{X}_{gm})^2 = (30 - 45.96)^2 + (27 - 45.96)^2 + \cdots + (53 - 45.96)^2$$
$$= 14287.91$$
$$SS_{group} = \sum n_j(\overline{X}_j - \overline{X}_{gm})^2 = 10(34 - 45.96)^2 + \cdots + 10(38.10 - 45.96)^2$$
$$= 4193.41$$
$$SS_{error} = SS_{total} - SS_{group} = 14287.91 - 4193.41 = 10094.50$$

现在，我们可以将这些计算结果放入汇总表。

差异来源	自由度	平方和	均方	F	p
组间	4	4193.41	1048.35	4.36	0.005
误差	42	10094.50	240.35		
总计	46	14287.91			

组间自由度为 4，误差自由度为 42。在零假设下求得的概率为 $p = 0.005$，因此我们拒绝零假设，结论是：5 个用药组之间的活动量存在差异，可能反映了 THC 剂量产生的差异。

各组之间的比较

根据实验假设可以预期，与中等剂量组相比，安慰剂组的活动量的增量较小（或减量较大）。因此，我们可能需要将安慰剂组与 0.5 微克组进行比较。将 2 微克组与 0.5 微克组做一下比较也很有趣，它可以显示中等剂量的作用是否强于大剂量。我们用 Bonferroni 校正法进行这两项比较。正如曾经讨论过的那样，首先用 t 检验进行组与组之间的比较，具体做法与保护性 t 检验相同。但是，我在这个例子中将不采用汇合方差。

- 第 3 组和第 1 组的比较（安慰剂 0.5 微克）：

$$t = \frac{\overline{X}_3 - \overline{X}_1}{\sqrt{\text{MS}_{\text{error}}\left(\frac{1}{n_3} + \frac{1}{n_1}\right)}} = \frac{60.33 - 34.00}{\sqrt{240.35\left(\frac{1}{9} + \frac{1}{10}\right)}} = \frac{26.33}{\sqrt{240.35(0.2111)}} = \frac{26.33}{\sqrt{50.74}}$$

$$= \frac{26.33}{7.12} = 3.70$$

- 第 3 组和第 5 组的比较（0.5 微克和 2 微克）：

$$t = \frac{\overline{X}_3 - \overline{X}_5}{\sqrt{\text{MS}_{\text{error}}\left(\frac{1}{n_3} + \frac{1}{n_5}\right)}} = \frac{60.33 - 38.10}{\sqrt{240.35\left(\frac{1}{9} + \frac{1}{10}\right)}} = \frac{22.23}{\sqrt{240.35(0.2111)}} = \frac{22.23}{\sqrt{50.74}}$$

$$= \frac{22.23}{7.12} = 3.12$$

因为只做了 2 次检验，所以我们可以在 $\alpha = 0.05/2 = 0.025$ 的显著性水平下评价这两个 t 值。我们也可以用类似于 statpages 网站上那样的程序来计算实际概率——结果分别是 0.0018 和 0.0065。结果很明显：这两个差异都很显著。实验假设已经预测，相比 0 剂量或大剂量，中等剂量的 THC 产生的影响最大。这些假设都得到了本实验结果的支持。

效应程度与效应量的计量指标

正如之前所做的那样，我们可以用 η^2 或 ω^2 来评价不同处理产生的效应量，也可以针对具体的两个组之间的比较计算 $\hat{d}$。

$$\eta^2 = \frac{SS_{group}}{SS_{total}} = \frac{4193.41}{14287.91} = 0.29$$

$$\omega^2 = \frac{SS_{group} - (k-1)MS_{error}}{SS_{total} + MS_{error}} = \frac{4193.41 - (5-1)240.35}{14287.91 + 240.35} = 0.22$$

这两个结果表明，在本研究中组间效应可以解释近 1/4 的总差异。

计算特定组之间差异的效应量是另一种体现 THC 作用大小的方法。Conti 和 Musty（1984）曾预测，中等剂量的四氢大麻酚会产生最大的作用，所以理应报告未注射四氢大麻酚的控制组与注射了中等剂量（0.5 微克）的组的平均数的差异。

$$\hat{d} = \frac{\overline{X}_{0.5\mu g} - \overline{X}_{control}}{s} = \frac{60.33 - 34.00}{\sqrt{240.35}} = \frac{26.33}{15.503} = 1.70$$

这可算是一个巨大的差异了（差值达到 1.7 个标准差），说明四氢大麻酚对大鼠活动量产生了非常重大的影响。⑤

注释⑤

也许有人会说，因为 0.0 微克是真正的控制组，所以用它的标准差也许可以更好地计算 d 值。但在这个例子中，两种 d 值之间差别不大，所以我沿用了汇合方差。

16.10 直观的统计学

我们在第16.3节中讨论了F分布,知道了它取决于:(1)组数(组间自由度);(2)组内观察值个数(误差自由度);(3)F的大小(F越大,对应的概率越小)。下面就是一个展示上述特征的程序。

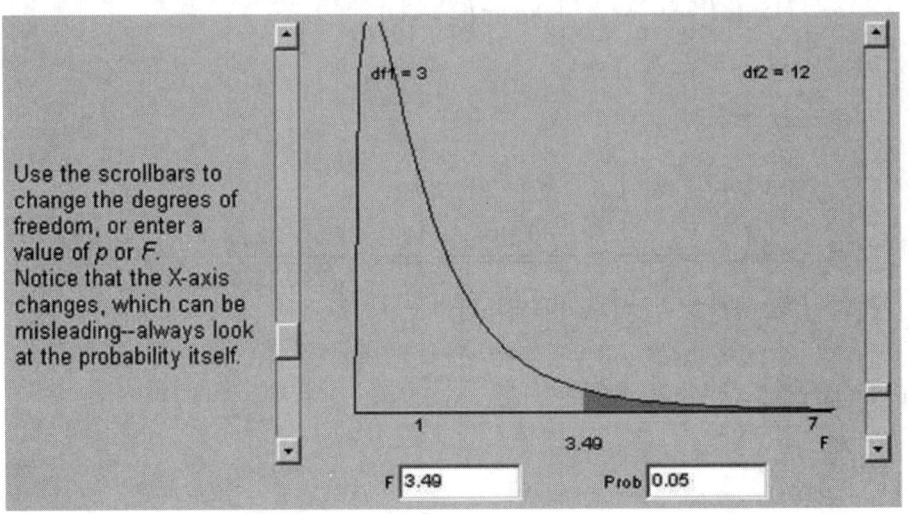

在程序的底部,你可以看到F值及其对应的概率(Prob)。你可以改变其中一个值,这样会引起另一个值的变化。例如,当两个自由度分别为3和12时,你在Prob框中输入0.01,就可以发现F值变成了5.94,这是$\alpha = 0.01$时的临界值。

显示屏的左右两侧都有滑块。移动左边滑块可以改变组间自由度,移动右边滑块可以改变误差自由度。

- 如果加大误差自由度,F的临界值会怎样?(请务必仔细观察临界值,不要只看分布本身,因为分布变宽的一部分原因是X轴上的比例为了适应图示的数值而发生了变化。)
- 如果增加组数,从而加大组间自由度,又会发生什么?(同样请注意X轴上的比例变化。)
- 对于表16.7中的"母性适应"的例子,F的临界值是多少(设$\alpha = 0.05$)?

16.11 总结

方差分析是一种最强大的统计方法。本章的讨论仅限于所谓的"单因素设计",意思是组与组之间仅在一个维度上有差别。我们提出的零假设是,每个总体的平均数都等于其他任一总体;备择假设是,至少有一个总体的平均数与另一个总体有差异。我们还介绍了方差分析要求的前提假定：数据呈正态分布，各总体方差相等（齐性），观测值相互独立。

方差分析的逻辑可以归结为这样一种思想：如果零假设为真，那么根据各个组内差异计算的各总体共同方差的估计值，就应该与根据各组平均数之间的差异计算的估计值一致。如果组间确实存在差异，则各组平均数的方差增大，但是组内方差不增大，这样就导致两个方差估计值之间存在较大差异。我们借助 F 分布表或能算出精确概率的软件，可以判断这些差异的大小。方差分析特有的计算方法就建立在两个方差估计值的逻辑之上。

计算完成后，我们将结果放进一张标准的汇总表中，该表包括差异来源、自由度、平方和均方（即方差的估计值）以及 F 统计量。

在单因素方差分析时，我们可以方便地处理样本容量不同的情况——只需在计算时取不同的 n_i 值即可，而不是在最后乘以一个共同的 n。如果是更复杂的设计，事情就不是这样了。

我们还考察了多重比较方法，这些方法帮助我们了解特定平均数之间的差异。如果你没有几个平均数，我建议采用费舍的最小显著性差异（LSD）检验；如果要进行多次比较，建议采用 Bonferroni 校正法。Bonferroni 校正法很简单，就是将预期的综合错误率除以比较的次数，以此减少每次比较时的 α。我进一步提倡，将比较次数压缩在回答重要问题所需的范围内，而不要浪费精力把所有可能的比较都做一遍。

最后，我们还研究了两类不同的效应量。基于相关系数的指标（η^2 和 ω^2）很有用，因为它们可以综合描述多个组之间的情况，而基于科恩氏 d 的计量指标往往更容易解读，尽管只能用于平均数的成对比较。

重要术语

方差分析（analysis of variance，ANOVA，p.355）

单因素方差分析（one-way ANOVA，p.355）

组内方差（MS_{within}，p.359）

误差方差（MS_{error}，p.359）

组间方差（MS_{groups}，p.359）

平方和（sum of squares，p.365）

总平方和（SS_{total}，p.365）

组间平方和（SS_{group}，p.367）

误差平方和（SS_{error}，p.367）

总自由度（df_{total}，p.368）

组间自由度（df_{group}，p.368）

误差自由度（df_{error}，p.368）

F 统计量（F statistic，p.368）

多重比较法（multiple comparison techniques，p.375）

保护性 t 检验（protected t, least significant，p.375）

费舍最小显著性差异检验 [Fisher's least significant (LSD) test，p.375]

综合错误率（familywise error rate，p.377）

Bonferroni 校正法（Bonferroni correction，p.379）

图基检验（Tukey procedure，p.381）

d 族指标（d-family measures，p.382）

r 族指标（r-family measures，p.382）

效应程度（magnitude of effect，p.382）

η^2（p.382）

ω^2（p.383）

16.12 快速复习

A. 方差分析背后的三个主要假定是什么？

答：正态分布、方差齐性、观察值独立性。

B. MS_{error} 表示什么？

答：误差的方差。

C. $MS_{between}$ 表示什么？

答：组平均数的差异。

D. 本章介绍的方法其实是对平均数的检验，为什么称其为方差分析？

答：方差分析其实是在零假设成立的条件下，根据组内方差来评价组平均数之间的方差。如果两个估计值之比超过临界值，我们就可以下结论说，是随机误差以外的原因造成了各组平均数之间的差异。

E. 确定自由度的一般规则是什么？

答：任一效应的自由度为参与计算的离差平方数减1。

F. 方差分析是单尾检验还是双尾检验？

答：方差分析是对非定向 H_0 进行的单尾检验。

G. "多重比较法"是什么意思？

答：用于各组（或多个小组构成的大组）平均数之间进行成对比较的统计检验方法。

H. 在运行多重比较检验之前，总的 F 值一定要很大吗？

答：不一定。只有费舍的 LSD 检验有此要求，因为这种检验的逻辑当中就包括了"F 值显著"这一前提。

I. 为什么不能简单地采用以前的 t 检验，而要采用多重比较法？

答：如果我们不控制综合错误率，它可能会大到失控。

J. 说出 3 种多重比较检验。

答：费舍的 LSD、Bonferroni 校正法和图基检验。

K. 当我们说某种统计检验方法很"强健的"时，是什么意思？

答：这意味着该方法不太受违反基本假定的影响。

L. 系数 η^2 属于 ____ 效应量，指的是 ____ 所占的百分比。

答：r 族；总差异中可以用组间差异解释的那一部分。

16.13 习题

16.1 在记忆文献库中有一项年代久远的重要研究，那就是 Eysenck（1974）关于年长者在 5 种加工水平下的回忆效果实验。他证明，当参试者被要求对词表进行更高水平的加工时，他们在稍后进行的回忆中成绩就更好。该研究还有一个部分，只要求参试者记住材料以备稍后回忆，然后比较年轻的与年长的参试者回忆材料的能力。（假定该任务需要较高的加工水平，而年长的参试者成绩可能比较差。）下面就是每个组中 10 位参试者的数据，其中因变量是回忆出来的项目数。

年轻参试者	21	19	17	15	22	16	22	22	18	21
年长参试者	10	19	14	5	10	11	14	15	11	11

（a）用方差分析比较两组平均数。

（b）对数据进行独立样本 t 检验，并将结果与（a）求得的结果做比较。t 值应该刚好是 F 值的平方根。

16.2 从另一个方面考察习题 16.1 中提到的 Eysenck 的研究——比较 4 组参试者的成绩。第一组由年轻参试者组成，实验条件要求他们对需要回忆的单词进行低水平的加工。第二组同样由年轻参试者组成，但是正如习题 16.1 所说的那样，实验条件要求他们进行高水平的加工。另外两个组都是年长参试者，也是一组的任务需要低水平加工，另一组的任务需要高水平加工。数据如下：

年轻参试者/低水平加工	8	6	4	6	7	6	5	7	9	7
年轻参试者/高水平加工	21	19	17	15	22	16	22	22	18	21
年长参试者/低水平加工	9	8	6	8	10	4	6	5	7	7
年长参试者/高水平加工	10	19	14	5	10	11	14	15	11	11

请对这些数据进行单因素方差分析。

16.3 现在，我们将对习题 16.2 进行扩展分析。

（a）对处理 1 和 3 组合（$n = 20$）与处理 2 和 4 组合进行大组之间的单因素方差分析。这种分析可以回答什么问题？

（b）为什么对（a）的回答可能有难以解释之处？

（c）在下一章中，我们将介绍针对这种设计的方差分析方法。

16.4 延续习题 16.1：假设我们又收集了一些新数据，在年轻参试者组中加了 2 个人，其得分分别为 13 和 15。

（a）重新进行方差分析。

（b）在不计算汇合方差的情况下进行独立样本 t 检验。

（c）采用汇合方差，进行独立样本 t 检验。

（d）在（b）和（c）求出的 t 值中，哪一个平方后等于（a）求出的 F 值？

16.5 根据习题 16.1 中的数据，求出 η^2 和 ω^2，并做出解释。

16.6 根据习题 16.2 中的数据，求出 η^2 和 ω^2，并做出解释。

16.7 Foa、Rothbaum、Riggs 和 Murdock（1991）进行了一项研究，旨在评价针对强奸受害者的四种不同类型的治疗方法。压力免疫疗法组（SIT）接受了应对压力的指导，延长接触组（PE）反复回想脑海中的事件，支持性咨询组（SC）接受了问题解决一般技术的指导，最后，等候名单 – 控制组（WL）不接受任何治疗。下面就是上述四个组的数据，其中因变量是一系列症状的严重性评分。

组别	n	平均数	标准差
压力免疫疗法组	14	11.07	3.95

续表

组别	n	平均数	标准差
延长接触组	10	15.40	11.12
支持性咨询组	11	18.09	7.13
等候名单组	10	19.50	7.11

(a) 忽略方差齐性问题，用方差分析得出有根据的结论。（请注意，在这里，你必须要有一点创造性，不过这并不难。）

(b) 画一个图，显示四组平均数。

(c) 如果零假设被拒绝，意味着什么？

16.8 根据习题 16.7 中的数据，求出 η^2 和 ω^2，并做出解释。

16.9 用本章网页上的 R 代码生成习题 16.7 后面的数据，然后进行方差分析。

16.10 比较习题 16.9 与习题 16.7 的结果，可以发现什么？（两者应该差不多，但不会很相近。）

16.11 如果习题 16.7 中的样本容量是原来的 2 倍，结果会怎样？

16.12 对习题 16.7 或习题 16.9 中的数据进行保护性 t 检验，以此说明 F 值显著的含义。

16.13 用第 16.3 节中的 R 代码分析习题 16.2 中的数据。

16.14 对第 16.10 节的分析进行 Bonferroni 校正。哪些比较有意义？

16.15 根据习题 16.12 中的多重比较检验，计算各个 $\hat{d}$，并说明其含义。

16.16 习题 16.7 和习题 16.11 中的数据都产生了显著的 F 值。你对这些效应有多大的信心？为什么？

16.17 附录 C 中的数据可以分为 3 组。第 1 组的 ADDSC 分数为 40 或以下，第 2 组的 ADDSC 分数在 41～59 之间，第 3 组的 ADDSC 分数为 60 或以上。对这三组的 GPA 进行方差分析。你可以采用以下 R 命令进行分析：

```
add.dat<- read.table(http://www.uvm.edu/~dhowell/fundamentals9/DataFiles/
Add.dat", header = TRUE)
attach(add.dat)
N <- length(ADDSC)
grp<- numeric(N)
for (i in 1:N) {
if (ADDSC[i] < 41)
  {grp[i] <- 1}
else if (ADDSC[i] < 60)
  {grp[i] <- 2
}
else
  {grp[i] <- 3}
}
grp<- factor(grp)
means<- tapply(ADDSC, grp, mean)
cat("The group means are = ",means)
model3<- lm(ADDSC ~ grp)
anova(model3)
```

16.18 根据习题 16.17 的结果，求出 η^2 和 ω^2。

16.19 Darley 和 Latané（1968）记录了参试者为陷入困境的人请求帮助的速度。一些参试者以为自己和那个人在一起（第 1 组，$n = 13$），一些参试者以为另一个人与之在一起（第 2 组，$n = 26$），还有一些参试者以为有另外四个人与之在一起（第 3 组，$n = 13$）。因变量是打电话呼救的速度（1/ 时间 × 100）。三组的平均速度得分分别为 0.87、0.72 和 0.51。MS_{error} 为 0.053。重新进行方差分析。你会得出什么结论？

16.20 根据习题 16.2 中的数据，直接（而不是通过减法）计算出 SS_{error}，看看结果与当时完成习题 16.2 时求出的结果是否相同。

16.21 用 Bonferroni 校正法，根据习题 16.2 中的数据，将"年轻 / 低水平组"与"年长 / 低水平组"进行比较，并将"年轻 / 高水平组"与"年长 / 高水平组"进行比较。

16.22 根据习题 16.7 中的数据，用 Bonferroni 校正法将 WL 组与其他三个组进行比较。你会得出什么结论？这与习题 16.10 的答案有何差别？

16.23 根据习题 16.22 的数据，用控制组的标准差对差值做标准化处理，计算检验 WL 与 SIT 之差时的 $\hat{d}$。

16.24 吸烟对任务绩效有什么影响？Spilich 等人（Spilich, June & Renner, 1992）让不吸烟者、延迟吸烟 3 小时的吸烟者和主动吸烟的吸烟者完成模式识别任务——在屏幕上找到目标。因变量是反应潜伏期（或反应时，以秒为单位）。数据如下。用任意一种统计软件画出得到的平均数，并进行方差分析。这些数据是否支持"吸烟影响绩效"的假设？

不吸烟者	延迟吸烟者	主动吸烟者
9	12	8
8	7	8
12	14	9
10	4	1
7	8	9
10	11	7
9	16	16
11	17	19
8	5	1
10	6	1
8	9	22
10	6	12
8	6	18
11	7	8
10	16	10

16.25 在习题 16.24 提到的研究中，Spilich 等人（1992）还研究了一种认知任务的绩效。他们让参试者阅读一段文章，然后进行回忆。与模式识别任务相比，这个任务的信

息加工负荷大得多。自变量仍是习题 16.24 中提到的三组人。因变量是参试者回忆出的文中命题数。数据如下。

不吸烟者	延迟吸烟者	主动吸烟者
27	48	34
34	29	65
19	34	55
20	6	33
56	18	42
35	63	54
23	9	21
37	54	44
4	28	61
30	71	38
4	60	75
42	54	61
34	51	51
19	25	32
49	49	47

对上述数据进行方差分析，给出适当的结论。

16.26 根据习题 16.25 中的数据，用费舍的 LSD 检验比较主动吸烟者与不吸烟者的绩效，并比较两组吸烟者的绩效。数据分析的这些结果能否告诉你复习备考时以及考试之前是否应该吸烟？

16.27 Spilich 等人（1992）还进行了第三个实验。他们让三组吸烟者参加了一个模拟驾驶的视频游戏。主动吸烟组在游戏前一刻吸烟，但是在游戏中不吸烟。在以下数据中，因变量是根据碰撞次数算出的调整分。对这些数据进行方差分析，给出适当的结论。

不吸烟者	延迟吸烟者	主动吸烟者
15	7	3
2	0	2
2	6	0
14	0	0
5	12	6
0	17	2
16	1	0
14	11	6
9	4	4
17	4	1
15	3	0

续表

不吸烟者	延迟吸烟者	主动吸烟者
9	5	0
3	16	6
15	5	2
13	11	3

16.28 Spilich 等人（1992）的三个关于吸烟对绩效影响的实验发现了矛盾的结果。你能说说结果为什么不同吗？

16.29 Langlois 和 Roggman（1990）拍摄了男性和女性的面孔照片。接着，他们用计算机软件将这些面孔进行平均，生成了 5 组合成照片。第一组参试者看到的面孔是用计算机平均了 32 张随机选择的同性别面孔生成的，该面孔相当可辨别，其宽度、高度、眼睛鼻子长度等都是那 32 张面孔的平均数。其他各组参试者看到的合成面孔分别是 2、4、8 或 16 张面孔的平均面孔。每组参试者看 6 张单独的照片，所有这些照片都是该组对应数量的单张照片平均计算的结果。Langlois 和 Roggman 要求参试者对看到的合成面孔的吸引力按 1 ~ 5 的等级进行评分，5 代表"非常有吸引力"。这里生成的数据的平均数和方差与 Langlois 和 Roggman 报告的相同。评定的吸引力数据如下：

	第 1 组	第 2 组	第 3 组	第 4 组	第 5 组
	2.201	1.893	2.906	3.233	3.200
	2.411	3.102	2.118	3.505	3.253
	2.407	2.355	3.226	3.192	3.357
	2.403	3.644	2.811	3.209	3.169
	2.826	2.767	2.857	2.860	3.291
	3.380	2.109	3.422	3.111	3.290
平均数	2.6047	2.6450	2.8900	3.1850	3.2600

（a）提出这项研究可能的研究假设。

（b）进行正确的方差分析。

（c）这些数据说明人们是如何评价吸引力的？

16.30 根据习题 16.29 的数据

（a）求出 η^2 和 ω^2。

（b）为什么（a）得出的两个效应程度的估计值不一样？

（c）用最合适的组间平均数之差来计算 $\hat{d}$。

16.31 用 R 或 SPSS 重复习题 16.27 的统计分析。

16.32 用 Lenth 的 Piface 程序或 statpages 网站上的程序，重复习题 16.31 中求得的概率值。

第 17 章

析因方差分析

需要回忆的概念

SS_{total}、SS_{Group} 和 SS_{error}：　分别是个体观察值的总离差平方和，各组平均数的离差平方和，各组内个体观察值的离差平方和

MS_{Group} 和 MS_{error}：　分别是组间的均方（方差），组内的均方（方差）

F 统计量：　MS_{group} 与 MS_{error} 之比

自由度：　估计一个或多个参数后剩下的独立信息数

效应量（$\hat{d}$）：　表示某种处理的效应程度的计量指标

η^2 和 ω^2：　基于相关的效应量指标

多重比较：　关于特定组之间平均数之差的显著性检验

本章将要讨论比较复杂的方差分析，介绍在同时有多个自变量时应该如何进行方差分析。本章讲的内容不算特别难，不过，我们必须考虑主效应和简单效应之间的区别，还要仔细考察交互作用。接着，我们还要研究样本容量不等的情形，届时你将发现这事并不简单。最后，我们还考察不同类型的效应量，以及使用这些效应量的方式和时机。

在第 16 章中，我们研究了单因素方差分析，这种实验设计只用一个自变量。而在本章中，我们要拓展方差分析方法，使其用于两个或多个自变量的实验设计。为了简化叙述，我们只考虑两个自变量的实验，读者学完后不难进一步将其推广到更复杂的设计中（参见 Howell，2012）。

为什么老年人的记性似乎不如年轻人？他们是注意不集中，还是不能全面加工材料？他们是本来就知道得少，还是他们其实记性不差，只不过我们更容易注意到他们忘事而不注意年轻人忘事？（我希望最后一个解释是对的，因为我似乎忘记了很多事情。）在第 16 章的习题中，我们看到 Eysenck（1974）的一项研究，他要求参试者对词表进行不同水平的加工，然后回忆其中的单词。在这个例子中，我们关心的是回忆成绩与早先的材料加工水平是否有关。Eysenck 的研究原本更复杂。他想研究的问题是，加工水平（有 5 种不同加工水平）能否解释年长和年轻的参试者回忆成绩的差异。如果年长的参试者对信息没有做深度加工，我们就可以预测他们回忆出的项目数少于年轻参试者，尤其是在需要深度加工的条件下。该研究有 2 个自变量（年龄和回忆条件），我们称自变量为**因素**。该实验就是所谓的**双因素析因设计**的一个实例。

为了进一步扩展该实验，我们可以将参试者分为男性和女性，这样就有了以年龄、回忆条件和性别为因素的三因素析因设计。本章不讨论三因素设计，但其实只要把它看成双因素设计的推广就行了。

17.1 析因设计

每个因素的每个水平与其他各个因素的每个水平组合而形成各种处理，这种实验设计称为析因设计。换句话说，**析因设计**就是穷尽了各个自变量的各个水平之间所有组合的设计。表 17.1 表示了 Eysenck 研究中的双因素设计。我们在讨论析因设计时，只考察各种处理中参试者都不相同的情况。例如，在上述例子中，一组年轻人参与"计数"条件下的实验，另一组年轻人参与"押韵"条件下的实验，依此类推。因为两个因素形成了 10 种组合（5 种回忆条件 × 2 个年龄段），所以我们就要招募 10 个样本，每个样本由不同参试者组成。如果某项研究计划要求同一组参试者经历多个处理组合，我们就称其为重复测量设计。我们将在第 18 章讨论重复测量设计。

表 17.1 Eysenck 的双因素析因研究示意图

	计数	押韵	形容	想象	有意
年轻					
年长					

与单因素设计相比，析因设计具有多个重要优点。第一，析因设计可以使结果更为普遍适用。请看 Eysenck 的研究。如果只让年长的参试者完成五个条件下的回忆任务，这一单因素方差分析的结果就只适用于解释年龄较大的人群，我怀疑这会严重限制研究结果的适用范围。如果我们对年长和年轻的参试者采用析因设计，就可以确定不同的回忆条件造成的差异是否既适用于年长人群，也适用于年轻人群。我们还能够确定，是所有任务中的回忆成绩都有年龄差异，还是只有在某些特定任务中才能发现年轻（或年长）参试者表现得更出色。可见，析因设计能更广泛地解释结果，同时还让我们能够针对各个自变量也做出有意义的阐述。

第二，析因设计可以体现变量的**交互作用**。我们可以研究回忆条件对成绩的影响与年龄是否有关——回忆条件和年龄之间是否存在某种交互作用。我推测 Eysenck 真正关心的不是证明"加工程度越深回忆成绩就越好"。别人的研究已经告诉了他这一结果。而发现年轻参试者的记性好于年长参试者，想必他也不觉得惊讶。我相信每位读者也都不会惊讶。但是，Eysenck 真正感兴趣的是，年轻和年长参试者回忆成绩的差异会不会受加工水平的影响。如果真是这样，他就得到了"老年人记性变差与其加工水平有关"的证据，这是一个重要而有趣的发现。诸如此类的交互作用通常是我们能获得的最有趣的结果。

第三，析因设计比较省时省力。因为我们要将一个变量的效应平均到另一个变量的各个水平上，所以在功效相同的情况下，一个双因素设计需要的参试人数少于两个单因素设计需要的总人数。这实在太合算了。现在假定，我们没有理由认为年龄和回忆条件之间存在交互作用。在双因素设计中，每种回忆条件下都有 10 名年长参试者和 10 名年轻参试者，即 5 种条件各 20 名参试者。如果改为单因素设计，对年轻参试者做一个单因素（5 种回忆条件）方差分析，每种条件下需要 20 名年轻参试者；再对年长参试者做同样的单因素方差分析，每种条件下需要 20 名年长参试者。这样，参试者总人数多了一倍，我们还要进行 2 次实验。

如前文所言，析因设计以其涉及的因素个数分为双因素、三因素及更多因素设计。有 2 个自变量（因素）的析因设计称为双因素析因设计，有 3 个因素的称为三因素析因设计。区分不同设计的另一种方法是列出每个因素的水平数。Eysenck 的研究中有 2 个年龄组和 5 种回忆条件。因此，这是一个 2×5 的析因设计。如果是三因素设计，例如 2 个因素具有 3 个水平、1 个因素具有 4 个水平，这种设计可以称为 3×3×4 的析因设计。诸如"双因素"或"2×5"之类的说法是指明不同设计的惯用方式，本书将一直用下去。

在后面的许多内容中，我们主要关注的是双因素方差分析。一旦理解了双因素方差分析，你就可以比较轻松地完成更多因素的方差分析，而且，我们将要讨论的许多问题用双因素设计来解释也确实最简洁。

符号

为了避免不必要的混乱，我会尽量精简各种符号。前一章讲的是单因素设计，我们很容易保持符号的清晰。而到了本章，我们需要讲得更具体一些。因素的名称通常由其第一个字母（大写）表示，每个因素的各个水平则用带有相应下标的大写字母表示［例如，在"条件（Condition）"这个因素下，"计数"被记为 C_1，"押韵"记为 C_2，"有意"记为 C_5］。因素的水平数则由该因素对应的小写字母表示。也就是说，条件（C）有 $c = 5$ 个水平，而年龄（Age，记为 A）则有 $a = 2$ 个水平。一个因素的任一水平与另一因素的任一水平组合而成的处理（例如，押韵条件下的年长参试者）称为一个**单元**，每个单元的观察值个数用 n 表示。观察值的总个数用 N 表示，本例中，$N = a \times c \times n = 2 \times 5 \times 10 = 100$，因为有 $a \times c = 10$ 个单元，每个单元有 10 名参试者。表 17.2 显示的是 Eysenck 研究中的析因设计。

表 17.2　Eysenck 研究的析因设计

年龄	回忆条件					
	计数	押韵	形容	想象	有意	总计
年轻	$\overline{X}_{11}$	$\overline{X}_{12}$	$\overline{X}_{13}$	$\overline{X}_{14}$	$\overline{X}_{15}$	$\overline{X}_{A1}$
年长	$\overline{X}_{21}$	$\overline{X}_{22}$	$\overline{X}_{23}$	$\overline{X}_{24}$	$\overline{X}_{25}$	$\overline{X}_{A2}$
总计	$\overline{X}_{C1}$	$\overline{X}_{C2}$	$\overline{X}_{C3}$	$\overline{X}_{C4}$	$\overline{X}_{C5}$	$\overline{X}_{gm}$

我们分别用下标 i 和 j 表示表中第 i 行、第 j 列。因此，cell_{ij} 就是第 i 行和第 j 列的那个单元。例如，表 17.2 中的 cell_{22} 就是指年长参试者（第 2 行）在"押韵"条件下（第 2 列）

完成记忆任务。各个年龄水平的平均数用 $\bar{X}_{Ai}$ 表示，各种回忆条件下的平均数则用 $\bar{X}_{Cj}$ 表示，其中下标 A 和 C 为因素名称的首字母。各单元的平均数用 $\bar{X}_{ij}$ 表示，**总平均数**（全部 N 个观察值的平均数）则用 $\bar{X}_{gm}$ 表示。

这里提到的符号将贯串讨论方差分析的全过程，所以你务必对其充分了解后再往下读。该套符号的优点是，它可以轻松地推广到其他例子。例如，如果我们要做一个药物（Drug）× 性别（Gender）的析因设计，用 $\bar{X}_{D1}$ 和 $\bar{X}_{G2}$ 就可以清清楚楚地分别表示药物的第一个水平（第一种药物）和性别的第二水平（第二种性别）对应的平均数。

17.2 Eysenck 的研究

Eysenck 进行了一项针对年龄和回忆条件的研究，该研究包括 50 名 18—30 岁的参试者和 50 名 55—65 岁的参试者。表 17.3 中的数据是按照 Eysenck 报告的平均数和标准差重新生成的。该表中包括了标准的方差分析需要进行的全部计算，我们将一一进行讨论。进行方差分析之前，还有一件重要的事，那就是确认数据本身是近似正态分布的，而且方差基本上是齐性的。表中没有箱须图，因为除了平均数和方差，各个数据点都是人为生成的。如果是真实数据，就非常值得花精力进行计算。根据各个单元平均数和边际平均数，可以发现回忆成绩似乎随着加工深度的增加而提高，年轻参试者回忆出的项目数似乎比年长参试者多。另外请注意，年轻参试者与年长参试者回忆成绩的差异似乎与任务有关，加工深度越大，两个年龄组回忆成绩的差异越大。如果这种情况有统计上的显著性，说明年龄与回忆条件之间存在交互作用。我们将在介绍分析方法后考察这些结果。

为了避免混淆，先要定义两个重要的术语。在这个实验中，我们有两个因素，一是年龄，二是回忆条件。如果忽略特定的回忆条件，单看年长参试者与年轻参试者之间的差异，就是在研究年龄的"**主效应**"。同样，如果单看 5 种回忆条件之间的差异，而忽略参试者的年龄，就是在研究回忆条件的主效应。

另一种分析数据的方法是只比较年长参试者在这五种条件下的平均成绩。（这正是我们在第 16 章所做的事情。）或者，我们也可以只比较年轻和年长参试者在"计数"条件下的平均成绩，还可以只比较"有意"条件下的两个年龄组的平均成绩。这上述三种情况下，我们都只考虑了一个因素在另一个因素取某一个值（水平）时产生的效应。这在方差分析中称为"**简单效应**"。而主效应指的是在忽略了其他因素的前提下某个因素的效应——其实就是其他因素取不同值时某因素的各个简单效应的平均数。如果说"涉及更多加工的任务可以提高回忆成绩"，就是在说主效应。如果说"涉及更多加工的任务可以使年轻参试者提高回忆成绩"，就是在说一种简单效应。我们很快就会详细介绍简单效应及其计算方法。但是目前，你只要了解这两个术语就行了。

计算方法

表 17.3（b）列出了平方和的计算方法。我们应该已经对其中许多内容很熟悉了，因为

表 17.3　Eysenck（1974）研究实例的数据与计算方法

（a）数据

	回忆条件					
	计数	押韵	形容	想象	有意	$\bar{X}_i$
年长	9	7	11	12	10	
	8	9	13	11	19	
	6	6	8	16	14	
	8	6	6	11	5	
	10	6	14	9	10	
	4	11	11	23	11	
	6	6	13	12	14	
	5	3	13	10	15	
	7	8	10	19	11	
	7	7	11	11	11	
$\bar{X}_{1j}$	7.0	6.9	11.0	13.4	12.0	10.06
年轻	8	10	14	20	21	
	6	7	11	16	19	
	4	8	18	16	17	
	6	10	14	15	15	
	7	4	13	18	22	
	6	7	22	16	16	
	5	10	17	20	22	
	7	6	16	22	22	
	9	7	12	14	18	
	7	7	11	19	21	
$\bar{X}_{2j}$	6.5	7.6	14.8	17.6	19.3	13.16
$\bar{X}_j$	6.75	7.25	12.9	15.5	15.65	11.61

（b）计算方法

$SS_{total} = \sum(X - \bar{X}_{gm})^2 = \sum X^2 - \frac{(\sum X)^2}{N} = 16147 - \frac{1161^2}{100} = 16147 - 13479.21 = 2667.79$

$SS_A = nc\sum(\bar{X}_A - \bar{X}_{gm})^2 = 10 \times 5[(10.06 - 11.61)^2 + (13.16 - 11.61)^2] = 240.25$

$SS_C = na\sum(\bar{X}_C - \bar{X}_{gm})^2$
$= 10 \times 2[(6.75 - 11.61)^2 + (7.25 - 11.61)^2 + \ldots + (15.65 - 11.61)^2] = 1514.94$

$SS_{cells} = n\sum(\bar{X}_{AC} - \bar{X}_{gm})^2$
$= 10[(7.0 - 11.61)^2 + (6.9 - 11.61)^2 + \ldots + (19.3 - 11.61)^2] = 1945.49$

$SS_{AC} = SS_{cells} - SS_A - SS_C = 1945.49 - 240.25 - 1514.94 = 190.30$

$SS_{error} = SS_{total} - SS_{cells} = 2667.79 - 1945.49 = 722.30$

（c）汇总表

差异来源	自由度	平方和	均方	F	p
A（年龄）	1	240.25	240.250	29.94**	0.0000
C（条件）	4	1514.94	378.735	47.19**	0.0000
AC	4	190.30	47.575	5.93**	0.0003
误差	90	722.30	8.026		
总计	99	2667.79			

*$p < 0.05$，**$p < 0.01$

它们类似于单因素方差分析中的计算过程。例如，SS_{total} 的计算方法与第 16 章中的完全相同，只是本章还采用了一种更简便的计算方法——先求出所有观察值的平方之和，然后减去 $(\sum X)^2/N$。

年龄因素的平方和（SS_A）就是在不考虑回忆条件因素的情况下，用单因素方差分析方法计算出的 SS_{group}，就好像只有年龄这一因素的方差分析。换句话说，我们分别将两个年龄组的平均数与总平均数之差加以平方，再乘以每个平均数对应的样本容量（观察值个数），最后将两者相加。我们在这里用 nc 乘以离差平方，这是因为每个年龄组都有 c 种回忆条件，每种条件下又都有 n 位参试者，所以每个年龄组的人数是 $n \times c$。在计算 SS_C 时，我们也是如法炮制，计算时不考虑年龄因素。

你应该注意到，$\sum (\bar{X}_A - \bar{X}_{gm})^2$ 要与 nc 相乘，而 $\sum (\bar{X}_C - \bar{X}_{gm})^2$ 要与 na 相乘，其中 a 和 c 分别表示年龄和回忆条件的水平数。请不要把这些乘数当作公式的一部分死记硬背，这样会浪费你的时间。它们就是用于计算各个平均数的观察值的个数，仅此而已。讲单因素方差分析时，我们用平均数的方差乘以 n 作为总体方差（σ_e^2）的估计值，而这里的 na 和 nc 就相当于前面的 n。唯一的区别是，n 在单因素方差分析中表示各处理下的观察值个数，而在这里表示各个单元的观察值个数。由于年龄的每个水平上都有 c 个单元，因此每个年龄组的平均数 $\bar{X}_A$ 都是由 nc 个观察值计算得来的。

在求出 SS_{total}、SS_A 和 SS_C 之后，我们见到了一个"陌生人"——**单元平方和**（SS_{cells}）。这一项表示的是各个单元平均数之间的差异，而且它其实只是一个过渡项；SS_{cells} 不会出现在汇总表中，它的计算方法与其他平方和相同。在这个例子中计算 SS_{cells}，就是将 10 个单元的平均数与总平均数之差取平方后求和，最后乘以每个单元平均数对应的观察值个数 n。它派什么用处，要到计算年龄和条件交互作用的平方和时才体现。（如果将这个研究看作有 10 个"组"的单因素方差分析，你就很容易理解 SS_{cells} 相当于 SS_{group}。）

SS_{cells} 是体现各单元平均数之间差异的指标。除抽样误差外，以下三个原因有其一就能造成两个单元平均数的差异：（1）因为它们来自不同水平的 A（年龄）；（2）因为它们来自不同水平的 C（条件）；（3）因为 A 和 C 之间的交互作用。我们已经知道了 SS_{cells}，它就是衡量单元平均数差异的指标。而 SS_A 告诉我们，这种差异有多少可以用年龄差异来解释，SS_C 则告诉我们这种差异有多少可以用条件差异来解释。不能归因于年龄或条件的差异只能归因于年龄与条件的交互作用（SS_{AC}）。这样一来，SS_{cells} 就被划分为三个组成部分：SS_A、SS_C 和 SS_{AC}。要得到 SS_{AC}，只需从 SS_{cells} 中减去 SS_A 和 SS_C，剩下的就是 SS_{AC}。在目前的例子中

$$SS_{AC} = SS_{cells} - SS_A - SS_C = 1945.49 - 240.25 - 1514.94 = 190.30$$

最后要计算的就是由于误差引起的平方和。如同单因素方差分析那样，我们也用减法求出该结果。SS_{total} 表示总差异，其中可以用 A、C 和 AC 解释的部分已经知道了，余下的就是无法解释的差异或误差。因此

$$SS_{error} = SS_{total} - (SS_A + SS_C + SS_{AC})$$

这样，我们就得到了误差平方和。至此，方差分析所需的各种平方和都已求出。

注意，除了交互作用项以外，双因素析因设计其实就是做两次单因素方差分析。计算年龄效应时，只当没有区分那五种回忆条件；计算条件效应时，也只当没有区分两个年龄组。而误差项只是各个单元内部个体之间的差异。

表 17.3（c）是方差分析的汇总表。根据上述介绍，你可以很容易看出哪一列是差异来源，哪一列是平方和。只要学过单因素方差分析，你对自由度那一列也应该很熟悉。总自由度（df_{total}）始终等于 $N-1$。年龄和回忆条件的自由度都是变量水平数减 1。因此，$df_A = a - 1 = 1$，$df_C = c - 1 = 4$。任何交互作用的自由度都是构成交互作用的各变量自由度的乘积。因此，$df_{AC} = df_A \times df_C = (a-1)(c-1) = 1 \times 4 = 4$。最后，我们可以用减法求出误差自由度。因此，$df_{\text{error}} = df_{\text{total}} - df_A - df_C - df_{AC}$。另一种求法是，因为 MS_{error} 是 $a \times c$ 个单元方差的平均数，而且每个单元的方差的自由度都是 $n - 1$，所以 MS_{error} 的自由度是 $a \times c \times (n-1)$。上述自由度计算规则适用于任何方差分析，无论多么复杂。

与单因素方差分析一样，将各个平方和除以其对应的自由度就可以得到均方。这条规则也适用于任何方差分析。

最后，为了计算 F，我们将每个 MS 除以 MS_{error}。因此，对于年龄因素，$F_A = MS_A / MS_{\text{error}}$；对于条件因素，$F_C = MS_C / MS_{\text{error}}$；对于 AC 交互作用，$F_{AC} = MS_{AC} / MS_{\text{error}}$。每个 F 的第一自由度都是要讨论的那一项的自由度，第二自由度都是 df_{error}。故年龄因素的 F 的自由度为 $2 - 1 = 1$ 和 90，条件因素以及年龄 × 条件交互作用的 F 的自由度是 4 [条件因素为 $5 - 1 = 4$，交互作用为 $(5-1)(2-1) = 4$] 和 90。查附录中的表 D.3，可以发现 F 的临界值为 $F_{0.05}(1, 90) = 3.96$ 和 $F_{0.05}(4, 90) = 2.49$（两个值均通过插值求得）。请注意，按照惯例，当 F 在 0.05 的显著性水平上显著时，可以在其后标上一个星号；当 F 在 0.01 的显著性水平上显著时，可以标两个星号。在下一个例子中，我将用精确的 p 值代替星号，这是一种更为现代的报告结果的方式。但是在这个例子中，我将这两种方式一起用上了。

解读

根据表 17.3（c）的汇总表，你可以看到年龄因素、条件因素以及两者的交互作用都是显著的。结合各个单元的平均数，我们可以清楚地看到，年轻参试者回忆出的项目往往比年长参试者多。同样可以清楚地看到，与只需完成较少加工的任务相比，在需要深度加工的任务中，参试者的回忆成绩往往更好，这与我们在第 16 章中发现的差异是一致的。显著的交互作用则告诉我们，一个变量产生的效应取决于其他变量的水平。例如，当任务比较简单（如在"计数"和"押韵"条件下）时，年长和年轻的参试者回忆成绩的差异小；任务涉及比较深度的加工（如在"想象"和"有意"条件下）时，年轻和年长参试者之间的差异较大。换一个角度则可以看到，五种回忆条件对年长参试者造成的差异小，对年轻参试者造成的差异大。

以上结果支持了 Eysenck 的假设——年长参试者在需要对信息进行深度加工的任务中

成绩不如年轻参试者，但是在任务不需要太多加工的情况下与年轻参试者差距不大。上述结果并不意味着年长参试者没有能力对信息进行深度加工。也许他们只是不像年轻参试者那么卖力而已。但是不管出于何种原因，他们在这些任务上的成绩不如年轻参试者，这是确定无疑的。

17.3 交互作用

析因设计的主要优点在于，我们能用它考察变量之间的交互作用。其实在许多情况下，我们对交互作用项的兴趣可能超过对主效应（各因素单独产生的效应）的兴趣。试想一下 Eysenck 的研究。图 17.1 中绘制了每个年龄组的平均成绩。这种图经常被称为"交互作用图"，图下面还给出了绘制该图的 R 代码。你可以从图 17.1 中清楚地看到我在上一小节解读结果时所说的：条件因素对年轻参试者成绩的影响大于对年长参试者的影响。两条线不平行，就说明了我们所说的交互作用的存在。如果条件因素在两个年龄组中产生的差异相等，那么这几条线应该相互平行——各种条件对年轻参试者成绩造成了什么样的差异，对年长参试者的成绩也会造成同样的差异。不论年轻参试者的回忆成绩普遍好于年长参试者，还是两个年龄组的成绩不相上下，都可以按照上述思路判断有无交互作用，因为升高和降低年轻参试者的所有平均数只会影响年龄因素的主效应，但是不会影响交互作用。

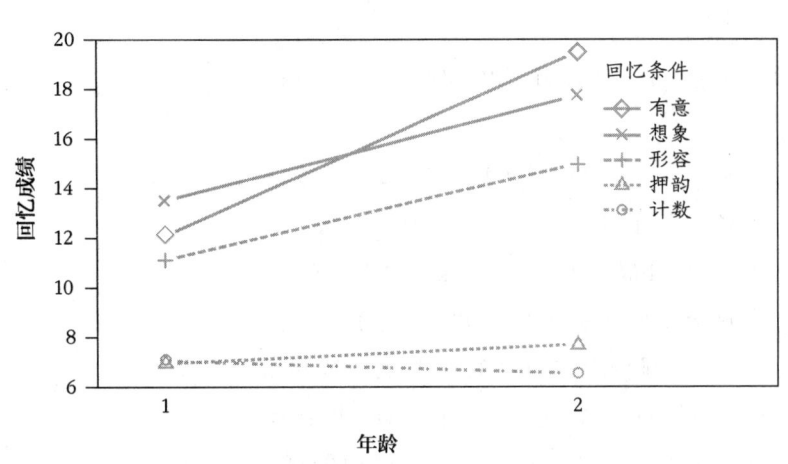

图 17.1 表 17.3 中各个单元数据的平均数

绘制图 17.1 的 R 代码

```
Eysenck.data <-
read.table("http://www.uvm.edu/~dhowell/fundamentals9/DataFiles/Tab17-3.dat", header = TRUE)
names(Eysenck.data)   # Prints out the names of the variables
attach(Eysenck.data)
Condition <-  factor(Condition); Age <- factor(Age)
levels(Condition) <-  c("Counting", "Rhyming", "Adjective","Imagery","Intentional")
interaction.plot(x.factor = Age, trace.factor = Condition, response = Recall, fun = mean,
type = "b", xlab = "Age", ylab = "Recall", col = "blue", pch = 1:5)
```

如果看一下用各个单元平均数来体现交互作用存在与否的示意图，就更能明白为什么说这个研究发现了交互作用。图 17.2 的前三张图表示没有交互作用的情况。尽管有的图中的线是折线，但是它们都是相互平行的。换一种说法就是，A_1 处发现的 B_1 和 B_2 之间的差异（因素 B 的效应）与 A_2 和 A_3 处发现的相等。在下面的三张图中，各条折线之间显然不平行。在第一个图中，一条线呈水平状，另一条线呈上扬状。在第二张图中，两条线交叉。在第三张图中，两条线虽然没有交叉，但它们的变化趋势相反。在上述各种情况下，A 取不同水平时 B 的效应都不相同。只要折线（显著地）不平行时，我们就说有交互作用。

很多人会说，如果发现显著的交互作用，你就应当忽略主效应。我过去一直反对这种说法，但是现在我也意识到，如果存在显著的交互作用，我们通常就不会很在意主效应了。在这种情况下，考察主效应本没有什么错，但是这其实看不出多少结果。没错，年轻参试者的回忆成绩几乎在每一种条件下都超过年长参试者，但是这些数据展现的重头戏并不在此；此时还专注于主效应，效率就有点低了。

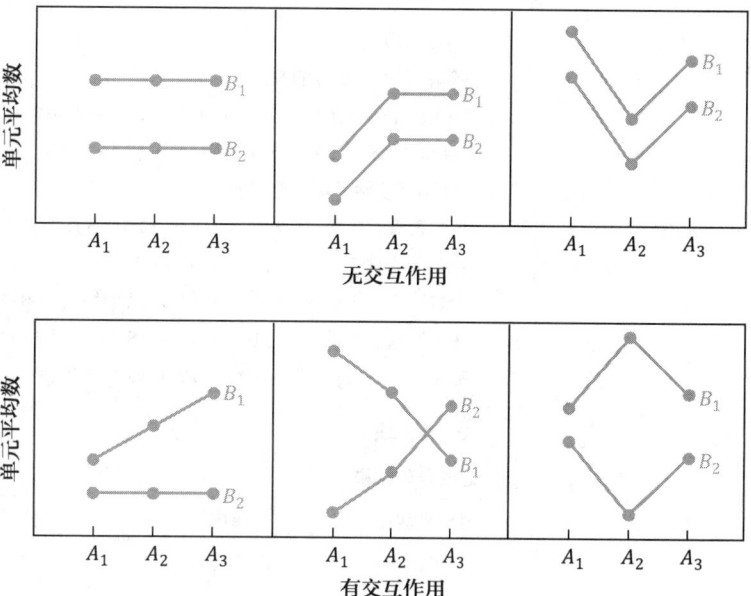

图 17.2　无交互作用和有交互作用的几种可能情况

17.4 简单效应

之前我曾对简单效应下过这样一个定义：一个因素（自变量）在另一个因素取某个值（水平）时的效应。例如，不同回忆条件在参试者为年轻人时产生的差异。当数据显示出显著的交互作用时，简单效应分析就成了一项重要的分析技术。实际上，这种分析能帮助我们对交互作用进行梳理。正如我刚才所说的，如果发现了交互作用，你可能真应该忽略主效应，而直接考察简单效应。本章的第二个例子很好地说明了这一点，我们很快就会介绍这个例子。

我将用 Eysenck 的数据来说明怎样计算和解释简单效应。表 17.4 既包含了表 17.3 中的单元平均数和汇总表，也包含了计算所有简单效应的方法。按照一般原则，我不建议分析所有的简单效应。检验所有可能的效应会大大增加犯 I 类错误的概率。你只需分析与研究目的密切相关的那些效应。本书只是为了说明这种方法才分析了所有的简单效应。

表 17.4　根据表 17.3 中的数据计算简单效应

（a）各单元平均数（$n = 10$）

	计数	押韵	形容	想象	有意	列平均数
年长	7.0	6.9	11.0	13.4	12.0	10.06
年轻	6.5	7.6	14.8	17.6	19.3	13.16
行平均数	6.75	7.25	12.90	15.50	15.65	11.61

（b）计算方法

各年龄下回忆条件的效应

年长组的 $SS_C = 10 \times [(7.0-10.06)^2 + (6.9-10.06)^2 + \cdots + (12.0-10.06)^2] = 351.52$

年轻组的 $SS_C = 10 \times [(6.5-13.16)^2 + (7.6-13.16)^2 + \cdots + (19.3-13.16)^2] = 1353.72$

各种回忆条件下年龄的效应

"计数"条件下的 $SS_A = 10 \times [(7.0-6.75)^2 + (6.5-6.75)^2] = 1.25$

"押韵"条件下的 $SS_A = 10 \times [(6.9-7.25)^2 + (7.6-7.25)^2] = 2.45$

"形容"条件下的 $SS_A = 10 \times [(11.0-12.9)^2 + (14.8-12.9)^2] = 72.20$

"想象"条件下的 $SS_A = 10 \times [(13.4-15.5)^2 + (17.6-15.5)^2] = 88.20$

"有意"条件下的 $SS_A = 10 \times [(12.0-15.65)^2 + (19.3-15.65)^2] = 266.45$

（c）汇总表

总的分析结果

差异来源	自由度	平方和	均方	F
A（年龄）	1	240.25	240.250	29.94**
C（条件）	4	1514.94	378.735	47.19**
AC	4	190.30	47.575	5.93**
误差	90	722.30	8.026	
总计	99	2667.79		

$*p<0.05$，$**p<0.01$

简单效应

差异来源	自由度	平方和	均方	F
回忆条件				
年长组	4	351.52	87.88	10.95**
年轻组	4	1353.72	338.43	42.17**
年龄				
计数	1	1.25	1.25	<1
押韵	1	2.45	2.45	<1
形容	1	72.20	72.20	9.00**
想象	1	88.20	88.20	10.99**
有意	1	266.45	266.45	33.20**
误差	90	722.30	8.026	

$*p<0.05$，$**p<0.01$

表 17.4（a）中的汇总表显示，年龄、回忆条件以及两者的交互作用产生的影响都是显著的。我们曾结合最早的分析讨论了这些结果。正如我当时所说的，有交互作用说明回忆条件的效应因年龄而异，或者说，年龄的效应因不同回忆条件而异。因此，我们更应该问的问题是，回忆条件的效应是否真的同样适用于年长和年轻参试者，以及所有回忆条件下是否都确实存在年龄差异？从表 17.4（b）中以及位于表 17.4（c）的汇总表中，你可以找到对这些简单效应的分析。想必你还记得我曾说过，只是为了完整起见才展示了所有可能的简单效应。在实际应用中，你应该仅限于考察自己感兴趣的效应。

简单效应的计算方法

在表 17.4（b）中，你可以看到，年长组 SS_C 的计算方法与其他平方和的计算方法是一样的。无非是仅采用年长参试者的数据来计算 SS_C 而已。如果只考虑这些数据，则五种回忆条件下的平均数分别为 7.0、6.9、11.0、13.4 和 12.0。因此，平方和为

$$\text{年长组的 } SS_C = n\sum \left(\overline{X}_{C_j \, at \, old} - \overline{X}_{old}\right)^2$$
$$= 10 \times [(7.0 - 10.06)^2 + (6.9 - 10.06)^2 + \cdots + (12.0 - 10.06)^2]$$
$$= 351.52$$

其他简单效应也是这样计算：忽略当前不感兴趣的所有数据，用上述方式计算平方和。

简单效应的分子自由度的计算方法与对应的主效应相同。这是因为简单效应和主效应都是那 5 种回忆条件造成的，都是 5 个平均数参加比较。不管我们采用全体参试者还是部分参试者的数据，都是比较 5 种条件下的平均数，故自由度为 5 − 1 = 4。

在简单效应的计算中，选择哪个误差项用于计算 F 值是一个重要问题。在前面的例子中，我从总的方差分析中选择误差项，然后将每个 $MS_{between}$ 除以该误差项的值（8.026）。这样做是有充分的理由的。在你的设计中，只要方差齐性，那么用 10 个单元的方差的平均数作为误差的估计值要优于 2 个或 5 个方差的平均数。此外，整个设计中误差项的自由度为 90，其统计功效也优于自由度更小的误差项。我通常建议用这样的方式计算 F 值。

用 R 和 SPSS 进行分析

但是，在用 SPSS 或 R 时又出现了新问题。使用 SPSS 计算简单效应的最简单方法就是下拉菜单 Data/Split file，按年龄（Age）或回忆条件（Condition）拆分数据，然后将自变量分别指定为 Age 或 Condition 做方差分析。采用与分组方差分析对应的误差项，软件会给出合理的分析结果。换句话说，每个分组方差分析用到的误差项都来自该分组数据。如果用的是 R，就要多费点事，但是无论用哪个软件，其实都是一回事。拆分数据会降低统计功效，因为误差自由度减少了，并且无法计算各组的汇合方差。SPSS 的这种拆分数据文件的功能也可以用如下 R 代码实现。

```
Eysenck.data <-
read.table("http://www.uvm.edu/~dhowell/fundamentals9/DataFiles/Tab17-3.dat", header = TRUE)
names(Eysenck.data)
attach(Eysenck.data)
levels(Condition) <- c("Counting", "Rhyming", "Adjective","Imagery","Intentional")
interaction.plot(x.factor = Age, trace.factor = Condition, response = Recall, fun = mean,
type = "b", xlab = "Age", ylab = "Recall", col = "blue", pch = 1:5)
model <- lm(Recall ~ Age* Condition)    # Main and Interaction Effects
anova(model)
data1 <- subset(Eysenck.data, Age == 1)
data2 <- subset(Eysenck.data, Age == 2)
```

```
modelAge1 <- lm(Recall ~ factor(Condition), data = data1)   # Simple effect Age = 1
modelAge2 <- lm(Recall ~ factor(Condition), data = data2)   # Simple effect Age = 2
anova(modelAge1)
anova(modelAge2)
```

如果你愿意，也可以由汇合方差来担任误差项，但是这就意味着你先要分别算出各个简单效应中作为分子的 MS，然后用总的方差分析汇总表中的汇合方差作为分母，重新计算 F 值。本书不采用这种方法，纯粹是因为它会使我们对简单效应的讨论变得更加复杂。不过，如果你想在使用计算机软件时仍想采用汇合方差，可以看看我在本书网站上写的关于用 R 和 SPSS 计算简单效应的网页[*]。

解读

考察表 17.4，根据简单效应汇总表中的 F 值，我们可以明显看出，两个年龄组都有因不同回忆条件造成的差异，但是年长参试者的平方和大约仅为年轻参试者的 1/4。再看年龄因素，当回忆条件为加工水平较低的计数和押韵任务时，两个年龄组没有差异，但是在加工水平较高的任务上，两组确实存在差异。换句话说，记忆成绩的年龄差异仅体现在那些需要较高加工水平的任务上。这个结果基本上就是 Eysenck 想要证明的。

17.5 相关量和效应量

与单因素方差分析一样，可以用两种不同的方式衡量效应量。我们可以计算 r 族（相关类）效应量，例如 $\hat{\eta}^2$ 或 $\hat{\omega}^2$，也可以计算科恩氏 $\hat{d}$，后者也是一种非常有用的效应量指标。在检验总的 F 统计量时，我们通常采用 r 族（相关类）指标。而检验各对平均数之差时，计算效应量的估计值（$\hat{d}$）往往更有意义。

r 族（相关类）指标

与单因素设计一样，计算每个自变量的效应量不仅可能，而且很有必要。其中计算方法最简单的指标是 $\hat{\eta}^2$，尽管它是对总体效应量指标的一个有偏估计量。在析因设计中，主效应和交互作用的效应量都等于各效应的平方和除以 SS_{total}。就目前的例子而言

$$\hat{\eta}_A^2 = \frac{SS_A}{SS_{total}} = \frac{240.25}{2667.79} = 0.09$$

$$\hat{\eta}_C^2 = \frac{SS_C}{SS_{total}} = \frac{1514.94}{2667.79} = 0.57$$

---

[*] 本书配套提供的网络补充材料的网址可联系电子邮箱 1012305542@qq.com 获取，或者登录 www.wqedu.com 下载。您在下载中遇到问题，可拨打 010-65181109 咨询。——中文版出版者注

$$\hat{\eta}^2_{AC} = \frac{SS_{AC}}{SS_{total}} = \frac{190.30}{2667.79} = 0.07$$

因此，在该实验中，因年龄不同而造成的差异占总体差异的 9%，因回忆条件不同而造成的差异占总差异的 57%，因年龄 × 条件交互作用而造成的差异占总差异的 7%。剩余 27% 的差异被看作随机误差。

与单因素方差分析一样，用 $\hat{\eta}^2$ 估计变量的作用大小虽然很方便，但也很粗略。偏差比较小的是 $\hat{\omega}^2$，计算起来虽然比较麻烦，但还算好懂。

$$\hat{\omega}^2_A = \frac{SS_A - (a-1)MS_{error}}{SS_{total} + MS_{error}} = \frac{240.25 - 1 \times 8.026}{2667.79 + 8.026} = 0.087$$

$$\hat{\omega}^2_C = \frac{SS_C - (c-1)MS_{error}}{SS_{total} + MS_{error}} = \frac{1514.94 - 4 \times 8.026}{2667.79 + 8.026} = 0.554$$

$$\hat{\omega}^2_{AC} = \frac{SS_{AC} - (a-1)(c-1)MS_{error}}{SS_{total} + MS_{error}} = \frac{190.30 - 1 \times 4 \times 8.026}{2667.79 + 8.026} = 0.059$$

请注意，尽管 $\hat{\eta}^2$ 和 $\hat{\omega}^2$ 的解释基本相同，但是 $\hat{\omega}^2$ 略小于 $\hat{\eta}^2$。

$\hat{d}$ 的计算方法与我在单因素方差分析那一章中介绍的基本相同。因为我们最感兴趣的是比较两个组或两个由小组组成的大组的效应量，所以我们简单地用两个平均数之差除以组内标准差的估计值（即 $\sqrt{MS_{error}}$）来求出 $\hat{d}$。我们同样也可以计算两个主效应（年龄和条件）的效应量以及简单效应的效应量，尽管当组数超过 2 时，计算的难度会升高。以年龄为例，

$$\hat{d} = \frac{\overline{X}_{Younger} - \overline{X}_{Older}}{s} = \frac{13.16 - 10.06}{\sqrt{8.026}} = \frac{3.10}{2.833} = 1.09$$

可见年长和年轻参试者的回忆成绩之差超过了 1 个标准差，这已经是一个很大的差异了。

再来看回忆条件的影响，这时要选出一对（或多对）平均数。在这个例子中，我们关注的是年长的参试者，料想他们难以从信息加工中获益。（之所以做此判断，是因为我相信，回忆条件对年轻参试者有更大的影响。）"计数（Count）"显然代表了认知加工的最低水平，而"想象（Imagery）"则可能是高水平的认知加工。对于年长参试者的计算结果是

$$\hat{d} = \frac{\overline{X}_{Imagery} - \overline{X}_{Count}}{s} = \frac{13.40 - 7.00}{\sqrt{8.026}} = \frac{6.40}{2.833} = 2.26$$

在这里，两平均数之差达到 $2\frac{1}{4}$ 个标准差——这更是一个巨大的效应量。很显然，加工水平对于人的回忆成绩起重要作用。析因设计中估计变量效应程度的方法是单因素设计中所用方法的简单推广。所以我们再次得到了与 r^2 对应的效应程度指标（$\hat{\eta}^2$ 和 $\hat{\omega}^2$），以及效应量指标 $\hat{d}$。

我多次提到"各组平均数或由小组构成的大组的平均数"，也许考察两个大组的平均数之间的效应量是一个聪明的做法。下面这个例子也许有点牵强，因为我没有想出考察两个大组的清楚理由，还请大家不要太介意。

在 Eysenck 的研究中，有两种条件（"计数"任务和"押韵"任务）实际上并不需

要花费很多心理努力，而另外两种条件（"形容"任务和"想象"任务）则要求参试者对单词做认真的思考。假定我们想比较这两大组平均数，而且是比较年轻参试者的这两大组平均数。在前两种任务条件下（C&R，即 Counting 和 Rhyming），参试者的平均分为 6.5 和 7.6，两者合成的大组平均分为 (6.5 + 7.6) / 2 = 7.05。在后两种任务条件下（A&I，即 Adjective 和 Imagery），大组平均分为 (14.8 + 17.6) / 2 = 16.2。所以

$$\hat{d} = \frac{\overline{X}_{C\&R} - \overline{X}_{A\&I}}{s} = \frac{7.05 - 16.2}{\sqrt{8.026}} = -3.23$$

我们由此可以得出结论：两个由小组构成的大组的平均数之差达到了约 $3\frac{1}{4}$ 个标准差，这是一个巨大的差异。

一个更复杂的问题

本书从头到尾不曾在哪一节标题后加上星号以表示该节内容难度较大而可以跳过不学。但是，这一节的确是选读的内容；之所以插入这一节是为了让你了解问题所在。我并不期望每个人都能看懂这部分内容。如果想看到对这些问题更全面的讨论，请参阅 Howell（2012）、Kline（2004）或 Grissom 和 Kim（2012）。

在 t 检验、单因素方差分析以及本章至此介绍的所有统计分析方法中，我们都将效应量定义为

$$\hat{d} = \frac{\overline{X}_1 - \overline{X}_2}{\hat{s}}$$

式中的 "^" 表示我们采用的是基于样本数据的估计值。公式中的分子没什么难的，因为它就是两个平均数（或两个由小组合成的大组的平均数）之差。然而，我们能否正确地估计标准差取决于变量本身。某些变量呈正态分布（例如，一个人每天喝咖啡的量和智力等），并且至少有潜在的可能成为 Glass 等人（1981）所说的"有理论意义的变量"。年龄、外向性、代谢率和睡眠时间等亦是如此。相反，还有许多实验变量，例如刺激的呈现次数、经颅刺激的区域、测试刺激的大小以及回忆期间是否给予提示，不呈正态分布，也没有多少理论意义（尽管它们对特定实验可能非常重要）。这种区分其实解释起来很复杂也很牵强：如果被操纵的变量没有理论意义，那我们操纵它做什么？

如果我们稍微改变一下思考这个问题的角度，可能更说得通。假定我进行了一项研究，目的是比较三种心理疗法之间的差异。如果我只是将其当作单因素设计，那么我的误差项将包括由各种因素引起的差异，其中就包括性别因素——男女两性对不同疗法有不同的反应方式。现在假定我在这个研究中加入性别这一自变量。这就意味着我控制了性别因素的影响，使得常规的 MS_{error} 中不再包含性别差异，因为我在方差分析中已经将其"剔除"了。因此，这时的 MS_{error} 会小于单因素方差分析中的 MS_{error}。就统计功效而言，这是一件好事；但是如果我用 MS_{error} 的平方根来计算效应量，可能就不太妙了。如果我这样做了，单因素实验和析因实验求出的心理疗法的效应量就不一样了。但是这似乎不合理——不论是单因

素还是双因素实验，治疗效果应该是几乎相同的。（都是因为析因实验中加入性别因素导致的！我们的效应量指标应该考虑性别因素。）因此，就应该在计算效应量时将性别造成的差异以及性别与疗法交互作用造成的差异加回误差。

但是，假定我做了一个稍有不同（而且略为怪异）的研究，该研究同样考察三种不同的疗法，但是还包括了第二个自变量：患者在治疗过程中是否坐在装满冷水的浴缸里。现在患者通常都不坐在冷水里，所以这个第二自变量很可能会加大结果的差异。单因素设计中不会出现这种差异，因为我们不可能想到有患者会带着一大桶水来，而且坐在水里。同时，我也不会在误差项中加上这项差异，因为它不管怎么看都是人为的。这里的关键在于，无论采用的是单因素设计还是析因设计，我都期望疗法因素的效应量不发生变化。为此，在第一个研究中应该将性别和性别 × 疗法的交互作用所产生的效应加回到误差项中，而在第二个研究中却要将是否"坐在冷水中"这个因素的效应及其与疗法交互作用的效应剔除出误差项。

正如我在本小节开头时所说的，这是一个很复杂的情况；无论你调整还是不调整误差项，都有很大的争议空间。不同的人有不同的选择，可能都有一定的道理。这些都是统计学中的有趣问题，尽管我不指望大家都能欣赏这其中的乐趣。

我在这里不介绍可以如何处理误差项，因为我认为你不太可能在不久的将来需要这样做。不过我还是可以给你一点提示，你可以在 Howell（2012）中找到深入的讨论，而在 Kline（2004）或 Grissom 和 Kim（2012，第 7 章）中，你还可以看到更高水平的讨论。如果我们想将性别因素以及性别 × 疗法交互作用重新加回误差项，只要将原来的 SS_{error}、SS_{Gender} 以及 $SS_{Interaction}$ 合并，算出新的 SS_{error}，另外将三个自由度也合并，最后将两者相除即可得到新的误差项。这种经过调整的方差（MS_{error}）的平方根就成了 $\hat{d}$ 的分母。至于冷水浴缸，我们不希望把它的差异加入误差项，所以我们还是采用总的方差分析中求出的 MS_{error} 作为分母。

17.6 结果报告

我们已经完成了很多计算，得出了各种的结果，但是我肯定不会把所有这些结果都写进报告。以下是我认为需要报告的基本内容：

> 在一项关于信息加工水平对言语材料记忆的影响的研究中，每位参试者被要求运用一种方式（共有四种方式）来加工言语材料，这些加工方式从最简单地数出单词中的字母数，到最复杂的形成单词的视觉表象。第五种条件下的参试者没有被要求加工这些记忆材料，只是被要求记住它们以备后用。实验的第二个维度则是比较年轻与年长参试者的回忆，这样就形成了一种 2 × 5 的析因设计。
>
> 本实验的因变量是三次呈现后回忆出的项目数。我们发现年龄因素有显著效应 [$F(1,90) = 29.94, p = 0.000, \omega^2 = 0.087$]，年轻参试者的回忆成绩好于年长参试者。回忆条件因素也有显著效应 [$F(4,90) = 47.19, p = 0.000, \hat{\omega}^2 = 0.554$]，观

察各组平均数可知，回忆条件要求的加工水平越高，回忆率就越高。最后，年龄与条件的交互作用也显著 [$F(4,90) = 5.93, p = 0.017, \hat{\omega}^2 = 0.059$]，回忆条件的作用在年轻参试者身上表现得更明显。（请注意，我给出了 F 值对应的确切概率，而不是像例子中那样写成 $p < 0.05$。）

当我们查看年轻与年长参试者回忆成绩的差异时，$\hat{d} = 1.09$，表明差异大于 1 个标准差。（但是，在加工水平较高的条件下，这种年龄差异扩大了许多；而当加工水平较低时，上述差异几乎可以忽略不计。）比较最高与最低两种加工水平下年长参试者的回忆成绩，其效应量 $\hat{d} = 2.26$；同样的比较，年轻参试者的 $\hat{d}$ 就更大了。

本研究清楚地表明，通常观察到的老人记性差的现象其实与加工水平有关。在仅需要很少加工的任务中，没有出现年龄效应；而在需要较多加工的任务中，存在着显著的年龄效应。

17.7 样本容量不等的情况

当我们进行单因素方差分析时，样本容量不等不会造成严重的问题——只要相应地调整一下公式即可。但是，析因设计绝对不是这样。只要单元中的观察值个数不等，析因设计的计算难度就大幅提升，而且结果还难以清晰解读。最好的做法当然就是让各个样本容量 n 相等。但不幸的是，世界没那么听话，样本容量往往不相等。标准的统计软件通常将最可能有意义的结果作为默认结果。但是在某些情况下，标准的答案不够理想。我不再介绍样本容量不等时的计算步骤，因为你几乎不可能用手工计算完成这种方差分析。我假定你使用 SPSS 或 SAS 之类的软件，它们的默认结果通常是你想要的。但是请特别注意 R 代码：要用 "car" 包，并按照如下要求设置 contrast 选项，且用 Anova 函数时要求第 3 类分析。其代码是：

```
library(car)
options(contrasts = c('contr.sum', 'contr.poly'))
model <- lm(Recall ~ Age * Condition)
Anova(model, type = 3)
```

Howell（2012）对样本容量不等的问题进行了全面的讨论。

17.8 男性过度补偿论：专属男性的现象

看另一个析因设计的例子，其样本容量相等。Willer 等人开展了一系列引人入胜的实验，研究了所谓的"男性过度补偿"，以此来解释行为选择。"男性过度补偿论声称，男性若对自身男性气质缺乏自信，会努力做出极端的展现男子气概的行为，让别人（同时也包括自己）觉得自己像个男人"（Willer, Rogalin, Conlon, & Wojnowicz, 2013）。研究者的基本思路是，如果你是男性，并且我能以某种方式让你觉得自己男性化程度降低，你就更容易做出符合男性刻板印象的男性化反应。例如，你更有可能购买枪支、参加拳击赛、谴责男同性恋、买悍马车或观看暴力电影。你可能会发现这个理论与本书前面提到过的 Adams 等人（1996）关于恐同症的研究颇有几分相似。

Willer 要求男性和女性参试者填写一份"性别认同调查表"，然后（随机地）告诉他们，他们的得分接近男性或女性那一端。这是一个 2×2 的设计，参试者的性别（男性和女性）与他们得到的反馈（"你像男性"还是"你像女性"）形成交叉分组。（反馈与参试者在调查表中填写的内容没有任何关系，完全是 Willer 编造的。）在收到反馈之后，参试者又填写了两份调查表。第一份：支持一项禁止同性婚姻的修正案；支持小布什和伊拉克战争。第二份调查表先描述了四种不同的汽车（城市越野车、小型货车、双门轿跑车和厢式轿车），然后要求参试者评价每种汽车的品质，以及参试者愿意为买每种汽车花多少钱。参试者对战争、同性婚姻或汽车的评价结果基本相同，但是我们只看同性婚姻那部分数据。Willer 的假设是，当一位男性被告知自己的得分接近女性那一端时，他会感到威胁，从而做出更多男性化行为来作为补偿，在本研究中就表现为他们对同性恋的敌意升高。Willer 还预测，女性参试者在上述两种反馈条件下不会表现出这样的差异。

表 17.5（a）中的数据是根据 Willer 研究所得的平均数和标准差生成的，不过我还是做了一些微调，以补偿将样本容量强行设定为 25 造成的影响。（同时，我猜测 Willer 的数据可能是正偏的，只是每种条件都相同。）研究者用"确认"表示反馈符合参试者的性别，用"威胁"表示反馈不符合参试者的性别，即告知参试者他们的得分落入了异性的范围。根据表 17.5（b）中的平均数，Willer 的理论似乎得到了一定的支持。当男性参试者被告知其得分接近女性时，他们在反对同性恋方面的得分高于那些被告知得分落入男性范围的男性。

表 17.5 "男性补偿"研究的数据

（a）"男性补偿"研究的原始数据

条件	对同性恋的反对态度得分									
男性－威胁	2.62	5.26	3.86	4.98	2.81	3.95	4.49	5.35	6.66	6.04
	3.46	4.42	4.19	4.33	4.18	6.84	6.11	5.67	1.66	3.33
	1.92	4.13	3.74	3.25	3.40					
男性－确认	3.97	0.19	3.27	1.56	1.30	6.75	5.93	1.84	0.72	4.26
	0.83	3.59	2.86	4.44	3.24	2.12	4.17	0.77	3.03	2.84
	2.93	1.52	0.37	2.28	0.57					
女性－威胁	4.21	3.54	3.47	0.06	2.95	0.28	4.02	2.27	0.54	4.10
	1.06	1.79	5.06	3.02	2.05	4.26	3.26	3.40	3.65	0.12
	1.46	3.98	2.05	3.79	5.30					
女性－确认	2.44	5.39	1.10	2.95	4.64	5.83	2.24	2.17	1.55	4.05
	0.52	1.47	2.99	5.12	2.63	2.94	1.78	5.67	1.49	0.22
	3.57	0.54	3.83	3.03	4.34					

（b）各行、列和单元的平均数

	威胁	确认	行平均数
男性	4.266（1.364）	2.614（1.718）	3.440
女性	2.788（1.538）	2.900（1.648）	2.844
列平均数	3.527	2.757	3.142

计算过程见表17.6。

注释①
因舍入误差，本表数据与SPSS输出结果略有差异。

表17.6 "男性补偿"研究的方差分析汇总表①

$$SS_{total} = \sum(X - \bar{X}_{gm})^2 = \sum X^2 - \frac{(\sum X)^2}{N} = 1267.712 - \frac{314.19^2}{100} = 280.558$$

$$SS_G = nc\sum(\bar{X}_G - \bar{X}_{gm})^2 = 25 \times 2 \times [(3.440 - 3.142)^2 + (2.844 - 3.142)^2] = 8.886$$

$$SS_T = ng\sum(\bar{X}_T - \bar{X}_{gm})^2 = 25 \times 2 \times [(3.527 - 3.142)^2 + (2.757 - 3.142)^2] = 14.815$$

$$SS_{Cells} = n\sum(\bar{X}_{TG} - \bar{X}_{gm})^2$$
$$= 25[(4.266 - 3.142)^2 + (2.614 - 3.142)^2 + (2.788 - 3.142)^2 + (2.900 - 3.142)^2]$$
$$= 43.158$$

$$SS_{TG} = SS_{Cells} - SS_G - SS_T = 43.158 - 8.886 - 14.815 = 19.457$$

$$SS_{error} = SS_{total} - SS_{cells} = 262.281 - 44.661 = 217.620$$

汇总表

差异来源	自由度	平方和	均方	F	p
G（性别）	1	8.886	8.866	3.594	0.061
T（威胁）	1	14.815	14.815	5.991	0.016
G×T	1	19.457	19.457	7.868	0.006
误差	96	237.400	2.473		
总计	99	280.558			

根据上面的汇总表，我们可以发现，性别因素的F值和威胁因素的F值都是显著的。但是，Willer对这两个效应并不特别感兴趣。他关心的主要是两种性别的人群中"威胁"因素分别造成了怎样的差异。结果发现这种交互作用也很显著，这才是我们目前最感兴趣的。但是这里真正做的是简单效应分析。当我们观察那些平均数时，可以发现威胁因素对女性人群产生的效应似乎很小，而对于男性而言，该效应相当强。当性别认同受到威胁时，男性会做出维护其男性刻板印象的行为。

因为本研究的目的主要是为了研究男性在觉得自己的男性气质受到"威胁"时的反应，所以最应该考察的就是"威胁"对每个性别的简单效应。（实际上，我认为一开始就可以研究简单效应，甚至无须考察主效应，因为主效应与理论几乎没有关系。Willer基本上就是这么做的。）下一节将呈现简单效应汇总表，此处先不赘述其计算过程。但是需要注意的是，"确认"与"威胁"对男性造成差异的F值为5.899（两个自由度分别为1和48），有显著意义（$p = 0.019$）。对于女性，F为0.569，没有显著意义。②因此，我们可以得出结论，当男性被告知他们很像女性（由此可能会感到"威胁"）时，他们更有可能表现出对同性恋的敌意。而对于女性而言，情况并非如此，其简单效应检验未能拒绝零假设，故不能

注释②
如果你想用SPSS分别针对每种性别进行分析，先要用Data/Split file来拆分数据，然后让它按"性别"进行分析。

接受相反的备择假设。(Willer 将参试者对暴力军事行动的支持程度、对乔治·W. 布什的支持程度以及对运动型多功能车的喜欢程度作为因变量，同样发现了非常相似的结果。)换句话说，这个发现似乎很站得住脚。

如果你用 R 进行上述分析，可以在关于本章的网页上找到"SimpleEffectsWiller.R"，那里有相关代码。我在其中用了"set.seed"命令，以便每位读者在进行分析时抽到的随机样本是相同的。

另一些看待简单效应的方法

下一节介绍的 SPSS 的用法，其实是做两次单因素方差分析，分别检验两个性别水平下的简单效应。我们也可以通过另外两种方式考察简单效应。第一种方式是，同样进行两次 F 检验，但是误差项采用总的方差分析计算出来的汇合方差。第二种方式是，可以在两种条件下分别对两个独立样本进行 t 检验。如果进行 t 检验，可以算出男性条件下 t = 3.766，女性条件下 t = -0.249。这样一来，对于男性，我们就要拒绝零假设。如果计算这两个 t 值平方，我们可以发现结果分别为 14.184 和 0.062，刚好等于我们前面算出的 F 值。这不是巧合，对两种条件做 F 检验，其 F 值确实等于对两个平均数所做 t 检验的 t 值的平方。

17.9 用 SPSS 做析因方差分析

刚才那个例子如果用 SPSS 来分析数据，其结果输出见图 17.3。在数据中，第一个变量编码为 1 或 2，表示参试者是男性（1）还是女性（2）。第二个变量表示参试者处于"威胁"（1）还是"确认"（2）中。第三个变量就是因变量。在总的方差分析之后，还要检验简单效应。在 SPSS 中，你可以下拉 Data 菜单，让其按性别拆分文件。拆分文件后再进行分析，你就能得到单独针对男性和女性的分析结果。

17.10 直观的统计学

在本书的网站上，你可以找到一个有趣的应用程序，你可以用它观察并操纵主效应与交互作用。后面有这个程序呈现的例子。

理解这个应用程序的最好方法就是运用。在显示界面的底部，你可以看到一个控制行间效应的标着"Row"的滑块。如果左右移动这个滑块，程序会显示出不同的行间效应。总的来说，移动该滑块能让两条直线沿垂直方向分开或接近。接着，如果你移动标着"Col"的滑块，就能改变列间效应，表现为图中直线右端升高或降低，形成线段旋转的效果。最后，操作位于底部的标着"R × C"的滑块，你可以加大或减少交互作用，表现为两

Univariate Analysis of Variance

gender = Male

Tests of Between-Subjects Effects[a]

Dependent Variable: score

Source	TypeIII Sum of Squares	df	Mean Square	F	Sig.	Partial Eta Squared
Corrected Model	34.114[b]	1	34.114	14.184	0.000	0.228
Intercept	591.680	1	591.680	246.010	0.000	0.837
threat	34.114	1	34.114	14.184	0.000	0.228
Error	115.445	48	2.405			
Total	741.239	50				
Corrected Total	149.559	49				

[a] gender = 1
[b] R Squared = 0.228 (Adjusted R Squared = 0.212)

gender = Female

Tests of Between-Subjects Effects[a]

Dependent Variable: score

Source	TypeIII Sum of Squares	df	Mean Square	F	Sig.	Partial Eta Squared
Corrected Model	0.158[b]	1	0.158	0.062	0.804	0.001
Intercept	404.360	1	404.360	159.151	0.000	0.768
threat	0.158	1	0.158	0.062	0.804	0.001
Error	121.955	48	2.541			
Total	526.473	50				
Corrected Total	122.113	49				

[a] gender = 2
[b] R Squared = 0.001 (Adjusted R Squared = −.020)

图 17.3 对 Willer 数据的 SPSS 分析的输出结果

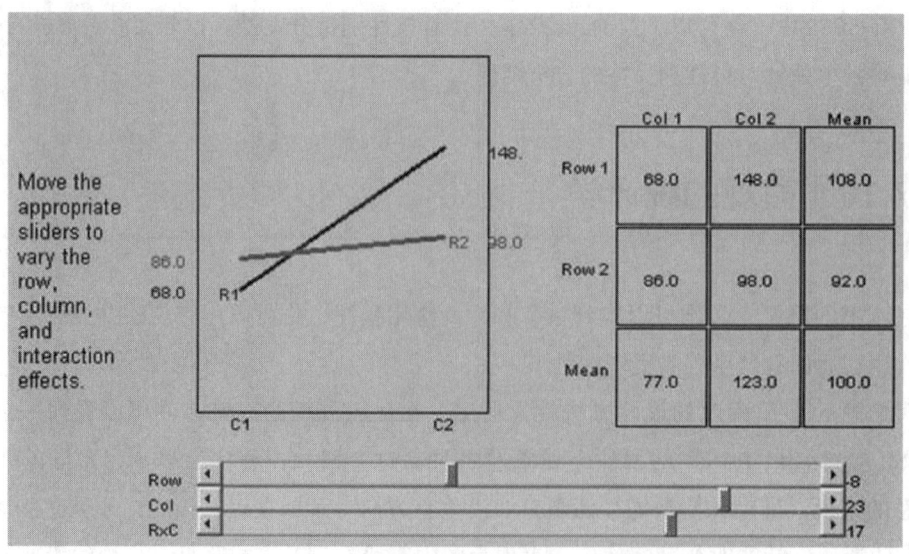

条直线相互平行程度的改变。

- 根据表 17.3 中表示回忆成绩因年龄和回忆条件而异的数据，忽略中间 3 种情况，只看"计数"和"有意"这两种条件。通过移动上述三个滑块，你应该能够构建适当的主效应和交互作用。你不可能完全复现原数据的结果，但可以做到相当接近。
- 现在请加大或减少列间效应和行间效应。你应该看明白什么叫作"各效应相互独立"了——列间效应（以及交互作用）不会仅仅因为我们加大了行间效应而改变。
- 现在，再创建一个行间有显著效应，列间和交互作用却完全不显著的界面。

17.11 总结

本章的讨论将方差分析推广到包含两个自变量的设计。在本章介绍的两个自变量的方差分析中，我们假定不同单元格中的参试者是不同的人。我们将析因设计定义为这样一种设计：它涉及两个或多个自变量，且穷尽了各个自变量的各个水平与其他自变量的各个水平的组合。我们介绍了析因设计的一些优点，尤其是它能让我们看到两个变量的交互作用这一优点。交互作用指的是，某个自变量取一个值与其取另一个值时发生的结果不一样。例如，在 Willer 关于同性恋的研究中，当性别为男性时，"威胁"和"确认"造成的差异完全不同于性别为女性时的差异。当男性被告知自己的得分偏向女性一端（威胁）时，他们做出了更男性化的反应，而女性却相反——在"确认"条件下，她们几乎没有显示出更男性化的反应；但是，该效应对女性而言很弱、不显著。

我们讨论了主效应和简单效应的区别。主效应是一个变量在另一个变量的各个水平上表现出的综合效应；简单效应是一个变量在另一个变量的一个水平上表现出的单独效应。简单效应与交互作用一样，通常是方差分析中最有趣的部分。

我们还考察了析因设计方差分析的计算方法，发现它在许多方面只是前一章介绍的单因素设计的推广。计算主效应时，我们只当另一个变量不存在即可。交互作用的计算方式虽然不同，但是从根本上讲，我们也只要将所有单元看作单因素设计的各个水平，计算 SS_{cells}，然后从中减去两个主效应即可求得交互作用项。接着，我们将各种平方和除以对应的自由度，就能求出各个均方（方差）；最后，将每个均方除以误差均方，算出 F 值。当样本容量不等时，尽管我们发出相同的命令，但方差分析的计算结果略有不同。在这里没有继续深入讨论这个问题，但是你用的许多统计软件都可以进行大多数心理学家认可的合理分析。（R 的基本程序包中的 anova 函数不适合这种情况，你应该用"car"包和 Anova 函数。）

最后，我们研究了计算效应量的方法。r 族（相关类）指标（η^2 和 ω^2）是第 16 章介绍的效应量的简单推广。$\hat{d}$ 的计算则与单因素设计中的计算方法相似，只不过分母（我们对误差的估计量）有时不很明确。

重要术语

因素（factors，p.397）
双因素析因设计（two-way factorial design，p.397）
析因设计（factorial design，p.398）
交互作用（interaction，p.398）

单元（cell，p.399）
总平均数（grand mean，p.400）
主效应（main effect，p.400）
简单效应（simple effect，p.400）
单元平方和（SS_{cells}，p.402）

17.12 快速复习

A. 什么是析因设计？

 答：一种实验设计，要求各因素的各个水平都与其他因素的各个水平组合形成单元。

B. 什么是 2×3 析因设计？

 答：这是一个含有 2 个自变量的实验设计，第一个自变量有 2 个水平，第二个自变量有 3 个水平。

C. 什么是简单效应？

 答：一个自变量在另一个自变量的一个水平上表现出的影响。

D. 析因设计中的单元是什么意思？

 答：指一个变量的某个水平与另一个变量的某个水平组合而成的处理所得到的一组数据。

E. 如何计算析因设计中的误差平方和？

 答：从总平方和中减去主效应和交互作用的平方和后，剩下的就是误差平方和。它指的是不能用设计中的任何效应来解释的差异。

F. 如果存在显著的交互作用，应该如何评价主效应？

 答：尽管没有强制性规定，但是我们通常会忽略主效应。此时讨论简单效应通常更合适。

G. 在方差分析中，什么情况下比较适合采用 d 族效应量？

 答：通常仅用于比较 2 个组或 2 个大组的平均数。如果同时用于 3 个或更多组，其含义不清。

H. 对于析因设计而言，r 族（相关类）效应量能传达什么信息？

 答：它们表示在一个研究中，能用欲考察的效应来解释的差异占总差异的百分比。

I. 析因方差分析最重要的特征通常是什么？

 答：它具有考察变量之间交互作用的能力。

17.13 习题

17.1 Thomas 与 Wang（1996）研究了记忆对外语词汇学习的影响。大家可能都听说过，要记住外语单词，助记关键词是一个好办法。例如，在他加禄语（菲律宾的官方语言）中，"眼镜"被称为"salamin"。这个词听起来很像英语中的"salmon（鲑鱼）"，所以这时可以采取这样一种记忆策略：想象一条戴着眼镜的鲑鱼。这种记忆编码策略长期以来一直被人提倡；而且，运用该策略回忆外语词汇的效果可谓立竿见影。该策略与双重编码理论也非常吻合，该理论认为单词的存储包括语义存储和视觉存储。

然而，关于上述现象的研究通常都要求同一组参试者在几个不同的时间点反复回忆项目。由于每个回忆环节都等于又进行了一次练习，练习效应和时间效应就成为混淆变量。为了避免这个问题，Thomas 和 Wang 在两个回忆环节用了不同的参试者。下面这些数据的平均数和方差与他们的数据几乎相同。

Thomas 和 Wang 在研究中将参试者分成 3 个不同的"策略"组，测验则分两批（5 分钟或 2 天）进行。3 种策略分别是：

关键词 – 生成	参试者自己生成关键词，以助其记住 24 个他加禄语单词。
关键词 – 提供	由实验者提供关键字，以帮助参试者记住 24 个他加禄语单词。
死记硬背	仅要求参试者记住这些他加禄语单词的含义。

实验的因变量是 5 分钟或 2 天后回忆出的英语单词数。

生成 /5 分钟	18	9	22	21	11	10	16	13	4	15	21	17	17
提供 /5 分钟	24	19	19	23	21	23	19	22	20	21	18	18	20
死记 /5 分钟	7	21	14	18	12	24	15	11	16	5	11	18	24	9
生成 /2 天	7	8	7	2	6	4	4	4	5	2	2	1	0
提供 /2 天	2	1	2	4	0	2	2	4	0	3	0	2	4
死记 /2 天	15	23	9	18	13	7	7	3	5	12	26	15	13

（a）你如何描述这种设计？
（b）事先应提出何种研究假设？
（c）计算各单元的平均数和标准差。

17.2 根据习题 17.1 的数据，用图标出数据的平均数，以体现数据的特征。

17.3 用 R 或 SPSS 对习题 17.1 的数据进行方差分析，并得出适当的结论。

17.4 习题 17.3 的方差分析发现了交互作用，这表明检验简单效应将有所收获。计算每一种时间间隔下由策略引起的差异的简单效应，并解释结果。（我建议你拆分文件，然后分别对每个时间水平进行方差分析。）

17.5 用第 16 章介绍的 Bonferroni 检验详细说明习题 17.4 的结果。

17.6 习题 17.1—习题 17.4 中的结果肯定是极端的，并且统计量看着也很不正常。你对这些数据有什么疑惑？

17.7 前面 5 个习题对你为下一次西班牙语考试做复习准备有什么启示？

17.8 在一项关于母婴互动的研究中,经过训练的观察者对母亲与婴儿互动的质量进行评估。根据孩子是否头胎以及婴儿的出生体重(低出生体重;足月,通常等同于出生时体重正常)将母亲分为 4 组。评价的数据是一种 12 点量表的评分,评分高表示母婴互动质量高。

头胎 / 低出生体重	6	5	5	4	9	6	2	6	5	5
头胎 / 足月	8	7	7	6	7	2	5	8	7	7
非头胎 / 低出生体重	7	8	8	9	8	2	1	9	9	8
非头胎 / 足月	9	8	9	9	3	10	9	8	7	10

请用方差分析予以解释。

17.9 很显然,习题 17.8 中的样本容量不能反映在总体中出现这些特征的相对频率。你是否觉得样本中所有头胎母亲的平均数能很好地估计总体中所有头胎母亲的情况?为什么?

17.10 用简单效应分析方法,比较非头胎婴儿出生体重是否正常对母婴互动的影响。(为此,请重新计算非头胎情况下的误差项,不要采用完整实验中的 MS_{error}。)

17.11 在习题 17.10 中,你采用了传统的简单效应分析方法。

(a)如果你仅用 MS_{error} 作为汇合误差项对非头胎情况下的低出生体重和足月体重平均数进行 t 检验,会发生什么?

(b)如果用被比较的两个组的汇合方差,结果将有什么不同?

17.12 在第 16 章中,我们从 Spilich 等人(1992)的研究中得到了 3 个不同的例子,比较了 3 组人的吸烟行为。我们还可以将任务作为一个变量,吸烟情况作为另一个变量,做一个 3×3 的析因设计。因变量是参试者在完成各自任务时犯的错误数。数据见下表。

| 模式识别 | | | 回忆任务 | | | 模拟驾驶 | | |
不吸烟者	延迟吸烟者	主动吸烟者	不吸烟者	延迟吸烟者	主动吸烟者	不吸烟者	延迟吸烟者	主动吸烟者
9	12	8	27	48	34	15	7	3
8	7	8	34	29	65	2	0	2
12	14	9	19	34	55	2	6	0
10	4	1	20	6	33	14	0	0
7	8	9	56	18	42	5	12	6
10	11	7	35	63	54	0	17	2
9	16	16	23	9	21	16	1	0
11	17	19	37	54	44	14	11	6
8	5	1	4	28	61	9	4	4
10	6	1	30	71	38	17	4	1
8	9	22	4	60	75	15	3	0
10	6	12	42	54	61	9	5	0
8	6	18	34	51	51	3	16	6
11	7	8	19	25	32	15	5	2
10	16	10	49	49	47	13	11	3

请画出该设计各单元的平均数。

17.13 对习题 17.12 的数据进行方差分析，并得出相关结论。

17.14 即使不用计算，你也至少可以对习题 17.13 做出结论。这是一个怎样的结论，又为什么是一个没人感兴趣的结论？

17.15 计算必要的简单效应以解释习题 17.13 的结果。这些结果揭示了吸烟怎样的影响？

17.16 根据习题 17.15 的数据，针对"模拟驾驶"任务，采用保护性 t 检验对"不吸烟"组与其他两个组进行比较。

17.17 如果回到习题 16.2，你会发现它确实构成一个 2×2 析因设计。请进行方差分析，并解释结果。（以下数据从习题 16.2 复制而来。）

年轻参试者 / 低水平加工	8	6	4	6	7	6	5	7	9	7
年轻参试者 / 高水平加工	21	19	17	15	22	16	22	22	18	21
年长参试者 / 低水平加工	9	8	6	8	10	4	6	5	7	7
年长参试者 / 高水平加工	10	19	14	5	10	11	14	15	11	11

17.18 在习题 16.3 中，你检验了第 1、3 组与第 2、4 组的差异。这种检验与习题 17.17 中的主效应检验有什么区别？

17.19 Nurcombe、Howell、Rauh、Teti、Ruoff 和 Brennan（1984）为低体重婴儿的母亲开设了一个干预项目。（母亲们通常很难辨别低体重婴儿发出的信号，干预项目向她们提供了这方面的训练。）一组母亲接受了如何对低出生体重婴儿的微妙信号做出反应的指导，另一组母亲没有接受这种指导。作为控制组的第三组母亲，她们的孩子都是足月婴儿。此外，研究者还按受教育程度对母亲们进行了划分。下面是该研究的部分数据。

| 受教育程度 | "母性适应"实验的组别 | | | 行平均数 |
	第1组（低出生体重－实验组）	第2组（低出生体重－控制组）	第3组（足月控制组）	
高中及高中以下	14	25	18	
	20	19	14	
	22	21	18	
	13	20	20	
	13	20	12	
	18	14	14	
	13	25	17	
	14	18	17	
平均数	15.875	20.250	16.250	17.485
高中以上	11	18	16	
	11	16	20	
	16	13	12	
	12	21	14	
	12	17	18	
	13	10	20	
	17	16	12	
	13	21	13	
平均数	13.125	16.500	15.625	15.083
组平均数	14.500	18.375	15.938	16.271

（a）对上述结果进行适当的方差分析。

（b）你对干预的效果得出了什么结论？

17.20 根据习题 17.19 的母性适应数据计算 η^2 和 ω^2。

17.21 根据习题 17.17 中的加工水平主效应结果，计算其效应量 $\hat{d}$。

17.22 根据习题 17.19 数据，计算受教育程度所造成的差异的效应量 $\hat{d}$。接下来，忽略习题 17.19 中的足月组，计算两个低出生体重组差异的效应量 $\hat{d}$。

17.23 构建一组数据，要求：采用 2×2 析因设计，主效应不显著，但是有交互作用。

17.24 描述一个合理的实验，主要考察交互作用的效应。

17.25 根据习题 17.1 的数据，计算 η^2 和 ω^2。

17.26 根据习题 17.1 的数据，计算两个主效应的效应量 $\hat{d}$。（根据你对实验设计的理解，选择 2 组做有意义的比较）。

17.27 根据习题 17.13 的数据，计算 η^2 和 ω^2。

17.28 根据习题 17.13 的数据，计算两个主效应的效应量 $\hat{d}$。请选择合适的组进行比较。

17.29 比较 η^2 和 ω^2 的公式，这两个不同的统计量何时会非常一致？何时会明显不同？

17.30 在第 17.1 节分析的 Eysenck（1974）研究中，Eysenck 关于年龄增长造成的变化的假设其实是通过交互作用分析而得到检验的。为什么这么说？

17.31 我在讨论表 17.4 中的结果时曾说过，你不需要刻板地计算每一种可能的简单效应，只须考察感兴趣的效应。参照第 16 章关于综合错误率的讨论，解释我为什么这么说。

17.32 美国奥本大学的 Becky Liddle 在 1997 年发表了一项关于在课堂上公开性取向的研究。修读她的课的学生被分为 4 组上课，在最后一次授课的那一周，她向其中两个组透露了自己的女同性恋身份，但向另两个组隐瞒了这一身份。她关心的是，公开这一身份会不会影响学生对该课程的评价。在得到这两种条件下的平均数和平均方差后，又按学生的性别做了进一步细分，数据如下。每个单元中有 15 名学生。请进行双因素方差分析，并得出适当的结论。（此处的平均数与 Liddle 发现的相同，但是由于我无法像 Liddle 那样控制期中评估的差异，因此性别产生的效应与她发现的效应不一致。其他效应则得出了相似的结论。）

	透露	隐瞒	平均数
女	37.15	36.56	36.86
男	33.00	33.00	33.00
平均数	35.08	34.78	34.93

单元内平均方差 = 20.74

第18章

重复测量的方差分析

需要回忆的概念

SS_{Total}、SS_{Group} 和 SS_{error}：　　分别是个体观察值的总离差平方和，各组平均数的离差平方和，各组内个体观察值的离差平方和

MS_{Group}、MS_{error}：　　分别是组间的均方（方差）和组内的均方（方差）

交互作用：　　一个变量的效应取决于另一个变量取何值的情形

自由度：　　估计一个或多个参数后剩下的独立信息数

效应量（$\hat{d}$）：　　一种计量指标，旨在以读者容易理解的方式表示某种处理的效应程度

η^2 和 ω^2：　　基于相关的效应量指标

多重比较：　　关于特定组之间平均数之差的显著性检验

本章讨论从同一个人身上获得多个观察值（得分）的情形。学完本章，我们要明白，为什么"重复测量结果之间不满足独立性假定"这一点是如此重要。接着，我们要学会如何分析重复测量得到的数据。我们还将研究如何对各种处理的平均数进行多重比较，同时考察这种设计的优缺点。

在前两章中，我们关心的实验设计都是这样的：研究者向各组（或单元）分配不同的被试，然后比较不同被试组之间的差异。所以，这些设计被称为**被试间设计**。然而，许多实验设计需要测量同一组被试在一种以上处理条件下的表现。例如，我们可能先测量某种行为的基线水平（即在处理程序开始前进行一次测量），在处理程序结束时再测量一次，过了6个月又进行第三次测量。这种对同一组参试者进行反复多次测量的设计被称为**重复测量设计**，也是本章的主题。这种设计比较的是同一组被试"内部"的分数，所以往往又被称为**被试内设计**。你可能已经看到，重复测量的方差分析很像我们曾经学过的相关样本 t 检验，区别仅在于前者不限于2种测量条件。实际上，重复测量的方差分析就是相关样本 t 检验的推广。也就是说，我介绍过的关于相关样本 t 检验的所有内容也都适用于重复测量的方差分析。如果两个或更多样本之间以任何方式产生相关（不限于对同一组被试进行多次测量），就应归入这种设计。到目前为止，这种设计最常见的形式就是重复测量同一组参试者的某个因变量，本章要讲的就是这种形式。

重复测量设计也是多种多样的：有时，研究者在所有变量的所有水平下都对同一组被试进行重复测量；有时，一些自变量用了不同的被试，另一些自变量用了同一组被试。[1]本章只介绍最简单的情形——只有一

注释①
APA 标准格式要求用"参试者（participant）"或某种别的近义词指称人类被试。但是，"被试（subject）"

一词仍用于统计分析，本章也始终采用这个说法，因为它是表示上述实验设计的标准术语，我们常用的统计软件 SPSS 也用这个术语。

个自变量，同一组被试在该变量的每一个水平下都接受测量。想了解更复杂的设计，可以参考 Howell（2012）或 Winer、Brown 和 Michels（1991）的著作。

18.1 一个例子：对地震的反应——抑郁

Nolen-Hoeksema 和 Morrow（1991）很凑巧地在 1989 年加利福尼亚洛马普列塔地震的三周前测量了大学生的抑郁程度。人们预测这场大地震会对学生产生相当大的影响。在收集了上述数据后，他们决定继续收集这些学生的数据，进行跟踪研究。下面的数据是大致上根据他们的结果生成的。测量从地震前 2 周开始，后续每 3 周进行 1 次测量，具体数据见表 18.1。

表 18.1 地震前后的抑郁得分 [源于 Nolan-Hoeksema 和 Morrow（1991）]

（a）数据

被试	第0周	第3周	第6周	第9周	第12周	被试平均数
1	6	10	8	4	5	6.6
2	2	4	8	5	6	5.0
3	2	4	8	5	5	4.8
4	4	5	8	10	7	6.8
5	4	7	9	7	11	7.6
6	5	7	9	7	7	7.0
7	2	9	11	8	7	7.4
8	6	9	11	8	8	8.4
9	13	10	11	8	8	10.0
10	7	3	11	8	11	8.0
11	7	12	8	8	10	9.0
12	7	10	11	9	11	9.6
13	9	10	13	10	10	10.4
14	9	11	12	6	12	10.0
15	11	11	12	19	6	11.8
16	11	12	12	12	19	13.2
17	12	12	12	13	15	12.8
18	12	12	13	13	15	13.0
19	7	12	13	13	14	11.8
20	13	10	13	14	14	13.0
21	13	14	11	15	15	13.6
22	13	14	14	17	16	14.8
23	13	14	15	11	16	13.8
24	14	14	15	20	14	15.4
25	15	17	16	21	18	17.4
周平均数	8.68	10.12	11.36	10.84	11.24	10.448

总平均数 = 10.448　　$\Sigma X = 1306.00$　　$\Sigma X^2 = 15596.00$
$N = 125$　　w = 测量次数 = 5　　n = 被试数 = 25

续表

(b) 计算

$$SS_{total} = \sum(X - \bar{X}_{gm})^2 = \sum X^2 - \frac{(\sum X)^2}{N} = 15596.00 - \frac{1306^2}{125} = 1950.912$$

$$SS_{subjects} = w\sum(\bar{X}_{subjects} - \bar{X}_{gm})^2 = 5[(6.60 - 10.448)^2 + \ldots + (17.40 - 10.448)^2] = 1375.712$$

$$SS_{weeks} = n\sum(\bar{X}_{week} - \bar{X}_{gm})^2 = 25[(8.68 - 10.448)^2 + \ldots + (11.24 - 10.448)^2] = 121.152$$

$$SS_{error} = SS_{total} - SS_{subjects} - SS_{weeks} = 1950.912 - 1375.712 - 121.152 = 454.048$$

(c) 汇总表

差异来源	自由度	平方和	均方	F	p
Subjects（被试）	24	1375.712			
Weeks（周次）	4	121.152	30.288	6.40	0.0001
Error（误差）	96	454.048	4.730		
总计	124	1950.912			

注：下文中提到变量名时多采用英文形式（Subjects 和 Weeks 等）。

先来看表 18.1 中的（a）部分。你会发现这些数据的差异很大，但是这些差异大多是因为有些人总比别人更多地表现出沮丧情绪，其实与地震几乎没什么关系。"你总是比我抑郁"这一事实根本无法说明地震是否加深了经历者的抑郁。它只能说明抑郁程度有个体差异而已。这些差异使两次观察之间产生了相关。能将这种相关与地震造成的影响区分开来，这正是重复测量设计的强大之处。采用重复测量设计而非被试间设计，就是为了从 SS_{total} 中剔除人们抑郁总水平上的这种差异。这种方法的作用就是从误差项中剔除被试方面的差异，从而使求得的 MS_{error} 比用别的方法求出的小。为此，我们要计算一个新的平方和——$SS_{subjects}$，用来表示根据人们的报告而得出的抑郁程度的个体差异。因此，计算 SS_{error} 时，要从 SS_{total} 中减去 $SS_{subjects}$ 和 SS_{weeks}。（在前面讲过的设计中，每个分数都来自一个不同的被试，计算 $SS_{subjects}$ 就是计算 SS_{total}。）

根据表 18.1（b）可知，SS_{total} 是按常规方式计算的。类似地，$SS_{subjects}$ 和 SS_{weeks} 的计算方法沿用了主效应的算法——将每个被试的平均数或组平均数与总平均数之差求平方，然后求平方和，最后乘以各个平均数对应的观察值个数。最后，从 SS_{total} 中减去 $SS_{subjects}$ 和 SS_{weeks}，就得到了误差项。汇总表 [表 18.1（c）] 表明，我计算了"周"对应的 F 值，但没有计算"被试"对应的 F 值。这是因为 MS_{error} 不适合做"被试"F 值的分母，其实它也没有一个合适的分母。因此，我们无法检验"被试"变量。但这不是一个大问题，因为我们很少关注被试之间有无显著差异。我们计算 $SS_{subjects}$ 无非是为了将其从误差项中剔除出去，从而求出一个能够用于检验各次测验之间有无显著差异的合理误差项。

你也许注意到，汇总表中也没有出现"Subjects × Weeks"交互作用。因为每个单元只有 1 个得分，交互项就是误差项；实际上，有些人更喜欢写"Subjects × Weeks"，而不喜欢写"误差"。但不管你将其视为"误差"还是与 Subjects × Weeks 交互作用，这一项都适合担当 Weeks 对应的 F 值的分母。

Weeks 对应的 F 值为 6.40，自由度为 4 和 96。此时 F 的临界值为 $F_{0.05}(4, 96) = 2.49$；$p = 0.0001$。因此，我们可以拒绝 $H_0: \mu_1 = \mu_2 = \cdots = \mu_5$，结论是：地震与抑郁得分上升有关，该关联有显著意义。看一下图 18.1 中显示的各次测量得到的平均抑郁得分，你会很容易明白是怎么回事。

请注意，表 18.1 中的计算与前两章中的计算没有任何重大差别，无非就是：先求出特定的一组平均数（例如组平均数或被试平均数）与总平均数之差（离差），将这些离差平方，然后求出离差平方之总和。接着，将上述总和乘以一个适当的常数，该常数就是用于计算上面讲的平均数的观察值的个数。自由度就是欲考察的离差数减 1。

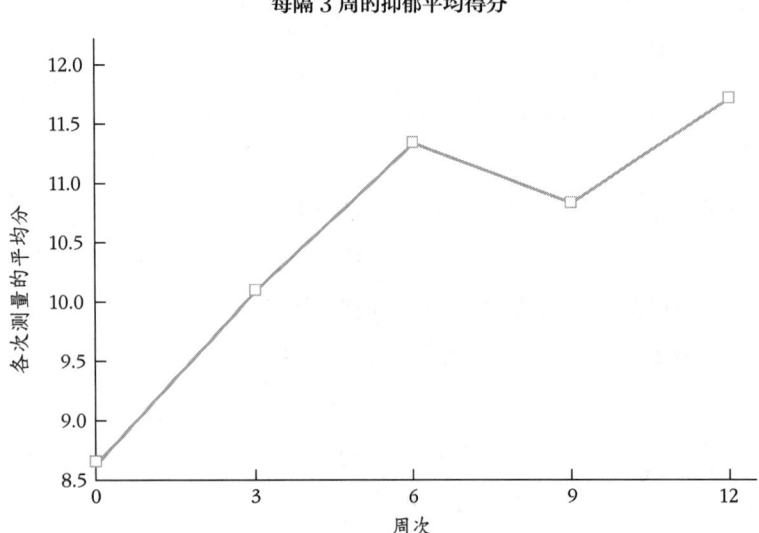

图 18.1 各次测量得到的抑郁平均得分

根据图 18.1 可知，大学生们抑郁水平在紧随地震之后的两次测量中表现升高迹象，而后渐趋平稳。但是，即使经过了 12 周，抑郁水平仍无下降之势。

用 SPSS 进行重复测量设计的计算

如果说之前已经不大可能用手工计算来完成方差分析了，那么现在就更没有人愿意用手工计算完成重复测量设计的方差分析了。为此，我要介绍一下怎样用 SPSS 完成这些计算。下一小节还要介绍怎样用 *R* 完成这些计算，*R* 比 SPSS 稍微复杂点，其原因你很快就能明白。

重复测量的方差分析可能是我们使用某些统计软件时的难点。不过 SPSS 用起来相当轻松，尽管它的结果输出不像我们心目中的样子。图 18.2 和图 18.3 就是其结果输出的缩略版。请注意应该怎样将数据输入数据文件中（每个被试一行），以及在各种对话框中要做哪些选择。为了节省篇幅，我只呈现前 10 个被试的数据。（请确保加载表 18.1 中的全部数据，而不是只输入图 18.2 中的部分数据。）

	week0	week3	week6	week9	week12
1	6.0	10.0	8.0	4.0	5.0
2	2.0	4.0	8.0	5.0	6.0
3	2.0	4.0	8.0	5.0	5.0
4	4.0	5.0	8.0	10.0	7.0
5	4.0	7.0	9.0	7.0	11.0
6	5.0	7.0	9.0	7.0	7.0
7	2.0	9.0	11.0	8.0	7.0
8	6.0	9.0	11.0	8.0	8.0
9	13.0	10.0	11.0	8.0	8.0
10	7.0	3.0	11.0	8.0	11.0

来源：SPSS，IBM 公司

图 18.2 地震数据的 SPSS 分析——这是前 10 个被试的数据

要注意，在 SPSS 数据表中，一个参试者的所有数据都要放在同一行里。然后我们依次点选 SPSS 菜单中的 Analyze/General Linear Model/Repeated Measures……以指定分析所采用的设计。因为你要完成一种不寻常的分析，所以图 18.3 中呈现了两个重要的对话框。

(a) 指定重复测量变量的名称和水平数（本例应该分别是"Weeks"和"5"）。　　(b) 指定具体的细节。

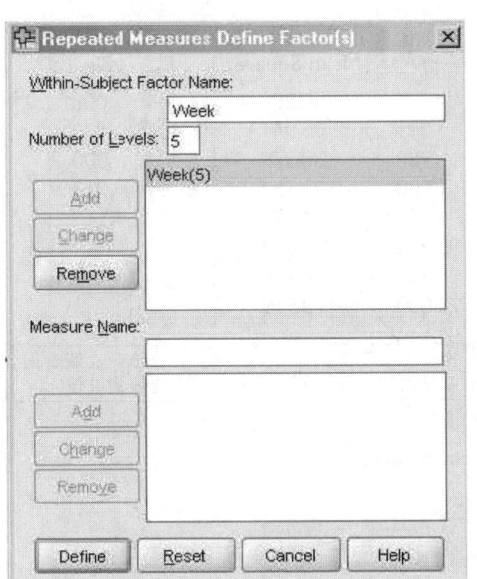
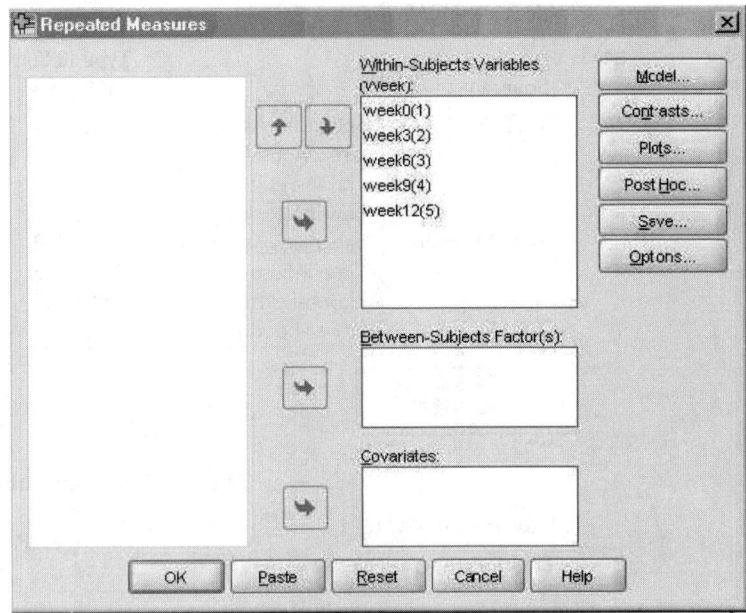

来源：SPSS，IBM 公司　　　　　来源：SPSS，IBM 公司

图 18.3　在 SPSS 的对话框中如何具体设定重复测量分析方法

进入图 18.3（a），输入变量名称和水平数后，点击"Add"按钮，信息便被移进一个小窗口，此时点击"Define"按钮，它将带你进入下一个对话框。

在图 18.3（b）的对话框中，我指定了 5 次测验的得分作为被试内变量。我没有指定被试间变量，也没有指定协变量，所以这些框里面都是空白的。

图 18.4 显示的是方差分析中最重要的内容。你可以看到，该图中呈现的结果与表 18.1 中的结果一致。

尽管图 18.4 中的许多数字可以在表 18.1 中找到，但对我们来说，有许多内容还是头一回见到。这需要一些解释。

当 SPSS 执行重复测量的方差分析时，它将汇总表分解为两部分，一是处理对同一被试重复测量的部分——被试内效应，二是处理非重复测量的部分——被试间效应。在处理被试内效应的结果输出中，你可以看到针对"Weeks"的检验，这正是我们特别关注的效应。这个 F 值（6.404）就是我们之前求得的 F 值。但是在这个表中，你还会看到名为"Greenhouse-Geisser""Huynh-Feldt"和"Lower-Bound"的值。这些值是当我们违反了"任意两次测量之间相关程度相等"这一假定时，自由度的修正值。有关这一问题的深入讨论，可以参阅 Howell（2012）。

在结果输出的"被试间"部分，你通常会看到关于被试间差异的检验。在这个例子中，不存在被试间变量（如果按性别拆分数据，显然能获得两组不同被试的观察值，所以性别就算被试间变量），因此这里只剩下对"总平均数为 0"这一零假设的检验。但是人们对这种检验不怎么感兴趣，所以我们通常也会忽略这种检验。

Tests of Within-Subjects Effects

Measure: MEASURE_1

Source		Type III Sum of Squares	df	Mean Square	F	Sig.
WEEKS	Sphericity Assumed	121.152	4	30.288	6.404	.000
	Greenhouse-Geisser	121.152	3.371	35.941	6.404	.000
	Huynh-Feldt	121.152	3.988	30.379	6.404	.000
	Lower-bound	121.152	1.000	121.152	6.404	.018
Error(WEEKS)	Sphericity Assumed	454.048	96	4.730		
	Greenhouse-Geisser	454.048	80.900	5.612		
	Huynh-Feldt	454.048	95.714	4.744		
	Lower-bound	454.048	24.000	18.919		

（因违反假定而做的校正）　（检验多次测量间差异的误差项）　（检验多次测量间差异的 F 值）

Tests of Between-Subjects Effects

Measure: MEASURE_1
Transformed Variable: Average

Source	Type III Sum of Squares	df	Mean Square	F	Sig.
Intercept	13645.088	1	13645.088	238.046	.000
Error	1375.712	24	57.321		

$SS_{subjects}$　　　H_0（总平均数为 0）为真时的 F 值

图 18.4　SPSS 的部分输出结果

18.2 多重比较

如果还想进一步对各平均数进行成对比较，可以采用第 16 章中讨论的保护性 t 检验。（另一种办法是将显著性水平降低到原定水平除以检验次数所得的结果，即采用 Bonferroni 检验。这两个检验的计算方法是相同的。）本例题方差分析中的 MS_{error} 是保护性 t 检验的合适误差项。用上述数据计算出来的结果其实已经很明确了，再做多重比较，收获很少甚至没有。然而，我还是要展示一下如何将地震前平均得分与地震后所有平均得分进行比较。因为总的 F 检验得到了显著的结果，所以可以采用保护性 t 检验进行比较。

根据表 18.1，地震前学生的抑郁平均得分为 8.68。接下来，可以将地震后的平均数再平均一下，结果为

$$\bar{X}_{post} = \frac{10.12 + 11.36 + 10.84 + 11.24}{4} = 10.89$$

为了比较地震前后的抑郁水平，我们可以用以下公式

$$t = \frac{\bar{X}_i - \bar{X}_j}{\sqrt{MS_{error}\left(\frac{1}{n_i} + \frac{1}{n_j}\right)}} = \frac{\bar{X}_{pre} - \bar{X}_{post}}{\sqrt{MS_{error}\left(\frac{1}{n_{pre}} + \frac{1}{n_{post}}\right)}} = \frac{8.68 - 10.89}{\sqrt{4.74\left(\frac{1}{25} + \frac{1}{100}\right)}}$$

$$= \frac{-2.21}{\sqrt{0.237}} = -4.54$$

该 t 值的自由度为 df_{error}，这是因为计算中用 MS_{error} 代替了汇合方差。在 $\alpha = 0.05$ 的显著性水平下，t 值达到 -4.54 显然是有显著意义的，此时 $p = 0.000$。由此可以得出的结论是，地震之后被试们的抑郁平均得分高于地震之前。请注意，因为误差项已得到了相应调整，所以我们可以像比较两个独立样本的平均数一样，对其进行保护性 t 检验。[②]

你可能会问，既然已知数据之间不是相互独立的，为什么还要采用这样一种似乎只能用于标准的独立样本的 t 检验？请回忆一下，我们在第 13 章曾经采用的一种计算方法：先计算前后得分之差，然后算出这些差值的标准差，再对相关样本进行 t 检验。在第 14 章中，我曾介绍了采用得分之差的原因——我们无法根据变量 X_1 和 X_2 直接计算相关样本的差值的方差，除非知道两者间的相关系数。换句话说，这么做只是为了求出正确的误差项。但是，就重复测量的方差分析而言，即使不采用得分之差做计算，MS_{error} 实际上也已经是差值标准误的正确估计值了。你也可以轻松地证明这一点：对两个相关样本（例如本例子中的第 1 次和第 2 次测量的数据），同时进行重复测量的方差分析和相关样本的 t 检验，看看计算结果是否相近。（分子自由度为 1 时，$F = t^2$。）

尽管不做上述成对比较检验也可以看出本例数据的特征，但是我刚才进行成对比较还是有特别理由的。第一个原因是，这样做有道理——地震之后的分数是否高于地震之前？第二个原因是，我要向读者说明怎样将一个平均数与一组平均数进行比较。其做法就是，先计算地震后的那几个平均数的平均数，然后将其与地震前的平均数做比较。请注意这两个平均数对应的观察值个数（分别是 25 和 100）。

注释②

有些人总想完成所有的逐对检验，即任意两次（例如第 5 次与第 4 次）测验得分有无显著差异。这在大多数情况下可能不是一个好主意。首先，你可能不在乎某些差异在统计上是否显著。就算进行了比较，我们对研究对象的知识也不会有实质性的增加。其次，检验次数越多，错误率越高。所以，除非真正关心答案，否则不要进行检验。

18.3 效应量

在上述关于抑郁水平变化的例子中，计算效应量是很有意义的。首先，我们研究的问题将影响许多人，特别是那些生活在地震带上的人。重要的是，我们不仅要知道地震之后抑郁水平会上升，而且要衡量上升幅度有多大。因为抑郁分数本身没有直接的意义，我们就算听说抑郁分数升高了 2.2 分，也不怎么明白这是什么意思。因此，这个例子非常适合以标准差为单位对研究中发现的差异进行换算和报告。

地震之前的平均得分为 8.68。地震之后的平均数为 10.89。我们可以用地震前得分的标准差或汇合后的总标准差（即 MS_{error} 的平方根）对上升幅度进行换算。这两种标准差我都将用到，并做出比较。

我们将再次采用 $\hat{d}$ 作为效应量指标，先用地震前的标准差（4.14）计算 $\hat{d}$。我们用地震后的平均分（$\bar{X}_{post}$）减去地震前的平均分（$\bar{X}_{pre}$），这样可以使 $\hat{d}$ 为正值，表示抑郁水平上升。

$$\hat{d} = \frac{\bar{X}_{post} - \bar{X}_{pre}}{s} = \frac{10.89 - 8.68}{4.14} = \frac{2.21}{4.14} = 0.53$$

这一结果告诉我们，地震后分数比地震前高大约半个标准差。那是一个不小的差异。

如果用 MS_{error} 的平方根（$\sqrt{4.14} = 2.18$）作为分母，效应量将达到

$$\widehat{d} = \frac{\overline{X}_{post} - \overline{X}_{pre}}{s} = \frac{10.89 - 8.68}{2.18} = \frac{2.21}{2.18} = 1.01$$

而这一结果几乎是采用地震前标准差所得效应量的 2 倍。差别如此之大，原因在于采用 MS_{error} 的平方根时考虑了得分之间的相关，从而剔除了抑郁水平的个体差异。由于人与人之间在抑郁水平上的差异是生活的正常部分，因此在计算效应量时，将其留在分母中似乎是合理的。（请参阅第 13 章中对这一问题的讨论。）这就意味着，应该用 0.53 表示效应的大小。这种区别不那么容易理解，哪一种方法更合适，有时也不容易判断。一般情况下，我建议尽量采用在作为对照的控制条件下得到的标准差（例如前测得分的标准差）。在这个例子中，地震前分数的标准差很显然应视为控制条件下的标准差。

18.4 重复测量设计涉及的假定

注释③
这一假定实际上与相关系数无关，而与协方差的模式有关；只不过用"相关"讲起来比较容易，而且也没什么大错。

我曾经说过，重复测量设计的方差分析同样要求满足正态性和方差齐性这两个前提假定。除此之外，在大多数应用情境下，重复测量设计的方差分析还有这样一个假定：重复变量各个水平两两之间的相关程度应当相等。③就我们举的这个例子而言，该假定意味着，第 1 次与第 2 次测量得到的观察值之间的总体相关系数等于第 2 次与第 3 次之间的总体相关系数，依此类推。例如，如果第 1 次与第 2 次测得的抑郁分数之间的相关系数是 0.50，那么其他任意两次测量所得的抑郁分数之间的相关系数也应该接近 0.50。这是一个相当严格的要求，违反的时候多，满足的时候少。但是，除非你严重违反了该假定，否则倒也不会严重影响检验的结果。如果发现该假定确实被严重违反，你也可以采取两项措施加以弥补。你可以做的第一件事，就是限制自变量的水平数，使之有可能满足该假定。例如，如果你正在开展一项学习研究，每个人从开始时的一无所知，到最后的无所不知，那么最早和最后这两次测验得分之间的相关系数就会接近于 0，而中间进行的测验之间的相关性可能会很高。在这种情况下，方差分析的数据中就不宜包含最早和最后这两次测验的结果。（它们不会提供多少信息。）

你可以做的第二件事，就是刚才看到的调整了自由度的办法。在这个例子中，F 的两个自由度分别调整为 $(w-1)$ 和 $(w-1)(n-1)$。可以证明，如果 F 不变，自由度取 1 和 $(n-1)$，则无论上述假定被违反的严重程度如何，你做的检验都是非常保守的。就本例而言，这就意味着将 F 值与临界值 $F(1, 8) = 5.32$ 进行比较。*即使采用如此保守的检验，我们仍然拒绝了零假设（$p = 0.050$）。Greenhouse 和 Geisser（1959）以及后来的 Huynh 和 Feldt（1976），提出对自由度进行不那么保守的校正。他们的检验方法在一般情况下都是正确的。关于这些校正方法的进一步讨论，请参见 Howell（2012）。

用 R 进行重复测量的方差分析

用 R 进行重复测量的方差分析就更复杂了。SPSS 在幕后做了一些事情：将数据转换为

---

* 本例 $n = 25$，似应与 $F(1, 24)$ 做比较。——译者注

通常所说的"长格式"。观察表 18.1 时，你可以看到数据分布在整个页面上，每个变量占一列，这就是所谓的"宽格式"。而 SPSS 和 R 运行时却是由上而下地处理数据的。在本例中，软件就要将第 2 次（第 3 周）的数据拷贝到第 1 次（第 0 周）的数据之下；再将第 3 次（第 6 周）的数据拷贝到前两次的数据之下，依此类推。这样，你就得到了两列数据：一列是"被试"编号，另一列是因变量。而且，我们还需要一个变量表示测量序次（即 SPSS 操作时输入的变量名"week"），生成 25 个 1，25 个 2，……，25 个 5。

如果手工操作完成上述任务，估计还算容易，但是如果用 R 完成上述操作，就麻烦多了。我前面说过，SPSS 是自动执行上述操作的，R 却不行，除非你一开始就以长格式输入数据。我现在就以手工方式创建一个长格式文件。另外，在关于本章的网页上，我将介绍如何让 R 针对宽格式进行相应的调整，不过，我们还是一次只做一件复杂的事吧。

我现在有了一个包含 3 列数据的文件，其中一列标为"Subjects（被试）"，一列标为"Week（周次，即测量序次）"，最后一列标为"Depress（抑郁得分）"。（你可以查找本书配套数据包中的这个文件，并将其命名为"earthquakeLong.dat"。）地震数据分析的 R 代码和结果如下。

```
  # Data were entered in the long format
dataLong <- read.table("earthquakeLong.dat", header = TRUE)
head(dataLong)
attach(dataLong)
Subject <- factor(Subject)
Week <- factor(Week)
cat("\nWeek Means","\n")
tapply(Depress, Week, mean)     #Print out the Week means
cat("\nSubject Means","\n")
tapply(Depress, Subject, mean)  #Print out the Subject means
  # Actual formula and calculation
earthquake.aov <- aov(Depress ~ Week + Error(Subject/Week))
  # This is really saying that the error term is MS(subjects within
weeks)
print(summary(earthquake.aov))
_____

Error: Subject
          Df   Sum Sq   Mean Sq   F value   Pr(>F)
Residuals 24   1376     57.32

Error: Subject:Week
          Df   Sum Sq   Mean Sq   F value   Pr(>F)
Week      4    121.2    30.29     6.404     0.00013 ***
Residuals 96   454.0    4.73
---
Signif. codes:  0 '***' 0.001 '**' 0.01 '*' 0.05 '.' 0.1 ' ' 1
```

18.5 重复测量设计的优缺点

我们已经讨论过重复测量设计的主要优点。当被试之间有较大差异时，这些个体差异将导致数据之间产生非常大的差异。如果对每个被试只做一次测量，我们就无法将被试的差异与随机误差区分开来，从而将所有的差异都归入误差项。（这正是我们用地震之前分数的标准差来计算 $\hat{d}$ 时发生的情况。）但是，如果我们对被试做反复测量，就可以算出被试之间的差异，并将其从误差项中剔除。这就产生了更为强悍的实验设计，从而更容易拒绝 H_0。

重复测量设计也有缺点，而且与我们在讨论相关样本 t 检验（其实就是重复测量设计的特例）时提到的缺点很相似。如果重复使用被试，前一次试验中残余的效应转移到下一次试验中继续起作用，这种风险始终存在。例如，第 1 次试验中服用的药物可能在第 2 次试验时还没有失效。类似地，在被试早期试验中学到的某些知识，可能帮助其完成以后的试验。在某些情况下，可以通过**平衡抵消法**（改变各种处理的顺序）来减轻这种影响。为此，可以让一半被试先接受处理 A，然后接受处理 B；另一半被试先接受处理 B，然后接受处理 A。这种平衡方式不会消除延滞效应，但是可能使它们在两种处理中产生相等的影响。而且在目前的例子中，显然无法采用平衡抵消法——因为我们不能把第 3 周进行的测量提到第 0 周之前。尽管重复测量设计存在缺点，但是在大多数情况下利大于弊，所以这种设计非常流行，在实验研究中极为有用。

18.6 结果报告

如果由我来报告这项研究的结果，我将简要介绍为什么要开展该研究，并且很可能会用图标出平均数随着时间推移的变化情况（我曾提到过，图片应符合 APA 标准）。我将给出方差分析的 F 值和 p 值，任何后续检验的结果，以及这些后续检验的效应量。下面是我写的结果部分。

> Nolan-Hoeksema 和 Morrow（1991）收集了一批学生的抑郁分数，但这些原本是为另一项研究收集的数据。在他们收集数据后不久，发生了洛马普列塔地震，因此他们对这些被试进行了追踪研究。他们每隔 3 周收集一次抑郁得分，直到地震之后第 12 周。各次测量得到的平均得分见图 1[*]，从中可见，被试的抑郁水平在地震后几周先是上升，后来趋于平稳。
>
> 对这些数据进行重复测量的方差分析，发现了显著的结果 $[F(4, 96) = 6.404, p = 0.000]$。接着，对地震前后测得的平均数进行比较，也发现了显著意义 $[t(96) = -4.54]$，这说明地震后之后数周内抑郁得分是明显增加的。在效应量计算中，采用了地震前的标准差作为基础进行换算，求得 $\hat{d} = 0.53$，这说明地震后

---

[*] 该图同图 18.1，在此处省略，以免重复。——译者注

抑郁得分的增加量略大于半个标准差。由图 1 可见，到第 12 周时，抑郁得分似乎已趋于平稳，但尚未开始向基线水平回落。

18.7 综合举例

最后，我要把第 17 章中的一个例子改编成本章的例子，用它说明重复测量设计与传统的被试间设计之间的异同。在第 17 章中，我们采用了 Eysenck（1974）的数据（见表 17.3），这些数据来自 Eysenck 关于回忆与加工深度关系的研究。我们考察了回忆条件对年长参试者的影响。为了保持前后一致，表 18.2 列出了相同的数据。不过，我将数据重新排列了一下，让它们看着很像"10 名参试者参加了全部 5 种回忆条件的测验"的样子，而不像"50 名参试者每人被分配到 1 种回忆条件下"的样子。[④]我只是将表中数据在同一列内上下移动，目的是让某个条件下成绩较差者在其他条件下成绩也较差，反之亦然。而各个条件下的数字与原来一样。这种做法是为了让各种条件下测量的结果之间产生相关。（如果将这些新数据移回第 17 章做重新计算，结果与原来的完全相同。）下面就是数据，最右边加了一列，内容是每个被试的平均数。

注释④
在实际工作中，万万不可如此大胆地重新排列数据。我在这里这么做只不过是为了向你展现这两种实验设计的异同。

表 18.2 用重复测量方差分析处理的 Eysenck 研究数据

被试	回忆条件					$\bar{X}_i$
	计数	押韵	形容	想象	有意	
1	4	3	6	9	5	5.40
2	5	6	8	12	10	8.20
3	6	6	10	11	15	9.60
4	6	8	11	11	11	9.40
5	7	6	14	11	11	9.80
6	7	7	11	10	11	9.20
7	8	7	13	19	14	12.20
8	8	6	13	16	14	11.40
9	9	9	13	12	10	10.60
10	10	11	11	23	19	14.80
平均数	7.00	6.90	11.00	13.40	12.00	10.06

第一步，计算 SS_{total}：

$$SS_{total} = \sum(X - \bar{X}_{gm})^2 = \sum X^2 - \frac{(\sum X)^2}{N} = 4^2 + 5^2 + \cdots + 19^2 - \frac{503^2}{50}$$

$$= 5847 - 5060.18 = 786.82$$

第二步，计算两个主效应，第一个是回忆条件（公式中用"conditions"或"C"表示）的主效应，第二个是被试（公式中用"subjects"或"S"表示）的主效应：

$$SS_{conditions} = n\sum(\bar{X}_C - \bar{X}_{gm})^2 = 10[(7.00 - 10.06)^2 + \cdots + (12.00 - 10.06)^2] = 351.52$$

$$SS_{subjects} = c\sum(\overline{X}_S - \overline{X}_{gm})^2 = 5[(5.40-10.06)^2 + \ldots + (14.80-10.06)^2] = 278.82$$

现在，可以用减法求出误差项：

$$SS_{error} = SS_{total} - SS_{conditions} - SS_{subjects} = 786.82 - 351.52 - 278.82 = 156.48$$

根据前面的描述，该误差项也等于"回忆条件 × 被试"交互作用项。

现在，我们可以画出汇总表：

差异来源	自由度	平方和	均方	F	p
被试	9	278.82			
回忆条件	4	351.52	87.88	20.22	0.000
误差	36	156.48	4.35		
总计	49	786.82			

为了判断"回忆条件"的主效应是否显著，访问 statpages 网站，找到其 F 值对应的概率值，结果发现 $p = 0.000$，故拒绝零假设，结论是：言语材料的回忆成绩因学习时的条件而异。

如果以第 16.3 节介绍的单因素方差分析方法，同样用表 18.2 中的数据计算回忆条件的主效应，你算出来的 F 值应该是 9.08，而不是现在 20.22。两者的区别在于，在本章所做的方差分析中，5 种条件下的数据被视为 5 次重复测量的结果，因此可以从误差项中减去由参试者引起的差异。这里要注意两点。用以前的方法进行方差分析时，$SS_{Conditions}$ 为 351.52，本章得出的 $SS_{Conditions}$ 也是这个值。而用以前的方法算出的 SS_{error} 应为 435.30，从中减去 $SS_{subject}$（278.82）后，得到 156.48，这就是本章求得的 SS_{error}。所以，我们其实是从误差项中减去了由于个体差异而导致的平方和，从而提高了检验的功效。

切记，我是为了举例说明而略微改动数据的，其目的是使被试在 5 种条件下的成绩保持一致（都比较差或都比较好），这相当于在 5 种条件下分别对同一组被试进行测量。比较两种方法算出的 F 值，你可以发现，只要方案合理可行，就可以用被试内实验提高统计功效；或者说，重复测量设计更容易发现显著差异。

18.8 总结

本章介绍了在单个（或多个）自变量的所有水平下对同一组被试进行重复测量的方差分析方法。如果我们在不同的条件下测量不同的参试者，就是被试间设计；如果每一种条件下测量的都是同一组参试者，就是重复测量设计或被试内设计。

重复测量设计的计算过程与之前讨论的实验设计的计算过程非常相似。两种方法都是以相同的通用方法计算平方和——先求各个数据与总平均数之差（离差），再求离差平方之和，最后乘以适当的常数。重复测量的方差分析的差别在于，它其实是从误差项中剔除了被试之间的差异（平方和），从而为我们提供了一种功效更强的检验方法。

重复测量设计中多重比较的方法也与前几章介绍的多重比较方法基本相同。不过，当重复测量依照时间顺序进行（这是一种有序维度）时，往往不需要进行具体的比较。如果成绩随着时间的推移而上升，就不会在乎第三次与第四次测量的分数之间有无显著差异，因为我们关注的是总趋势。但是你可以将地震之前的一次测量结果与地震之后多次测量的结果进行比较——只需将震后各次测量的总平均数与震前平均数进行比较即可，但要考虑适当的样本容量。

我们可以用科恩氏 $\hat{d}$ 作为效应量指标，但是要考虑其分母用哪一种标准差更适合。前测的标准差通常比 MS_{error} 的平方根更有意义。

重要术语

被试间设计（between-subjects designs，p.423）

重复测量设计（repeated-measures designs，p.423）

被试内设计（within-subjects designs，p.423）

平衡抵消法（counterbalancing，p.432）

18.9 快速复习

A. 为什么有些设计被称为"被试间"设计？

　　答：这些设计让不同的被试进入不同的组（或单元），因此组与组之间的比较其实就是不同单元中被试之间的比较。

B. 重复测量设计比被试间设计更强大的重要原因是，它可以剔除因变量中的个体差异。（对 / 错）

　　答：对。

C. 为什么我们考察的设计中没有明确的交互作用项？

　　答：交互作用项和误差项是一回事。

D. 重复测量设计中应当采用哪一种多重比较方法？

　　答：我建议尽可能减少检验，仅针对重要问题进行检验。费舍的保护性 t 检验或 Bonferroni 校正法都可以达到这一目的。

E. 重复测量中经常采用的效应量是什么指标？

　　答：我们通常用 $\hat{d}$ 比较两次测量或两组测量。计算 $\hat{d}$ 时须谨慎选择误差项。

F. 重复测量设计的哪一个假定对被试间设计而言没有必要？

　　答：任意两组测量值之间的相关系数约等于其他任意两组测量值之间的相关系数。

G. 被试内设计有什么缺点？这种缺点总是不好的吗？

　　答：这种设计容易受试验之间延滞效应的影响。然而，如果研究的是学习之类的课题，你倒会希望看到延滞效应。

H. 对于同一组数据，被试间设计与重复测量设计的误差项之间有什么区别？

　　答：重复测量设计的误差项等于被试间设计的误差项减去 $SS_{subjects}$。

18.10 习题

18.1 很多人有偏头痛的毛病，而缓解偏头痛的方法之一是放松疗法。Blanchard 等人（Blanchard, Theobald, Williamson, Silver, & Brown, 1978）研究了放松技术对偏头痛的疗效。以下数据与 Blanchard 等人收集的数据相同。（他们的研究比这里说的更复杂。）我已经算出了 ΣX^2 可以节省你的精力。

	基线			训练		
被试	第1周	第2周	第3周	第4周	第5周	被试平均数
1	21	22	8	6	6	12.6
2	20	19	10	4	9	12.4
3	7	5	5	4	5	5.2
4	25	30	13	12	4	16.8
5	30	33	10	8	6	17.4
6	19	27	8	7	4	13.0
7	26	16	5	2	5	10.8
8	13	4	8	1	5	6.2
9	26	24	14	8	17	17.8
每周平均数	20.78	20.00	9.00	5.78	6.78	12.47

总平均数 = 12.47　　$\Sigma X = 561$　　$\Sigma X^2 = 10,483$

请计算各列的平均数和标准差。

18.2 对习题 18.1 中的数据进行重复测量的方差分析，并解释结果。

18.3 如果由你设计习题 18.1 中提到的研究，你还想收集什么数据来阐明结果的含义？

18.4 根据习题 18.1 中第 2 周和第 3 周的数据，进行匹配样本 t 检验，以检验放松疗法能缓解偏头痛的假设。

18.5 根据习题 18.1 中第 2 周和第 3 周的数据，进行重复测量的方差分析，并给出适当的结论。

18.6 比较习题 18.4 和习题 18.5 得到的分析结果。

18.7 根据习题 18.4 的结果，计算其中的效应量 $\hat{d}$，进一步说明结果。

18.8 根据习题 18.1 的数据，进行保护性 t 检验，帮助你解释结果。不过，本题要求你将前面进行的 2 次基线测量的平均数与后面训练阶段进行的 3 次测量的平均数进行比较。（提示：你可以像我说过的那样，用独立样本 t 检验的方式完成计算，因为 MS_{error} 已经得到了相应调整——从中剔除了被试造成的差异。）

18.9 计算习题 18.8 所做检验的 $\hat{d}$。

18.10 St. Lawrence、Brasfield、Shirley、Jefferson、Alleyne 和 O'Brannon（1995）研究了一项为期 8 周的行为技能训练（Behavioral Skills Training，缩写为 BST）项目的效果，该项目的目标在于降低美国非裔青少年的艾滋病感染风险。该研究从前测开始，对两性青少年进行了 12 个月的追踪，记录了他们在性行为中使用避孕套的频率。(他们在研究中也设置了控制条件,但是本题只关注处于 BST 条件下的男性。)真正的因变量是性行为中使用避孕套的频率取自然对数后乘以 1000。(将对数结果乘以 1000 是为了去掉小数点后面的值,只取整数值。)其中男性的数据如下。

前测	后测	6 个月时追踪	12 个月时追踪
07	22	13	14
25	10	17	24
50	36	49	23
16	38	34	24
33	25	24	25
10	07	23	26
13	33	27	24
22	20	21	11
04	00	12	00
17	16	20	10

(a)计算并绘制平均数。

(b)用方差分析得出适当的结论。

18.11 用 R 或 SPSS 分析习题 18.10 中的数据。(如果用的是 R,可以查看前文提过的网页,或者从文件"Ex18-10Long.dat"中读取数据。)

18.12 在习题 18.10 讨论的研究中,作者还设置了一个控制组,该组除了不受 BST 干预外,其他方面与实验组保持一致。控制组的数据(男性)如下。

前测	后测	6 个月时追踪	12 个月时追踪
00	00	00	00
69	56	14	36
05	00	00	05
04	24	00	00
35	08	00	00
07	00	09	37
51	53	08	26
25	00	00	15
59	45	11	16
40	02	33	16

(a)计算这些数据的平均数,并将其与习题 18.10 中的平均数画在同一张图上。

(b)对这些数据进行方差分析。

18.13 比较习题 18.10 和习题 18.12 的答案,你可以得出什么结论?[你也许不知道多了一个被试间变量(组别)后怎样进行方差分析,如果你有合适的软件,也许自己能弄明白应该怎么办。但是,方差分析本身并不是真正的问题。]

18.14 将习题 18.10 和习题 18.12 的数据组合起来,可以形成一个新的数据文件(文件名为"Ex18.14")。我在文件中添加了一个名为"Group"的变量,并将其编码为 1 和 2。这是一个被试间变量。加载 Between1Within1.r,运行并解释结果。

18.15 根据表 18.1 中的数据,用 Bonferroni t 检验来比较以下时间点之间的成绩:

（a）第 0 周和第 6 周

（b）第 0 周和第 12 周

（c）第 3 周和第 12 周

（提示：请参考习题 18.8 中的提示。我并不提倡将所有这些比较用于实际研究，除非你有充分的理由。）

18.16 写一小段话，描述习题 18.1 中数据分析的结果。

18.17 用 SPSS 复现习题 18.14 用 R 得到的结果。

第 19 章

χ^2 检验

需要回忆的概念

分类变量：	将被观察对象归入各个类别的次数作为数据形式的变量
交互作用：	一个变量的效应取决于另一个变量取何值的情形
自由度：	估计一个或多个参数后剩下的独立信息数
效应量（$\hat{d}$）：	一种计量指标，旨在以读者容易理解的方式表示某种处理的效应程度
独立观察值：	一项测量结果不受其他测量结果的影响，就是一个独立观察值

现在，我们要从前面各章一直讨论测量数据转向讨论分类数据。我们将会看到，对于分类数据的分析方法与前面学习的方法大相径庭。我们将先学习数据分布于一个维度的情形，而后研究更有趣的情况——数据分布于两个维度。在后面这种情况下，我们将看到如何检验两个变量是否相互独立。然后，我们将研究如何将比例数据转换成列联表后再进行分析。分类变量有其独特的效应量计算方法，我们讨论的主要是风险度、优势度及其比率。

在圣-埃克苏佩里的小说《小王子》（*The Little Prince*）中，故事的讲述者（"我"）相信小王子来自一颗名为 B-612 的小行星，并解释了自己对某些细节（例如小行星的精确编号）的关注，还做了以下评论：

"成熟的大人都酷爱数字。当你跟他们说起自己新结交的一个朋友时，他们从来不问实在点的问题。他们从来不会问：'他说话声音是怎样的呀？他喜爱玩什么样的游戏呀？他收集蝴蝶标本吗？'他们只会问你：'他多大年纪呀？他弟兄几个呀？体重多少呀？他父亲挣多少钱呀？'只有知道了这些数字，他们才觉得算是了解了你的朋友。"

从某种角度看，本书前面各章集中讨论的就是小说中的大人们喜欢的那种数值型的数字。而本章专门分析的数据是非数值型的数字。

我在第1章就区分了测量数据（有时称为"定量数据"）和分类数据（有时称为"频次数据"）。在分析测量数据时，每个观察值表示在某个连续体上的分数，其最常见的统计量是平均数和标准差。相反，当我们分析分类数据时，数据就是观察对象落入各个类别（"你的朋友的声音是低沉的还是高亢的？"或"这个人是蝴蝶收藏家、硬币收藏家，还是棒球卡收藏家？"）的次数。

例如，我们可以让100名受访者阅读一篇措辞模棱两可的报纸社论，内容关于"无限制地传播节育知识"，然后判断作者的态度是"赞成"还是"反对"（不允许回答"中立"或"不确定"）。结果可能如下：

对社论观点的判断（人数）		
赞成	反对	总数
58	42	100

上面的数据是归入两个类别的观察对象的个数。面对这样的数据，我们可能会关心这样一个问题：是更多的人认为社论持赞成（而非反对）的态度，还是受访者总体呈中立态度，而上述比例（58：42）只不过是以50：50为中心的随机误差？（回想一下，受访者被迫从"赞成"和"反对"中选择其一。）

另一种大不相同的设计是，我们同样是收集这些数据，但同时还记录受访者本人对讨论主题的看法。于是我们就能根据受访者对节育知识传播的态度，对前面的数据加以细分。这样就可能得到以下数据：

受访者观点	对社论观点的判断（人数）		
	赞成	反对	总计
赞成	46	24	70
反对	12	18	30
总计	58	42	100

上述结果告诉我们，人们对社论观点的判断取决于自己的观点。赞成无限制地传播节育知识的大多数人（46/70）认为社论站在他们一边，而大多数反对者往往也认为社论站在他们一边（18/30）。换句话说，受访者的个人观点与他们对社论观点的判断并非相互独立。（用第17章术语，就是两者之间有交互作用。）

尽管上述两种情况下数据的排列方式和提出的问题似乎都不一样，但是适用于这两种情况的统计技术同出一门，那就是 χ^2（**卡方**）**检验**。不过，因为我们在两种情况下提出的研究问题和采用的具体检验方法都不相同，所以将分两节进行介绍。

19.1 单向分类变量：χ^2 拟合优度检验

注释①

本文的有趣之处还在于，Emily Rosa 应邀在麻省理工学院"不可能研究"杂志主办的"搞笑诺贝尔奖"颁奖典礼上发表演讲。用

让我们从一个简单而有趣例子开始吧。这第一个例子中只涉及两个类别（分类变量只有两个可能取值），以后我们还要研究多个类别的情形。这个例子出自《美国医学协会杂志》（*Journal of the American Medical Association*）发表的一篇关于医疗抚触的论文（Rosa, Rosa, Sarner, & Barrett, 1996）。这篇论文的有趣之处在于，第二作者 Emily Rosa 当时只有11岁，却是主要实验者。①文章的摘要说，"医疗抚触（Therapeutic Touch，缩写为 TT）是一种广泛应用的护理实践，它植根于神秘主义，但是据称有科学依据。TT 的从

业者声称，用他们的双手操纵患者皮肤上方可感知的'人类能量场'就可以治疗许多病症。"Emily 找来了 21 位 TT 从业者，蒙上他们的眼睛，将自己的手放在从业者的一只手的上方。如果医疗抚触真的有效，按理说，从业者应该能够辨别 Emily 的手在自己哪只手的上方。结果，在 280 个试次中，只有 123 个试次得到了正确的回答，正确率为 44%。而正确率的随机水平应该是 50%（即 140 个试次）。

尽管我们凭感觉就觉得参试者的表现连随机瞎猜都不如，但是选这个例子的部分原因是它提出了一个关于检验的统计学意义的问题。在回答刚才那个问题之前，我们首先要回答的问题是，实测数据与期望中的随机水平之间的差距是否显著（还算不算随机误差）。数据见表 19.1。

心理学家的话说，这些"搞笑"科学家寻找并发现有趣的研究。"搞笑诺贝尔奖"授予"不能或不该重复的研究"。Emily 受到邀请本来算是一种荣誉，但是真正信奉医疗抚触的人对她并不那么友善。

表 19.1 医疗抚触的实验结果

	正确反应数	错误反应数	总计
观察到的	123	157	280
期望中的	140	140	280

即使参试者完全是随机瞎猜，两种反应的次数也不大可能完全相等。为此，我们要进行**拟合优度检验**——考察实测正确率与随机水平的差距有没有达到足以使我们做出"参试者不是随机回答"的结论。

在 χ^2 检验中，最常见也最重要的统计量公式是将观察到的次数和预期的次数进行比较。顾名思义，**观察次数**就是你实际观察到的次数，即表 19.1 第 2 行中的数字。**期望次数**是在零假设为真的前提下期望的次数。在表 19.1 的第 3 行中就是期望次数。接下来，我们要提出一个非常重要而且我认为合理的假定，即参与者的回答都是相互独立的。（"独立性"的含义在这里指的是，每个试次的参试者报告与其他任何试次都没有关联，而不是说两个反应类别的概率相同，而后者正是我们要检验的真正内容。）

因为 280 个试次都有两种可能性，如果参试者随机选择，我们就可以预期正确和错误反应数应该各占一半（140 个）。我们用字母"O"表示观察到的参试者选择次数，用字母"E"表示期望的选择次数。于是，χ^2 的公式就是

$$\chi^2 = \sum \frac{(O-E)^2}{E}$$

式子中的求和符号表示要求出两个反应类别的分式计算结果的总和。

我们可以从这个公式直接看出其意义。我们先看分子。如果零假设为真，观察次数与期望次数应该比较接近，分子哪怕是平方之后也应该比较小。而且，O 和 E 之间的差异有多大，一定程度上取决于期望次数。如果我们说，期望的正确次数是 140 次，那么差个 5 次就不算很大的差异。但是，如果我们期望的正确次数是 10 次，那么差 5 次就是很大的差异了。为了表示 O 和 E 之差的平方与期望次数的比例关系，我们将前者除以后者 $[(O-E)^2/E]$。最后，我们将 2 个类别对应的相对差异（分式计算结果）累加起来。这种检验形式最初是由皮尔逊提出的，通常被称为"**皮尔逊 χ^2 检验**"。而这位皮尔逊正是那位

发明积差相关系数的皮尔逊。不过，皮尔逊在提出 χ^2 检验时弄错了自由度，后来费舍证明皮尔逊错了，情势就变得不堪起来。有记载（Agresti，2002）说，皮尔逊不喜欢被别人纠正，他写道："我认为，（费舍的）观点是错误的，这位作者没有为传播统计科学做任何事情……我相信我的批评者会原谅我将他与堂吉诃德吉挑战风车相提并论；他要么摧毁自己，要么摧毁整个误差理论……"费舍没有"原谅"他。更厉害的是，他用皮尔逊之子（Egon）的数据证明皮尔逊错了。

下面就是用于分析表 19.1 中给出的观察次数和期望次数的 χ^2 检验统计量。

$$\chi^2 = \sum \frac{(O-E)^2}{E} = \frac{(123-140)^2}{140} + \frac{(157-140)^2}{140} = \frac{(-17)^2}{140} + \frac{(17)^2}{140}$$
$$= 2 \times 2.064 = 4.129$$

χ^2 分布

在本书中，无论计算出哪一个统计量（例如 t 或 F）的值，我们都会利用从相应的统计用表查到的数值或用在线程序（例如 statpages 在线计算器）求出的数值，对该统计量值做出评价。大多数附表中查到的数值的含义都是这样的：如果零假设为真，我们期望的统计量值可以有这么大；如果超过该数值，我们就要拒绝零假设。χ^2 检验也不例外。为了检验"正确选择与错误选择的概率相等"这一零假设，就要对照附录 D 中的表 D.1（χ^2 分布表）来评价本题求出的 χ^2 值。（表 19.2 是 χ^2 分布表的部分内容。）

表 19.2　表 D.1 的简短形式，χ^2 分布上侧百分位数

df	0.995	0.990	0.975	0.950	0.900	0.750	0.500	0.250	0.100	0.050	0.025	0.010	0.005
1	0.00	0.00	0.00	0.00	0.02	0.10	0.45	1.32	2.71	3.84	5.02	6.63	7.88
2	0.01	0.02	0.05	0.10	0.21	0.58	1.39	2.77	4.61	5.99	7.38	9.21	10.60
3	0.07	0.11	0.22	0.35	0.58	1.21	2.37	4.11	6.25	7.82	9.35	11.35	12.84
4	0.21	0.30	0.48	0.71	1.06	1.92	3.36	5.39	7.78	9.49	11.14	13.28	14.86
5	0.41	0.55	0.83	1.15	1.61	2.67	4.35	6.63	9.24	11.07	12.83	15.09	16.75
6	0.68	0.87	1.24	1.64	2.20	3.45	5.35	7.84	10.64	12.59	14.45	16.81	18.55
7	0.99	1.24	1.69	2.17	2.83	4.25	6.35	9.04	12.02	14.07	16.01	18.48	20.28
8	1.34	1.65	2.18	2.73	3.49	5.07	7.34	10.22	13.36	15.51	17.54	20.09	21.96
9	1.73	2.09	2.70	3.33	4.17	5.90	8.34	11.39	11.39	16.92	19.02	21.66	23.59
⋮	⋮	⋮	⋮	⋮	⋮	⋮	⋮	⋮	⋮	⋮	⋮	⋮	⋮

如果用 statpages 网站上的计算器，我们可以看到以下结果。

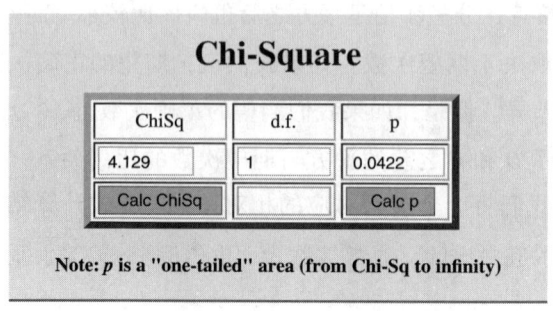

也可以用简单的 R 命令求出结果

```
>1-pchisq(4.129, 1)
[1] 0.04215425
```

像我们曾经学过的许多其他分布一样，χ^2 分布也与自由度有关。表 19.2 最左边一列就是自由度。拟合优度检验的自由度应该是 $k-1$，其中 k 是类别数（本例的 $k=2$）。图 19.1 是 4 个不同自由度对应的 χ^2 分布图，上面还有 $\alpha=0.05$ 的临界值和用阴影表示的拒绝域。你可以看到，在 α 相同（例如都是 0.05）的情况下，自由度越大，χ^2 临界值越大。就本例而言，$df=k-1=2-1=1$。查表 19.2 可知，在 $\alpha=0.05$ 时，$\chi^2_{0.05}(1)=3.84$。换言之，当 H_0 为真时，$\chi^2>3.84$ 的概率仅有 5%。因为我们求出的 χ^2 值为 4.129，所以我们拒绝 H_0，并得出"TT 从业者所做判断的正确次数和错误次数不相等"的结论。（χ^2 值为 4.129 对应的精确概率为 0.0422。）接受 Emily Rosa 测验的 TT 从业者似乎并不是在随机瞎猜。实际上，从统计学角度看，他们的表现比随机水平还差。

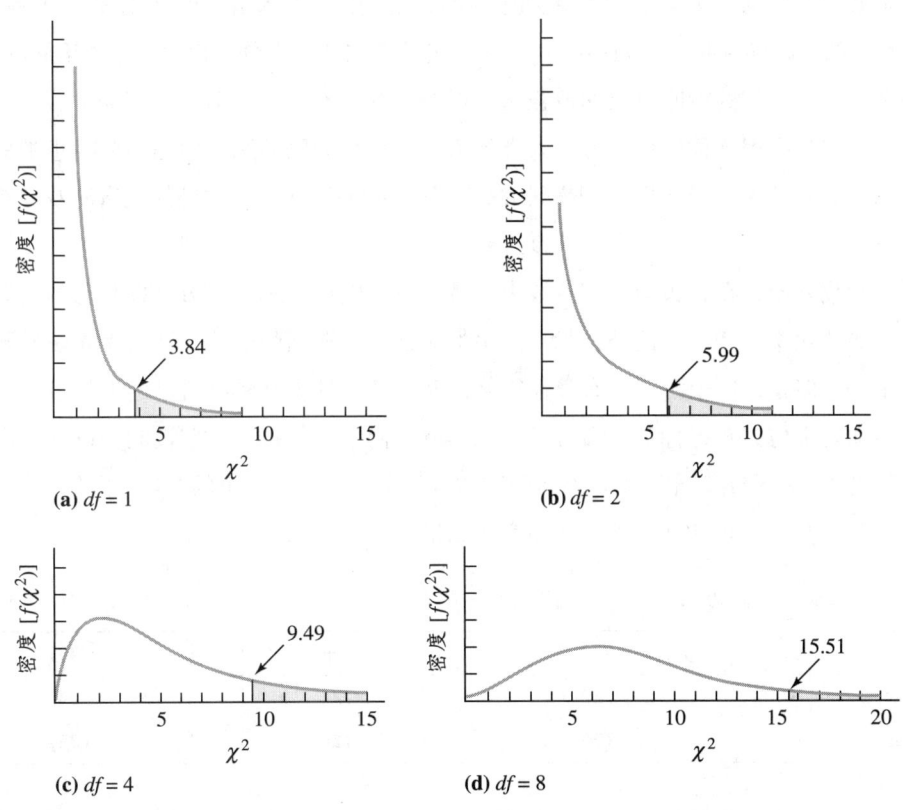

图 19.1 $df=1$，2，4 和 8 时的 χ^2 分布，及 $\alpha=0.05$ 对应的临界值

我曾提到，这种结果可能会引起一个问题：如何解释零假设检验？无论是根据传统的假设检验观，还是根据琼斯和图基（Jones & Tukey, 2000）提出的"零假设永远不可能为真而且不影响统计方法"的观点，都可以得出结论：其差异不是随机误差。如果本例得到的正确反应数多于错误反应数，即反应模式有利于确认医疗抚触的有效性，就要得出支持医疗抚触的结论。但是上述结果虽有显著意义但方向相反——反应错误数多于预期水平，这样就很难认为医疗抚触有疗效的假设得到了支持。我个人的结论是，医疗抚触没有疗

效。但是这里也有一个矛盾！如果本例中的正确反应数是 157，我会说："看，差异多么显著！"但是，当错误反应数是 157 时（这是同样不太可能的结果），我会说："唉，真倒霉，其实差异没那么显著。"这种自相矛盾的说法让我觉得很内疚。另一方面，我们也找不到可以解释参试者错误反应数显著高于正确反应数的理论，因而没有实在的备择假设可供替换。参试者的表现根本没达到医疗抚触"有效"应有的水平。（生活有时候就是这样！）

讲到这里，我应该指出，这里采用的检验与方差分析一样，也是对一个非定向零假设进行单尾检验。也就是说，我们只拒绝较大的 χ^2 值，不拒绝小的 χ^2 值。这意味着单尾检验。但是在两个类别的情况下，无论哪个类别获得的次数更多，我们都将求出较大的 χ^2 值。从这个意义上讲，这又是一个双尾检验。当类别数大于 2 时，能导致零假设被拒绝的差异模式就更多了，因此可以将检验视为多尾检验或非定向检验。

推广到多类别的情形

许多心理学家对人如何做决策特别感兴趣，他们经常用简单的游戏任务来考验被试。他们最喜欢的一种任务叫作"囚徒困境"——2 名被试在任务中分别扮演被单独讯问的囚犯。在这种情况下，最佳的策略就是两位被试都保持沉默，不认罪。但是人们经常偏离这种最佳选项。心理学家用这种任务来考察人类行为与最优行为的差别。但是因为我想举一个涉及 2 个以上类别的例子，所以我们来研究另一种类型的游戏——常见的儿童游戏"石头剪刀布"。

至少对我来说，在石头剪刀布游戏中，最佳策略应该是不让对方掌握自己的规律，所以每种手势的频率要相等。此外，每次出手都应独立于前面的手势，让对手无法预测你的下一个手势。但是，这个游戏还有其他策略，而且每一种策略都有自己的拥护者。除了成年人会参加石头剪刀布锦标赛，最常见的玩家就是操场上的孩子。假设问一群孩子谁是他们学校最成功的石头剪刀布玩家，然后跟踪这位玩家，记录其发出的 75 次手势，算出每种手势的次数。表 19.3 给出了这个假想研究的结果。

表 19.3　石头剪刀布游戏中每个手势的出现次数

手势	石头	布	剪刀
观察次数	30	21	24
期望次数	(25)	(25)	(25)

尽管这位玩家发出每种手势的概率应该是相等的，但是我们的数据表明，她出石头的次数比预期的多。当然，这可能只是偶然发生的随机误差。即使你刻意地随机出手势，也会出现某种手势比其他手势更多的情况。（何况大家都知道，人类很不善于生成随机序列。）现在，我们要进行拟合优度检验，判断观察次数与期望的随机水平之间的偏差能否让我们得出以下结论：这个孩子出手势时不是随机的，其出"石头"的概率高于随机水平。

根据表 19.3 中给出的观察次数和期望次数计算 χ^2 统计量。请注意，这其实是我们在类别数为 2 时所做分析的简单推广。

$$\chi^2 = \sum \frac{(O-E)^2}{E} = \frac{(30-25)^2}{25} + \frac{(21-25)^2}{25} + \frac{(24-25)^2}{25} = \frac{5^2 + 4^2 + 1^2}{25}$$
$$= 1.68$$

在这个例子中,我们看到有 3 个类别,因此自由度为 2。而当 $df = 2$ 时,χ^2 的临界值是 5.99,我们没有理由认为那位玩家出的手势不均等($p = 0.4317$)。

19.2 双向分类变量:列联表分析

在前面两个例子中,我们研究的都是数据按单个维度(分类变量)取类别值的情况。但是在实际应用中,数据往往按 2 个(甚至多个)维度进行分类的,而且我们的研究兴趣也变了:我们想知道这些维度(分类变量)是否相互独立。换一种说法就是,我们经常想知道一个变量的分布是不是取决于另一个变量的取值。这时,我们就要构建一张**列联表**,该表显示一个变量在另一个变量的每一个水平上的次数分布。如果我们的问题是:受访者对那篇关于节育知识的社论观点的选择是否取决于其个人信念?这种问题就是分类变量之间是否相互独立这一类型的问题。另一个例子就是 Walsh 等人(2006)的关于抗抑郁药应用于厌食症治疗的研究。

长期以来,抑郁一直被认为是神经性厌食症女孩治愈后容易复发的原因之一。(患者即使恢复了正常体重,一年内也有 30% ~ 50% 的人重返医院。)现在对新康复的患者有一种非常普遍的做法,就是让其服用百忧解(盐酸氟西汀,一种抗抑郁药)或相关药物,旨在让药物控制抑郁,从而减少复发。

Walsh 等人抽取了 93 名体重成功恢复到可接受范围的患者,给其中 49 人开了一年的百忧解处方,给其他 44 人开了安慰剂。这是一项**双盲研究**,患者和研究执行人员都不知道发的是药物还是安慰剂。因变量是每个组将可接受的体重维持到一年以上的患者人数。具体数据见表 19.4,这张表就是列联表。(括号中是期望次数。)

表 19.4 百忧解与厌食症的关系

处理	结果		总次数
	成功	复发	
药物	13 (14.226)	36 (34.774)	49
安慰剂	14 (12.774)	30 (31.226)	44
总次数	27	66	93

看了这张表,你大概高兴不起来。研究结果表明,服用药物的那一组的效果不仅没有胜过安慰剂组,实际上还败给了安慰剂组(26.5% 对 31.5%)。不过,我们还是想问:这究竟是一个统计上显著的结果,还是一个纯属偶然的误差?(我们可以想到,百忧解其实可能削弱了女孩保持体重的能力,如果是这样,为这一群体开百忧解处方实际上是有害的。)

列联表中的期望次数

列联表各单元格的期望次数的计算方法是，将给定单元格所在行的总次数乘以其所在列的总次数，然后除以样本总容量（N）。（这些行列总次数由于位于表的边缘而被称为**边和**。）令 E_{ij} 为第 i 行、第 j 列单元格的期望次数，则 R_i 和 C_j 就是相应的行总次数和列总次数，而 N 是观察总次数，我们得到以下公式。[②]

$$E_{ij} = \frac{R_i C_j}{N}$$

> **注释②**
> 这个期望次数公式直接来自关于概率的第 7 章中给出的两个独立事件同时发生的概率公式。因此，期望次数其实就是 H_0 为真（两个变量相互独立）时应有的次数。如果在拟合期望次数与观察次数时发现巨大差异，就意味着两个变量远远没有达到相互独立的程度，而这正是我们要检验的内容。

就本例而言，

$$E_{11} = \frac{49 \times 27}{93} = 14.226$$

$$E_{12} = \frac{49 \times 66}{93} = 34.774$$

$$E_{21} = \frac{44 \times 27}{93} = 12.774$$

$$E_{22} = \frac{44 \times 66}{93} = 31.226$$

如何计算 χ^2 值

各个单元格中都有了观察次数和期望次数后，我们就可以直接计算 χ^2 值了。只要套用前面的公式，将所有单元格的分式结果累加起来即可。

$$\chi^2 = \sum \frac{(O-E)^2}{E}$$

$$= \frac{(13-14.226)^2}{14.226} + \frac{(36-34.774)^2}{34.774} + \frac{(14-12.774)^2}{12.774} + \frac{(30-31.226)^2}{31.226}$$

$$= 0.315$$

自由度

为了将求出的 χ^2 值与表 D.1 的临界值进行比较，我们先要求出自由度。在分析列联表时，自由度的计算公式是

$$df = (R-1)(C-1)$$

其中，R 是列联表的行数，C 是列联表的列数。

在本例中，$R = 2$，$C = 2$，故自由度是 $(2-1) \times (2-1) = 1$。也许你对 4 个单元格只有 1 个自由度感到讶异，但是只要这么想就能明白：如果 4 个边和都已知，则只要知道了其中一个单元格中的次数，就可以确定其余单元格的次数。[③]

> **注释③**
> 这正是皮尔逊弄错自由度的地方。他认为自由度应该是 $RC-1$，而不是 $(R-1)(C-1)$。

对 χ^2 值的评价

查表 D.1 可知，当 $df = 1$ 时，χ^2 的临界值为 3.84。因为我们求出的 χ^2 值（0.315）小

于临界值，所以我们不能拒绝那两个类别变量相互独立的零假设。（当 $df = 1$，$\chi^2 = 0.315$ 时，$p = 0.5746$。鉴于此，我们得出下面的结论：没有证据表明女孩是否复发与其服用的是抗抑郁药还是安慰剂有关。请注意，我没有说"我们证明了这两个变量相互独立"，只是说"我们没有证明它们是相关的"。但是，考虑到数据上的差异其实有利于安慰剂，并且零假设下的概率很大［可以用 R 命令：print(1 – pchisq(0.315, 1)) 求得 $\chi^2 > 0.315$ 的概率：$p = 0.575$］，我们也就很自然地觉得该研究已经证明百忧解没能达到预期的效果。虽然没有证明零假设，但如果我是面对患者的医生，目前就不能认为服用百忧解可以解决患者的问题。

用 SPSS 进行 χ^2 检验

用 SPSS 计算 χ^2，刚开始可能有些麻烦。SPSS 有两种输入数据的方法。第一种是长格式，即录入 2 列成对数据，前 13 对都是 1、1，接着 14 对是 1、2，再后面 30 对是 2、1，最后 36 对是 2、2。你可以将第一列起名为"Row"，第二列起名为"Column"。然后点选菜单"Analyze/Descriptive Statistics/ Crosstabs"，将"Row"和"Column"指定为变量。请务必点击"Statistics"按钮，并选择进行 χ^2 检验，否则它不会进行该检验。但是这样输入数据很烦琐。你必须输入 93 行数据，每行要输入 2 个数字。如果你的数据刚好是这种形式，那就没问题；但是如果你只想输入一个列联表的话，其实还有一个非常轻松的办法。只需像下面这样输入数据即可。

	Row	Column	Frequency
1	1.00	1.00	13.00
2	1.00	2.00	36.00
3	2.00	1.00	14.00
4	2.00	2.00	30.00

如果是这样格式的数据，你还必须转到菜单"Data/Weight Cases"，告知 SPSS 按次数（Frequency）对个案进行加权。接下来的做法与前面介绍烦琐输入方式时讲的一样：转到菜单"Analyze/Descriptive Statistics/ Crosstabs"进行 χ^2 检验。

用 R 进行 χ^2 检验

用 R 进行 χ^2 检验要简单一些。以下代码将提供你需要的内容。

```
# Chi-square tests and probabilities
data <- matrix(c(13, 36, 14, 30), byrow = TRUE, ncol = 2)
result <- (chisq.test(data, correct = FALSE))   #Don't use Yates'
correction - see below
print(result)
print(1-pchisq(0.3146, df = 1))    #Not necessary as the result will
contain the probability.
```

尽管我想不出你用长格式输入数据的理由，但还是在本章的网页上展示了如何输入 93 对数据（都是数字"1"或"2"）。

19.3 标准 χ^2 检验可能的改进形式

如果观察值很少，χ^2 检验的结果可能会很不连续。例如对于表 19.4，哪怕我们只是将第一行的次数从原来的 13 和 36 更改为 12 和 37，算出来的 χ^2 就一下子从 0.315 变成了 0.618，这是一个跳跃性变化。当我们试图查表评价求得的 χ^2 值时，这个表的前提要求 χ^2 分布是一个连续分布，所以拟合度会很差。

有些统计学著作主张，对于 2×2 的表，可以采用所谓的耶茨连续性校正〔以其提出者弗兰克·耶茨（Frank Yates）的名字命名〕，其具体做法是先将分子减去 0.5 然后再进行平方。这种校正曾经得到普遍应用，但是随着我们对列联表分析越来越了解，它也逐渐失宠。更容易运用的费舍精确检验（将在下文讨论）使这种校正变得多余。想知道更多内容，请参阅 Howell（2012），通常也不推荐做耶茨校正。

费舍精确检验

1934 年，费舍在皇家统计学会的一次会议上介绍了他的**费舍精确检验**。概括地说，费舍建议取边和固定（即列联表右边和底部边上的总数不变）的所有可能的 2×2 表。以下 3 张表格就符合这样的要求：边和相同，但单元格中的次数不同。

	结果			结果			结果		
	成功	复发	总数	成功	复发	总数	成功	复发	总数
药物	13	36	49	12	37	49	11	38	49
安慰剂	14	30	44	15	29	44	16	28	44
总数	27	66	93	27	66	93	27	66	93

费舍认为，可以为每一个表格计算某种统计量，包括 χ^2。（费舍计算的统计量不是 χ^2，但这没关系。）接着，他就可以确定计算结果（例如 χ^2 值）大于等于实际数据计算所得结果的那些表格的发生概率之和。如果这个概率小于显著性水平 α，我们就拒绝"构成列联表的两个变量相互独立"的零假设，而是得出"这两个变量之间存在统计上显著相关"的结论。鉴于你计算时会用统计软件而不是手工计算，因此我这里就不详细说明必要的步骤了。就目前的例子而言，SPSS 自动算出的双向精确概率为 0.650，这再次让我们保留零假设。如果用 R，则命令应该是 fisher.test(data)。

随机化检验

我们这是头一次看到费舍提出的这种思路用于假设检验。本书前前后后介绍了不少检验方法，在这些检验中，我们都可以通过查统计表（或用概率计算器）求得零假设成立的前提下的理论概率。费舍的检验不依赖这些表格。它在保持边和不变的条件下，枚举所有可能的结果，然后计算比我们获得的结果更为极端的结果的概率。它不涉及任何理论分布。我们将在下一章再次讨论这种思想。

费舍精确检验与皮尔逊 χ^2 检验的关系

对于 2×2 列联表，我们现在至少有了两种统计检验方法，这样自然就产生了一个问题——应该用哪个方法？最常用的也许还是皮尔逊 χ^2 检验，因为"我们一直以来都是这么检验的"。在本书以前的版本中，我曾建议不要用费舍精确检验，主要理由是它依赖固定的边和。但是近年来，人们对排列和随机化检验的兴趣高涨，而费舍精确检验就是属于此类方法。此类检验的逻辑性和简洁性给我留下了深刻的印象，使我终于接受了费舍精确检验。在大多数情况下，运用这两种方法得出的结论是相同的，尽管不是每一次都相同。而当我们检验大于 2×2 的表格时，费舍的方法必须经一定修正才适用，所以我们对大于 2×2 的表格几乎总是采用皮尔逊 χ^2 检验（参见 Howell & Gordon, 1976）。

19.4 较大列联表的 χ^2 检验

前面的例子涉及两个变量（药物和结果），每个变量都有两个水平。这种特定的设计被称为 2×2 列联分析，可以推广到 $R \times C$ 设计（R 和 C 分别表示行数和列数）。为了介绍如何分析较大的列联表，我们来考察 Froelich 和 Stephenson（2013）给出的一些数据。作者通过在线调查收集了 2000 多个个案的数据，研究了性别与眼睛颜色之间的关系。我本来以为女性和男性的眼睛颜色没有任何不一样的道理，但我也许错了。数据见表 19.5。

表 19.5 眼睛颜色与性别的关系

性别	眼睛的颜色				总数
	蓝色	棕色	绿色	浅褐色	
女	370	352	198	187	1107
男	359	290	110	160	919
总数	729	642	308	347	2026

我们可以用 R 将这些数据绘成图。本章关于 R 的网页上可以找到完成这一任务的代码。结果如图 19.2 所示。

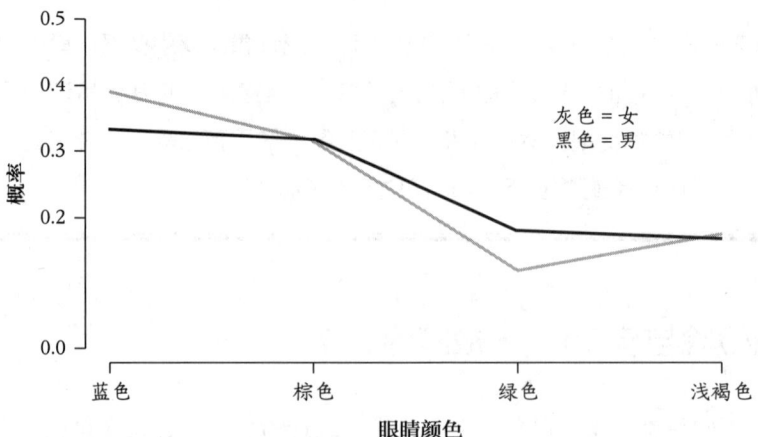

图 19.2　性别与眼睛颜色的关系

单用肉眼观看图 19.2，很难看出有没有性别效应。手工计算这些数据的 χ^2 值的公式与 2×2 表的公式一模一样，只不过这里的单元更多。如果我们用 R 来计算，可以用以下非常简单的代码。

```
# Amy G. Froelich
# W. Robert Stephenson
# Iowa State University
# Journal of Statistics Education
# Volume 21,
# Number2(2013),\www.amstat.org/publications/jse/v21n2/froelich_ds.pdf

counts <- matrix(c(370, 352, 198, 187, 359, 290, 110, 160), byrow =
TRUE, nrow= 2)
print(counts)
print(chisq.test(counts, correct = FALSE))
print(fisher.test(count))


        Pearson's Chi-squared test

[1] "Cell totals"
     [,1] [,2] [,3] [,4]
[1,]  370  352  198  187
[2,]  359  290  110  160

        Pearson's Chi-squared test

data:  counts
X-squared = 16.0906, df = 3, p-value = 0.001087


        Fisher's Exact Test for Count Data

data:  counts
p-value = 0.00101
alternative hypothesis: two.sided
```

你可以看到，我将数据分 2 行 4 列输入成矩阵形式。接着，我加入了命令"correct =

FALSE"，意思是不要采取耶茨校正。如果我们想用费舍检验，就加入最后一条命令。考虑到样本容量很大，费舍检验与 χ^2 检验的结果应该相差不大，否则我会感到非常惊讶。

分析结果表明，性别产生了很大的影响。女性拥有蓝眼睛的概率略低于男性，而绿眼睛的女性略多于男性。两性拥有其他两种颜色眼睛的概率几乎相等。我选择这个研究作为例子的主要原因是，虽然初看之下，两性的数据似乎没有多大差别，但是 χ^2 检验清楚地显示统计量的值很显著。巨大的样本容量对形成这一结果起了主要作用。在样本容量很大的情况下，我们要谨慎解释统计检验结果，因为如果个案足够多，相对较小的不重要的差异仍然会很显著。这也是我们采用效应量指标的一个很好的理由。不幸的是，我们没有完美无缺的检验方法。Agresti（2002）指出，虽然优势比和风险比有助于分析 2×2 表，而且我们很快就会看到这些统计量，但是对于较大的表，我们还没有很好的方法来计算类似的统计指标。虽然我们可以利用多个优势度，但这远远超出了本书的范围，而且那样做实际上也没有很大的帮助。

19.5 期望次数太小的问题

χ^2 检验是一种重要而有效的检验方式，它可以用来检验拟合优度或（列联表中的）变量的独立性。但是，当期望次数太小时，检验的效果就不尽如人意了。χ^2 检验部分地建立在以下假设之上：如果用相同数量的参试者重复进行无限次试验，则任一给定单元中得到的次数将在期望次数上下呈正态分布。但是，如果期望次数太小（例如只有1），观察次数就无法在其上下呈正态分布了。（次数必须为整数，而且不可能有小于0的次数。）在期望次数太小的情况下，χ^2 检验可能会失效。然而，问题还在于如何定义这个"太小"。差不多每一本统计学教材都有各自关于"太小"定义，期刊文章也为这个问题争论不休。在这里，我采取的是公认的保守立场：对于较小的列联表（只有9个或更少的单元），所有的期望次数应该不小于5。对于较大的列联表，可以略微放宽这一限制。有些人认为，统计检验是保守的，即使期望次数小得多，Ⅰ类错误也很少；但是，即使是他们也不得不承认，当样本总容量很小时（此时期望次数也很小），χ^2 检验很难检测出零假设为假的情形。

费舍精确检验不受数据分布形态的限制。这意味着，较小的期望次数不会像在传统 χ^2 检验中那样影响费舍检验。故当期望次数较小时，使用费舍检验可能更好，但是即使如此，期望次数较小时，拒绝错误的零假设的能力也会减弱。（DanielSoper 在线计算器上提供了用于 2×3 和 3×3 表的在线费舍精确计算器。）我们在前面也看到过，R 可以对任何大小的表格进行费舍精确检验。

19.6 对比例进行 χ^2 检验

χ^2 检验可以检验单个样本的比例，也可以检验两个独立样本的比例之差。其实本章前面介绍的就是这种检验，只不过改变了比例的表达方式（将比例改成了次数）而已。

关于比例的一个最常见的问题是：一个比例是否明显高于或低于另一个比例？Latané 和 Dabbs（1975）关于助人行为的研究就是一个很好的例子。在这项研究中，实验者按要求走进电梯，并在电梯启动后马上任由几支铅笔或硬币掉在地板上。因变量为是旁观者是否帮助实验者捡拾这些物品。研究中有一个自变量是旁观者的性别。这项研究在三个城市（哥伦布、西雅图和亚特兰大）进行，但是我们集中考察性别差异最小的哥伦布市的数据。另外，我们还忽略了实验者性别的影响。Latané 和 Dabbs 发现的基本结果是，23% 的女性旁观者和 28% 的男性旁观者帮助捡拾掉落的物品。（有趣的是，大约 3/4 的旁观者站着不动，抬头凝视天花板，仿佛什么都没发生。这样的结果让我对"人本善良"的信念产生了怀疑。）不过，我们感兴趣的问题是，23% 与 28% 之差有没有统计学意义？要回答这个问题，我们必须知道样本总人数。在这个例子中，有 1303 位女性旁观者和 1320 位男性旁观者。（请注意，这种类型的实验很容易得到较大的样本容量。）我们知道了样本容量，就可以轻松地将各单元格中的比例转换为观察次数。

比例数据

	旁观者性别	
	女性	男性
有帮助	23%	28%
无帮助	77%	72%
人数	1303	1320

次数数据

	旁观者性别		
	女性	男性	总人数
有帮助	300 (332.83)	370 (337.17)	670
无帮助	1003 (970.17)	950 (982.83)	1953
总人数	1303	1320	2623

表格左上角的次数"300"是根据在 1303 名女性中占 23% 算出来的。其他单元的次数也可以用类似的方式求得。括号中的值是按正常方式计算的期望次数。我们计算 χ^2 值如下：

$$\chi^2 = \sum \frac{(O-E)^2}{E}$$

$$= \frac{(300-332.83)^2}{332.83} + \frac{(370-337.17)^2}{337.17} + \frac{(1003-970.17)^2}{970.17}$$

$$+ \frac{(950-982.83)^2}{982.83} = 8.64$$

当 $df = 1$，$\alpha = 0.05$ 时，χ^2 的临界值为 3.84，因此我应该拒绝 H_0，结论是：两个比例有显著差异。（$p = 0.0033$。）在这项研究设定的条件下，男性比女性更愿意提供帮助。（这项研究距今已经 30 多年了。你觉得我们今天还会得到相似的结果吗？）

在对比例进行 χ^2 检验时，切记要将比例转换为次数，然后对次数进行 χ^2 检验。这是唯一正确的方法。有时我看到有人画了列联表，但是单元格中填写的都是比例而不是次数，然后继续计算 χ^2，好像什么都没错。但这是有问题的。他们算出来的 χ^2 值是不合理的，χ^2 检验的结果也是错误的。即便你去掉小数点，假装单元格中都是整数也不行，因为比例根本不是用于 χ^2 检验的合法数据。合法的数据只能是次数。

19.7 效应量的计量

一个相关关系，经检验发现其"在统计上显著"，这一事实并不能说明这个相关具有实际意义。两个自变量在统计上有关联，并不意味着这种关联很重要或值得注意。实际上，如果允许样本容量足够大，则几乎任意两个变量都可能显示统计上显著的相关。我们通过眼睛颜色的例子已经明白了这一点。

因此，我们需要的是超越简单的显著性检验，设法呈现一种（或更多种）能反映我们当前考察的效应之强弱程度的统计指标。我们在本书前面部分已经看到，有两种不同类型的指标可以表示效应的强弱程度。第一种类型是 d 族指标，它们是基于按自变量区分的组（或水平）之间的差异计算出来的一种或多种指标。另一种类型是 r 族指标，即两个自变量之间的某种相关系数。我这里不介绍 r 族指标，因为它们很不直观，对我们没有吸引力。（其实，你可以根据被试服用的是药物还是安慰剂对他们做简单的编码（编码为"1"或"2"），再根据他们是否复发进行编码（也编码为"1"或"2"），然后将编码看成分数，计算这两个变量之间的相关。）

一个例子

1988 年，一份经典的研究报告提出，每日小剂量服用阿司匹林可以减少男性心脏病发作的概率。研究记录了 22 000 多位医生每日服用阿司匹林或安慰剂的情况，以及这些人后来心脏病发作的发生率。数据见表 19.6。请注意，这是一项**前瞻性研究**，因为它是先进行一定的处理（服用阿司匹林 / 未服用阿司匹林），这样就奠定了未来的结果。（如果是一项**回溯性研究**，应该是选择曾经或未曾有过心脏病发作的人，然后及时回顾他们有没有服用阿司匹林的习惯。这两种设计听起来很相似，其实不一样。）

表 19.6　阿司匹林对心脏病的疗效

	结果		
	发作	未发作	
服用阿司匹林	104	10933	11037
服用安慰剂	189	10845	11034
	293	21778	22071

根据这些数据可求得 $\chi^2 = 25.014$，自由度为 1，在 $\alpha = 0.05$ 的水平上显著（$p =$

注释④

需要注意的是,尽管每日服用阿司匹林与较低的心脏病发作率有关,但是最近的数据表明,这样做会产生一些严重的副作用。目前的文献表明,有些替代方案的效果一点不比服用阿司匹林差,而且副作用更小。

0.0000)。这表明,每日是否服用阿斯匹林与后来心脏病是否发作之间有显著的相关。④

d 族指标:风险度和优势度

关于分类数据(尤其是对于 2×2 表),有两个重要的概念:风险度和优势度。这两个概念密切相关,并且经常被混淆,但是从根本上讲,这两个概念都很简单。我们在第 7 章中研究了这些指标,但是因为过了很久,值得回顾一下。

以阿司匹林数据为例,在研究期间,服用阿司匹林组心脏病发作的人占 0.94%(104 / 11037),控制组则为 1.71%(189 / 11034)。(这两个百分比看起来很小,除非你是一个担心自己健康的中年男性。但是,它们很重要。)这两个统计量通常被称为风险度估计量,因为它们都被用来描述服用或未服用阿司匹林的人心脏病发作的风险。风险度指标提供了一种表示效应量的有用方法。

风险度之差就是上述两个比例之差。在目前的例子中,比例之差为 1.71%−0.94% = 0.77%。因此,两种条件下的比例相差大约为 3/4 个百分点。这个差异看起来可能不很大,但是请记住,我们讨论的可是心脏病发作这样严重的事情。

风险度之差的一个缺点是,其大小取决于整体风险水平。心脏病发作是非常低概率的事件,所以我们料想这两种条件不会造成的很大的风险度之差。[相比之下,Pugh(1983)根据受害人是否被描述有过错来研究强奸案的定罪。结果发现,无论受害人有无过错,强奸案中被告被定罪的可能性都很高,因此这两种条件的风险度之差可以很大。结果是,如果受害人没有被描述为有过错,被告被定罪的比例高了 30 个百分点。难道这意味着 Pugh 的研究得到的效应量比"阿斯匹林研究"大?当然不一定,但是如果用风险度之差,就意味着 Pugh 研究的效应量更大。]

比较风险度高低的另一种方法是计算**风险比**,亦称**相对风险**,即两种风险度的比率。根据心脏病发作的数据,风险比为

$$RR = R_{无阿司匹林} / R_{阿司匹林} = 1.71\% / 0.94\% = 1.819$$

可见,不服用阿司匹林患心脏病的风险度是服用阿司匹林的 1.8 倍。这种描述差异的方法能给人留下深刻的印象。

风险度以及我们将要介绍的优势度的缺点就是很容易被曲解。David Zimmerman 讨论的研究就是一个很好的例子。他注意到了美国心脏病协会会议的一份技术简报。钙通道阻滞剂原本可以减少心脏病发作的风险度,但是这次会议上的一份报告显示,在某些情况下,某些种类的通道阻滞药物使风险度从 0.01 上升到了 0.016。闻听此事的美联社记者火速播报说:骇人听闻! 600 万患者服用的某类旨在降低发作风险的药物实际上可能将风险提高 60%!但是!首先,没有 600 万患者服用这种药物。其次,这种说法混淆了绝对风险和相对风险。如果你吃了这种药,你的相对风险确实升高了 60%,但是你的绝对风险只增加了 0.6%。我们必须非常谨慎地运用风险度和优势度,以免得出不恰当的结论。

我们必须考虑的第三种效应量指标,就是优势比。乍一看,优势度和优势比相当于风险度和风险比,所以它们经常被混淆,甚至连行家都会弄混。回想一下,我们刚才将阿司

匹林组心脏病发作的风险度定义为心脏病发作的人数除以该组总人数。（例如 104 / 11037 = 0.0094 = 0.94%。）而阿司匹林组成员心脏病发作的**优势度**是该组心脏病发作的人数除以心脏病没有发作的人数。（例如 104 / 10933 = 0.0095。）两者的差别（尽管当我们考察罕见事件时非常微小）在于我们用什么做分母——风险度用样本总人数，所以表示该条件下有过心脏病发作的人数所占的比例。优势度则将心脏病没有发作的人数作为分母，是心脏病发作的人数与没有发作的人数之比。本例中的分母非常接近，所以结果几乎无法区分。当然，两者也不会总是很接近。在 Pugh 的例子中，被告在低过错条件下被判强奸罪的风险度为 153/177 = 0.864（86% 的案件被定罪），而同样在低过错条件下被判强奸罪的优势度是 153/24 = 6.375（被定罪的人数是被判无罪人数的 6.4 倍）。

正如可以将两个风险度相除得到风险比一样，也可以将两个优势度相除，形成**优势比**。以阿司匹林为例，假定你没有服用过阿司匹林，心脏病发作的优势度是 189 / 10845 = 0.017。如果你服用了阿司匹林，则心脏病发作的优势度是 104 / 10933 = 0.010。优势比就是这两个比值的比，即

$$OR = \frac{Odds \mid No\ aspirin}{Odss \mid Aspirin} = \frac{0.0174}{0.0095} = 1.83$$

可见没有服用阿司匹林的人心脏病发作的优势度是服用阿司匹林的人的 1.83 倍。[5]

注释⑤

在计算优势比时，没有规定哪个优势度应该做分子，哪个应该做分母，就看怎么做方便了。只要没什么不合理之处，我倾向于用较大的值做分子，这样算出来的比率就大于 1.0，表述上更方便。如果将刚才那个例子的分子分母倒过来，OR = 0.546，结论就变成：服用阿司匹林条件下心脏病发作的优势度约为服用安慰剂条件下优势度的一半，它正好是原来的 OR 的倒数，即 0.546 = 1 / 1.83。

为什么我们既要算优势度又算风险度？

为什么我们同时计算优势度和风险度，让事情复杂化？为什么我们不能去掉一个只用另一个呢？这是一个很好的问题，而且已经有一些很好的答案。我认为，大多数人应该都明白什么叫风险度。如果我们说，在没有服用阿司匹林的条件下心脏病发作的风险度是 0.0171，其含义直截了当——这种条件下的参试者中有 1.71% 的人心脏病发作过。正因为如此，许多人偏爱风险比。实际上，Sackett、Deeks 和 Altman（1996）在一篇题为"打倒优势比！（Down with odds ratios!）"的文章中基于上述理由强烈地推崇风险比——他们认为，优势比虽然准确，但容易产生误导。当我们说在这种情况下心脏病发作的优势度是 0.0174 时，其含义是：心脏病发作的概率是没有发作的概率的 1.74%。这种方式往往用于赛马下注，但是我对它很不满意。那么，为什么我们还优先采用优势比呢？

重要的一点是，在无法计算真实风险比的情况下，仍可以计算优势比。在一项回溯性研究中，我们将被试分为两个组，一组有过心脏病发作，另一组没有发作过，然后看他们是否服用过阿司匹林，这时我们无法真正计算出风险度。风险度是针对未来而言的。如果我们向 1000 个人提供阿司匹林，同时要求另外 1000 个人不服用阿司匹林，就可以在 10 年后研究这些人，计算心脏病发作的风险度（和风险比）。但是，如果我们招来有过和没有过心脏病发作的各 1000 人，再回头看其服用阿司匹林的情况，就无法计算真正的风险度，因为我们对心脏病发作者的抽样比远高于全人口的正常发病率（在抽取的样本中，有 50% 的人发作过；但是，在全人口中肯定不会有 50% 的

人发作过）。可是，优势比总是可以计算的。而且，如果我们讨论的是诸如心脏病发作之类的低概率事件，优势比通常也是风险比（如果可以计算的话）的良好估计值。优势比对于前瞻性和回溯性抽样设计同样有效，这一点才是最重要的。

19.8 综合举例

最后，我们举一个由 Geller、Witmer 和 Orebaugh（1976）完成的研究案例。这三位研究者当时想研究超市顾客扔垃圾的行为。他们特别关注的一个问题是，将不乱扔垃圾的提示信息印在常见的超市每日特价广告宣传单上能否影响顾客的行为。（在第 7 章中，该实验曾被用来说明"概率"的含义。）为了简化起见，我们只看研究中涉及在超市分发宣传单的两种条件。在一种条件下（控制组），宣传单上只包含每日特价清单。在另一种条件下（信息组），宣传单上还印有"请不要乱扔垃圾，请将宣传单扔到合适的地方"。那天营业终了时，Geller 和他的学生们在商店里搜寻宣传单。他们记录了在垃圾桶中发现的宣传单数量，也记录了被扔在购物车中、地板上以及其他不该扔垃圾的地方的宣传单数量（记为"乱扔"）；还记录了失踪（显然已经被带出超市）的宣传单数量。我从 Geller 等人列出的大表格中抽取出上述两种条件下获得的数据，列在表 19.7 中。你可以预想一下，宣传单上印上这样的提示信息会影响你最后怎么处置宣传单吗？

表 19.7　来自 Geller 等人（1976）的数据

	垃圾桶	乱扔	带走	总数
对照组	41	385	477	903
	(61.66)	(343.98)	(497.36)	
信息组	80	290	499	869
	(59.34)	(331.02)	(478.64)	
总数	121	675	976	1772

在表 19.7 中，有 1772 个独立的观察值落入 6 个互不包含的单元，所以我们可以用 χ^2 检验进行分析。我们检验的零假设是，那天营业结束时宣传单所在的位置与宣传单上的提示信息没有关联，我们将 α 设定为 0.05。

我们先用老办法计算期望次数。按照老办法，对于列联表各单元格中的期望次数可以用公式 $E = RT \times CT / GT$ 求出，其中 RT、CT 和 GT 分别代表行总数、列总数和样本总容量。因此，如果 H_0 为真，垃圾桶中发现的对照组的宣传单（没有提醒信息的宣传单）数量应该是 $E_{11} = 903 \times 121/1772 = 61.66$。同样，收到不要乱扔垃圾提醒信息而将宣传单带走的人数预计为 $E_{23} = 869 \times 976/1772 = 478.64$。

χ^2 的计算公式还是一如既往：

$$\chi^2 = \sum \frac{(O-E)^2}{E} = \frac{(41-61.66)^2}{61.66} + \frac{(385-343.98)^2}{343.98} + \cdots +$$
$$\frac{(499-478.64)^2}{478.64} = 25.79$$

这里，$df = 2$，因为 $(R-1)(C-1) = (2-1)(3-1) = 2$。$\chi^2$ 的临界值为 $\chi^2_{0.05}(2) = 5.99$，所以，我们拒绝 H_0（$p = 0.0000$），并得出结论：宣传单被丢弃的情况与宣传单上有无提醒信息有关。换言之，宣传单上的"指导语"和它被丢弃的"位置"不是相互独立的。根据数据，我们可以清楚地看到，当要求被试不要乱扔垃圾时，宣传单被丢进垃圾桶或带走的比例更高，被扔在购物车、地板或架子上的比例比较低。

如果你要书面报告这些结果，可能要写清楚以下内容：

> 为了研究人们对宣传单上不要乱丢垃圾的提示信息有没有反应，研究者在当地一家超级市场向 1772 名顾客者发放了每日特价商品的宣传单。其中大约一半宣传单上包含这样一条信息——"请不要乱扔垃圾，请将宣传单扔到合适的地方"，而另一半宣传单上没有这一信息。当天营业结束时，统计在垃圾箱中找到的宣传单数、被乱扔的宣传单数以及被顾客带走的宣传单数。根据宣传单上有无提示信息将上述数目分别细分为两组，并对结果进行 χ^2 检验。根据列联表中的数据，$\chi^2(2) = 25.79$，$p = 0.000$。查看表中结果可知，印有不要乱扔垃圾的信息的宣传单被乱扔的比例较小，被扔在垃圾箱或被带走的比例较大。

19.9 结果报告——第二个例子

我们把关于强奸罪判定的研究（Pugh, 1983）作为第二个例子，说明如何撰写研究报告的结果部分。这是一个很好的例子，尽管今天离这个研究已经有了一些年头，但是这个问题还是很有现实意义的，并且统计方法也很简单。如果你要报告其结果，可能要包含以下内容：

> 本研究考察被告辩护律师将强奸案受害人描述为有过错对陪审团裁决的影响。陪审团成员在两种条件下对被告是否有罪做出判决：一种条件是，被告辩护律师将受害人描述成应对强奸案的发生负一部分责任，另一种条件则没有这种情况。当受害人被描述为无过错时，86% 的被告被判定有罪。当受害人被描绘为有过错时，仅有 58% 的被告被判有罪。对受害人"有无过错"与被告"是否被判有罪"之间的关系进行 χ^2 检验，得到 $\chi^2(1) = 35.93$，达到了 $p = 0.0000$ 的显著性。本研究的优势比（OR）为 4.61，这表明，当受害人没有被描述为有过错时，被告被判强奸罪的优势度 4.5 倍于受害人被描述为有过错的情形。这么高的优势比也表明，我们所说的两个条件下判决结果有显著差异。

19.10 直观的统计学

本书网站上有一个名为 Mosaic Two-Way 的程序,它可以说明 3×2 列联表 χ^2 检验的含义。下面的显示界面中包含了 McClelland 最初得到的数据,只是变量名称不一样了。在这个界面中,矩形的颜色越深,表示该单元格中的观察次数越多于零假设为真时的期望次数。反之,矩形颜色越亮,观察次数越少于期望次数。你可以将 Walsh 关于抑郁和厌食的研究数据输入表格。哪些单元格中观察次数过多,或不足?

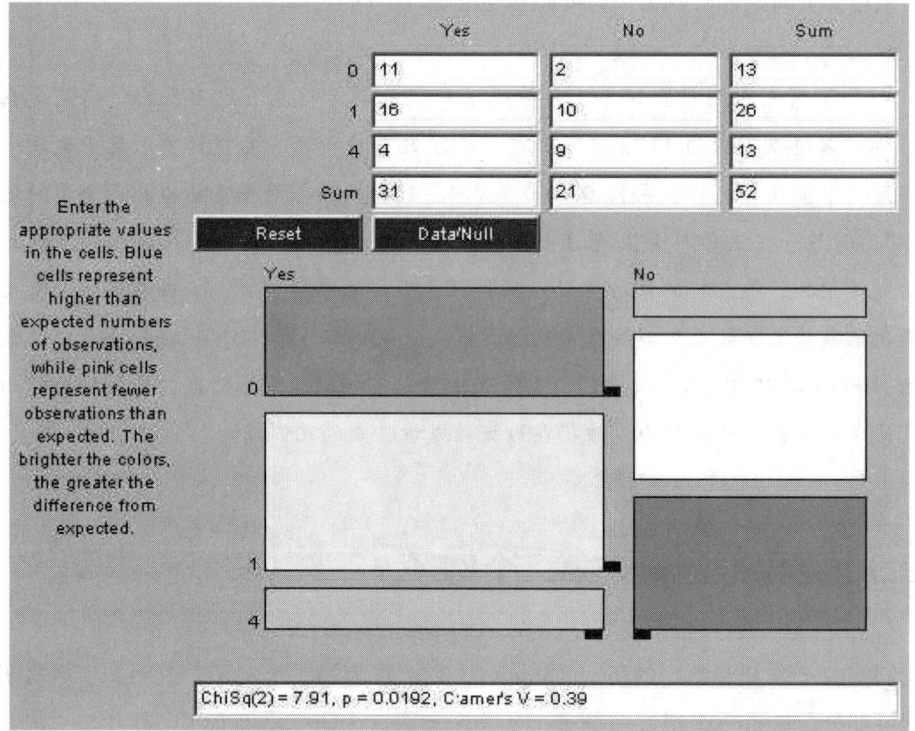

你还可以输入第 19.6 节中讲到的 Latané 和 Dabbs 的数据。现在哪些单元格显得观察次数过多?

最后,再用一次 Latané 和 Dabbs 的例子,假定你可以将任何一个单元格中的观察次数加 10。为了最大程度地加大 χ^2 值,你应该将 10 加到哪个单元格?

19.11 总结

本章讨论了用于分类数据的 χ^2 检验。我们先考虑了只有一个分类变量时的拟合优度检验。这种检验通常用来考察观察次数是否均匀分布于各个类别(分类变量的各个水平),当然,如果理论指定的是别的分布,该检验同样适用。

随后,我们研究了应用于列联表的 χ^2 检验。列联表是一个二维表格,其中每个观察值都依据两个变量归入不同的类别。这时,χ^2 检验的零假设是:两个变量相互独立。如果两者相互独立,则各单元格的期望次数等于单元格所在行总数与列总数之积,再除以样本总容量所得之商。接着，将各单元的观察次数与期望次数之差的平方除以期望次数，得到各单元格的值，再将全部单元格的值求和。最后，像单个变量的情形一样完成 χ^2 检验。

列联表的自由度是行数减 1 与列数减 1 之乘积。

我们还讨论了费舍精确检验，以此作为传统 χ^2 检验的一种替代方法。当一个或多个期望次数较小时，该检验的效果通常更好，但是只能用计算机软件进行计算。

我们介绍了两个比例之差的检验，建议你将比例转换为次数，然后对这些次数进行 χ^2 检验。比例不能直接用于计算 χ^2 值。

关于效应量指标，我们研究了优势度、风险度，以及优势比和风险比。风险度的定义很简单，就是单元格中的观察次数除以总次数。从这个意义上说，风险度其实就是百分比。而优势度指的是一个单元格中的观察次数除以其他单元格包含的观察次数。优势度和风险度都可以转换为比率。风险比即两个风险度之比率，优势比即两个优势度的比率。风险比更接近人们的理解，即两种结果的相对风险，但优势比更难理解一些。由于在回溯性研究中无法直接计算风险比，就显出优势比的一个长处：如果某个事件的概率非常低，则该事件的优势比就是风险比（如果可以计算的话）的很好的近似值。

重要术语

χ^2 检验（chi-square test，p.440）
拟合优度检验（goodness-of-fit test，p.441）
观察次数（observed frequencies，p.441）
期望次数（expected frequencies，p.441）
列联表（contingency table，p.445）
双盲研究（double-blind study，p.445）
边和（marginal totals，p.446）
费舍精确检验（Fisher's Exact Test，p.448）

前瞻性研究（prospective study，p.453）
回溯性研究（retrospective study，p.453）
风险度之差（risk difference，p.454）
风险比或相对风险（risk ratio/relative risk，p.454）
优势度（odds，p.455）
优势比（odds ratio，p.455）

19.12 快速复习

A. 为什么有一种检验叫作"拟合优度"检验？

答：因为这种检验考察的是我们收集到的数据与期望的结果之间符合得有多"优"。

B. 什么是列联表？

答：这种表格表示两个自变量不同水平的各种组合的出现次数。

C. 什么是双盲研究？

答：在这种研究中，参试者（被试）和收集数据的人都不知道参试者被分配到了哪一种条件下。

D. 什么是"边和"？

答：指各行总数和各列总数，以及全部总数。

E. 说出费舍精确检验相对于传统 χ^2 检验的一个长处。

答：费舍精确检验不要求数据的分布近似某个理论分布。（我承认这不是一个简单

F. 怎样对比例进行 χ^2 检验？

答：将比例转换为次数，对这些次数进行 χ^2 检验。

G. 什么是前瞻性研究？

答：这种研究先进行一些处理，然后再测量某种因变量。前瞻性研究与回溯性研究相反。在回溯性研究中，我们先找到患者组和控制组，然后回过头考察他们有没有吸烟。

H. "风险比"的别称是什么？

答：相对风险。

I. 长期吸烟者和不吸烟者患癌症的风险比是 24.2，这意味着什么？

答：这意味着长期吸烟的人患癌症的风险度是不吸烟的 24.2 倍。

19.13 习题

19.1 心理学系主任觉得某些教师比其他教师更受欢迎。安德森教授、克兰斯基教授和卡姆教授分别在上午 10:00、11:00 和中午 12:00 讲授"心理学导论"中的一节。下面是每一节的听课学生人数。

安德森教授	克兰斯基教授	卡姆教授
25	32	20

请进行适当的 χ^2 检验，并解释结果。

19.2 从实验的有效性来看，习题 19.1 与本章中的一个类似的例子相差很大。习题 19.1 中的数据难以真正回答系主任的问题。这些数据有什么缺陷？应该如何改进该实验？

19.3 假定我提出这样一个理论：如果你让参试者对关于人的各种"一句话特征"（例如"我吃东西太快"）进行排序，并分为 5 类（从"根本不喜欢我"到"非常喜欢我"），归入这 5 类的特征的百分比分别约为 10%、20%、40%、20% 和 10%。现在我让我的一个孩子对 50 个这样的特征句子进行排序，并获得以下数据：

8　10　20　8　4

上述数据是否支持我的假设？

19.4 习题 19.3 的答案可以推广到何种总体？

19.5 很久以前，Clark 和 Clark（1939）做过一项非常重要的、影响深远的研究，他们向非裔儿童展示非裔娃娃和欧裔娃娃，并要求他们选其中一个娃娃去玩。在 252 个儿童中，有 169 个选择了欧裔娃娃，83 个选择了非裔娃娃。对于这些儿童的行为，我们可以得出什么结论？

19.6 Hraba 和 Grant（1970）重复了习题 19.5 提到的 Clark 和 Clark 的研究。两次研究并不完全相同，但还是很相似的，而且结果很有趣。他们发现，89 个非裔儿童中有 28 个选择了欧裔娃娃，有 61 个选择了非裔娃娃。对上述数据进行适当的 χ^2 检验，并解释结果。

19.7 将习题 19.5 和习题 19.6 中的数据合并放进双向列联表，并进行适当的检验。这种双向分类可以回答的问题与习题 19.5 和习题 19.6 回答的问题有什么不同？

19.8 我们都知道吸烟对人会产生许多不良影响，尤其是有证据表明吸烟会影响生育能力。Weinberg 和 Gladen（1986）考察了吸烟对女性怀孕的影响。他们找了 586 名计划怀孕的女性，询问她们在停止避孕多少个月经周期后才怀孕的。他们还将这些女性分为吸烟者和不吸烟者两类。数据如下。

	1 个周期	2 个周期	3 个周期以上	总数
吸烟者	29	16	55	100
非吸烟者	198	107	181	486
总数	227	123	236	586

吸烟对女性怀孕的难度有影响吗？（我不建议将吸烟当成一种节育方法。）

19.9 如果你还收集了这些女性的性伴侣吸烟行为的数据，你分析数据的方法会有什么改变？

19.10 利用习题 19.8 中的数据，展示 χ^2 值是怎样随样本容量而变的：

（a）将每个单元格中的数字加倍，重新计算 χ^2 值。

（b）你对样本容量在假设检验中的作用有什么看法？

19.11 Howell 和 Huessy（1985）用一个评定量表将二年级的儿童分为两类——"已表现出"和"未表现出"注意力缺陷障碍（Attention Deficit Disorder，缩写为 ADD）行为。等到这些儿童读到四年级和五年级时，又各进行了一次评定。在他们读完九年级时，研究者取得了学校的成绩记录，记录下哪些儿童补习过英语。在以下数据中，所有曾经被归入"已表现出"ADD 行为的儿童都标记为 ADD：

分类	补习英语	未补习英语	总数
正常	22	187	209
ADD	19	74	93
总数	41	261	302

可否根据学生在小学时是否被归入 ADD 预测其中学阶段是否补习英语？将正文中给出的 R 代码略作修改并进行计算。

19.12 在习题 19.11 中，将儿童分为从未表现出 ADD 行为的儿童，以及在二年级、四年级或五年级时至少表现出 1 次 ADD 行为的儿童。如果我们将那些跨年级多次表现出 ADD 行为的儿童单列出来，就得到以下数据：

ADD 行为表现	补习英语	未补习英语
无	22	187
二年级有	2	17

续表

ADD 行为表现	补习英语	未补习英语
四年级有	1	11
二和四年级有	3	16
五年级有	2	9
二和五年级有	4	7
四和五年级有	3	8
二、四和五年级有	4	6

（a）再次用 R 进行 χ^2 检验。

（b）如果忽略那些小的期望次数，你将得出什么结论？

（c）你对这些小的期望次数有何感受？如何解决这个问题？

19.13 对习题 19.12 中的第 1 列数据，我们可以进行单向分类的 χ^2 检验。如果是这样，检验的假设是什么内容？该假设与在习题 19.12 中检验的假设有什么差别？

19.14 在一项针对女性青少年饮食障碍的研究中，Gross（1985）问每个参试者：愿意增加体重、减轻体重还是维持当前的体重？（请注意，在 Gross 的样本中，其实只有 12% 的女孩体重比常模表规定的水平高出 15% 以上——这是判定"超重"的常见标准。）在 Gross 将这些女孩数据按种族再加细分（分为非裔美国人与欧裔人）之后，她发现了以下结果。（由于样本容量较小，其他族群的数据已被省略。）

	要求减重	要求维持	要求增重	总数
欧裔人	352	152	31	535
非裔美国人	47	28	24	99
总数	399	180	55	634

（a）你可以从这些数据中得出什么结论？

（b）不考虑种族因素，关于女性青少年对自己体重的态度，你能得出哪些结论？

19.15 压力会影响身体健康，这早已为人所知。Visintainer、Volpicelli 和 Seligman（1982）检验了这样一个假设：与接受了 60 次可逃避电击的大鼠或 60 次试验中未受电击的大鼠相比，接受 60 次不可逃避电击的大鼠对植入的肿瘤产生排异反应的概率更小。他们获得了如下数据：

	不可逃避电击	可逃避电击	无电击	总数
有排异反应	8	19	18	45
无排异反应	22	11	15	48
总数	30	30	33	93

利用本章的 R 代码，你将对上述数据做出什么结论？

19.16 假设第 19.6 节提到的 Latané 和 Dabbs（1975）的研究中仅有 100 位男性和 100 位女性。请计算 χ^2。

19.17 根据习题 19.16 的答案，说明样本容量对实验功效的影响。

19.18 Dabbs 和 Morris（1990）研究了军事记录中的档案数据，考察男性睾酮水平与反社会行为之间的关系。在正常睾酮水平组的 4016 名男性中，有 10.0% 的人成年后有轻微犯罪记录。而高睾酮水平组的 446 名男性中，有 22.6% 的人成年后有轻微犯罪记录。

    （a）创建一个次数列联表，按睾酮水平和有无犯罪倾向对男性进行分类。

    （b）计算该表的 χ^2 值。

    （c）将数据绘制成图说明存在何种关系。

    （d）得出适当的结论。

19.19 习题 19.18 介绍的研究还发现，正常睾酮水平组被试在未成年时期有违法情况的占 11.5%，高睾酮水平组被试的该比例是 17.9%。

    （a）这两个变量之间是否存在显著相关？

    （b）解释这种关系。

    （c）本题结果如何推广到已知的习题 19.18 的结果？

19.20 根据习题 19.18 的数据计算成年犯罪的优势比。

19.21 根据习题 19.19 的数据计算未成年人犯罪的优势比。

19.22 让我们看看学生和教职员工如何比较基本的统计问题。Zuckerman、Hodgins、Zuckerman 和 Rosenthal（1993）访问了 550 人，向他们提出了一些与统计学有关的问题。其中一个问题是：一位审稿人警告研究者说，由于样本容量小，她极有可能发生 I 类错误。但是研究者不同意。问："研究者正确吗？"下面是同意研究者意见的答题者比例和人数（按学生、助理教授、副教授和正教授划分）：

	学生	助理教授	副教授	正教授
比例	0.59	0.34	0.43	0.51
样本容量	17	175	134	182

（注意：上述数据的意思是，在做出回答的 17 位学生中，有 59% 的人支持研究者的意见。在计算实际次数时，请四舍五入到最接近的整数。）

    （a）你认为谁的意见正确？

    （b）这些数据能否体现不同受访者群体之间的差异？（注意：研究者的意见是正确的。统计检验特意将 I 类错误的概率限定为 α，与样本容量无关；但是研究者几乎没什么权力。）

19.23 前一个习题提到的 Zuckerman 等人的论文假设，教师的正确率不如学生，因为他们往往会对此类问题产生消极的反应（"这道题一定有陷阱。"）。怎样检验这一假设？

19.24 根据习题 19.7 的 2×2 表的数据计算优势度。该表汇合了 Clark 和 Clark（1939）以及 Hraba 和 Grant（1970）的数据。

19.25 将习题 19.14 中"要求维持"和"要求增重"的数据合在一起，计算优势比，说明中学女生对体重的看法的族群差异。

19.26 用优势比和风险比说明习题 19.18 中 Dabbs 和 Morris 关于睾酮素的研究结果。你希望采用优势比还是风险比？

19.27 Peterson（2001）报告了 Unah 和 Boger（2001）的研究数据，该研究考察了 1993—1997 年北卡罗来纳州的死刑判决。下表中的数据显示的是当受害人是欧裔人时，对欧裔人和有色人种（主要是非裔和西班牙裔）被告的判决结果。括号中为期望次数。

关于量刑的公正性，我们可以得出什么结论？

被告的种族	是否判处死刑		总数
	是	否	
有色人种	33	251	284
	（22.72）	（261.28）	
欧裔人	33	508	541
	（43.28）	（497.72）	
总数	66	759	825

19.28 Hout、Duncan 和 Sobel（1987）报告过一组关于已婚夫妇的相对性满意度的数据。他们找到 91 对已婚夫妇，要求每个人评价自己对"我和伴侣的性生活很有趣"这句话的同意程度（评价时采用四点量表：从"从未或偶尔"到"几乎总是"）。数据如下：

丈夫的评分	妻子的评分				总数
	从未	有时	经常	几乎总是	
从未	7	7	2	3	19
有时	2	8	3	7	20
经常	1	5	4	9	19
几乎总是	2	8	9	14	33
总数	12	28	18	33	91

（a）你会用这些数据检验什么假设？

（b）用皮尔逊 χ^2 来检验你的假设。可以得出什么结论？

（c）最后，如果将"从未"和"有时"这两类次数合在一起，将"经常"和"几乎总是"这两类次数也合在一起，结果会怎样？更清楚一些？在哪些情况下会有意义？

第20章

非参数检验与自由分布检验

需要回忆的概念

SS_{Total}、SS_{Group} 和 SS_{error}:	分别是个体观察值的总离差平方和,各组平均数的离差平方和,各组内个体观察值的离差平方和
MS_{Group} 和 MS_{error}:	分别是组间的均方(方差),组内的均方(方差)
F 统计量:	MS_{Group} 与 MS_{error} 的比值
自由度:	估计一个或多个参数后剩下的独立信息数
效应量($\hat{d}$):	一种计量指标,表示某种处理的效应程度
η^2 和 ω^2:	基于相关的效应量指标
多重比较	关于特定组之间平均数之差的显著性检验,平均数之差应该对读者有意义

　　本章讨论的内容发生了一个重大转变,这种转变不仅表现在假设检验的方式上,也表现在与本书的先前版本的关系上。前面几章讨论的大多数统计方法都要求估计样本来自的总体分布的一个或多个参数,同时要考虑总体分布的形态。例如,在 t 检验中,我们要用样本方差(s^2)估计总体方差(σ^2),并且还要求假设样本来自的总体呈正态分布(或者,至少要求样本平均数的抽样分布为正态分布总体)。凡是要求估计特定参数或对总体分布有前提假定的检验,都是**参数检验**(例如 t 检验)。参数检验的一个重要特征是,它们让你能够轻松设置待求统计量的置信区间。

　　多年来,能代替假设检验的方法都被称为**非参数检验(自由分布检验)**。这些方法基本上都是先将数据转换为秩次,再对这些秩次进行分析。我刚开始讲授统计方法时,非参数检验可以讲整整一个学期,不过这些年来,我减少了非参数检验的课时,增加了对参数检验的介绍。但是,当代统计学还出现了另一种趋势,从传统的统计检验过渡为所谓的**随机化检验**或**置换检验**。这些检验仍然是非参数检验,因为它们不需要估计参数,而且可以处理非正态分布的数据;但是,与传统的非参数检验相比,它们的抽象程度还差很多。根据这一领域的发展速度,估计未来10年,随机化检验不仅会取代传统的非参数检验,还将取代标准的参数检验(例如 t 检验和 F 检验)。我认为这是一件好事。如果你看看SPSS之类的软件,就可以发现越来越多的分析方法提供了自助法(Bootstrap)、精确检验法(Exact)或蒙特卡洛法(Monte Carlo)等选项。这些方法都以某种形式对数据进行随机化处理。

　　本章讲到"随机化"检验时,指的就是目前较新的方法。传统的非参数检验也依赖于秩次数据的随机化，但我还是要保留将原始数据随机化的检验形式。

但是，随着假设检验的重心从传统的非参数检验转到新兴的随机化检验，本章就需要大改了。我仍将介绍较早的检验，因为你应该了解这些检验。同时我还要向你介绍关于随机化检验的思想。而且，我还要用以前版本中全部用于介绍非参数检验的篇幅，同时容纳这两个方面的内容。也就是说，我必须让本章脱胎换骨。

我的做法是这样的，先集中讨论一种非参数检验，不仅讨论其基本原理，而且介绍其计算方法；随后，概括地介绍其他参数检验，但不再赘述其计算方法。这样做有两个原因。原因之一是，一旦你对其中一个检验有了全面的了解，你就可以举一反三，推知其他检验是怎么回事。原因之二，我相信你不太可能进行那么多手工计算，所以，"用 SPSS 或 R 完成检验"就足够了。

对于随机化检验，我也是如法炮制。同样，只要你明白了某一种随机化检验方法背后的逻辑，也能很轻松地推知其他随机化检验方法。而且，同样没有人想用手工计算完成随机化检验，因此我只介绍网络上哪里可以找到这种计算程序，或者怎样自己编写这样的程序。如果你真的想更全面了解任何一种检验，我创建的链接可以带你浏览那些介绍此类内容的网页。

20.1 传统的非参数检验

几乎所有传统的非参数检验都需要将原始数据排序（大多数情况下不考虑各组之间的差异），然后对排名（名次、秩次，简称"秩"）进行运算。它们通常被称为**秩次随机化检验**。实际上，Conover 和 Iman（1981）指出，如果将数据转换为秩次，然后对这些秩次做标准 t 检验，结果与通常的威尔柯克森－曼-惠特尼（Wilcoxon-Mann-Whitney）检验几乎完全相同。我们不会采用他们提出的这种办法，但是这种方法确实揭示了参数检验和非参数检验之间的重要关系。

为什么用秩次进行检验？

想必你会问这一个问题：我们为什么要用秩次进行本章介绍的各种检验？这些检验的设计思想都有一个关键，那就是用秩次数据代替原始数据，这样做有三大理由。第一，秩次可以消除或减轻极端数值的影响。如果 20 个项目既有原始数据又有秩次数据，则两个最高秩次无疑就是 19 和 20，但是两个最大的原始观察值可能是 77 和 78，也可能是 77 和 130。就原始观察值而言，（77，78）与（77，130）是有差别的，但是原始分变成秩次后就没有区别了（都是 19 和 20）。

秩次的第二个优点是，它们的某些特点是确定的、已知的。例如，秩次之和（秩和）一定是 $N\times(N+1)/2$。这就大大简化了计算。在没有计算机帮忙的年代，这一点尤其重要。

第三个优点是，只要威尔柯克森得出某种情况下（例如两个组的观察值个数分别是 8 和 13 时）检验统计量的临界值，下次遇到同样情况就不用编制统计表了。只要样本总容量不太大，统计学家就可以提供精确的概率表。如果再遇到两个组的观察值个数分别是 8 和 13 的情形，只要将数据转换为秩次，临界值还跟原来一样。但如果是原始分数，你就要为（8，13）的每一种可能的集合设置一个临界值*。

威尔柯克森 – 曼 – 惠特尼秩和检验

我从威尔柯克森 – 曼 – 惠特尼秩和检验讲起吧。这个检验是由威尔柯克森、曼和惠特尼提出的，但是我称其为"秩和检验"，这样可以将其与后面讨论的威尔柯克森的另一种检验（匹配样本符号秩次检验）区分开来。秩和检验旨在检验两个独立样本之间的差异，对应于独立双样本 t 检验。它与 t 检验的区别之处是，秩和检验用秩次代替实际观察值。如果各组之间没有差异，则每个组都应该既有一些较高的秩次，也有一些较低的秩次。我们要检验的正是这种情况。如果所有较高秩次的人属于一个组，所有较低秩次的人员属于另一组，我们就可以非常肯定，两个样本之间出现了差异。

计算秩和检验统计量（这里称其为 W_s）时，应先将数据转换为秩次，求出每个组的秩次之和，令 W_s 等于容量较小组的秩和（如果两组容量相等，则令 W_s 等于两个秩和中较小的一个）。随后，我们将 W_s 值与威尔柯克森等人编制的临界值表相对照；如果样本容量很大，就查正态分布表——对于大样本，用正态分布近似求解就足够了。

我将花比较多的时间讲解秩和检验，因为其他非参数检验也以相似的方式对秩次进行运算。只要你理解了这种检验，就不难理解其他检验。

讨论 W_s 的临界值表将特别管用。如果你得到两个小样本，例如一个样本的原始观察值是（12，17，14），另一个是（13，19，20），我们应该先将这些分数合在一起排序（不分组），得到的秩次分别是（1，4，3）和（2，5，6），两组的秩和分别是 8 和 13，而 W_s 应该是 8 和 13 中较小的那个，故 $W_s = 8$。先将这个数字放在一边。对于这么小的样本，我们可以列出所有可能的秩次组合。对于每组 3 个、总共 6 个观察值的情形，表 20.1 列出了第 1 组的可能组合。（不用担心第 2 组，因为剩下的秩次就是第 2 组的。）

表 20.1　每组 3 个观察值，其中第 1 组的可能秩次及秩和

	[,1]	[,2]	[,3]	[,4]	[,5]	[,6]	[,7]	[,8]	[,9]	[,10]	[,11]	[,12]
[1,]	1	1	1	1	1	1	1	1	1	1	2	2
[2,]	2	2	2	2	3	3	3	4	4	5	3	3
[3,]	3	4	5	6	4	5	6	5	6	6	4	5
秩和	6	7	8	9	8	9	10	10	11	12	9	10

---

* 作者这里说的临界值，不是指概率分布表（例如 t 分布表）中查到的临界值，而是将 t 临界值转换回原始分形式后的值。——译者注

续表

	[,13]	[,14]	[,15]	[,16]	[,17]	[,18]	[,19]	[,20]
[1,]	2	2	2	2	3	3	3	4
[2,]	3	4	4	5	4	4	5	5
[3,]	6	5	6	6	5	6	6	6
秩和	11	11	12	13	12	13	14	15

在上述组合中,4 个组合的秩和小于等于 8。因此,如果数据是随机分布的(即自变量不起作用),应该有 4 / 20 = 20% 的随机样本的秩和小于等于我们得到的那个 $W_S = 8$。所以,我们不能拒绝零假设。进一步讲,较小的秩和等于 6,这是唯一能让我们发现显著差异的情况——在自变量不起作用的情况下,秩和小于等于 6 的概率只有 1 / 20 = 0.05。

但是,如果观察值很多怎么办?我们还是用刚才的办法进行检验吗?从某种意义上讲,是这样的。我们只要列出一个组中随机值的所有可能情况,然后看一下其中有多少种情况下的秩和小于等于实际数据的秩和。威尔柯克森也正是这样编制秩和检验表的。但是,观察值多了,秩次之间的组合数就往往比我们能处理的多得多,这就是为什么我们采用他编制的表。下面,我们看一个研究儿童如何组织故事的例子。

McConaughy(1980)认为,年幼的儿童用简单的描述性("然后是……")模型来组织故事,而年长的儿童则考虑因果关系和社会推论。假设我们让两组不同年龄的儿童总结他们刚才读过的故事。然后,我们统计儿童所做总结中可以归为推理的语句数。数据如下,括号中的数字是秩次。

	年幼儿童	年长儿童
	12(6)	6(3)
	4(2)	24(12)
	8(4)	14(7)
	10(5)	26(13)
	2(1)	18(9)
	22(11)	16(8)
	20(10)	28(14)
秩和	39	66

从上表可见,较小的秩和为 39。这个例子的问题在于,我们必须考虑数据的 14! / (7! × 7!) = 3432 种可能的组合方式。你真想写下所有这些组合,再逐一求出每个组合的秩和?我可不想。幸运的是,威尔柯克森找到了一种完成这一任务的方法,并编成了可供使用的表。你可以在附录中找到威尔柯克森的表。我们从这张表中看到,当每个组有 7 个分数,$\alpha = 0.05$,且单尾检验时,$W_S = 39$ 意味着显著差异。因此,我们拒绝零假设。解答这一问题的更简单的方法就是运用 SPSS 等软件。用 SPSS 对于完整数据进行检验,结果如下,你可以看到单尾概率为 0.049,这是我们能得到的最接近 0.05 的值了。

Wilcoxon-Mann-Whitney Test

	Ranks			
	VAR00001	N	Mean Rank	Sum of Ranks
VAR00002	1.00	30	26.77	803.00
	2.00	30	34.23	1027.00
	Total	60		

Test Statistics[a]	
	VAR00002
Mann-Whitney U	338.000
Wilcoxon W	803.000
Z	−1.662
Asymp. Sig (2-tailed)	.097
Exact Sig. (2-tailed)	.098
Exact Sig. (1-tailed)	.049
Point Probability	.001

[a] Grouping Variable: VAR00001

随机化

现在假定有两组儿童，每组 30 人。现在的问题是，因为就算你不介意列出所有组合，我也怀疑你能否列出大约 $1.182646e+17 = 118\ 264\ 600\ 000\ 000\ 000$ 个组合（从 60 个元素中一次抽出 30 个产生的组合数）。而这却是我们从秩次检验向随机化检验的转折点。如果还停留在秩次检验，我们显然不可能生成所有这些组合，求出其秩和，并计算其 p 值。因此，我们要么用正态分布求出 p 的近似值，要么按照本章目的，进行随机化检验。现在我们要做的是，从上述天量的秩次组合中随机抽取 10 000 种，并求出其中有多大百分比的组合超过了实际的秩和。就我们的目的而言，这个结果肯定足够精确了。

下面是执行该过程的 R 代码。你可以看到，在 10 000 个数据样本中，求得的概率为 0.047，非常接近 SPSS 得出的 0.049。

```
### Wilcoxon Example
#These data have been created so that the one-tail p approx = .05
# SPSS gives it as .049
nreps = 10000
groups <- rep(c(1,2), each = 30 )

dv <- c(21, 28, 27, 22, 22, 18, 19, 15, 25, 37,28, 27, 17, 18, 21, 28,
27, 25, 27, 19, 21, 28, 27, 25, 22, 23, 18, 19, 15, 25, 25, 35, 34, 22,
21, 36, 23, 18, 15, 25, 35, 34, 22, 21, 36, 37, 28, 27, 17, 18, 35, 34,
22, 21, 36, 37, 28, 27, 17, 18)

result <- wilcox.test(dv ~ groups, alternative = "less")
print("The Wilcoxon test produces \n")
print(result)
dvr <- rank(dv)     #Rank the raw scores from low to high
```

```
W <- sum(dv[groups == 2])    # This is the sum of the ranks in Group 2
cat(" Wilcoxon's W = ", W)

sums <- numeric(nreps)   #Place to store sums
for (i in 1:nreps) {
  temp <- sample(dvr, 30)
  sums[i] <- sum(temp)
}
prob <- 1 - (length(temp[sums >= W])/nreps)
cat("The probability of a value of W equal to the one that we obtained
is = \n",prob)
```

```
The probability of a value of W equal to the one that we obtained is =
0.0473
```

我们将仔细研究这个检验，因为它是随机化检验的很好的入门。这么说的理由是，进行随机化检验时，我们要做的正是刚才这些事，只不过不是用秩次来做，而是用原始观察值来做。用秩次创建附录中的表格相对容易些。要知道，如果有 15 个观察值，它们的秩次始终是 1 ~ 15，这相对容易。但如果是 15 个原始分数，这些分数实际上可以是任何一组数字。算出了一组分数的组合，换一组分数绝对要重新计算。费舍和皮特曼（Pitman）就在这里撞了南墙。他们也知道自己要计算的是什么（数据的所有组合），但是除了非常简单的情况之外，没有办法完成这样的计算。但是现在，你的智能手机就有能力完成这样的计算了。我们将很快回到这个问题上，但是我还要先就其他传统非参数检验交代几句。

威尔柯克森配对符号秩次检验

秩和检验处理的是两个独立样本的数据，而**威尔柯克森配对符号秩次检验**则处理匹配样本的数据。为了保持例子的连续性，我们假定上述例子中数据的收集方式有所不同——同一批儿童年幼时和年长时各进行一次测量。这就取得了成对的数据，但是两个组的平均数和中位数不变。我还简单地重新排列了同一年龄条件下的数据，使两组数据产生了一定的相关（$r = 0.63$）。这就是我们期望的：如果儿童在小时候获得高分，那么长大后也可能获得相对较高的分数；小时候得低分，长大后得分也相对低一些。数据如下。

年幼的儿童	年长的儿童	差值	秩次
12	18	−6	−3
4	16	−12	−6
8	24	−16	−7
10	6	4	2
2	13	−11	−5
22	25	−3	−1
20	28	−8	−4
T+=2	T−=26		

符号秩次检验的计算过程是这样的：先计算每个儿童两次得分之差。接着，对这些差值的绝对值排序（不考虑符号），然后在秩次前加上相应的符号。最后，分别算出正秩和与负秩和，即 T+ 和 T−。检验统计量就是将 T+ 和 T− 取绝对值后较小的那个值。表中已经列出了计算结果。现在我们将检验统计量定为 T+ = 2。如果你查看附录中关于威尔柯克森配对符号秩次表中检验 7 个案例的情况，就会发现 T+ = 3 的概率为 0.0391，T+ = 4 的概率为 0.0547。我们这里求出的 T+ 更低，因此这一差异很显著（$p < 0.05$）。这样我们就可以拒绝"不同年龄儿童做出的推论数没有差异"这一零假设。年龄较大的儿童在讲故事时很明显会提供更多的推论。

下面是用 SPSS 和 R 得到的关于这些数据的检验结果。要用 SPSS，我建议点选菜单"Nonparametric/Legacy/2 Related Samples"。该方法将提供更完整的结果。

NPar Tests

Descriptive Statistics

	N	Mean	Std Deviation	Minimum	Maximum
Young	7	11.1429	7.55929	2.00	22.00
Old	7	18.5714	7.69972	6.00	28.00

Wilcoxon Signed-Ranks Test

Ranks

		N	Mean Rank	Sum of Ranks
Old–Young	Negative Ranks	1[a]	2.00	2.00
	Positive Ranks	6[b]	4.33	26.00
	Ties	0[c]		
	Total	7		

[a] Old < Young
[b] Old > Young
[c] Old = Young

Test Statistics[a]

	Old − Young
Z	−2.028[b]
Asymp. Sig (2-tailed)	.043
Exact Sig. (2-tailed)	.047
Exact Sig. (1-tailed)	.023
Point Probability	.008

[a] Wilcoxon Signed-Ranks Test
[b] Based on negative ranks

```
### R Code for Wilcoxon Matched-Pairs Signed-Ranks

Young <- c(12, 4, 8, 10, 2, 22, 20)
Older <- c(18, 16, 24, 6, 13, 25, 28)
```

```
alternative hypothesis: true location shift is not equal to 0
95 percent confidence interval:
 -13.5  -1.0
sample estimates:
(pseudo)median
         -7.75

cor(Young, Older)
[1] 0.6283273
```

同样可以看出，年幼和年长儿童的推论数有显著差异。

弗兰克·威尔柯克森（1892—1965）

在统计学界，弗兰克·威尔考克森（Frank Wilcoxon）是一位很有意思的人，原因很简单，他其实不是统计学家，50 岁之前也没有发表任何统计学著作。他早年学习无机化学，一生中的大部分时间都在从事杀虫剂和杀真菌剂的化学研究。

威尔柯克森也曾加入统计学领域一位重要的早期人物 W. J. 尤登（W. J. Youden）的统计学研究小组，他们一直努力研究费舍的影响深远的著作（Fisher, 1935）。但是后来的数据分析让威尔柯克森对费舍的观察值随机化法产生了质疑。于是，他灵机一动提出了用秩次代替原始分数的想法，这样就可以很方便地得出各种检验统计量的分布。他的秩次检验方法大大促进了基于秩次的统计推断研究，催生了许多相关的应用秩次的统计检验方法。

威尔柯克森于 1957 年宣布退休，但他随后进了佛罗里达州立大学，从事秩次方法的研究，直到 1965 年去世。直到现在，他的名字仍是基于秩次的统计学的象征。

克鲁斯卡尔 – 沃利斯单向秩次方差分析

克鲁斯卡尔 – 沃利斯单向秩次方差分析 其实是秩和检验在自变量水平数（样本组数）≥ 3 的情形下的推广形式。我不准备详细介绍该检验，因为我相信你可以想象着对秩和检验进行简单推广，从而完成该检验。我们只要先对数据进行排序（不分组），然后计算一个统计量（H），并查询克鲁斯卡尔和沃利斯制作的统计表。可以认为 H 服从自由度为 $k-1$ 的 χ^2 分布，其中 k 为组数。H（也可记为 K）的公式如下

$$H = \frac{12}{N(N+1)} \sum_{i=1}^{m} \frac{R_i^2}{n_i} - 3(N+1)$$

用 SPSS 也可以很容易进行该检验，用 R 则可以运行 kruskal.test。下面是 R 代码，其数据分 3 组，分别有 7 个、8 个和 4 个观察值。

```
# Kruskal-Wallis
group <- factor(c(1,1,1,1,1,1,1,2,2,2,2,2,2,2,2,3,3,3,3))
score <- c(55,0,1,0,50,60,44,73,85,51,63,85,85,66,69,61,54,80,47)
kruskal.test(x = score, g = group)

Kruskal-Wallis rank sum test
data:  score and group
Kruskal-Wallis chi-squared = 10.4, df = 2, p-value = 0.005496
```

弗里德曼 k 个相关样本的秩次检验

本章讨论的最后一种自由分布的传统检验方法对应于单因素重复测量的方差分析，这就是**弗里德曼 k 个相关样本的秩次检验**。它是由米尔顿·弗里德曼（Milton Friedman）提出来的，在这之前，他是一位著名的经济学家。这种检验处理的数据是秩次而不是原始观察值，与标准的重复测量的方差分析密切相关，但又不完全相同。该检验的零假设是，每种处理的得分来自相同的总体；它对集中趋势的总体差异特别敏感。

如果我们对同一组参试者进行 3 次测量，并分别对每个人的 3 次得分进行排序，假定这 3 次测量之间没有系统性差别，则可以预料有些人第 1 次测量得分最高（高于另 2 次测量得分），有些人在第 2 次测量时得分最高，还有一些人在第 3 次测量时得分最高。得分最低的情况亦是如此。如果是这样的话，我们对每个参试者的 3 次测量得分进行排序，各次测量得到的秩次应该是大致随机的，因为零假设就是这些测量之间没有系统性的差别。这就是弗里德曼检验的理论基础。他分别对每个参试者的各次测量得分进行排序，然后分别求出每次测量中各个参试者的秩和。如果各次测量之间没有差异，那么每次测量的秩和就应该大致相等。

我们下面介绍的例子来自 Foertsch 和 Gernsbacher（1997）的研究，他们考察了用既可以表示男性也可以表示女性的无性别色彩的单词 "they" 代替 "he（他）" 或 "she（她）" 的情况。随着人们越来越不愿意用 "he" 作为中性代词，许多人都不顾语法错误，用 "they" 代替 "he"。Foertsch 和 Gernsbacher 让参试者阅读一些句子，例如，"A truck driver should never drive when sleepy, even if (he/she/they) may be struggling to make a delivery on time, because many accidents are caused by drivers who fall asleep at the wheel. ［卡车司机切勿疲劳驾驶，即使（他／她／他们）可能难以按时交货，因为许多事故是由于司机开车时睡着造成的。］" 括号中的词有时是符合性别色彩的代词，有时是性别色彩与预期相反的代词，有时则是中性代词 "they"。这个研究中用到的句子有 3 种，第一种句子中期望的代词是男性的 "he"，第二种句子中期望的代词是女性的 "she"，第三种句子则两者皆可。我本来可以从研究数据中选用多个因变量，但是我最终只考察以下 3 个方面：（1）句中应该出现 "he" 时却看到了 "she"（期待 He，实见 She）的效应；（2）应该出现 "she" 却看到 "he"（期待 She，实见 He）的效应；（3）应该出现中性代词时看到 "they"（期待中性，实见 They）的效应。（该研究还有很多其他内容。）因变量是每个字符的阅读用时（以毫秒计）。表 20.2 中的数据是另行生成的，其中位数与作者报告的基本相同。

表 20.2 体现阅读用时与代词之间关联的数据

参试者编号	1	2	3	4	5	6	7	8	9	10	11
期待 He，实见 She	50	54	56	55	48	50	72	68	55	57	68
期待 She，实见 He	53	53	55	58	52	53	75	70	67	58	67
期待中性，实见 They	52	50	52	51	46	49	68	60	60	59	60

这里对每个参试者进行了重复测量，即每个参试者都要读上述 3 种句子。从原始数据来看，有些人无论读哪一句都比别人慢。数据也远非正态分布，这就是我要进行自由分布检验的原因。我们对每位参试者的 3 个数据进行排序，得到表 20.3。

表 20.3 体现阅读用时与代词之间关联的数据

参试者编号	1	2	3	4	5	6	7	8	9	10	11	秩和 R_i
应为 He/ 实为 She	1	3	3	2	2	2	2	2	2	1	3	23
应为 She/ 实为 He	3	2	2	3	3	3	3	3	3	2	2	29
中性 / 实为 They	2	1	1	1	1	1	1	1	1	3	1	14

请注意，第三类（"期待中性 / 实见 They"）的秩次显然最低，而"期待 She，实见 He"的秩次最高。弗里德曼用各行秩和计算出一个统计量（公式如下），并认为其服从自由度为 $k-1$ 的 χ^2 分布（k 为每位参试者的测量次数）。

$$X_F^2 = \frac{12}{Nk(k+1)}\sum R_i^2 - 3N(k+1)$$

其中，R_i = 第 i 种条件下的秩和，N = 参试者人数，k = 条件数。

在上述例子中，$X_F^2 = 10.36$，$df = 2$，$p = 0.004$，可见差异极为显著。

20.2 随机化检验

到目前为止，我讨论的都是传统的非参数检验，因为我觉得你应该知道这些检验。你在阅读论文时会看到它们，对它们的功能应该有一些了解。但是，现在我想更进一步，向你介绍另一种检验——通常所说的随机化检验。正如我之前所说的，你可以顾名思义地理解随机化检验——生成在自变量无效应的情况下所期望的随机数据样本，并据此进行假设检验。在生成许多（也许是 10 000 个）样本后，我们就可以根据生成的样本考察效应不存在时对应于我们求出的实际统计量的概率有多大。

在继续讨论之前，我想请大家注意，我在上一段中曾提到"效应不存在"。我没有用"零假设"这一术语，因为我们实际上没有通常意义上的零假设。零假设涉及总体参数（例如，$\mu_1 = \mu_2 = \mu_3$），而随机化检验不估计总体参数。而这正是随机化检验的优点之一。但是从某种意义上讲，这也是一个弱点。当我们说第一种处理下的分数很容易出现在第二种处理下时，我们就是在说这两种处理是等效的。当我们进行标准的 t 检验时，我们对方差和分布形态都有假定，这样一来，只有平均数不同才能让两个组产生差异。但是，随机化检验没有这样的假设，各组的方差可能有很大差异，而如果检验统计量是平均数之差或其他类似的统计量，我们就可能错过发现差异的机会。因此，我们确实需要加倍小心，保证检验统计量的合理性。

要理解这些检验，最简单的方式就是考察一个例子；我们这个例子中的检验与单因素方差分析有相同的功能。我用表 16.7 中的数据作为例子。这是一项关于三种条件下母性适应的研究。第 1 组参试者是低出生体重婴儿的母亲，她们还接受了实验干预。第 2 组参试者也是低出生体重婴儿的母亲，但是她们没有接受干预。第 3 组参试者是未接受干预的足月婴儿的母亲。我们在第 16 章中分析这些数据时，发现标准的方差分析得出 $F = 5.53$，$p < 0.005$。我现在就用这个例子来说明随机化检验在这种情况下是如何进行的，一旦你明白了它的原理，就很容易想象该检验的变式在其他不同情况下（例如两个独立样本，甚至两个相关样本）是如何进行的。虽然不同情况下的检验统计量不同，但是逻辑是相同的；先根据原始数据计算检验统计量，然后将其与根据随机数据计算的统计量进行比较。在讨论这个检验时，我不介绍相应的 R 代码，因为这给你带来的困扰与帮助不相上下。我将只用一般的术语做介绍，但是用于该分析的 R 代码可以在本章网站上找到。

在这个实验中，一位母亲的适应得分为 24。如果不同的处理条件对母亲的行为毫无影响，则三种条件下出现 24 分的可能性是相同的。其他分数也是如此。我们要做的第一件事是用实验数据算出检验统计量。这个检验统计量应该是某种能反映各组之间差异的统计量。如果我们愿意，可以计算一个标准的 F 统计量，但是我在这里只计算 $SS_{between}$。只要我们将数据随机化，F 和 $SS_{between}$ 之间就应该呈完全相关，而 $SS_{between}$ 更容易计算。接着，暂时将该统计量（或许可以称其为 $SS.bet.obt$）放在一边，开始随机化过程。我们将采用如下 R 命令：sample(matadapt.data, size = 93, replace = FALSE)。该命令能随机编排 93 个观测值。用前 29 个观察值组成第一组，用其后 27 个观察值组成第二组，用最后 37 个观察值组成第三组。然后我们将计算这三个组的 $SS_{between}$。在随机分配的情况下，我们生成的三个组之间不会有系统差异。将这个统计量值存储起来，再如此重复 999 次。得出 1000 个统计量值后，我们就可以进一步求出这些随机统计量值分布中最高的 5% 的面积对应的临界值。如果我们已经求得的 $SS.bet.obt$ 大于这个临界值，则可以在 $\alpha = 0.05$ 的水平上拒绝零假设。另一种做法也是大家偏爱的做法，是直接求出有多大百分比的随机统计量值超过前面得到的 $SS.bet.obt$ 的值，这样求出的是一个几近准确的概率。在本例中，与随机样本相比，$SS.bet.obt$ 对应的概率为 0.00493。

其他实验设计

我刚才讨论的是三个组的单因素方差分析方法。只要能进行独立样本 t 检验，就能如法炮制，因为 t 检验无非是对两个样本进行的方差分析。但是，如果我们进行的不是相互独立的测量，而是重复测量，则抽取随机化样本时应该对每位参试者多次测量得分的秩次进行随机化。对于两个相关样本的 t 检验也是如此。最后，如果要分析两个变量的相关，可以保持一个变量的分数不变，而将另一个变量的分数随机化——这等于将分数随机配对了。

上一段说明了一个要点，那就是每种检验方法的总过程大体相同。我们只不过改变一下随机化数据的方式而已，而且这种方法也都以不存在效应或相关时期望的结果为基础。

20.3 效应量指标

自由分布的统计检验很难算出效应量指标。[Conover（1980）讨论过传统非参数检验中如何运用置信区间，但是这里不做介绍。] 一个重要原因是，许多效应量指标都以标准差为基础，如果数据的分布很偏（非正态），则标准差就在很大程度上失去了原来的意义。如果已知数据呈正态分布，而且一个组的平均数比另一个组高 1 个标准差，我们就可以估计高分组中约 2/3 的人超过了低分组的平均数。但是，如果数据分布偏斜得厉害，就不能那样解释效应量。同样，即使没有用标准差对平均数之差进行标准化，对于分布严重偏斜的数据，仍无法很好地解释"第 1 组的中位数比第二组高 15 分"的含义。

一种可用的效应量指标直接计算前一组当中分数超过另一组的人数（百分比就更好了）。例如，假定我们发现第一妊娠期（即孕早期，妊娠后头 3 个月）就接受产前护理的母亲所生婴儿的体重中位数为 3245 克，而直到第三妊娠期才接受护理的母亲所生婴儿的体重中位数为 2765.5 克。两组之间有显著差异。这时我们可能会看到，几乎所有从第一妊娠期就接受护理的母亲所生婴儿的体重都超过了第三妊娠期才接受护理的母亲所生婴儿的体重的中位数。（反过来说，第三妊娠期才接受护理的母亲所生婴儿中只有 1 个超过了第一妊娠期就接受护理的母亲所生婴儿的体重的中位数。）这种报告效应量的方法可能不如用 $\hat{d}$ 或与其有关的指标令人满意，但是它肯定比仅仅报告显著差异提供了更多信息。

20.4 自助抽样

在这里，我想非常简短地介绍一个所谓"自助抽样"的概念，因为我几乎可以肯定你会看到别人提到这种方法。自助抽样是随机化检验的另一种形式，但是其目的往往不同于前面的讨论。这种方法主要用于求出总体特征（例如平均数或标准差）的估计值。自助抽样与随机化检验之间最明显差别在于，前者采取放回的抽样，后者进行的是不放回的抽样。

假定我得到了一组严重偏离正态分布的数据。我又想根据这些数据估计其所来自的总体的平均数。如果用自助抽样的办法，就要将这些数据当作其所属总体的精确而微缩的副本。接着，从这些数据中抽取一个样本，而且要采用放回的抽样。"放回"意味着一个特定的分数可能被抽到 2 次甚至 3 次，也可能一直没被抽到。根据这样一个随机样本，就可以算出一个检验统计量的值，比如算出一个平均数。然后我一遍又一遍地重复上述过程，每完成一次抽样就可以算出一个样本平均数。最后，这些样本平均数的平均数就成为对总体平均数的估计值。除此之外，还可以求出将最高和最低 2.5% 的样本平均数切分出来的那两个样本平均数，这两个平均数就是临界值，两者之间的区间就是总体平均数的置信区间。

我对自助抽样的介绍确实很简短，因为最好对样本平均数的平均数略作校正，但是自助抽样的总过程基本上就是这个样子了。与用自助抽样得出的答案相比，那个有待校正的偏差其实微不足道，而且即使我不详细介绍偏差的校正方法，你也可以理解什么叫自助抽样。关于自助抽样的最重要的工作是由 Efron 和 Tibshirani（1993）完成的，他们的书也相当好懂。如果你想更多地了解自助抽样，我建议你看看他们的著作。另外，你从网上也可以搜索到许多有用的资源。

20.5 母性适应研究的结果报告

我在第 16 章举了一个例子，是关于母性适应研究的，当时的总结大部分内容也适合本章。而本章所做的重要改变是，在分析三个独立样本的数据时用随机化检验代替方差分析。在这里，我们不需要报告诸如 F 之类的检验统计量，甚至不必提到用 $SS_{Between}$ 作为检验统计量，应该指出该检验对平均数特别敏感。随后还应该指出，与随机分布相比，该检验发现了显著差异（$p < 0.005$）。只要我们能求出某个效应量的合理估计值，就应该予以报告。

20.6 总结

本章概括地介绍了两种类型的统计学方法，它们大大减少了对样本所来自总体的限制性假定。我们先是介绍了传统的非参数检验，作为学生，你对此还是要有所了解。每一种检验都需要将原始数据转换为秩次，并利用这些秩次进行运算。随后，我们介绍了在研究中发挥着越来越大作用的随机化检验，它们有强大的功效，同时不需要考虑很多前提假定。以上这些检验的共同点是都要考虑零假设为真时数据（或秩次）的分布情况。为此，它们要列出各个组的数据（或秩次）所有可能的随机化组合。（这就是它们往往被称为"随机化"检验或"秩次随机化"检验的缘由。）如果根据实际数据求得的结果模式过于极端，我们就拒绝零假设。上述检验都属于非参数检验或自由分布检验，因为它们对分布的形态没有那么多讲究，而且不依赖于未知的参数（例如总体平均数 μ 或总体方差 σ^2）。

最后介绍了自助抽样技术。这些技术主要用于估计总体参数。与其他随机化检验的不同之处在于，自助抽样假定，得到的数据能精确反映总体分布形态，而且它采取放回的抽样，从而可以从该总体中抽取很多个样本。

重要术语

参数检验（parametric tests，p.465）
非参数检验（nonparametric tests，p.465）
自由分布检验（distribution-free tests，p.465）
随机化检验（randomization tests，p.465）
置换检验（permutation tests，p.465）

秩次随机化检验（rank-randomization tests，p.466）
威尔柯克森－曼－惠特尼秩和检验（Wilcoxon-Mann-Whitney test，p.467）
威尔柯克森配对符号秩次检验（Wilcoxon's matched-pairs signed-ranks test，p.470）

克鲁斯卡尔 – 沃利斯单向秩次方差分析（Kruskal-Wallis one-way analysis of variance，p.472）

弗里德曼 k 个相关样本的秩次检验（Friedman's rank test for k correlated samples，p.473）

20.7 快速复习

A. 自由分布检验不需要关于 ____ 的假定。

答：总体数据的分布形态

B. 为什么本章前半部分讨论的检验往往被称为"秩次随机化"检验？

答：因为这些检验将数据转换为秩次，然后以所有可能的方式施以随机化（或置换），考察统计量的分布情况。

C. 威尔柯克森 – 曼 – 惠特尼检验的零假设与标准的独立样本 t 检验的零假设有什么不同？

答：威尔柯克森 – 曼 – 惠特尼检验考察的是"各组分别抽自相同的总体"这一零假设，而不是仅仅考察"这些数据来自平均数相同的总体"。

D. 随机化检验正在取代传统的非参数检验，这是因为

答：它们不需要对潜在总体提出前提假定就可以直接进行假设检验。

E. 大致相当于威尔柯克森检验的随机化检验采用 ____ 作为检验统计量。

答：统计量 t 或差值平均数

F. 由于 ____，随机化检验比以前更受欢迎。

答：快速运算的软件越来越容易获得

G. 克鲁斯卡尔 – 沃利斯单向秩次方差分析是 ____ 的简单推广。

答：曼 – 惠特尼检验

H. 自助抽样的主要目的是 ____。

答：估计总体参数

20.8 习题

在以下习题中，我经常要求你用 SPSS 或 R 解题。用 SPSS 时，只要你坚持用菜单中"Legacy"下的方法就能成功。你也完全可以用 R 来解题，只要将本章网页上提供的代码略作修改即可。

20.1 Kapp、Frysinger、Gallagher 和 Hazelton（1979）已经证明，杏仁核病变可以减少某些通常与恐惧有关的反应（例如心率降低）。如果动物的杏仁核病变确实减轻了恐惧反应，就很难训练这些动物做出回避反应，因为病变使它们对刺激的厌恶降低了。假设有两组兔子：一组杏仁核有病变，另一组是没有病变的控制组。以下数据表示每只兔子习得回避反应的所需的试验次数。

有病变组	控制组
15	9
14	4
8	10
7	6
22	6
36	4
19	5
14	9
18	9
17	
15	

（a）用 SPSS 或 R 分析数据，采用威尔柯克森 – 曼 – 惠特尼检验（双尾检验）进行分析。

（b）用随机化检验重新分析上述独立样本的数据——该方法可以轻松地处理两个组的数据，而且可以在本章的网站上找到。

（c）上述分析结果可以让你得出什么结论？

20.2 用适当的单尾检验重复习题 20.1 的统计分析。

20.3 Nurcombe 和 Fitzhenry-Coor（1979）认为，诊断技术培训应引导临床医生在判断病因时提出更多的假设并进行检验。假设选择 10 位刚入院的精神科住院医师作为参试者，要求他们观看某次交谈的录像，每隔几分钟记录他们对病例的想法。然后，计算每位住院医师写下的假设数量。在住院培训期结束时，用相似的录像对同一批住院医师重复上述实验。数据如下。

参试者	1	2	3	4	5	6	7	8	9	10
训练前	8	4	2	2	4	8	3	1	3	9
训练后	7	9	3	6	3	10	6	7	8	7

（a）用威尔柯克森配对符号秩次检验分析上述数据。

（b）你能得出什么结论？

20.4 根据习题 20.3 的数据

（a）用适当的随机化检验重复统计分析。

（b）两个答案的吻合程度如何？它们为什么不完全一致？

20.5 有一种说法，认为第一胎孩子比第二胎孩子独立。假设我们编制了一份满分为 25 分的独立性量表，用这个量表对 20 个第一胎子女以及他们的第二胎弟弟或妹妹进行了评估。为了消除年龄悬殊造成的影响，我们评估的都是成年人。独立性数据如下（分数越高，表示此人越独立）：

配对家庭编号	第一胎子女	第二胎子女
1	12	10
2	18	12

续表

配对家庭编号	第一胎子女	第二胎子女
3	13	15
4	17	13
5	8	9
6	15	12
7	16	13
8	5	8
9	8	10
10	12	8
11	13	8
12	5	9
13	14	8
14	20	10
15	19	14
16	17	11
17	2	7
18	5	7
19	15	13
20	18	12

（a）用 SPSS 或 R 对数据进行威尔柯克森配对符号秩次检验。

（b）你可以得出什么结论？

20.6 用随机化检验重复上述分析。

20.7 习题 20.5 的结果不那么清晰。以第一胎子女的分数为自变量，绘制各配对的差值。这个图能说明什么？

20.8 威尔柯克森－曼－惠特尼检验的零假设与对应的 t 检验的零假设有什么差别？

20.9 威尔柯克森配对符号秩次检验的零假设与对应的 t 检验的零假设有什么差别？

20.10 支持自由分布检验的一个论据是，它们更适合顺序量表水平的数据。（本书别的部分已经讲过这个问题。）请给出一个理由，说明这不是一个有力的论据。

20.11 同样是拒绝零假设，为什么 t 检验比传统的非参数检验表述得更具体？

20.12 三位上英语课的教授相互不服，都声称自己教的学生表现最好。为了解决这一问题，从每个班随机抽取 8 名学生，让他们完成相同的试卷。试卷评分者是一位不知道学生来自哪个班级的中立教授。数据如下。

李教授	凯斯勒教授	布莱特教授
82	55	65
71	88	54
56	85	66
58	83	68
63	71	72
64	70	78
62	68	65
53	72	73

(a)用 SPSS 对这些数据进行克鲁斯卡尔 – 沃利斯检验。

(b)进行适当的随机化检验，并得出适当的结论。

20.13 有一位心理学家经营着一所帮助犯罪青少年的教养院，他需要证明该教养院成功地减少了犯罪。他抽取了 10 名生活在自己家且警察局确认曾有过失的青少年，10 名生活在寄养家庭的类似的青少年，以及 10 名在其教养院生活的青少年。至于指标变量，他采用了很容易从学校记录中获得的逃学率（过去一个学期的逃学天数）。用 SPSS 对这些数据进行克鲁斯卡尔 – 沃利斯检验。

自然家庭	寄养家庭	教养院
15	16	10
18	14	13
19	20	14
14	22	11
5	19	7
8	5	3
12	17	4
13	18	18
7	12	2

20.14 还有一种评价教养院的办法：假设我们找来 12 个确认曾有过失的青少年，分别记录他们在以下三个时间段的逃学天数：（1）他们被安置在教养院前的 1 个月；（2）他们住教养院的那个月；（3）他们离开教养院后的 1 个月。数据如下：

青少年编号	住教养院前	住教养院时	离开教养院后
1	10	5	8
2	12	8	7
3	12	13	10
4	19	10	12
5	5	10	8
6	13	8	7
7	20	16	12
8	8	4	5
9	12	14	9
10	10	3	5
11	8	3	3
12	18	16	2

用 SPSS 或 R 对这些数据进行弗里德曼检验。

20.15 习题 20.14 描述的研究比习题 20.13 有什么优点？

20.16 根据习题 20.3 中的数据，我们可以说三成住院医师在第二次测量时生成的假设减少了，另外七成则生成了更多的假设。此处也适合进行 χ^2 检验。对于这些数据，χ^2 检验与弗里德曼检验或随机化检验有什么差别？

20.17 根据习题 20.1 中的数据计算合适的效应量。你可能想出几种不同的指标，因此要从中选择一种指标，以便读者真正了解杏仁核病变的影响。

20.18 在 100 年前，Bleuler（1911）认为精神分裂症的特征是记忆联想之间缺乏联系。Suddath、Christison、Torrey、Casanova 和 Weinberger（1990）对这一假设进行了一项有趣的研究。海马被认为在记忆的存储和恢复中起重要作用，于是研究者很自然地想知道海马结构上差异（特别是其大小）会不会与精神分裂症有关。Suddath 对 15 位精神分裂症患者及其同卵（遗传上完全相同）双生的兄弟姐妹进行了大脑 MRI 扫描，测量了每个大脑左海马的体积。Suddath 用同卵双生子做被试，目的是尽可能控制那些可能影响皮层和皮层下结构的体积的变量。同时，这样做也减少了待解释的方差。结果如下，数据来自 Ramsey 和 Schafer（1997）。

匹配编号	正常	精神分裂症	测量值之差
1	1.94	1.27	0.67
2	1.45	1.63	-0.18
3	1.56	1.47	0.09
4	1.58	1.39	0.19
5	2.06	1.93	0.13
6	1.66	1.26	0.40
7	1.75	1.71	0.04
8	1.77	1.67	0.10
9	1.78	1.28	0.50
10	1.92	1.85	0.07
11	1.25	1.02	0.23
12	1.93	1.34	0.59
13	2.04	2.02	0.02
14	1.62	1.59	0.03
15	2.08	1.97	0.11
平均数	1.76	1.56	0.199
中位数	1.77	1.59	0.110

如果你绘制出这 15 对双胞胎的测量值之差，就会注意到其分布与正态分布相去甚远。请对"这两种条件下左半球海马体积相等"这一零假设进行随机化检验。

20.19 为习题 20.18 中介绍的研究写一份简短的摘要。

20.20 统计假设检验的历史实际上始于费舍的一项品茶实验（Fisher, 1935），以这项研究为题来结束非常合适。（如果考虑到费舍是最早倡导随机化检验方法的学者之一，尽管他没有条件用该方法解决较大的问题，这也是一个合适的结尾。）小茶室的老板认为顾客尝不出用一个茶袋泡出的第一杯茶与用另一个同种茶袋泡出的第二杯和第三杯茶有什么差别（这就是它一直是小茶室的原因）。他挑选了 8 个不同品牌的茶袋，每一个品牌的茶袋都用上面的方法泡了 3 杯茶，然后让一组顾客以 20 分制对每杯茶进行评分（顾客不知道杯子里是哪一种茶）。数据如下（评分越高，说明顾客觉得茶越好）：

茶品牌	第一杯	第二杯	第三杯
1	8	3	2
2	15	14	4
3	16	17	12
4	7	5	4
5	9	3	6
6	8	9	4
7	10	3	4
8	12	10	2

运用随机化检验给出适当的结论。

元分析

需要回忆的概念

效应量($\hat{d}$):	通常用于平均数之差的效应量指标
r^2:	相关数据的效应量指标
风险比——相对风险:	两个风险度的比率——一种效应量指标
优势比:	类似于风险比,是优势度之间的比率

在前20章中,我们关心的都是单个研究——比较样本平均数、考察相关系数和回归模型、分析列联表,等等。在大多数情况下,这确实是行为科学研究者的主要工作。但是,当我们就某个研究问题收集了一系列相似的研究报告之后,就应该考虑如何将这些研究综合起来,形成一些概括的结论。某位研究者研究了遭受电击后的小鼠的回避行为,可能发现回避会随着电击强度上升而增加。另一位研究者也进行了类似的研究,但是可能没有发现明显的影响(例如 p 值为 0.17)。我们应该怎么看待这两个结果?电击强度水平确实能影响回避行为,还是不能影响,还是只会在有限的条件下影响?第二项研究与第一项研究是否一致?这些就是本章要讨论的问题,只不过我们要同时考虑两个以上的研究。

21.1 元分析

首先，我要感谢伊利诺伊理工学院的 Alan Mead 为本章提供了许多有用的建议。

Borenstein、Hedges、Higgins 和 Rothstein（2009）在一本关于元分析的出色著作中，一开头就提到这样一件事：斯波克（Spock）医生，还有其他一些儿科医生，多年来一直在建议婴儿的父母们让孩子趴着睡觉。在 20 世纪下半叶，他对美国人育儿方式的影响可能超过了所有人。他写的《婴幼儿护理》（*Baby and Child Care*, 1946）出过许多版本，是有史以来最畅销的书之一。同时，那些年有超过 10 万名婴儿死于婴儿猝死综合征（sudden infant death syndrome，缩写为 SIDS），其中许多婴儿是趴着睡觉时死去的。在那段时间里，关于俯卧睡姿危险性的证据越来越多，但是人们一直没有将全部研究综合起来，以至很晚才发现这个问题。在他们发现俯卧睡姿的危险，并建议父母让婴儿仰卧睡觉之后，因 SIDS 死亡的人数迅速下降。（我并不想因此否定斯波克医生，毕竟他对儿童养育事业做出了巨大贡献，何况当时他的同事们也在提同样的建议。）

Borenstein 等人举的这个例子既简单，又富于戏剧性，它说明将领域内全部文献综合起来形成明智结论的重要性。**元分析**就是为此目的而诞生的。元分析一直是所谓循证医学的核心特征，而科克伦医学合作网几乎在每个医学领域都发表了成千上万个元分析报告，其中许多元分析与行为科学直接相关。在本章中，我们将利用该组织积累的数据。

由于传统的假设检验所受的许多质疑都集中于单一实验结果的可靠性，所以近些年来元分析变得越来越重要了。尽管我认为那些质疑往往言过其实，但我还是理所当然地支持元分析，即根据更多的研究结果来理解处理产生的效应，而不仅仅根据我们昨天刚发表的一项研究。

一开始，人们为巩固证据所做的努力是进行所谓的叙事研究。在叙事研究中，研究者要就自己关注的主题阅读大量文献，然后对其阅读的这些研究做出某些主观判断，最后得出结论。这些结论都是高度主观的，不同研究得到的重视程度全由研究者酌定。此外，该方法主要限于已发表的文献，因而天然地侧重于统计上有显著意义的结果。它忽略了 Rosenthal（1979）提到的"**文件抽屉问题**"——记载阴性结果的文件深锁文件柜中。Rosenthal 承认，结果不显著的研究很可能难以发表，因此已发表的文献本身有偏差。对这个问题，他提出了一个简单的解决方法，即统计本来会扔进抽屉的阴性结果数目，这样会提高无显著意义结果的总概率。如果少量这样的研究就能改变结论，我们对研究结果就不能深信不疑了。

我们需要考虑的第二个问题是研究本身具有的缺陷。尽管没有一项研究是完美无缺的，不过总有一些研究缺陷更多些。例如，由于无关变量对结果可能有影响，导致研究者未能将被试随机分配到不同的组，从而使结果产生偏差。对于这个问题，我们没有很好的解决方案。有人提出应该尽可能详尽地记录研究的各方面内容，以后再加以分析，看看考虑了无关变量后会不会改变我们的结论。这种方法也有难点，尤其是因为很少有哪些研究只带有一个缺陷，但是我们至少应该尝试一下。

用最简单的术语来说，元分析就是计算关于特定主题的许多研究结果的平均数。这个平均数的计算过程非常复杂：先求出各项研究的效应量，再根据结果的精确度为各项研究赋予不同的权重，从而算出加权平均数。请务必记住一点：只要你求出了效应量，不管它是 d 还是风险比或相关系数，对其进行综合和检验的公式都是相同的。因此，公式里有 d 的位置也可以换上费舍的 r 转换值、$\log(RR)$ 或其他效应量，然后只管用这些数字算出结果即可。

我必须从一开始就提醒你，元分析的计算量很大。我不打算介绍元分析所需的很多公式，因为我觉得你用不着现在就学习这些公式。我的目标是解释元分析是什么，以及如何运用元分析。你需要大致了解元分析的各类计算，但是不必亲自熟练地完成这些计算。如果你将来想进行元分析，可以访问某些资源以更全面地了解该方法。我于 2012 年出版的《心理学的统计方法》(*Statistical Methods for Psychology*) 一书的第 17 章，以及前面提到的 Borenstein 等人的文章，还有 Cooper、Hedges 和 Valentine（2009）的书，都对元分析做了更好更全面的介绍。

21.2 简要回顾效应量指标

假设你我以及其他一些人都在开展大致相同的研究。所谓大致相同，就是这些研究无须一模一样，但是都要回答同一个普遍性问题。尽管许多研究领域中的大多数研究都采用相同的常见检验方法，例如对平均数进行 t 检验或对列联表进行 χ^2 检验，但也不是全都如此。你的研究最终采用的可能是优势比，我的研究则可能采用两组平均数之差的 t 检验，而另一项研究可能计算某种相关系数。如果一切顺利，我们可能都得出了统计上有显著意义的结果，而且我们还欣慰地看到，从多个方向进行检验，其结果是一致的，都发现了要研究的现象。但是我们的研究不可能都这么顺利，我们需要面对不一致而且往往是不显著的结果。但是，我们能把 t 值、χ^2 值和相关系数加起来再除以 3 吗？当然不能。于是就需要某种通用的指标，即用同一个尺度衡量各个研究所获得的结果。统计学家已经证明，本书介绍的效应量指标非常适合这一角色。之所以能做到这一点，主要是因为我们已经掌握了不同效应量间相互转换的方法。

因为我们将专门讨论效应量指标，所以我要先离一下题，简要回顾一下这些指标。这些指标出自不同的章节，现在把它们放在一起看，还是很有意义的。接下来的这一节内容包含了一些最重要的效应量指标，尽管还没有穷尽所有指标。本节列出的很多公式主要供你复习和将来使用，真正计算时还可以利用网上各种很不错的效应量计算器；因此，请仔细阅读并回忆其含义，但是不用记忆。

与平均数有关的指标

这里将列出几种关于平均数的指标。它们都是科恩氏 d 的表现形式，尽管被称为 g 的赫奇校正法也都适用于所有这些指标。

- **两个独立样本——实验组和控制组**
  - 汇合方差

  $$d = \frac{\overline{X}_1 - \overline{X}_2}{s_{pooled}}$$

  $$s_d = \sqrt{\frac{n_1 + n_2}{n_1 n_2} + \frac{d^2}{2(n_1 + n_2)}}$$

  - 以控制组标准差进行标准化

  $$d = \frac{\overline{X}_1 - \overline{X}_2}{s_C}$$

  $$s_d = \sqrt{\frac{n_1 + n_2}{n_1 n_2} + \frac{d^2}{2n_1}}$$

- **匹配测量**
  - 以平均标准差进行标准化

  $$d = \frac{\overline{X}_{post} - \overline{X}_{pre}}{s_p} = \frac{\overline{X}_{post} - \overline{X}_{pre}}{s_{diff}/\sqrt{2(1-r)}}$$

  $$s_d = \sqrt{\left(\frac{1}{n} + \frac{d^2}{2n}\right) \times 2(1-r)}$$

  其中，r 是处理前和处理后测量值之间的相关系数。

  - 以 s_{diff} 进行标准化——较少使用

  $$d = \frac{\overline{X}_{post} - \overline{X}_{pre}}{s_{diff}}$$

- **多个独立样本**

  通常情况下，计算两个样本平均数或两组样本平均数的处理效应才有意义，因此这里略过多样本和多组样本情况下效应量的公式。

- **赫奇氏 g**

  到目前为止，我们都用 d 作为标准化的平均数之差，本章也继续这样做。这个 d 基本上就是科恩提出的科恩氏 d，尽管 Glass 首先提出了用控制组的标准差（而非汇合标准差）做分母。d 的缺点在于，当样本量较小时，它会略有偏差，并且往往会高估 δ。赫奇（Hedges，1981）提出进行一个小小的修改，其中需要一个校正系数

  $$J = 1 - \frac{3}{4df - 1}$$

  将 d 和 s_d 都乘以 J，得

  $$g = d \times J$$
  $$s_g = s_d \times J$$

  这就是赫奇氏 g，我们可以继续像处理 d 那样处理 g。尽管在这个例子中，我将坚持用 d，但这一点很重要。一旦我们求出了效应量，它是 d、g 还是别的 [例如

log(*RiskRatio*)]，其实都没有关系——后续的数学处理都是相同的。

基于列联表的效应量

假定有如下列联汇总表

条件	治愈	去世	N
实验组	A	B	A + B
控制组	C	D	C + D

- 相对风险 = 风险比

$$RR = \frac{A}{A+B} \bigg/ \frac{C}{C+D} = \frac{A(C+D)}{C(A+B)}$$

不过，我们通常求出风险比的对数（**Log***RiskRatio*）。故，

$$\text{Log}RiskRatio = \ln(RR)$$

$$s_{\text{Log}RiskRatio} = \sqrt{Var_{\text{Log}RiskRatio}}$$

$$Var_{\text{Log}RiskRatio} = \frac{1}{A} - \frac{1}{A+B} + \frac{1}{C} - \frac{1}{C+D}$$

$$CI_{\text{Log}RiskRatio} = \text{Log}RiskRatio \pm 1.96 \times s_{\text{Log}RiskRatio}$$

可以利用这些统计量计算效应量及其置信区间，但是要用以下方法将平均数和置信区间转换回其原来的计量方式

$$Mean = e^{\ln(RR)}$$

$$Lower = e^{lower_{\text{Log}RiskRatio}}$$

$$upper = e^{upper_{\text{Log}RiskRatio}}$$

其中 e 是自然对数的底（约为 2.71828）。

- 优势比（*OR*）

$$OR = \frac{A/B}{C/D} = \frac{A \times D}{B \times C}$$

这里通常也是求出优势比的对数（**Log***OddsRatio*），在这种情况下，

$$\text{Log}OddsRatio = \ln(OR)$$

$$s_{\text{Log}OddsRatio} = \sqrt{Var_{\text{Log}OddsRatio}}$$

$$Var_{\text{Log}OddsRatio} = \frac{1}{A} - \frac{1}{B} + \frac{1}{C} - \frac{1}{D}$$

$$CI_{\text{Log}OddsRatio} = \text{Log}OddsRatio \pm 1.96 \times s_{\text{Log}OddsRatio}$$

与处理风险比的方式相同，我们可以计算各个对数值，再将结果转换回其原来的优势比形式

$$Mean = e^{\ln(OR)}$$

$$lower = e^{lower_{\text{Log}RiskRatio}}$$

$$upper = e^{upper_{LogRiskRatio}}$$

你也许会问，我们为什么要求 RR 和 OR 的对数？主要是因为，RR 和 OR 分布的下限都是 0，而上限为无穷大，因此分布呈正偏态。将比率转换为其对数，就能得到接近正态分布的统计量。

相关的效应量

相关系数通常被当成效应量看待，但是正如我们已经看到的，除非总体参数为 0，否则相关系数都呈偏态分布。为此，我们要用费舍变换法求出被称为 r' 的统计量。

$$r' = 0.5 \times \ln\left(\frac{1+r}{1-r}\right), \quad s_{r'}^2 = \frac{1}{n-3}, \quad s_{r'} = \sqrt{\frac{1}{n-3}}$$

这里同样要用变换后的值进行元分析计算，然后将计算结果转换回其原来的尺度。

$$r = \frac{e^{2r'} - 1}{e^{2r'} + 1}$$

效应量间的转换

将一种效应量转换为另一种效应量，相对来说还是容易的。表 21.1 呈现了几种转换方法。如果你需要的转换在这个表中找不到，上互联网一搜就会有收获。

表 21.1　效应量间的转换

LogOddsRatio 转换为 d	$d = LogOddsRatio \times \dfrac{\sqrt{3}}{\pi}$
	$var(d) = var(LogOddsRatio) \times \dfrac{3}{\pi^2}$
r 转换为 d	$d = \dfrac{2 \times r}{\sqrt{1-r^2}}$
	$var(d) = \dfrac{4 \times var(r)}{(1-r^2)^3}$

在线计算器

在互联网上很容易找到效应量计算器，你可以用它们算效应量，并来回转换，而不必动用纸和笔。乔治·梅森大学的 David Wilson 创建了一个计算和转换效应量优秀的计算器[*]。这是我见过的最完整的在线资源，几乎可以计算任何效应量。

---

[*] 本书配套提供的网络补充材料的网址可联系电子邮箱 1012305542@qq.com 获取，或者登录 www.wqedu.com 下载。您在下载中遇到问题，可拨打 010-65181109 咨询。——中文版出版者注

Paul Ellis 也编制了一个计算器程序*，使用起来更简单，但功能不那么完整。我强烈建议你浏览这个网站。请你阅读靠近页面底部的小字号注释，并至少访问其中一个链接。你会惊讶地发现那里有许许多多有用的信息和在线资源。

我们举个例子来展示如何使用这些计算器。假设你正在以"受害人的种族与被告人得到的判决结果之间的关系"为题进行元分析。想来你会想到 Unah 和 Borger（2001）进行的一项研究。表 21.2 显示的是该研究的数据。

表 21.2　判决与被告人种族的关系（受害人是欧裔人）

被告人种族	死刑		总数
	是	否	
非欧裔人	33	251	284
	(22.72)	(261.28)	
欧裔人	33	508	541
	(43.28)	(497.72)	
总数	66	759	825

对这些数据进行 χ^2 检验，得 $\chi^2 = 7.71$ 和 $N = 825$。你可以进入 Wilson 的计算器网页，选择"Standardized Mean Difference (d)"，假设 d 为效应量指标。接着，选择"chi-square（χ^2 检验）"，输入 $\chi^2 = 7.71$ 和 $N = 825$，然后点击"Calculate"按钮。你将看到结果：$d = 0.1943$，d 的置信限分别为 0.0571 和 0.3341。这点事做起来并不难。如果你想根据相对风险（RR）进行计算，请从开始的菜单中选择该选项，输入各个单元的次数，然后点击"Calculate"。同样简单得很。

21.3　第一个例子——儿童和青少年抑郁症

与其花很多时间让你看我怎么进行计算，不如让你通过一系列例子学习更多关于元分析的知识。除了我刚才提到的计算器可以做到外，还有一个可以完成实际计算的软件，但是那个软件太久远也太简单，我没有将其安装在计算机上。如果你确实需要开展元分析，就应该学会使用那些可用的软件；但是如果你只是想了解什么是元分析，就不用管那些软件了。

儿童和青少年的抑郁症是社会长期关注的问题，而且，我们已经为制订预防计划以降低其发病率做出了许多工作。在这些工作中，有一部分是向某些目标人群的所有成员提供的"通用性"项目。例如，一个学区可能会引入一些集体活动，或加入某些课程，使该学区的全体学生受益。还有一些项目是"选择性"的，它们针对的是那些被认为有患抑郁症风险的小范围的学生。第三类计划被称为"指定性"的干预行动，针对的是已经

---

* 本书配套提供的网络补充材料的网址可联系电子邮箱 1012305542@qq.com 获取，或者登录 www.wqedu.com 下载。您在下载中遇到问题，可拨打 010-65181109 咨询。——中文版出版者注

表现出亚临床症状的儿童。Horowitz 和 Garber（2006）对此类干预项目进行了元分析研究，试图弄清楚这些干预总体而言是否有效，以及各类项目的效果有无差别。他们首先用"depression（抑郁）"和"prevention（预防）"为搜索项搜索了 PsychINFO 数据库。搜索中包括各种学位论文，以最大程度地减少出版偏差。接着，他们又手动搜索了时间跨度为 30 年的 15 种期刊，以寻找更多的研究报告。如此密集的期刊搜索，其目的就是要发现尽可能多的研究报告，以最大限度地减少偏差。结果，他们发现了 30 项可用于元分析的研究。这些研究都包含实验组和控制组。

尽管我不很关注数据收集阶段，但是每一个打算开展元分析的研究者都应该关心一下有关元分析原理的大量重要文献。Cooper（2009）全面介绍了元分析的过程（但不包括统计方法），每一个计划做元分析的人都应该先学习该文献或其他类似文献。有助于你筹划研究的还有 Borenstein 等人（2009）和 Cooper 等人（2009）的文献。

在收集了所有可用的研究后，Horowitz 和 Garber 按作者、目标（"通用性""选择性"和"指定性"）、样本容量、平均年龄、女性百分比、时间长度、干预后和随访期的效应量以及干预的总结对这些研究进行了分类。在大多数元分析中，这样的分类都是常规工作。而我们的目标是考察效应量。在第 7 章中，我讨论了双样本研究的效应量指标，还介绍了定义标准化计量（标准差）的替代方法。Horowitz 和 Garber 的效应量计算方法是：用实验组和控制组的后测抑郁平均分之差除以控制组的标准差。

$$d = \frac{\overline{X}_{Control} - \overline{X}_{Treatment}}{s_{Control}}$$

我们经常称这种 d 为科恩氏 d，但其实我们要向真正提出该建议的 Glass 表示歉意。表 21.3 中给出了分析结果。每个研究都包含一个实验组和一个控制组。（该表略去了一项研究，因为该研究无法计算效应量。）因为表中没有列出每个组的人数，所以我就当两种条件下的个体数相同。（该表中标明"NA"的数据表示缺失值；如果用其他软件，你可能需要换一种缺失值表示法。）干预结束时计算第一个效应量（d_1）。尽可能在干预结束后 6 个月得出第二个效应量（d_2）。最后一栏是最后一次随访的效应量，也可以是 6 个月后随访的效应量。其中 8 项研究缺少 6 个月随访的效应量（d_3）。

表 21.3　Horowitz 和 Garber（2006）的结果

作者	目标	N	d_1	d_2	d_3
Clarke1	U	662	0.06	−.06	−.06
Clarke2	U	380	0.09	0.14	0.14
Kellam	U	575	−.01	NA	NA
HainsEllman	U	21	0.36	−.04	−.04
Cecchini	U	100	0.11	−.15	−.15
Petersen	U	335	−.12	NA	NA
Pattison	U	66	−.01	0.40	0.40
Lowry-Web	U	594	0.17	NA	NA
Shochet	U	260	0.39	0.25	0.25
Spence	U	1500	0.29	0.03	0.03
Merry	U	364	0.02	−.13	0.05

续表

作者	目标	N	d_1	d_2	d_3
Gwynn-Roosa	S	60	1.37	NA	NA
Sandler	S	81	0.41	NA	NA
Wolchik	S	72	0.24	NA	NA
Beardslee	S	94	−.06	NA	NA
Seligman	S	52	0.20	0.42	0.42
Quayle	S	235	0.32	0.12	0.25
Cardemil1	S	47	−.62	0.62	0.62
Cardemil2	S	49	0.99	1.24	1.24
	S	106	0.16	0.31	0.31
Jaycox	I	143	0.18	0.32	0.20
Clarke3	I	150	0.31	0.07	0.01
Reivich	I	152	0.12	0.40	0.22
Lamb	I	41	0.70	NA	NA
Forsyth	I	59	1.51	1.95	1.95
Clarke4	I	94	0.41	0.47	0.04
Yu-Selig	I	220	0.23	0.30	0.30
Freres1	I	268	−.06	0.16	0.03
Freres2	I	74	0.07	0.56	0.56

我对 6 个月随访时的得分很感兴趣，因为我想知道某个项目有没有长期效果。因此，我们将用 d_2 作为因变量数据，分析那 21 个研究的结果。

从表 21.3 可以看到，6 个月时大多数效应量都是正的，但是有些效应量的值很小。这张表上没有显示是否发现了显著性差异，但是我们在计算效应量的置信限时会检验其显著性。这么多正值让我预感到那些干预在总体上产生了积极影响，尽管我们还要考察不同类型的干预效果有没有差异。

森林图

我们可以用一种非常简单的方法（即所谓的**森林图**）来考察表中的结果。每一个研究都用一条单独的线标出其效应量以及该效应量的置信区间。你可以看到，图 21.1 就是这样一幅森林图。其中的垂直虚线表示此处效应量为零，所以在其右侧就能看到效应量的高低。最右边的值是每个研究的效应量及其上下置信限。这幅图是用 R 中的 metafor 包生成的，不过，任何元分析软件都可以画出类似的图。

线当中的小方块表示该研究效应量的点估计值。你可以看到每个方块都有其对应的上下置信限。显然，置信区间越窄，我们对估计值的信心就越强。总的来说，置信区间的宽度与样本容量有关，大样本会带来更高的精度。你还会注意到，小方块的大小也各不相同（图 21.1 中表现得不明显），它也与估计的精度直接相关。

看了这个图，你可能有点失望。在这些研究中，上下置信限分列 0.0 两侧的有不少，这意味着在一半以上的研究中，平均数之差的显著性检验将会失败（无显著差异）。这让人很沮丧。但是我们还应该看到，小方块表示的大多数 d 值是正的，这又令人鼓舞。如果我们算一下，在零假设成立的情况下，21 个研究中有 17 个（或更多）研究的 d 落在 0 的同一侧的概率是多少，就可以发现这个概率为 0.004，这就更令人鼓舞了。即便是这种粗略的显著性检验方法也告诉我们，干预措施好像是有效的。但是，我们还想得到更多的信息，而不只是一个简单的概率值。

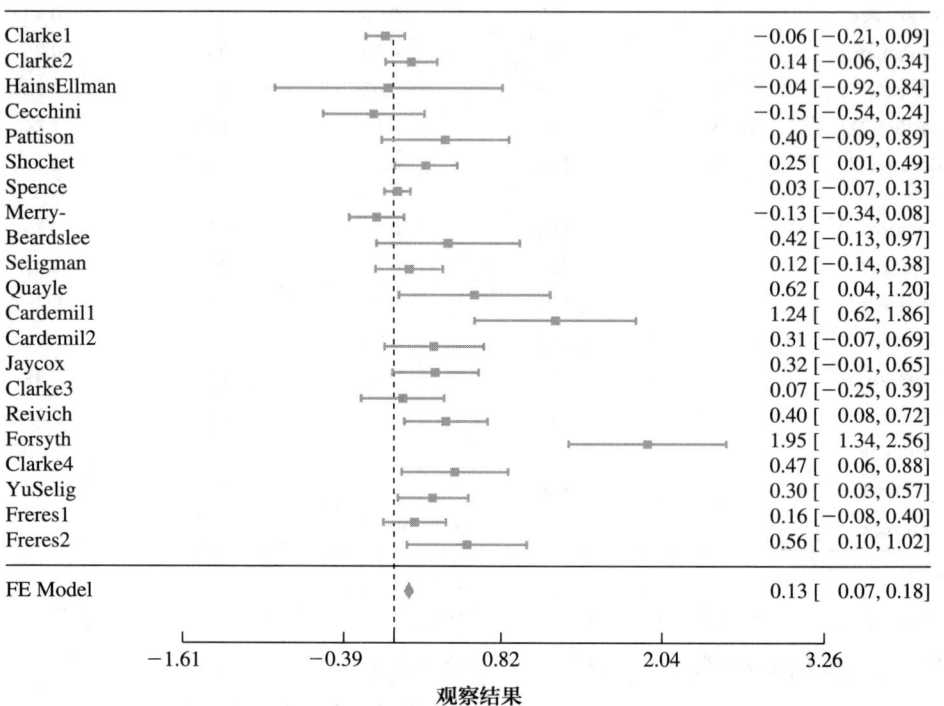

图 21.1　根据 Horowitz 和 Garber 数据生成的森林图

总效应量的计算方法

我曾指出，总效应量是各个 d 值的加权平均数。很明显，如果一项研究的 d 的标准误（s_d）很小，我们就会相信测量 d 时的误差很小，对这个值也就有很强的信心。反过来，如果 d 的标准误很大，我们对估计值的信心就一落千丈。按照这样的思路，我们就想用标准误的倒数（$W_i = 1/s_{d_i}^2$）作为 d 的权重，从而算出总效应量。我们对特定研究越有信心，在计算加权平均数时给予该研究的权重就越大。我们先来考察全部 21 项研究。将 d 定义为

$$d = \frac{\overline{X}_{Control} - \overline{X}_{Treatment}}{s_{Control}}$$

将 d 的方差和标准误分别定义为

$$s_d^2 = \frac{n_1 + n_2}{n_1 n_2} + \frac{d^2}{2n_1}$$

$$s_d = \sqrt{s_d^2}$$

正如我所说的，图 21.1 向我们显示了每个研究的 d 值及其置信限。置信限的计算公式为

$$CI_{0.95} = d \pm 1.96 s_d$$

算出每项研究的 d 及其标准误之后，我们就可以为每个 d 赋予权重——其方差之倒数；精度越高，权重越大。

$$W_i = \frac{1}{s_{d_i}^2}$$

接下来，我们就要计算全部 21 项研究的平均处理效应量（$\bar{d}$）及其标准误（$s_{\bar{d}}$）。

因为我们用 W_i 对每个研究都赋予权重，所以 d 的平均数为 $\bar{d} = \sum W_i d_i / \sum W_i$，而且 d 的标准误为 $s_{\bar{d}} = \sqrt{1/\sum W_i}$。就本例而言，$d$ 的平均数为 0.128，标准误为 0.028，因此，对应于参数（δ）的置信限（总体的效应量真值）为

$$CI = \bar{d} \pm 1.96\, s_{\bar{d}}$$
$$CI_{lower} = 0.128 - 1.96 \times 0.028 = 0.073$$
$$CI_{upper} = 0.128 + 1.96 \times 0.028 = 0.183$$
$$0.073 \leq \delta \leq 0.183$$

在单个研究的下方，你还会看到一个小的菱形。它表示全部 21 项研究的总效应量。其左端的标记"FE Model"表示固定效应模型的效应量。在固定效应模型中，我们假定存在一种"真实"的效应，而这种效应的所有差异均缘于抽样误差。在右侧，你可以看到总效应量为 $d = 0.13$，上下置信限分别为 0.07 和 0.18。请注意，这个置信区间不包含 0，所以总效应量是显著的。这个效应虽然不是很强烈，但它还是实实在在的。

效应量的异质性

既然可以算出所有研究的 d 的平均数及其置信限，我们自然就愿意更仔细地观察数据，看看效应量的那些估计值是同质还是异质的，如果是异质的，就意味着在这些研究中可能存在不同的真实效应。造成数据异质性的原因可能有以下两个。一是，三个目标群体对干预的反应不同，因此研究之间的差异实际上是由于目标群体之间的差异造成的。如果是这样，就应当引起我们的注意了。二是，即使是针对同一目标群体的各个研究，其参数估计结果也可能存在差异。在实际情况下，上述两种原因可能同时存在。我们有办法检验这些对我们的所得结果产生调节效应的变量，但是在这里就不进行介绍了。

我们像以往一样，将 W_i 定义为赋予单个研究的权重，然后计算一个被称为 Q 的量，这个指标是全部研究的各个 d 值与其总平均数的平均差。（与此有关的烦琐计算略去不表。）如果所有研究估计的效应量都相等，则 d_i 应该大致相等。Q 的定义公式为

$$Q = \sum_{i=1}^{k} W_i (d_i - \bar{d})^2$$

就本例而言，$Q = 82.52$。现在有个好消息，在零假设（效应量没有差异）为真的前提下，Q 服从自由度为 $k - 1$ 的 χ^2 分布，其中 k 是研究的数目。本例有 21 个研究，故 $\chi^2_{0.05}(20) = 31.41$。因为 $82.52 > 31.41$，故可以拒绝零假设，结论是 21 个研究估计的并非同一真实效应。

在这里，我们可以接着为目标群体中的各个亚群体分别计算平均 d，并就干预对各个亚群体的效果分别做出结论。我暂时不这样做，因为我不想让你埋头计算，但是你可以将 Q 大致类比为方差分析中的总 F 值，它们表明并非所有平均数都相等。对各个目标群体差

异的分析也可以类比为对平均数的多重比较分析。关键在于,你要知道干预对所有类型的儿童都有效,还是只对被诊断出问题的儿童有效。

21.4 第二个例子——尼古丁口香糖和戒烟

心理学家长期以来一直对帮助人戒烟感兴趣;而且在过去的 20 年里,我们已经看到尼古丁口香糖和尼古丁贴剂被广泛应用于戒烟。前文提到的科克伦数据库曾发布了一项由 Stead、Perera、Bullen、Mant 和 Lancaster(2008)完成的关于此类辅助戒烟手段的有效性的超大型元分析。他们考察了 132 项不同的研究,其中 53 项比较了尼古丁口香糖的效果(有控制组作为对照)。为了节省篇幅,我们只用其中半数研究进行元分析,但是我们的结果与 Stead 等人的基本相同。表 21.4 列出了 26 项比较研究的数据。($SuccessT$ 和 $TotalT$ 分别表示实验条件下成功的戒烟尝试次数以及总案例数,$SuccessC$ 和 $TotalC$ 则分别表示控制条件下的成功的戒烟尝试次数以及总案例数。)

表 21.4 尼古丁口香糖辅助戒烟的数据

研究	年份	SuccessT	TotalT	SuccessC	TotalC	RR	LogRR
Ahluwalia	2006	53	378	42	377	1.23	0.20
Areechon	1988	56	99	37	101	1.35	0.33
Blondal	1989	30	92	22	90	1.25	0.22
BrThorSociety	1983	39	410	111	1,208	1.03	0.03
Campbell	1987	13	424	9	412	1.39	0.33
Campbell	1991	21	107	21	105	0.98	−.02
Clavel	1985	24	205	6	222	3.98	1.38
Clavel-Chapelon	1992	47	481	42	515	1.18	0.17
Cooper	2005	17	146	15	147	1.13	0.12
Fagerstrom	1982	30	50	23	50	1.19	0.17
Fagerstrom	1984	28	96	5	49	2.44	0.89
Fee1982	1982	23	180	15	172	1.41	0.35
Fortmann	1995	110	552	84	522	1.20	0.18
Garcia	1989	21	68	5	38	2.03	0.71
Garvey	2000	75	405	17	203	2.02	0.70
Gilbert	1989	11	112	9	111	1.19	0.18
Gross95	1995	37	131	6	46	1.91	0.65
Hall85	1985	18	41	10	36	1.40	0.34
Hall87	1987	30	71	14	68	1.74	0.55
Hall96	1996	24	98	28	103	0.92	−.08
Harackiewicz	1988	12	99	7	52	0.91	−.09
Herrera	1995	30	76	13	78	1.98	0.68
Hjalmarson	1984	31	106	16	100	1.64	0.50
Huber88	1988	13	54	11	60	1.25	0.23
Hughes	1989	23	210	6	105	1.83	0.60
Hughes	1990	15	59	5	19	0.97	−.03

图 21.2 为数据的森林图。（请注意，表 21.4 右侧和森林图中列出的效应量是对数风险比，而不是风险比本身。）你会注意到，几乎每个研究的效应量都大于 1.0（按风险比计算），或大于 0（按对数风险比计算）。这就很清楚地表明尼古丁口香糖可以有效地帮助人们戒烟，而且能阻止复发。

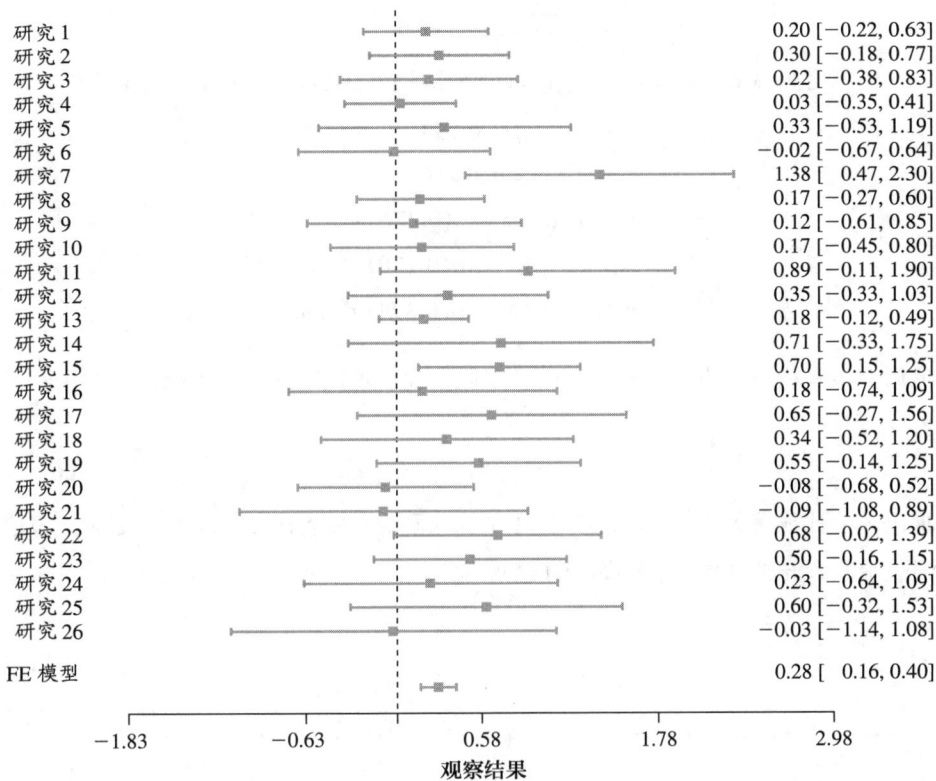

图 21.2 尼古丁口香糖研究的森林图

尽管我们用风险比而没有采用标准化的平均数之差作为效应量指标，但是计算结果相差很小。我们先是直接将风险比转换为对数风险比，然后一直用这些对数值，最后才转换回标准尺度。

风险比（Risk Ratio，公式中缩写为 RR）的定义为

$$RiskRatio = \frac{SuccessT/TotalT}{SuccessC/TotalC}$$

$$LogRiskRatio = \ln(RiskRatio)$$

对数风险比方差和标准误可以近似地表示为

$$Var_{\ln(RR)} = \frac{1}{SuccessT} - \frac{1}{TotalT} + \frac{1}{SuccessC} - \frac{1}{TotalC}$$

$$s_{LogRiskRatio} = \sqrt{Var_{LogRiskRatio}}$$

最后，权重 $W_i = 1/s^2_{LogRiskRatio}$。

不用计算风险度的方差和标准误，因为不需要它们。

但是我们仍需要计算平均风险比及其置信限等总结性的统计量，还是用对数值进行计算。计算公式与前文介绍的基本相同，只是用对数风险比代替了 d。我在下面列出计算过

程，但只是为了说明其与用 d 计算的相似之处。你不需要学习这些公式。

$$Mean_{LogRR} = \frac{\sum W_i LogRR_i}{\sum W_i} = \frac{73.766}{267.416} = 0.276$$

$$Var_{LogRR} = \frac{1}{\sum W_i} = \frac{1}{267.416} = 0.0037$$

$$SE_{LogRR} = \sqrt{Var_{ogRR}} = \sqrt{0.0037} = 0.06$$

$$CI = M_{LogRR} \pm 1.96(SE_{LogRR}) = 0.276 \pm 1.96 \times 0.06 = 0.276 \pm 0.118$$

$$CI_{lower} = 0.158$$

$$CI_{upper} = 0.394$$

$$\exp(mean) = \exp(0.276) = 1.32$$

$$\exp(CI_{lower}) = \exp(0.158) = 1.17$$

$$\exp(CI_{upper}) = \exp(0.394) = 1.48$$

最后一步是将对数值转换回风险比。因此，我们可以这样表示本研究中的风险比置信区间：

$$1.17 \leqslant RR \leqslant 1.48$$

求出风险比显著大于 1，这说明用尼古丁口香糖的患者成功的可能性更大，置信区间的下限表示该人群成功的概率提高了约 20%。

21.5 总结

元分析可以介绍的内容还有很多，但是本章所述内容应该已经足以让你顺利阅读元分析文献了。你已经学习了如何计算各类效应量的平均数和标准误，以及如何计算效应量的上下置信限。你还可以解读森林图，理解各研究之间的相互关系，即使它们采用了不同的检验统计量。在元分析研究中，收集所有数据是真正困难的部分，别的倒都不难。当然，元分析有很多公式，但是如果你按部就班地学，就可以发现它们并不复杂，而且也没有人会要求你把它们都背下来。（我向你保证，我就没法凭记忆写下这些公式。）本章引用的每个资源都很出色，提供了你所需的信息。还有一些软件程序，它们不仅可以完成计算，还可以帮你整理每项研究的数据，检验效应量是否受其他变量（例如性别或年龄）的影响。最好的软件包之一就是由 Borenstein 等人编制的综合元分析（CMA）软件包。这个软件包虽然不免费，但或许你所在的大学拥有软件许可证。此外，科克伦合作网也开发了一个名为 RevMan 的软件，这个软件是免费的，不仅能满足你的所有需求，可能还有你尚未知晓的更多功能。最后，R 至少有三个用于元分析的软件包，其中"metaphor"软件包是我最喜欢的。

重要术语

元分析（meta-analysis，p.486） 文件抽屉问题（file drawer problem，p.486）

森林图（forest plot，p.493）

21.6 快速复习

A. 什么是循证医学？

答：基于对多项研究的元分析结果得出的实践和建议。

B. 什么是"文件抽屉问题"？

答：指这样一个事实：许多未发现显著意义结果的研究都没有发表，从而不为人所知；这些研究不能影响关于效应量的最终结论。

C. 为什么我们在元分析中采用效应量，而不用平均数或平均数之差？

答：采用效应量，可以将求得的任何统计量转换为同一尺度，让我们在同一尺度上比较所有的研究。

D. 什么是森林图？

答：这是一种将所有研究的效应量及其置信区间罗列在一起的图，图中还显示总效应量及其置信区间。

E. 在对各项研究做合并计算时，我们根据 ____ 赋予各项研究不同的权重。

答：效应量的标准误

F. 元分析显示，某项干预措施总体上确实有效果，接下来应该做什么？

答：应该进一步分析该项干预措施对不同类别群体的影响有无差异。我们还想知道，针对儿童大样本的方案是否有效。

G. 在处理相对风险（风险比）时，我们通常要对效应量做 ____ 转换。

答：对数

21.7 习题

Mazzucchelli、Kane 和 Rees（2010）考察了大量关于以行为激活方式改善主观幸福感的研究。（他们将行为激活定义为"有意图的行为、认知或意志活动，目的在于培养积极的情感、行为和/或认知"。）他们报告了 11 项研究的数据，这些研究都对实验组和控制组进行了差异检验。这些数据按抑郁症状轻重分为两个亚类，结果如下。

作者	亚类	实验组人数	控制组人数	赫奇氏 g	标准误
Barlow86a	症状重	12	12	−0.134	0.523
Besyner79	症状重	14	16	0.675	0.423
Lovett88	症状重	33	27	0.204	0.305
Stark	症状重	10	9	0.043	0.439
VandenHout	症状重	15	14	0.644	0.371
Weinberg	症状重	10	9	0.976	0.467
Wilson	症状重	9	11	1.466	0.524

续表

作者	亚类	实验组人数	控制组人数	赫奇氏 g	标准误
Barlow86b	症状轻	12	13	0.133	0.352
Fordyce77	症状轻	50	60	0.609	0.195
Fordyce83	症状轻	40	13	1.410	0.483
Reich81	症状轻	49	49	0.378	0.179

21.1　根据上述数据画出其森林图。

21.2　计算效应量的平均数和标准误。

21.3　计算上题平均效应量的上下置信限。Bloch 等人（2009）对注意缺陷/多动障碍的治疗进行了元分析。有报道称，让有图雷特氏综合征史的多动症儿童服用刺激性药物会增加其抽动的严重程度。研究者从文献中找到 4 项比较哌醋甲酯衍生物（利他林）与安慰剂的研究，这些研究都用抽动与注意缺陷/多动障碍量表评价病情的严重程度。以下显示的是这 4 项研究记录的抽动表现及其频率。（d 的标准误是根据已发表的结果估算的。）

研究	n	d	CI	s_d
Gadow92	11	0.11	−0.55 ~ 0.77	0.336
Castellanos	20	0.29	−0.18 ~ 0.76	0.240
TSSG	103	0.64	0.27 ~ 1.00	0.184
Gadow07	71	0.06	−0.17 ~ 0.29	0.117

21.4　计算上表数据的平均效应量，并估计其置信限。

21.5　根据 Bloch 等人的研究数据，生成一个森林图。

21.6　对于 Bloch 等人的研究，你对哌醋甲酯与抽动风险升高之间的关系有何结论？

21.7　在前面的习题提到的研究中，有 3 项研究还用多动症严重程度的评分之差作为因变量。结果如下表：

研究	n	d	CI	s_d
Gadow92	11	1.11	0.44 ~ 1.77	0.341
TSSG	103	0.56	0.19 ~ 0.92	0.189
Gadow07	71	0.76	0.53 ~ 0.99	0.117

（a）计算这些研究的平均效应量。

（b）计算平均效应量的置信限。

21.8　根据上述结果生成一个森林图。

21.9　在这个例子中，为什么考察效应量的异质性几乎没有意义？

21.10　Bauer 和 Döpfmer（1999）研究了锂元素作为传统抗抑郁药增强剂的功效。他们找到了 9 项有安慰剂组作为对照的研究，这些研究检验了锂在其他抗抑郁药不起作用的病例中的作用。根据该研究，我们估计的数据如下：

研究	n	d	s_d	CI
Stein	34	-0.30	0.82	-1.10 – 0.50
Zusky	16	0.19	0.86	-0.65 – 1.03
Katona	61	0.50	0.51	0.02 – 1.02
Schopf	27	1.36	1.39	0.05 – 2.77
Baumann	24	0.97	0.99	0.09 – 1.85
Browne	17	0.51	0.87	-0.34 – 1.36
Kantor	7	0.51	1.55	-1.01 – 2.03
Heninger	15	1.33	1.38	-0.02 – 2.68
Joffe	33	0.76	0.70	-0.02 – 1.36

请根据这些结果生成一个森林图。

21.11 计算平均效应量及其置信限。

21.12 Kapoor 等人（2011）收集了有关骨髓瘤治疗的数据。骨髓瘤是一种血癌。（你可能认为这个病与心理学无关，但是它跟我有关——我得了骨髓瘤，正服用沙利度胺衍生物，因此我对其疗效特别感兴趣。）Rajkumar 发现了 4 项 2007 年以来的研究，这些研究比较了针对骨髓瘤的标准化疗与化疗 + 沙利度胺这两种方案的疗效。（沙利度胺是一种在 20 世纪 50 年代被指定为供孕妇使用的镇静类药物，不料后来被发现会给胎儿造成极为可怕的先天缺陷，所以很快就被撤销了，但还是在全世界造成了 10 000 ~ 20 000 名儿童的先天缺陷。不过，对于某些类型的癌症，它还是一种很好的治疗方法，只不过用起来要格外谨慎。）下表列出了这 4 项研究的结果。单元格中的数字是案例个数。

研究	成功 – 沙利度胺	总数 – 沙利度胺	成功 – 控制组	总数 – 控制组
Palumbo	21	129	5	126
Facon	16	125	4	198
Hulin	8	113	1	116
Hovon	3	165	1	108

请计算每个研究的风险比和对数风险比。

21.13 计算上述 4 项研究的加权平均风险比。

21.14 计算平均风险比的置信限，并给出适当的结论。

21.15 我们能否得出结论说，沙利度胺正开始挽回其可怕的声誉？

21.16 为什么检验效应量的异质性可能没有很大的意义？

21.17 Bisson 和 Andrew（2007）对认知行为疗法（cognitive behavior therapy，缩写为 CBT）对创伤后应激障碍（posttraumatic stress disorder，缩写为 PTSD）的治疗效果进行了元分析。他们找到了 14 项研究，这些研究都包含临床医生分别在 CBT 条件下和候补 / 常规护理条件下对患者 PTSD 症状的评分。结果如下。

研究	CBT 组			控制组		
	N	平均数	标准差	N	平均数	标准差
Kubany1	45	15.80	14.40	40	71.90	23.80
Foa1	45	12.60	8.37	15	26.93	8.47
Kubany2	18	10.10	19.30	14	76.10	25.20
Resick	81	23.00	19.92	40	69.73	19.19
Cloitre	22	31.00	25.20	24	62.00	22.70
Foa2	10	15.40	11.09	10	19.50	7.18
Keane	11	28.80	10.05	13	31.90	31.90
Ehlers	14	21.58	28.56	14	74.55	19.12
Vaughan	13	23.00	10.20	17	28.50	8.90
Brom	27	56.20	24.10	23	66.40	24.30
Blanchard	27	23.70	26.20	24	54.00	25.90
Fecteau	10	37.50	30.40	10	74.60	24.70
Gersons	22	3.00	10.00	20	9.00	13.00
Rothbaum	20	21.25	22.50	20	64.55	19.87

请对这些数据进行元分析，并得出适当的结论。

附录 A

符号

希腊字母

α	显著性水平——I 类错误的概率
β	II 类错误的概率；标准回归系数
δ	效应量，与样本容量一起计算功效
η^2	依塔平方
μ	总体平均数
$\mu_{\bar{X}}$	样本平均数抽样分布的平均数
ρ	总体相关系数
σ	总体标准差
σ^2	总体方差
Σ	求和符号
Φ	Φ 相关系数
χ^2	卡方
χ^2_F	弗里德曼卡方
ω^2	奥米伽平方，用于表示效应程度

英文字母

a	截距；在方差分析中表示变量 A 的水平数
b	斜率（回归系数）
CI	置信区间
cov_{XY}	变量 X 与 Y 的协方差
$\hat{d}$	效应量的估计量
df	自由度
E	期望次数；期望值
F	F 检验的统计量

H	克鲁斯卡尔－沃利斯检验的估计量
H_0	零假设（虚无假设）
H_1	备择假设
MS	均方（即汇合方差，或多个方差的加权平均数）
MS_{error}	误差方差
n, n_j, N_i	样本中的个案数
$N(0, 1)$	读作"平均数为 0、方差为 1 的正态分布"（标准正态分布）
O	观察次数
p	概率
Q	$(d-\bar{d})^2$ 的加权和
r, r_{XY}	积差相关系数
r_{pb}	点二列相关系数
r_S	斯皮尔曼等级相关系数
R	复相关系数
s^2, s_X^2	样本方差
s_p^2	汇合方差
s, s_X	样本标准差
s_D	差值的标准差
$s_{\bar{D}}$	差值平均数的标准误
$s_{\bar{X}}, s_{\bar{X}_1-\bar{X}_2}$	平均数的标准误；平均数之差的标准误
$s_{Y-\hat{Y}}$	估计标准误
SS_A	变量 A 的平方和
SS_{AB}	交互作用平方和
SS_{error}	误差平方和
SS_Y	变量 Y 的平方和
$SS_{\hat{Y}}$	Y 预测值的平方和
$SS_{Y-\hat{Y}}$	残差平方和，即 SS_{error}
t	t 的统计量
$t_{0.025}$	t 的临界值
T	威尔柯克森配对样本符号秩次检验的统计量
T_j	第 j 组的总和
W_i	元分析中的权重因子
W_S, W_S'	曼－惠特尼检验统计量
X 或 X_{ij}	个体观察值
$\bar{X}$ 或 $\bar{X}_{GM}$	总平均数
$\bar{X}, \bar{X}_i, \bar{X}_{A_i}$	样本平均数
$\bar{X}_h$	和谐平均数
$\hat{Y}, \hat{Y}_i$	Y 的预测值
z	正态偏差值（标准分）

附录 B
统计学基本公式

描述统计学

方差（s^2）
$$s^2 = \frac{\sum(X-\overline{X})^2}{N-1} = \frac{\sum X^2 - (\sum X)^2/N}{N-1}$$

标准差（s）
$$s = \sqrt{s^2}$$

中位（Mdn）
$$\frac{(N+1)}{2}$$

铰链位（四分位）
$$\frac{中位+1}{2}$$

z 分数一般公式
$$\frac{观察值-平均数}{标准差} \text{ 或 } \frac{统计量值-参数}{统计量的标准误}$$

观察值的 z 分数
$$z = \frac{X-\overline{X}}{s}$$

样本平均数的检验

平均数的标准误（$s_{\overline{X}}$）
$$\frac{s_X}{\sqrt{N}}$$

σ 已知时 $\overline{X}$ 对应的 z 分数
$$z = \frac{\overline{X}-\mu}{\sigma_{\overline{X}}}$$

单样本 t 检验
$$t = \frac{\overline{X}-\mu}{s_{\overline{X}}} = \frac{\overline{X}-\mu}{\frac{s}{\sqrt{N}}}$$

μ 的置信区间
$$CI = \overline{X} \pm t_{0.05}(s_{\overline{X}})$$

双相关样本 t 检验
$$t = \frac{\overline{D}}{s_{\overline{D}}} = \frac{\overline{D}}{s_D/\sqrt{N}}$$

双独立样本 t 检验（未汇合方差）
$$t = \frac{\overline{X}_1 - \overline{X}_2}{s_{\overline{X}_1 - \overline{X}_2}} = \frac{\overline{X}_1 - \overline{X}_2}{\sqrt{\frac{s_1^2}{N_1} + \frac{s_2^2}{N_2}}}$$

汇合方差（s_p^2）
$$s_p^2 = \frac{(N_1-1)s_1^2 + (N_2-1)s_2^2}{N_1+N_2-2}$$

双独立样本 t 检验（汇合方差）
$$t = \frac{\overline{X}_1 - \overline{X}_2}{s_{\overline{X}_1 - \overline{X}_2}} = \frac{\overline{X}_1 - \overline{X}_2}{\sqrt{\frac{s_p^2}{N_1} + \frac{s_p^2}{N_2}}} = \frac{\overline{X}_1 - \overline{X}_2}{\sqrt{s_p^2 \left(\frac{1}{N_1} + \frac{1}{N_2}\right)}}$$

$(\mu_1 - \mu_2)$ 的置信区间
$$CI = (\overline{X}_1 - \overline{X}_2) \pm t_{0.05} s_{(\overline{X}_1 - \overline{X}_2)}$$

功效

效应量（单样本） $\quad d = (\mu_1 - \mu_0)/\sigma$

效应量（双样本） $\quad d = (\mu_1 - \mu_2)/\sigma$

δ（单样本 t 检验） $\quad \delta = d\sqrt{N}$

δ（双样本 t 检验） $\quad \delta = d\sqrt{\dfrac{N}{2}}$

相关与回归

平方和 $\quad SS_X = \sum(X - \overline{X})^2 = \sum X^2 - \dfrac{(\sum X)^2}{N}$

积差和 $\quad \sum(X - \overline{X})(Y - \overline{Y}) = \sum XY - \dfrac{\sum X \sum Y}{N}$

协方差 $\quad cov_{XY} = \dfrac{\sum(X - \overline{X})(Y - \overline{Y})}{N - 1} = \dfrac{\sum XY - \dfrac{\sum X \sum Y}{N}}{N - 1}$

皮尔逊积差相关系数 $\quad r = \dfrac{cov_{XY}}{s_X s_Y}$

斜率 $\quad b = \dfrac{cov_{XY}}{s_X^2}$

截距 $\quad a = \dfrac{\sum Y - b\sum X}{N} = \overline{Y} - b\overline{X}$

估计标准误 $\quad s_{Y-\hat{Y}} = \sqrt{\dfrac{\sum(Y - \hat{Y})^2}{N - 2}} = \sqrt{\dfrac{SS_{error}}{N - 2}} = s_Y \sqrt{(1 - r^2)\dfrac{N - 1}{N - 2}}$

$SS_Y \quad \sum Y^2 - \dfrac{(\sum Y)^2}{N}$

$SS_{\hat{Y}} \quad \sum \hat{Y}^2 - \dfrac{(\sum \hat{Y})^2}{N}$

$SS_{Y - \hat{Y}} \quad SS_Y - SS_{\hat{Y}} = SS_{error}$

$SS_{error} \quad SS_Y(1 - r^2)$

$SS_{total} \quad \sum(X - \overline{X})^2 = \sum X^2 - \dfrac{(\sum X)^2}{N}$

SS_{group}（单因素） $\quad n\sum(\overline{X}_j - \overline{X}_{GM})^2$

SS_{error}（单因素）	$SS_{total} - SS_{Group}$
SS_{rows}（双因素）	$nc\sum(\overline{X}_{r_i} - \overline{X}_{GM})^2$
SS_{cols}（双因素）	$nr\sum(\overline{X}_{c_j} - \overline{X}_{GM})^2$
SS_{cells}（双因素）	$n\sum(\overline{X}_{ij} - \overline{X}_{GM})^2$
$SS_{R\times C}$（双因素）	$SS_{cells} - SS_{rows} - SS_{col}$
SS_{error}（双因素）	$SS_{total} - SS_{rows} - SS_{col} - SS_{R\times C}$，或 $SS_{total} - SS_{cells}$
保护性 t 检验（仅用于 F 显著时）	$t = \dfrac{\overline{X}_i - \overline{X}_j}{\sqrt{\dfrac{MS_{error}}{n_i} + \dfrac{MS_{error}}{n_j}}}$
η^2	$\eta^2 = \dfrac{SS_{group}}{SS_{total}}$
ω^2（单因素）	$\omega^2 = \dfrac{SS_{group} - (k-1)MS_{error}}{SS_{total} + MS_{error}}$

χ^2 检验

χ^2	$\chi^2 = \sum\dfrac{(O-E)^2}{E}$

自由分布统计量

用于曼-惠特尼检验统计量的平均数（mean）和标准差（s）——大样本情况	$mean = \dfrac{n_1(n_1+n_2+1)}{2};\ s = \sqrt{\dfrac{n_1 n_2(n_1+n_2+1)}{12}}$
用于威尔柯克森检验统计量（大样本）的平均数（mean）和标准差（s）	$Mean = \dfrac{n(n+1)}{4};\ s = \sqrt{\dfrac{n(n+1)(2n+1)}{24}}$
克鲁斯卡尔-沃利斯 H 检验统计量	$H = \dfrac{12}{N(N+1)}\sum\dfrac{R_j^2}{n_j} - 3(N+1)$
弗里德曼 χ^2 检验统计量	$\chi_F^2 = \dfrac{12}{Nk(k+1)}\sum R_j^2 - 3N(k+1)$

元分析

平均 d 值的加权因子	$W_i = 1/s_{d_i}^2$
效应量差异 Q 指标	$Q = \sum W_i(d_i - \overline{d})^2$

附录 C
数据集

Howell 和 Huessy（1985）报告了一项对 386 名儿童进行的研究，这些儿童中有一部分曾出现过注意缺陷障碍（attention deficit disorder，缩写为 ADD）的症状——以前这种障碍被称为多动症或脑功能轻度障碍。1965年，美国佛蒙特州西北部一些学校所有教二年级的老师被要求填写关于每位学生 ADD 行为方面的调查问卷。当学生升至四年级和五年级时，教师要再次完成关于这些学生的问卷，并且为了这个数据集的研究目的，还要将这 3 次得分加以平均，生成一个名为"ADDSC"的分数。ADDSC 分数越高，儿童表现出的符合 ADD 症状的行为就越多。之后，在这些学生九年级末和十二年级末时，研究者还从学校记录中获得了这些学生的成绩信息。这些数据让研究者有机会考察能否从儿童早期行为预测他们的后期行为，以及考察与学业相关的变量及其相互关系的问题。下面是对每个变量的描述。

ADDSC	3 次 ADD 行为平均得分
GENDER	1 = 男性；2 = 女性
REPEAT	1 = 至少重复出现 1 次；0 = 没有重复出现
IQ	团体智商测试得分
ENGL	九年级时的英语水平：1 = 大学预科；2 = 一般；3 = 需补课
ENGG	九年级英语成绩：4 = A；等等
GPA	九年级成绩平均绩点
SOCPROB	九年级时社会适应问题：1 = 有；0 = 无
DROPOUT	辍学情况：1 = 在上高中之前辍学；0 = 无辍学情况

ADDSC	GENDER	REPEAT	IQ	ENGL	ENGG	GPA	SOCPROB	DROPOUT
45	1	0	111	2	3	2.60	0	0
50	1	0	102	2	3	2.75	0	0
49	1	0	108	2	4	4.00	0	0
55	1	0	109	2	2	2.25	0	0
39	1	0	118	2	3	3.00	0	0
68	1	1	79	2	2	1.67	0	1
69	1	1	88	2	2	2.25	1	1
56	1	0	102	2	4	3.40	0	0
58	1	0	105	3	1	1.33	0	0
48	1	0	92	2	4	3.50	0	0
34	1	0	131	2	4	3.75	0	0
50	2	0	104	1	3	2.67	0	0
85	1	0	83	2	3	2.75	1	0
49	1	0	84	2	2	2.00	0	0
51	1	0	85	2	3	2.75	0	0
53	1	0	110	2	2	2.50	0	0
36	2	0	121	1	4	3.55	0	0
62	2	0	120	2	3	2.75	0	0
46	2	0	100	2	4	3.50	0	0
50	2	0	94	2	2	2.75	1	1
47	2	0	89	1	2	3.00	0	0
50	2	0	93	2	4	3.25	0	0
44	2	0	128	2	4	3.30	0	0
50	2	0	84	2	3	2.75	0	0
29	2	0	127	1	4	3.75	0	0
49	2	0	106	2	3	2.75	0	0
26	1	0	137	2	3	3.00	0	0
85	1	1	82	3	2	1.75	1	1
53	1	0	106	2	3	2.75	1	0
53	1	0	109	2	2	1.33	0	0
72	1	0	91	2	2	0.67	0	0
35	1	0	111	2	2	2.25	0	0
42	1	0	105	2	2	1.75	0	0
37	1	0	118	2	4	3.25	0	0
46	1	0	103	3	2	1.75	0	0
48	1	0	101	1	3	3.00	0	0
46	1	0	101	3	3	3.00	0	0
49	1	1	95	2	3	3.00	0	0
65	1	1	108	2	3	3.25	0	0
52	1	0	95	3	3	2.25	1	0
75	1	1	98	2	1	1.00	0	1
58	1	0	82	2	3	2.50	0	1
43	2	0	100	1	3	3.00	0	0
60	2	0	100	2	3	2.40	0	0
43	1	0	107	1	2	2.00	0	0
51	1	0	95	2	2	2.75	0	0
70	1	1	97	2	3	2.67	1	1
69	1	1	93	2	2	2.00	0	0

续表

ADDSC	GENDER	REPEAT	IQ	ENGL	ENGG	GPA	SOCPROB	DROPOUT
65	1	1	81	1	2	2.00	0	0
63	2	0	89	2	2	1.67	0	0
44	2	0	111	2	4	3.00	0	0
61	2	1	95	2	1	1.50	0	1
40	2	0	106	2	4	3.75	0	0
62	2	0	83	3	1	0.67	0	0
59	1	0	81	2	2	1.50	0	0
47	2	0	115	1	4	4.00	0	0
50	2	0	112	2	3	3.00	0	0
50	2	0	92	2	3	2.33	0	0
65	2	0	85	2	2	1.75	0	0
54	2	0	95	3	2	3.00	0	0
44	2	0	115	2	4	3.75	0	0
66	2	0	91	2	4	2.67	1	1
34	2	0	107	1	4	3.50	0	0
74	2	0	102	2	0	0.67	0	0
57	2	1	86	3	3	2.25	0	0
60	2	0	96	1	3	3.00	1	0
36	2	0	114	2	3	3.50	0	0
50	1	0	105	2	2	1.75	0	0
60	1	0	82	2	1	1.00	0	0
45	1	0	120	2	3	3.00	0	0
55	1	0	88	2	1	1.00	0	1
44	1	0	90	1	3	2.50	0	0
57	2	0	85	2	3	2.50	0	0
33	2	0	106	1	4	3.75	0	0
30	2	0	109	1	4	3.50	0	0
64	1	0	75	3	2	1.00	1	0
49	1	1	91	2	3	2.25	0	0
76	1	0	96	2	2	1.00	0	0
40	1	0	108	2	3	2.50	0	0
48	1	0	86	2	3	2.75	0	0
65	1	0	98	2	2	0.75	0	0
50	1	0	99	2	2	1.30	0	0
70	1	0	95	2	1	1.25	0	0
78	1	0	88	3	3	1.50	0	0
44	1	0	111	2	2	3.00	0	0
48	1	0	103	2	1	2.00	0	0
52	1	0	107	2	2	2.00	0	0
40	1	0	118	2	2	2.50	0	0

附录 D
统计用表

表 D.1	χ^2 分布上侧百分位数	514
表 D.2	相关系数显著值	515
表 D.3	F 分布临界值（$\alpha=0.05$）	516
表 D.4	F 分布临界值（$\alpha=0.01$）	517
表 D.5	功效与 δ 和显著性水平（α）的关系	518
表 D.6	t 分布的百分位数	519
表 D.7	威尔柯克森配对符号秩次检验统计量 T 的左尾检验临界值以及对应的概率	520
表 D.8	双独立样本（$N_1 \leq N_2$）曼-惠特尼检验左尾检验统计量 W_s 的临界值	521
表 D.9	均匀分布随机数表	525
表 D.10	正态分布表（z）	527

表 D.1 χ^2 分布上侧百分位数

df	0.995	0.990	0.975	0.950	0.900	0.750	0.500	0.250	0.100	0.050	0.025	0.010	0.005
1	0.00	0.00	0.00	0.00	0.02	0.10	0.45	1.32	2.71	3.84	5.02	6.63	7.88
2	0.01	0.02	0.05	0.10	0.21	0.58	1.39	2.77	4.61	5.99	7.38	9.21	10.60
3	0.07	0.11	0.22	0.35	0.58	1.21	2.37	4.11	6.25	7.82	9.35	11.35	12.84
4	0.21	0.30	0.48	0.71	1.06	1.92	3.36	5.39	7.78	9.49	11.14	13.28	14.86
5	0.41	0.55	0.83	1.15	1.61	2.67	4.35	6.63	9.24	11.07	12.83	15.09	16.75
6	0.68	0.87	1.24	1.64	2.20	3.45	5.35	7.84	10.64	12.59	14.45	16.81	18.55
7	0.99	1.24	1.69	2.17	2.83	4.25	6.35	9.04	12.02	14.07	16.01	18.48	20.28
8	1.34	1.65	2.18	2.73	3.49	5.07	7.34	10.22	13.36	15.51	17.54	20.09	21.96
9	1.73	2.09	2.70	3.33	4.17	5.90	8.34	11.39	14.68	16.92	19.02	21.66	23.59
10	2.15	2.56	3.25	3.94	4.87	6.74	9.34	12.55	15.99	18.31	20.48	23.21	25.19
11	2.60	3.05	3.82	4.57	5.58	7.58	10.34	13.70	17.28	19.68	21.92	24.72	26.75
12	3.07	3.57	4.40	5.23	6.30	8.44	11.34	14.85	18.55	21.03	23.34	26.21	28.30
13	3.56	4.11	5.01	5.89	7.04	9.30	12.34	15.98	19.81	22.36	24.74	27.69	29.82
14	4.07	4.66	5.63	6.57	7.79	10.17	13.34	17.12	21.06	23.69	26.12	29.14	31.31
15	4.60	5.23	6.26	7.26	8.55	11.04	14.34	18.25	22.31	25.00	27.49	30.58	32.80
16	5.14	5.81	6.91	7.96	9.31	11.91	15.34	19.37	23.54	26.30	28.85	32.00	34.27
17	5.70	6.41	7.56	8.67	10.09	12.79	16.34	20.49	24.77	27.59	30.19	33.41	35.72
18	6.26	7.01	8.23	9.39	10.86	13.68	17.34	21.60	25.99	28.87	31.53	34.81	37.15
19	6.84	7.63	8.91	10.12	11.65	14.56	18.34	22.72	27.20	30.14	32.85	36.19	38.58
20	7.43	8.26	9.59	10.85	12.44	15.45	19.34	23.83	28.41	31.41	34.17	37.56	40.00
21	8.03	8.90	10.28	11.59	13.24	16.34	20.34	24.93	29.62	32.67	35.48	38.93	41.40
22	8.64	9.54	10.98	12.34	14.04	17.24	21.34	26.04	30.81	33.93	36.78	40.29	42.80
23	9.26	10.19	11.69	13.09	14.85	18.14	22.34	27.14	32.01	35.17	38.08	41.64	44.18
24	9.88	10.86	12.40	13.85	15.66	19.04	23.34	28.24	33.20	36.42	39.37	42.98	45.56
25	10.52	11.52	13.12	14.61	16.47	19.94	24.34	29.34	34.38	37.65	40.65	44.32	46.93
26	11.16	12.20	13.84	15.38	17.29	20.84	25.34	30.43	35.56	38.89	41.92	45.64	48.29
27	11.80	12.88	14.57	16.15	18.11	21.75	26.34	31.53	36.74	40.11	43.20	46.96	49.64
28	12.46	13.56	15.31	16.93	18.94	22.66	27.34	32.62	37.92	41.34	44.46	48.28	50.99
29	13.12	14.26	16.05	17.71	19.77	23.57	28.34	33.71	39.09	42.56	45.72	49.59	52.34
30	13.78	14.95	16.79	18.49	20.60	24.48	29.34	34.80	40.26	43.77	46.98	50.89	53.67
40	20.67	22.14	24.42	26.51	29.06	33.67	39.34	45.61	51.80	55.75	59.34	63.71	66.80
50	27.96	29.68	32.35	34.76	37.69	42.95	49.34	56.33	63.16	67.50	71.42	76.17	79.52
60	35.50	37.46	40.47	43.19	46.46	52.30	59.34	66.98	74.39	79.08	83.30	88.40	91.98
70	43.25	45.42	48.75	51.74	55.33	61.70	69.34	77.57	85.52	90.53	95.03	100.44	104.24
80	51.14	53.52	57.15	60.39	64.28	71.15	79.34	88.13	396.57	101.88	106.63	112.34	116.35
90	59.17	61.74	65.64	69.13	73.29	80.63	89.33	98.65	107.56	113.14	118.14	124.13	128.32
100	67.30	70.05	74.22	77.93	82.36	90.14	99.33	109.14	118.49	124.34	129.56	135.82	140.19

来源：表中内容由作者计算而得

表 D.2　相关系数显著值

df	双尾检验			
	$p=0.10$	$p=0.05$	$p=0.025$	$p=0.01$
3	0.805	0.878	0.924	0.959
4	0.729	0.811	0.868	0.917
5	0.669	0.755	0.817	0.875
6	0.622	0.707	0.771	0.834
7	582	0.666	0.732	0.798
8	0.549	0.632	0.697	0.765
9	0.521	0.602	0.667	0.735
10	0.498	0.576	0.640	0.708
11	0.476	0.553	0.616	0.684
12	0.458	0.533	0.594	0.661
13	0.441	0.514	0.575	0.641
14	0.426	0.497	0.557	0.623
15	0.412	0.482	0.541	0.605
16	0.400	0.468	0.526	0.590
17	0.389	0.455	0.512	0.575
18	0.379	0.444	0.499	0.562
19	0.369	0.433	0.487	0.549
20	0.360	0.423	0.476	0.537
21	0.351	0.413	0.466	0.526
22	0.344	0.404	0.456	0.515
23	0.337	0.396	0.447	0.505
24	0.330	0.388	0.439	0.496
25	0.323	0.381	0.431	0.487
26	0.317	0.374	0.423	0.478
27	0.311	0.367	0.415	0.471
28	0.306	0.361	0.409	0.463
29	0.301	0.355	0.402	0.456
30	0.296	0.349	0.396	0.449
40	0.257	0.304	0.345	0.393
50	0.231	0.273	0.311	0.354
60	0.211	0.250	0.285	0.325
120	0.150	0.178	0.203	0.232
200	0.116	0.138	0.158	0.181
500	0.073	0.088	0.100	0.115
1000	0.052	0.062	0.071	0.081

来源：表中内容由作者计算而得

表 D.3　F 分布临界值（$\alpha = 0.05$）

		分子自由度														
		1	2	3	4	5	6	7	8	9	10	15	20	25	30	40	50
分母自由度	1	161.4	199.5	215.8	224.8	230.0	233.8	236.5	238.6	240.1	242.1	245.2	248.4	248.9	250.5	250.8	252.6
	2	18.51	19.00	19.16	19.25	19.3	19.33	19.35	19.37	19.38	19.40	19.43	19.44	19.46	19.47	19.48	19.48
	3	10.13	9.55	9.28	9.12	9.01	8.94	8.89	8.85	8.81	8.79	8.70	8.66	8.63	8.62	8.59	8.58
	4	7.71	6.94	6.59	6.39	6.26	6.16	6.09	6.04	6.00	5.96	5.86	5.80	5.77	5.75	5.72	5.70
	5	6.61	5.79	5.41	5.19	5.05	4.95	4.88	4.82	4.77	4.74	4.62	4.56	4.52	4.50	4.46	4.44
	6	5.99	5.14	4.76	4.53	4.39	4.28	4.21	4.15	4.10	4.06	3.94	3.87	3.83	3.81	3.77	3.75
	7	5.59	4.74	4.35	4.12	3.97	3.87	3.79	3.73	3.68	3.64	3.51	3.44	3.40	3.38	3.34	3.32
	8	5.32	4.46	4.07	3.84	3.69	3.58	3.50	3.44	3.39	3.35	3.22	3.15	3.11	3.08	3.04	3.02
	9	5.12	4.26	3.86	3.63	3.48	3.37	3.29	3.23	3.18	3.14	3.01	2.94	2.89	2.86	2.83	2.80
	10	4.96	4.10	3.71	3.48	3.33	3.22	3.14	3.07	3.02	2.98	2.85	2.77	2.73	2.70	2.66	2.64
	11	4.84	3.98	3.59	3.36	3.20	3.09	3.01	2.95	2.90	2.85	2.72	2.65	2.60	2.57	2.53	2.51
	12	4.75	3.89	3.49	3.26	3.11	3.00	2.91	2.85	2.80	2.75	2.62	2.54	2.50	2.47	2.43	2.40
	13	4.67	3.81	3.41	3.18	3.03	2.92	2.83	2.77	2.71	2.67	2.53	2.46	2.41	2.38	2.34	2.31
	14	4.60	3.74	3.34	3.11	2.96	2.85	2.76	2.70	2.65	2.60	2.46	2.39	2.34	2.31	2.27	2.24
	15	4.54	3.68	3.29	3.06	2.90	2.79	2.71	2.64	2.59	2.54	2.40	2.33	2.28	2.25	2.20	2.18
	16	4.49	3.63	3.24	3.01	2.85	2.74	2.66	2.59	2.54	2.49	2.35	2.28	2.23	2.19	2.15	2.12
	17	4.45	3.59	3.20	2.96	2.81	2.70	2.61	2.55	2.49	2.45	2.31	2.23	2.18	2.15	2.10	2.08
	18	4.41	3.55	3.16	2.93	2.77	2.66	2.58	2.51	2.46	2.41	2.27	2.19	2.14	2.11	2.06	2.04
	19	4.38	3.52	3.13	2.90	2.74	2.63	2.54	2.48	2.42	2.38	2.23	2.16	2.11	2.07	2.03	2.00
	20	4.35	3.49	3.10	2.87	2.71	2.60	2.51	2.45	2.39	2.35	2.20	2.12	2.07	2.04	1.99	1.97
	22	4.30	3.44	3.05	2.82	2.66	2.55	2.46	2.40	2.34	2.30	2.15	2.07	2.02	1.98	1.94	1.91
	24	4.26	3.40	3.01	2.78	2.62	2.51	2.42	2.36	2.30	2.25	2.11	2.03	1.97	1.94	1.89	1.86
	26	4.23	3.37	2.98	2.74	2.59	2.47	2.39	2.32	2.27	2.22	2.07	1.99	1.94	1.90	1.85	1.82
	28	4.20	3.34	2.95	2.71	2.56	2.45	2.36	2.29	2.24	2.19	2.04	1.96	1.91	1.87	1.82	1.79
	30	4.17	3.32	2.92	2.69	2.53	2.42	2.33	2.27	2.21	2.16	2.01	1.93	1.88	1.84	1.79	1.76
	40	4.08	3.23	2.84	2.61	2.45	2.34	2.25	2.18	2.12	2.08	1.92	1.84	1.78	1.74	1.69	1.66
	50	4.03	3.18	2.79	2.56	2.40	2.29	2.20	2.13	2.07	2.03	1.87	1.78	1.73	1.69	1.63	1.60
	60	4.00	3.15	2.76	2.53	2.37	2.25	2.17	2.10	2.04	1.99	1.84	1.75	1.69	1.65	1.59	1.56
	120	3.92	3.07	2.68	2.45	2.29	2.18	2.09	2.02	1.96	1.91	1.75	1.66	1.60	1.55	1.50	1.46
	200	3.89	3.04	2.65	2.42	2.26	2.14	2.06	1.98	1.93	1.88	1.72	1.62	1.56	1.52	1.46	1.41
	500	3.86	3.01	2.62	2.39	2.23	2.12	2.03	1.96	1.90	1.85	1.69	1.59	1.53	1.48	1.42	1.38
	1000	3.85	3.01	2.61	2.38	2.22	2.11	2.02	1.95	1.89	1.84	1.68	1.58	1.52	1.47	1.41	1.36

来源：表中内容由作者计算而得

表 D.4　F 分布临界值（$\alpha = 0.01$）

		\multicolumn{15}{c}{分子自由度}
		1	2	3	4	5	6	7	8	9	10	15	20	25	30	40	50
分母自由度	1	4052	5000	5403	5624	5764	5859	5928	5981	6022	6056	6151	6209	6240	6260	6287	6303
	2	98.50	99.00	99.17	99.25	99.30	99.33	99.36	99.37	99.39	99.40	99.43	99.45	99.47	99.48	99.48	99.59
	3	34.12	30.82	29.46	28.71	28.24	27.91	27.67	27.49	27.34	27.23	26.87	26.69	26.58	26.51	26.41	26.36
	4	21.20	18.00	16.69	15.98	15.52	15.21	14.98	14.80	14.66	14.55	14.20	14.02	13.91	13.84	13.75	13.69
	5	16.26	13.27	12.06	11.39	10.97	10.67	10.46	10.29	10.16	10.05	9.72	9.55	9.45	9.38	9.29	9.24
	6	13.75	10.92	9.78	9.15	8.75	8.47	8.26	8.10	7.98	7.87	7.56	7.40	7.30	7.23	7.14	7.09
	7	12.25	9.55	8.45	7.85	7.46	7.19	6.99	6.84	6.72	6.62	6.31	6.16	6.06	5.99	5.91	5.86
	8	11.26	8.65	7.59	7.01	6.63	6.37	6.18	6.03	5.91	5.81	5.52	5.36	5.26	5.20	5.12	5.07
	9	10.56	8.02	6.99	6.42	6.06	5.80	5.61	5.47	5.35	5.26	4.96	4.81	4.71	4.65	4.57	4.52
	10	10.04	7.56	6.55	5.99	5.64	5.39	5.20	5.06	4.94	4.85	4.56	4.41	4.31	4.25	4.17	4.12
	11	9.65	7.21	6.22	5.67	5.32	5.07	4.89	4.74	4.63	4.54	4.25	4.10	4.01	3.94	3.86	3.81
	12	9.33	6.93	5.95	5.41	5.06	4.82	4.64	4.50	4.39	4.30	4.01	3.86	3.76	3.70	3.62	3.57
	13	9.07	6.70	5.74	5.21	4.86	4.62	4.44	4.30	4.19	4.10	3.82	3.66	3.57	3.51	3.43	3.38
	14	8.86	6.51	5.56	5.04	4.69	4.46	4.28	4.14	4.03	3.94	3.66	3.51	3.41	3.35	3.27	3.22
	15	8.68	6.36	5.42	4.89	4.56	4.32	4.14	4.00	3.89	3.80	3.52	3.37	3.28	3.21	3.13	3.08
	16	8.53	6.23	5.29	4.77	4.44	4.20	4.03	3.89	3.78	3.69	3.41	3.26	3.16	3.10	3.02	2.97
	17	8.40	6.11	5.18	4.67	4.34	4.10	3.93	3.79	3.68	3.59	3.31	3.16	3.07	3.00	2.92	2.87
	18	8.29	6.01	5.09	4.58	4.25	4.01	3.84	3.71	3.60	3.51	3.23	3.08	2.98	2.92	2.84	2.78
	19	8.18	5.93	5.01	4.50	4.17	3.94	3.77	3.63	3.52	3.43	3.15	3.00	2.91	2.84	2.76	2.71
	20	8.10	5.85	4.94	4.43	4.10	3.87	3.70	3.56	3.46	3.37	3.09	2.94	2.84	2.78	2.69	2.64
	22	7.95	5.72	4.82	4.31	3.99	3.76	3.59	3.45	3.35	3.26	2.98	2.83	2.73	2.67	2.58	2.53
	24	7.82	5.61	4.72	4.22	3.90	3.67	3.50	3.36	3.26	3.17	2.89	2.74	2.64	2.58	2.49	2.44
	26	7.72	5.53	4.64	4.14	3.82	3.59	3.42	3.29	3.18	3.09	2.81	2.66	2.57	2.50	2.42	2.36
	28	7.64	5.45	4.57	4.07	3.75	3.53	3.36	3.23	3.12	3.03	2.75	2.60	2.51	2.44	2.35	2.30
	30	7.56	5.39	4.51	4.02	3.70	3.47	3.30	3.17	3.07	2.98	2.70	2.55	2.45	2.39	2.30	2.25
	40	7.31	5.18	4.31	3.83	3.51	3.29	3.12	2.99	2.89	2.80	2.52	2.37	2.27	2.20	2.11	2.06
	50	7.17	5.06	4.20	3.72	3.41	3.19	3.02	2.89	2.78	2.70	2.42	2.27	2.17	2.10	2.01	1.95
	60	7.08	4.98	4.13	3.65	3.34	3.12	2.95	2.82	2.72	2.63	2.35	2.20	2.10	2.03	1.94	1.88
	120	6.85	4.79	3.95	3.48	3.17	2.96	2.79	2.66	2.56	2.47	2.19	2.03	1.93	1.86	1.76	1.70
	200	6.76	4.71	3.88	3.41	3.11	2.89	2.73	2.60	2.50	2.41	2.13	1.97	1.87	1.79	1.69	1.63
	500	6.69	4.65	3.82	3.36	3.05	2.84	2.68	2.55	2.44	2.36	2.07	1.92	1.81	1.74	1.63	1.57
	1000	6.67	4.63	3.80	3.34	3.04	2.82	2.66	2.53	2.43	2.34	2.06	1.90	1.79	1.72	1.61	1.54

来源：表中内容由作者计算而得

表 D.5 功效与 δ 和显著性水平（α）的关系

δ	双尾检验的 α			
	0.10	0.05	0.02	0.01
1.00	0.26	0.17	0.09	0.06
1.10	0.29	0.20	0.11	0.07
1.20	0.33	0.22	0.13	0.08
1.30	0.37	0.26	0.15	0.10
1.40	0.40	0.29	0.18	0.12
1.50	0.44	0.32	0.20	0.14
1.60	0.48	0.36	0.23	0.17
1.70	0.52	0.40	0.27	0.19
1.80	0.56	0.44	0.30	0.22
1.90	0.60	0.48	0.34	0.25
2.00	0.64	0.52	0.37	0.28
2.10	0.68	0.56	0.41	0.32
2.20	0.71	0.60	0.45	0.35
2.30	0.74	0.63	0.49	0.39
2.40	0.78	0.67	0.53	0.43
2.50	0.80	0.71	0.57	0.47
2.60	0.83	0.74	0.61	0.51
2.70	0.85	0.77	0.65	0.55
2.80	0.88	0.80	0.68	0.59
2.90	0.90	0.83	0.72	0.63
3.00	0.91	0.85	0.75	0.66
3.10	0.93	0.87	0.78	0.70
3.20	0.94	0.89	0.81	0.73
3.30	0.95	0.91	0.84	0.77
3.40	0.96	0.93	0.86	0.80
3.50	0.97	0.94	0.88	0.82
3.60	0.98	0.95	0.90	0.85
3.70	0.98	0.96	0.92	0.87
3.80	0.98	0.97	0.93	0.89
3.90	0.99	0.97	0.94	0.91
4.00	0.99	0.98	0.95	0.92
4.10	0.99	0.98	0.96	0.94
4.20	…	0.99	0.97	0.95
4.30	…	0.99	0.98	0.96
4.40	…	0.99	0.98	0.97
4.50	…	0.99	0.99	0.97
4.60	…	…	0.99	0.98
4.70	…	…	0.99	0.98
4.80	…	…	0.99	0.99
4.90	…	…	…	0.99
5.00	…	…	…	0.99

来源：表中内容由作者计算而得

表 D.6　t 分布的百分位数

	单尾检验的显著性水平								
	0.25	0.20	0.15	0.10	0.05	0.025	0.01	0.005	0.0005
	双尾检验的显著性水平								
df	0.50	0.40	0.30	0.20	0.10	0.05	0.02	0.01	0.001
1	1.000	1.376	1.963	3.078	6.314	12.706	31.821	63.657	63.662
2	0.816	1.061	1.386	1.886	2.920	4.303	6.965	9.925	31.599
3	0.765	0.978	1.250	1.638	2.353	3.182	4.541	5.841	12.924
4	0.741	0.941	1.190	1.533	2.132	2.776	3.747	4.604	8.610
5	0.727	0.920	1.156	1.476	2.015	2.571	3.365	4.032	6.869
6	0.718	0.906	1.134	1.440	1.943	2.447	3.143	3.707	5.959
7	0.711	0.896	1.119	1.415	1.895	2.365	2.998	3.499	5.408
8	0.706	0.889	1.108	1.397	1.860	2.306	2.896	3.355	5.041
9	0.703	0.883	1.100	1.383	1.833	2.262	2.821	3.250	4.781
10	0.700	0.879	1.093	1.372	1.812	2.228	2.764	3.169	4.587
11	0.697	0.876	1.088	1.363	1.796	2.201	2.718	3.106	4.437
12	0.695	0.873	1.083	1.356	1.782	2.179	2.681	3.055	4.318
13	0.694	0.870	1.079	1.350	1.771	2.160	2.650	3.012	4.221
14	0.692	0.868	1.076	1.345	1.761	2.145	2.624	2.977	4.140
15	0.691	0.866	1.074	1.341	1.753	2.131	2.602	2.947	4.073
16	0.690	0.865	1.071	1.337	1.746	2.120	2.583	2.921	4.015
17	0.689	0.863	1.069	1.333	1.740	2.110	2.567	2.898	3.965
18	0.688	0.862	1.067	1.330	1.734	2.101	2.552	2.878	3.922
19	0.688	0.861	1.066	1.328	1.729	2.093	2.539	2.861	3.883
20	0.687	0.860	1.064	1.325	1.725	2.086	2.528	2.845	3.850
21	0.686	0.859	1.063	1.323	1.721	2.080	2.518	2.831	3.819
22	0.686	0.858	1.061	1.321	1.717	2.074	2.508	2.819	3.792
23	0.685	0.858	1.060	1.319	1.714	2.069	2.500	2.807	3.768
24	0.685	0.857	1.059	1.318	1.711	2.064	2.492	2.797	3.745
25	0.684	0.856	1.058	1.316	1.708	2.060	2.485	2.787	3.725
26	0.684	0.856	1.058	1.315	1.706	2.056	2.479	2.779	3.707
27	0.684	0.855	1.057	1.314	1.703	2.052	2.473	2.771	3.690
28	0.683	0.855	1.056	1.313	1.701	2.048	2.467	2.763	3.674
29	0.683	0.854	1.055	1.311	1.699	2.045	2.462	2.756	3.659
30	0.683	0.854	1.055	1.310	1.697	2.042	2.457	2.750	3.646
40	0.681	0.851	1.050	1.303	1.684	2.021	2.423	2.704	3.551
50	0.679	0.849	1.047	1.299	1.676	2.009	2.403	2.678	3.496
100	0.677	0.845	1.042	1.290	1.660	1.984	2.364	2.626	3.390
∞	0.674	0.842	1.036	1.282	1.645	1.960	2.326	2.576	3.291

来源：表中内容由作者计算而得

表 D.7　威尔柯克森配对符号秩次检验统计量 T 的左尾检验临界值以及对应的概率

	显著性水平 α（单尾）									显著性水平 α（单尾）							
	0.05		0.025		0.01		0.005			0.05		0.025		0.01		0.005	
n	T	α	T	α	T	α	T	α	n	T	α	T	α	T	α	T	α
5	0	0.0313							28	130	0.0496	116	0.0239	101	0.0096	91	0.0048
	1	0.0625								131	0.0521	117	0.0252	102	0.0102	92	0.0051
6	2	0.0469	0	0.0156					29	140	0.0482	126	0.0240	110	0.0095	100	0.0049
	3	0.0781	1	0.0313						141	0.0504	127	0.0253	111	0.0101	101	0.0053
7	3	0.0391	2	0.0234	0	0.0078			30	151	0.0481	137	0.0249	120	0.0098	109	0.0050
	4	0.0547	3	0.0391	1	0.0156				152	0.0502	138	0.0261	121	0.0104	110	0.0053
8	5	0.0391	3	0.0195	1	0.0078	0	0.0039	31	163	0.0491	147	0.0239	130	0.0099	118	0.0049
	6	0.0547	4	0.0273	2	0.0117	1	0.0078		164	0.0512	148	0.0251	131	0.0105	119	0.0052
9	8	0.0488	5	0.0195	3	0.0098	1	0.0039	32	175	0.0492	159	0.0249	140	0.0097	128	0.0050
	9	0.0645	6	0.0273	4	0.0137	2	0.0059		176	0.0512	160	0.0260	141	0.0103	129	0.0053
10	10	0.0420	8	0.0244	5	0.0098	3	0.0049	33	187	0.0485	170	0.0242	151	0.0099	138	0.0049
	11	0.0527	9	0.0322	6	0.0137	4	0.0068		188	0.0503	171	0.0253	152	0.0104	139	0.0052
11	13	0.0415	10	0.0210	7	0.0093	5	0.0049	34	200	0.0488	182	0.0242	162	0.0098	148	0.0048
	14	0.0508	11	0.0269	8	0.0122	6	0.0068		201	0.0506	183	0.0252	163	0.0103	149	0.0051
12	17	0.0461	13	0.0212	9	0.0081	7	0.0046	35	213	0.0484	195	0.0247	173	0.0096	159	0.0048
	18	0.0549	14	0.0261	10	0.0105	8	0.0061		214	0.0501	196	0.0257	174	0.0100	160	0.0051
13	21	0.0471	17	0.0239	12	0.0085	9	0.0040	36	227	0.0489	208	0.0248	185	0.0096	171	0.0050
	22	0.0549	18	0.0287	13	0.0107	10	0.0052		228	0.0505	209	0.0258	186	0.0100	172	0.0052
14	25	0.0453	21	0.0247	15	0.0083	12	0.0043	37	241	0.0487	221	0.0245	198	0.0099	182	0.0048
	26	0.0520	22	0.0290	16	0.0101	13	0.0054		242	0.0503	222	0.0254	199	0.0103	183	0.0050
15	30	0.0473	25	0.0240	19	0.0090	15	0.0042	38	256	0.0493	235	0.0247	211	0.0099	194	0.0048
	31	0.0535	26	0.0277	20	0.0108	16	0.0051		257	0.0509	236	0.0256	212	0.0104	195	0.0050
16	35	0.0467	29	0.0222	23	0.0091	19	0.0046	39	271	0.0492	249	0.0246	224	0.0099	207	0.0049
	36	0.0523	30	0.0253	24	0.0107	20	0.0055		272	0.0507	250	0.0254	225	0.0103	208	0.0051
17	41	0.0492	34	0.0224	27	0.0087	23	0.0047	40	286	0.0486	264	0.0249	238	0.0100	220	0.0049
	42	0.0544	35	0.0253	28	0.0101	24	0.0055		287	0.0500	265	0.0257	239	0.0104	221	0.0051
18	47	0.0494	40	0.0241	32	0.0091	27	0.0045	41	302	0.0488	279	0.0248	252	0.0100	233	0.0048
	48	0.0542	41	0.0269	33	0.0104	28	0.0052		303	0.0501	280	0.0256	253	0.0103	234	0.0050
19	53	0.0478	46	0.0247	37	0.0090	32	0.0047	42	319	0.0496	294	0.0245	266	0.0098	247	0.0049
	54	0.0521	47	0.0273	38	0.0102	33	0.0054		320	0.0509	295	0.0252	267	0.0102	248	0.0051
20	60	0.0487	52	0.0242	43	0.0096	37	0.0047	43	336	0.0498	310	0.0245	281	0.0098	261	0.0048
	61	0.0527	53	0.0266	44	0.0107	38	0.0053		337	0.0511	311	0.0252	282	0.0102	262	0.0050
21	67	0.0479	58	0.0230	49	0.0097	42	0.0045	44	353	0.0495	327	0.0250	296	0.0097	276	0.0049
	68	0.0516	59	0.0251	50	0.0108	43	0.0051		354	0.0507	328	0.0257	297	0.0101	277	0.0051
22	75	0.0492	65	0.0231	55	0.0095	48	0.0046	45	371	0.0498	343	0.0244	312	0.0098	291	0.0049
	76	0.0527	66	0.0250	56	0.0104	49	0.0052		372	0.0510	344	0.0251	313	0.0101	292	0.0051
23	83	0.0490	73	0.0242	62	0.0098	54	0.0046	46	389	0.0497	361	0.0249	328	0.0098	307	0.0050
	84	0.0523	74	0.0261	63	0.0107	55	0.0051		390	0.0508	362	0.0256	329	0.0101	308	0.0052
24	91	0.0475	81	0.0245	69	0.0097	61	0.0048	47	407	0.0490	378	0.0245	345	0.0099	322	0.0048
	92	0.0505	82	0.0263	70	0.0106	62	0.0053		408	0.0501	379	0.0251	346	0.0102	323	0.0050
25	100	0.0479	89	0.0241	76	0.0094	68	0.0048	48	426	0.0490	396	0.0244	362	0.0099	339	0.0050
	101	0.0507	90	0.0258	77	0.0101	69	0.0053		427	0.0500	397	0.0251	363	0.0102	340	0.0051
26	110	0.0497	98	0.0247	84	0.0095	75	0.0047	49	446	0.0495	415	0.0247	379	0.0098	355	0.0049
	111	0.0524	99	0.0263	85	0.0102	76	0.0051		447	0.0505	416	0.0253	380	0.0100	356	0.0050
27	119	0.0477	107	0.0246	92	0.0093	83	0.0048	50	466	0.0495	434	0.0247	397	0.0098	373	0.0050
	120	0.0502	108	0.0260	93	0.0100	84	0.0052		467	0.0506	435	0.0253	398	0.0101	374	0.0051

来源：表中内容由作者计算而得

表 D.8 双独立样本（$N_1 \leq N_2$）曼–惠特尼检验左尾检验统计量 W_s 的临界值

			$n_1=1$								$n_1=2$				
n_2	0.001	0.005	0.010	0.025	0.05	0.10	$2\bar{W}$	0.001	0.005	0.010	0.025	0.05	0.10	$2\bar{W}$	n_2
2							4						⋮	10	2
3							5						3	12	3
4							6					⋮	3	14	4
5							7					3	4	16	5
6							8					3	4	18	6
7							9				⋮	3	4	20	7
8						⋮	10			3	4	5	22	8
9						1	11			3	4	5	24	9
10						1	12			3	4	6	26	10
11						1	13			3	4	6	28	11
12						1	14		⋮	4	5	7	30	12
13						1	15		3	4	5	7	32	13
14						1	16		3	4	6	8	34	14
15						1	17		3	4	6	8	36	15
16						1	18		3	4	6	8	38	16
17						1	19		3	5	6	9	40	17
18					⋮	1	20	⋮	3	5	7	9	42	18
19					1	2	21	3	4	5	7	10	44	19
20					1	2	22	3	4	5	7	10	46	20
21					1	2	23	3	4	6	8	11	48	21
22					1	2	24	3	4	6	8	11	50	22
23					1	2	25	3	4	6	8	12	52	23
24					1	2	26	3	4	6	9	12	54	24
25	⋮	⋮	⋮	⋮	1	2	27	⋮	3	4	6	9	12	56	25
			$n_1=3$								$n_1=4$				
n_2	0.001	0.005	0.010	0.025	0.05	0.10	$2\bar{W}$	0.001	0.005	0.010	0.025	0.05	0.10	$2\bar{W}$	n_2
3					6	7	21								
4				⋮	6	7	24				⋮	10	11	13	36	4
5				6	7	8	27			⋮	10	11	12	14	40	5
6			⋮	7	8	9	30			10	11	12	13	15	44	6
7			6	7	8	10	33			10	11	13	14	16	48	7
8		⋮	6	8	9	11	36			11	12	14	15	17	52	8
9		6	7	8	10	11	39	⋮	11	13	14	16	19	56	9
10		6	7	9	10	12	42	10	12	13	15	17	20	60	10
11		6	7	9	11	13	45	10	12	14	16	18	21	64	11
12		7	8	10	11	14	48	10	13	15	17	19	22	68	12
13		7	8	10	12	15	51	11	13	15	18	20	23	72	13
14		7	8	11	13	16	54	11	14	16	19	21	25	76	14
15		8	9	11	13	16	57	11	15	17	20	22	26	80	15
16	⋮	8	9	12	14	17	60	12	15	17	21	24	27	84	16
17	6	8	10	12	15	18	63	12	16	18	21	25	28	88	17
18	6	8	10	13	15	19	66	13	16	19	22	26	30	92	18
19	6	9	10	13	16	20	69	13	17	19	23	27	31	96	19
20	6	9	11	14	17	21	72	13	18	20	24	28	32	100	20
21	7	9	11	14	17	21	75	14	18	21	25	29	33	104	21
22	7	10	12	15	18	22	78	14	19	21	26	30	35	108	22
23	7	10	12	15	19	23	81	14	19	22	27	31	36	112	23
24	7	10	12	16	19	24	84	15	20	23	27	32	38	116	24
25	7	11	13	16	20	25	87	15	20	23	28	33	38	120	25

来源：Table 1 in L. R. Verdooren, Extended tables of critical values for Wilcoxon's test statistic, *Biometrika*, 1963, 50, 177–186.

n_2	\multicolumn{7}{c	}{$n_1=5$}	\multicolumn{7}{c	}{$n_1=6$}	n_2
	0.001	0.005	0.010	0.025	0.05	0.10	$2\bar{W}$	0.001	0.005	0.010	0.025	0.05	0.10	$2\bar{W}$	
5		15	16	17	19	20	55								
6		16	17	18	20	22	60	...	23	24	26	28	30	78	6
7	...	16	18	20	21	23	65	21	24	25	27	29	32	84	7
8	15	17	19	21	23	25	70	22	25	27	29	31	34	90	8
9	16	18	20	22	24	27	75	23	26	28	31	33	36	96	9
10	16	19	21	23	26	28	80	24	27	29	32	35	38	102	10
11	17	20	22	24	27	30	85	25	28	30	34	37	40	108	11
12	17	21	23	26	28	32	90	25	30	32	35	38	42	114	12
13	18	22	24	27	30	33	95	26	31	33	37	40	44	120	13
14	18	22	25	28	31	35	100	27	32	34	38	42	46	126	14
15	19	23	26	29	33	37	105	28	33	36	40	44	48	132	15
16	20	24	27	30	34	38	110	29	34	37	42	46	50	138	16
17	20	25	28	32	35	40	115	30	36	39	43	47	52	144	17
18	21	26	29	33	37	42	120	31	37	40	45	49	55	150	18
19	22	27	30	34	38	43	125	32	38	41	46	51	57	156	19
20	22	28	31	35	40	45	130	33	39	43	48	53	59	162	20
21	23	29	32	37	41	47	135	33	40	44	50	55	61	168	21
22	23	29	33	38	43	48	140	34	42	45	51	57	63	174	22
23	24	30	34	39	44	50	145	35	43	47	53	58	65	180	23
24	25	31	35	40	45	51	150	36	44	48	54	60	67	186	24
25	25	32	36	42	47	53	155	37	45	50	56	62	69	192	25

n_2	\multicolumn{7}{c	}{$n_1=7$}	\multicolumn{7}{c	}{$n_1=8$}	n_2
	0.001	0.005	0.010	0.025	0.05	0.10	$2\bar{W}$	0.001	0.005	0.010	0.025	0.05	0.10	$2\bar{W}$	
7	29	32	34	36	39	41	105								
8	30	34	35	38	41	44	112	40	43	45	49	51	55	136	8
9	31	35	37	40	43	46	119	41	45	47	51	54	58	144	9
10	33	37	39	42	45	49	126	42	47	49	53	56	60	152	10
11	34	38	40	44	47	51	133	44	49	51	55	59	63	160	11
12	35	40	42	46	49	54	140	45	51	53	58	62	66	168	12
13	36	41	44	48	52	56	147	47	53	56	60	64	69	176	13
14	37	43	45	50	54	59	154	48	54	58	62	67	72	184	14
15	38	44	47	52	56	61	161	50	56	60	65	69	75	192	15
16	39	46	49	54	58	64	168	51	58	62	67	72	78	200	16
17	41	47	51	56	61	66	175	53	60	64	70	75	81	208	17
18	42	49	52	58	63	69	182	54	62	66	72	77	84	216	18
19	43	50	54	60	65	71	189	56	64	68	74	80	87	224	19
20	44	52	56	62	67	74	196	57	66	70	77	83	90	232	20
21	46	53	58	64	69	76	203	59	68	72	79	85	92	240	21
22	47	55	59	66	72	79	210	60	70	74	81	88	95	248	22
23	48	57	61	68	74	81	217	62	71	76	84	90	98	256	23
24	49	58	63	70	76	84	224	64	73	78	86	93	101	264	24
25	50	60	64	72	78	86	231	65	75	81	89	96	104	272	25

续表

n_2	|		$n_1=9$					|		$n_1=10$					n_2
	0.001	0.005	0.010	0.025	0.05	0.10	$2\bar{W}$	0.001	0.005	0.010	0.025	0.05	0.10	$2\bar{W}$	
9	52	56	59	62	66	70	171								
10	53	58	61	65	69	73	180	65	71	74	78	82	87	210	10
11	55	61	63	68	72	76	189	67	73	77	81	86	91	220	11
12	57	63	66	71	75	80	198	69	76	79	84	89	94	230	12
13	59	65	68	73	78	83	207	72	79	82	88	92	98	240	13
14	60	67	71	76	81	86	216	74	81	85	91	96	102	250	14
15	62	69	73	79	84	90	225	76	84	88	94	99	106	260	15
16	64	72	76	82	87	93	234	78	86	91	97	103	109	270	16
17	66	74	78	84	90	97	243	80	89	93	100	106	113	280	17
18	68	76	81	87	93	100	252	82	92	96	103	110	117	290	18
19	70	78	83	90	96	103	261	84	94	99	107	113	121	300	19
20	71	81	85	93	99	107	270	87	97	102	110	117	125	310	20
21	73	83	88	95	102	110	279	89	99	105	113	120	128	320	21
22	75	85	90	98	105	113	288	91	102	108	116	123	132	330	22
23	77	88	93	101	108	117	297	93	105	110	119	127	136	340	23
24	79	90	95	104	111	120	306	95	107	113	122	130	140	350	24
25	81	92	98	107	114	123	315	98	110	116	126	134	144	360	25
n_2			$n_1=11$							$n_1=12$					n_2
	0.001	0.005	0.010	0.025	0.05	0.10	$2\bar{W}$	0.001	0.005	0.010	0.025	0.05	0.10	$2\bar{W}$	
11	81	87	91	96	100	106	253								
12	83	90	94	99	104	110	264	98	105	109	115	120	127	300	12
13	86	93	97	103	108	114	275	101	109	113	119	125	131	312	13
14	88	96	100	106	112	118	286	103	112	116	123	129	136	324	14
15	90	99	103	110	116	123	297	106	115	120	127	133	141	336	15
16	93	102	107	113	120	127	308	109	119	124	131	138	145	348	16
17	95	105	110	117	123	131	319	112	122	127	135	142	150	360	17
18	98	108	113	121	127	135	330	115	125	131	139	146	155	372	18
19	100	111	116	124	131	139	341	118	129	134	143	150	159	384	19
20	103	114	119	128	135	144	352	120	132	138	147	155	164	396	20
21	106	117	123	131	139	148	363	123	136	142	151	159	169	408	21
22	108	120	126	135	143	152	374	126	139	145	155	163	173	420	22
23	111	123	129	139	147	156	385	129	142	149	159	168	178	432	23
24	113	126	132	142	151	161	396	132	146	153	163	172	183	444	24
25	116	129	136	146	155	165	407	135	149	156	167	176	187	456	25
n_2			$n_1=13$							$n_1=14$					n_2
	0.001	0.005	0.010	0.025	0.05	0.10	$2\bar{W}$	0.001	0.005	0.010	0.025	0.05	0.10	$2\bar{W}$	
13	117	125	130	136	142	149	351								
14	120	129	134	141	147	154	364	137	147	152	160	166	174	406	14
15	123	133	138	145	152	159	377	141	151	156	164	171	179	420	15
16	126	136	142	150	156	165	390	144	155	161	169	176	185	434	16
17	129	140	146	154	161	170	403	148	159	165	174	182	190	448	17
18	133	144	150	158	166	175	416	151	163	170	179	187	196	462	18
19	136	148	154	163	171	180	429	155	168	174	183	192	202	476	19
20	139	151	158	167	175	185	442	159	172	178	188	197	207	490	20
21	142	155	162	171	180	190	455	162	176	183	193	202	213	504	21
22	145	159	166	176	185	195	468	166	180	187	198	207	218	518	22
23	149	163	170	180	189	200	481	169	184	192	203	212	224	532	23
24	152	166	174	185	194	205	494	173	188	196	207	218	229	546	24
25	155	170	178	189	199	211	507	177	192	200	212	223	235	560	25

n_2	$n_1=15$							$n_1=16$							n_2
	0.001	0.005	0.010	0.025	0.05	0.10	$2\bar{W}$	0.001	0.005	0.010	0.025	0.05	0.10	$2\bar{W}$	
15	160	171	176	184	192	200	465								
16	163	175	181	190	197	206	480	184	196	202	211	219	229	528	16
17	167	180	186	195	203	212	495	188	201	207	217	225	235	544	17
18	171	184	190	200	208	218	510	192	206	212	222	231	242	560	18
19	175	189	195	205	214	224	525	196	210	218	228	237	248	576	19
20	179	193	200	210	220	230	540	201	215	223	234	243	255	592	20
21	183	198	205	216	225	236	555	205	220	228	239	249	261	608	21
22	187	202	210	221	231	242	570	209	225	233	245	255	267	624	22
23	191	207	214	226	236	248	585	214	230	238	251	261	274	640	23
24	195	211	219	231	242	254	600	218	235	244	256	267	280	656	24
25	199	216	224	237	248	260	615	222	240	249	262	273	287	672	25

n_2	$n_1=17$							$n_1=18$							n_2
	0.001	0.005	0.010	0.025	0.05	0.10	$2\bar{W}$	0.001	0.005	0.010	0.025	0.05	0.10	$2\bar{W}$	
17	210	223	230	240	249	259	595								
18	214	228	235	246	255	266	612	237	252	259	270	280	291	666	18
19	219	234	241	252	262	273	629	242	258	265	277	287	299	684	19
20	223	239	246	258	268	280	646	247	263	271	283	294	306	702	20
21	228	244	252	264	274	287	663	252	269	277	290	301	313	720	21
22	233	249	258	270	281	294	680	257	275	283	296	307	321	738	22
23	238	255	263	276	287	300	697	262	280	289	303	314	328	756	23
24	242	260	269	282	294	307	714	267	286	295	309	321	335	774	24
25	247	265	275	288	300	314	731	273	292	301	316	328	343	792	25

n_2	$n_1=19$							$n_1=20$							n_2
	0.001	0.005	0.010	0.025	0.05	0.10	$2\bar{W}$	0.001	0.005	0.010	0.025	0.05	0.10	$2\bar{W}$	
19	267	283	291	303	313	325	741								
20	272	289	297	309	320	333	760	298	315	324	337	348	361	820	20
21	277	295	303	316	328	341	779	304	322	331	344	356	370	840	21
22	283	301	310	323	335	349	798	309	328	337	351	364	378	860	22
23	288	307	316	330	342	357	817	315	335	344	359	371	386	880	23
24	294	313	323	337	350	364	836	321	341	351	366	379	394	900	24
25	299	319	329	344	357	372	855	327	348	358	373	387	403	920	25

n_2	$n_1=21$							$n_1=22$							n_2
	0.001	0.005	0.010	0.025	0.05	0.10	$2\bar{W}$	0.001	0.005	0.010	0.025	0.05	0.10	$2\bar{W}$	
21	331	349	359	373	385	399	903								
22	337	356	366	381	393	408	924	365	386	396	411	424	439	990	22
23	343	363	373	388	401	417	945	372	393	403	419	432	448	1012	23
24	349	370	381	396	410	425	966	379	400	411	427	441	457	1034	24
25	356	377	388	404	418	434	987	385	408	419	435	450	467	1056	25

n_2	$n_1=23$							$n_1=24$							n_2
	0.001	0.005	0.010	0.025	0.05	0.10	$2\bar{W}$	0.001	0.005	0.010	0.025	0.05	0.10	$2\bar{W}$	
23	402	424	434	451	465	481	1081								
24	409	431	443	459	474	491	1104	440	464	475	492	507	525	1176	24
25	416	439	451	468	483	500	1127	448	472	484	501	517	535	1200	25

n_2	$n_1=25$						
	0.001	0.005	0.010	0.025	0.05	0.10	$2\bar{W}$
25	480	505	517	536	552	570	1275

表 D.9 均匀分布随机数表

68204	38787	73304	44886	92836	43877	61049	49249	66105
61010	78345	75444	91680	33003	24128	97817	77562	62045
04604	93468	78459	27541	19672	14220	25102	42021	19252
36021	25507	64060	72923	58848	10374	63102	41534	92884
28129	43470	94097	16753	56425	75299	93688	75569	52067
09406	06584	46324	13981	06449	42604	13372	69040	95955
86423	81835	64226	20398	65772	91052	73496	14451	95967
13249	58525	81893	32894	68627	75644	45848	61511	90232
75454	17352	56548	39618	86705	50783	48388	82047	14660
06260	46176	99237	69874	84180	32005	66130	18055	99748
38507	92795	80672	00102	22980	69115	95653	05231	94996
03917	26795	59832	19014	96206	45413	76624	71219	65855
17927	32368	08177	31236	45401	26731	92256	99530	43998
26811	88937	37187	39762	29942	40091	65731	95955	23368
18480	28160	81908	30456	22462	15677	55642	67383	86884
37589	91842	76351	90585	45588	42858	37806	67969	50621
79903	34187	26952	75820	96335	90281	04269	85202	94965
46155	30200	75000	28570	47516	06744	72193	01258	85047
60916	73212	15853	28398	04721	69363	47071	65568	88519
34419	82840	88235	61966	86517	23966	45764	42177	17269
08692	26667	12941	14813	30815	26633	68184	80721	80505
92851	44185	90848	18341	77915	00177	64014	35490	02937
97909	07280	72167	10002	27374	92880	60055	94168	30742
28437	22027	07739	30905	33151	73567	82960	50104	67005
48165	28174	17909	11230	00929	54604	32435	54120	85199
99891	30913	06315	30201	72073	39589	62868	66339	15850
98022	13010	67970	99203	12536	88149	44387	20250	50798
91292	54688	47029	38970	77880	77295	11887	17628	93802
89081	34643	12988	12971	87742	57720	24438	64088	49496
32527	74239	20056	46668	94561	70111	92537	83562	11306
01870	21584	48574	09871	74453	24812	45770	95667	52377
84011	87542	96564	64256	64653	90025	61613	94168	83254
01568	29682	67489	62984	51901	30716	24513	46678	67991
40360	19206	40321	16004	64481	16130	03904	15811	19369
09392	39926	79590	23991	82492	13032	67337	54322	06058
77323	20500	52466	33008	84211	26357	79006	41178	35169
47590	01007	65376	18189	84040	39476	25383	45398	64917
29321	65783	71403	32894	32627	39067	47985	51485	27415
09530	05358	58722	31912	73356	65884	12883	36242	29646
65612	06843	72233	73352	66600	23237	71759	76881	19652
40355	85067	40788	40148	46099	48056	27858	58365	30202
24963	49571	82377	08687	73448	95484	15155	41780	71951
87273	44050	71961	48464	84084	65225	62846	11634	04853
31643	44756	12493	09024	74204	69949	67842	36141	08477
58326	55342	31419	80776	64028	59957	52969	71997	71477
02327	00460	39178	09511	92688	88585	99257	98752	39623
19377	49122	60591	79773	66289	89650	49298	13499	53623
95046	30203	47493	74395	45213	66739	45097	91670	62152
65013	71958	48360	70885	60313	44241	18740	05705	07488
86032	89018	97117	35656	20401	86438	87250	04717	67726
11799	35777	11548	45918	45706	88554	75315	70233	72575
17843	64809	00390	11980	66129	07197	36712	55062	61191
42770	65397	45010	06463	86242	06361	14293	36343	97628
02410	96933	57864	93197	88227	57139	66382	95768	60660
70939	20457	62468	68698	74875	61111	59083	09152	93625
85616	15100	26242	28677	74655	05679	56676	67224	75318
85515	33174	05496	78789	81297	73985	82120	94070	20529

续表

73466	06254	88113	98367	22018	99372	70171	52705	61202
72255	50729	05681	37216	09363	02385	93098	09502	92589
08121	48330	86725	52922	90349	81934	14849	68005	06791
94005	85164	22994	58921	85943	67506	79730	85382	61568
09108	52299	25991	00940	22493	60987	93573	79469	97147
85687	31723	67907	55306	71748	85048	17690	04784	98470
26190	02164	95889	89712	89795	73001	82210	39357	23867
34208	07539	60907	60693	01965	43492	46688	28891	23410
13032	78798	21733	35703	71707	11931	93513	78339	74754
16801	05582	47975	25046	59220	08275	67901	94954	36662
88735	91500	41654	97225	61188	24527	35220	99794	56097
82127	17594	94217	55324	06134	25207	26758	08687	06929
29284	42271	45833	19481	56972	99042	45304	39832	40188
56300	60964	13751	72385	91180	42371	55924	95783	33096
33132	33229	39955	16779	99286	23392	24255	90856	60004
65296	94444	32091	90681	95823	73091	92912	85979	30232
11069	52931	26381	71830	50467	47783	25223	81796	97745
06720	69637	99670	58392	57943	75965	14740	74814	75598
62719	14295	16605	13146	36992	50560	50121	90278	98283
95556	36672	87202	92730	81961	38894	61358	44519	71529
12490	12304	28804	42772	27104	35518	67361	84159	52442
29865	28847	70904	96638	54226	44701	67589	27352	81078
74486	63507	92193	65022	09583	43615	59910	05301	69347
01878	56351	68618	84432	30948	65180	75446	95963	75619
65405	25720	09364	51333	03752	65756	51967	92469	47296
31711	35173	45290	49326	50368	63829	05640	26675	27367
41028	50367	01904	68068	02324	58723	96333	77032	47878
76916	55336	48767	76915	79711	05182	70489	10244	45078
16404	93068	91519	85895	34872	24701	60932	91141	33252
06776	51133	76482	14812	19777	19614	51100	52943	04068
76818	05839	26058	80972	43337	24203	72345	37967	88138
16916	64028	38968	02783	63049	12261	89587	88988	88834
33696	41621	16648	11837	08094	38217	32919	16625	91567
00143	56431	90537	95332	29879	29363	48055	86410	10594
15932	59628	00086	74633	81208	05470	56385	23601	70545
86111	14530	39958	36155	60613	73849	74842	31030	30448
46218	36313	62063	59326	93522	48983	50335	30178	42755
84153	32199	77166	63912	07984	55369	56520	14633	00252
81439	35471	29742	57110	13710	21351	29816	32783	69004
92339	82043	80136	97269	28858	03036	01304	51363	40412
78421	33809	92792	96106	95191	43514	08320	25690	76117
44265	86707	80637	44879	81457	06781	11411	88804	62551
89430	51314	76126	62672	31815	12947	76533	19761	93373
36462	19901	02919	29311	31275	83593	34933	95758	63944
55996	59605	51680	27755	06077	12797	67082	12536	64069
69338	43838	06320	63988	16549	27931	27270	94711	47834
40276	17751	72508	23027	70257	42812	87319	09160	02913
67834	93014	07816	93085	14552	10115	87740	44125	51227

来源：表中内容由作者计算而得

表 D.10　正态分布表（z）

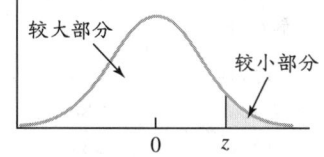

z	从平均数到 z 的距离	较大部分	较小部分	z	从平均数到 z 的距离	较大部分	较小部分
0.00	0.0000	0.5000	0.5000	0.40	0.1554	0.6554	0.3446
0.01	0.0040	0.5040	0.4960	0.41	0.1591	0.6591	0.3409
0.02	0.0080	0.5080	0.4920	0.42	0.1628	0.6628	0.3372
0.03	0.0120	0.5120	0.4880	0.43	0.1664	0.6664	0.3336
0.04	0.0160	0.5160	0.4840	0.44	0.1700	0.6700	0.3300
0.05	0.0199	0.5199	0.4801	0.45	0.1736	0.6736	0.3264
0.06	0.0239	0.5239	0.4761	0.46	0.1772	0.6772	0.3228
0.07	0.0279	0.5279	0.4721	0.47	0.1808	0.6808	0.3192
0.08	0.0319	0.5319	0.4681	0.48	0.1844	0.6844	0.3156
0.09	0.0359	0.5359	0.4641	0.49	0.1879	0.6879	0.3121
0.10	0.0398	0.5398	0.4602	0.50	0.1915	0.6915	0.3085
0.11	0.0438	0.5438	0.4562	0.51	0.1950	0.6950	0.3050
0.12	0.0478	0.5478	0.4522	0.52	0.1985	0.6985	0.3015
0.13	0.0517	0.5517	0.4483	0.53	0.2019	0.7019	0.2981
0.14	0.0557	0.5557	0.4443	0.54	0.2054	0.7054	0.2946
0.15	0.0596	0.5596	0.4404	0.55	0.2088	0.7088	0.2912
0.16	0.0636	0.5636	0.4364	0.56	0.2123	0.7123	0.2877
0.17	0.0675	0.5675	0.4325	0.57	0.2157	0.7157	0.2843
0.18	0.0714	0.5714	0.4286	0.58	0.2190	0.7190	0.2810
0.19	0.0753	0.5753	0.4247	0.59	0.2224	0.7224	0.2776
0.20	0.0793	0.5793	0.4207	0.60	0.2257	0.7257	0.2743
0.21	0.0832	0.5832	0.4168	0.61	0.2291	0.7291	0.2709
0.22	0.0871	0.5871	0.4129	0.62	0.2324	0.7324	0.2676
0.23	0.0910	0.5910	0.4090	0.63	0.2357	0.7357	0.2643
0.24	0.0948	0.5948	0.4052	0.64	0.2389	0.7389	0.2611
0.25	0.0987	0.5987	0.4013	0.65	0.2422	0.7422	0.2578
0.26	0.1026	0.6026	0.3974	0.66	0.2454	0.7454	0.2546
0.27	0.1064	0.6064	0.3936	0.67	0.2486	0.7486	0.2514
0.28	0.1103	0.6103	0.3897	0.68	0.2517	0.7517	0.2483
0.29	0.1141	0.6141	0.3859	0.69	0.2549	0.7549	0.2451
0.30	0.1179	0.6179	0.3821	0.70	0.2580	0.7580	0.2420
0.31	0.1217	0.6217	0.3783	0.71	0.2611	0.7611	0.2389
0.32	0.1255	0.6255	0.3745	0.72	0.2642	0.7642	0.2358
0.33	0.1293	0.6293	0.3707	0.73	0.2673	0.7673	0.2327
0.34	0.1331	0.6331	0.3669	0.74	0.2704	0.7704	0.2296
0.35	0.1368	0.6368	0.3632	0.75	0.2734	0.7734	0.2266
0.36	0.1406	0.6406	0.3594	0.76	0.2764	0.7764	0.2236
0.37	0.1443	0.6443	0.3557	0.77	0.2794	0.7794	0.2206
0.38	0.1480	0.6480	0.3520	0.78	0.2823	0.7823	0.2177
0.39	0.1517	0.6517	0.3483	0.79	0.2852	0.7852	0.2148

续表

z	从平均数到 z 的距离	较大部分	较小部分	z	从平均数到 z 的距离	较大部分	较小部分
0.80	0.2881	0.7881	0.2119	1.29	0.4015	0.9015	0.0985
0.81	0.2910	0.7910	0.2090	1.30	0.4032	0.9032	0.0968
0.82	0.2939	0.7939	0.2061	1.31	0.4049	0.9049	0.0951
0.83	0.2967	0.7967	0.2033	1.32	0.4066	0.9066	0.0934
0.84	0.2995	0.7995	0.2005	1.33	0.4082	0.9082	0.0918
0.85	0.3023	0.8023	0.1977	1.34	0.4099	0.9099	0.0901
0.86	0.3051	0.8051	0.1949	1.35	0.4115	0.9115	0.0885
0.87	0.3078	0.8078	0.1922	1.36	0.4131	0.9131	0.0869
0.88	0.3106	0.8106	0.1894	1.37	0.4147	0.9147	0.0853
0.89	0.3133	0.8133	0.1867	1.38	0.4162	0.9162	0.0838
0.90	0.3159	0.8159	0.1841	1.39	0.4177	0.9177	0.0823
0.91	0.3186	0.8186	0.1814	1.40	0.4192	0.9192	0.0808
0.92	0.3212	0.8212	0.1788	1.41	0.4207	0.9207	0.0793
0.93	0.3238	0.8238	0.1762	1.42	0.4222	0.9222	0.0778
0.94	0.3264	0.8264	0.1736	1.43	0.4236	0.9236	0.0764
0.95	0.3289	0.8289	0.1711	1.44	0.4251	0.9251	0.0749
0.96	0.3315	0.8315	0.1685	1.45	0.4265	0.9265	0.0735
0.97	0.3340	0.8340	0.1660	1.46	0.4279	0.9279	0.0721
0.98	0.3365	0.8365	0.1635	1.47	0.4292	0.9292	0.0708
0.99	0.3389	0.8389	0.1611	1.48	0.4306	0.9306	0.0694
1.00	0.3413	0.8413	0.1587	1.49	0.4319	0.9319	0.0681
1.01	0.3438	0.8438	0.1562	1.50	0.4332	0.9332	0.0668
1.02	0.3461	0.8461	0.1539	1.51	0.4345	0.9345	0.0655
1.03	0.3485	0.8485	0.1515	1.52	0.4357	0.9357	0.0643
1.04	0.3508	0.8508	0.1492	1.53	0.4370	0.9370	0.0630
1.05	0.3531	0.8531	0.1469	1.54	0.4382	0.9382	0.0618
1.06	0.3554	0.8554	0.1446	1.55	0.4394	0.9394	0.0606
1.07	0.3577	0.8577	0.1423	1.56	0.4406	0.9406	0.0594
1.08	0.3599	0.8599	0.1401	1.57	0.4418	0.9418	0.0582
1.09	0.3621	0.8621	0.1379	1.58	0.4429	0.9429	0.0571
1.10	0.3643	0.8643	0.1357	1.59	0.4441	0.9441	0.0559
1.11	0.3665	0.8665	0.1335	1.60	0.4452	0.9452	0.0548
1.12	0.3686	0.8686	0.1314	1.61	0.4463	0.9463	0.0537
1.13	0.3708	0.8708	0.1292	1.62	0.4474	0.9474	0.0526
1.14	0.3729	0.8729	0.1271	1.63	0.4484	0.9484	0.0516
1.15	0.3749	0.8749	0.1251	1.64	0.4495	0.9495	0.0505
1.16	0.3770	0.8770	0.1230	1.65	0.4505	0.9505	0.0495
1.17	0.3790	0.8790	0.1210	1.66	0.4515	0.9515	0.0485
1.18	0.3810	0.8810	0.1190	1.67	0.4525	0.9525	0.0475
1.19	0.3830	0.8830	0.1170	1.68	0.4535	0.9535	0.0465
1.20	0.3849	0.8849	0.1151	1.69	0.4545	0.9545	0.0455
1.21	0.3869	0.8869	0.1131	1.70	0.4554	0.9554	0.0446
1.22	0.3888	0.8888	0.1112	1.71	0.4564	0.9564	0.0436
1.23	0.3907	0.8907	0.1093	1.72	0.4573	0.9573	0.0427
1.24	0.3925	0.8925	0.1075	1.73	0.4582	0.9582	0.0418
1.25	0.3944	0.8944	0.1056	1.74	0.4591	0.9591	0.0409
1.26	0.3962	0.8962	0.1038	1.75	0.4599	0.9599	0.0401
1.27	0.3980	0.8980	0.1020	1.76	0.4608	0.9608	0.0392
1.28	0.3997	0.8997	0.1003	1.77	0.4616	0.9616	0.0384

续表

z	从平均数到 z 的距离	较大部分	较小部分	z	从平均数到 z 的距离	较大部分	较小部分
1.78	0.4625	0.9625	0.0375	2.28	0.4887	0.9887	0.0113
1.79	0.4633	0.9633	0.0367	2.29	0.4890	0.9890	0.0110
1.80	0.4641	0.9641	0.0359	2.30	0.4893	0.9893	0.0107
1.81	0.4649	0.9649	0.0351	2.31	0.4896	0.9896	0.0104
1.82	0.4656	0.9656	0.0344	2.32	0.4898	0.9898	0.0102
1.83	0.4664	0.9664	0.0336	2.33	0.4901	0.9901	0.0099
1.84	0.4671	0.9671	0.0329	2.34	0.4904	0.9904	0.0096
1.85	0.4678	0.9678	0.0322	2.35	0.4906	0.9906	0.0094
1.86	0.4686	0.9686	0.0314	2.36	0.4909	0.9909	0.0091
1.87	0.4693	0.9693	0.0307	2.37	0.4911	0.9911	0.0089
1.88	0.4699	0.9699	0.0301	2.38	0.4913	0.9913	0.0087
1.89	0.4706	0.9706	0.0294	2.39	0.4916	0.9916	0.0084
1.90	0.4713	0.9713	0.0287	2.40	0.4918	0.9918	0.0082
1.91	0.4719	0.9719	0.0281	2.41	0.4920	0.9920	0.0080
1.92	0.4726	0.9726	0.0274	2.42	0.4922	0.9922	0.0078
1.93	0.4732	0.9732	0.0268	2.43	0.4925	0.9925	0.0075
1.94	0.4738	0.9738	0.0262	2.44	0.4927	0.9927	0.0073
1.95	0.4744	0.9744	0.0256	2.45	0.4929	0.9929	0.0071
1.96	0.4750	0.9750	0.0250	2.46	0.4931	0.9931	0.0069
1.97	0.4756	0.9756	0.0244	2.47	0.4932	0.9932	0.0068
1.98	0.4761	0.9761	0.0239	2.48	0.4934	0.9934	0.0066
1.99	0.4767	0.9767	0.0233	2.49	0.4936	0.9936	0.0064
2.00	0.4772	0.9772	0.0228	2.50	0.4938	0.9938	0.0062
2.01	0.4778	0.9778	0.0222	2.51	0.4940	0.9940	0.0060
2.02	0.4783	0.9783	0.0217	2.52	0.4941	0.9941	0.0059
2.03	0.4788	0.9788	0.0212	2.53	0.4943	0.9943	0.0057
2.04	0.4793	0.9793	0.0207	2.54	0.4945	0.9945	0.0055
2.05	0.4798	0.9798	0.0202	2.55	0.4946	0.9946	0.0054
2.06	0.4803	0.9803	0.0197	2.56	0.4948	0.9948	0.0052
2.07	0.4808	0.9808	0.0192	2.57	0.4949	0.9949	0.0051
2.08	0.4812	0.9812	0.0188	2.58	0.4951	0.9951	0.0049
2.09	0.4817	0.9817	0.0183	2.59	0.4952	0.9952	0.0048
2.10	0.4821	0.9821	0.0179	2.60	0.4953	0.9953	0.0047
2.11	0.4826	0.9826	0.0174	2.61	0.4955	0.9955	0.0045
2.12	0.4830	0.9830	0.0170	2.62	0.4956	0.9956	0.0044
2.13	0.4834	0.9834	0.0166	2.63	0.4957	0.9957	0.0043
2.14	0.4838	0.9838	0.0162	2.64	0.4959	0.9959	0.0041
2.15	0.4842	0.9842	0.0158	2.65	0.4960	0.9960	0.0040
2.16	0.4846	0.9846	0.0154	2.66	0.4961	0.9961	0.0039
2.17	0.4850	0.9850	0.0150	2.67	0.4962	0.9962	0.0038
2.18	0.4854	0.9854	0.0146	2.68	0.4963	0.9963	0.0037
2.19	0.4857	0.9857	0.0143	2.69	0.4964	0.9964	0.0036
2.20	0.4861	0.9861	0.0139	2.70	0.4965	0.9965	0.0035
2.21	0.4864	0.9864	0.0136	2.71	0.4966	0.9966	0.0034
2.22	0.4868	0.9868	0.0132	2.72	0.4967	0.9967	0.0033
2.23	0.4871	0.9871	0.0129	2.73	0.4968	0.9968	0.0032
2.24	0.4875	0.9875	0.0125	2.74	0.4969	0.9969	0.0031
2.25	0.4878	0.9878	0.0122	2.75	0.4970	0.9970	0.0030
2.26	0.4881	0.9881	0.0119	2.76	0.4971	0.9971	0.0029
2.27	0.4884	0.9884	0.0116	2.77	0.4972	0.9972	0.0028

续表

续表

z	从平均数到 z 的距离	较大部分	较小部分	z	从平均数到 z 的距离	较大部分	较小部分
2.78	0.4973	0.9973	0.0027	2.94	0.4984	0.9984	0.0016
2.79	0.4974	0.9974	0.0026	2.95	0.4984	0.9984	0.0016
2.80	0.4974	0.9974	0.0026	2.96	0.4985	0.9985	0.0015
2.81	0.4975	0.9975	0.0025	2.97	0.4985	0.9985	0.0015
2.82	0.4976	0.9976	0.0024	2.98	0.4986	0.9986	0.0014
2.83	0.4977	0.9977	0.0023	2.99	0.4986	0.9986	0.0014
2.84	0.4977	0.9977	0.0023	3.00	0.4987	0.9987	0.0013
2.85	0.4978	0.9978	0.0022	⋮	⋮	⋮	⋮
2.86	0.4979	0.9979	0.0021	3.25	0.4994	0.9994	0.0006
2.87	0.4979	0.9979	0.0021	⋮	⋮	⋮	⋮
2.88	0.4980	0.9980	0.0020	3.50	0.4998	0.9998	0.0002
2.89	0.4981	0.9981	0.0019	⋮	⋮	⋮	⋮
2.90	0.4981	0.9981	0.0019	3.75	0.4999	0.9999	0.0001
2.91	0.4982	0.9982	0.0018	⋮	⋮	⋮	⋮
2.92	0.4982	0.9982	0.0018	4.00	0.5000	1.0000	0.0000
2.93	0.4983	0.9983	0.0017				

来源：表中内容由作者计算而得

术语表

（以汉语拼音为序）

B

百分位数（percentile）：指定百分比的数据在其之下的那个值

保护性 t 检验（protected t）：只有在方差分析结果显著的前提下才进行的平均数之间的 t 检验。也称为费舍 LSD 检验

备择假设（alternative hypothesis，H_1）：H_0 被拒绝时接受的假设。通常就是研究假设

被试间设计（between-subjects designs）：不同处理水平下改换不同被试的设计

被试内设计（within-subjects designs）：一种实验设计类型，每个参试者产生多个分数

比率量表（ratio scale）：有真正零点的量表——比率有意义的

边和（marginal totals）：一个变量某个水平与其他变量所有水平的组合中的数据的总和

变量（variables）：事物身上可以取不同值的属性

标准差（standard deviation）：方差的正数平方根

标准分数（standard scores）：具有预定平均数和标准差的分数

标准化（standardization）：将数据减去平均数值并除以标准差，按比例缩放变量

标准回归系数（standardized regression coefficient，β）：根据标准化的数据产生的回归系数

标准误（standard error）：抽样分布的标准差

标准正态分布（standard normal distribution）：平均数等于 0、方差等于 1 的正态分布，记作 $N(0, 1)$

C

参数（parameters）：用于概括总体数据的数值

参数检验（parametric tests）：关于总体参数的假设检验，或用到总体参数估计量的统计检验

残差（residual）：Y 的实测值和预测值之差

残差方差（residual variance）：估计标准误的平方

测量，或计量（measurement）：将数字赋予对象的过程

测量量表（scales of measurement）：赋予对象的数字之间关系的特征

测量数据（measurement data）：通过测量对象或事件获得的数据

差异分数（difference scores）：被试两次得分之差的分数

差异性（dispersion）：各个数据点在平均数上下的散布程度

差异性（variability）：变量的多个分数之间差异的程度

常数（constant）：在给定情况下不会改变取值的数字

称名量表（nominal scale）：只能用于区分对象的数字

抽样分布（sampling distribution）：反复抽样得到的统计量的分布

抽样误差（sampling error）：随机性导致的样本统计量之间的差异

处理间方差（$MS_{treatment}$）：各处理平均数的方差

次数分布，或频次分布（frequency distribution）：按因变量不同值出现的次数（频次）列出的分布，以表或图的形式显示

D

单峰（unimodal）：只有一个显见高峰的分布

单调关系（monotonic relationship）：由回归线表示的关系，该回归线不断上升（或下降），但不一定是直线

单尾检验（one-tailed test）：只拒绝位于分布的一个指定尾部的极端结果的检测

单因素方差分析（one-way ANOVA）：以一个自变量取值作为分组依据的方差分析

单元或单元格（cell）：特定行和列的交叉处；在相同处理条件下获得的一组观察值

单元平方和（SS_{cells}）：表示各单元平均数之间差异的平

方和

等距量表（interval scale）：对象之间相等的间隔就意味着相等的差异——差异是有意义的

低位有效数字（less significant digits）：通常指一个数中最高有效数字右边的数字

点二列相关（point-biserial correlation，r_{pb}）：一个二分变量与另一变量的相关系数

点估计（point estimate）：将某个估计值作为参数估计的结果

点计数据（count data）：由一些事件发生的次数（频次）构成的数据

定量数据（quantitative data）：测量数据的另一种说法

定向检验（directional test）：一种统计检验方式，仅在分布的一个指定尾部拒绝极端结果

独立事件（independent events）：当事件的发生对另一事件发生的概率没有影响时，这两个事件是相互独立的

对称（symmetric）：中心两侧的分布形态相同

多峰性（modality）：表示分布中峰数的术语

多重比较技术（multiple comparison techniques）：在方差分析之后，对两个或更多个组进行比较的技术

多重共线性（multicollinearity）：一组预测变量之间存在高度相关的情形

E

二分变量（dichotomous variables）：只能采用两个不同值的变量

F

方差不齐性（heterogeneity of variance）：从不同方差的总体中抽取样本的情形

方差分析（analysis of variance，ANOVA）：用于检验多个样本平均数之差的统计方法

方差齐性（homogeneity of variance）：两个或更多总体的方差相等

方差之和定理（Variance Sum Law）：关于两个或多个变量之和（或差）的方差的定理

放回抽样（sample with replacement）：一种抽样形式，在第 $N+1$ 次抽取之前，将第 N 次抽取的项目放回

非参数检验（nonparametric tests）：不依赖于参数估计或精确的分布假设的统计检验

非定向检验（nondirectional test）：拒绝位于分布双尾的极端结果的统计检验

非中心参数（noncentrality parameter）：衡量替代假设下抽样分布平均数与零假设下抽样分布平均数之间偏差的指标

费舍精确检验（Fisher's exact test）：对列联表的一种检验方法，它假定表中各个边和都固定不变。可用于替代 χ^2 检验

费舍最小显著性差异检验（Fisher's Least Significant Difference Test，缩写为 LSD）：一种多重比较技术，要求以总的 F 显著为前提，然后对平均数之差进行的标准的 t 检验。也被称为"保护性 t 检验"

分类数据（categorical data）：各个类别的观察到的次数或点计个数

分析观（analytic view）：通过分析可能结果得出的对概率的定义

风险比（risk ratio）：两种风险度的比率

风险度（risk）：一个事件的发生次数除以所有事件发生的总次数

风险度差异（risk difference）：两种不同条件下的风险度之差

弗里德曼多个相关样本的秩次检验（Friedman's rank test for k correlated samples）：相当于标准的单向重复测量方差分析的非参数检验方法

负偏（negatively skewed）：尾部指向左侧的分布

负相关（negative relationship）：一个变量的增加伴随着另一个变量的减少的情形

复相关系数（multiple correlation coefficient，$R_{0.123\ldots p}$）一个变量（Y）和一组预测变量之间的相关系数

G

概率的乘法定理（multiplicative law of probability）：关于独立事件同时发生的概率的定理

概率的加法定律（additive law of probability）：给出两个或多个互斥事件发生概率的规则

估计标准误（standard error）：与回归线之差的平方的平均数

观察次数（observed frequencies）：实际观察到的次数——与期望次数不同

H

横坐标（abscissa）：水平轴、横轴

互斥（mutually exclusive）：如果一个事件的发生排除了另一个事件的发生，它们就是两个互斥事件

回归（regression）：根据一个或多个其他变量预测一个变量

回归方程（regression equation）：给出回归线的方程

回归系数（regression coefficients）：斜率和截距的通用说法（通常仅指斜率）

回归线（regression line）：根据散点图绘制的最佳拟合线

回溯功效（retrospective power）：即事后功效

回溯性研究（retrospective study）：一种研究模式，先根据某些标准选择参试者，然后回顾其过去的行为

汇合方差（pooled variance）：多个样本方差的加权平均数

混淆（confounded）：当两个变量同时变化并且它们的影响不能分开时，它们就是混淆变量

J

集中趋势（central tendency）：与数据的分布中心有关的计量指标。通常用平均数、中位数或众数作为集中趋势指标

加权平均数（weighted average）：以下形式的平均数：$(a_1X_1 + a_2X_2)/(a_1 + a_2)$，其中 a_1 和 a_2 为权重，X_1 和 X_2 是被平均的值

假设检验（hypothesis testing）：关于参数值的决策过程

间断变量（discrete variables）：只有少量可能取值的变量

检验统计量（test statistics）：统计检验的计算结果

简单效应（simple effect）：一个自变量在另一个自变量的一个水平上的效应（也称为"简单主效应"）

交互作用（interaction）：析因设计或列联表中的一种情况，其中一个自变量的效应取决于另一个自变量的水平

截距（intercept）：当 $X = 0$ 时 Y 的值

茎（stem）：茎叶图中包含前导数的垂直轴

茎叶图（stem-and-leaf display）：将原始数据排列成直方图的显示方法

精确上限（real upper limit）：一个区间的顶部与下一个区间的底部之间的中点

精确下限（real lower limit）：一个区间的底部与下一个区间的顶部之间的中点

拒绝水平（rejection level）：我们设定的拒绝实际为真的 H_0 的概率

拒绝域（rejection region）：导致拒绝 H_0 的所有实验结果

决策树（decision tree）：选择统计程序时涉及的决策路线图

决断（decision making）：基于样本数据做出逻辑决策的程序

K

控制组（control group）：不受到任何处理，或接受标准处理的样本，用于与其他样本（实验组）进行比较

L

连续变量（continuous variables）：可以取任意值的变量

联合概率（joint probability）：两个或多个事件同时出现的概率

列联表（contingency table）：一个二维表，其中每个观察值同时根据两个变量进行分类

临界值（critical value）：检验统计量的值大于或等于该值，我们就要拒绝 H_0

零假设（null hypothesis，H_0）：通过统计学方法检验的统计学假设；通常是无差异假设或无相关假设

M

密度（density）：分布曲线在给定 X 值处的高度，与观察值落入 X 两侧区间的概率密切相关

N

拟合优度检验（goodness-of-fit test）：将观察到的次数与理论预测的次数相比较的检验

P

皮尔逊积差相关系数（Pearson product-moment correlation coefficient，r）：最常见的相关系数

匹配样本（matched samples）：一种实验设计，在一个或多个的处理中观察到相同的被试

偏差（bias）：统计量的属性之一，表示其所有可能取值的平均数不等于其估计的参数

偏态性（skewness）：表示分布不对称程度的指标

频次数据（frequency data）：表示各个类别中观察到的次数或点计次数的数据

频率观（frequentist view）：基于不同结果发生的相对频率对概率的定义

平方和（sums of squares）：离某个点（通常就是平均数或预测值）的距离的平方和

平衡抵消法（counterbalancing）：一种旨在平衡实际效应的对于处理条件的编排方式

平均数（mean）：观察值（分数）之和除以观察值的个数

平均数的标准误（standard error of differences between means）：平均数分布的标准差

平均数的抽样分布（sampling distribution of the mean）：从同一总体反复抽样得到的样本平均数的分布

平均数之差的标准误（standard error of differences between means）：平均数之差的抽样分布的标准差

平均数之差的抽样分布（sampling distribution of differences between means）：从同一总体反复抽样得到的样本平均数之差的分布

Q

期望次数（expected frequencies）：H_0 为真的前提下，单元格中观察次数的期望值

期望值（expected value）：无数个样本的统计量值的平均数

前导数（leading digits）：一个数中最左边位置的数字

前瞻性研究（prospective study）：研究中按照当前的某个条件（例如药物）选择参试者，并在未来考察效果

切尾平均数（trimmed means）：删除分布两端特定百分比的观察值后，该分布的平均数

切尾统计量（trimmed statistics）：根据切尾样本计算的统计量

切尾样本（trimmed samples）：剔除一定百分比的数据后得到的样本

求和符号（∑），表示求和的符号

区间估计（interval estimate）：参数估计时得出的一个数值区间，参数按规定概率落入该区间

曲线关系（curvilinear relationship）：一种最好用非线性关系表示的变量间关系

全距（range）：从最小值到最大值的距离

全距限制（range restrictions）：人为地限制 X 或 Y 取值范围的情形

S

散点图（scatterplot / scatter diagram / scattergram）：将各个数据点绘制在二维空间中而得到的图

森林图（forest plot）：将所有效应量显示在单张图表上，其中有效应量的置信区间，以及总效应量及其置信区间

实验假设（experimental hypothesis）：研究假设的另一种说法

事后功效（post-hoc power）：根据已经完成的研究中的参数估计得到的某项未来研究的功效

事件（event）：试验的结果

双峰（bimodal）：具有两个不同峰的分布

双盲研究（double-blind study）：一种研究设计方法，其参试者和实验者都不知道谁在接受何种处理

双尾检验（two-tailed test）：拒绝位于分布双尾的极端结果的统计检验

双因素析因设计（two-way factorial design）：包含两个独立变量的实验设计，其中一个变量的每个级别与另一变量的每个级别配对

顺序量表（ordinal scale）：仅用于按顺序排列对象的数字

顺序效应（order effect）：处理的顺序对绩效的影响

斯皮尔曼等级相关系数（Spearman's correlation coefficient for ranked data, r_s）：序次数据的相关系数

四分位（quartile location）：数据排序后四分位数所在的位置

四分位距（interquartile range）：排序后中间 50% 的观察值的全距

随机分配（random assignment）：以随机过程将参试者分派或分配到不同的组（样本）

随机化检验/置换检验（randomization tests / permutation tests）：一种统计检验方法，认为零假设（各组数据无差异）相当于对数据做无数种随机排列，将这些结果与实际差异进行比较，就可以确定要不要接受零假设

随机样本（random sample）：总体每个成员被抽中的概率相等而形成的样本

T

探索性数据分析（exploratory data analysis，EDA）：由图基研发的一组技术，用于形象化地展现数据的意义

条件概率（conditional probability）：在其他事件发生的前提下，某事件的概率

条形图（bar graph）：以条形高度表示不同 X 值出现频次的统计图

统计功效/功效（power）：正确拒绝虚假 H_0 的概率

统计量（statistics）：用于概括样本数据的数值

图基检验（Tukey's test）：一种多重比较程序，用于平均数之间的成对比较，同时将综合错误率控制在 α 以内

W

完备事件组（exhaustive）：一组代表所有可能结果的事件

威尔柯克森－曼－惠特尼秩和检验（Wilcoxon-Mann-Whitney rank-sum test）：用于比较两个独立样本的非参数检验

威尔柯克森配对符号秩次检验（Wilcoxon's matched-pairs signed-ranks test）：用于比较两个匹配（相关）样本的集中量的非参数检验

尾数/最低有效数字（trailing digits / least significant digits）：数中的最右边一个数字

温氏标准差（Winsorized standard deviation）：用切尾样本中的最大值和最小值分别代替被剪切的两极端的数据

后，全部数据的标准差

温氏方差（Winsorized variance）：用切尾样本中的最大值和最小值分别代替被剪切的两极端的数据后，全部数据的方差

温氏平均数（Winsorized mean）：用切尾样本中的最大值和最小值分别代替被剪切的两极端的数据后，全部数据的平均数

文件抽屉问题（file drawer problem）：研究者通常不报告不显著结果，因此你在已发表的文献中看到的往往是偏向那些发现显著效应的研究

无条件概率（unconditional probability）：一个事件的概率与其他事件是否发生无关，这个概率就是无条件概率

误差方差（error variance）：估计标准误的平方

误差平方和（SS_{error}）：即残差平方和；各组数据的（离差）平方和之和

误差线（error bars）：以平均数或其他统计量为中心绘制，通常以该统计量加减 1 个标准误为端点

误差自由度（df_{error}）：对应于 SS_{error} 的自由度，$df_{error} = k(n - 1)$

X

析因设计（factorial design）：一种实验设计，要求任一自变量的每个水平与其他所有自变量的每个水平组合形成处理条件

显著性水平（significance level）：我们设定的拒绝实际为真的 H_0 的概率

线性变换（linear transformation）：所有数据都加、减、乘或除以一个常数

线性关系（linear relationship）：最佳拟合回归线是直线的情形

相对风险（relative risk）：一种情况下的风险度相对于另一种情况下的风险度

相关矩阵（intercorrelation matrix）：显示所有变量两两之间相关系数的矩阵（表）

相关量（correlation）：对变量之间的关系的计量

相关系数（correlation coefficient，r）：衡量变量之间相关强弱的计量指标

相关系数的平方（squared correlation coefficient）：这只是相关系数的平方

相关样本（related samples）：一种实验设计，在一次以上的处理中观察相同的被试

箱形图（boxplot）：一种表示样本数据差异性的统计图

箱须图（box-and-whisker plot）：一种表示样本数据差异性的统计图

向平均数回归（regression to the mean）：一种（虚假的）信念，认为随着时间的推移，所有观察值都应向着平均数移动

效应程度（magnitude of effect）：一种衡量效应强弱的指标，即观察值之间的差异在多大程度上可以归因于处理

效应量（样本）（effect size，d）：两个样本平均数之差除以任一样本的标准差

效应量（总体）（effect size，δ）：两个总体平均数之差除以任一总体的标准差

协方差（covariance，s_{xy} 或 cov_{xy}）：表示两个变量共变程度的统计量

斜率（slope）：X 每变化 1 个单位对应的 Y 的变化量

须线（whisker）：箱须图中从铰链位到邻近值的线段

学生氏 t 分布（Student's t distribution）：统计量 t 的抽样分布

Y

延滞效应（carry-over effect）：先前试验（条件）在随后试验中对受试者表现的影响

研究假设（research hypothesis，H_1）：研究中需要检验的假设

样本（sample）：一组实际观察值。总体的子集

样本方差（sample variance，s^2）：离（平均数）差平方和除以 $N - 1$

样本统计量（sample statistics）：根据样本数据计算的统计量，主要用于描述样本

叶（leaves）：茎叶图中的水平轴，由数据中的尾数组成

异常值（outlier）：远离分布其余部分的极端数据点

异质子样本（heterogeneous subsamples）：基于某个其他变量将样本观察值细分为两个不同的组，且两组数据有明显差别

因变量（dependent variables）：被测量的变量。数据或分数都可以算因变量

因素（factors）：方差分析中自变量的另一种说法

优势度（odds）：一个事件的发生频率除以另一事件的发生频率

优势比（odds ratio）：两个优势度的比率

有效样本容量（fffective sample size）：与研究功效有关的样本容量

预测变量（predictor variable）：用于进行预测的变量

预测误差（errors of prediction）：Y 与 $\hat{Y}$ 之差

元分析（meta-analysis）：一种统计方法，用于收集关于

特定主题的众多研究，并将结果综合起来得出总的结论

Z

增量分数（gain scores）：前后两次测量得分的差值

折线图（line graph）：一种将与不同 X 值对应的 Y 点连接起来的图示法

正偏（positively skewed）：尾部指向右侧的分布

正态分布（normal distribution）：呈钟形曲线的特定分布

直方图（histogram）：用长方形高度表示落入各区间的观察值个数的统计图

置信区间（confidence interval）：一种带上下限的区间，以指定概率包含被估计的参数

置信限（confidence limits）：置信区间的端点

中点（midpoint）：区间上下限的平均数

中位（median location）：数据排序后中位数所在的位置

中位数（median，Med）：观察值排序后，对应于第 50 百分位（50% 的观察值在该位置以下）的数值

中心 t 分布（central t distribution）：零假设为真时统计量 t 的抽样分布

中心极限定理（central Limit Theorem）：关于平均数抽样分布性质的一项定理

众数（mode，Mo）：出现次数最多的观察值

重复测量（repeated measures）：对相同被试进行多次测量的结果

重复测量设计（repeated-measures designs）：一种实验设计，每个被试要接受至少 1 个自变量的所有水平的处理

逐步回归（stepwise procedures）：指一组求回归方程的规则，每次都向回归方程中加一个变量或从中减一个变量，最终得出回归方程

主观概率（subjective probability）：以个人对结果可能性的主观信念作为概率的定义

主效应（main effect）：一个自变量在其他自变量各个水平上的影响的平均数

准则变量（criterion variable）：待预测的变量

自变量（independent variables）：由实验者控制的变量

自由度（degrees of freedom，df）：估计一个或多个参数后剩余的独立信息的个数

综合错误率（familywise error rate）：一系列比较中发生 1 次或 1 次以上 I 类错误的概率

总平方和（SS_{total}）：所有分数的（离差）平方和，无论数据属于哪个组

总平均数（grand mean，GM）：所有观察值的平均数

总体（population）：感兴趣的所有事件的集合

总体方差（population variance，σ^2）：用总体数据计算的方差。但通常只能估计，很少能直接计算出来

总体相关系数（population correlation coefficient，rho，ρ）：用总体数据计算的相关系数

总自由度（df_{total}）：对应于 SS_{total} 的自由度，$df_{total} = N - 1$

纵坐标（ordinate）：纵轴

组间方差（MS between groups，MS_{group}）：各组平均数的方差

组间平方和（SS_{group}）：各组平均数之间差异的平方和

组间自由度（df_{group}）：对应于 SS_{group} 的自由度，$df_{group} = k - 1$

组内方差（MS_{within}，MS_{error}）：相同处理（组）中被试之间的差异量

最高有效数字（most significant digits）：亦称"前导数"

最小二乘回归（least squares regression）：建立根据 X 来预测 Y 的回归方程的方法，要求预测得分与实测得分之差的平方和为最小

I 类错误（Type I error）：拒绝真实的 H_0

II 类错误（Type II error）：未拒绝虚假的 H_0

Bonferroni 校正（Bonferroni correction）：一种多重比较程序，要求将综合错误率除以比较的次数

d 族指标（d-family measures）：直接用来表示平均数之差的效应量的指标

F 统计量（F statistic）：MS_{group} 与 MS_{error} 的比率

p 值（p value）：H_0 为真时随机发生某种特定结果的概率。I 类错误的精确概率

r 族指标（r-family measures）：类似于自变量与因变量之间相关关系的效应量

T 分数（T-scores）：一组平均数为 50、标准差为 10 的分数

$\hat{Y}$：Y 的预测值

z 分数（z-score）：表示高于或低于平均数的 z 个标准差

α：I 类错误的概率

β：II 类错误的概率

δ：查功效表时需要的值，它是效应量和样本容量的函数

η^2：表示效应程度的指标。也称为相关比率

Φ 相关系数：两个二分变量的相关系数

χ^2 检验（Chi-square test）：通常用于分析分类数据的统计检验方法

ω^2：对效应程度的计量指标，其偏差较小

参考文献

Achenbach, T. M. (1991). *Integrative Guide for the 1991 CBCL/418, YSR, and TRFProfiles.* Burlington, VT: University of Vermont Department of Psychiatry.

Achenbach, T. M., Howell, C. T., Aoki, M. F., & Rauh, V. A. (1993). Nine year outcome of the Vermont Intervention Program for low birth weight infants. *Pediatrics, 91,* 45–55.

Adams, H. E., Wright, L. W., Jr., & Lohr, B. A. (1996). Is homophobia associated with homosexual arousal? *Journal of Abnormal Psychology, 195,* 440–445.

Agresti, A. (2002). *Categorical Data Analysis* (2nd ed.). New York: Wiley.

American Psychological Association. (2010). *The Publication Manual of the American Psychological Association* (6th ed.). Washington, DC: ISBN 978-1-4338-0562-2

Aronson, J., Lustina, M. J., Good, C., Keough, K., Steele, M., & Brown, J. (1998). When white men can't do math: Necessary and sufficient factors in stereotype threat. *Journal of Experimental Social Psychology, 35,* 29–46.

Associated Press. (Dec. 13, 2001) Study: American kids getting fatter at alarming rate.

Bauer, M., & Dopfmer, S. (1999) Lithium augmentation in treatment-resistant depression: meta-analysis of placebo-controlled studies. *Journal of Clinical Psychopharmacology, 19,* 427–434.

Bisson J, & Andrew, M. (2007) Psychological treatment of post-traumatic stress disorder (PTSD).*Cochrane Database of Systematic Reviews*, Issue 3.

Blanchard, E. B., Theobald, D. E., Williamson, D. A., Silver, B. V., & Brown, D. A. (1978). Temperature biofeedback in the treatment of migraine headaches. *Archives of General Psychiatry, 35,* 581–588.

Bleuler, E. (1950). *Dementia Praecox or the Group of Schizophrenias* (H. Zinkin, Trans.). New York: International Universities Press. (Original work published 1911)

Bloch, M. H., Panza, K. E., Landeros-Weisenberger, A., & Leckman, J. F. (2009). Meta-analysis: treatment of attention-deficit/hyperactivity disorder in children with comorbid tic disorders. *Journal American Academy of Child and Adolescent Psychiatry, 48,* 884.

Boos, D. D., & Stefanski, L. A. (2011). p-value precision and reproducibility. *The American Statistician,* 65, 213–218.

Borenstein, M., Hedges, L. V., Higgins, J. P. T., & Rothstein, H. R. (2009). *Introduction to meta-analysis.* Chichester: John Wiley & Sons, Ltd.

Bradley, J. V. (1963, March). *Studies in Research Methodology: IV. A Sampling Study of the Central Limit Theorem and the Robustness of OneSample Parametric Tests.* AMRL Technical Documentary Report 63–29, 650th Aerospace Medical Research Laboratories, Wright Patterson Air Force Base, OH.

Brescoll, V. L. & Uhlman, E. L. (2008). Can an angry woman get ahead: Status conferral, gender, and expression of emotion in the workplace. *Psychological Science, 19,* 268–275.

Brooks, L., & Perot, A. R. (1991). Reporting sexual harass- ment. *Psychology of Women Quarterly, 15,* 31–47.

Chernick, M. R., & LaBudde, R. A. (2011). An Introduction to Bootstrap Methods with Applications to *R.* Hoboken, NJ: Wiley.

Chicago Tribune. (July 21, 1995). Girl finds salary gap could begin at home.

Christianson, M. K., & Leathem, J. M. (2004). Development and standardization of the computerized finger tapping test: Comparison with other finger tapping instruments. *New Zealand Journal of Psychology, 33,* 44–49.

Clark, K. B. & Clark, M. K. (1947). Racial identification and preference in Negro children. In E. E. Maccoby, T. M. Newcomb, & E. L. Hartley (Eds), *Readings in Social Psychology* (pp. 602–611). New York: Holt, Rinehart, and Winston.

Cochrane, A. L., St. Leger, A. S., & Moore, F. (1978). Health service "input" and mortality "output" in developed countries. *Journal of Epidemiology and Community Health, 32,* 200–205.

Cohen, J. (1968). Multiple regression as a general data-ana- lytic system. *Psychological Bulletin,* 70, 426–443.

Cohen, J. (1969). *Statistical Power Analysis for the Behavioral Sciences.* Hillsdale, NJ: Lawrence Erlbaum Associates.

Cohen, J. (1988). *Statistical Power Analysis for the Behavioral Sciences* (2nd ed.). Hillsdale, NJ: Lawrence Erlbaum Associates.

Cohen, J. (1990). Things I have learned (so far). *American Psychologist, 45,* 1304–1312

Cohen, J. (1992). A power primer. *Psychological Bulletin, 112,* 155–159.

Cohen, P. (2005). Jacob Cohen. In B. E. Everitt & D. C. Howell (Eds), *Encyclopedia of Statistics in Behavioral Science* (pp. 318–319). London: Wiley.

Cohen, S., Kaplan, J. R., Cunnick, J. E., Manuck, S. B., & Rabin, B. S. (1992). Chronic social stress, affiliation, and cellular immune response in nonhuman primates. *Psychological Science, 3,* 301–304.

Compas, B. E., Worsham, N. S., Grant, K., Mireault, G., Howell, D. C., & Malcarne, V. L. (1994). When mom or dad has cancer:

I. Symptoms of depression and anxiety in cancer patients, spouses, and children. *Health Psychology, 13*, 507–515.

Conover, W. J. (1980). *Practical Nonparametric Statistics* (2nd ed.). New York: John Wiley & Sons.

Conover, W. J., & Iman, R. L. (1981). Rank transformations as a bridge between parametric and nonparametric statistics. *American Statistician 35 (3): 124–129*. doi:10.2307/2683975. JSTOR 2683975.

Conti, L., & Musty, R. E. (1984). The effects of delta9tet-rahydrocannabinol injections to the nucleus accumbens on the locomotor activity of rats. In S. Aquell et al. (Eds), *The Cannabinoids: Chemical, Pharmacologic, and Therapeutic Aspects.* New York: Academic Press.

Cooper, H. M. (2009). *Research Synthesis and Meta-Analysis: A Step by Step Approach.* Thousand Oaks, CA: Sage

Cooper, H. M., Hedges, L. V., & Valentine, J. eds. 2009. *The Handbook of Research Synthesis and Meta-Analysis, 2nd Edition.* New York: The Russell Sage Foundation..

Crawford, J. R., Garthwaite, P. H., & Howell, D. C. (2009). On comparing a single case with a control sample: An alternative perspective. *Neuropsychologia, 47*, 2690–2695.

Crawford, J. R., & Howell, D. C. (1998). Comparing an individual's test score against norms derived from small samples. *The Clinical Neuropsychologist, 12*, 482–486.

Cumming, G., & Finch, S. (2001). A primer on the un-derstanding, use and calculation of confidence intervals based on central and noncentral distributions. *Educa- tional and Psychological Measurement, 61*, 530–572.

Dabbs, J. M., Jr., & Morris, R. (1990). Testosterone, social class, and antisocial behavior in a sample of 4462 men. *PsychologicalScience, 1*, 209–211.

Damisch, L., Stoberock, B., & Mussweiler, T. (2010). Keep your fingers crossed!: How superstition improves perfor- mance. *Psychological Science, 21*, 1014–1020.

Darley, J. M., & Latané, B. (1968). Bystander intervention in emergencies: Diffusion of responsibility. *Journal of Personality and Social Psychology, 8*, 377–383.

Diener, E., & Diener, C. (1996). Most people are happy. *Psychological Science, 7*, 181–185.

Dieter, R. C. (1998). The death penalty in black and white: Who lives, who dies, who decides. Retrieved June 6, 2006, from http://www.deathpenaltyinfo.org/ article.php?scid=45&did=539.

Dracup, C. (2005). Confidence Intervals. In B. Everrit & D. C Howell *Encyclopedia of Statistics in Behavioral Sciences.* Chichester: John Wiley and Sons, Ltd.

Duguid, M. M., & Goncalo, J. A. (2012). Living large: The powerful overestimate their own height. *Psychological Science, 23*, 36–40.

Efron, B., & Tibshirani, R. J. (1993). *An Introduction to the Bootstrap.* New York: Chapman and Hall.

Ellis, P.D. (2009), "Effect size calculators," website *http:// www.polyu.edu.hk/mm/effectsizefaqs/calculator/calculator.html* accessed on July 12, 2012.

Epping Jordan, J. E., Compas, B. E., & Howell, D. C. (1994). Predictors of cancer progression in young adult men and women: Avoidance, intrusive thoughts, and psychologi- cal symptoms. *Health Psychology, 13*, 539–547.

Everitt, B. (1994). Cited in Hand et al. (1994), p. 229.

Eysenck, M. W. (1974). Age differences in incidental learning. *Developmental Psychology, 10*, 936–941.

Faul, F., Erdfeldr, F., & Buchner, A. (2007). Statistical power analysis using GPower 3.1. *Behavior Research Methods, Instruments, & Computers, 41*, 1149–1160.

Fell, J. C. (1995). What's new in alcohol, drugs, and traffic safety in the U.S. (Paper presented at the 13th International Conference on Alcohol, Drugs, and Traffic Safety, Adelaide, Australia.)

Field, A. (2009). *Discovering Statistics Using SPSS.* Los An- geles, Sage.

Fisher, R. A. (1935). *The Design of Experiments.* Edinburgh: Oliver & Boyd.

Foa, E. B., Rothbaum, B. O., Riggs, D. S., & Murdock, T. B. (1991). Treatment of posttraumatic stress disorder in rape victims: A comparison between cognitive behavioral procedures and counseling. *Journal of Consulting and Clinical Psychology, 59*, 715–723.

Foertsch, J., & Gernsbacher, M. A. (1997). In search of gender neutrality: Is singular *they* a cognitively efficient substitute for generic *he? Psychological Science, 8*, 106–111.

Fombonne, E. (1989). Season of birth and childhood psy- chosis. *British Journal of Psychiatry, 155*, 655–661.

Froelich, A. G., & Stephenson, W. R. (2013). Does eye color depend on gender:? It might depend on who or how you ask. *Journal of Statistics Education [online], 21(2)*, www.amstat.org/publications/jse/v21n2/ froelich_ds.pdf.

Gardner, M. J., & Altman, D. G. (2002) Confidence intervals rather than p values. In D. G. Altman, D. Machin, T. N. Bryant, & M. J. Gardner. *Statistics with Confidence, 2nd ed.* BMJ Books.

Garland, C. F., Garland, F. C., Gorham, E. D, Lipkin, M., Newmark, H., Mohr, S. B., & Holick, M. F. (2006). The role of vitamin D in cancer prevention. *American Journal of Public Health, 96*, 252–261.

Geller, E. S., Witmer, J. F., & Orebaugh, A. L. (1976). In- structions as a determinant of paper disposal behaviors. *Environment and Behavior, 8*, 417–439.

Gentile, D. (2009). Pathological video-game use among youth ages 8 to 18. *Psychological Sciences, 20*, 594–602.

Geyer, C. J. (1991). Constrained maximum likelihood ex-emplified by isotonic convex logistic regression. *Journal of the American Statistical Association, 86*, 717–724.

Giancola, P. R., & Corman, M. D. (2007). Alcohol and ag- gression: A test of the attention-allocation model. *Psy- chological Science, 18*, 649–655.

Glass, G. V., McGaw, B., & Smith, M. L. (1981). *Meta- Analysis in Social Research*, Newbury Park, CA: Sage.

Good, P. I. (2001). *Resampling Methods: A Practical Guide to Data Analysis.* Boston: Birkhäuser.

Grambsch, P. (2008). Regression to the mean, murder rates, and shall-issue laws. *The American Statistician, 62*, 289–295.

Greenhouse, S. W., & Geisser, S. (1959). On methods in the analysis of profile data. *Psychometrika, 24*, 95–112.

Grissom, R. J., & Kim, J. J. (2012). *Effect sizes for Research: Univariate and Multivariate Applications.* New York: Routledge.

Gross, J. S. (1985). Weight modification and eating disorders in adolescent boys and girls. (Unpublished doctoral dissertation, University of Vermont, Burlington.)

Guber, D. L. (1999). Getting what you pay for: The debate over equity in public school expenditures. *Journal of Statistics Education, 7* (2).

Hand, D. J., Daly, F., Lunn, A. D., McConway, K. J., & Oserowski, E. (1994). *A Handbook of Small Data Sets*. London: Chapman & Hall.

Harris, R. J. (2005). Classical statistical inference: Practice versus presentation. In B. E. Everitt & D. C. Howell (Eds.), *Encyclopedia of Statistics in Behavioral Science* (pp. 268–278). London: Wiley.

Hart, V., Nováková, P., Malkemper, E. P., Sabine, C., Begall, S., Hanzal, V., Ježek, M., Kušta, T., Něcová, N., Jana Adámková J., Benediktová, K., Cervený, J., Burda H. (*2013*), Dogs are sensitive to small variations of the Earth's magnetic field. *Frontiers in Zoology, 10 (1), 80*.

Hedges, L. V. (1981). Distribution theory for Glass's estima- tor of effect size and related estimators. *Journal of Educa- tional Statistics, 6*, 107–208.

Hoaglin, D. C., Mosteller, F., & Tukey, J. W. (1983). *Under- standing Robust and Exploratory Data Analysis*. New York: John Wiley & Sons.

Hoenig, J. M., & Heisey, D. M. (2001). The abuse of power: The pervasive fallacy of power calculations for data analysis. *American Statistician, 55*, 19–24.

Horowitz J., & Garber J. (2006). The prevention of depressive symptoms in children and adolescents: A meta-analytic review. *Journal of Consulting and Clinical Psychology, 74*, 401–415.

Hout, M., Duncan, O. D., & Sobel, M. E. (1987). Association and heterogeneity: Structural models of similarities and differences. In C. C. Clogg, Ed., *Sociological Methodology, 17*, 145ff.

Howell, D.C. (2005). Florence Nightingale. In B. S. Everitt, & D. C. Howell, (Eds.), *Encyclopedia of Statistics in Behavioral Science* (pp. 1408–1409). Chichester, England: Wiley.

Howell, D. C. (2012). *Statistical Methods for Psychology* (8th ed.). Belmont, CA: WadsworthPress, A Cengage Imprint.

Howell, D. C., & Gordon, L. R. (1976). Computing the exact probability of an R X C contingency table with fixed marginal totals. *Behavior Research Methods and Instrumentation, 8*, 317.

Howell, D. C., & Huessy, H. R. (1985). A fifteen year followup of a behavioral history of Attention Deficit Syndrome (ADD). *Pediatrics, 76*, 185–190.

Hraba, J., & Grant, G. (1970). Black is beautiful: A reex-amination of racial preference and identification. *Journal of Personality and Social Psychology, 16*, 398–402.

Huynh, H., & Feldt, L. S. (1976). Estimation of the Box correction for degrees of freedom for sample data in the randomized block and split plot designs. *Journal of Educational Statistics, 1*, 69–82.

Jones, L. V., & Tukey, J. W. (2000). A sensible formulation of the significance test. *Psychological Methods, 5*, 411–414.

Kapoor, P., Rajkumar, S. V., Dispenzieri, A., Gertz, M. A., Lacy, M. Q., Dingli, D., Mikhael, J. R., Roy, V., Kyle, R. A., Greipp, P. R., Kumar, S., Mandrekar, S. (2011). Melphalan and prednisone versus melphalan, prednisone and thalidomide for elderly and/or transplant ineligible patients with multiple myeloma: A meta- analysis. *Leukemia 25* (4), 689–696.

Kapp, B., Frysinger, R., Gallagher, M., & Hazelton, J. (1979). Amygdala central nucleus lesions: Effects on heart rate conditioning in the rabbit. *Physiology and Behavior, 23*, 1109–1117.

Katz, S., Lautenschlager, G. J., Blackburn, A. B., & Harris, F. H. (1990). Answering reading comprehension items without passages on the SAT. *Psychological Science, 1*, 122–127.

Kaufman, L., & Rock, I. (1962). The moon Illusion. I. *Science, 136*, 953–961.

Kline, R. B. (2004). *Beyond Significance Testing*. Washington, D.C.: American Psychological Association.

Krantz, J. H. Cognitive Laboratory Experiments. Available at http://psych.hanover.edu/JavaTest/CLE/Cognition/Cognition.html

Landwehr, J. M.,& Watkins, A. E. (1987). *Exploring Data: Teacher's Edition*. Palo Alto, CA: Dale Seymour Publications.

Langlois, J. H., & Roggman, L. A. (1990). Attractive faces are only average. *Psychological Science, 1*, 115–121.

Latané, B., & Dabbs, J. M., Jr. (1975). Sex, group size, and helping in three cities. *Sociometry, 38*, 180–194.

Leerkes, E., & Crockenberg, S. (1999). The development of maternal self-efficacy and its impact on maternal be- havior. Poster presentation at the Biennial Meetings of the Society for Research in Child Development, Albuquerque, NM, April.

Lenth, R. V. (2001). Some practical guidelines for effective sample size determination. *American Statistician, 55,*187–193.

Lenth, R. V. (2011). Java Applets for Power and Sample Size [Computer software]. Retrieved *June19, 2012,* from http:// www.stat.uiowa.edu/~rlenth/Power.

Levine, R. (1990). The pace of life and coronary heart disease. *American Scientist, 78*, 450–459.

Levine, R. V., & Norenzayan, A. (1999). The pace of life in 31 countries. *Journal of Cross-cultural Psychology, 30*, 178–205.

Liberman, M. (2007). Thou shalt not report odds rations. Retrieved March 9, 2015 from http://itre.cis.upenn.edu/languagelog/archives/004767.html

Liddle, B. J. (1997). Coming out in class: Disclosure of sexual orientation and teaching evaluations. *Teaching of Psychology, 24*, 32–35.

Lord, F. M. (1953). On the statistical treatment of football numbers. *American Psychologist, 8*, 750–751.

Magan, E., Dweck, C. S., & Gross, J. J. (2008). The hidden-zero effect. *Psychological Science, 19*, 648–649.

Malcarne, V., Compas, B. E., Epping, J., & Howell, D. C. (1995). Cognitive factors in adjustment to cancer: Attributions of selfblame and perceptions of control. *Journal of Behavioral Medicine, 18*, 401–417.

Mann-Jones, J. M., Ettinger, R. H., Baisden, J., & Baisden, K. (2003). Dextromethorphan modulation of context- dependent morphine tolerance. Retrieved December7, 2009, from www.eou.edu/psych/re/morphinetolerance.doc

Markon, J. (2008). Two justices clash over race and death penalty. Retrieved from at http://www.washingtonpost.com/wp-dyn/content/article/2008/10/20/ AR2008102003133.html March 9, 2015.

Martin, J. A., Hamilton, B. E., Osterman, M. J. K., Curtin, S.C. & Mathews, T. J. (2012). Births: Final data for 2012. National Vital Statistics Reports, 62, 9. U. S. Department of Health and Human Services.

Mazzucchelli, T., Kane, R.T., & Rees, C. S. (2010). Behavioral activation interventions for well-being: A meta- analysis. *Journal of Positive Psychology, 5*, 105–121.

McClelland, G. H. (1997). Optimal design in psychological research. *Psychological methods, 2*, 3–19.

McConaughy, S. H. (1980). Cognitive structures for reading comprehension: Judging the relative importance of ideas in short stories. (Unpublished doctoral dissertation, University of Vermont, Burlington.)

Meier, B. P., Robinson, M. D., Gaither, G. A., & Heinert, N. J. (2006). A secret attraction or a defensive loathing? Homophobia, defense, and implicit cognition. *Journal of Research in Personality, 40*, 377–394.

Mireault, G. C. (1990). Parent death in childhood, per- ceived vulnerability, and adult depression and anxiety. (Unpublished master's thesis, University of Vermont, Burlington.)

Moran, P. A. P. (1974). Are there two maternal age groups in Down's syndrome? *British Journal of Psychiatry, 124*, 453–455.

Nolen-Hoeksema, S., & Morrow, J. (1991). A prospective study of depression and posttraumatic stress symptoms after a natural disaster: The 1989 Loma Prieta earthquake. *Journal of Personality and Social Psychology, 61*, 115–121.

Nurcombe, B., & Fitzhenry-Coor, I. (1979). Decision making in the mental health interview: I. An introduction to an education and research program. (Paper delivered at the Conference on Problem Solving in Medicine, Smuggler's Notch, VT.)

Nurcombe, B., Howell, D. C., Rauh, V A., Teti, D. M., Ruoff, P., & Brennan, J. (1984). An intervention program for mothers of low birth weight infants: Preliminary results. *Journal of the American Academy of Child Psychiatry, 23*, 319–325.

OECD Health Statistics. (2013). downloaded 3/10/2015 from http://www.oecd.org/health/health-systems/health- at-a-glance.htm

Peterson, W. P. (2001). Topics for discussion from current newspapers and journals. *Journal of Statistics Education, 9*.

Pliner, P., & Chaiken, S. (1990). Eating, social motives, and selfpresentation in women and men. *Journal of Ex-perimental Social Psychology, 26*, 240–254.

Pugh, M. D. (1983). Contributory fault and rape conviction: Loglinear models for blaming the victim. *Social Psychology Quarterly, 46*, 233–242.

Radelet, M. L., & Pierce, G. L. (1991). Choosing those who will die: Race and the death penalty in Florida. *Florida Law Review, 43*, 1–34.

Ramsey, F. L., & Schafer, D. W. (1997). *The Statistical Sleuth*. Belmont, CA: Duxbury Press.

Read, C. (1997). *Neyman*. New York: Springer.

Reynolds, C. R., & Richmond, B. O. (1978). What I think and feel: A revised measure of children's manifest anxiety. *Journal of Abnormal Child Psychology, 6*, 271–280.

Robinson, D. H., & Wainer, H. (2001) On the past and future of null hypotheses significance testing. Unpublished research report of Educational Testing Service (RR-01- 24). Available at https://www.ets.org/Media/Research/ pdf/RR-01-24-Wainer.pdf accessed on May 29, 2012.

Rogers, R. W., & PrenticeDunn, S. (1981). Deindividuation and anger mediated aggression: Unmasking regressive racism. *Journal of Personality and Social Psychology, 41*, 63–73.

Rosa, L., Rosa, E., Sarner, L., & Barrett, S. (1998). A close look at Therapeutic Touch. *Journal of the American Medical Association, 279*, 1005–1010.

Rosenthal, R. (1979). The file drawer problem and toler- ance for null results. *Psychological Bulletin, 86*, 638–641.

Rosenthal, R. (1994). Parametric measures of effect size. In H. Cooper & L. Hedges (Eds.), *The Handbook of Re-search Synthesis*. New York: Russell Sage Foundation.

Rosenthal, R., Rosnow, R. L., & Rubin, D. B. (2000). *Contrasts and Effect Sizes in Behavioral Research: A Correlational Approach*. New York: Cambridge University Press.

Ryan, T., Joiner, B., & Ryan, B. (1985). *Minitab Student Handbook*. Boston: Duxbury Press.

Sackett, D. L., Deeks, J. J., & Altman, D. G. (1996). Down with odds ratios! *Evidence-Based Medicine, 1*, 164–166.

SaintExupery, A. de (1943). *The Little Prince*. (K. Woods, Trans.). New York: Harcourt Brace Jovanovich. (Original work published in 1943.)

Seligman, M. E. P, NolenHoeksema, S., Thornton, N., & Thornton, C. M. (1990). Explanatory style as a mecha- nism of disappointing athletic performance. *Psychologi- cal Science, 1*, 143–146.

Sethi, S., & Seligman, M. E. P. (1993). Optimism and fun-damentalism. *Psychological Science, 4*, 256–259.

Sgro, J. A., & Weinstock, S. (1963). Effects of delay on sub-sequent running under immediate reinforcement. *Jour- nal of Experimental Psychology, 66*, 260–263.

Siegel, S. (1975). Evidence from rats that morphine toler- ance is a learned response. *Journal of Comparative and Physiological Psychology, 80*, 498–506.

Simon, J. L., & Bruce, P. (1991). Resampling: A tool for everyday statistical work. *Chance: New Directions for Statistics and Computing, 4*, 22–58.

Smithson, M. (2000). *Statistics with Confidence*. London: Sage.

Sofer, C., Dotch, R., Wigboldus, D. H. J., & Todorov, A. (2015). What is typical is good: The influence of face typicality on perceived trustworthiness. *Psychological Science, 26*, 39–47.

Spatz, C. (1997). Basic *Statistics: Tales of Distributions*. Pacific Grove, CA. Brooks/Cole.

Spilich, G. J., June, L., & Renner, J. (1992). Cigarette smoking and cognitive performance. *British Journal of Addiction, 87*, 1313–1326.

Spock, B. (1946). *Baby and Child Care*, New York: Duell, Sloan, and Pearce.

St. Lawrence, J. S., Brasfield, T. L., Shirley, A., Jefferson, K. W., Alleyne, E., & O'Brannon, R. E., III (1995). Cognitive behavioral intervention to reduce African American adolescents' risk for HIV infection. *Journal of Consulting & Clinical Psychology, 63*, 221–237.

St. Leger, A. S., Cochrane, A. L., & Moore, F. (1978). The anomaly that wouldn't go away. *Lancet, ii*, 1153.

St. Leger A. S., Cochrane A. L., & Moore F. (1979). Factors associated with cardiac mortality in developed countries with particular reference to the consumption of wine. *Lancet, i,* 1017–1020.

Stead, L. F., Perera, R. Bullen, C., Mant, D., & Lancaster, T. (2008). Nicotine replacement therapy for smoking cessation. *Cochrane Database of Systematic Reviews,* 2009, Issue 1, Art. No. CD00146. DOI: 10.1002/14651858. CDO146. Pub 3.

Stevens, S. S. (1951). Mathematics, measurement, and psychophysics. In S. S. Stevens (Ed.), *Handbook of Experi- mental Psychology*. New York: John Wiley & Sons.

Stigler, S. M. (1999). *Statistics on the Table: A History of Statistical Concepts and Methods.* Cambridge, MA: Harvard University Press.

Strough, J., Mehta, C. M., McFall, J. P., & Schuller, K. L. (2008). Are older adults less subject to the sunk-cost fallacy than younger adults? *Psychological Science, 19,* 650–652.

Suddath, R. L., Christison, G. W., Torrey, E. F., Casanova, M. F., Weinberger, D. R. (1990). Anatomical abnormalities in the brains of monozygotic twins discordant for schizophrenia. *New England Journal of Medicine, 322,* 789–794.

Thomas, M. H., & Wang, A. Y. (1996). Learning by the keyword mnemonic: Looking for long-term benefits. *Journal of Experimental Psychology: Applied, 2,* 330–342.

Thompson, B. (2000). A suggested revision of the forth-coming 5th edition of the APA *Publication Manual.* Re- trieved from http://people.cehd.tama.edu/~bthompson/ apaeffec.htm accessed on July 1, 2011.

Trzesniewski, K. H., Donnellan, M. B., & Robins, R. W. (2008). Do today's young people really think they are so extraordinary? *Psychological Science, 19,* 181–188.

Trzesniewski, K. H., Donnellan, M. B. (2009). Reevaluating the evidence for increasingly positive self-views among high school students: More evidence for consistency across generations (1976 – 2006). *Psychological Science, 20,* 920–922.

Tufte, E. R. (1983). *The Visual Display of Quantitative Information.* Cheshire, CT: Graphics Press.

Tukey, J. W. (1977). *Exploratory Data Analysis.* Reading, MA: AddisonWesley.

Twenge, J. M. (2006). *Generation Me: Why Today's Young Americans are More Confident , Assertive, Entitled—and More Miserable Than Ever Before.* New York: Free Press.

Unah, I., & Boger, J. (2001). Race and the death penalty in North Carolina: An empirical analysis: 1993–1997. Retrieved October 23, 2009 from http:// www.deathpenaltyinfo.org/ article.php?did=246&scid=

U.S. Department of Commerce. (1977). *Social Indicators, 1976.* Washington, D.C.: U.S. Government Printing Office.

U. S. Department of Justice, Bureau of Justice Statistics, *Prisoners in 1982.* Bulletin NCJ-87933. Washington, D.C.: U.S. Government Printing Office, 1983.

Utts, J. M. (2005). *Seeing Through Statistics* (3rd ed.). Bel- mont, CA: Brooks Cole.

Verdooren, L. R. (1963). Extended tables of critical values for Wilcoxon's test statistic. Biometrika, 50, 177–186.

Visintainer, M. A., Volpicelli, J. R., & Seligman, M. E. P. (1982). Tumor rejection in rats after inescapable or escapable shock. *Science, 216,* 437–439.

Vul, E., & Pashler, H. (2008). Measuring the crowd within: Probabilistic representations within individuals. *Psychological Science, 19,* 645–647.

Wagner, B. M., Compas, B. E., & Howell, D. C. (1988). Daily and major life events: A test of an integrative model of psychosocial stress. *American Journal of Community Psychology, 61,* 189–205.

Wainer, H. (1984). How to display data badly. *The American Statistician*, 38, 137–147.

Wainer, H. (1997). Some multivariate displays for NAEP results. *Psychological Methods, 2,* 34–63.

Walsh, T. B., Kaplan, A. S., Attia, E., Olmsted, M., Parides, M., Carter, J. C., Pike, K. M., Devlin, M. J., Woodside, B., Roberto, C. A., & Rockert, W. (2006). Fluoxetine after weight restoration in anorexia nervosa. *Journal of the American Medical Association, 295,* 2605–2612.

Weinberg, C. R., & Gladen, B. C. (1986). The beta-geo- metric distribution applied to comparative fecundability studies. *Biometrics, 42,* 547–560.

Weinstein, N., Ryan, W. S., Dehaan, C. R.,Przybylski, A. K., Legate, N., Ryan R. M., (2012). Parental autonomy support and discrepancies between implicit and explicit sexual identities: Dynamics of self-acceptance and defense. *Journal of Personality and Social Psychology. 102,* 815–832.

Weiss, S. (2014) The fault of our stats. *Observer, 27,* 29–30.

Welkowitz, J., Cohen, B. M., & Ewen, R., (2006). *Introductory Statistics for the Behavioral Sciences* (6th ed.). New York: John Wiley & Sons.

Werner, M., Stabenau, J. B., & Pollin, W. (1970). TAT method for the differentiation of families of schizo- phrenics, delinquents, and normals. *Journal of Abnormal Psychology, 75,* 139–145.

Wilcox, R. R. (2003). *Applying Contemporary Statistical Techniques.* New York: Academic Press.

Willer, R., Rogalin, C., Conlon, B., & Wojnowicz, M. T. (2013). Overdoing gender: A test of the Masculine overcompensation thesis. *American Journal of Sociology*, 118, 980–1022.

Williamson, J. A. (2008). Correlates of Coping Styles in Children of Depressed Parents: Observations of Positive and Negative Emotions in Parent-Child Interactions. Honors thesis, Vanderbilt University.

Winer, B. J., Brown, D. R., & Michels, K. M. (1991). *Statistical Principles in Experimental Design.* New York: McGraw-Hill.

Wong, A. (2008). Incident solar radiation and coronary heart disease mortality rates in Europe. *European Journal of Epidemiology, 23,* 609–614.

Young F. W. (2001). An explanation of the persistent doctor-mortality association. *Journal ofEpidemiology and Community Health, 55,* 80–84.

Zuckerman, M., Hodgins, H. S., Zuckerman, A., & Rosen- thal, R. (1993). Contemporary issues in the analysis of data. *Psychological Science, 4,* 49–53.

Zumbo, B. D., & Zimmerman, D. W. (2000). Scales of measurement and the relation between parametric and nonparametric statistical tests. In B. Thompson (Ed.), *Advances in Social Science Methodology, Vol. 6.* Green- wich, CT: JAI Press.

习题答案

由于篇幅和准备成本所限，我没有提供某些需要用到的图表。我还略去了一些答案，因为其重要性和所需要的篇幅不太相称。教师手册和学生手册都包含了这些习题，学生手册可以在本书网站上找到。在前面的章节中，这里的答案与学生手册中的答案往往紧密对应。在后面的章节中，对应关系就不那么密切了，后面章节中的习题更多的是计算题。

第1章

1.1 咖啡因耐受性的发展就是一个很好的例子。不经常喝含咖啡因咖啡的人往往喝一两杯咖啡就异常兴奋，而经常喝咖啡的人没有这种效果。要检验咖啡因的环境效应，你首先要设置一个因变量，用来测量咖啡因的提神效应。你可以考虑用警戒任务。你可以这样检验咖啡因的环境效应：连续一个月每天早上在办公室给一组常喝无咖啡因咖啡的人喝两杯普通咖啡，而在其余的时间让他们喝无咖啡因咖啡。喝普通咖啡后不久，进行警戒任务测验。如果随着时间的推移，被试的误差增加，说明出现了咖啡耐受性。到了月底，让他们在相同和不同的环境下饮用含咖啡因咖啡后，然后进行测验。

1.3 环境会影响人对酒精、下流笑话或可见的攻击行为的反应。

1.5 样本就是我们观察的成瘾者。

1.7 电话簿中没有列出城市里所有人的电话号码。特别是妇女和儿童，很少有电话号码。随着手机用得越来越多，将电话簿作为随机选择手段已经过时了。

1.9 在本文讨论的耐受性研究中，我们还真的不在乎舔爪潜伏期的平均时长。没有人因为知道小鼠能在55℃的热板上坚持站立3.2秒（舔爪潜伏期）而欢欣鼓舞。但是，我们确实非常关心耐受吗啡的小鼠在不同情况下的舔爪潜伏期的总体平均数之差。

1.11 我预料妈妈会继续茫然发呆，想知道发生了什么。

1.13 测量数据的三个例子：警戒任务的成绩、打字速度和血液中的酒精含量。

1.15 关系：应激与疾病之间的关系，车速与事故发生率之间的关系。

1.17 让第一组小鼠在相同条件下分别进行训练和测验；第二组在一种条件下进行训练，但是在另一种条件下进行测验；第三组在训练时给予安慰剂，在测验时给予吗啡。

1.19 这是一个互联网搜索行为，没有固定答案。

第2章

2.1 称名量表：班上学生的姓名；顺序量表：学生第一次考试时交卷的顺序；等距量表：学生在第一次考试的成绩；比率量表：学生考试的用时。

2.3 如果大鼠在成功地完成了几次试验后躺在迷宫里睡着了，这不一定说明它在这项工作中学到了什么，倒是更能表现其动机水平不高。

2.5 我们至少做了以下假设（而且我敢肯定，我漏掉了一些假设）：

（1）小鼠是人类行为的适当模型。

（2）小鼠的吗啡耐受性类似人类的海洛因耐受性。

（3）小鼠爪子在热板上停留的时长在某种程度上类似于海洛因在人类身上的效应。

（4）小鼠经历的环境变化类似于人类经历的环境变化。

（5）药物过量类似于疼痛耐受性。

2.7 自变量是被试的性别和其面对的另一个人的性别。

2.9 实验者预计，比起女性同伴在场的情形，女性在男性同伴在场的情况下吃得较少。相反，实验者预计男性不会因为在场同伴的性别而改变他们的食量。（他们不太懂事。）

2.11 如果间断变量具有许多不同的水平，而且至少是有序的，则可以被视为连续变量。

2.13 如果我抽取50个数字，连抽3次，我分别得到29、26和19个偶数。其中最后一次只有38%的数是偶

2.15 平视条件下：
(a) $X_3 = 2.03$；$X_5 = 1.05$；$X_8 = 1.86$
(b) $\Sigma X = 14.82$
(c) $\sum_{i=1}^{10} X_i = 14.82$

2.17 平视条件下：
(a) $(\Sigma X)^2 = (14.82)^2 = 219.63$；$\Sigma X^2 = 1.65^2 + \cdots + 1.73^2 = 23.22$
(b) $\Sigma X / N = 14.82 / 10 = 1.482$
(c) 这是平均数。

2.19 将两组数据合在一起：
(a) $XY = 2.854\ 1.06\ 4.121\ 1.750\ 0.998\ 1.153\ 2.355\ 3.218\ 2.543\ 2.699$
(b) $\Sigma XY = 22.7496$
(c) $\Sigma X \Sigma Y = 14.82 \cdot 14.63 = 216.82$
(d) $22.7496 \neq 216.82$
(e) 0.1187

2.21 验证显示 $\Sigma(X + C) = \Sigma X + NC$

X:　　5　　7　　3　　6　　3；
$\Sigma X = 24$
$X + 4$:　9　　11　　7　　10　　7；
$\Sigma(X + 4) = 44 = (24 + 5 \times 4)$

2.23 我曾在正文中谈到，室温可以作为表示舒适度的顺序量表（至少在一定程度上）。室温是一个连续的量，尽管它在表示舒适度时只能被当作顺序量表。

2.25 关于贝丝·佩雷斯

(a) 在贝丝·佩雷斯的故事中，因变量是每周的零花钱，自变量是孩子的性别。
(b) 我们面对的是一个选定的样本——贝丝·佩雷斯的同班同学。
(c) 学生的年龄会影响整体平均数。这些孩子是同班同学，这一事实很容易导致社会适当反应——孩子在这种情形下倾向于做出比较适当的社会性行为。
(d) 至少在她的学校里，贝丝可以挑一份学生名册，为每个学生分配一个编号，然后将这些编号与随机数表匹配，进行随机抽样。但是，将同学随机分入不同性别组显然是不可能的。
(e) 我看不到未做随机分配的消极影响，因为这是要研究的变量的本来性质。如果我们可以将一个孩子随机分入某个性别组然后考察结果，没准会更好，但我们显然做不到。
(f) 一些孩子希望增加或减少零花钱，以免与同龄人相差太大，这种愿望可能会影响这项研究的结果。我怀疑男孩可能会要求增加零花钱。
(g) 该研究的描述性特征是贝丝·佩雷斯关于"班上男生平均每周得到 3.18 美元零花钱，而女生平均每周才 2.73 美元"的陈述。推论方面的特征则是对所有儿童总体的推论，结论是"男孩的零花钱比女孩多。"

2.27 我会记录每首播放歌曲的序号，然后将它们绘制在图表上。如果它们是真正随机的，我就看不出任何名堂；但是如果我发现了某种模式，就可以肯定它们不是随机的。

第 3 章

3.1 (b) 数据太少，难以判断这种分布的形态。

3.3 在这个茎叶图中，我将用 3*、3.、4*、4.、5* 和 5. 作为"茎"。

3.5 与阅读文章的人相比：
(a) 几乎每一个阅读过文章的人成绩都好于没有阅读文章的人中最好的那个。对自己正在谈论的事物应该有所了解，那是理所当然的（尽管并非总是这样）。
(b) stem.leaf.backback(x = NoPassage, y = Passage)
(c) 显然，这两个组的成绩相差很大。如果相差不大，我们倒是应该担心了。

3.7 以下是所有反应时的次数分布图（直方图）。

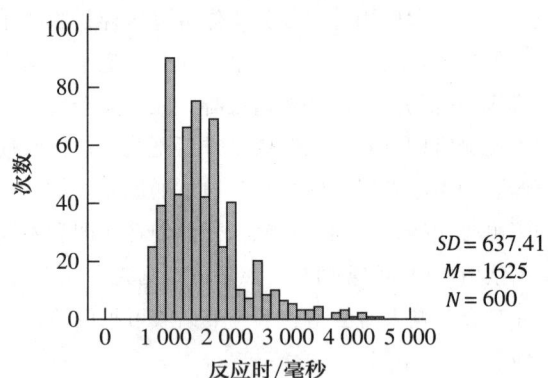

3.9 GPA 直方图：

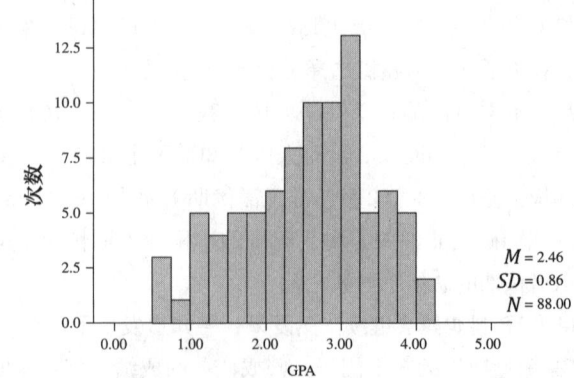

3.11（1）墨西哥年轻人多，老年人很少，而西班牙的分布比较均匀。（2）在西班牙，大多数年龄组的性别差异比墨西哥明显。（3）可以看到墨西哥的婴儿死亡率很高。

3.13 出勤率低的人的分数分布比正常出勤的人分散得多。这不难理解，因为有些优秀学生即使不来上课也能考得很好，但是大多数不怎么来听课的学生往往都是成绩比较差的学生，无论怎样成绩都很差。两组平均成绩有明显的差异。

3.15 随着旋转角度的增加，反应时的分布似乎在右移——反应时加长了。

3.17 该数据集中各个数据点可能不相互独立。开始时，被试的成绩可能因为练习而提高，但是到后来，疲劳开始起作用。这样就造成时间上越相邻的数据取值越接近。

3.19 被试对欧裔参试者施加的电休克强度不受该被试有没有受实验者侮辱的影响。但是，当被试受到侮辱时，非裔参试者确实经受了更强的电休克。

3.21 维基百科提供了关于 HIV／AIDS 发病率的极好的数据集。

3.23 重现习题 3.21 中的图的 R 代码

```
### Households headed by women
percent <- c(.085, .088, .102, .108, .117,
.117, .116, .117, .118)
year <- c(1960, 1970, 1975, 1980, 1985,
1987, 1988, 1989, 1990)
famsize <- c(3.33, 3.14, 2.94, 2.76, 2.69,
2.66, 2.64, 2.62, 2.63)
par(mfrow = c(2,1))
plot(percent ~ year, type = "l", ylim =
c(.08, .12), ylab = "Percentage", col =
"red", lwd = 3)
plot(famsize ~ year, type = "l", ylim =
c(2.6, 3.4) ylab = "Family Size", col =
"blue", lwd = 3)
```

3.25 年纪较大的产妇所生子女的唐氏综合征急剧增加。虽然这种急剧增加在产妇 40 岁后才发生，但是随着现在的夫妇推迟生育，这就成了一个潜在的问题。

3.26 有关出生月份和精神病诊断的数据：

（a）你必须将数据转换为百分比／月，使它们具有共同的尺度。

（b）可以将三组数据绘制在一幅图上。

（c）

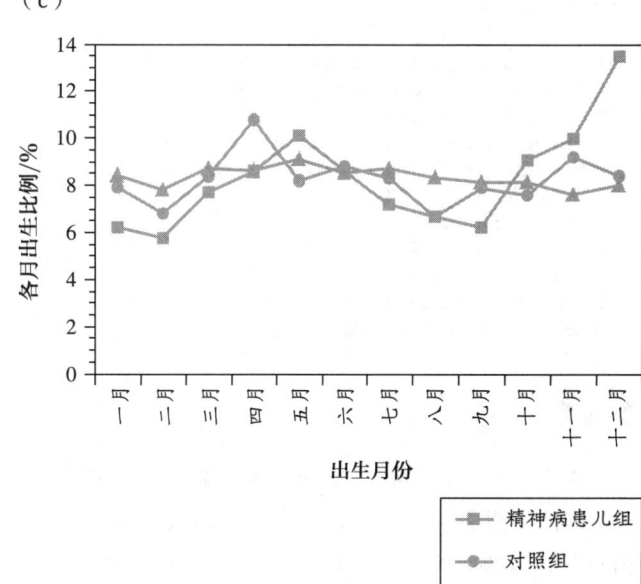

（d）精神病患儿组的差异大得多，但是与对照组和全体出生人口相比，精神病患儿组的样本都要小很多，这是可以预料的。精神病患儿组的一年最后三个月的出生百分比高于全体出生人口，但前三个月则低于全体出生人口。为了说明精神病患儿组的这种季节性变化，我们就要进行统计检验（具体方法将在第 19 章中讨论）。

（e）对照组是用来与接受某种治疗或处理的样本做比较的。有了对照组，就可以排除其他解释。注意，对照组比精神病组更接近普通人，但是对照组的样本容量很大。

（f）我能做的结论见（d）。

3.28 欧裔和非裔女性的预期寿命。欧裔女性的预期寿命比非裔女性长，但从 1920 年以来，差距已大大缩小，最近几年预期寿命的变化也很小。

3.29 征兵彩票数据图

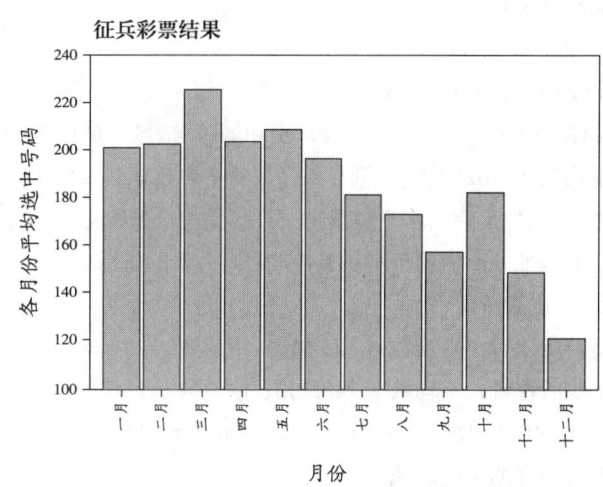

从全年看，彩票的平均号码呈下降趋势。负责官员推测，某月一次性放入桶中的一批号码可能没有充分打乱。

3.31 双向茎叶图

```
### Creating back to back stem-and-leaf
 displays.  Not covered in text.
library(aplpack)
grades <- read.table("http://www.uvm.
edu/~dhowell/methods9/DataFiles/Fig2-9.
dat", header = TRUE)
attach(grades)
males <- Grade[Sex == 1]
females <- Grade[Sex == 2]
stem.leaf.backback(males,females, m = 2)
# m controls bin size
```

第 4 章

4.1 众数：72；中位数：72；平均数：70.18

4.3 即使不读文章，学生正确回答的题目数依然是随机猜对题目数的 2 倍。这表明，原本测试阅读理解的测验同时也测试了些别的什么。我对上述结果并不感到惊讶，因为大多数学生猜答案的水平都高于随机水平。

4.5 平均数高于中位数。

4.7 大鼠跑直巷迷宫：

$\Sigma X = 320$；$\bar{X} = \Sigma X / N = 320 / 15 = 21.33$；$Mdn = 21$

4.9 乘以常数 5：

原数据：8　　3　　5　　5　　6　　2；$\bar{X} = 4.833$

新数据：40　　15　　25　　25　　30　　10；$\bar{X} = 24.17 = 5 \times 4.833$

4.11 ADDSC 和 GPA 集中趋势的计量指标：

ADDSC：

众数 = 50

中位数 = 50

平均数 = 4629 / 88 = 52.6

GPA：

众数 = 3.00

中位数 = 2.635

平均数 = 216.15 / 88 = 2.46

4.13 两种条件下的平均数几乎相同（"镜像"条件下的平均数 = 1.6251；"相同"条件下的平均数 = 1.6269）

4.15 众数是称名水平数据唯一可接受的计量指标，因为众数是唯一不依赖于量表上各点之间关系的指标。

4.17 出勤听课：

坚持听课者：平均数 = 276.417；中位数 = 276

很少听课者：平均数 = 248.333；中位数 = 256

两组的中位数相差 20 分，平均数相差约 25 分。显然，坚持听课的学生成绩更好。

4.19 这个问题与互联网有关，没有固定答案。

4.21 这个问题要求用到从互联网搜集的结果。

4.23 切尾平均数

(a)

```
data <- read.table("Fig4-1.dat", header =
TRUE)
> attach(data)
> names(data)
[1] "NotRead"
> mean(NotRead)
[1] 46.57143
> mean(NotRead, trim = .1)
[1] 46.66667
```

(b)

```
errors <- c(10, 10, 10, 15, 15, 20, 20,
20, 20, 25, 25, 26, 27, 30, 32, 37, 39,
42, 68, 77)
mean(errors)
mean(errors, trim = .1)
hist(errors)

mean = 28.4
trimmed mean = 25.187
```

(c) 从直方图可以看出第二个分布偏度很大。

4.25 男性乐观主义者的平均数为 1.016，而男性悲观主义者的平均数为 0.945。该差异非常可靠。

第 5 章

5.1 差异量：

全距 = 57 − 34 = 23

标准差 = 6.83

方差 = 46.62

5.3 没有阅读文章组的差异比阅读文章组的差异小很多。如果事实证明这种差异可靠，则可以用以下事实来解释：阅读文章组的测题考察的不只猜测和应试技能，还有因知识多寡造成的成绩差异。两个小样本的标准差相差 1 ~ 2 倍，这还是很少见的。

5.5 习题 5.2 中，落在平均数上下 2 个标准差之内的数据的百分比：

$s = 10.61$

$\bar{X} \pm 2(10.61) = 70.18 \pm 21.22 = 48.96 - 1.40$

有 16 个分数（占总数 94%）落在平均数上下 2 个标准差之内。

5.7 乘以或除以常数：

原数据（X）：　　2　　3　　4　　4　　5　　5　　9；

$\bar{X}_1 = 4.57$；$s_1 = 2.23$

$X \times 2$：　　　　4　　6　　8　　8　　10　　10　　18；

$\bar{X}_2 = 9.14$；$s_2 = 4.45$

$X/2$: 1 1.5 2 2 2.5 2.5 4.5；
$\overline{X}_3 = 2.29$；$s_3 = 1.11$

5.9 因为加上或减去一个常数不会改变标准差，但会改变平均数，所以我可以将习题 5.8 中每个 X_2 值减去 3.27，使其平均数为 0，而 s_2 不变，仍为 1.0。新数据是 $-0.889, 0.539, -1.842, 0.539, -0.413, 1.016, 1.016$
$\overline{X}_1 = 0$，$s_1 = 1.0$

5.11 习题 5.1 的箱须图：
中位 $= (N+1)/2 = 29/2 = 14.5$
中位数 $= 46$
四分位 $= ($中位$+1)/2 = 15/2 = 7.5$
四分位数 $= 43$ 和 52
四分位距 $= 52 - 43 = 9$
内围 $=$ 四分位数 $\pm 1.5 \times$ 四分位距 $=$ 四分位数 $\pm 1.5 \times 9$
$=$ 四分位数 $\pm 13.55 = 29.5$ 和 65.5
邻近值 $= 34$ 和 57

5.13 ADDSC 的箱须图：
中位 $= (N+1)/2 = 89/2 = 44.5$
中位数 $= 50$
四分位 $= ($中位$+1)/2 = 45/2 = 22.5$
四分位数 $= 44.5$ 和 60.5
四分位距 $= 60.5 - 44.5 = 16$
内围 $=$ 四分位数 $\pm 1.5 \times$ 四分位距 $=$ 四分位数 $\pm 1.5 \times 16 =$ 四分位数 $\pm 24 = 20.5$ 和 85.5
邻近值 $= 26$ 和 78

5.15 新方差是原方差的 $(1-1/N)$ 倍。

5.17 旋转角度：

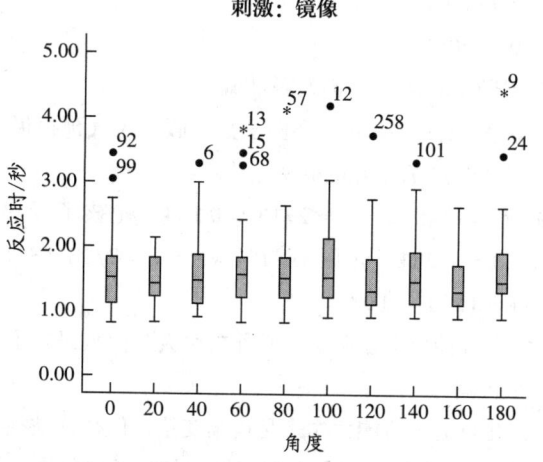

5.19 直条图部分的各个直条对应于最小值和第 10、25、50、75、90 百分位数，以及最大值。菱形框表示平均数及其左右延展区域（以后我们会称其为 95% 的置信区间）。平均值位于菱形框最高点处。一个简单的图形承载了很多信息。

5.21 厌食症的治疗：
（a）我的假设：两个治疗组的体重增量比控制组多，但是我没有理由预测哪一种疗法更好。
（b）

	认知行为疗法组	控制组	家庭疗法组
平均数	3.01	-0.45	7.26
中位数	1.40	-0.35	9.00
标准差	7.31	7.99	7.16

（c）如果我们查看治疗前后的变化量，可以发现控制组似乎保持不变，但是两个实验组的体重增加了。无论是平均数还是中位数，都是如此。注意，两个实验组的标准差在治疗后明显增大，而控制组的标准差实际上还略有下降。这表明这两种疗法对某些被试的效果强于对其他被试的效果。

5.23 对认知行为疗法数据的计算结果

描述统计学指标					
	N	最小值	最大值	平均数	标准差	方差
原始样本	29	-9.10	20.90	3.0069	7.30850	53.414
切尾样本	19	-1.40	11.70	1.8000	3.04211	9.254
温氏样本	29	-1.40	11.70	2.9552	4.88851	23.898

请注意，温氏方差本该比切尾方差大得多。但是，它还是小于原始样本的方差，这说明温氏样本将原来的极端值换掉了。认知行为疗法的得分呈正偏态，有几个相当大的值和一两个相当小的值。切尾和温氏转换消除了这些极端值的影响，导致温氏方差远小于原始方差。切尾平均数比原始平均数小得多，但是温氏平均数仅略小于原始平均数。

第 6 章

6.1 原始数据的分布
第一个分布的横坐标是
  1 2 3 4 5 6 7
第二个分布的横坐标是
  -3 -2 -1 0 1 2 3
第三个分布的横坐标是
-1.90 -1.27 -0.63 0 0.63 1.27 1.90

6.3 成绩的分布情况：
（a）0.6826
（b）0.5000
（c）0.8413

6.5 Katz 的研究：

（a）84.6

（b）80.0625

（c）25.65

（d）我的结论是，他们不是瞎猜的。

6.7 阅读分数

（b）15.87%

（c）30.85%

6.9 T 分数为 62.8，该分数是分布前 10% 的分界点，因此具有诊断意义。

6.11（b）$z \geq 2.57$ 的概率为 0.0051。这是一个很小的概率，我们会得出这样的结论：该学生纯属编造，没有诚实地收集数据。

6.13（b）找到最低 10% 分界点的最简单方法是，以对样本数据进行计数的实证方式找到 10% 分界点。有时最简单的方法就是最好的方法。

6.15 R 代码

```
y <- dnorm(seq(0,5, .1), mean =
mean(RTsec), sd = sd(RTsec))
x <- seq(0,5,.1)
hist(RTsec, breaks = 15, xlim =
c(0,5),ylim = c(0,.8), freq = FALSE)
par(new = TRUE)
plot(y~x, xlim = c(0,5), ylim = c(0,.8),
xlab = "", ylab = "", type = "l")
```

6.17 确定行为问题得分最高的 2% 的分界点：

最高 2% 对应的 z 分数分界点是 $z = 2.05$

$2.05 = (X - 50)/10$

$2.05 \times 10 + 50 = X = 70.5$

原始分数的分界点是 70.5。

6.19 统计学家当时非常不满，因为将"超重"定义为体重超过 95% 的同龄人（即高于第 95 百分位数），那文章岂不是说 22% 的儿童进入了前 5%。另外文章还说，1986 年只有 8% 的儿童进入前 15%。这实在是愚蠢——和"所有儿童都高于平均水平"有什么两样？我假定他们的本意是 22%（等等）的儿童高于几年前的 95% 的儿童，但那是另一回事了。即便情况确实如此，结果看着还是太极端，不太像是真的。

6.21 情绪稳定性合并数据的直方图

请注意，我们将两个具有相同平均数的正态分布合并在一起，但是合并后的分布不是正态的。比较合并后的分布与叠加的正态曲线就能看出这一点。如果平均数相差很大，分布就会变为双峰分布。

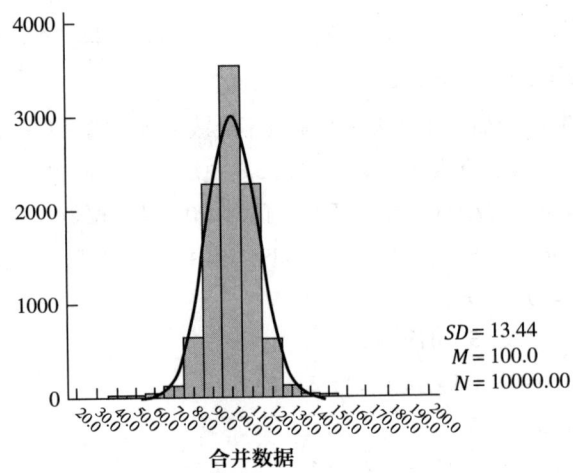

6.23 有很多这样的程序和应用。你也可以使用名为 StatsMate 的智能手机应用程序。

第 7 章

7.1 三种概率观：

（a）分析观：如果两名网球运动员的竞技水平完全相同，他们的比赛结果就是随机的，故运动员 A 赢得下一场比赛的概率为 0.50。

（b）频率观：如果在过去的比赛中，运动员 A 与 B 共比赛 17 场，A 有 13 次战胜 B，则 A 下一场比赛获胜的概率为 $13/17 = 0.76$。

（c）主观：运动员 A 的教练认为她在即将进行的比赛中战胜运动员 B 的概率为 0.90。

7.3 额外增加购物券后：

（a）0.001

（b）0.000001

（c）0.000001

（d）0.000002

7.5 习题 7.3 的（a）涉及条件概率。

7.7 涉及条件概率的一个例子是，假设天气预报说要下雨，你今晚去看烟花的概率。

7.9 $p($ 妈妈看孩子 $) = 2/13 = 0.154$；$p($ 孩子看妈妈 $) = 3/13 = 0.231$；$p($ 同时看看对方 $) = 2/13 \times 3/13 = 0.154 \times 0.231 = 0.036$。

7.11 在宣传单上注明"不要乱扔垃圾"似乎提高了正确处置的概率。

7.13 儿童的学习能力本来是连续变量，但往往被视为间断变量。学生的学习能力在班级中的位置常常会表示为他属于哪一类学生。

7.15 被录取的概率是 0.02。

7.17 与 $z = -0.21$ 对应的概率为 0.5832。

7.19 $p($ 辍学 $|$ ADDSC $\geq 60) = 7/25 = 0.28$。

7.21 辍学的无条件概率和条件概率：

p(辍学) = 10/88 = 0.11

p(辍学 | ADDSC ≥ 60) = 7/25 = 0.28

如果学生的 ADDSC 大于等于 60，他们辍学的概率上升很多。

7.23 如果住房方面没有歧视现象，那么一个人的族群与是否向其提供特定的住房是相互独立的事件。我们可以计算将特定住房单元（或城市特定部分的住房单元）提供给特定收入组中任何人的概率。接着，我们可以先假定存在上述独立性，计算此人得到该住房单元的概率，然后将计算结果与少数族裔成员得到上述住房单元的实际比例做比较。

7.25 数据似乎再次表明，当受害人是欧裔人时，美国检察官更有可能要求判处被告死刑。（这一结果有显著意义，尽管我们要到第 19 章时才能解决这一问题。）

7.27 关于这个问题，我们要先做一个假设：非裔候选陪审员所占比例应符合总人口中非裔美国人的比例。如果该假设成立，在候选的 2124 名陪审员中应该有 0.43% 是非裔美国人。也就是说，2124 人中理论上应该有 9.13 名非裔美国人。但是现在候选人中实际上只有 4 名非裔美国人。虽然我们觉得不一定有 9 个人——也可能是 7 个人或 8 个人。但是，4 个人也太少了。在公平（比例相当）的前提下，只有 4 个人是不太可能发生的事件，于是我们可能会得出结论：佛蒙特州在非裔候选陪审员的比例上不公平。这里的关键要点是，本例涉及条件概率。如果选取陪审员时的比例很公平，则非裔候选陪审员不超过 4 人的概率仅为 0.05，而 0.05 刚好表示这个结果不太可能发生——非裔候选陪审员几乎不可能少于等于 4 人。

第 8 章

8.1 关于昨晚的冰球联赛：

（a）零假设：这是一场北美职业冰球联赛。

（b）如果这个零假设成立，我预计每队得分在 0~6 分。接着，我查看实际得分，得出的结论是：得分情况与我对北美职业冰球联赛的预期相去甚远。因此，我拒绝了零假设。

8.3 Ⅰ类错误是，店员没有多收我的钱，但我认为他多收了。

8.5 这里的拒绝域就是让我们拒绝零假设的一组结果。临界值是让我接受零假设的最小找钱数，如果不到这个钱数，我就会拒绝零假设。临界值就是拒绝域的边界。

8.7 只需修改代码中的部分参数即可。

8.9 关于猜测教堂的高度。

（a）零假设是两次猜测的平均数与单次猜测同样准确。备择假设是猜测的平均数比单次猜测更准确。

（b）Ⅰ类错误：当两种猜测同样准确时拒绝了零假设。Ⅱ类错误：当两次猜测的平均数比单次猜测更准确时未拒绝零假设。

（c）我很想采用单尾检验，因为总的来说，很难想象两次猜测的平均数不如单次猜测。

8.11 抽样分布只是一般分布的一种特例，它指的是反复抽样得到的样本统计量的分布。

8.13 关于 Magen 等人（2008）研究

（a）零假设：问题的措辞不会影响结果——两个样本来自的总体的平均数相等。备择假设：平均数随参试者面临的条件而变。

（b）我将比较两个组的平均数。

（c）如果差异很大，我将得出结论，选择不同的措辞会造成明显不同的结果。

8.15 设 $\alpha = 0.01$，习题 8.14 的结果：

首先，我们必须找到正态分布下 $\alpha = 0.01$ 的临界值：$z = 2.33$（单尾），该临界值对应原始分数 42.69（来自 $\mu = 59$、$\sigma = 7$ 的总体）。

接着，找到 42.69 在 H_1 对应的分布下的位置：

$$z = \frac{X - \mu}{\sigma} = \frac{42.69 - 50}{7} = -1.04$$

查附录中的表可知，有 85.08% 的分数高于该临界值。故 $\beta = 0.851$。

8.17 为了确定预期成绩和课程评价之间是否存在真正的相关，我要找一种能反映两个变量之间相关程度的统计量。（你将在下一章见识这样的统计量，它就是相关系数 r。）随后，我要生成该统计量在两个变量之间没有相关的情况下的抽样分布。最后，我根据一组有代表性的学生和课程数据计算该统计量，并将我的样本统计量值与该统计量的抽样分布做比较。

8.19 关于四年级学生的零花钱：

（a）在这种情况下，零假设是男孩和女孩的零花钱平均数相同。

（b）我将采用双尾检验，因为只要男孩和女孩有差异，我就想拒绝零假设。

（c）只要求得的零花钱平均数之差大于出自同一总体的两个样本应有的差额，我就会拒绝零假设。

（d）我将增加样本容量，而且除了自我报告，我还要收集其他信息。

8.21 假设检验和司法系统：

司法系统的运作逻辑很像假设检验的标准逻辑。但是在法庭上，我们特别关注无辜者被定罪的危险。在审判中，零假设就是"被告无罪"。这时，Ⅰ类错误的概率要设置得远远小于我们做实验时的通常值。也许陪审团努力将这种概率降低到零。将Ⅰ类错误的概率设置得如此之低，会让Ⅱ类错误（放走罪犯）的概率上升，但是陪审团明知如此也要这样做，因为他们觉得犯Ⅱ类错误时不那么有罪恶感。

第9章

9.1 这两个异常值似乎会扭曲相关系数。但是，如果去掉这两个点，重新绘制数据，相关仍是明显的，相关系数仅下降至 –0.54。

9.3 当自由度为24时，如果 $\alpha = 0.05$，且双尾检验，则 $|r| > 0.388$。

9.5 我们可以得出结论，婴儿死亡率与收入和避孕措施的使用密切相关。出生于贫困人家的婴儿满周岁前死亡的概率更大，而避孕措施的使用从一开始就显著减少了处于危险之中的婴儿数。

9.7 因为收入和避孕措施都与死亡率有关，我们可以预期将它们合起来将大幅提高可预测性。但是要注意，两者彼此也有相关，因此解释了一部分共同的方差。

9.9 心理学家对婴儿死亡率有兴趣，是因为有一些行为变量影响着婴儿死亡率，而我们关注的就是对行为的理解乃至控制。心理学家对世界卫生事业的重要贡献不是药物和手术刀。

9.11 R 代码

```
DownData <-
read.table("http://www.uvm.edu/~dhowell/
fundamentals8/DataFiles/Ex9-10.dat",
header = TRUE)
attach(DownData)
pctDown <- Down/Births
plot(Age,Births)
plot(Age, pctDown)
ranks <- rank(pctDown)
plot(Age, ranks)
cor(Age, ranks)
```

9.13 如果你将因变量排序转换为秩（或将其转换为对数），则两个变量就更接近线性关系，因为你减弱了较高发生率的影响。尽管我不知道你看了上面的图之后到底有了什么领悟，但变量间的关系已从指数关系变为近乎线性关系。不过，这还不是斯皮尔曼相关，因为我们仅对其中一个变量进行了排序。

9.15 Katz 研究中的测验成绩与应用性极强的 SAT 成绩之间有何种关系，这是一个很重要的问题；采用 SAT 问题得到的数据与 SAT 成绩不符，这让我们很不满意。我们希望这两个测验至少是大致上在测量同一对象。另外，如果知道了 SAT 成绩与不看问题就答题的成绩之间的相关系数，我们就能更好地了解 SAT 测量的内容。

9.17 习题 9.16 中数据的相关系数：

SAT： $\bar{X} = 598.57$ $\sum X = 16760$ $s_X = 61.57$

测验： $\bar{Y} = 46.21$ $\sum Y = 1294$ $s_Y = 6.73$

$$\text{cov}_{YX} = \frac{\sum XY - \frac{\sum X \sum Y}{N}}{N-1} = \frac{780500 - \frac{16760 \times 1294}{28}}{27}$$
$$= 220.3175$$

$$r = \frac{\text{cov}_{YX}}{s_Y s_X} = \frac{220.3175}{61.57 \times 6.73} = 0.53$$

当 $df = 26$ 时，$r = 0.374$ 才有显著意义。因为我们求出的值超过了该临界值，所以我们报告说：有充分的证据表明，测验成绩和 SAT 之间有显著的相关。

9.19 两个相关系数没有显著差异，意思是它们足够接近，其样本来自相关系数相等的两个总体。

9.21 本题答案取决于学生的预期。

9.23 有时，即使知道两变量略微呈曲线关系，也应该计算它们的线性相关。只要曲线不很弯曲，直线通常也能很好地拟合曲线关系。

9.25 一个国家的医疗保健支出可能与预期寿命无关，因为要改变整个国家的预期寿命，就必须改变众多百姓的健康状况。在一个人身上花很多钱，即使将其寿命延长数十年，也难以明显改变一个国家的预期寿命。通常情况下，能对预期寿命产生重大影响的事情（例如疫苗接种）倒是花费很少。

9.27 关于两性体重和身高的极端夸大的数据显示，同性数据呈负斜率，而两性数据合并后呈正斜率：

身高	68	72	66	69	70
体重	185	175	190	180	180
性别	男	男	男	男	男

身高	66	60	64	65	63
体重	135	155	145	140	150
性别	女	女	女	女	女

9.29 日照水平是本研究的一个干扰因素。如果我们认为喝红酒可以降低心脏病发病率，那就会受到质疑，因为在日照最充足的地区，红酒的消费量也最高，所以日照也是降低心脏病发病率的一个可能原因。我们必须在控制日照水平影响的前提下研究红酒和心脏病之间的关系。

9.31 这个问题与互联网有关，没有固定答案。

9.33 用 R 解题比较麻烦，因为要安装 MBESS 包和 gsl 包。更简单的方法是计算相关系数（0.3805）并利用我在习题中提到的软件。结果是：

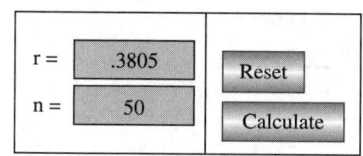

ρ 的 0.95 和 0.99 的置信区间：

	Lower Limit	Upper Limit
0.95	0.115	0.595
0.99	0.025	0.65

第 10 章

10.1 $\hat{Y} = 0.0689X + 3.53$

10.3 预计体重不足婴儿占 8.35%。

10.5 我更愿意谈论对塞内加尔的影响，因为塞内加尔收入水平接近平均水平，不需要对极端数值 X 做外插处理。

10.7 $\hat{Y} = 109.13$

10.9 每个 X 或 Y 分数减去 10 分丝毫不会改变相关程度。X 和 Y 之间的关系保持不变，只有截距会变。

10.11 表示习题 10.10 的示意图：

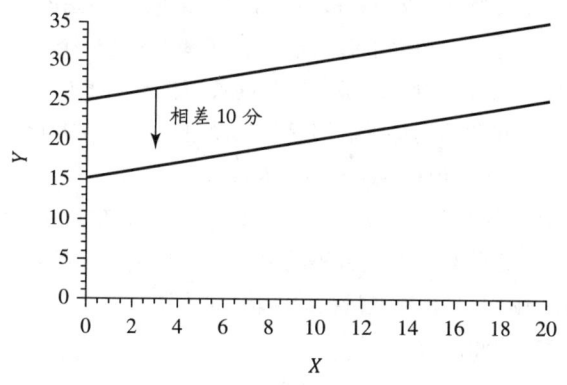

10.13 每个 Y 值加一个常数：

（a） Y 加上 2.5 只会使回归线增加 2.5 个单位。

（b）相关系数不受影响。

10.15 $\hat{Y} = -0.0426X + 4.699$

10.17 每个 Y 值加上和减去 0.04 时，相关系数降至 -0.478。这是由误差方差的增大造成的。求出相等点的方法之一是画出一些预测值并绘制回归线。回归线相交之处就是它们相等的点。更精确的方法是将两个代数式设为相等，并求解 X。

$0.9X + 31 = 1.5X + 18$

移项后得到

$31 - 18 = 1.5X - 0.9$

$13 = 0.6X$

$X = 13/0.6 = 21.67$

如需验证，请将 21.67 代入两个代数式

$0.9 \times 21.67 + 31 = 50.503 = 1.5 \times 21.67 + 18$

10.19 体重与身高的关系：

（b） $\hat{Y} = 4.356\, Height - 149.93$。截距是 -149.93，对于这些数据而言没有任何意义。斜率是 4.356，它意味着身高（$Height$）每增加 1 个单位，体重相应增加 4.356 个单位。

（c）相关系数是 0.60，说明男性的体重的差异中有 36% 与身高的差异有关。

（d）相关系数和斜率都显著不同于 0，$F = 31.54$，等价的 $t = 5.616$。

10.21 $\hat{Y} = 4.356 \times 68 - 149.93 = 146.28$

（a）残差为 $Y - \hat{Y} = 156 - 146.28 = 9.72$。

（b）如果学生提供的数据有偏差，系数的偏差程度将随数据的偏差程度而变。预测也就不准确了。

10.23 12.28 磅

10.25 $\hat{Y} = -0.014 \times Trial + 67.805$

斜率仅为 -0.014，并不显著。根据这组数据，我们可以得出结论，反应时没有随着实验的进行而表现出线性趋势。从散点图中我们看不到任何非线性模式的迹象。

10.27 电视之"恶"：

（b）男孩：$\hat{Y} = -4.821X + 283.61$；女孩：$\hat{Y} = -3.460X + 268.39$

根据我们得到的几个数据点看，两性斜率大致相等；看电视时间越长，男孩成绩下降得稍微厉害些。截距的差异表明，女孩的回归线比男孩的低大约 9 个点。

（c）电视因素不能用来解释女孩成绩差，因为我们看到，即使我们控制电视观看时间，女孩的分数仍低于男孩。

10.29 铅笔：

（a）垂直方向移动铅笔时，你改变的是截距。

（b）旋转铅笔时，你改变的是斜率。

（c）只需旋转、升高或降低铅笔，最终可以得到一条理想的回归线，使数据点与线的偏差尽可能小。（我们确实希望使偏差的平方和为最小，但我觉得不是谁都能看出差异的。）

10.30 高尔顿的数据

（a）相关系数是 0.459，回归方程是 $\hat{Y} = 0.646 \times Midparent + 23.942$。（请不要忘记用"次数"作为各案例的权重。）

（b）我用 SPSS 重新进行回归分析，并要求 SPSS 保存未标准化的预测值和残差。

(c)

Descriptives

		N	Mean	Std. Deviation	Std. Error	95% Confidence Interval for Mean		Minimum	Maximum
						Lower Bound	Upper Bound		
Child	1.00	392	67.1247	2.24664	.11347	66.9017	67.3478	61.70	72.20
	2.00	219	68.0196	2.24030	.15139	67.7213	68.3180	61.70	73.20
	3.00	183	68.7055	2.46458	.18219	68.3460	69.0649	63.20	73.70
	4.00	134	70.1776	2.26850	.19597	69.7900	70.5652	61.70	73.70
	Total	928	68.0885	2.51794	.08266	67.9263	68.2507	61.70	73.70
Midparent	1.00	392	66.6633	1.06808	.05395	66.5572	66.7693	64.00	67.50
	2.00	219	68.5000	.00000	.00000	68.5000	68.5000	68.50	68.50
	3.00	183	69.5000	.00000	.00000	69.5000	69.5000	69.50	69.50
	4.00	134	71.1791	.78617	.06791	71.0448	71.3134	70.50	73.00
	Total	928	68.3082	1.78733	.05867	68.1930	68.4233	64.00	73.00

（d）最低段孩子的身高（67.12）略高于其父母的平均数（66.66），最高段孩子的身高（68.09）略低于其父母（68.31）。

（e）最简单的方法是将两个轴设置为相同的全距，并将回归线指定为 $\hat{Y} = 1 \times X + 0$。（如果你愿意，可以利用 0.22 这一截距，使父母和子女的平均数在两个轴上的位置相同。）

第 11 章

11.1 预测生活质量：

（a）所有其他变量保持恒定，温度每升高 1°F，生活质量的感受就降低 0.01。在所有其他变量保持不变的情况下，中位数收入每提高 1000 美元，生活质量的感受就升高 0.05。类似的解释也适用于 b_3 和 b_4。因为预测变量的值不可能都是 0，所以截距没有意义。

（b）$\hat{Y} = 5.37 - 0.01 \times 55 + 0.05 \times 12 + 0.003 \times 500 - 0.01 \times 200 = 4.92$

（c）$\hat{Y} = 5.37 - 0.01 \times 55 + 0.05 \times 12 + 0.003 \times 100 - 0.01 \times 200 = 3.72$

11.3 宗教影响和宗教期待对预测有很大贡献，但宗教参与没有影响。

11.5 我本来推测宗教参与并不是一个重要的预测变量，因为它与其他预测变量有重叠之处，但是容忍度在一定程度上表明该理论有漏洞。

11.7 $R = 0.173$

$$R^{*2} = 1 - \frac{(1-R^2)(N-1)}{(N-p-1)} = 1 - \frac{(1-0.173)(14)}{(15-4-1)} = -0.158$$

由于平方值不能为负，我们称其为"未定义"。鉴于我们不能拒绝 $H_0: R^* = 0$，这就更加合理了。

11.9 预测变量与 2500 克以下新生儿的比率之间的复相关系数为 0.855。17 岁及 17 岁以下女性的生育率越高，受教育程度低于 12 年的女性的比例越大，未婚女性的比例越高，低出生体重的发生率就增加。这些预测因素都与母亲太年轻有关。（正如原题指出的，观察数太少，难以进行有意义的分析。）

11.11 抑郁程度与三个预测变量之间的复相关系数有显著意义，$R = 0.49$ [$F(3, 131) = 14.11, p = 0.0000$]。因此，这些预测变量的差异可以解释近 25% 的抑郁程度的差异。结果表明，在父母亡故的学生中，抑郁程度与对未来损失可能性的感受之间的相关为正，与社会支持水平的相关为负。父母亡故时学生的年龄似乎不起作用。

11.13 行为的频率不影响报告的概率，这是一个有趣的发现。我首先想到的是，它与高冒犯性有高度相关，而冒犯性起的作用更大。但是，从简单相关系数来看，这两个变量的相关系数小于 $r = 0.20$。

11.15 我的随机数据之间的复相关系数是 0.739，高得惊人。幸运的是，回归方程的 F 检验不显著。注意，我们的案例数只是预测变量数的 2 倍。

11.17 预测体重：

系数[a]

模型		非标准化系数		标准化系数	t	Sig.
		B	Std. Error	Beta		
1	（常数）	-204.741	29.160		-7.021	0.000
	身高	5.092	0.424	0.785	12.016	0.000
2	（常数）	-88.199	43.777		-2.015	0.047
	体重	3.691	0.572	0.569	6.450	0.000
	性别	-14.700	4.290	-0.302	-3.426	0.001

[a] 因变量：体重

11.19 加权平均斜率为 3.68，与我们控制性别时的身高的回归系数非常接近。

11.21 性别因素在这种关系中很重要，因为女性的脑容量往往比男性小，因此可能大脑较小（尽管效果并不差）。我们不希望数据受到污染。但是请注意，尽管样本容量较小（因而功效较低），但是性别效应在前一个答案中并不显著。

11.23 令人讨厌的变量通常会混淆其他变量之间关系。它也有可能是重要的变量，"令人讨厌"这个词用得不好。

11.25 对 Distress2 的最佳估计值与其实际值之间的相关系数是 0.434，这是一个复相关系数。

第 12 章

12.3 习题 12.1 中 100 个数字的平均数为 4.1，标准差为 2.82。它们很接近抽样样本来自的总体的参数。平均数的抽样分布的平均数为 4.28，这与总体平均数比较接近，其标准差为 1.22

（a）根据中心极限定理，可以预测平均数的抽样分布的平均数为 4.5，其标准差为 $2.6/\sqrt{5} = 1.16$。

（b）这些值都接近我们的预测。

12.5 如果你抽取了 50 个容量为 15 的样本，则抽样分布的平均数仍然接近总体平均数，但其标准误现在仅为 $2.6/\sqrt{15} = 0.689$。

12.7 首先，这些学生的得分超过我们预测。其次，这些学生肯定不是随机抽取的高中生样本。最后，没有关于"魔鬼州"的定义，我也不知道 SAT 能否衡量这样一个概念。

12.9 与前两个习题的结果不同，生师比置信区间可能是一种公平的估计。因为 SAT 得分抽样的偏差不影响生师比。

12.11 $t = 2.22$，$p < 0.05$。拒绝零假设，结论是：本实验结果表明，女孩的体重增加量高于随机水平。

12.13 因为数据之间差异太大，有的增重高达 20.9 磅，有些减了 9.1 磅。我怀疑这个效应对某些参试者有效，但对其他人不起作用。

12.15 效应量的最佳计量方式是以磅为单位报告效果，即 3.01 磅。然而，如果要得到更高级的计量指标，可以这样计算：

$$\hat{d} = \frac{\overline{X}}{s} = \frac{3.01}{7.3} = 0.41$$

该计量指标的问题在于它采用了增重的标准差，这不是一个很令人满意的指标。

12.17 因为我不知道总体的方差，所以要用 t 而不是 z 来解题。

12.19 $t = -3.50$。当 $df = 35$，$\alpha = 0.05$ 时，t 的临界值 ± 2.03，故拒绝 H_0，结论是：处于应激之下的儿童的焦虑水平显著低于正常情况下的儿童。

12.21 习题 12.18 的置信区间与习题 12.17 中的 t 检验结果一致。检验表明，这些儿童的焦虑水平低于正常儿童，而置信区间也没有包含正常总体的平均分（14.55）。

第 13 章

13.1 $t = -0.48$。不拒绝零假设。这是匹配样本 t 检验，因为其数据都是已婚夫妇做出的反应。我们希望每对夫妇中一方的性满意度与另一方都有某种相关，但是这样的要求也许有点过分。

13.3 这一分析最终得出的是夫妻之间的和谐程度。相关系数很显著，但不是很高。

13.5 t 检验最重要的前提是平均数（或平均数之差）呈正态分布。即使个体数值介于整数 1 ～ 4 之间，但 91 个被试的平均数可以取 1 ～ 4 之间的任意值。就实际应用目的而言，该平均数就是一个连续变量，而且可以表现出很大的差异。

13.7 用匹配样本 t 检验，是因为每位被试产生成对的数据。有些被试的 β- 内啡肽血液水平在任何时候都高于其他被试，而我们希望消除这种被试间差异。

13.9 如果看一下习题 13.6 中的实际数字，我们一般都会觉得 β- 内啡肽的测量值都精确到 0.5。但是，表中的 5.8 和 4.7 又是怎么来的呢？

13.11 只要第一次测量"提示"了参试者或让参试者对第二次测量敏感，就不宜采用重复测量设计。

13.13 我们需要多少参试者？首先，在习题 13.6 中有 19 位参试者，故 $df = 18$。这意味着对于显著性水平为 0.01 的双尾检验，t 值至少要 2.878 才能算显著差异。因此，在差异分数的平均数和标准差仍保持不变的前提下，参试者人数 N 应等于 $25.54 \approx 26$。

13.15 随着两个变量之间的相关程度增强，差值的标准误将减小，由此造成 t 值增大。

13.17 $t = -0.319$。请注意，这个 t 值与习题 13.12 中的相同。这是因为在第一次猜测、第二次猜测和两次猜测平均值之间存在完全线性关系。（只要知道第一次猜测和两次猜测平均值，你就可以算出第二次猜测值一定是多少。）

13.19 如果用 After 减去 Before，只需改变平均数之差和 t 值的符号，除此之外没有其他影响。

13.21 本题要求学生设计一项研究，此处不作答。

第 14 章

14.1 $t = -0.40$。结论是，我们没有理由怀疑男女两性的性满意度相同的假设。

14.3 习题 13.1 和习题 14.1 算出的 t 值差异很小，因为两个变量之间的相关很弱。

14.5 随机分配尽可能保证分配给两个组的被试没有系统差异。如果没有随机分配，就可能出现这种情况：那些申请进入家庭治疗组的人比控制组有更强的动机，或者问题更严重。

14.7 在这样的研究中，你无法将参试者随机分配到恐同组，因为分配依据的是参试者自身的属性。

14.9 在习题 14.8 中，精神分裂症组的方差可能比正常组小很多，因为精神分裂症组表现出积极的亲子关系的 TAT 故事数可能出现地板效应（一个也没有）。尽管实际没有出现这种情况，但是考察一下方差是否齐性终究是重要的。

14.11 实验者偏差效应：
$t = 0.587 \ [t_{0.05}(15) = \pm 2.131]$
不拒绝零假设。我们的结论是，数据未能表现出实验者偏差效应。

14.13 习题 14.11 的效应量：
$$\hat{d} = \frac{\bar{X}_1 - \bar{X}_2}{s_p} = \frac{1.153}{\sqrt{16.359}} = \frac{1.153}{4.045} = 0.285$$

14.15 比较 ADDSC 高分组和低分组的 GPA：
$t = 3.77$。拒绝 H_0，结论是：小学九年级 ADDSC 高分组的平均成绩低于 ADDSC 低分组。

14.17 习题 14.15 的答案告诉我们，ADDSC 分数对若干年后的平均成绩有显著的预测效用。此外，习题 14.16 的答案告诉我们，这种差异的幅度很大。

14.19 愤怒确实应该给出原因。
$$s_p^2 = 5.9466 ; \quad t = 3.01$$
t 的临界值约为 2.00，因此我们拒绝零假设并得出结论：女性在表示愤怒的同时给出原因，她得到的地位评分将高于没有给出原因的愤怒女性。
（c）似乎确实存在双重标准。

14.21 如果两个样本方差相等，它们就等于汇合方差。

14.23 习题 14.8 需要的 R 代码

```
data
<- read.table("http://www.uvm.edu/~dhowe
ll/fundamentals9/DataFiles/Ex14-8.dat",
header = TRUE)
attach(data)
Group = factor(Group)
t.test(Number ~ Group, alternative =
c("two.sided"), var.equal = TRUE)
```
```
Two Sample t-test
data:  Number by Group
t = 2.662, df = 38, p-value = 0.01132
alternative hypothesis: true difference in
means is not equal to 0
95 percent confidence interval:
0.3472894 2.5527106
sample estimates:
mean in group 1 mean in group 2
            3.55                    2.10
```

第 15 章

15.1 用 Lenth 程序计算功效（见图）。

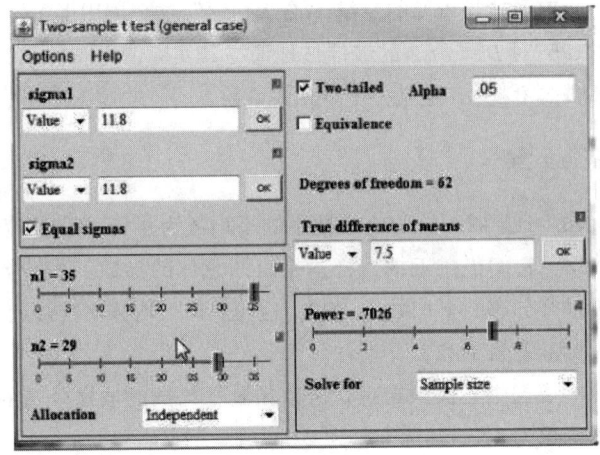

15.3 社会期许反应研究的功效：
假设人口平均数为 4.39，总体标准差为 2.61。
（a）效应量 = 50.20
（b）$\delta = 1.20$
（c）功效 = 0.22

15.5 样本容量（未做舍入）分别为：156.25、196.00 和 264.06

15.7 习题 15.6 的图：

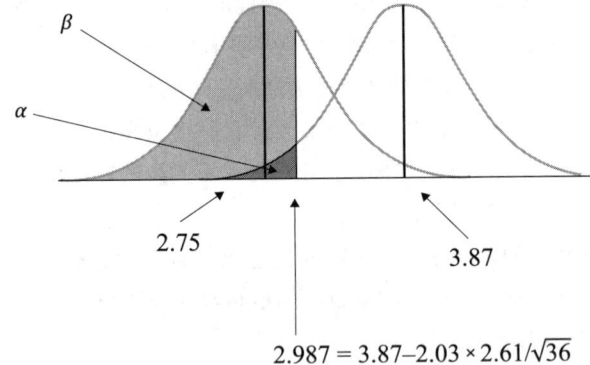

$2.987 = 3.87 - 2.03 \times 2.61/\sqrt{36}$

15.9 用单样本 t 检验分析兔子的回避行为：
（a）功效 = 0.50 时，$N = 15.21 = 16$
（b）功效 = 0.80 时，$N = 31.36 = 32$

15.11 $\delta = 1.46$，功效 = 0.31。

15.13 改变习题 15.12 的数据后：
（a）功效 = 0.22
（b）$t = -1.19$。不能拒绝零假设。
（c）t 值等于 δ 值，尽管计算时，前者根据统计量，后者根据参数。换句话说，δ 值等于样本平均数和标准差等于相应的参数时的 t 值。

15.15 样本容量较小的结果给我留下的印象更为深刻，因为较小的样本发现显著性通常意味着较强的效应。

15.17 假设标准差相等，则 25 岁的高中辍学组的 δ 的估计值更大，功效因而也更高。

15.19 功效 $= 0.60$，$\alpha = 0.05$，双尾检验（$\delta = 2.20$）的必需样本总容量

效应量	d	单样本 t	双样本 t（单个容量）	双样本 t（总容量）
小	0.20	121	242	484
中	0.50	20	39	78
大	0.80	8	16	32

15.21 在 H_1 成立情况下，平均数应该等于 H_0 下的临界值。但是本题只能是单尾检验的情况。故该平均数应该比 $\mu_0 = 100$ 大 1.645 个标准误，即当 $\mu = 104.935$ 时，功效（$1 - \beta$）刚好等于 β。

15.23 功效 $= 0.75$。

15.25 我用 R 解答习题 15.3。对代码略作修改，可以解答其余习题。

```
### The following is the important infor-
mation from the help file for pwr.t.test.
#pwr.t.test(n = NULL, d = NULL, sig.level
= 0.05, power = NULL,
     type = c("two.sample", "one.sample",
"paired"), alternative = c("two.sided",
        "less","greater"))
#Arguments
#n    Number of observations (per sample)
#d    Effect size
#sig.level      Significance level (Type I
error probability)
#power    Power of test (1 minus Type II
error probability)
#type         Type of t test : one- two- or
paired-samples
#alternative   a character string speci-
fying the alternative hypothesis, must be
one of "two.sided" (default), "greater" or
"less"

# First I will calculate the effect size
for Ex15.3
mu1 <- 4.39
mu0 <- 3.87
sp <- 2.61
d <- (mu1 - mu0)/sp
pwr.t.test(n = 36, d = d, sig.level =
.05, type = "one.sample")

One-sample t test power calculation
               n = 36
               d = 0.1992337
       sig.level = 0.05
           power = 0.2135633
     alternative = two.sided
```

第 16 章

16.1 Eysenck 研究的数据分析：

（a）方差分析：

来源	df	SS	MS	F
处理	1	266.45	266.45	25.23*
误差	18	190.10	10.56	
总计	19	456.55		

$*p < 0.05$

（b）$t = 5.02$。拒绝零假设。

16.3 对习题 16.2 的扩展分析：

（a）本题以加工水平的高低将 4 个组合成 2 个大组：

来源	df	SS	MS	F
处理	1	792.10	792.10	59.45*
误差	38	506.30	13.324	
总计	39	1298.40		

$*p < 0.05$

我们比较了在低水平加工与高水平加工条件下的回忆成绩，可以得出结论，高水平加工可以显著提高回忆成绩。

（b）上述结果仍有难以解释之处，因为这两个大组都包含年轻和年长的参试者，而加工水平可能只对其中一个年龄段起作用。

16.5 根据习题 16.1 中的数据，

$\eta^2 = 0.58$；$\omega^2 = 0.55$。

16.7 Foa 等人研究的方差分析结果：

来源	df	SS	MS	F
处理	3	507.84	169.28	3.04*
误差	41	2279.07	55.59	
总计	44	2786.91		

$*p < 0.05$

（c）干预措施越多的组，其导致的症状越少；当然，要确切地看出具体哪些组与组之间有差异，我们还应进行多重比较检验。

16.9 习题 16.7 的 R 代码。这些代码生成的是随机数据，因此它产生的数据的平均数和标准差每次都不一样。但是，set.seed(3086) 应该产生显著的结果。

```
# Generate data
set.seed(3086)
ST <- round(rnorm(14, 11.07, 3.95), digits
= 2)
PE <- round(rnorm(10, 15.40, 11.12), dig-
its = 2)
SC <- round(rnorm(11, 18.09, 7.13), digits
= 2)
WL <- round(rnorm(10, 19.5, 7.11), digits
= 2)
dv <- c(ST, PE, SC, WL)
group <- factor(a <- rep(c(1,2,3,4), c(14,
10, 11, 10)))
model <- lm(dv ~ group)
anova(model)
```

16.11 如果习题 16.7 中的样本容量是原来的 2 倍，SS_{treat} 和 MS_{treat} 将翻倍，但 MS_{error} 不受影响，还是各组方差的平均数。结果是 F 值将翻倍。

16.13 分析习题 16.2 数据的 R 代码：

```
#Ex16.13
data <- read.table("https://www.uvm.
edu/~dhowell/fundamentals9/DataFiles/
 Tab16-1.dat", header = TRUE)
attach(data)
group <- factor(group) # IMPORTANT! Spec-
ify that group is a factor
model1 <- lm(dv ~ group) # Calculate the
linear model of dv predicted from group
anova(model1)
16.13  Effect size for tests in Exercise
16.10.
```

16.15 习题 16.12 中检验的效应量。只有对该研究中得出显著差异的比较所求出的效应量才有意义，因此我们将讨论 SIT 组与 SC 组的比较。

$$\hat{d} = \frac{\overline{X}_{SC} - \overline{X}_{SIT}}{\sqrt{MS_{error}}} = \frac{18.09 - 11.07}{\sqrt{55.579}} = \frac{7.02}{7.455} = 0.94$$

与控制组（SC 组）相比，SIT 组的症状分几乎低了 1 个标准差。

16.17 对 ADDSC 数据的方差分析结果

来源	df	SS	MS	F
处理	2	22.50	11.25	22.74*
误差	85	42.06	0.49	
总计	87	64.56		

*$p < 0.05$

16.19 对 Darley 和 Latané 研究的方差分析结果：

来源	df	SS	MS	F
处理	2	0.854	0.427	8.06*
误差	49	2.597	0.053	
总计	51	3.451		

*$p < 0.05$

我们可以拒绝零假设，结论是，如果周围有其他旁观者，参试者就不太可能迅速寻求帮助。

16.21 根据习题 16.2 中的数据进行 Bonferroni 检验的结果：

年轻参试者／低加工水平组与年长者／低水平加工组的比较：$t = -0.434$

年轻参试者／高加工水平组与年长者／高水平加工组的比较：$t = 6.34$

在认知加工负荷较轻的任务上，年轻与年长参试者之间没有显著差异，但是在认知加工负荷较重的任务上，两组参试者存在显著差异。上述检验结果中至少出现 1 次 I 类错误的概率不超过 0.05。

16.23 WL 和 SIT 的比较：

$\hat{d} = 1.18$。两组的差异超过 1 个标准差。

16.25 Spilich 等人研究的方差分析结果：

来源	df	SS	MS	F
处理	2	2643.38	1321.69	4.74*
误差	42	11700.40	278.58	
总计	44	14343.78		

*$p < 0.05$

本研究中有一项需要更多认知资源参与的任务，确实因为吸烟与否而产生了不同的成绩。

16.27 Spilich 等驾驶模拟数据的方差分析结果：

来源	df	SS	MS	F
处理	2	437.64	218.82	9.26*
误差	42	992.67	23.64	
总计	44	1430.31		

*$p < 0.05$

这里再次显示，主动吸烟者的绩效仍然比不吸烟者差，而且差异显著。

16.29 对 Langlois 和 Roggman 研究的分析：

（a）研究假设可以是：与基于较少照片的平均面孔相比，基于较多照片的平均面孔被认为更具吸引力。

（b）$F = 3.134$。

（c）样本平均数有显著差异。从描述性统计量中可以看到，平均数随着复合面孔所对应的面孔数的增加而持续增加。

16.31 分析习题 16.27 数据的 R 代码：

```
data16.27 <- read.table("http://www.uvm.
edu/~dhowell/fundamentals9/DataFiles/Ex16-
25.dat", header = TRUE)
attach(data16.27)
Smkgrp <- factor(Smkgrp)
model2 <- lm(Errors ~ Smkgrp)
anova(model2)
```

```
Analysis of Variance Table
Response: Errors
       Df Sum Sq Mean Sq F value    Pr(>F)
Smkgrp  2 437.64 218.822 9.2584 0.0004665 ***
Residuals 42 992.67  23.635
```

```
16.32 Probability value for Ex16.31
prob <- 1-pf(9.258, df1 = 2, df2 = 42)
prob
[1] 0.000466617
```

第 17 章

17.1 Thomas 和 Wang 的研究：

（a）这是一个 3 × 2 的析因设计，其中策略有 3 个水平，延迟时间有 2 个水平。

（b）我的预期是，当参试者自己产生关键词时，回忆成绩会更好，当参试者死记硬背时，成绩比较差。我还相信，延迟时间较短，回忆成绩会更好。

（c）

策略	延迟	平均数	标准差	案例数
生成	5 分钟	14.92	5.33	13
生成	2 天	4.00	2.52	13
提供	5 分钟	20.54	1.98	13
提供	2 天	2.00	1.47	13
死记	5 分钟	15.38	5.45	13
死记	2 天	12.77	6.80	13

17.3 方差分析：

来源	df	SS	MS	F
策略	2	281.26	140.63	7.22*
延迟	1	2229.35	2229.35	114.53*
策略 × 延迟	2	824.54	412.27	21.18*
误差	72	1401.54	19.47	
总计	77	4736.68		

* $p < 0.05$

策略和延迟都对成绩造成了显著差异，但更重要的是，存在显著的交互作用。

17.5 对习题 17.4 中数据所做的 Bonferroni 检验：

对于延迟 5 分钟的数据：

生成 − 提供	生成 − 死记	提供 − 死记
$t = -3.15$	$t = -0.26$	$t = 2.89$

对于延迟 2 天的数据：

生成 − 提供	生成 − 死记	提供 − 死记
$t = 1.19$	$t = -5.24$	$t = -6.43$

这 6 次比较的自由度为 36，t 的临界值为 2.80。

在延迟 5 分钟的条件下，由实验者提供关键词，其记忆效果明显优于参试者自己生成关键词和死记硬背。后两组成绩则相差不大。

在延迟 2 天的条件下，死记硬背得到的回忆成绩好于另两种策略的成绩，"生成"策略和"提供"策略的效果相差不大。

我们清楚地看到了两种延迟条件下不同的差异模式。最令人惊讶的结果是，延迟 2 天后死记硬背策略占了明显的优势。

17.7 前几道习题对我的启示是，如果我正在准备西班牙语考试，那就要依靠死记硬背，尽管这听上去会何等痛苦，而且何等地不符合常识。

17.9 在这个实验中，头胎（指只生了头胎）母亲和生了第二胎甚至更多胎的母亲一样多，这当然不能反映总体的情况。同样，低出生体重的婴儿与足月出生的婴儿一样多，这也不符合现实情况。在头胎婴儿中，低出生体重婴儿和足月婴儿还是一样多，这也不能代表总体的情况。组与组之间的比较是合理的，但是将样本中所有头胎母亲的平均数作为总体平均数，那是没有道理的。

17.11 习题 17.10 的简单效应与 t 检验。

（a）如果我对这两个平均数进行了 t 检验，结果（t 值）就是 F 值（1.328）的平方根。

（b）如果我将实验的总 MS_{error} 用作估计的误差项，算出来的 t 等于 F 的平方根；如果将计算简单效应时的 MS_{error} 用作估计的误差项，结果就不一样了。

17.13 习题 17.12 的方差分析：

来源	df	SS	MS	F
任务（T）	2	28661.53	14330.76	132.90*
吸烟行为（S）	2	354.55	177.27	1.64
T × S	4	2728.65	682.16	6.33*
误差	126	13587.20	107.84	
总计	134	45331.93		

* $p < 0.05$

任务的主效应显著，交互作用显著。任务的主效应无人关心，因为任务难度本来就没有理由要完全相同。我们也不在乎吸烟行为的主效应，因为两种任务对吸烟行为有较大效应，而第三种任务对吸烟行为没有影响。所以，两个因素的交互作用才是最重要的。

17.15 用简单效应检验来解释 Spilich 等人的研究结果。我们已经在第 16 章的习题 16.24、习题 16.25 和习题 16.27 中看到了这些简单效应。

17.17 对习题 16.3 的进一步分析：

来源	df	SS	MS	F
年龄（A）	1	115.60	115.60	17.44*
加工水平（H）	1	792.10	792.10	119.51*
A × H	1	152.10	152.10	22.95*
误差	36	238.60	6.63	
总计	39	1298.40		

*$p < 0.05$

年龄有显著的影响，年轻参试者的回忆成绩好于年长参试者；加工水平也有显著的影响，高水平加工会提高回忆成绩。最重要的是，我们还发现两个因素有显著的交互作用：在对加工水平要求较低的任务中，两个年龄组的成绩没有显著差异，但是在对加工水平要求较高的任务中，年轻和年长参试者的成绩有显著差异，即年轻参试者似乎从加工中更多受益。

17.19

（a）

来源	df	SS	MS	F
E（受教育程度）	1	67.69	67.69	6.39*
G（组）	2	122.79	61.40	5.80*
EG	2	20.38	10.19	<1
误差	42	444.62	10.59	
总计	47	655.48		

*$p < 0.05$

（b）该项目的效果达到预期目标，组别与受教育程度之间没有交互作用。

17.21 加工水平研究的 $\hat{d}$

$\hat{d} = 3.46$（用 MS_{error} 计算）

这是一个非常大的效应量，但数据显示两个加工水平之间存在极大差异

17.23 没有主效应，但有交互作用：

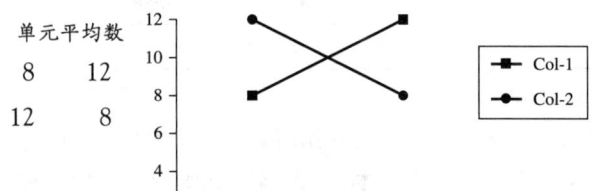

17.25 η^2 和 ω^2

策略（S）	$\eta^2 = 0.06$	$\omega^2 = 0.05$
延迟（D）	$\eta^2 = 0.47$	$\omega^2 = 0.46$
S×D	$\eta^2 = 0.17$	$\omega^2 = 0.16$

17.27 习题 17.13 的效应程度的计算结果

任务（T）	$\eta^2 = 0.63$	$\omega^2 = 0.63$
吸烟行为（S）	$\eta^2 = 0.04$	$\omega^2 = 0.04$
T×S	$\eta^2 = 0.03$	$\omega^2 = 0.02$

17.29 当误差项相对要讨论的效应较小时，两个效应程度指标量度（η^2 和 ω^2）会比较接近；相反，当误差项相对要讨论的效应很大时，这两个指标会很不一致。在某种程度上，在所有其他条件相同的情况下，当处理的效应对应的自由度较大时，这两个指标会更加接近。

17.31 你应该根据理论将待考察的简单效应限制在特别感兴趣的范围内，因为随着统计检验次数的增加，综合错误率也会增加。

第 18 章

18.1 偏头痛研究（用 SPSS 计算的结果）

描述性统计

	N	最小值	最大值	平均数	标准差
第 1 周	9	7.0	30.0	20.778	7.1725
第 2 周	9	4.0	33.0	20.000	10.2225
第 3 周	9	5.0	14.0	9.000	3.1225
第 4 周	9	1.0	12.0	5.778	3.4197
第 5 周	9	4.0	17.0	6.778	4.1164

18.3 我希望从学生那里收集有关服用止痛药以及其他与偏头痛有关的治疗方法的数据。我可能还希望获得各个时间点被试应激水平的数据，以便排除应激的影响。

18.5 习题 18.4 的数据分析：

来源	df	SS	MS	F
被试	8	612.00		
周次	1	544.50	544.50	14.42*
误差	8	302.00	37.75	
总计	17	1458.50		

*$p < 0.05$

随着训练的进行，疼痛显著减轻。$F = t^2 = 3.798^2 = 14.424$。

18.7 习题 18.4 的效应量：

我们将用 MS_{error} 的平方根作为标准差的估计值，因为它从误差项中进一步剔除了被试的个体差异。

$$\hat{d} = \frac{\overline{X}_2 - \overline{X}_3}{\sqrt{MS_{error}}} = 3.44$$

疼痛严重程度从基线下降到训练，幅度是大约 3.5 个标准差。

18.9 我将用两次基线测量的平均方差的平方根对平均数之差进行标准化。故分母为 8.83。

$$\hat{d} = \frac{\overline{X}_{baseline} - \overline{X}_{training}}{s} = 1.49$$

与基线相比，头痛的严重程度平均下降了近 1.50 个标准差。

18.11 习题 18.10 的 R 代码

```
data.BST <- read.table("http://www.uvm.
edu/~dhowell/fundamentals9/DataFiles/Ex18-
10.dat", header = TRUE)
attach(data.BST)
dv <- c(Pretest, Posttest, FU6, FU12)
time <- rep(1:4, each = 10)
subject <- rep(1:10, 4)
time <- factor(time)
subject <- factor(subject)
cat("\nTrial Means \n")
tapply(dv, time, mean)
cat("\nSubject Means \n")
tapply(dv, subject, mean)
BSTmodel <- aov(dv ~ time + Error(subject/
time))
print(summary(BSTmodel))
```

结果

```
Error: subject
          Df Sum Sq Mean Sq F value Pr(>F)
Residuals  9 3318    368.7

Error: subject:time
          Df Sum Sq Mean Sq F value Pr(>F)
time       3  186.3   62.09   1.042   0.39
Residuals 27 1609.0   59.59
```

18.13 显然，在没有干预的情况下，安全套的使用实际上会减少。这说明，干预措施可能避免了这种减少，在这种情况下，结果不显著其实是一个好结果。

18.15 对表 18.1 中的数据进行 Bonferroni 检验：我们可以用标准的 t 检验，因为重复测量的方差分析已经对误差项进行了校正，误差中剔除了被试之间的个体差异。

匹配样本检验

	匹配样本的差异							
				平均数之差的 95% 置信区间				
	平均数	标准差	标准误	下限	上限	t	df	p（双尾）
比较 1：第 0 周 - 第 6 周	-2.680	2.6727	0.5345	-3.783	-1.577	-5.014	24	0.000
比较 2：第 0 周 - 第 12 周	-3.040	2.9928	0.5986	-4.275	-1.805	-5.079	24	0.000
比较 3：第 3 周 - 第 12 周	-1.600	2.8868	0.5774	-2.792	-0.408	-2.771	24	0.011

Bonferroni 检验的 α 水平为：$0.05 / 3 = 0.01667$。拒绝所有零假设，因为每个 p 值均小于 0.0167。

18.17 习题 18.14 数据的 SPSS 分析结果：

Tests of Within-Subjects Effects

Measure: MEASURE_1

Source		Type III Sum of Squares	df	Mean Square	F	Sig.
Time	Sphericity Assumed	962.450	3	320.817	2.411	.077
	Greenhouse-Geisser	962.450	2.424	397.003	2.411	.091
	Huynh-Feldt	962.450	2.985	322.482	2.411	.077
	Lower-bound	962.450	1.000	962.450	2.411	.138
Time × Group	Sphericity Assumed	1736.300	3	578.767	4.350	.008
	Greenhouse-Geisser	1736.300	2.424	716.210	4.350	.014
	Huynh-Feldt	1736.300	2.985	581.772	4.350	.008
	Lower-bound	1736.300	1.000	1736.300	4.350	.052
Error(Time)	Sphericity Assumed	7184.250	54	133.042		
	Greenhouse-Geisser	7184.250	43.637	164.636		
	Huynh-Feldt	7184.250	53.721	133.732		
	Lower-bound	7184.250	18.000	399.125		

Tests of Between-Subjects Effects

Measure: MEASURE_1

Transformed Variable: Average

Source	Type III Sum of Squares	df	Mean Square	F	Sig.
Intercept	29414.450	1	29414.450	46.795	.000
Group	168.200	1	168.200	.268	.611
Error	11314.350	18	628.575		

第19章

19.1 $\chi^2 = 11.33$。我们将拒绝零假设，结论是，学生不是随机地听哪位教授的课。

19.3 $\chi^2 = 2.4$。不能拒绝零假设，孩子的排序行为符合我的理论。

19.5 $\chi^2 = 29.35$。我们可以拒绝 H_0，结论是，孩子们不是随机地选择娃娃，选白色娃娃的比较多。

19.7 $\chi^2 = 34.184$。拒绝零假设，结论是，在这两项研究中，选择黑白洋娃娃的分布是不同的。选择的比例与研究不是相互独立的，但是我们很容易想到，这与研究者当时所处的时代有关。本题中，我们也不再问某种颜色是不是比另一种颜色更受青睐，而是问两项研究中儿童的偏好模式是否一致。用方差分析的术语，我们在研究交互作用。

19.9 该研究的数据分析方法可以有多种改变方式。我们可以根据性伴侣的吸烟行为来定义吸烟者和不吸烟者，然后重新进行 χ^2 检验。或者也可以将吸烟者（Smoker）变量重新定义为 4 个类别："都不吸烟""母亲吸烟"、"父亲吸烟"或"都吸烟"，再进行 χ^2 检验。

19.11 $\chi^2 = 5.38$。我们可以拒绝零假设，结论是：高中阶段的成绩与小学阶段的成绩有关。

用 R 进行分析

```
data.Add <- matrix(c(22, 187, 19, 74), by-
row = TRUE, ncol = 2)
result <- (chisq.test(data.Add, correct =
FALSE))
print(result)
print(1-pchisq(result$statistic, df = 1))
- - - - - - - - - - - - - - - - - - - - -
- - - - -
        Pearson's Chi-squared test

data:  data.HH
X-squared = 5.3804, df = 1, p-value =
0.02036
```

19.13 对习题 19.12 第一列中的数据进行单向 χ^2 检验，考察的是 8 个类别中的学生数是否相等（即 8 个类别的分布为均匀分布）。但是我们在习题 19.12 中真正要检验的是，后来补习英语的学生与未补习英语的学生的上述 8 个类别分布是否相同。

19.15 $\chi^2 = 8.85$。对肿瘤的排异反应能力受电击条件的影响。

19.17 这里我们再次看到样本容量与功效之间的重要关系。

19.19 Dabbs 和 Morris 研究：

（a）这些结果表明，两个变量之间存在显著关联（$\chi^2 = 15.57$）。

（b）成人的睾酮素水平与他们未成年时的行为有关。

（c）结果表明，我们可以将两个变量（成年后犯罪和睾酮素水平）跨时期地关联起来。我会假设：那些成年后睾酮素水平高的人在青少年时期也有很高的睾酮素水平。但是，这只是一个假设。

19.21 习题 19.19 的优势比

OR = (80/366)/(462/3554) = 0.217/0.130 = 2.67

睾酮素水平高的人有未成年犯罪史的优势度是睾酮素水平正常的人的优势度的 2.67 倍。

19.23 我们可以提出一系列相似的问题，其答案为"正确"和"错误"的数目相等。然后我们再将回答分为"积极"和"消极"两类，检验教师是否比学生更有可能做出"消极"反应。

19.25 期待的体重增加量的种族差异：

对于欧裔女孩而言，希望减轻体重的优势度是 352/183 = 1.9235，也就是说，欧裔女孩希望减轻体重的人数差不多是希望保持体重或增加体重的人数的 2 倍。对于非裔美国女孩而言，该优势度为 47/52 = 0.9038。优势比为 1.9235 / 0.9038 = 2.1281。这意味着欧裔女孩希望减肥的优势度大约是非裔美国女孩的 2 倍。

19.27 Unah 和 Borger 研究

$\chi^2 = 7.71$。该 χ^2 值表明有显著意义。非欧裔被告被判处死刑的比率显著高于欧裔被告。

第 20 章

20.1 杏仁核的病变和恐惧反应（Kapp, Frysinger, Gallagher & Hazelton, 1979）：

（a）用曼-惠特尼检验：

以传统方式进行的检验

$Ws = 53 \qquad Ws' = 2\overline{W} - Ws = 189 - 53 = 136$

$W_{0.025}(9, 11) = 68 > 53$，$Ws < Ws'$，故采用附录 D 中的 Ws。为了进行双尾检验，将概率乘以 2。

（b）拒绝零假设，并得出结论：不出理论所料，病变组中的被试需要更长的时间来学会完成这项任务。

20.3 Nurcombe 等人的研究：

（a）$T = 8.5$；$T_{0.025} = 8$。不能拒绝 H_0。

（b）我们不能得出结论说有证据支持这一假设（随着时间的推移，假设的产生和检验显著增多）。（在这种情况下，换一种避免并列名次的方法可能会得出不同的结论。）

20.5 独生子女的独立性：

假设检验汇总表

	零假设	检验	Sig.	决断
1	两组被试无差异	威尔柯克森配对样本检验	0.027	拒绝零假设

显著性水平是 0.05。

（b）我们可以拒绝零假设，结论是：第一胎子女比第二胎子女更独立。

20.7 以 X 轴表示第一胎得分，Y 轴表示第二胎得分，来绘制散点图。可见，每一对兄弟姐妹之间的差异在很大程度上与第一胎的分数有关。

20.9 威尔柯克森配对符号秩次检验的零假设是，配对的两组分数来自相同的总体或平均数（和中位数）相等的总体。相对应的 t 检验的零假设是，配对的两组分数来自两个平均数相同且呈正态分布的总体。

20.11 用 t 检验拒绝零假设比用自由分布检验拒绝零假设时表述得更具体，因为 t 检验已经对分布的正态性和方差齐性做了假定，所以 t 检验专门针对总体平均数，尽管 t 检验也受这些假定的影响。

20.13 $H = 6.757$。我们可以拒绝零假设，结论是：这些青少年的安置方式对逃学率有影响。

20.15 它消除了个体差异的影响（不同被试整体逃学行为上的差异）。

20.17 说明杏仁核病变能影响恐惧反应的办法之一，就是报告有多大比例的病变组动物在学习回避任务时所需的次数超过控制组动物的任意一个数据（或中位数）。本题中，控制组学习次数的中位数是 6 次。而病变组 100% 的动物所需的学习次数都超过了这个中位数。表示效应量的另一种办法，就是将病变组全体被试与控制组中最差的被试做比较，病变组的 11 个动物被试中，学习次数少于控制组最差成绩（10 次）的只有 2 个（分别是 8 次和 7 次）。

20.19 Bleuler（1911）的假设认为，精神分裂症与记忆相关的皮层位置之间缺乏联系有关。Suddath 等人（1990）想检验该假设，他们比较了 15 位精神分裂症患者及其同卵双生兄弟姐妹的左侧海马体积。结果发现，双胞胎中正常者与患精神分裂症者的左侧海马体积平均相差 0.199 个单位，正常者体积较大。对上述差异的随机化检验显示，如果双胞胎海马体无差异的假设成立，则概率值为 0.0031。结论是，这项研究强烈支持海马体积与精神分裂症有关的假设。

20.21 $\chi_F^2 = 9.00$。我们可以拒绝零假设，结论是，人们真的不喜欢用泡过的茶袋制成的茶。

第 21 章

21.1 Mazzucchelli 等人（2010）的研究

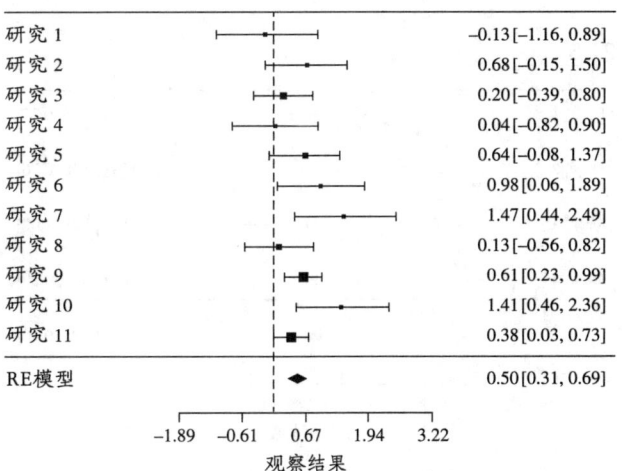

21.2–21.3

Author	SubGrp	n1	n2	g	sg^2	weight	Wg	W*g^2	W^2	W(gi-gbar)^2
Barlow86a	E	12.00	12.00	−0.134	0.2740	3.6496	−0.489	0.066	13.320	1.461
Besyner79	E	14.00	16.00	0.675	0.1790	5.5866	3.771	2.545	31.210	0.174
Lovett88	E	33.00	27.00	0.204	0.0930	10.7527	2.194	0.447	115.620	0.934
Stark	E	10.00	9.00	0.043	0.1930	5.1813	0.223	0.010	26.846	1.076
VanDenHaut	E	15.00	14.00	0.644	0.1380	7.2464	4.667	3.005	52.510	0.153
Weinberg	E	10.00	9.00	0.976	0.2180	4.5872	4.477	4.370	21.042	1.045
Wilson	E	9.00	11.00	1.466	0.2750	3.6364	5.331	7.815	13.223	3.403
SUM		103.00	98.00			40.6402	20.173	18.258	273.772	
Barlow86a	M	12.00	13.00	0.133	0.1240	8.0645	1.073	0.143	65.036	1.078
Fordyce77	M	50.00	60.00	0.609	0.0380	26.3158	16.026	9.760	692.521	0.320
Fordyce83	M	40.00	13.00	1.41	0.2330	4.2918	6.052	8.533	18.420	3.564
Reich81	M	49.00	49.00	0.378	0.0320	31.2500	11.813	4.465	976.563	0.455
SUM		151.00	135.00			69.9222	34.963	22.900	1752.540	
GrandSum		254.00	233.00			110.5623	55.136		2026.311	13.663
						Mean g =	0.499		Q =	13.663	which is chi.sq on 10 df
						se(Mean g) =	0.095				p = .189
						CI-lower =	0.312		C =	92.235	
						CI-upper =	0.685				
									Tau =	0.199	

21.4 以下结果是用 R 得到的（利用了"metafor"库）

固定效应模型（$k = 4$）

异质性检验：

$Q(df = 3) = 7.2655$, $p = 0.0639$

模型结果：

```
estimate    se     zval    pval    ci.lb   ci.ub
0.2274    0.0881  2.5813  0.0098  0.0547  0.4001**
```

Signif. codes: 0 '***' 0.001 '**' 0.01 '*' 0.05 '.' 0.1 ' ' 1

21.5

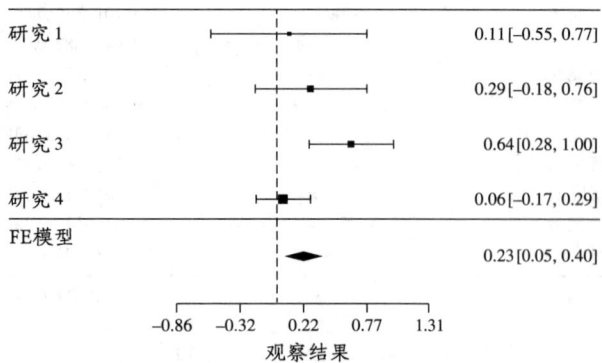

21.6 由于置信区间不包括 0，我们可以放心地拒绝零假设，结论是，哌醋甲酯确实增加了这些儿童抽动的严重程度。

21.7–21.9

固定效应模型（$k = 3$）

异质性检验：

$Q(df = 2) = 2.1121$, $p = 0.3478$

模型结果：

```
estimate    se     zval    pval    ci.lb   ci.ub
0.7364    0.0955  7.7109  <0.0001 0.5492  0.9236  ***
```

Signif. codes: 0 '***' 0.001 '**' 0.01 '*' 0.05 '.' 0.1 ' ' 1

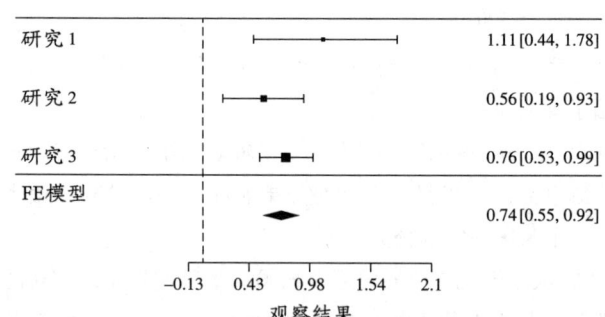

同样，我们再次因为研究数量不够，所以难以研究其异质性。

21.10–21.11

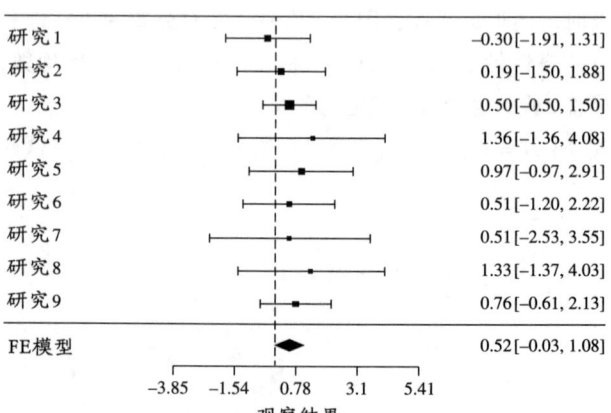

固定效应模型（$k = 9$）
异质性检验：
$Q(df = 8) = 2.1826$，$p = 0.9749$
模型结果：

estimate	se	zval	pval	ci.lb	ci.ub
0.5239	0.2826	1.8542	0.0637	−0.0299	1.0777

Signif. codes: 0 '***' 0.001 '**' 0.01 '*' 0.05 '.' 0.1 ' ' 1

21.12–21.16 Kapoor 等人（2011）的研究

风险比和对数风险比为

风险比

4.102326	6.336000	8.212389	1.963636

对数风险比

1.411554	1.846248	2.105644	0.674798

平均风险比和置信限

对数风险比

Estimate	se	zval	pval	ci.lb	ci.ub
1.5747	0.3277	4.8055	<0.0001	0.9324	2.2170

风险比	$CI_{下限}$	$CI_{上限}$
4.8293	2.5406	9.1798

即便仅达到置信区间的下限，加入沙利度胺也会使成功可能性上升到控制组的 2.5 倍。

21.17 Bisson 和 Martin（2009）研究的随机效应模型。

随机效应模型（$k = 14$；tau^2 估计量：REML）

tau^2（异质性总量的估计值）：438.6370（SE = 189.2833）

tau（总异质性估计值的平方根）：20.9437

I^2（由于异质性导致的总差异的百分比）：94.80%

H^2（总差异 / 研究内差异）：19.24

异质性检验：

$Q(df = 13) = 236.1772$，$p < 0.0001$

模型结果：

estimate	se	zval	pval	ci.lb	ci.ub
−28.6212	5.8774	−4.8697	<0.0001	−40.1407	−17.1017	***

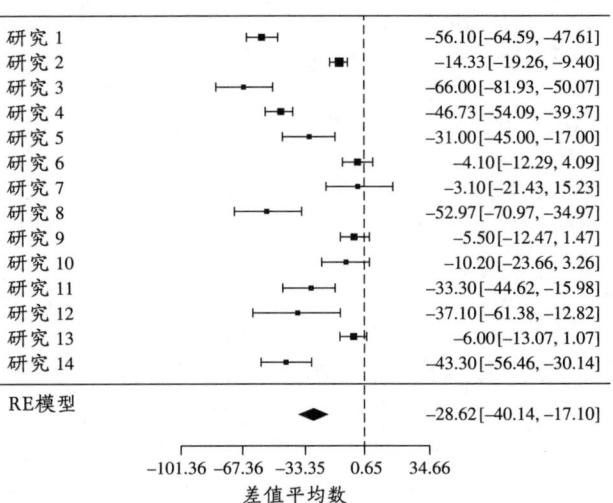

请注意，尽管我们没有特定变量可以解释差异，但是我们仍然拒绝异质性检验的零假设。我们还可以得出结论，VBT 比对照治疗更有效。

致教师的一封信

尊敬的老师：

您好！

感谢您选择"万千心理"的教材！

为了支持您的教学工作，我们将特别为您提供以下周到贴心的服务：

1. **免费样书**：如果您选用了"万千心理"的教材进行授课，我们将免费提供教师样书；

2. **免费教辅**：丰富的教学辅助资料，包括教师用书、教学演示PPT及习题库等；

3. **好书推荐**：我们将定期以电子邮件和宣传手册的形式为您推荐优秀教材、教辅，以及您感兴趣领域的最新书目和"万千心理"畅销书单；

4. **会员折扣**：您可享受全年最优购书折扣以及不定期的会员特惠活动；

5. **出版机会**：您将有可能成为我们优先选择的签约作者或译者。

北京万千新文化传媒有限公司（简称"万千公司"）是中国轻工业出版社与美国万国图文公司共同投资兴办的合资企业。"万千心理"是万千公司推出的心理学类图书品牌。二十多年来，万千公司与美国心理学会（APA）、美国咨询协会（ACA）等心理机构进行了多项卓有成效的合作，并与世界排名前十位的出版集团，如培生教育有限公司（Pearson Education）、圣智学习出版集团（Cengage Learning）、麦格劳希尔公司（McGraw Hill）、约翰威利父子有限公司（John Wiley & Sons Inc.）等著名出版机构建立了良好的版权贸易与合作关系。时至今日，万千公司成功地策划并引进了数百种心理类图书，包括"心理学专业教材与教辅系列"、"心理学公共课教材系列"、"跨专业心理学教材系列"、"心理咨询与治疗系列"以及"心理自助系列"等心理学读物，共20余个系列、700余种图书。"万千心理"得到了心理学科领域专业人士的一致认同，受到了广大读者的喜爱。

"万千心理教学支持计划"，真诚期待您的加入！

此致

敬礼！

"万千心理"敬上

万千心理 欢迎任课教师加入教学支持计划！

咨询电话：010-65181109，65125990
读者信箱：1012305542@qq.com
新浪微博：万千心理官方微博